古代東国の考古学的研究

高橋 一夫

六一書房

目　　次

総　論 ……………………………………………………………………	1
第1編　弥生時代から古墳時代へ	
第1章　古墳出現期の諸問題 ……………………………………………	9
第2章　手焙形土器の歴史的意義	
第1節　手焙形土器の宗教性と政治性 ………………………………	17
第2節　手焙形土器の形と型 …………………………………………	27
第3節　手焙形土器の性格と型式 ……………………………………	37
第3章　東国における古墳時代の開始	
第1節　関東地方における非在地系土器出土の意義 ………………	49
第2節　前方後方墳の性格 ……………………………………………	90
第3節　関東地方の前方後方墳 ………………………………………	103
第4節　前方後方墳出土土器の研究 …………………………………	114
付論　新座遺跡出土の「叩き甕」から ………………………………	174
第2編　集落と祭祀	
第1章　古墳時代の集落	
第1節　集落の構造と住居 ……………………………………………	185
第2節　6世紀の集落 …………………………………………………	198
第3節　住居の空間利用とカマド ……………………………………	212
第2章　古代の集落	
第1節　計画村落 ………………………………………………………	217
第2節　集落分析の一視点 ……………………………………………	232
第3節　移住者の村 ……………………………………………………	262
第3章　カマドの出現	
第1節　カマドの出現 …………………………………………………	273
第2節　続カマドの出現 ………………………………………………	278
第4章　集落と祭祀	
第1節　石製模造品出土の住居跡とその性格 ………………………	283
第2節　石製模造品をめぐる問題 ……………………………………	292

付論　住居跡出土の石製模造品祭祀の実体と本質 ……………………… 296

第3編　古代窯業
第1章　北武蔵における古代窯業の展開 ……………………………………… 301
第2章　鉄生産
第1節　古代の製鉄 ………………………………………………………………… 317
第2節　製鉄遺跡と鉄製農具 ……………………………………………………… 333

第4編　古代寺院
第1章　高麗郡と古代寺院
第1節　高岡廃寺の調査 …………………………………………………………… 347
第2節　女影廃寺系軒丸瓦の一試論 …………………………………………… 361
第2章　東国における古代寺院の成立
第1節　東国の古代豪族と仏教 …………………………………………………… 371
第2節　北武蔵の古代寺院 ………………………………………………………… 388

第5編　河川交通
第1章　古代の河川交通 ……………………………………………………………… 417
第2章　将軍山古墳と房州石 ………………………………………………………… 431
第3章　毛長川流域の考古学 ………………………………………………………… 443

あとがき …………………………………………………………………………………… 453

図 表 目 次

第1図	手焙形土器時期別分布図(1)	21
第2図	手焙形土器時期別分布図(2)	22
第3図	手焙形土器1類・2類　種別分類図	28
第4図	手焙形土器3類　種別分類図	30
第5図	手焙形土器3類・4類　種別分類図	31
第6図	手焙形土器5類　種別分類図	33
第7図	手焙形土器6類　種別分類図	33
第8図	村前東A遺跡における手焙形土器の型式変化	38
第9図	野方台遺跡出土手焙形土器	44
第10図	千葉における手焙形土器の系譜	44
第11図	手焙形土器分類	47
第12図	神奈川県出土の非在地系土器(1)	53
第13図	神奈川県出土の非在地系土器(2)	54
第14図	東京都出土の非在地系土器	54
第15図	千葉県出土の非在地系土器(1)	56
第16図	千葉県出土の非在地系土器(2)	57
第17図	茨城県出土の非在地系土器	58
第18図	埼玉県出土の非在地系土器(1)	59
第19図	埼玉県出土の非在地系土器(2)	60
第20図	群馬県出土の非在地系土器	61
第21図	栃木県出土の非在地系土器	63
第22図	非在地系土器分布図	67
第23図	宮城県出土の関東系土器	70
第24図	前方後方墳および非在地系土器分布図	91
第25図	全国の前方後方墳分布図	98
第26図	関東の前方後方墳分布図	105
第27図	関東における前期古墳の変遷	106
第28図	前方後方墳と前方後方形低墳丘墓の規模の比較	109
第29図	弘法山古墳出土土器	115
第30図	瀧峯2号墳出土土器	117
第31図	東野台2号墳・砧中学校7号墳・道祖神裏古墳出土土器	117

第32図	諏訪山29号墳出土土器	118
第33図	鷺山古墳出土土器	119
第34図	元島名将軍塚古墳出土土器（1）	120
第35図	元島名将軍塚古墳出土土器（2）	121
第36図	駒形大塚古墳出土土器	122
第37図	下侍塚古墳出土土器	123
第38図	大日塚古墳出土土器	124
第39図	茂原愛宕塚古墳出土土器（1）	125
第40図	茂原愛宕塚古墳出土土器（2）	126
第41図	藤本観音山古墳出土土器	127
第42図	山崎1号墳出土土器	127
第43図	狐塚古墳出土土器	129
第44図	原1号墳出土土器	129
第45図	安戸星古墳出土土器	130
第46図	勅使塚古墳出土土器	130
第47図	本屋敷古墳出土土器	131
第48図	小菅波4号墳出土土器	132
第49図	国分尼寺1号墳出土土器	133
第50図	大槻11号墳出土土器	134
第51図	塚越1号墳出土土器	135
第52図	山谷古墳出土土器	136
第53図	飯合作1号墳出土土器	137
第54図	飯合作2号墳出土土器	138
第55図	草刈99号墳出土土器	139
第56図	東間部田2号墳出土土器	140
第57図	阿玉台北7号墳出土土器	141
第58図	権現山2号墳出土土器	142
第59図	塚本山33号墳出土土器	142
第60図	村後1号出土土器	143
第61図	南志戸川4・5・1号墳出土土器	144
第62図	堀ノ内CK2号墳出土土器	145
第63図	元島名3号墳出土土器	146
第64図	堤東2号墳出土土器	147
第65図	伊勢崎東流通団地8号墳出土土器	148

第66図	屋敷内B1号墳出土土器	148
第67図	下道添遺跡土器編年	150
第68図	五領遺跡土器編年	151
第69図	戸張一番割第1期の土器群	153
第70図	戸張一番割第2期の土器群	154
第71図	栃木県の土器編年	156
第72図	貝沢柳町1号方形周溝墓出土土器	159
第73図	南志戸川2号墳出土土器	162
第74図	新座遺跡位置図	175
第75図	新座遺跡Y-1号住居跡の平面設計図	175
第76図	新座遺跡Y-1号住居跡出土土器	177
第77図	叩き甕製作工程図	178
第78図	向山遺跡出土銅鐸形土製品	178
第79図	竪穴住居跡面積変遷図	187
第80図	住居跡・柱間・無柱穴住居跡の大きさ	188
第81図	五領・和泉期の集落構成	189
第82図	鬼高期の集落構成	191
第83図	埼玉県における古墳分布概念図	195
第84図	大型鉢	195
第85図	下手遺跡住居跡分布図	198
第86図	舞台遺跡住居跡分布図	199
第87図	西野遺跡住居跡分布図	200
第88図	諏訪山遺跡住居跡分布図	201
第89図	諏訪山遺跡土器組成図	202
第90図	西野遺跡土器組成図	203
第91図	井頭遺跡全体図	219
第92図	村上遺跡全体図	219
第93図	中馬場遺跡全体図	221
第94図	山田水呑遺跡全体図	221
第95図	井頭遺跡住居跡分布変遷図	223
第96図	村上遺跡住居跡分布変遷図	224
第97図	中馬場遺跡住居跡分布変遷図	225
第98図	山田水呑遺跡住居跡分布図変遷図(1)	227
第99図	山田水呑遺跡住居跡分布図変遷図(2)	228

第100図	各遺跡の住居跡の大きさ	230
第101図	神谷原遺跡17号住居跡コンタ図	234
第102図	石川天野遺跡4C-64号住居跡床面硬度分布概念図	234
第103図	上ノ台遺跡2R-48号住居跡	235
第104図	上ノ台遺跡2P-49号住居跡	235
第105図	カマドの位置と貯蔵穴・入口＝柱間関係概念図	237
第106図	上ノ台遺跡2P-49号住居跡空間利用変遷図	237
第107図	住居跡形態模式図	238
第108図	住居空間利用概念図	238
第109図	六反田遺跡集落変遷図（1）	240
第110図	六反田遺跡集落変遷図（2）	242
第111図	六反田遺跡集落変遷図（3）	243
第112図	六反田遺跡集落変遷図（4）	245
第113図	六反田遺跡集落変遷図（5）	246
第114図	上浜田遺跡における道	247
第115図	北坂遺跡全体図	250
第116図	三内遺跡H-44号住居跡	258
第117図	御駒堂遺跡出土の関東系土器	266
第118図	埼玉県北部のカマドと御駒堂遺跡のカマド	266
第119図	御駒堂遺跡全体図	267
第120図	柏市根切遺跡1号住居跡	274
第121図	ミカド遺跡出土須恵器	302
第122図	金鑚神社古墳出土の格子叩きのある埴輪	303
第123図	桜山8号窯跡出土須恵器	305
第124図	羽尾窯跡出土須恵器	306
第125図	舞台遺跡出土須恵器	307
第126図	根平窯跡出土須恵器	308
第127図	小用窯跡出土須恵器	308
第128図	舞台窯跡出土須恵器	309
第129図	武蔵国分寺創建期郡名瓦生産窯跡群と郡の関係	311
第130図	北武蔵3大窯跡群と主要供給郡	312
第131図	大山遺跡B2号炉	321
第132図	菅ノ沢1号炉	321
第133図	大山遺跡B1号炉	323

第134図	小型羽口と大型羽口	323
第135図	半地下式竪形炉復元図	324
第136図	石生天皇遺跡長方形箱型炉	324
第137図	高岡廃寺全体図	348
第138図	高岡廃寺第1建物遺構復元図	349
第139図	高岡廃寺塑像分布図	350
第140図	高岡廃寺第2建物遺構復元図	350
第141図	高岡廃寺第3建物遺構	352
第142図	高岡廃寺第4建物遺構	352
第143図	高岡廃寺方形ピット遺構	353
第144図	高岡廃寺瓦塔分布図	353
第145図	高岡廃寺石組遺構	355
第146図	高岡廃寺カマド遺構	356
第147図	高岡廃寺出土軒丸瓦	357
第148図	高岡廃寺出土軒平瓦	358
第149図	高岡廃寺遺構変遷図（1）	359
第150図	高岡廃寺遺構変遷図（2）	360
第151図	女影廃寺系軒丸瓦	362
第152図	女影廃寺系軒丸瓦分布図	363
第153図	寺谷廃寺軒丸瓦復元図	372
第154図	龍角寺創建瓦	374
第155図	浄法寺創建瓦	377
第156図	下野薬師寺創建瓦	377
第157図	古代寺院分布図	381
第158図	女影廃寺系軒丸瓦	384
第159図	勝呂廃寺出土瓦	390
第160図	女影廃寺出土瓦	391
第161図	大寺廃寺出土瓦	392
第162図	高岡廃寺軒丸瓦	394
第163図	寺谷廃寺出土瓦	395
第164図	岡廃寺出土瓦	398
第165図	馬騎の内廃寺出土瓦の変遷	399
第166図	馬騎の内技法軒丸瓦の製作模式図	399
第167図	凹面に青海波のある平瓦	399

第168図	大仏廃寺出土瓦	401
第169図	城戸野廃寺出土瓦	403
第170図	五明廃寺出土瓦	404
第171図	西別府廃寺出土瓦	406
第172図	旧盛徳寺出土瓦	407
第173図	一本造り軒丸瓦の分布	409
第174図	北武蔵と上野国の同笵瓦	411
第175図	中川低地の遺跡と古式須恵器の分布	419
第176図	北武蔵の古式須恵器	420
第177図	灰釉陶器分布図	424
第178図	北武蔵3大窯跡群と主要供給郡	424
第179図	北武蔵の施釉陶器郡別産地率・出土総量（1）	428
第180図	北武蔵の施釉陶器郡別産地率・出土総量（2）	429
第181図	房州石使用古墳分布図	435
第182図	石材別石室分布図	437
第183図	角閃石安山岩石材削石の平均用材の面積と産地からの距離との関係図	437
第184図	毛長川流域の遺跡分布	444
第185図	旧入間川水系と南比企窯跡郡・東松山周辺窯跡群の関係図	446
第186図	中川低地古墳時代の遺跡分布と東京湾の推定	448
第187図	毛長川流域古墳分布復元図	451

図　表

表1	非在地系土器一覧	64
表2	前方後方墳・前方後方形低墳丘墓一覧	104
表3	各地域編年対照表	155
表4	前方後方墳・前方後方形低墳丘墓時期別一覧	162
表5	大宮台地南部の時期別遺跡数	193
表6	古墳時代主要遺構・遺物の消長	210
表7	村上遺跡出土墨書土器一覧	218
表8	山田水呑遺跡墨書土器一覧	220
表9	各遺跡出土の鉄製品一覧	254
表10	各遺跡掘立柱建物跡一覧	258
表11	時期別出土率（1）	290
表12	時期別出土率（2）	290

表13	鉄・鍬価格表	338
表14	九戸の査定基準と義倉粟の相当額	338
表15	国別・郡別古代寺院の出現期	380
表16	種類別瓦の重さ等	426

総　　論

1　大和王権の成立

　本書では、古代東国の問題を古墳時代初頭から平安時代まで扱っているが、まず大和王権の成立に対する私の考えを概括的に論じたい。それは、大和王権の成立をどう捉えるかが、古代東国史像を大きく左右するからである。その成立過程について手焙形土器をひとつの材料として切り込んでいきたい。次に、東国における古墳時代の開始の問題と東国の特質について論じことにする。

　手焙形土器は長らく用途不明であった。しかし、数多くの資料を観察した結果、内面にススが付着していることから火を灯すための土器であることが判明した。また、その出土点数は少なく、出土遺構や出土状態などから手焙形土器は非日常的な土器で、祭祀に使用された土器であることを明らかにした。手焙形土器が出土する遺構の大半は廃棄場所であるが、畦に埋め込まれた例、土壙に埋納された例、墳墓からの出土例などから、手焙形土器はさまざまな祭祀に使用されたことが想定できる。しかし、火を灯すための土器であることから、その効果を考えると祭祀は夜に執り行われたと見てよい。また、火を灯すことから火を神聖視した祭祀で、墳墓での祭祀は前首長の火を引き継ぐことによって、新首長の権威を引き継ぐといった火継ぎの儀式が行われたことも推察できる。

　さて、手焙形土器の消長と発祥地であるが、この土器と類似するものは中国や朝鮮半島には見出せないことから、列島内で独自に出現した土器と考えられる。出現の時期は弥生時代後期後半で、最古のものが大阪府河内地方に見られることから、そこを発祥地とすることができる。

　次に分布であるが、1期（弥生後期後半）は河内地方を主体とし、京都・兵庫に分布し、2期（弥生終末）には西は岡山、東は静岡まで分布圏を拡大するが、出土量は圧倒的に畿内地方が多い。3期は庄内期併行で2期に細分でき、3a期は庄内期前半で、西は大分、佐賀ライン、東は茨城まで分布をひろげる。3b期は庄内期後半で分布域に変化はないが、畿内での出土量は減少し東国での出土が増加する。4期は消滅期で出土量は激減する。

　問題は、この手焙形土器の分布圏拡大現象をどう捉えるかである。つまり、それは単に火の祭祀が流行としてひろまったとするのか、それともその背後に政治的意味合いが存在するのかどうかの問題でもある。

　手焙形土器が出現してまもない3a期になると、東北以北及び南九州を除いた列島規模で土器（人）が動き出す。この現象はそれ以前には例を見ない現象であり、天変地異等に原因があるとは考えがたい。非在地系土器はすべての遺跡で出土するわけではなく、それぞれの地域で一定の地域の、一定の遺跡に集中して出土する。また、こうした地域の遺跡からは必ず複数地域の土器

が出土するのである。手焙形土器もこうした特徴をもった遺跡から出土する傾向にある。つまり、非在地系土器や手焙形土器が出土する遺跡は、人や情報が集中する場所であり、地域で中心的な役割を果たした遺跡であったと捉えることができる。

　ここで一旦、目を大和の中枢部に向けてみよう。この頃、ヤマトの地に纒向遺跡が出現する。纒向遺跡では逆に各地の土器が出土する。纒向1式期では吉備系・近江系・東海西部系土器を主体に、わずかに防長系・山陰系・北陸系土器が出土する。2式期になると河内系・播磨系と駿河系土器が加わり、防長・山陰・北陸系土器も出土量を増してくる。

　纒向遺跡が我が国最初の王都といわれているが、たしかに多量かつ各地の非在地系土器が出土する遺跡は他に例を見ない。纒向遺跡出土の非在地系土器も、纒向遺跡に広範囲の地域の人たちを動かすことができた政治的権力が確立していたことを物語っている。つまり、非在地系土器はその政治力の及ぶ範囲と、それらの地域の人たちが何らかの形で王都建設に携わったことを示しているのである。そして、人は無秩序に移動・移住をしたのではなく、一定の秩序のもとに動き、その結果として非在地系土器が出現したのである。

　なお、纒向遺跡1式期の主体的な非在地系土器の範囲は、手焙形土器の2期の分布範囲に対応する。纒向遺跡（王都）の建設にあった地域は、手焙形土器祭祀を共有した地域でもあった。すると、手焙形土器祭祀は単に火の祭祀を心理的・精神的な基盤を共有するだけでなく、その背後に政治性が介在していたと見ることができる。手焙形土器の分布圏のひろがりは、その祭祀を創出した政治集団の政治圏の拡大と読み取れる。

　ところで、手焙形土器の発祥地は河内地方であることから、当然、その政治集団の出現地も河内地方であり、その後大和盆地の纒向に拠点を移したと考えられ、その要因として魏・呉・蜀の三国時代の動乱があげられる。『魏志倭人伝』に記された卑弥呼の動向から、倭国は中国の政治状況を的確に把握していたと見ていいだろう。大和盆地は海に面した開放的な河内地方に比べ四方を山に囲まれ、出入口が4箇所しかない城壁国家に類似し、防御に適している。つまり、手焙形土器とその祭祀を創出した政治集団は「原大和王権」と言い換えることができるのである。

　以上、畿内の動向を見たが、手焙形土器や非在地系土器の出現の背景には政治集団が介在していることが判明した。この点は東国においても例外ではなく、大和王権の勢力拡大のともない手焙形土器が出現すると考えることができ、手焙形土器を含む非在地系土器が集中して出土する地域は、大和王権の東国経営の拠点であったことが窺える。こうした地域にまず前方後方墳や前方後円墳が出現するのである。

　時代は下るが、古墳時代末から奈良時代にかけて、関東系土器と呼ばれる非在地系土器出土する。最古のものは仙台市郡山遺跡出土しており、東北最古の官衙遺跡の造営に関東地方の人たちがかかわったことを示している。関東系土器はその後も城柵を中心とした官衙遺跡や古墳・横穴、集落からも出土し、関東の人びとが東北経営に深く関わっていたことを物語る。これは当時、関東が大和との関係において安定した関係にあったため、その最先端基地として兵士や物資の補給

を担当させられたのである。このことは時代が変わっても、地域支配の構図には変化がないことを示唆している。

この時代は文献があり、考古資料がなくても東北経営に関東が主体的に参画していたことが判明している。しかし、文献がなくとも賢明な考古学者は関東系土器などの資料から、東北と関東との関係を正しく理解するはずである。官衙遺跡を前方後方墳と前方後円墳に対比すると、古墳時代初頭の現象がより理解しやすい。

2　東国における古墳時代の開始

本書は地域研究を基盤に古代東国史像を再構築しようとするものである。しかし、従来の研究のように在地の内的発展や内的要因のみを評価するのではなく、外的要因を積極的に評価しようとする点を特徴とする。

まずは古墳出現の問題である。古墳とくに前方後円墳は弥生時代以降の在地内的発展によって成長した有力首長が、大和王権と政治的同盟関係を結ぶことによって出現した、という見解が定説である。多くの前方後円墳はこの理論で律することができると思うが、一部はこの理論では解釈できないものも存在する。なかでも出現期古墳はこの理論に該当しないものが多い。

たとえば、前方後方墳出土の非在地系土器がある。前方後方墳からは東海系土器が出土する例が多いが、この土器をどう捉えるかが問題である。私は被葬者と土器は有機的関係にあると考えるが、相反する論者も多い。それならば、なぜ何ら関係のない他地方の土器を葬送儀礼に使用したか、その理由を明示しなければならない。ひとつの解釈として、被葬者は在地の人物であるが、古墳の造営にあたった集団は東海系土器を保有する集団とする考えも成立するが、なぜ移住者集団が在地の首長のために古墳を造営したのか、これを論証するのはより困難である。ここはやはり、東海地方の人たちが移住・定住し、墓を築いたと素直に考えるべきであり、葬送儀礼に関する土器は被葬者が深くかかわっていたと解するべきである。

また、前方後円墳についても被葬者は在地首長ではない可能性のものも存在する。この問題を草加市周辺の地域研究の実践から説き起こそう。

草加市周辺は中川低地の一角にある。数度にわたる分布調査によっても弥生時代の遺跡はまったく確認されていない。しかし、古墳時代になるとS字甕を伴う遺跡が毛長川（旧入間川）の自然堤防上に突如出現する。この現象は東国各地でこの段階にいっせいに非在地系土器が出土する時期であり、これらの現象と歩調をあわせたものである。ここでこれら遺跡が出現する背景を考えてみよう。

かつて、東京湾には関東平野を流れるすべての河川が流れ込んでいた。つまり、東京湾低地は河川が集中する場所なのである。東京湾低地の最狭部は武蔵野台地と下総台地に挟まれた約11kmで、この間を大河が何本も流れていた。祭祀遺跡として有名な伊興遺跡が存在する地域は、旧入間川（現・毛長川）と古利根川（現・中川）の分岐点にあたり、この二大河川とその支流を遡ると、

埼玉古墳群をはじめ北武蔵の主要地域に到達できるのである。まさに、伊興遺跡は河川交通の要衝の地に築かれたのである。

伊興遺跡の祭祀遺物は広範囲から出土し、質・量とも優れていることから関東でも有数の祭祀遺跡として注目されてきたが、祭祀の対象は水にかかわる祭祀という一般的な解釈に留まっていた。しかし、こうした地理的様相を加味すると、単に水の祭祀とだけという解釈だけではその本質を見誤ることになる。伊興遺跡は河川交通上の要衝に築かれたのであり、それ以前の歴史状況を勘案すると、祭祀遺跡が形成された理由は内的要因というよりも、大和王権による東国経営の拠点づくりという外的要因が浮かび上がってくるのである。

大宮台地に目を移すと、その先端には墳長75ｍの前方後円墳である高稲荷古墳が立地する。高稲荷古墳は埼玉県最古の前方後円墳といわれているが、なぜ最古の前方後円墳が大宮台地の先端に１基単独で存在する理由に言及した研究者はいない。高稲荷古墳周辺では弥生時代の遺跡も希薄で、高稲荷古墳を造営する内的要因は見あたらず、また継続して古墳が築かれることはないのである。いっぽう、高稲荷古墳が立地する場所からは東京湾が一望できることから、河川交通の要衝である中川低地一帯を支配した人物が葬られたと考えることができる。つまり、高稲荷古墳は伊興遺跡と一体であり、周辺の考古学的現象は、高稲荷古墳は在地の内的発展によって築かれたのではく、大和王権から東国経営の一環として派遣された人物が葬られたことを示唆している。

巨視的な視点ではこうした見解は決して導き出すことはできず、地域研究の果たす役割はまさにこの一点にある。東国の古墳時代が開始する前後には、人の移動や移住といったダイナミックな動きがあり、在地の内的発展史観だけでは古墳時代の本質は解明できないのである。

3　古代東国の特質

東国における古墳時代開始期における外的要因を述べたが、当然、東国には人々の生活は脈々と続いており、在地の発展を評価していないとの批判もあろう。しかし、東国は時々に外部からの刺激を受け、それを取り込みながら発展してきたのである。弥生時代から古墳時代への転換もそのひとつである。たとえば、弥生時代の東国には広大な沖積地を開発する技術はないが、ただ弥生時代中期の農耕開始期に埼玉県北島遺跡のように水路、堰、水田が完成された形で形成されている。しかし、これは初期段階のみの特徴である可能性が高い。逆に後期には後退し、多くは谷水田を中心とした小規模な水稲耕作が行われていた可能性がある。群馬では古墳時代の中心となる地域は、弥生時代の遺跡が存在しない無人地帯であった。東国の弥生人には開発できなかった土地だったと思われる。そこにＳ字甕をもつ人々がその地に入り込み、低地を開発したのである。それにより東国の生産力は飛躍的に発展し、古墳文化を内側から推進し、その後の東国を規定する下地が醸成されていったのである。

その後も外部からの刺激は続く。カマドは福岡県福岡市西新町遺跡４世紀前半に出現する。これが現在のところ最古のカマドである。カマドはＬ字形を呈するカマドがあり、これは煙を長く

住居内に滞在させ、暖をより確保するために考案されたもので、朝鮮半島に類例を見ることができ、また住居跡からは朝鮮半島系の土器が出土する。ことからその地からの移住者たちによってカマドがもたらされ、あわせて住居形態と生活様式一切も伝えられたのである。その後、カマドは畿内地方に地域を飛び越えて伝えられる。北部九州での他地域でのカマドの出現は5世紀に入ることから、カマドは初現地から同心円的に波及していないことを示している。

東国では5世紀中頃にカマドが出現するが、初期カマドが出現する地域は朝鮮半島系土器や布留系土器が出土するなど、東国において先進地域であり、大和との人的交流があったことが推察できる。人は移住した先でも故郷の住居形態を踏襲するようだ。福岡県西新町遺跡しかり、東北においても関東系土器を保有する住居跡は関東地方のカマドを築いている。さらに、明治期に北海道にたとえば四国から移住した第1世代は、北海道にもかかわらず故郷の住居形態を踏襲しているという。時代は変わってもその法則に変わりはないのである。

須恵器生産は地域によって開始時期は相違する。なかでも武蔵は他地域に先駆けて生産を開始するが、初期の段階では畿内ないしは東海から須恵器工人が招聘されて窯を築き須恵器を焼いた。しかし、武蔵では一定の地域で継続して操業されることはなく、地域を変えて継続的に須恵器生産は行われた。このように古墳時代から須恵器生産が行われた国と須恵器生産の伝統のない国では、国分寺の造瓦体制に相違を見せる。つまり、須恵器生産の伝統ある国は各郡に瓦を割りあてたが、伝統がない国では国分寺のために瓦窯を築き、集中管理して瓦を焼かせた。その違いが瓦当文様の多様性と済一性に現われるのである。

また、東国では国分寺以前に大半の寺院が造営された。現在、最古の寺院は埼玉県比企郡滑川町の寺谷廃寺である。創建瓦は百済様式の素弁8葉蓮華文軒丸瓦で、その年代は7世紀前半に位置づけることができる。この周辺の考古学的状況は、前方後円墳が継続して存在するわけでもなく、東国最古の寺院を建立するだけの歴史的背景を認めるとはできない。だが、寺谷廃寺が建立される直前の600年頃になると、羽尾窯跡が築かれ須恵器生産が開始される。この窯跡の下には五厘沼という溜池があり、現在もその機能を果たしている。羽尾窯跡は3回の改築が行われているが、灰原は当初、他の窯と同じく窯の下の谷に形成されたが、ある段階で窯の脇の斜面に築かれるようになった。灰原が焚き口より上にある例は知らないが、それは下に廃棄物を捨てられない要因が生じたと考えるのが妥当である。その要因を谷が堰き止められ溜池がつくられ、神聖な溜池ゆえに窯からでる廃棄物が捨てられなくなったためと考えた。この推察が正鵠を得ているとするなら、東国の溜池築造の年代を知り得る貴重な例となる。

滑川町は丘陵地帯にあり、現在も数多くの溜池が機能している。溜池は丘陵地帯での水田開発には欠かせないものである。溜池の構築技術は在地には存在せず、おそらく畿内からの技術導入であり、須恵器窯と寺谷廃寺の出現も同一の現象で、600年前後を境とし、この周辺は急速に畿内化するのである。なお、寺谷廃寺の瓦窯は羽尾窯跡が溜池のために操業不可能となったために、ひとつ谷を挟んだ隣接地の平谷に地に築かれた。

7世紀後半から8世紀初頭にかけて造寺活動が活発化し、各地での寺院はほぼ出そろうが、8世紀前半の郡衙が整備される段階に、郡衙に伴うと考えられる寺院も整備される。これらの寺院は郡衙隣接寺院あるいは郡寺などと呼称されているが、官寺かどうかは議論の分かれるところである。しかし、この段階の北武蔵国では常陸・新治廃寺の瓦と同笵瓦が高麗郡女影廃寺から出土しており、この瓦をモデルとし2タイプ3種類の笵が作成され、これによってつくられた瓦が各郡の郡衙に隣接する寺院の屋根を飾る。こうした点から、高麗郡の設置の背景には、郡衙機構のモデルを示すという役割があったと考えるのである。

　制度上、郡衙併設寺院は存在しないが、郡衙に隣接する寺院の屋根は瓦が葺かれていたと考えられるが、氏寺と思われる寺院から出土する瓦はわずかであることから、瓦葺き建物は想定できない。埼玉県大里郡江南町の寺内廃寺は国分寺級の寺院地をもつが、やはり瓦の出土はごくわずかである。これも氏寺ゆえのことであろう。ここに郡衙に隣接する寺院と氏寺の決定的な相違を見ることができるのである。

　郡衙隣接寺院は当初、郡司層の氏寺であったが、評から郡に変わる段階で大幅に郡衙機構の整備がなされ、その段階で郡司層の氏寺を郡衙機構の一部に取り入れ、郡の官費を投入した可能性が高く、実質的に郡寺的性格を有したと考えられるのである。

　なお、本書では最後に河川交通の重要性を指摘している。河川交通の実際を考古学的に論証するのは困難な面もあるが、古式須恵器の分布や埼玉古墳群の将軍山古墳の石室に使用された「房州石」から古墳時代の河川交通を考えた。また、埼玉県鴻巣市の生出塚埴輪窯跡で焼かれた埴輪が千葉県市原市の古墳から出土するなど、河川を利用しての物資の運搬を考えさせる資料が増加している。河川は時代によって流路を変えるが、道が発達してなかった時代、川を遡るのが目的地に達する確実な方法であった。

　大和政権は古代東北の経営において北上川を北上しながら城柵を築き、支配地域を拡大し、その沖積地を開発していった。北上川という名称は、下流から遡上する側から見た時の名称である。河川を「カルチャーロード」、「軍事道路」という所以はまさにここにあるのである。

　本書では、古代東国史における外的要因、外からの刺激を評価しているが、東国の主体性を決して切り捨てたものではない。古代東国は大きな歴史的変換点に外部からの刺激を積極的に取り入れて自らのものとし、発展の糧としてきた。東国は列島の中心にあり、列島最大の関東平野を有している。平野部とともに丘陵部の開発にも力を注がれた。丘陵部の開発とその産物が富を蓄積する原資となり、中世以降、関東武士が活躍する舞台を提供し、こうした歴史的・地理的特質が、その後江戸、東京へとつながる道を切り開いていったのである。

　また、この外部からの刺激を受け入れて東国化するという特質は、単に東国だけ特徴ではなく、東アジアのはずれに位置する日本という列島の歴史にも認めることができるのである。

第1編　弥生時代から古墳時代へ

第1章　古墳出現期の諸問題

はじめに

　最近、古墳出現期の問題が活発に議論されつつある。畿内では前方後円墳の出現時期、つまり古墳時代の開始時期について、纒向1式（庄内1式以前）に出現する纒向石塚古墳をもって古墳時代の開始とする石野見解（石野博信 1976・86）と、箸墓古墳といった定形化した前方後円墳が出現すると考えられる纒向3式段階後半とする白石見解（白石太一郎 1986）、また布留式段階になってからという都出見解（都出比呂志 1979）などがある。

　この問題は当然、土器の認識にもかかわってくる。この段階の土器については何人もの研究者によって体系的な編年も発表されているが、石野博信は纒向1式から土師器と認識するが、都出比呂志は弥生土器とし畿内第Ⅵ様式としている（都出 1974）。東国の古墳出現期の問題を考えるに当たって、畿内の動向は無視できないが、現状では畿内にばかり寄りかかっていられない。東国は東国なりに、その当時の考古学的現象を把握し、歴史を構成していく必要がある。

　本稿では、こうした視点から東国における古墳出現期の考古学的現象を提示し、また若干の問題提起も試みたいと考えている。

1　古墳出現期の考古学的現象

　まずここに、古墳出現期前後の考古学的現象を記しておこう。

環壕の機能停止

　東国では畿内のような高地性集落は存在しないが、環壕集落が出現する。環壕集落は須和田期、宮ノ台期、久ヶ原期、弥生町期といった中期、後期を通して存在する。しかし、前野町期に入ると、あるいは前野町期のある段階で環壕集落は見られなくなる。後期に掘られた環壕も、前野町期には機能が停止する。

非在地系土器の出現

　環壕の機能が停止する前後に非在地系土器が出現する。非在地系土器は畿内系、東海系が主体で、それに北陸系が加わり、一部山陰系土器が存在する。畿内系土器は庄内系が主体で、東海系は神奈川を中心とした南関東に伊場式＝西遠中山式、欠山式の影響を受けたものも見られるが（比田井克仁 1987b）、関東全体では元屋敷式の影響を受けた非在地系土器が圧倒的に多い。非在地系土器の影響は五領期初頭まで残る。

神門5・4号墳の出現

　非在地系土器の盛行する時期に、定形化した前方後円墳ではないが、纒向石塚古墳と類似する前方後円墳が出現する。神門5・4号墳がこれに当たる。

第1編　弥生時代から古墳時代へ

前方後方墳の出現

　東国では前方後円墳に先立ち、前方後方墳の造営が開始される地域が圧倒的に多い。また、前方後方墳からは東海系土器が出土する場合が多く、前方後方墳の出現とともに前方後方形の低墳丘墓も出現する。前方後方墳は南関東には少なく、栃木県、茨城県に多く分布する。この地域は土器に弥生の伝統が根強く残るところである。

2　考古学的現象の歴史的解釈

環壕の機能停止

　佐原　真は「倭国の大乱」に相当する時期を2世紀末＝第4様式末と考えた。しかし、都出比呂志は「倭国の大乱」は後期の高地性集落に対応すると考え、中期の大乱（高地性集落）は文献には記載されてない大乱であるとする。中期の大乱の背景には、鉄を確保するルートをめぐって瀬戸内や畿内という単位のブロックどうしの覇権争いもあり得ると考える。そして、後期の大乱は瀬戸内海や畿内の西端までを包むような戦闘状態、緊張関係があり、吉備など瀬戸内海の勢力と近畿地方の大きな集団どうしはほぼ連合ができていて、北部九州を意識した戦闘態勢を敷いたのではないかと想定し、2世紀末から3世紀初頭の後期の大乱によって畿内、瀬戸内ブロックが優位になったとする（都出 1986）。

　石野博信は中期の高地性集落は九州に存在せず、西は山口、東は神奈川まで存在することから、山口から神奈川を取り込むような戦争であったと考える。そして、後期の高地性集落は大阪、奈良、兵庫、和歌山といった極限された地域に集中し、高地性集落と同一地域に古墳が出現することから、その前夜に争いがその地域で起こったのではないかと推察する（石野 1986）。

　丸山竜平は、高地性集落は中期に出現し、断続を繰り返しながら終末には消滅するという。中期の高地性集落は2世紀後半で「倭国の大乱」に比定し、卑弥呼が狗奴国と争う3世紀中頃にも高地性集落が出現し、さらに卑弥呼の没後の「倭国乱る」時期にも高地性集落が出現すると考える（丸山 1987）。

　関東地方では高地性集落はないが、環壕集落が存在することを記した。最近、北陸にも後期の高地性集落が確認されているという。関東平野の中においては高地性集落をつくろうと思っても到底無理な話で、せめて台地上に溝を掘るのが精一杯である。東国の環壕集落の多くは、畿内を中心とし緊張関係が関東にも波及してきた結果と考えられる。関東の環壕集落は高地性集落と同じように、当時の社会情勢がつくらせたと理解しないと、一斉に環壕の機能が停止し、それ以降に環壕集落が形成されないことの説明がつきにくい。関東においては環壕集落の形成段階も重要であるが、停止時期を重視したい。

　こうした観点からすると、後期環壕集落の停止時期が問題となる。ここで、その時期を検討しよう。関東の環壕は遅くとも前野町段階には機能が停止することは前述した。また、前野町期はほぼ庄内式期後半と併行関係にあるものと考えられる。布留式の開始は西暦300年前後に比定さ

れている。庄内式については畿内の研究者間に統一見解は見られないが、庄内式を2型式と見て、一型式およそ25年と考えると庄内式の成立期は西暦250年前後ということになる（補注1）。西暦250年前後は卑弥呼の時代である。「魏志倭人伝」には卑弥呼と狗奴国の争い、卑弥呼の死去が記載されている。また、卑弥呼の没後、「倭国乱る」とある。東国がこうした戦いにどこまで参画していたかは不明であるが、これらの緊張関係は伝わってきたものと思われる。畿内勢力は弥生後期そして終末期のこうした戦いを通じて、圧倒的主導権を手中に納めていったのであろう。関東の環濠集落からみると丸山竜平が考えるように弥生終末期にも最後の戦いがあったものと想定できるのである。そして、畿内勢力の優位は確立し、戦いの時代は終了し、環濠は不要となった。その後、畿内勢力が統一に向けての行動を開始した。それは考古学的には人が動き、土器が動き、非在地系土器の出現となって現れるのである。

非在地系土器の出現

環濠の機能が停止すると同時に土器が全国的に移動し、非在地系土器が出現する。たしかにそれ以前の時代にも土器は動いた。しかし、このように全国的に人と土器が動き、遠隔地の土器を模倣し、非在地系土器が出現するという時代がかつてあっただろうか。非在地系土器の出現の背景には、人の移動が想定される。たとえば、古墳時代末から歴史時代にかけて、東北地方には関東系と呼ばれる土器が出土する。この時代、東国を中心に多くの兵士や農民が、大和朝廷による東北経営のために東北に移動・移住させられている。このことは文献史料から明らかである。関東系土器はこうした人々によって残されたのであった（高橋1985）。関東から東北に行った人たちは関東系土器を残しただけではなく、カマドも関東式のものを築いた。そして、関東式のカマドをもつ住居跡からは関東系土器が出土するのである（小井川和夫1982）。土器だけならまだしも住居形態までも関東地方のものとなると、これは人が移住したと考えざるを得ない。

他地域の住居形態が存在するという現象は、古代の東北地方に見られるだけでなく、関東地方の古墳時代初期にも存在する。南中台遺跡は北陸系土器を主体として出土する遺跡である。比田井克仁は南中台13号住居跡と石川県片山津遺跡6号住居が形態的に類似していることから「南中台13号住居跡のように、住居形態までも北陸地方そのものという場合もある。特殊ピットの存在が、玉造の有無にかかわっていたかどうかという問題はさておいて、直接的に人々が移民してきたことを示す有力な証拠の一つと言うことができる」と考える（比田井1987a）。非在地系土器の出現の背後には、その系の示す地域からの人々の移住があったのである。

かつて私は、非在地系土器出現の背景として、系の示す地域からの人々の移動と移住を考えた（高橋1985）。現在、非在地系土器は相当数にのぼり、すべての非在地系土器の背後に人の移動と移住を想定するわけにはいかないと考えている。非在地系土器は散漫に分布するのではなく、一定の地域に集中して分布する傾向にあり、それらの集中地域には、非在地系土器が土器組成の中心となる遺跡が存在する。千葉県市原市国分寺台周辺はこうした地域のひとつである。先に紹介した南中台遺跡と隣接する中台遺跡も、北陸系土器が主体となって出土する。また、同県柏市

一番割遺跡からは畿内系土器と東海系土器が中心となって出土する。逆に非在地系土器が客体となる遺跡も多い。非在地系土器から見た場合、非在地系土器が主体となる遺跡を当該地域の拠点集落とするなら、こうした拠点集落が各地の要所に存在し、そこから非在地系土器を客体となる遺跡がひろがっていった可能性も考えなければならない。つまり、二次的非在地系土器の存在である。

さて、人の移動の原因は何か。この問題を避けて通ることはできない。関東でいえば環濠の機能停止した時期に人が移動・移住してきて非在地系土器が出現した。人の移動は全国的規模で、しかもほぼ同時期に開始される。つまり、こうした現象を発生させた震源地はひとつであることを物語っている。それは弥生後期の乱の後、主導権を確立した畿内勢力の全国各地への進出である。人の移動は各地の人々が勝手に好きな地方に移動・移住したのではない。畿内勢力の意思によって移動・移住させられたのである。畿内勢力の東国への進出に際し東海、畿内、北陸、そして一部山陰地方の人々が動員されたことを非在地系土器は示している。このように畿内に強力な政治勢力（王権）が成立したことは、弥生時代とは大きく様相を異にするところである。

神門5・4号墳の出現

神門5・4墳は市原市国分寺台に存在する。5号墳は主墳径32〜33ｍで、周溝は6ｍの規模でまわり、その一部が12ｍほど途切れ、そこに幅5ｍ、長さ5ｍの突出部が付く。それを入れると、墳丘の大きさは約38ｍとなる。また、盛土は3.2ｍで、周溝底からの見かけの高さは、もっとも高いところで5.9ｍとなる。主体部は墳頂下1.7ｍの土壙に木棺を直葬したものと考えられている。4号墳は主墳径30〜34ｍ、周溝を入れた全長は48〜49ｍで、やはり周溝の一部が切れ突出部を形成している。突出部は5号墳よりも発達しており、14ｍ×9〜14ｍである。墳丘の高さは3.5ｍで、周溝底からの見かけの高さは6.9ｍである。内部主体は同じく木棺直葬である。5・4号墳からは土器が出土している。

田中新史は出土土器を庄内式以前第Ｖ様式亜式と捉えている。出土土器から5号墳が先行し、4号墳がそれに続いて構築されたとすることができよう。実年代の比定は難しいが、5号墳は3世紀中頃に比定されている。神門5・4号墳と類似する形態のものは、纒向石塚古墳が知られている。纒向石塚古墳の規模は南北60ｍ以上75ｍ、東西60ｍで東側に張り出しをもつものである。この古墳の年代は纒向1式で庄内1式以前に比定されている。

田中新史は神門5・4号墳を古墳という（田中 1977.1983.1984ａ、1984ｂ）。しかし、神門5・4号墳は古墳ではないという研究者もいる。纒向石塚古墳についても同様である。この問題は何をもって古墳時代とするかの時代区分の問題である。纒向遺跡では西部瀬戸内系（防長）、中部瀬戸内系（吉備）、東部瀬戸内系（播磨）、山陰系、北陸系、近江系、東海地方西部（尾張系）、駿河系土器が出土している。この中でもっとも出土量が多いのが尾張系土器である。このように、各地方の土器が纒向遺跡には集まってきているが、関東と九州の土器は存在しないようである。このことは重視すべき点である。先に述べた関東地方の非在地系土器と同じように、纒向遺跡に

おいても遺跡の形成にあたり、各系土器の示す地方の人々が纒向の地に動員・集結させられたことを意味している。そのなかに関東地方の人たちはいなかった。この事実から導き出せることは、纒向遺跡形成の初期段階では、関東は遠隔地だったので動員をかけなかったか、または畿内の勢力が関東地方まで及んでいなかったかのどちらかである。つまり、纒向遺跡に見られる各地方の土器は、その当時畿内勢力を盟主とする畿内連合の範囲の現れであると見ることができるのである。九州と関東はこの段階では畿内連合に組みしていなかったと読み取ることができる。

関東地方の非在地系土器の主体は、畿内系、東海系、北陸系であった。つまり、畿内連合内の、畿内より東にあり関東により近い地方の人々が畿内勢力によって動かされ、その地方の土器が関東でつくられたのである。そして、もっとも多く動員されたのが関東地方と接し、畿内連合の東に位置する東海地方の人々であった。畿内連合は東国への進出にあたって拠点づくりを行った。そこが非在地系土器の集中分布するところで、市原市国分寺台周辺もそのひとつであり、しかも中心的存在であったものと思われる。神門5号墳からは畿内系、東海系、北陸系とともに在地の土器も出土し、4号墳は北陸系の土器は見られないが、その他の土器は出土している。神門5・4号墳は畿内連合の拠点確保成功の象徴として、纒向石塚古墳と同一形態のものが造営されたのである。そして、それに参画した人々の故地の土器と、在地の土器を使用した祭祀が行われたのであった。国分寺台周辺には非在地系土器を出す集落が多い。墳墓出土の土器は被葬者の故地を、あるいは造営にたずさわった人たちを表わす一例と見ることができよう。

時代を評価する上において、新しい要素が出現した段階は積極的に評価しなければならないことはいうまでもない。古いものの中から新しい芽生えを生み出すには大きなエネルギーを必要とする。纒向遺跡が形成された時期は、弥生時代とは違った要素が芽生えている。それは、この時代になってはじめて纒向遺跡で出土している非在地系土器の地域の人々を、畿内勢力の意思によって動員あるいは移住させることができるようになったことである。こうしたことから、弥生時代には見られなかった強力な政治勢力（王権）が畿内に出現したとすることができるのである。こうした畿内勢力を中心とした連合勢力は、後の大和王権の母胎になったと見てまず間違いないだろう。

時代区分は評価の問題である。萌芽を重視すれば、庄内期は古墳時代となり、確立期を重視すれば定形化した前方後円墳の成立ということになる。しかし私は、原大和王権というべき勢力の出現を積極的に評価したいと考えている。こうしたことから、非在地系土器の時代は古墳時代である、と考えることができる。また、田中新史がいうように、神門5・4号墳は「出現期古墳」（田中1984b）といってもいいだろう。

前方後方墳の出現

関東では、前方後方墳は出土土器から3世紀後半には出現し、4世紀中頃には姿を消す。ここで問題となるのが長野県松本市の弘法山古墳がある。弘法山古墳の年代については研究者によってまちまちであるが、浅井和宏によると弘法山古墳出土の壺に見られる文様は、パレススタイル

第1編　弥生時代から古墳時代へ

土器文様のE類で、新しい段階のものであることが確認されている（浅井 1986）。五領式直前のものであろう。こうしたことから、少なくともこの段階には畿内には定形化した前方後円墳が出現していたと考えてよい。前方後方墳で注目すべき点は、多くの前方後方墳から非在地系土器が出土することである。なかでも東海系土器が圧倒的に多い。こうした事実から私は、非在地系土器の背後にある系の示す地域の人々とともに東国に派遣された将軍の墓と考えた。将軍という言葉には単に軍人的性格のほかに、政治的性格をまじえた総体としての将軍という意味づけをしたつもりであったが、「将軍」のみが一人歩きした感が強い。

「将軍説」には多くの方々から強い批判が寄せられている。たとえば、白石太一郎は次のように批判する。「従来から古墳は、基本的にその他の在地勢力が営んだものであるとの前提に立って、古墳を資料とする地域研究が進められているのである。これを恣意的にある時は征服者ないし移住者のものとし、ある時は在地勢力のものとするのでは、古墳そのものの理解に一貫性をかき、大きな混乱をもたらすものといわざるをえない。もちろん古墳のなかには外来者・移住者のものがあってもさしつかえない。ただ古墳は本来的に被葬者の本貫の地に営まれるものであるという大前提を認めなければ、古墳の地域史的研究は成立しえないのであり、その例外を主張するにはそれなりの手続きが必要であろう。」と（白石 1986）。

また、前方後方墳出土土器に関しては橋本博文の批判がある。第1点は東海系土器以外に畿内に系譜・出自をもつ土器が主要な位置を占めている。第2点は東海西部の土器だけでなく、埼玉県諏訪山29号墳のように駿河地方の大廓式土器も出土し、東海地方西部の土器だけとはいい切れないことから「単純に東海西部だけでなくて、東海の中でもより広範囲の地域色を持った土器を持ちながら、それ以外に畿内地方等の土器を加えて、それぞれの古墳から出土する土器群が構成されていたのではないか」という。第3点は神門5・4号墳のように主丘円形プランの墳墓形態をとっているのにかなりのウェイトで東海西部の土器が出ている。こうした現象を前方後方墳の被葬者説とどのようにかかわらせるのか、ということである（橋本 1987）。

両氏の批判は私にとって得るところが多く、今後の研究に役だてたい。しかし、ここでその一部について答えておこう。橋本の批判の第1点は、畿内に系譜・出自をもつ土器の問題であるが、私がいう畿内系土器はいまだ前方後方墳から出土していない。出土しているのは五領式土器である。先にも記したが、五領式土器のメルクマールとなる小型丸底壺や小型器台などの小型精製土器群は畿内で出現したものであるが、五領式土器は古墳時代初期の関東の土器型式であり普遍化している。畿内系土器とは区別すべきである。第2点の大廓式土器であるが、これも先に記したように、駿河系の土器は纒向遺跡から出土していることから、当時の大和連合の範囲内であり、関東から出土しても一向に差し支えない。非在地土器が土器群として構成されていたのではないかという見解であるが、大和王権の東国経営の拠点と考えられる地域では構成されていたと考えられる。このことは神門5・4号墳のところで取り上げておいた。第3点の批判もその項で答えておいたつもりである（補注2）。いずれにせよ、五領式土器において東海系土器は客体である。

その土器が前方後方墳から出土することに問題がある。

　不思議なことに、東海系土器の背後に大勢の人の移住を肯定しても、前方後方墳出土の東海系土器の背後にはそれを認めない。神門5・4号墳のところで述べたように、被葬者はともかく、少なくとも神門5・4号墳の造営には、そこから出土している土器が示す地域の人々が参画している。前方後方墳についても東海系土器が出土している以上、同様なことが想定できるのである。また、前方後方墳から非在地系土器が出土することが、前方後円墳とは大きく性格を異にしていることを示し、この点が前方後方墳の性格を解く鍵ではないかと思っている。

　東国において出現期古墳はなぜ前方後方墳なのか。前方後方墳とは一体なにか。都出比呂志は前方後円墳と前方後方墳の違いを小・中学生にわかるようにと、前方後方墳については「外様大名」と表現した（都出 1978）。それでは古墳時代において「外様大名」と表現すべき者はなにか。私はとくに東海系土器の出土している前方後方墳は、多くの移民・兵士とともに東海地方から東国に来た、広い意味での「将軍」と考えている。大和政権にとって彼らは同盟関係を結ぶ相手ではなく、自分たちが派遣した人たちであった。そこで、大和政権は前方後円墳より一ランク低い前方後方墳という墓を与えた、と考えるのである。

　東国では前方後方墳に続き前方後円墳が出現する。派遣された「将軍」の子孫は在地化し、大和政権と同盟関係を結び得るだけの首長に成長していった。彼らはここではじめて在地首長として、そして大和政権との同盟の証として前方後円墳を造営していったのである。前方後方墳は前方後円墳に比して、副葬品が貧弱なのは、同盟関係のあるなしにかかわることによって生じた現象と理解できる。また、栃木県において前方後方墳の系譜が何代か続くのは、より軍事的性格、「将軍」的性格を色濃く残していたからであろう。白石の批判に対しては、在地とは一体何か、今後この問題も検討・研究し答えていきたい。

おわりに

　定説・通説は一定の批判を乗り越えてより強固な説となる。古墳被葬者の在地首長説はあまりにも定説化し、批判された例を知らない。これまでの古墳研究はすべてこの説に立って行われている。つまり、日本考古学界の常識であるが、常識であればあるほど批判を必要とする。前方後方墳の性格の問題もこうした定説・常識への批判の一環であり、古墳時代研究の進展を図ろうとするものであり、決して混乱をもたらすものではないのである。

引用文献

浅井和宏 1986「宮廷式土器について」『欠山式土器とその前後　研究・報告編』愛知考古学談話会

石野博信 1976『纒向』奈良県立橿原考古学研究所

石野博信 1986「高地性集落と倭国大乱」『東アジアの古代文化』第46号　大和書房

第1編　弥生時代から古墳時代へ

小井川和夫　1982「御駒堂遺跡」『東北自動車道遺跡調査報告』Ⅵ　宮城県教育委員会
白石太一郎　1986「古墳の東国伝播の意味」第4回企画展図録『古代甲斐国と畿内王権』山梨県
　　　立考古博物館
高橋一夫　1985「関東地方における非在地系土器出土の意義」『草加市史研究』第4号
田中新史　1977「市原市神門4号墳の出現とその系譜」『古代』第63号
田中新史　1983「神門4号墳調査の意義」『特別展図録　三〜四世紀の東国』八王子市郷土資料館
田中新史　1984a「速報上総神門5号墳の調査」『考古学ジャーナル』No.233
田中新史　1984b「出現期古墳の理解と展望」『古代』第77号
都出比呂志　1974「古墳出現前夜の集団関係」『考古学研究』80
都出比呂志　1978「古墳の出現」『ジュニア日本歴史』1　小学館
都出比呂志　1979「前方後円墳出現期の社会」『考古学研究』103
都出比呂志　1986「高地性集落と倭国大乱」『東アジアの古代文化』第46号
橋本博文　1987「関東の『古墳出現期』とその背景」『東アジアの古代文化』第53号
比田井克仁　1987a「南関東出土の北陸系土器について」『古代』第83号
比田井克仁　1987b「伊勢湾系土器の系譜と動向」『欠山式土器とその前後　研究・報告編』愛知
　　　考古学談話会
丸山竜平　1987「巨大古墳の発生」『東アジアの古代文化』第52号　大和書房

補注

1　その後庄内式土器は細分され、4型式に細分する研究者が多く、その開始は西暦200年前後まで遡っている。
2　神門5・4号墳に続く年代の3号墳がその後調査された。正式報告書は刊行されてないが、出土土器と古墳の形態変化から5号、4号、3号と造営されたようだ。5・4号墳からは畿内系土器をはじめとして東海系土器も出土し、さらには在地の土器も出土している。5号墳が造営された時期と前後し、前方後方墳の木更津市高部32号墳も造営されている。この段階の市原市国分寺台には同時期の東海系土器を出土する遺跡も存在する。神門古墳群の造営には畿内系の人々が主体的にかかわり、東海系の人々も造営に、葬送儀礼に参加し、その結果が東海系土器の出土となって現れたものと考えている。なお、この問題に関しては、手焙形土器から第1章第3節「手焙形土器の性格と型式」で触れているので参考にしていただきたい。

第2章　手焙形土器の歴史的意義

第1節　手焙形土器の宗教性と政治性

はじめに

　手焙形土器は銅鐸が消滅する頃に出現し、定型化した前方後円墳が出現する頃に消滅する。つまり、手焙形土器は2世紀後半から4世紀初頭の約150年間に存在する。

　手焙形土器は大阪湾沿岸地域で出現し、その後次第に分布圏を拡大していくが、なぜ手焙形土器は分布圏拡大していったのか、その背景には何があったのかなど、手焙形土器の分布のもつ歴史的意義について考えていきたい。

1　用　途

　多くの手焙形土器を観察してきたが、器面の状態が良い手焙形土器には、ススの付着が確認できる場合が多い。現在、740個体中92個体にススの付着を確認しており、その割合は12％である。器面の状態が悪いものも半数近く存在するので、ススの付く確立は倍近くになるだろう。ススは覆部内面から面の内外面にかけての部位に多く付着していることから、まず内部で火を燃やしたと考えて間違いない。ススは濃くべったりと付着しているものは稀で、大半のものはうっすらと付着している。ススの痕跡から考えると、内部で常時火を燃やしていたのではなく、短期間の燃焼であったことが推察される。つまり、燃やされた火は非日常的な火であった。

　さて、燃焼させた材料はなにか、ススからは皆目見当がつかない。手焙形土器は後述するように祭祀に使われたと考えられるので、火それ自体が重要であると思われるが、同時に香木のような香りを醸し出すものや、幻覚等を伴う植物を加えた可能性も指摘しておきたい。

2　出土遺構と祭祀の対象

　手焙形土器は住居跡、溝、環濠（壕）、河川跡、墓、土壙、土器集積、井戸、水田跡などのさまざまな遺構から出土するが、墓などを除く大半の遺構は廃棄場所であり、その遺構を祭祀の対象としたとは考えがたい。こうした遺構から出土した手焙形土器は破片が多いので、祭祀終了後に破砕して廃棄した状況が窺える。破砕行為があったことからも、手焙形土器は祭祀用の土器ということができる。

　墳墓の場合は、手焙形土器は葬送儀礼終了後、①そのまま埋納する例、②底部を穿孔し仮器状態にして埋納する例、③破砕する例、が知られている。手焙形土器の内部で火を燃やすことから、夜に行われた儀式に用いられたと考えるのが妥当であろう。手焙形土器は葬送の儀礼にも使われ

たのである。

　また、手焙形土器は水田の畦の中に高坏などの土器と一緒に埋め込まれたり、水口に置かれたりする例などもある。こうした事例から手焙形土器は農耕祭祀にも用いられていたことが推測できる。

　出土遺構から祭祀の対象がわかるのは、農耕と葬送にかかわる祭祀であるが、そのほかの祭祀にも用いられたことも十分考えられる。ここで、三重県名張市蔵持黒田遺跡（水口昌也ほか 1979）から手焙形土器の祭祀を考えてみよう。

　蔵持黒田遺跡では32個体もの手焙形土器が出土している。なかでも注目を引くのが、斜面を削平した長さ5.2ｍ、幅２ｍの平坦部に、２個の手焙形土器が開口部をテラス前方に向けて置かれた状態で出土したことである。この出土状態は手焙形土器の使用状況を示す貴重な一例といえる。蔵持黒田遺跡ではそのほかに住居跡、土壙、土器集積、焼土遺構などが確認されている。住居跡は３軒調査されたが、いずれも炉は築かれていない。住居に炉が築かれてないことは、その住居は非日常的な住居であったとことを意味している。ここでは詳細を記さないが、丘陵上にある蔵持黒田遺跡は、遺跡全体が祭祀にかかわる遺跡で、炉のない住居跡は祭祀の時に臨時に使用された建物だったのである。

　蔵持黒田遺跡は一般集落から離れており、かつ遺跡全体が祭祀空間であった。ここで行われた祭祀は遺跡の規模から一集落の祭祀というより、複数集落が集まって執り行った祭祀であった可能性が高い。

　蔵持黒田遺跡出土の土器型式から時間幅を考えると100年ほどである。出土した手焙形土器は32個体であることから、単純計算すると３年に一度の使用率となる。蔵持黒田遺跡は四分の一が保存地域になっているので、本来の手焙形土器の個体数を50個と想定しても２年に一度の使用率となる。また、２個一対で使用した例もあるので、このことを勘案すると使用頻度はさらに低くなるが、多くとも数年に一度の祭祀に使われたと思われる。蔵持黒田遺跡での祭祀の実体は把握できないが、手焙形土器はかなり重要な祭祀に使用されたことが想定できるのである。

3　A類とB類

　手焙形土器は鉢部口縁の形態から口縁がくの字状のA類、受口状口縁のB類に大別できる。A類は大阪河内地方が（以下、河内系）、B類は近江・山城地方が発祥地（以下、近江系）である。A類は文様が付けられず、飾られることがない手焙形土器であるが、B類は文様で飾られる手焙形土器である。この原則は発祥地以外の地域でも適用される。たとえば、河内地方で出土するB類の手焙形土器は飾られている。

　手焙形土器の原型は、在地の鉢に覆部を付けたものである。故に、河内地方はA類が主体に、近江・山城地方はB類が主体となる。また、山陰や吉備などでは手焙形土器の鉢部も、在地の鉢を使用し手焙形土器としている。X類と呼んでいるものである。X類は基本的に当該地域のみに

分布し、他地域に影響を与えないことを特徴としている。いっぽう、河内系のA類と近江系のB類はそれぞれの特徴を保持しながら各地へと伝わっていく。おそらく、人の移動とともに伝わっていったと思われるが、A類とB類は各地に伝播していくという力を内包していた。この伝播力の源泉はどこにあるのか、次に考えていこう。

4　A類と河内地方

白石太一郎は初期古墳の分布から大和と河内の関係を次のように述べている。長くなるが引用しよう。

「北の淀川水系では各地に出現期古墳がみられるのに対し、南の大和川水系では奈良盆地南部のヤマトの地に限られていることは、この時期大和川流域ではヤマトの覇権が確立しており、それ以外の地域の勢力が古墳を造れなかった結果にほかならないと思われる。この畿内南部の大和川流域こそが、邪馬台国の、しいては初期ヤマト王権の本来的な領域にほかならなかったのではなかろうか。瀬戸内海沿岸を中心とする西日本各地に出現期古墳がみられるなかで、きわめて重要な地域である葛城や南河内にそれが見出せない理由は、これ以外にみあたらない。あるいは、難波津とともにヤマトの外港として重要な紀ノ津を擁する紀ノ川河口付近に前期前半の古墳がまったくみられないのも、この地域が初期ヤマト王権の原領域に含まれていたためかもしれない。こう考えてよければ、三世紀前半から中葉の邪馬台国、それにつながる初期ヤマト王権の本来の領域は大和川流域の大和と河内の領域であり、北の淀川流域の摂津や山城は含まれていなかったと考えざるを得ないのである」。「このように大和と河内こそ邪馬台国以来のヤマト王権の原領域であり、大和と河内は同一の政治的領域であったと考えている。この領域の中では、三世紀の初頭に奈良盆地東南部の狭義のヤマトの覇権が確立し、この邪馬台国を中心に西は玄海灘沿岸に至る広域の政治連合が形成されていたのである」（白石 1998）。

つまり、河内地方は大和政権の原領域と白石は考えるのである。私もかつて、大和と河内の関係を次のように考えた（高橋 1998）。

1）邪馬台国は当初は瀬戸内海交通の終着点であった河内地方にあったが、後漢の滅亡後の魏・呉・蜀三国鼎立に向けての動乱の時期に、安全を確保するために四方を山に囲まれ出入口は4箇所しかない、中国の城壁国家に類する奈良盆地に本拠を移した。

2）倭国大乱は後漢の権威に頼っていた政治集団が、後漢の滅亡によって旧来の権威が否定され、新たな政治的枠組みを生み出すための戦いだった。

3）こうした状況のなかで銅鐸が消滅し、手焙形土器が創出された。

このように、河内地方は邪馬台国の故地であり、大和政権の原領域であった。A類の手焙形土器はこうした地域に出現したのである。

5　B類と近江・山城地方

　現在のところB類はA類よりも多く出土しており、B類も1期から出土していることから、B類はA類とともに手焙形土器の主流といえる。また、出土状況を見ると同一地域・同一遺跡でA類とB類が一緒に出土する例も少なからず存在することから、両者は決して対立するものではないことがわかる。A類とB類の発祥地は手焙形土器で見る限り、ともに親密な関係だったようだ。つまり、河内と近江・山城地方を中心とした地域が、初期の手焙形土器祭祀体制を支えた地域であった。

6　分　布

　まず、時期別の分布状況を確認しておこう（第1・2図）。
　1期は弥生時代後期後半の中葉で出現期である。河内と山城地方つまり大和川水系と淀川水系を主体に分布する。
　2期は弥生時代終末で、畿内ではもっとも多くの手焙形土器が出土する時期であり、岡山、和歌山、三重、愛知、滋賀、福井というように、畿内周辺地域に分布圏を拡大する。
　3期は庄内式期に該当し、aとbの2小期に区分できる。
　3a期は拡散期で北関東から北部九州まで分布圏を拡大する。しかし、分布圏の末端地域での出土量は少なく、2期の分布圏での出土量が多い。
　3b期はより多くの地域で出土するようになるが、分布圏は2期と変わらない。しかし、畿内とその周辺地域での出土量は減少する。
　4期は布留式期の初頭で、消滅期である。手焙形土器の形態も退化し、ダルマ型に統一される。この時期は定型化した前方後円墳が各地に出現する時期であり、こうした時期に手焙形土器は消滅するのである。
　こうした手焙形土器の分布状況から、1期の分布地域が倭国大乱後の邪馬台国の中枢地域である。この中枢地域の河内地方で手焙形土器祭祀が出現した。2期の分布圏が邪馬台国連合の範囲を示しており、これらの地域が初期大和政の成立に深くかかわった地域であった。3a期には邪馬台国の政治的影響力は関東から北部九州まで達し、大和王権誕生の基盤を築いた、と考えた（高橋 1998）。

7　心理的・精神的共通基盤と政治圏

　先に見たように手焙形土器はさまざまな祭祀に使われた。しかも、ススの付着から火を使用する祭祀で、時代とともに各地にひろがったという事実が判明した。
　ここで重要なことは、単に手焙形土器を使う祭祀が流行しただけなのか、祭祀の背後に心理的・精神的共通性があったのか、または宗教的統合が行われたのか、それとも政治的統合があったの

第2章　手焙形土器の歴史的意義

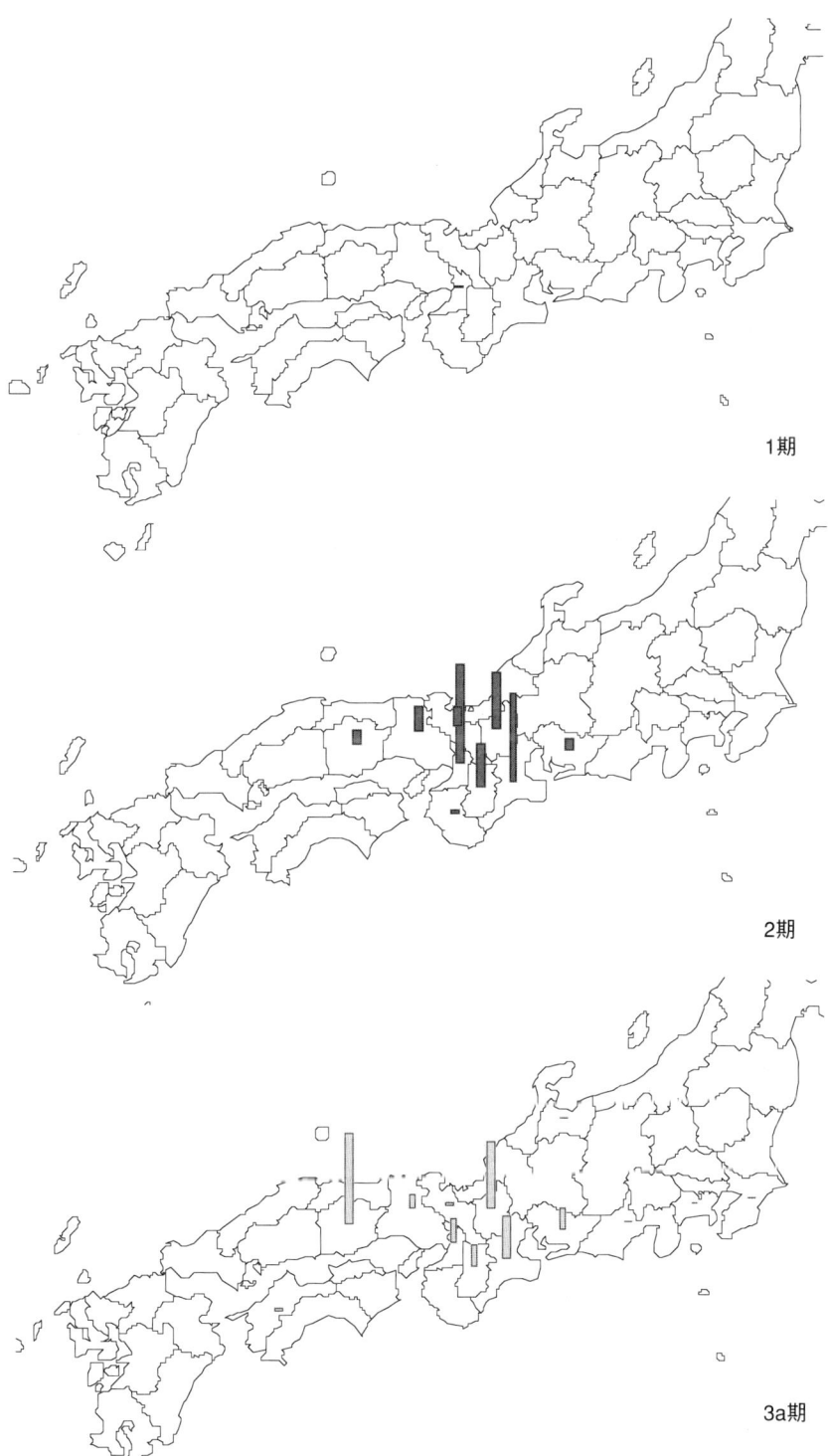

第1図　手焙形土器時期別分布図（1）

第1編　弥生時代から古墳時代へ

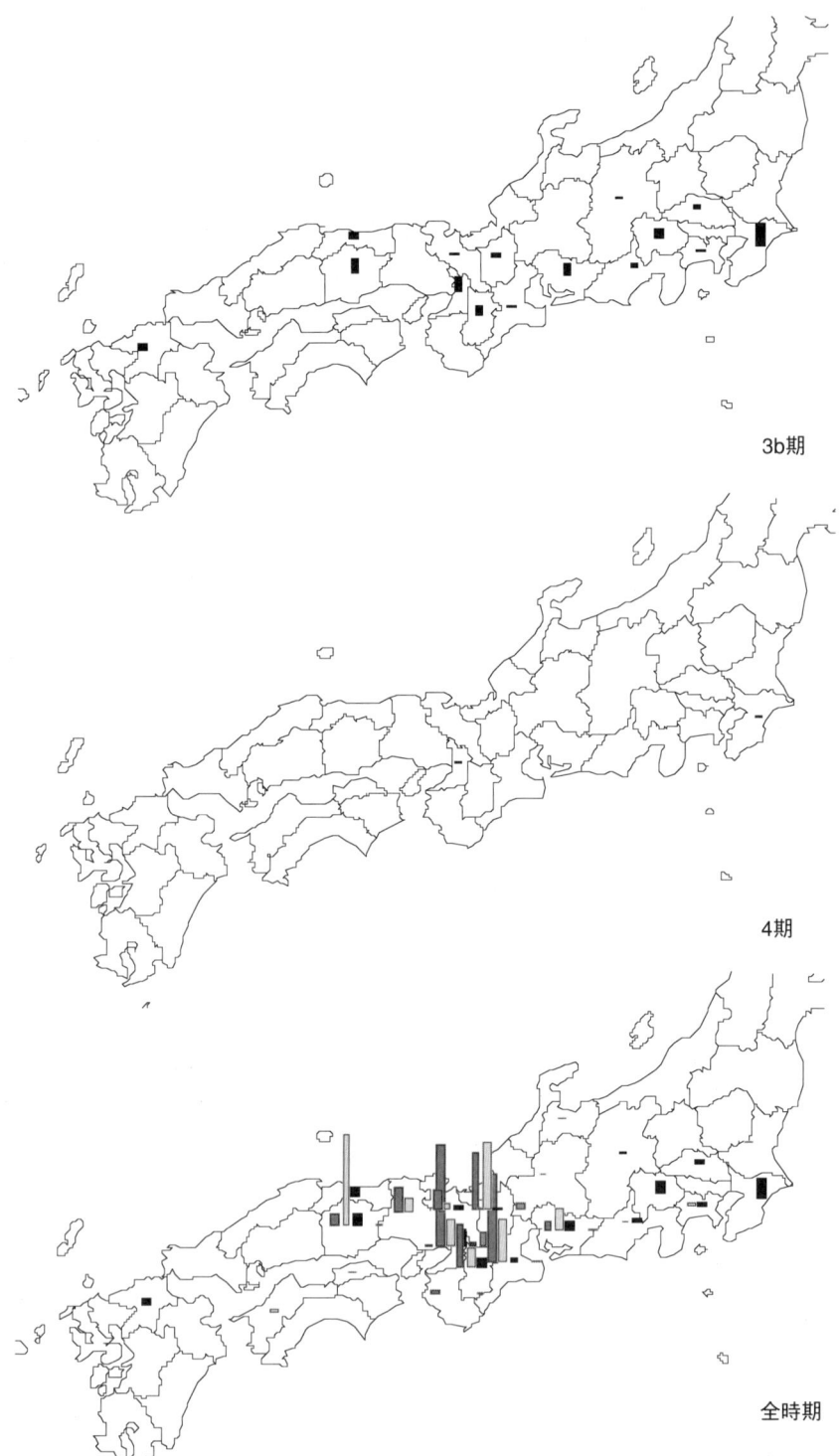

3b期

4期

全時期

第2図　手焙形土器時期別分布図（2）

か、という視点である。かつてはこの視点が欠落しており、祭政一致を念頭に、手焙形土器＝政治的色彩を帯びた遺物と断定し、手焙形土器の分布圏＝政治圏として論を進めた。ここで、分布の問題について再考したい。

都出比呂志は分布圏と政治圏の問題について論じ、前方後円墳の分布圏はなにをもって政治圏とすることができるのか、という命題に取り組んだ。

都出はまず田中 琢の心理的・精神的共通基盤説を紹介している。田中は「似かよった祭りを挙行したからとして、それを連合や国家があった証拠とすることができるだろうか。かつて銅鐸を使用する祭りを共有する地域があった。剣や矛の形を写した武器形祭具を使うまつりを共通にした地域があった。そこに連合や国家があっただろうか。それを考え、論ずる人はいない。（中略）銅鐸や武器祭具による祭りを共有する村人たちのあいだには、心理的な精神的な共通基盤が成立していった」と考えた（田中 1991）。

都出比呂志の考え方

◎「考古資料から政治圏を議論する方法論を鍛える必要を痛感した。すなわち、前方後円墳の分布が政治圏を示すとする日本考古学における従来の『常識的』理解は、決して考古資料の純粋な操作のみから帰納されたものではなく、文献史料の研究を基礎とするものである」とし、前方後円墳の成立期に、各地の首長は前方後円墳という墳形を採用したが、しばらくの間、その埋葬施設は地域性を維持した。それは、「前方後円墳という外形は採用したが、埋葬施設という集団の伝統の重要な部分を維持しうる集団が存在していたのである。この現象は、前方後円墳祭式の分布拡大に政治が介在していたことを物語るものといえよう。すなわち、各地首長は前方後円墳祭式の採用にあたって、墳墓祭式の諸要素を厳密に選択しているのであって、単に前方後円墳という墳墓様式が流行しはじめたからそれを模倣したというものではない。さらに、後円墳を築造した首長と後方墳を築いた首長とがあり、その差異が首長の出自など、それ以前の歴史的背景に根ざしており、墳形が自由に選択できるという性格ではなかったことは、墳形の差異に政治性が反映していることを最も雄弁に物語るもの」であると考えた。

前方後円墳には墳形という統一性と埋葬施設の地域的伝統の二面を有しており、統一性に政治が介在していたこと、さらに前方後円墳と前方後方墳という二墳形があり、墳形は自由に選択できなかったことにも政治性が反映していると説いている（都出 1995 a）。

◎「弥生時代後期についてみると、日本海沿岸地方各地の首長は、四突起方丘墓（四隅突出墓）という共通の墳墓形式を有していたのにたいし、瀬戸内東部の首長たちは、岡山県楯築遺跡や兵庫県原田中遺跡のような二突起円丘墓を共有していた。この現象のみをみれば、墳墓祭祀の様式を共有するにすぎない。しかし、この時期、山陰や瀬戸内東部などの地域単位に土器の地域性は顕著であり、相互交流よりも、地域間の割拠の側面が強い。さらに、先にみたように、この社会には、高地性集落の発達に示唆された政治的緊張が存在した。この時期の社会をこのように評価するならば、祭祀の共通のみがひとり歩くとは考えにくいのではないか。地域的に割拠する社

会単位ごとの特色があり、地域的に政治的緊張があったとすれば、墳墓祭祀の共通性を基礎とする心理的共通性は、精神的なものにとどまることなく、それは割拠する社会単位の内部の連帯の標章に転化し、政治性を帯びるものと私は考える。逆に、もし政治的連帯に起因するものでないとするなら、祭祀の共通性を生み出した基盤がどのような性質のものであるかを説明する必要があろう。さらに、この時期の祭祀の共通性が政治的性格をもっていたと考えてこそ、この直後における前方後円墳祭式の拡散の歴史的意義が説明できるのではないか」という（都出 1995 b）。

山尾幸久の考え方

「一般に、未開社会における共同規範は宗教として現れるとして大過ないと思われる。ところで問題は、かかる宗教的共同規範は、集団の内部的秩序にかかわるものしか想定しえないのであろうか、ということである。しかし地域集団をその形式と内容で維持するためには、地域集団相互間の秩序維持を必須とすること、少なくとも、集団間の交通が拡大し恒常化した史的段階においては、集団間的規範が必要であることは論を俟ないところである」（山尾 1963）。

それでは手焙形土器の場合はどうであろうか。手焙形土器の基本はくの字状口縁のA類と受口状口縁のB類であるが、そのほかの形態も存在し、地域色の強い手焙形土器も存在するように、器形に統一性は見られないし、祭祀の内容と対象もさまざまである。こうした点を考慮すると、手焙形土器自体に政治性を感じることはできない。しかし逆に、さまざまな祭祀に威信財でもない手焙形土器が使用されている点は重視すべきであるし、威信財でもない手焙形土器が時代とともに分布圏を拡大していったことも重視しなければならない。手焙形土器以外でこうした動態を示す遺物はない。

土器は粘土が素材であるので、形を認識していれば自由に形づくることができる。手焙形土器が単に火を燃やすための祭祀用土器ならば、もっと多くつくられていてもいいはずだが、手焙形土器は自由につくられることはなかった。土器の使用目的が限定されていたからだ。その理由として、①葬送儀礼にあたって新首長が旧首長霊を引継ぐにあたり、火を引継ぐことをもって首長霊を引継ぐ象徴としたこと。②火自体よりも、たとえば香木のようないい香りを醸し出すものや、幻覚や精神高揚を伴うものが燃焼材であった場合。③そのほか、季節的な祭り以外の重要な祭り等が考えられる。②は祭りにおいて重要な要素といえる。しかし、その実体は不明であるが、手焙形土器祭祀は内部で燃やす材料に付加価値があってはじめて存在し得た祭祀とも考えられるのである。

8　非在地系土器と手焙形土器

手焙形土器は非在地系土器が出土する遺跡から出土する例が多い。この点は各地で共通する現象である。それでは非在地系土器及びそれを出土する遺跡はどのような特徴をもっているのだろうか。その特徴を列挙してみると、

1）非在地系土器は人の移動と移住によって、その系の示す地域の人々によって出土地でつく

られた。なかには搬入された土器も存在し、これらの土器は人の移動によってもたらされたと考えてよい。さらに、非在地系土器が主体となって出土する集落も存在し、こうした集落は移住者によって築かれた。

　2）非在地系土器を出土する集落は、周辺地域と比較するといち早く古墳時代の土器組成が現れる。

　3）周辺に初期の前方後方墳や前方後円墳が築かれ、その後地域の先進地域と発展する場合が多い。

　こうした特徴から非在地系土器を出土する遺跡は、人と情報の交差点で、新しい時代への原動力となった遺跡であると考えられる。

　ただ問題なのは、なぜ弥生時代後期から古墳時代初頭の時期の限られた時期に、未曾有の人の動きがあったのかという点である。人の移動の原因についてはいくつかの考え方がある。たとえば、この時期は倭国大乱や邪馬台国と奴国との戦いの時期にあたるので、奴国を濃尾平野に想定する研究者は、東海西部系土器の移動は難民の移動と考える。しかしこの時代、動く土器は東海西部系だけではなく、畿内、北陸、山陰の土器も人も動くのである。いっぽう、地方から中央へも人と土器が動いた。この典型が纒向遺跡である。纒向遺跡は遺跡の特徴から都市的性格をもった遺跡で、最初の王都ではなかったかといわれている。纒向遺跡から出土している土器は、現在のところ南関東以南（ただし、初期段階には関東の土器の出土はない）から中国・四国地方までの広範囲の地域の土器が出土している。王都なので各地の人びととの往来があったことは想定されるが、そうした人々は土器を携えて往来したとは考えがたい。土器を携えあるいは纒向の地で故郷の土器をつくった人たちは、その地に長く滞在した人たちに違いない。纒向遺跡の非在地系土器出土の背後に、王都建設のために各地から駆り出された人々がいたのである。この理解が正しいとすると、纒向遺跡の造営主体者は、纒向遺跡から出土している非在地系土器の範囲から人を駆り出すことができる政治権力をもっていたことになる。このように考えていくと、この時代の人の動きは天変地異などによる移動もあったかも知れないが、一定の政治権力のもと秩序だって人が移動・移住していたことが想定できる。つまり、大和王権成立前夜、列島内に未曾有の人の動きがあった。それは、大和王権成立時に膨大なエネルギーが発散されたことを示している。

　手焙形土器の祭祀はどこの集落でも行われたわけではなかった。手焙形土器による祭祀は非在地系土器が出土する拠点集落で行われていた。人の移動・移住に政治性があったとすると、手焙形土器祭祀は単に心理的・精神的共通基盤だけの問題だけではなく、政治性も加味されていたと考えざるを得ない。

　纒向遺跡が成立する時期は、手焙形土器編年の3a期古段階にあたる。手焙形土器は纒向遺跡で出土している非在地系土器の範囲より広い北関東と北部九州まで達しているが、分布圏はほぼ重なっている。3世紀代の土器の動きから見て、邪馬台国があったとしたら奈良・大和しか考えられず、しかもその中枢はヤマト・纒向遺跡であったと見ていいだろう。

第1編　弥生時代から古墳時代へ

各地の非在地系土器を出土する遺跡は、原大和王権（邪馬台国）の地方進出の拠点としての性格もあわせもっていたのである。手焙形土器はこうした内容をもった遺跡から出土するのである。

まとめ

手焙形土器が出現する頃には銅鐸、銅矛、銅剣を祭具とする祭りが存在し、独自の分布圏を築いていた。また、墳墓も地方独自の形態を誇り、土器も地域ごとに分布圏をもっていた。つまり、各地に小宇宙的政治機構が存在しており、手焙形土器はこうした小宇宙を乗り越えて分布圏を拡大していったのであった。手焙形土器祭祀は強力な分布拡大因子をもっていたのである。

手焙形土器の発祥地は河内地方を中心とする大阪湾沿岸地域であった。手焙形土器の時期別の分布状況から手焙形土器祭祀を生み出した勢力が河内地方に存在し、次第にその祭祀圏を拡大していったと読み取ることができる。ただ、その勢力が邪馬台国であったなら、手焙形土器の分布の拡大は邪馬台国の勢力拡大と考えられ、拡大因子は邪馬台国による宗教的共同規範か政治性であったといえる。たとえこの因子が政治性をもっていなくとも、手焙形土器の分布圏内には心理的・精神的基盤（宗教的共同規範）が確立していたことになる。こうした宗教的共同規範の上に大和王権が成立し、新たに前方後円墳という墓制をとおして政治権力を強めていったのである。

引用文献

白石太一郎 1998「古市古墳群の成立とヤマト王権の原領域」『古墳の語る古代史』　歴史民俗博物館振興会

高橋一夫 1998『手焙形土器の研究』六一書房

田中　琢 1991『倭人争乱』日本の歴史2　集英社

都出比呂志 1995 a 「祖霊祭式の政治性—前方後円墳分布圏の解釈—」『日本古代の葬制と社会関係の基礎的研究』大阪大学文学部

都出比呂志 1995 b 「前方後円墳体制と地域権力」『日本古代国家の展開』上　思文閣出版

水口昌也ほか 1979『蔵持黒田遺跡』名張市教育委員会

山尾幸久 1983「初期ヤマト政権の史的性格」『日本古代王権形成史論』岩波書店

第2節　手焙形土器の形と型

はじめに

　かつて、手焙形土器を全国集成し一書にまとめたが、鉢の形態からA類：口縁がくの字状を呈するもの、B類：受口状を呈するもの、C類：体部が外上方に開き、口縁がくの字を呈するもの。D類：鉢部と覆部が一体に製作されたもの（ダルマ型）、E類：外上方に直線的に開くもの、X類：その他の形態（在地鉢）の6分類した（高橋一夫 1998）。その際、手焙形土器は内部に少なからずススが付着していることが認められることから、火を燃やすために考案された土器で、何らかの祭祀に使用されたと考えた。

　しかしその後、手焙形土器は他の土器と比較するとそれぞれの個体は個性が強く、型が存在しないのではないかと思うようになった。なぜ、手焙形土器は1個体ごとの個性が強く、型は存在しないのか。この命題を解決せずして手焙形土器を深く追求することはできない。

　そこで今回は、多くの個体が出土している岡山県足守川流域の遺跡群の資料を中心に、手焙形土器の形と型について考えようとするものである。

1　分類と編年

　分類の表記法は、最初に類を記載し、その後に時期と類を、さらに細分した種を英数で記入し、最後に個体番号を付すことにする。ただ、A種1はA-1と略す。また、時期は1期から3期まで分類したが、1期は弥生時代後期終末、2期は古墳時代初頭で3世紀前半、3期は3世紀後半に比定し、『手焙形土器の研究』示した全国的な時期区分では、本稿の吉備1期は全国編年の2期、2期は3a期、3期は3b期に相当する。

1類　在地の深い鉢に小さな覆部がつくもの。（第3図）
〈1期〉
　A種　鉢は弥生時代の口唇部を引き出しているの在地形態で（以下、吉備型口縁A）、覆部は小さく、面は狭面、底部は平底を特徴とする。
　B種　口縁は口唇が直行する受口状の在地形態で（以下、吉備型口縁B）、面は狭面、底部は平底を特徴とするもの。
　B-1　覆部は1期の特徴である小さなもので、面は狭面、胴部は球形、底部は平底である。
〈2期〉
　B-2　覆部は1期同様小さく、口縁は吉備型B類で、形態的にしっかりしたものである。口縁は受口状に発達するが、A種同様この形態の口縁は弥生後期の鉢に存在することから、在地鉢の口縁の系譜を引くものとすることがでる。
　B-3　口縁部はB-2の系譜を引き、覆部はこの段階で発達し大きくなる。

第1編　弥生時代から古墳時代へ

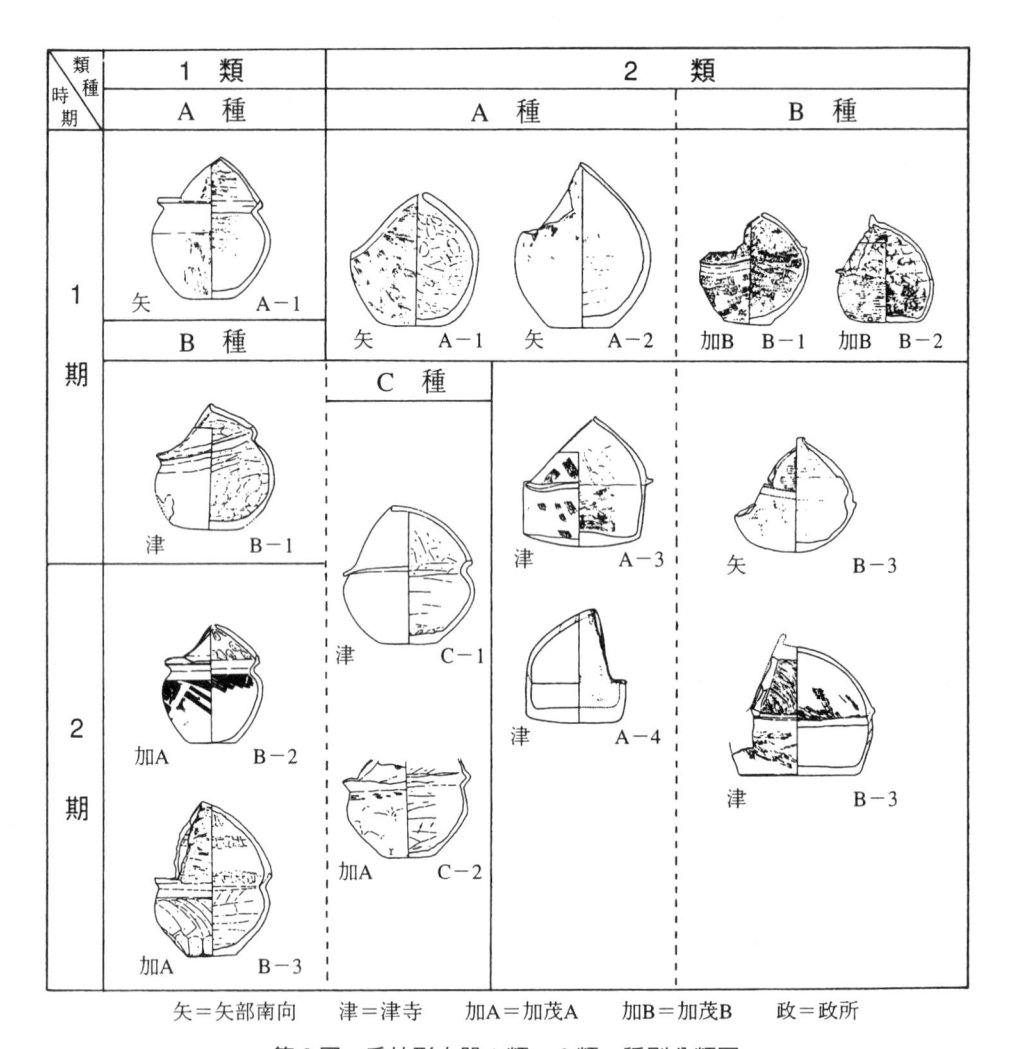

第3図　手焙形土器1類・2類　種別分類図

矢＝矢部南向　　津＝津寺　　加A＝加茂A　　加B＝加茂B　　政＝政所

C種　口縁がくの字状口縁であるが、鉢全体は在地形態のもので、面は狭面、底部は平底である。

C-1・2　A-1のように口唇部の引き出しがないくの字状口縁で、形態的にはB-1の系譜を引くものである。

2類　鉢部と覆部を一体でつくったもの（ダルマ型）（第3図）

〈1期〉

A種　一般にダルマ型といわれているもので、鉢部と覆部を一体につくっているものである。面は狭面、平底を特徴とする。B種より大型である。

A-1・2　大型で、口縁の造作等は一切行われていないものである。

A-3　形態的にはA-1に類似するが、鉢部と覆部の接合部に突帯がめぐる。後述するB-1の突帯の影響を受けていると見ることができる。

A-4　形態的にはA-3の突帯がなくなったものであるが、開口部が大きくなっている。

B種　小型のダルマ型であるが、突帯や開口部には口縁が付き、広面のものもある。

B-1　形態的には2類1期A-1を小型にしたものであるが、鉢部と覆部の境界付近に突帯めぐる。面は狭面、底部は平底である。開口部は割られているが、これは覆部が小さいために開口部が狭くなったので、開口部をひろげるために故意に割ったと思われる。

B-2　形態的にはB-1に類似するが、天井部は広面のT型になっているが、これは天井部を摘み上げているためにできた部分的な特徴で、他の面の部分は外に向かってひろげている上L型である。

B-3　底部は丸底である。面も上L型で接合部には突帯がめぐる。B-2・3の系譜を引くものである。

B-4　鉢は全体的に開き、口縁はわずかに屈曲するが、形態的にはダルマ型の系譜を引くものと思われる。面は広面である。

3類　在地の鉢に広面の覆部が付くものである（第4図）。

〈2期〉

A種　受口状の吉備型口縁Bのもの。

A-1　面は広面で、2隆帯間に円形竹管文が、覆部と体部に綾杉文が施されている。この文様構成は近江地方によく見られるもので、近江地方の影響下に成立したものであろう。

A-2　台付鉢で、台の付く手焙形土器は今のところこの1点だけである。台はこの時期に多く存在する台付鉢などの台をそのまま借用したものである。面にはこの時期に散見する波状文が施されている。

A-3　面には線刻文が施されている。平底である。

A-4・5　口径の大きな鉢で、5の覆部はくの字状口縁であるが、開口部は吉備型口縁Bで、面には不連続の波状文が施されている。平底である。

A-6　口径の大きな浅い鉢で、形態的にはA-4・5を小型化したものである。底部は丸底である。

A-7　より扁平になった鉢部である。面の形態は不明であるが、分類上はこの位置に置くことができよう。

B種　くの字状口縁であるが、口唇部を引き出しているものである。

B-1　底部は小さな平底で、小さな口縁部である。面には隆帯を挟んで2段の連続波状文がめぐり、覆部にも2段の波状文が施されている。波状文は2期の古段階に流行したと見ることができる。

B-2　文様等は一切なく、形態的にはB-1の退化したものと見ることができ、底部も大きくなっている。

C種　口縁がくの字状のもの。

第1編　弥生時代から古墳時代へ

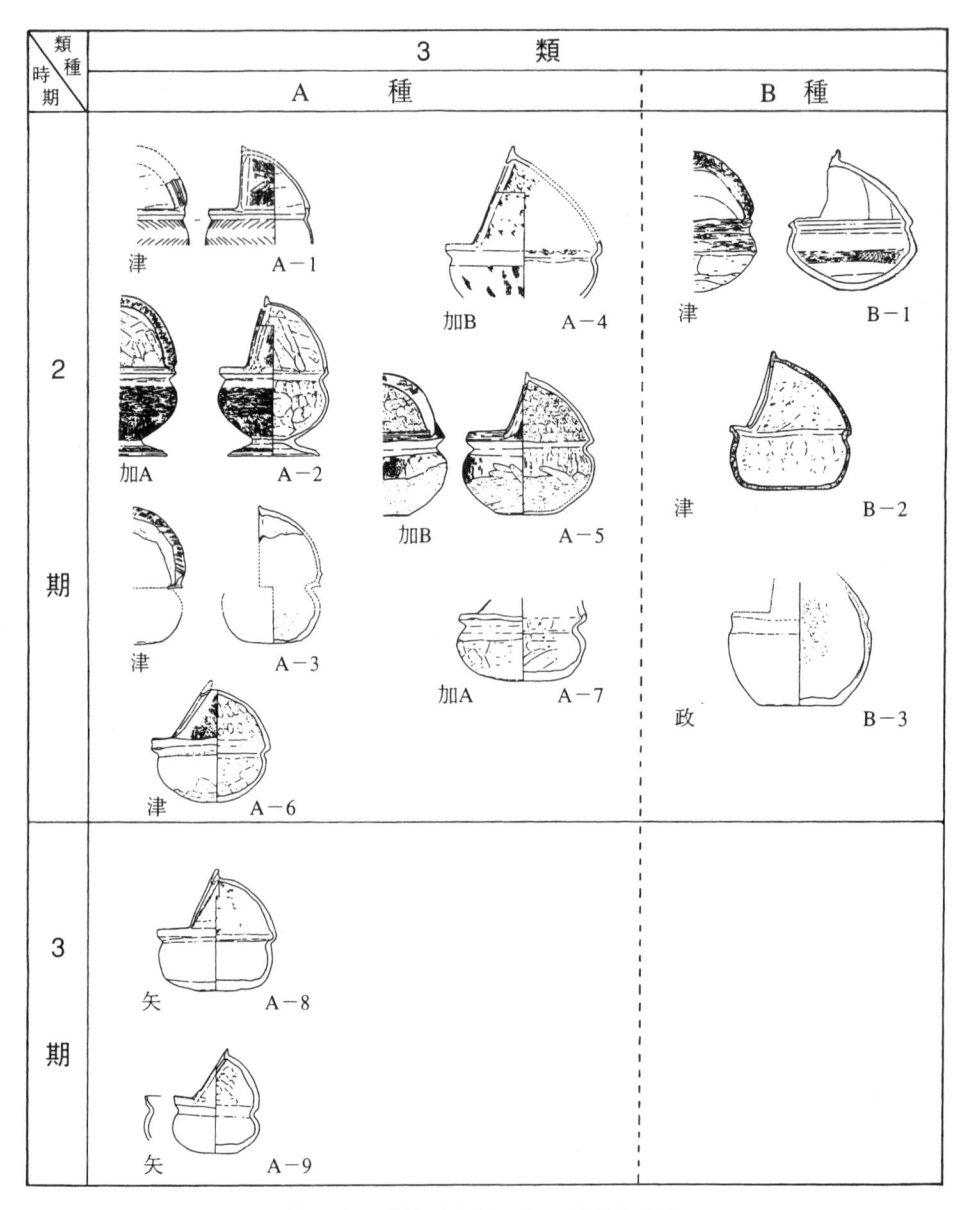

第4図　手焙形土器3類　種別分類図

　C-1　底部が平底で、あまり内湾しない鉢部である。
　C-2　球形の鉢部で、底部は丸底に近いものである。鉢部と覆部の接合部には突帯状のものがめぐるが、この隆起はナデて引き出したものである。
　C-3　体部は強く内行し、小さな口縁である。
　C-4　C-3と同一形態であるが小型で、覆部には波状文が施されている。また、体部には突帯はないが、底部と体部の境界にはキザミが入れられている。丸底である。

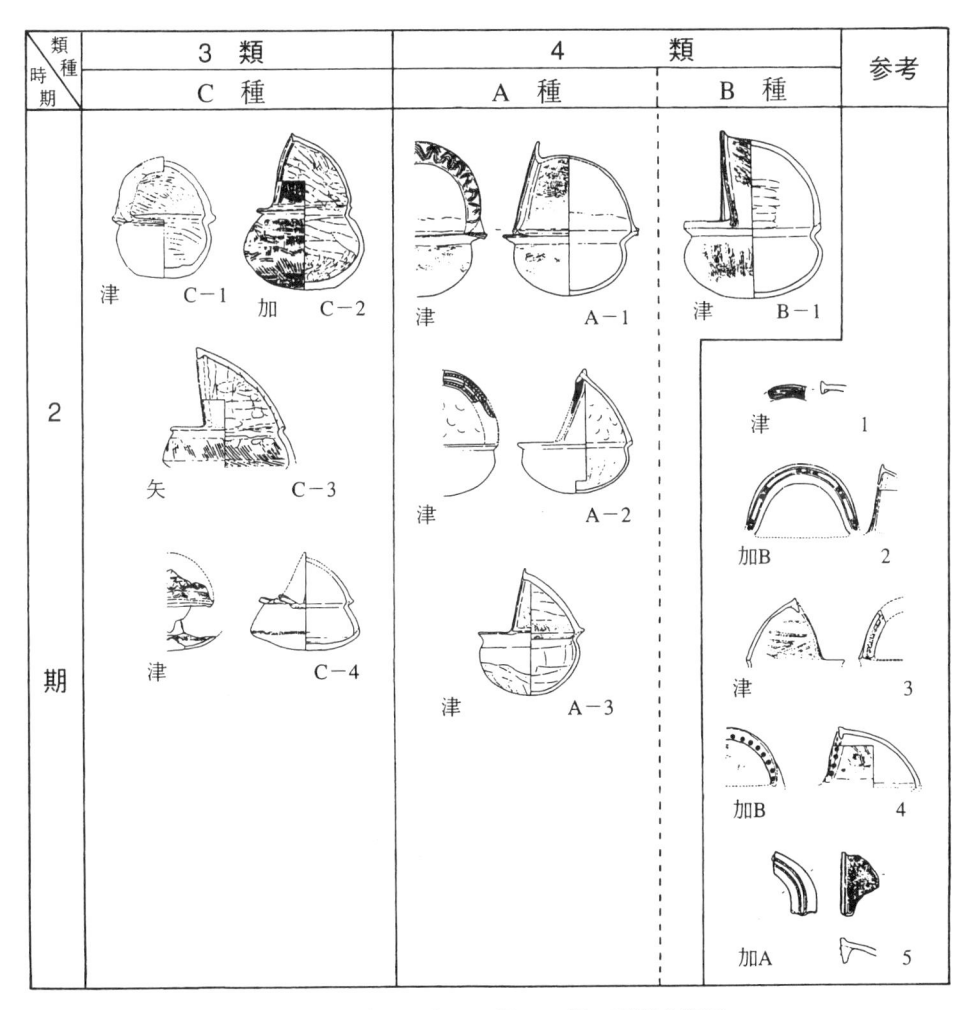

第5図　手焙形土器3類・4類　種別分類図

〈3期〉

A-8・9　A-7の系譜を引く鉢で、小型化傾向にある。

4類　丸底、口径が大きく、くの字状口縁の鉢で、面は広面のもの（第5図）。

〈2期〉

A種　鉢上半部はわずかに内行するが、全体に開きぎみの鉢部のもの。

1は広面に波状文が、2は綾杉文が施され、3は無文である。

B類　鉢部上半部は強く内行するもので、口唇部もわずかに引き出している。

参　考　全体の形は不明であるが、広面で文様があるものをあげておく。1は1期に属すると思われ、面はヘラ先で線刻されている。2は隆帯間に円形竹管文があり、覆部に綾杉文が施されており、形態・文様構成は3類2期A-1に類似している。これらの手焙形土器は明らかに近江地方の影響を受けていると見ることができよう。

5類　底部は丸底で、底部と体部の接合箇所が明確で、その箇所が突帯状に見え、また実際に

突帯をめぐらすものもあり、体部は直線的で、小さな口縁部をもつ。面は先端を摘み出し、広面傾向にあるもの（第6図）。

〈2期〉

A種　体部が内行し、口縁部の小さなもの。

B種　体部が直行し、口縁部の小さなもの。

B－1・2　小さな口縁部で、ダルマ型に類似するものである。

B－3　口縁が発達し、外反するもの。

C種　体部が外行し、口縁部の小さなもの。

C－1　扁平な鉢部で、体部突帯がめぐる。

C－2　広面で面に線刻があり、体部突帯がめぐる。

C－3　広面で面には円形竹管文が施され、体部突帯と接合部突帯がめぐる。

6類　吉備型口縁Bの鉢で、体部突帯がめぐり、底部は丸底のもの（第7図）。

〈2期〉

A種　体部が扁平なもの。

A－1・2　底部と体部の接合個所が明確で、接合部を突帯と同じ効果をもたらしているもの。

A－3　明瞭な体部突帯がめぐるもの。

B種　A種より深めの鉢で、体部突帯がめぐるもの。

C種　単純口縁で、体部突帯がめぐるもの。

2　形と型

（1）個性豊かな手焙形土器

足守川流域遺跡群で、これまで出土している手焙形土器は津寺遺跡37点、加茂A7点・加茂B遺跡28点、矢部南向遺跡8点、政所遺跡1点の計81点であるが、今回使用した資料は形態分類に耐え得る47点である。これらは6類17種に分類することができた。46点が6類に分けられるということは、平均すると8個が一つの類をもち、16種あるということは3個で一つの種をもっていることになる。しかし、詳細に見れば一つの器種でありながら、各個体は強い個性を発揮しており、他の土器のように明確な型を把握することができない。日常雑器としての土器は、たとえば高坏なら高坏、甕ならば甕という型が必ず存在し、型は一定の時空にひろがっている。だからこそ型式を設定することができ、編年も可能なのである。しかし、手焙形土器は同時代の一定の地域・一遺跡内でさまざまな手焙形土器がつくられており、他の土器のように型を把握することは困難である。また、型が存在したとしてもきわめて緩やかなものだった考えられる。つまり、手焙形土器は型を意識せずにつくられたといえよう。

（2）緩やかな形と型の要因

手焙形土器は内部で火を燃やすために考案された土器である。ほぼ同数出土している津寺遺跡

第 2 章　手焙形土器の歴史的意義

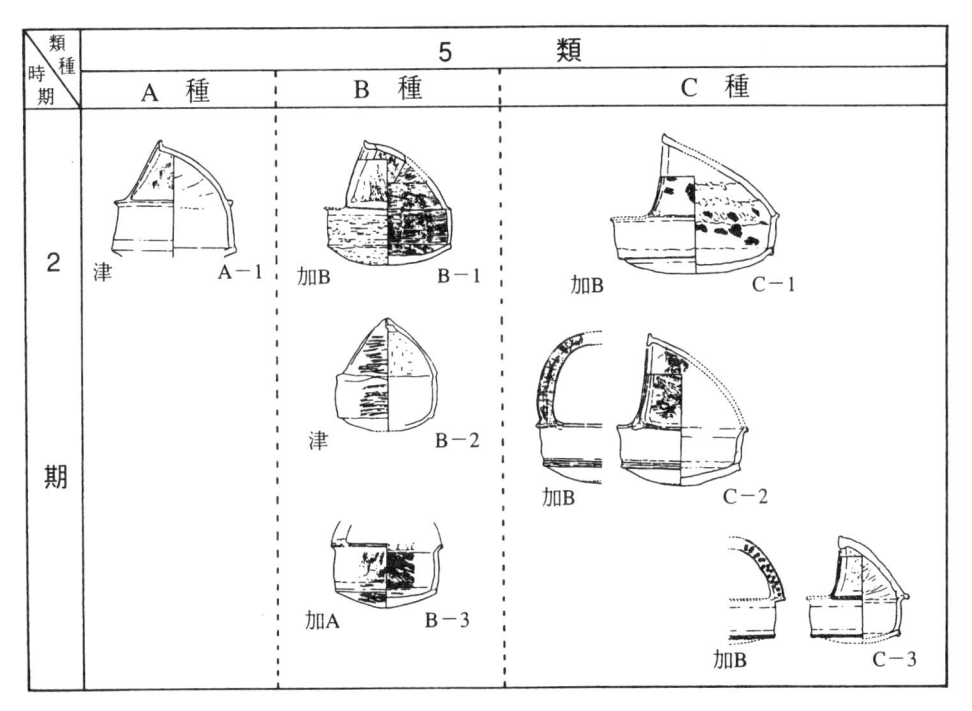

第 6 図　手焙形土器 5 類　種別分類図

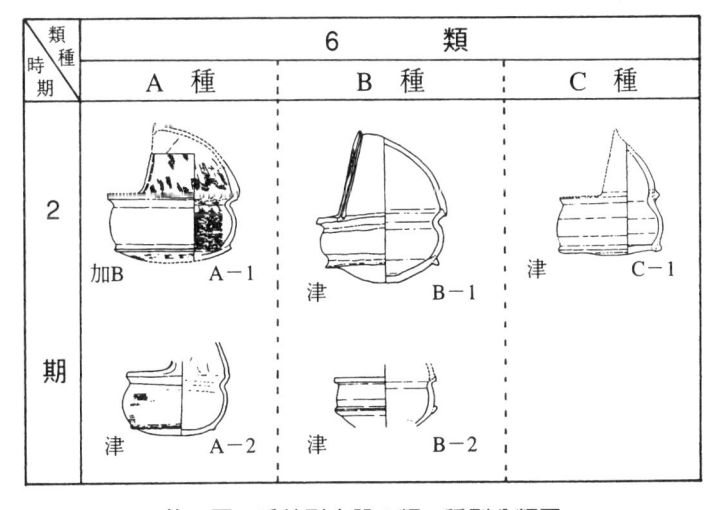

第 7 図　手焙形土器 6 類　種別分類図

第1編　弥生時代から古墳時代へ

と加茂A・B遺跡での手焙形土器の使用期間をざっと100年と見積もっても、さらに未発掘の手焙形土器を考慮しても、その数はいかに少ないかが理解できよう。こうした事実からも、手焙形土器は日常的な土器でないことは明白である。

手焙形土器は火を使う祭祀や儀礼に用いられ、その祭祀等が終了すると、破砕されて廃棄されあるいは墳墓ではそのまま埋納されるので、日常生活では見かけない土器である。このような手焙形土器の性格が形や型のあり方を規定しているのである。つまり、手焙形土器は必要がある時につくられ、それぞれの製作時期には時間幅があり、土器製作者や発注者の記憶に左右されることが多かったので、日常生活で使用する土器のように型にはめることはできなかったのである。ただ、2期初頭に加茂A遺跡で1個体、加茂B遺跡で1個体と津寺遺跡で2個体の面に波状文を施した資料が出土しているが、これなどは波状文が流行した一定の期間内につくられたものだろう。

また、手焙形土器は目的がはっきりしているため機能優先で、地元には目的にかなった鉢があれば、その鉢を使い覆部を乗せて手焙形土器をつくりだしている。機能優先の一例として、2類1期B－1の手焙形土器は開口部を打ち欠いて大きくしている資料がある。これなどは当初、開口部が小さすぎて火がよく見えないためか、あるいは開口部が小さすぎて不完全燃焼を起こしたのか、または燃料の補給する上で具合が悪かったのかはわからないが、より機能的なものにするため覆部を割って開口部を大きくしたものと考えることができる。つまり、形や型より機能を優先させたのである。

足守川流域の遺跡群には在地型の手焙形土器だけでなく、他地方で流行した器形と文様をもつ手焙形土器も存在する。手焙形土器は発祥地から時間とともに徐々に遠隔地に波及するというものではなく、空間を飛び越えて出現することが多い点も手焙形土器の特徴のひとつである。これなどは人の移動を考慮にいれないと理解できない現象である。広面に隆帯や円形竹管文が、覆部に綾杉文が見られるものは近江地方や山城地方といった地域からの人の移動か、吉備からそれらの地方へ出かけ、祭祀や儀礼に参加して実際に目認したか、あるいは目認した人の吉備への移動があったのであろう。

3　足守川流域遺跡群の歴史的環境

手焙形土器が出土しているこれら5遺跡は岡山市街の西北西にあり、古高梁川の氾濫によって形成された肥沃な平野に立地する。現在は吉備高原に源を発する足守川が南流し、今回対象とした遺跡群からはおよそ13kmで海に達するが、弥生時代は海が深くまで入り込んでおり、これら遺跡からは4～5km程で海に達したようだ。また、地名に津がついていることから、津があったことを十分に推測させる。

この地域では弥生時代中期後葉には主要集落は丘陵上にあり、平野部では津寺遺跡、加茂B遺跡、矢部南向遺跡が存在していたが、後期に入ると政所遺跡も加わり、これら遺跡は後期から古

墳時代初頭にかけて発展・拡大し、足守川流域の遺跡群の中核的存在と成長する。これらの位置関係であるが、足守川左岸の上流部に津寺遺跡があり、津寺遺跡の東方700mほどの地点に加茂政所遺跡、津寺遺跡の下流約400mの地点には加茂A遺跡、その下流100mに加茂B遺跡、これに接し矢部南向遺跡が所在し、さらにその下流約2kmには上東式の標式遺跡として有名な上東遺跡が存在する。また、矢部南向遺跡の南方500mの丘陵上には弥生墳丘墓として有名な楯築遺跡が存在し、さらに出現期の前方後円墳の大坑古墳(47m)が存在し、中期になると360mの造山古墳も出現する。こうした考古学的現象は、この地域一帯は吉備の中枢であったことを示している。

さらに、これら遺跡の特徴として東海・北陸・畿内・山陰・四国・九州北部系の土器が数多く出土している。また、砂礫等の検討から、河内、大和、摂津、四国、北陸、山陰東部、播磨などから搬入された土器もあるという(奥田・米田 1996)。足守川流域の遺跡群は人と情報の交差点で、吉備における他地域間交流のネットワークの中枢にあり、津的性格をもっていたことを非在地系土器は物語っている。そして、手焙形土器はこうした非在地系土器が数多く出土する遺跡から出土するというのも大きな特徴のひとつである。また、岡山県出土の手焙形土器の約70％がこの地に集中しており、手焙形土器からも足守川流域は弥生時代後期から古墳時代初頭にかけて吉備の中枢地域であったといえる。

話しは横道にそれてしまったが、簡単にまとめ本稿を終えよう。

まとめ

手焙形土器という形は、手焙形土器本来の目的を達するために形は堅持された。故に、さまざまな形は存在するが「手焙形土器」という形は認識できる。しかし、手焙形土器には型が存在しなかったことが明らかになった。その要因として第一にあげられるのが、手焙形土器は継続してつくられていなかったこと、第二に同時につくられた個体数は少なく、単品製造の可能性が強いことである。そのために型は成立せず、型が不在のため精緻な編年作業には困難が伴うのである。つまり、ほかの土器のように同時多量につくられる性格の土器ではなかったため、型を規制する社会的規範は手焙形土器には適用されなかったし、適用しにくかったのである。こうした点からも、手焙形土器は非日常的な土器であったことが指摘できるのである。

参考・引用文献

江見正巳ほか 1995『足守川矢部南向遺跡』岡山県教育委員会

大橋雅也ほか 1995『津寺遺跡2』岡山県教育委員会

奥田　尚・米田敏幸 1996「津寺遺跡出土の非在地系土器」『津寺遺跡』3　岡山県教育委員会

亀山行雄ほか 1996『津寺遺跡』3　岡山県教育委員会

亀山行雄ほか 1997『津寺遺跡』4　岡山県教育委員会

島崎　東ほか 1995『足守川加茂A遺跡』岡山県教育委員会

第1編　弥生時代から古墳時代へ

高橋一夫 1998『手焙形土器の研究』六一書房
高畑知功ほか 1998『津寺遺跡』5　岡山県教育委員会
高畑知功ほか 1999『津寺三本木遺跡　津寺一軒屋遺跡』岡山県教育委員会
光永真一ほか 1995『足守川加茂B遺跡』岡山県教育委員会

第3節　手焙形土器の性格と型式

はじめに

　これまでの手焙形土器の研究は、個体の分析を主眼としてきたが、本稿では手焙形土器を遺跡に戻し、手焙形土器の性格を探るとともに、遺跡のなかで手焙形土器がどのように変化していくのか、また一定の地域内にはどのような形態のものが存在し、どのように変化するのか、そこには系譜関係が存在するのかなど、とくに手焙形土器と型式の問題について考え、手焙形土器の実体に迫る手段のひとつとしたい。なお、今回は関東をケーススタディーとしたい。

1　出土遺跡と特徴

（1）集　落

山梨県村前東Ａ遺跡（三田村美彦 1999）

　本遺跡は古墳時代初頭の住居跡が141軒を数える大集落である。古墳時代初頭以前の遺構として、弥生時代後期の住居跡1軒と水田状遺構、溝が確認されているのみで、かつ出土土器も極少量であった。弥生後期の住居跡は出土土器から見て、外来系土器を出土する集落が出現する直前まで存在していたと考えられている。いずれにせよ、新たな集落はそれ以前の水田状の遺構等を無視して形成されたのであった。そして、集落は古墳時代初頭で一度断絶し、再び平安時代に集落が営まれるのである。

　出土土器は在地の土器のほかに多数の東海系・畿内系・北陸系・山陰系土器が出土しているが、東国ではめずらしく北陸系・山陰系土器が多く出土している点も本遺跡の特徴のひとつである。また、外来系土器を主体に32点の胎土を分析しているが、古段階のＳ字甕1点の胎土は濃尾平野のＳ字甕の産地と同様、伊勢平野南部に産地が求められる可能性が高いことが指摘されている。

　また、遺跡の南には住居跡などの遺構が少なく、焼土が詰まり火を焚いたと思われる土坑群と竪穴状遺構か存在することから、集落祭祀にかかわる空間ではなかったかと推定されている。だが、手焙形土器はこの空間からは1点も出土しなかった。

　手焙形土器は7点出土している。その内訳は住居跡から4点と溝1点で、ほかの2点はグリッドからの出土である。住居跡の1点だけがほぼ完形に近いが、ほかはいずれも破片である。7点の手焙形土器には説明の都合上1〜7と番号を振った（第8図）。

　7点のうち型式的にもっとも古いのが手焙形土器1である。1の鉢部は受口状口縁で、胴部はハケ整形後に刻みの入った突帯と、その上部には3本1単位の沈線が2単位めぐる。この鉢部と類似する資料は長野県弘法山古墳から出土している手焙形土器の鉢部で、口縁は同じ受口状で、胴部はハケ整形後に3本の沈線をめぐらせている。この資料の胎土はほかの手焙形土器とは相違

第1編　弥生時代から古墳時代へ

弘法山古墳

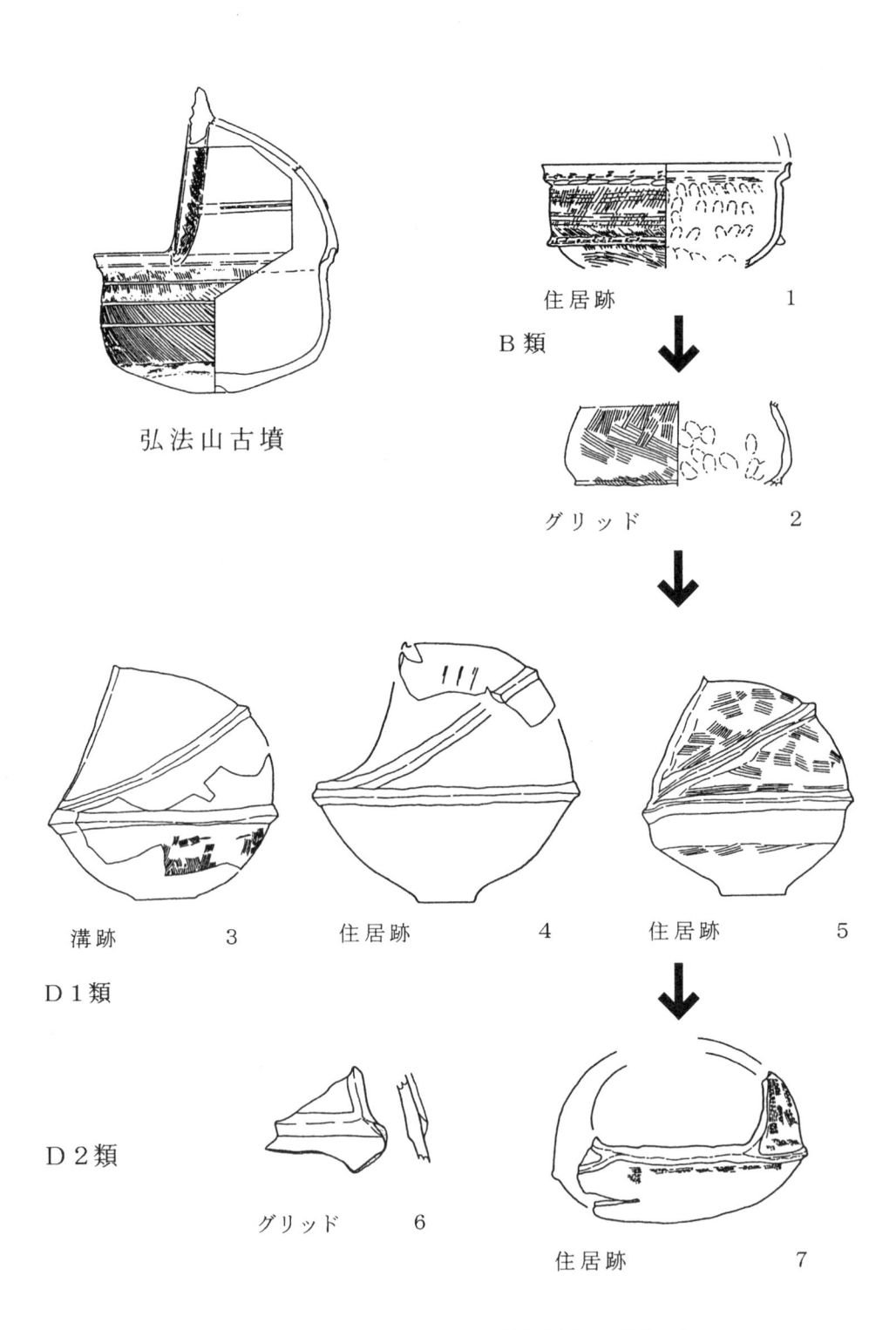

B類
住居跡　1
グリッド　2

D1類
溝跡　3　　住居跡　4　　住居跡　5

D2類
グリッド　6　　住居跡　7

第8図　村前東A遺跡における手焙形土器の型式変化

するように見受けられ、搬入品の可能性もある。この手焙形土器がその後のモデルになったと考えられる。

　村前東A遺跡では7点の手焙形土器のうち1のみが近江系で、口縁が受口状口縁のB類である（注1）。その後はまったく形態の異なるダルマ型のD類となる。これらの胎土は共通していることから在地でつくられたと見ていいだろう。D類は2種類あるので、覆部突帯のあるものをD1類、覆部突帯のないものをD2類とする。

　D1類で完形のものは手焙形土器2だけであるが、覆部突帯をもち、鉢部と覆部の接合部にも突帯をめぐらせ、開口部の面はいずれも上に若干ひろがる上L型である。こうした特徴から、モデルとなったと思われる手焙形土器は1で、覆部は欠損しているが、覆部は広面で、覆部突帯があったと想定できる。その後に覆部突帯がなくなり、扁平になったD2が出現する。

　以上のことから、手焙形土器1以前に手焙形土器は存在していなかったので、まず搬入された手焙形土器で祭祀が行われた。祭祀が終了すると手焙形土器は破砕するなどして廃棄してしまうので、次に手焙形土器での祭祀を行う時には、祭祀を主催した人物や手焙形土器1を見た人のイメージによりD1類がつくられ、D2類へと変化したと考えられる。

　さて、手焙形土器は本遺跡でどのように使用されたのであろうか。1は六分の一程度の鉢部の破片で、住居跡の柱穴から出土した。しかし、使用後に破砕した手焙形土器片を柱穴に埋め込んだ行為に何らかの意義を認めるとしても、手焙形土器祭祀本来の姿ではない。

　2は鉢部の破片で、下半部に突帯がめぐる。2は1の沈線が消滅するが、体部突帯が残ったものと思われるので、1の次に位置づけることができよう。

　3も住居跡からの出土である。この資料は復元したら完形になったのではなく、開口部の反対側の鉢部に欠損部があるが、完形で出土したものである。欠損部を観察すると新しい割れ口と古い割れ口が存在することから、本来の割れ口はもっと小さかったことがわかる。さらに、古い割れ口を観察すると、開口部側つまり内側から外に向けての力によって割られていることが判明した。内側から割られていることは、通常の割れ方ではなく、故意に割ったことを示唆している。

　住居跡から稀に完形で出土することがある。この点は保管の可能性も考えられるが、本資料には内側にススの付着が認められることから、使用前に住居内で保管していたという説は成立しない。おそらく、使用後に穴をあけ、住居に廃棄したものであろう。

　そのほかの手焙形土器も住居跡、グリッド、溝から破片で出土しているが、いずれも廃棄場所と考えていいだろう。なお、7にもススの付着が認められる。

　本遺跡では、集落域の南に土坑群、竪穴状遺構、溝で構成される空間がある。土坑からは遺物が出土してないので時期は不明であるが、溝や竪穴状遺構からは古墳時代初頭の土器が出土していることから土坑も同時期の所産と考えられる。土坑には先述のとおり焼土がつまっているものもあり、火にかかわるものであることを示唆しているが、何に使われたかは不明である。ここを祭祀空間とするなら、手焙形土器もこの場所で使用されたとも推測できるが確証はない。

第1編　弥生時代から古墳時代へ

　さて、集落の消長であるが、集落は3世紀後半に出現し4世紀初頭には消滅したと考えられる。手焙形土器は7点出土し、4類型存在する。この7点が村前東A遺跡に存在したすべてではないにしても、集落の存続時期を5、60年とすると、1年に一度の祭りに使用するという性格の土器ではなさそうである。何年かに一度あるいは時期や季節に定めはないが、重要な祭りに使用されたと考えられるのである。いずれにせよ、季節的な祭りに使われたのではないことだけは明らかである。

茨城県野方台遺跡（玉井輝男 1993・赤井博之 2001）

　野方台遺跡は鬼怒川左岸の島状の台地に立地し、古墳時代初頭・前期・中期・後期、奈良・平安時代と継続して集落が営まれている。本遺跡を特徴づけているのは外来系土器の多量出土で、地元の土器は数片程度の出土であった。また、弥生時代後期の十王台期の住居跡も4軒存在するが、その後は非在地系土器を出土する住居跡が遺跡を席巻している。この状況は村前東A遺跡と類似している。

　東海系土器ではS字甕の出土が多く、欠山式タイプの高坏、ひさご壺、パレス壺が、近江系と考えられる受口状口縁の甕も出土している。北陸系では装飾器台と甕が、畿内系土器は壺等が出土している。

　手焙形土器は小片であるが2点出土している（第9図）。1は住居跡からの出土の覆部である。面は広面で上下にひろがるT型で、面には2列の円形竹管文を配している。覆部には突帯が、また覆部と鉢部の接合部には刻み突帯がめぐり、覆部突帯との間を1条の突帯で結んでいる。2はグリッドからの出土の覆部で、面は広面で下にひろがる下L型で、面上部には細い刻みが入っている。また、覆部には刻み突帯がめぐる。内面及び面にかけてススが濃く付着している。両者は小破片で比較は困難であるが、2は1の退化形態であると思われ、村前東A遺跡のような1から2への飛躍は見られない。

　住居跡形態を調べてみると、本遺跡と同時期と思われる在地弥生時代後期の十王台期の住居跡は方形も存在するが、長方形、隅丸長方形、円形等と多様である。しかし、非在地系土器を出土する住居跡形態は方形で、主柱穴は4本で方形に配置し、主柱穴上を対角線で結ぶと住居跡コーナーは対角線上にのり、対角線の交点を中心に円を描くと主柱穴と各コーナーはこの円上に位置する。こうした住居構造は都出比呂志の説く「主柱穴配列求心構造」で、畿内型の住居構造となる（都出 1989）。

　出土土器を「廻間編年」（赤塚次郎 1990）と比較すると、3世紀中頃に位置づけることができそうだ。遺跡の主要部分は調査しているが、全体を調査していないので手焙形土器は2個体だけとは限らないが、たとえ出土しても数点といったところだろう。野方台遺跡でもやはり手焙形土器のあり方を推測する証拠は得られなかったが、遺跡の存続年代からして村前東A遺跡同様、年単位の祭りには使われたものではないだろう。また、1点にはススが付着しているので、手焙形土器の内部で火を焚いたことだけは確かである。

（2）墳　墓

千葉県高部32号墳（小沢　洋 1995、加藤修司ほか 2000、西原崇浩 2002）

　高部古墳群は眼下に東京湾を望む木更津市の台地上に立地する。木更津市周辺は外来系土器を出土する遺跡も多く、さらに高部32・30号墳と同時期の前方後方墳や前方後方形の低墳丘墓も数多く存在し、また三角縁神獣鏡を出土した前方後円墳の手古塚古墳などもあり、この地域が古墳時代において上総の中枢地域のひとつであり、かつ東京湾の海上交通上の要衝であったことを示唆している。

　32号墳は墳丘長約31.2m、周溝を含めた推定全長は約40mの前方後方墳で、前方後方形周溝墓のような溝がまわる。主体部は後方部に木棺直葬1基で、さらに周溝内に木棺直葬と考えられる墓壙3基と壺棺1基が検出された。主体部からは副葬品として半肉彫四獣鏡（破鏡）と槍先2点が出土し、棺底の70cm上から破砕した高坏が6個体以上出土した。

　手焙形土器は前方部の周溝内にある墓壙Aから出土した。この墓壙Aは主体部と主軸を同じくすることから、主体部とは時間的にさほど離れてない時期とすることができる。A墓壙からは副葬品として鉄製釣針と銛が各1点出土し、墓壙上面から底部を内側から穿孔された手焙形土器が出土した。

高部30号墳

　30号墳は墳丘長約33.8m、周溝を含めた全長は38.8mの前方後方墳である。主体部は前方部に木棺直葬が1基存在し、破砕された二神二獣鏡1面と鉄剣2振が出土した。手焙形土器は棺の上に据え置かれた状態で出土し、その周辺には若干の焼土が認められた。

　さて、これら前方後円墳の年代であるが、32号墳は赤塚次郎廻間編年（赤塚 1990）のⅠ式4段階からⅡ式1段階に、30号墳はⅡ式1段階に比定されている。

　32号墳では後方部にある主体部からは手焙形土器が出土していないことから、本古墳の被葬者が埋納された時には、手焙形土器を使用した葬送儀礼は行われていなかったことを示している。それからあまり時を経ない段階で墓壙Aが築かれた。墓壙Aの副葬品は釣針と銛1点ずつと貧弱であるが、主体部の副葬品も鏡片と鉄剣2振とこれまた貧弱である。また、周溝に埋葬されているが、同じ墓域内であることから、墓壙Aに埋葬された人物は主体部の被葬者とは兄弟あるいは子供といった血のつながりがあった人物が推察できる。

　本古墳での手焙形土器の出土状態は、手焙形土器を使用しての葬送儀礼が行われ、儀式終了後には底部に孔をあけ、仮器として墓の上に安置していることをより鮮明に物語っている。

　30号墳は32号墳築造後まもなく造営された。主体部は後方部の一基のみで、副葬品は破砕した鏡と槍先2点と、32号墳と基本的に変化はない。手焙形土器は32号墳のもの同様、底部は穿孔されていることから、30号墳の葬送儀礼は墓壙Aの儀礼を踏襲して行われたことを物語っている。棺の上から手焙形土器と一緒に焼土が確認されている点から、棺を埋納した後にその上で火を燃やし、被葬者の霊を火で引き継ぐための儀式や、清めのために火を焚く儀礼が行われたことが想

定できる。2点の手焙形土器はススの付着を確認できないが、ほかの例からして内部で火を焚いたと考えていいだろう。

神門3号墳（浅利幸一 1986・田中新史 1991）

神門3号墳が存在する市原市は、古墳時代初頭には各種の外来系土器が出土する地域として著名である。たとえば、南中台遺跡と中台北遺跡では関東においては出土例が少ない北陸系土器を主体的に出土する遺跡で、住居跡も北陸タイプのものが存在することから、北陸地方の人たちも居住していたことを示している。市原市でもとくに国分寺台は、その後に国府や国分寺が造営されるなど、上総の中枢地域としての地位を長く保っているのである。

3号墳は墳長53.5mの纒向型前方後円墳である。これに接してさらに4号・5号という2基の同型の前方後円墳が存在し、5号・4号・3号の順でつくられたと考えられている。本古墳と同時期の出現期古墳が木更津地方では前方後方墳が、市原地方では纒向型前方後円墳が築かれたというのも興味ある現象である。

手焙形土器は主体部の墓壙内に落ち込んだ状態で出土し、墓壙の北側からは有段口縁壺・高坏・小型鉢・ひさご形壺などが出土した。こうした土器の出土状態から墳頂部では棺を埋納した段階で葬送儀礼が行われ、手焙形土器は棺の上部に置かれたことを示している。手焙形土器はほぼ完形で、ヒビひとつ入ってないが、鉢部口縁部、覆部突帯、接合部突帯の一部及び底部が欠損している。底部の欠損部を観察すると、その穴は内側から力を加えてあけられたことがわかる。この底部穿孔の方向は高部古墳と同じく内側からのもので、同様の葬送儀礼が行われたことを示唆している。手焙形土器にはススの痕跡は認められないが、ほかの例から火を使用しての儀式が行われたことが想定できる。

墳頂部のほかに、墳丘下でも古墳築造前の祭祀を行った際に使用されたS字甕、北陸系甕、畿内系叩き甕が出土している。

4号墳も墳頂部から畿内系と東海系の土器が出土し、墳丘下でも3号墳同様、築造前の祭祀に使用したと考えられる土器が出土した。これらの土器は多種多彩で、在地系装飾壺を主に、東京湾西岸系、東海系、北関東系装飾壺、叩き甕が出土した。各地の土器が共存することは、各地の人たちが葬送儀礼に参加したことを物語っている。

5号墳も墳頂部から北陸系と東海系土器が出土している。これら3基の古墳の年代は3世紀中葉前後の半世紀に相次いで築造されたと考えられている（田中新史 1991）。

長平台遺跡（白井久美子ほか 1982）

手焙形土器は方形周溝墓から出土した。手焙形土器は大型の破片で出土し、ほぼ完形に復元されていることから、破砕されることなく方形周溝墓に供献されたと考えられる。なお、手焙形土器にはわずかながらススの付着が認められる。出現期古墳同様、方形周溝墓においても手焙形土器を使っての葬送儀礼が行われていた。

この方形周溝墓からは東海系のパレス壺が出土している。パレス壺の胎土は淡白色で、在地の

土器とは一見して違いがわかり、搬入品と考えられるものである。

　長平台遺跡は神門古墳群が存在する同じ国分寺台に存在する。遺跡は集落と方形周溝墓から構成されて、東海系土器が多く出土したという。また、この集落は神門5号墳を造営する基盤となった集落のひとつであったと考えられている（田中新史 1991）。

2　千葉における手焙形土器の系譜

　先に村前東A遺跡内での手焙形土器の変遷を追ったが、ここでは遺跡を飛び越え、千葉県内でもとくに墳墓から出土している手焙形土器に型式学的な系譜関係が存在するのかどうかを検討することにしたい（第10図）。

　高部32号墳　千葉県での最古の手焙形土器は高部32号墳の資料である。高部32号墳の鉢部口縁は受口状であること、体部上部に平行沈線をめぐらし、下半を粗いハケを施す手法は近江地方の鉢の特徴をよく示している。面は狭面であるが、2期の面は狭面の例が多く、3a期になると広面が多くなり、覆部と鉢部に文様がつけられ飾られる資料が多くなることから、近江地方の2期の形態を示している手焙形土器といえる。

　長平台遺跡　次に長平台遺跡の資料を検討してみよう。本資料の鉢部口縁はくの字状口縁であることから、口縁だけからみるとA類となり畿内系に近づくが、底部は上底となっている。上底の底部は純粋の畿内系手焙形土器の鉢部には見かけることはなく、この特徴はやはり近江系の手焙形土器の鉢部に見られるのである。また、面は広面であるが、広面はこの時期の東海地方の資料には見られない。さらに、本資料は鉢部と覆部、面は波状文で飾られているが、この時期の東海地方の手焙形土器はハケ整形だけであり、この資料のように全面文様がつけられたものは東海地方でいまだ1点も出土していない。しかし、近江地方にも波状文を多用する資料は出土していないが、鉢部に円弧文をつける資料が存在することから、円弧文が波状文に転化したとも考えられる。しかし、当時の文様のひとつとして存在した波状文を援用したと考えた方が妥当であろう。こうした点から、この手焙形土器は複数の要素をもつが、共伴土器から考えて東海西部周辺からの移住者によってつくられたと理解したい。

　高部30号墳　鉢部形態は32号墳と変わらないが、底部が平底から上底になり、覆部は面の形態が狭面から広面へと変化する。また、器全体が文様で飾られるようになり、鉢部は平行沈線に山形の波状文が加わり、覆部も平行沈線と山形の波状文で覆われている。面は広面T型となり、2本の隆帯間に円形浮文を配している。面の形態と文様構成は、3a期に近江で出現し流行したものである。ただ、波状文をめぐらす文様構成は、先述のとおり近江地方にはこれまでのところ見受けられないが、三重県蔵持黒田遺跡などに存在することから、当時の文様構成のひとつであった波状文を用いたとも考えられる。しかし、長平台の影響を受けたと理解した方が妥当であろう。この手焙形土器は近江系ということができ、近江地方やその周辺の動きと連動していることから、そうした地域との往来や情報の交換は常にあったと考えることができよう。

第1編　弥生時代から古墳時代へ

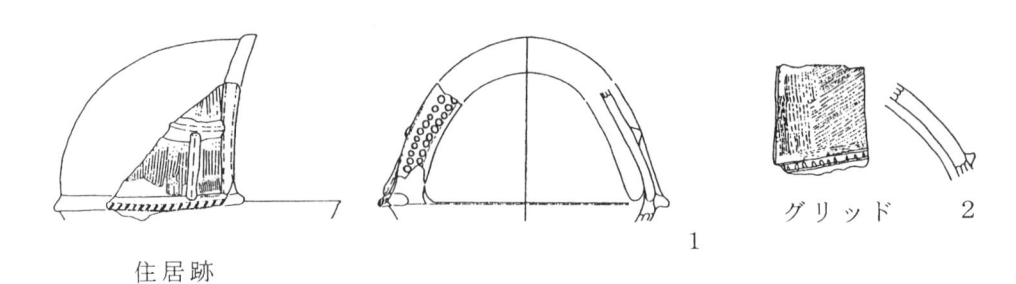

住居跡　　　　　　　　　　　　　　1　　　グリッド　2

第9図　野方台遺跡出土手焙形土器

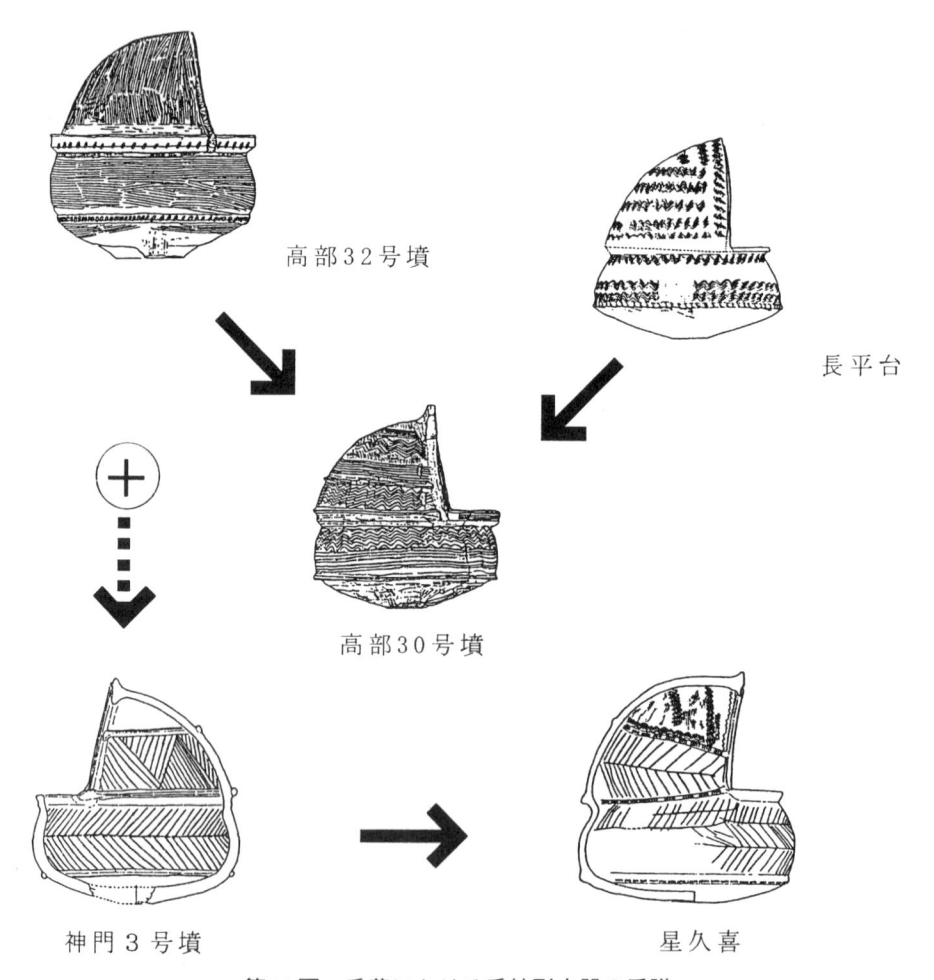

高部32号墳

長平台

高部30号墳

神門3号墳　　　　　　　　　　星久喜

第10図　千葉における手焙形土器の系譜

この手焙形土器は32号墳をベースに新たな情報をもとにつくられたもので、年代的にさほどの開きはないものと考えられる。

神門3号墳 鉢部形態は高部系であるが、受口状口縁はだいぶ退化している。しかし、面の形態と文様構成は類似しており、さらに両者の文様を省いてしまうと、器形も突帯のあり方もよく似ている。ただ、文様はガラリと一変しており、覆部には鋸歯文が、鉢部には綾杉文が描かれている。これら文様もやはり近江地方に多く見られるものであることから近江系ということができ、人や情報の交流は盛んだったことが窺える。

星久喜遺跡 方形周溝墓からの出土である。手焙形土器は破片で出土したが、ほぼ完形に復元されており、破砕したものとは見受けられない。口縁はくの字状口縁であるが、全体の器形は神門3号墳と類似している。しかし、文様に相違がみられ、鉢部の綾杉文の方向が逆となり、一段増えている。覆部では突帯より下には同じく綾杉文が、上半部では波状文が施され、面も円形浮文ではなく2段の波状文で飾られている。型式的には神門3号墳の影響下に成立したものと考えることができる。

3　手焙形土器と型式

手焙形土器は一般の壺や甕などのように型式は存在せず、それぞれがきわめて強い個性を主張している点に大きな特徴がある。

その理由を考えると、第一に手焙形土器は、それを必要とする祭祀があってはじめてつくられること。第二に、祭祀終了後に破砕あるいは埋納等してしまうために常時身近に存在する土器ではないことなどが考えられる。また、その祭祀も手焙形土器の出土個体数から考えて、季節ごとや年次ごとの祭祀に使われるものではないようだ。そのため、手焙形土器は何年もにわたり人々の視界から消えてしまうのである。その後に手焙形土器を作成する必要が生じた時は、前にみた手焙形土器のイメージが支配するので、そのイメージによってつくられた手焙形土器は祖形より飛躍するのである。つまり、個性豊かな手焙形土器が出現するのである。たとえば、村前東遺跡の搬入品と思われるB類から、D類の在地産の手焙形土器への形態的飛躍はその一例である。

また、千葉県内の墳墓出土の手焙形土器も、同時期あるいはそれに近い時期であっても個々の個性を強く主張している。ただ、高部30号墳と神門3号墳は、文様構成は異なるが器形は類似しており、さらに底部を穿孔する点などは共通の葬送思想や儀礼様式の存在が想定できるのである。なお、神門3号墳と星久喜遺跡の手焙形土器は全体的に似た雰囲気をもっている。

神門5・4・3号墳は各地の土器が出土しており、4号墳では先述のとおり周辺地域の土器も出土していることから、その人たちも葬列に加わったものと推察されている。この田中新史の推論は的を射ていると思う。高部古墳群と神門古墳群間の距離は直線にして20kmほどであり、前方後方墳と前方後円墳と相違はあるが、両地域はいずれも大和王権の東国進出の拠点であることに変わりはなく、地域間交流もあったはずである。当然、重要な祭りや儀式にはお互いに参加した

ことだろう。そうしたなかで、手焙形土器も影響をしあい、高部32号墳の波状文も長平台遺跡の影響下に成立したと考えることができるのである。また、星久喜遺跡ではとくに外来系土器は出土していないが、手焙形土器が存在する。これなどもほかの手焙形土器の葬列に参加した者のイメージをもとに星久喜の地でつくられたと推測できるのである。

土器づくりに携わる者も、手焙形土器だけはモデルを目の前において製作することはできないので、第三者のイメージを介してつくることになる。そこに型式の枠をはめることができない飛躍が存在する。つまり、手焙形土器には型式をあてはめることができないのである。

まとめ

関東の場合、手焙形土器は近江系であるが、ほかの外来系土器は東海西部系という例が多い。今回の検討対象にした遺跡もその例である。東海西部の手焙形土器をみると、東海西部には独自の手焙形土器は存在せず、手焙形土器の発祥地である畿内や近江のものをモデルにしてつくられていることから、東海西部やその周辺地域をとおして近江系の手焙形土器が関東に伝わってきたと思われる。手焙形土器と外来系土器との齟齬はこうした点が要因になっていると考えられるのである。

また、手焙形土器が出土する遺跡は、外来系土器が出土するとともにその地域の中核的な遺跡である場合が圧倒的に多い。在地に手焙形土器のモデルは存在しないため、他地方からの移住者から情報を得るか、手焙形土器を使用する祭祀や儀式に実際に参加し体験する必要がある。この条件を満たすことができる遺跡は、人が行き来し情報が集まる地域の拠点集落である。地方ではまずこうした拠点集落とそれにかかわる遺跡から手焙形土器が出土し、その後はそこから周辺地域にひろがっていったと考えられるのである。

手焙形土器は火を焚くための土器であることは、ススの付着例の割合から確実であり、葬送儀礼をはじめさまざまな祭祀に使われたとことが想定できる。しかし、その実体はなかなかつかめない。集落や一定の地域での手焙形土器の系譜を追うことは、手焙形土器の実体に近づくための基礎的作業のひとつと考えている。

注

1　手焙形土器の形態分類は第11図のとおりである。

引用文献

赤井博之　2001「野方台遺跡」『村史千代川村生活史』第3巻　茨城県千代川村

赤塚次郎　1990『廻間遺跡』　愛知県埋蔵文化財センター

浅利幸一　1989「神門3号墳」『市原市文化財センター年報（昭和62年度）』

小沢　洋　1995「東国最古の段階の前方後方墳」日本考古学協会第61回総会研究発表要旨

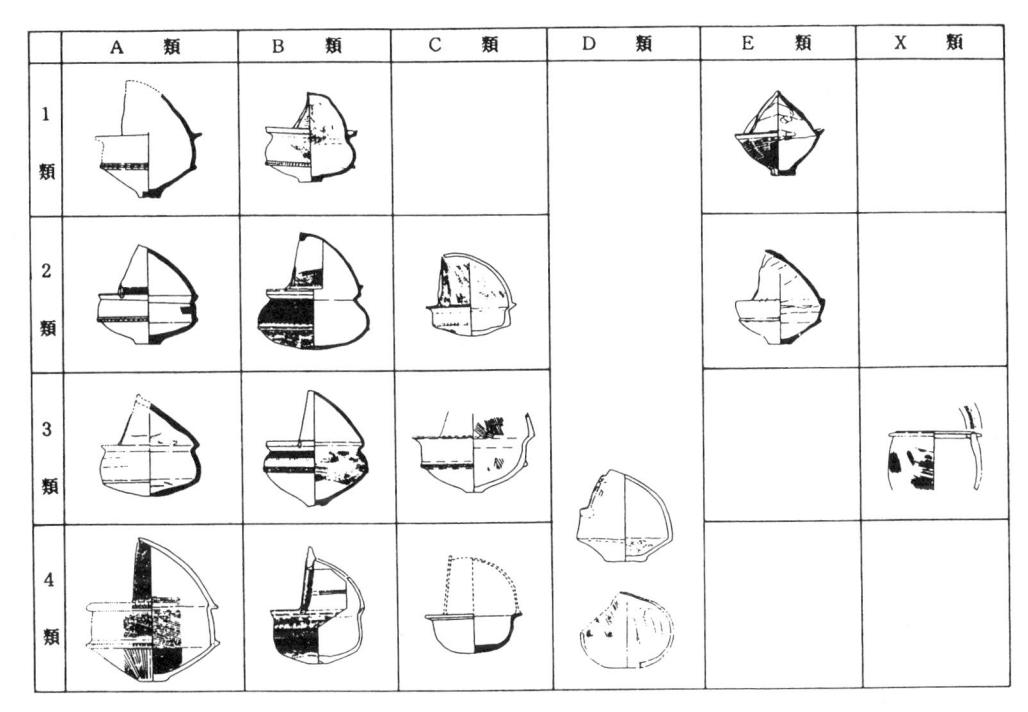

第11図　手焙形土器分類

加藤修司ほか　2000『房総地方における前期古墳の展開』千葉県文化財センター研究紀要　21
高橋一夫　1998『手焙形土器の研究』六一書房
高橋一夫　2002「手焙形土器の形と型式」『研究紀要』第17号　埼玉県埋蔵文化財調査事業団
田川　良　1984「星久喜遺跡発掘調査報告」『千葉市文化財調査報告書』第8集　千葉市教育委員会
田中新史　1991「神門三・四・五号墳と古墳の出現」『邪馬台国時代の東日本』六興出版
玉井輝男　1993『下栗野方台遺跡』茨城県千代川村教育委員会
都出比呂志　1989『日本農耕社会の成立過程』岩波書店
西原崇浩　2002『高部古墳群Ⅰ　—前期古墳の調査—』木更津市教育委員会
三田村美彦　1999『村前東A遺跡』山梨県教育委員会ほか　第157集

第3章　東国における古墳時代の開始

第1節　関東地方における非在地系土器出土の意義

はじめに

　草加市史第2、第3号で古代史上における草加の遺跡の位置づけを考えた（高橋 1982・1983）。その大要を記すと次のようである。

　分布調査と発掘調査の結果、毛長川（旧入間川）の自然堤防上には多くの遺跡が存在することが判明した。五領期の遺跡からはS字状口縁台付甕（以下、S字甕）の出土率が高く、しかもS字甕の器肉は薄く、より東海地方西部のそれに近いものである（注1）。毛長川の右岸にある伊興遺跡は五領期からの祭祀遺跡で、小型仿製鏡や子持勾玉も出土している。祭祀遺物の豊富さから大和王権がかかわった祭祀を彷彿とさせる。また、毛長川流域には全長75mの前方後円墳の高稲荷古墳が存在する。高稲荷古墳は埼玉県内でも最古の前方後円墳のひとつで、こうした古式大型前方後円墳がなぜ1基のみ孤立して毛長川流域に立地しているのか問題となっていたが、伊興遺跡をはじめとする毛長川流域の遺跡分布等から、高稲荷古墳は毛長川流域一帯を支配した者の墓であろうと考えた。

　また、伊興遺跡からは古式須恵器が出土している。埼玉県内の古式須恵器の分布を見ると、旧入間川流域に多いことから、海路運ばれてきた須恵器が伊興遺跡周辺で荷揚げされ、河川によって県内各地に運び込まれたものと想定した。さらに、灰釉陶器の分布も児玉地方には東濃や尾北窯の製品が多いが、旧入間川水系には猿投産の灰釉陶器が多く、このことから前者は東山道を経由して、猿投の製品は古式須恵器と同様に海路から運び込まれ、河川を通じて北武蔵各地に運ばれたと考えた。そのほか、湖西窯の須恵器の出土率も高く、このようなことから草加市周辺は古墳時代から平安時代までの長い間、海上交通と河川交通上の重要な地点であることを想定した。さらに、古墳時代初頭においても、伊興遺跡や高稲荷古墳の存在がこの地域の重要性を象徴している。草加市周辺は海上・河川交通の拠点であるとともに、古墳時代初頭においてはさらに軍事的要衝であったとも考えられ、大和王権の北武蔵経営拠点のひとつであったと推察したのである。

　本稿では、以上の考え方を補足する意味と、さらには周辺地域を検討することによって、古墳時代初頭の草加の遺跡をクローズアップさせ、日本古代史上に位置づけるためにも、地域を広く関東地方に求め、S字甕をはじめとする東海系土器や畿内系・北陸系・山陰系といった非在地系土器出土の意義とその背景について考えていこうとするものである。

第1編　弥生時代から古墳時代へ

1　研究史

　関東地方の弥生時代末から古墳時代の初頭にかけて、伊勢湾沿岸地域を含む東海地方西部の様相をもつ土器が出土することは、古くから研究者の間で注目を集めていた。それはまず、東海地方にもっとも近い相模湾沿岸地域で注目された（赤星直忠 1955）。その後、この地域の弥生土器の問題について神沢勇一が取り上げ、「相模湾沿岸の弥生土器は、隣接する東海地方東部（駿河湾沿岸地域）の土器と比較すると、土器の組成、各器形における形状、文様等に差があり、とくに後期後半において、伊勢湾沿岸の土器がかなり流入し、その影響を少なからず受けるなど、独自の地域性を示している」とし、さらに「相模湾沿岸の弥生文化は東京湾沿岸のそれとは区別さるべきものであり、広義の東海文化圏に属しながらも独自の小文化圏を形成しているものと考えられる」と述べている（注2、神沢 1968）。しかし、後述するように東海系土器は関東各地で出土しており、今では相模湾周辺だけの特徴ではなくなっている。

　湯川悦夫・加納俊介は東海系土器を集成し、東海地方西部の土器と比較検討している。その結果、欠山期や元屋敷期の土器に類似するものが多かったことが判明した。現在でもこの傾向に変わりはないが、湯川・加納の論点は、神沢が文化圏を問題としたのに対し、東海系の土器を東海地方西部のものと比較することによって、弥生末から古式土師器の編年に活用しようとする点にある。つまり、「いわゆる斉一性のあるセットと共に、これをメルクマールとして、まだ混乱している編年の検討ができ」、「ある段階の併行関係も構成しうる」のではないかと考えたのである。そして、「後期弥生式土器から古式土師器への転換には、従来は直ちに畿内の影響＝勢力の浸透を考えてきたが、もう少し違った形態を考える必要」があり、今後は「少なくとも東日本の場合は、東海西部を媒介させて考える必要」があるとしている（湯川・加納 1972）。両氏の見解は支持できるものであり、東海系土器の問題を一歩進めたものとして評価できる。

　田口一郎も、従来、古墳文化の伝播は畿内から直接的なものや吉備地方の勢力が深く関与していたという見解が主流であったが、Ｓ字甕の盛行から伊勢湾周辺の元屋敷期の勢力が、古墳文化を東国に伝播する時点で中心的な役割を果たしているのではないかと考えた（田口 1972）。

　Ｓ字甕は群馬県太田市や高崎市周辺をはじめとする地域から多く出土する。なかでも石田川遺跡が有名である。松島栄治はＳ字甕が多く存在する石田川式土器の使用者は、東海地方西部からの入植者ではなかったかと想定した（松島 1968）。この見解はその後、群馬の研究者によってより一層の発展を見せている。梅沢重昭は、Ｓ字甕は「限定された短い時期に異色の普及を示しながら、次代には引きつがれることなく消滅した土器であったし、その時期が古墳文化の東国への伝播の時期に一致するものとすれば、まさにフロンティアの土器」であるという（梅沢 1968）。橋本博文によると、石田川流域、八瀬川流域、蛇川流域及び矢場川流域はＳ字甕をメルクマールとする石田川式土器をもつ集落が爆発的に増加するという。このような現象の背景には、「伊勢湾周辺の人的動きがあったと推定される。それは多分に政治的であり、この未開の沖積地の開拓

を狙った入植というかたちであった」のだろうと想定する（橋本 1979）。S字甕を政治的に捉えた論考として重要である。

　橋本論文に先立って、三渡俊一郎は全国的にS字甕を集成し、その分布の特徴からひとつの見解を提示している（三渡 1975）。その分布の特徴として、①遺跡が密集しているのは、奈良・愛知（尾張）・神奈川・群馬の4県で、②愛知（三河）静岡及び神奈川の3県では海岸に沿った位置にあり、東海道に近く、③長野県においては東山道にそって分布し、④埼玉県では群馬県に近い地方に多い、という4点をあげている。

　さらに、最近の資料の増加からこの4点に加え、東京湾沿岸に多く分布するとが加えられる。三渡はS字甕の分布は日本武尊の東征伝説と一致する点が多く、また『熱田神宮縁起』には日本武尊の東征に際し、尾張氏の先祖である建稲種が従軍したことが記されていることから、尾張の兵士たちが従軍の経路にS字甕を残していったのではないかと推察している。示唆に富む見解である。

　大参義一はS字甕の分布が東は関東さらには東北の一部に、西は畿内まで及んでいることから、「大和政権による国家統一への胎動の前史として考察しなければならない問題」であると示唆しているが（大参 1968）、三渡はこれを具体的に進めた研究として評価することができよう。

　千葉県も東海系土器をはじめとする非在地系土器が多く出土するが、神門4号墳から出土した畿内系.伊勢湾系の土器から、田中新史はその地方と人的交流があったのだろうと推測している（田中 1977）。

　最近、茨城県でも東海系土器が注目されはじめた。黒沢彰哉は県内の東海系土器を集成し、東海系土器は南関東系の土器を出土する遺跡から出土する例が多いことから、「東海系土器の東国への波及に南関東の勢力が関与したことを推測することができよう。言うなれば、東海系土器は南関東地方を媒介として北関東地方に入ってきたのである。逆に言うなら、五領式土器が茨城県に侵入出来たのは東海地方の勢力が存在したことによるものと考えられるのである」と述べている（黒沢 1981）。

　以上、先行研究をふり返って見たが、非在地系土器としては東海系土器が主体的に論じられていることがわかる。そして、関東地方での東海系土器の出土の背景として、東海地方西部の人々の移動、移住と結びつけて考えるのが一般的になっている。このような先学の見解を踏まえ、東海系土器をはじめとする非在地系土器について考察を進めていこう。

2　各地の非在地系土器

　ここでいう非在地系土器とは、東海系、畿内系、北陸系、山陰系の土器を指す。これら非在地系土器は後述するように、あくまで「系」の土器が多く、搬入された土器はごく少ない。「系」の土器は在地で製作されたものと考えていいだろう。各地の詳しい非在地系土器の出土地は表1にまとめてあるので、ここでは簡単に紹介することに留めたい。

第1編　弥生時代から古墳時代へ

神奈川県（第12・13図）

　東海系土器を出土する遺跡として千代遺跡・諏訪の前遺跡が古くから有名である。1は千代遺跡出土のパレススタイルの壺である。平行クシ描文と平行沈線間を連続山形文がめぐっている。この土器の祖形は欠山式土器あるいは元屋敷式土器に求めることができよう。同一スタイルの壺が岡田遺跡から出土している。この壺（2）は平行クシ描文と扇状文及び円形浮文によって文様構成されている。3は下寺尾遺跡出土のもので、胴部は球形化し、平行クシ描き文の間を波状クシ描文が施されており、やはり円形浮文を見ることができる。頸部に凸帯をもつ単純口縁の壺は諏訪の前（5）、鴨居上の台遺跡（6・7）などから出土している。東海系の高坏は下寺尾遺跡（8）、篠山遺跡（9）、大塚遺跡（12）などから出土している。10・11は山中期の高坏に酷似している。8は欠山期のものに祖形を求めることができよう。欠山タイプの高坏は出土量が多いが、三殿台遺跡のものは搬入品ではないかといわれている（小川貴司 1983）。

　S字甕は間口洞穴（13）や内原遺跡（14）をはじめとして多く遺跡から出土している。神奈川県のS字甕は東海地方西部のものにきわめて近く、そのなかには搬入品と考えられるものもあるといわれている。

　そのほか、畿内系の土器と思われるものに手焙形土器がある。これらは諏訪の前遺跡（17）や稲荷台遺跡から出土している（注3）。また、畿内系土器として叩き整形の甕がある。これらは三殿台遺跡（18）、山王山遺跡、根丸島遺跡から出土している。このなかで山王山遺跡の資料は搬入品の可能性が強いといわれている（小川 1983）。

　北陸系の土器として、口縁が5の字状を呈する土器がある。これらが出土する遺跡として、新作小高台遺跡（19）、なたぎり遺跡（20）、諏訪の前遺跡（21）が知られている。19・20の口縁部には横線が施されており、北陸系の特徴を示している。21は20の退化した形態であろう。

　神奈川県下の非在地系土器は、東海系、畿内系、北陸系の三者が存在したが、出土時期は弥生時代末から五領Ⅰ・Ⅱ式期に集中している。

東京都（第14図）

　東海系土器でクシによる羽状列点文と扇状文をもつ壺として西台遺跡が知られている。また、単純口縁で頸部凸帯をもつ壺は、上谷原遺跡（1）、鞍骨山遺跡（2）、下寺田遺跡（3）などから出土している。高坏は方南峰遺跡のものが有名で、脚部に3段の平行クシ描文があり、その間を連続山形文がめぐっている（4）。文様構成は欠山期あるいは元屋敷期に類似するものである。また、欠山タイプの高坏として下山遺跡のものがあるが（6）、搬入品といわれている（小川 1983）。S字甕は上谷原遺跡（7）、亀山遺跡（8）をはじめとして多くの遺跡から出土している。

　畿内系の土器としては、亀山遺跡から出土している叩き整形の甕（9）と布留式タイプの上谷原遺跡出土の甕（10）がある。

　北陸系のものとして神谷原遺跡出土の甕（11）がある。口縁部には横線が見られず、一段階退化したものであろう。

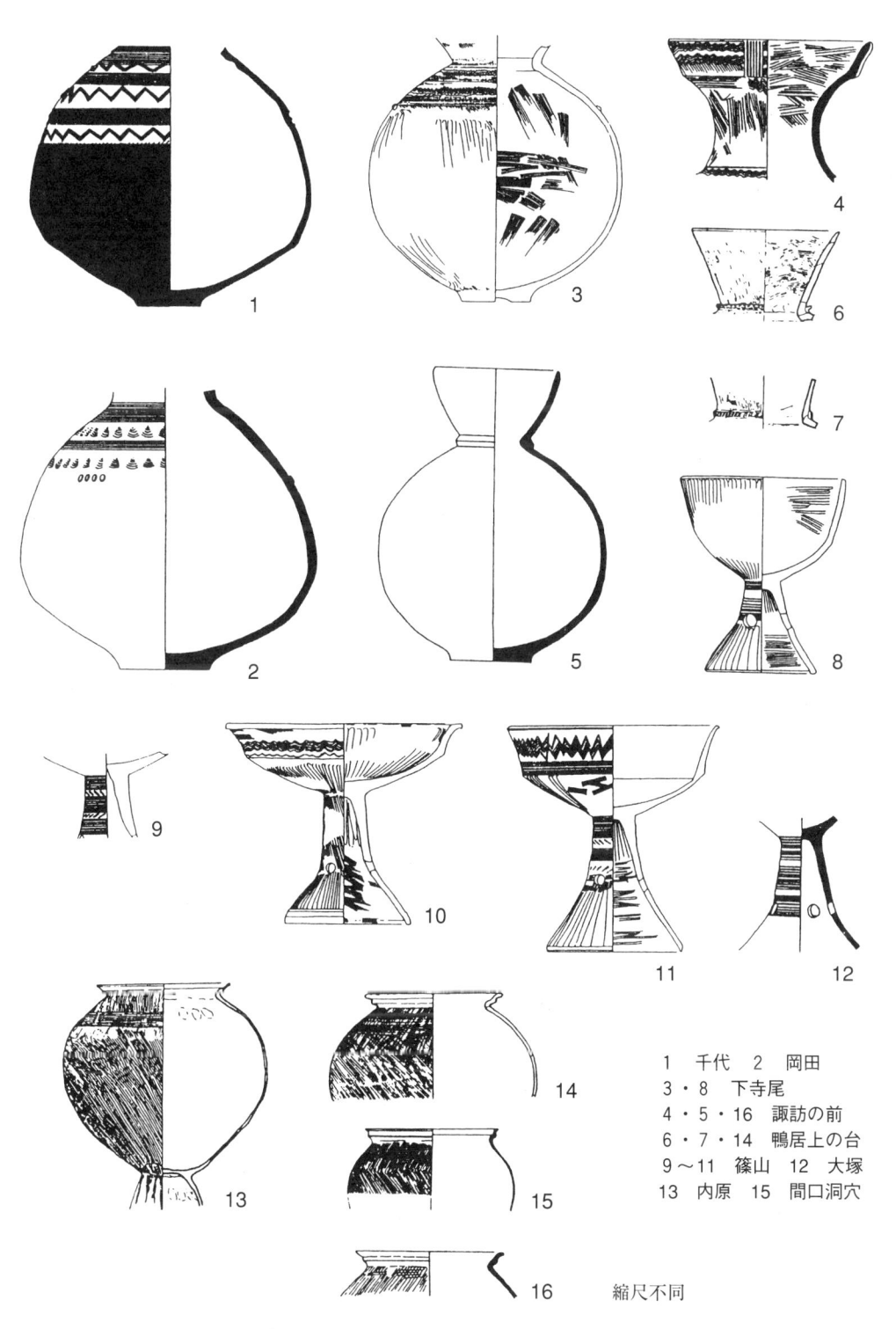

第3章　東国における古墳時代の開始

1　千代　2　岡田
3・8　下寺尾
4・5・16　諏訪の前
6・7・14　鴨居上の台
9～11　篠山　12　大塚
13　内原　15　間口洞穴

16　縮尺不同

第12図　神奈川県出土の非在地系土器（1）

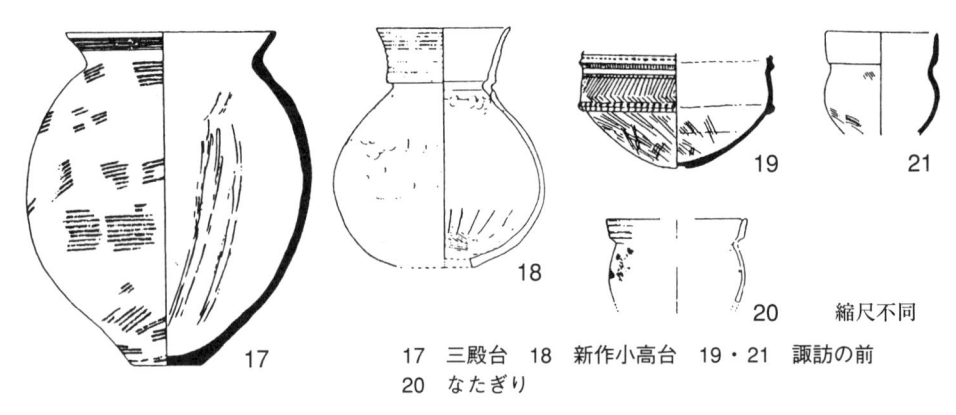

第1編　弥生時代から古墳時代へ

17　三殿台　18　新作小高台　19・21　諏訪の前
20　なたぎり
　　　　　　　　　　　　　　　　　　　　縮尺不同

第13図　神奈川県出土の非在地系土器（2）

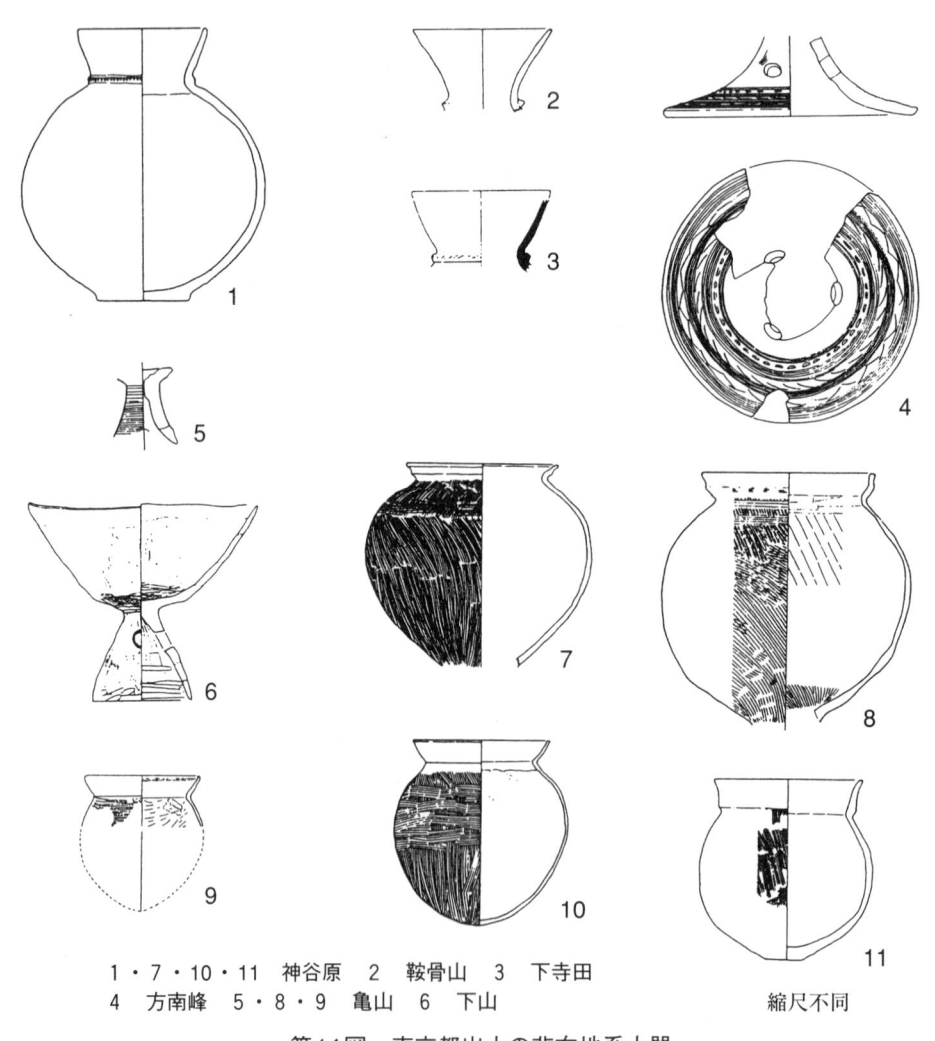

1・7・10・11　神谷原　2　鞍骨山　3　下寺田
4　方南峰　5・8・9　亀山　6　下山
　　　　　　　　　　　　　　　　　　　　縮尺不同

第14図　東京都出土の非在地系土器

第3章　東国における古墳時代の開始

東京都においても非在地系土器の出土は、弥生時代末から古墳時代初頭の一時期に限られ、神奈川県でも見られたように、一部に搬入品と考えられるものも存在する。

千葉県（第15・16図）

千葉県においても多くの非在地系土器が出土している。1・2は臼井南遺跡出土の壺である。口縁は大きく開き、頸部には凸帯をもっている。肩部には平行クシ描文間を波状クシ描文が施されており、両者は類似した形態である。1は方形周溝墓からの出土であり、底部穿孔である。

3・4は東寺山遺跡からの出土である。いずれも頸部に凸帯をもち、3は平行クシ描文間にクシによる列点文が、4は波状クシ描文が施されている。

5は長平台遺跡289号墳出土の壺である。288号墳と289号墳は方形周溝墓で、288号墳からも東海系の壺とともに19の手焙形土器が出土している。5の壺の口縁部にはクシによる連続山形列点文と棒状浮文が配され、内面には羽状列点文が配されている。頸部には凸帯をもち、その下段には斜平行の列点文が、そして3段の平行クシ描文間に2段の列点文による連続山形が配されている。さらに、文様の最下段には斜平行の列点文が施されている。288号墳から出土の壺もこれと類似するものである。

6は番後台遺跡の壺である。有段口縁で頸部に円形浮文が見られ、肩部には波状文が施されている。そのほかに、番後台遺跡では図示していないが、平行クシ描文間に羽状列点文をもつものをはじめ多くの東海系の壺が出土している。

単純口縁で頸部凸帯をもつ壺は、三ツ堀遺跡（7）をはじめ多くの遺跡から出土している。

小田部古墳からは東海系の高坏が出土している。8は主体部の近くから破片で出土したもので、その形態はきわめて欠山期・元屋敷期のものに類似しているが、「完全に合致する資料は求め得なかった」（沼沢豊 1972）という。

東海系高坏は阿玉台北遺跡からも出土している。9の坏部内面に平行クシ描文間に波状文が施されている。阿玉台北遺跡からはこのほかに東海系の小型壺（10）が出土している。

S字甕は図示した大堀遺跡（11）や須和田遺跡（12）のほかに、多くの遺跡から出土している。より東海地方西部に近いものも多く、一部には搬入品も存在すると思われる。

畿内系の土器も数多く出土している。13・14は庄内式タイプの壺である。有段口縁でクシ描文と円形浮文を見ることができる。また、叩きを有する甕は神門4号墳（16）、江原台遺跡（17）をはじめとし、戸張一番割遺跡、大崎台遺跡、番後台遺跡からも出土している。また、布留式タイプの甕が手古塚古墳（前方後円墳）から出土している（18）。

手焙形土器は長平台遺跡（19）、土宇遺跡（20）、東寺山遺跡、阿玉台北遺跡、星久喜遺跡で出土しており、他地域に比較し出土率が高いことが注目される。このなかで長平台遺跡のものがもっとも古い様相を示している。

北陸系の土器は南中台遺跡から多量に出土しており、注目に値する。器種としては甕・高坏が知られている。

第1編 弥生時代から古墳時代へ

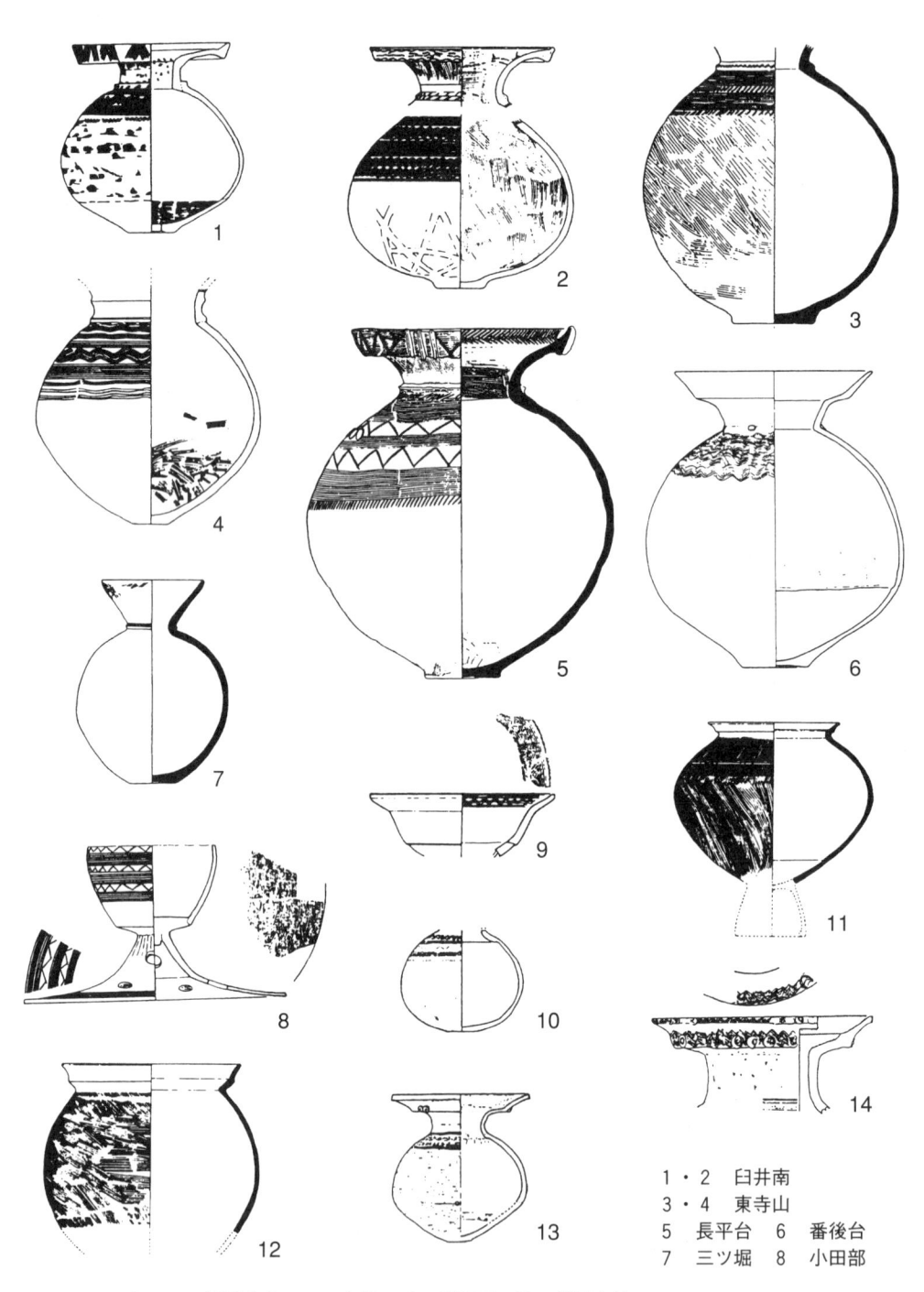

1・2　臼井南
3・4　東寺山
5　長平台　6　番後台
7　三ツ堀　8　小田部
9・10　阿玉台北　11　大堀　12　須和田　13　神門4号
14　諏訪原

縮尺不同

第15図　千葉県出土の非在地系土器（1）

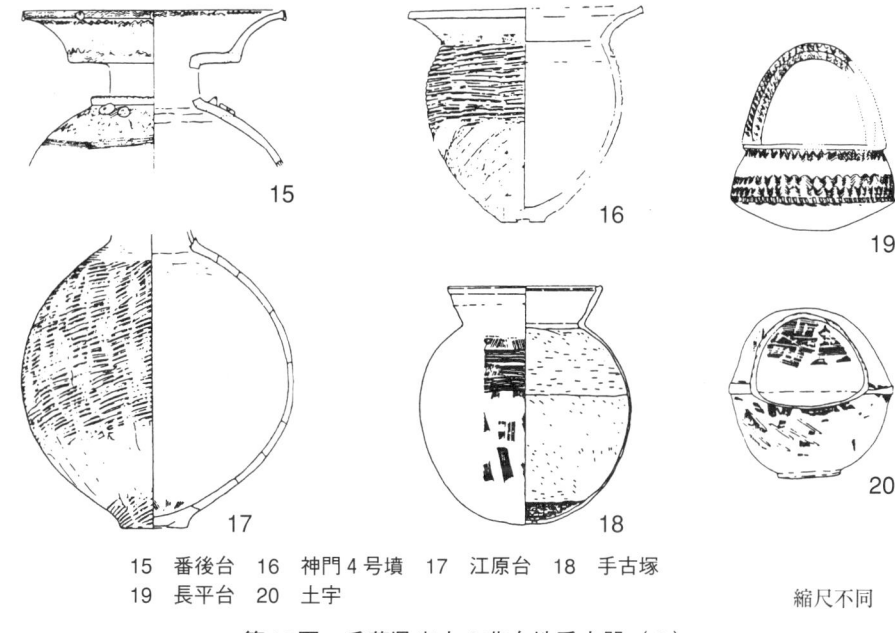

第3章　東国における古墳時代の開始

15　番後台　16　神門4号墳　17　江原台　18　手古塚
19　長平台　20　土宇　　　　　　　　　　　　　縮尺不同

第16図　千葉県出土の非在地系土器（2）

　千葉県からは東海系、畿内系、北陸系の非在地系土器が出土している。これらの土器はやはり弥生時代末から五領Ⅰ・Ⅱ式期に集中しているが、田中新史は神門4号墳の築造年代を、「紀元後300年をはるかに遡ることは確実」と考えており、弥生時代後期後半から他地域（畿内・東海・北陸）との人的交流を示す遺跡として貴重である。

　茨城県（第17図）

　東海系の土器として、ふたご塚遺跡の壺をあげることができる（1）。肩部には平行クシ描文間に連続山形文が施されており、口縁部内面には羽状文を見ることができる。

　肩部に見られる文様構成と同一のものが、木滝台遺跡から出土している（2）。この壺の頸部に凸帯がめぐっている。木滝台遺跡ではこのほか3～5に見られるような東海系の壺が多く存在し、さらにひさご形の7の小型壺（7）や欠山式タイプの高坏が数多く出土している。

　6は松延遺跡出土の壺である。器形的には南関東の弥生時代末の様相を示しているが、口縁部内面及び肩部に連続山形文等がめぐっていることから、文様的には東海地方の影響下にあるといっていいだろう。

　S字甕は久慈吹上遺跡（8）、富士ノ上遺跡（9）などをはじめとしていくつかの遺跡から出土しているが、全体的な量は少ない。茨城県では非在地系土器を出土する遺跡は少なく、現在のところ東海系の土器のみで、畿内系・北陸系といった土器は知られていない。これもひとつの特徴といえよう。出土する時期は五領Ⅰ・Ⅱ式期と考えていいだろう。

　埼玉県（第18・19図）

　埼玉県からは多くの非在地系土器が出土している。

第1編　弥生時代から古墳時代へ

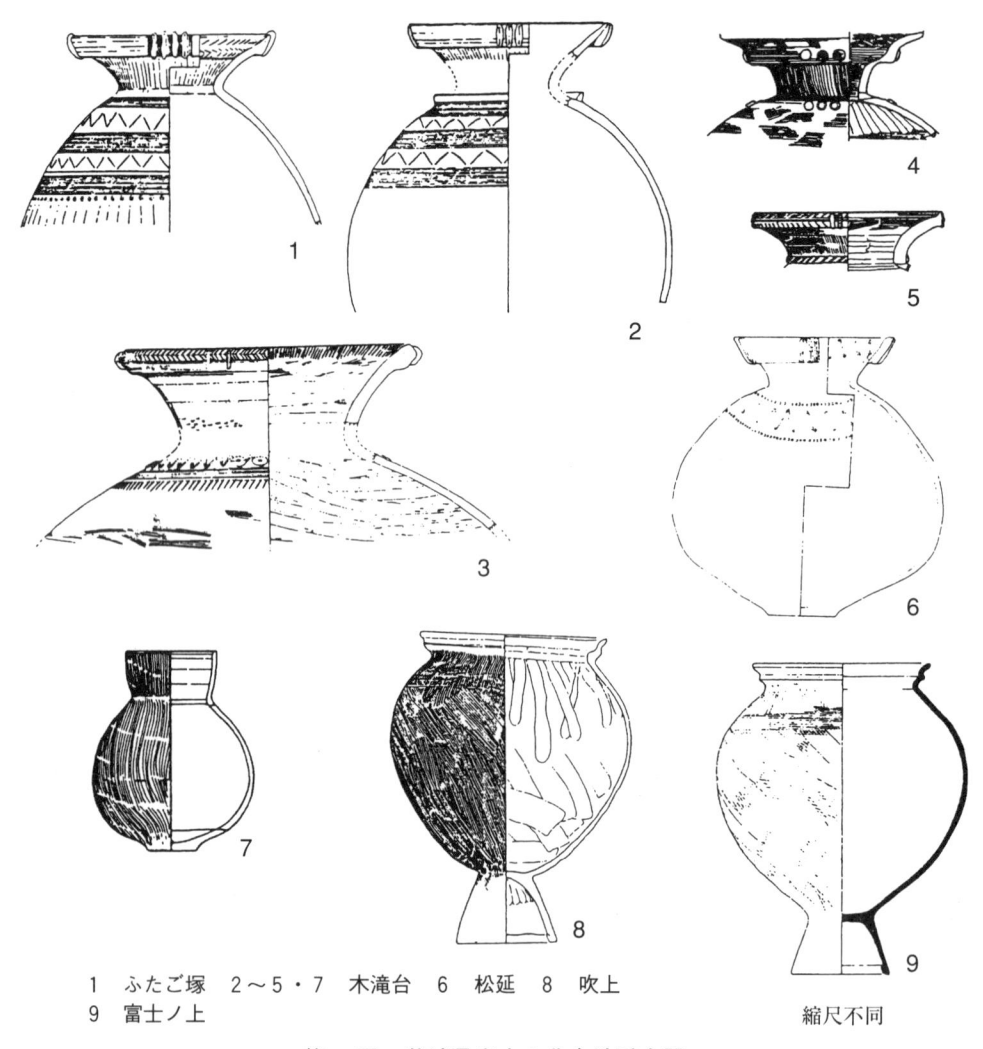

```
1  ふたご塚　2〜5・7  木滝台　6  松延　8  吹上
9  富士ノ上                                    縮尺不同
```

第17図　茨城県出土の非在地系土器

　1・2は五領遺跡から出土している。1は口縁部に棒状浮文をもち、肩部には平行クシ描文が走り、その間にくずれた連続山形文がめぐっている。2は有段口縁で、平行クシ描文間に羽状の列点文が配されている。下罔遺跡の壺（3）は、口縁部に棒状浮文が配されており、頸部に凸帯をもつ。肩部には平行クシ描文間に2段の連続山形文がめぐっており、最下段にはクシにより列点文が配されている。

　4は弥藤吾新田遺跡からの出土で、頸部には凸帯をもち、肩部は平行クシ描文・波状文扇状文で飾られている。雷電山古墳出土の壺（5）の山形文は、刺突によって表わされており、その後に丹を塗っている。

　単純口縁で頸部に凸帯をもつ壺は、高畑遺跡（6）、南原遺跡（7）などから出土している。これらはいずれも方形周溝墓からの出土である。ひさご形の小型壺は平林寺遺跡（8）、南原遺跡（9）から出土している。8は平行沈線間に連続山形文がめぐり、9は波状文のみで構成されて

第3章 東国における古墳時代の開始

1・2 五領　3 下閏
4・12 弥藤吾新田
5 雷電山　6 高畑
7・10 鍛冶谷・新田口
8 平林寺　9 南原
11 鎌倉公園
13・14 東地総田
15 平林寺

縮尺不同

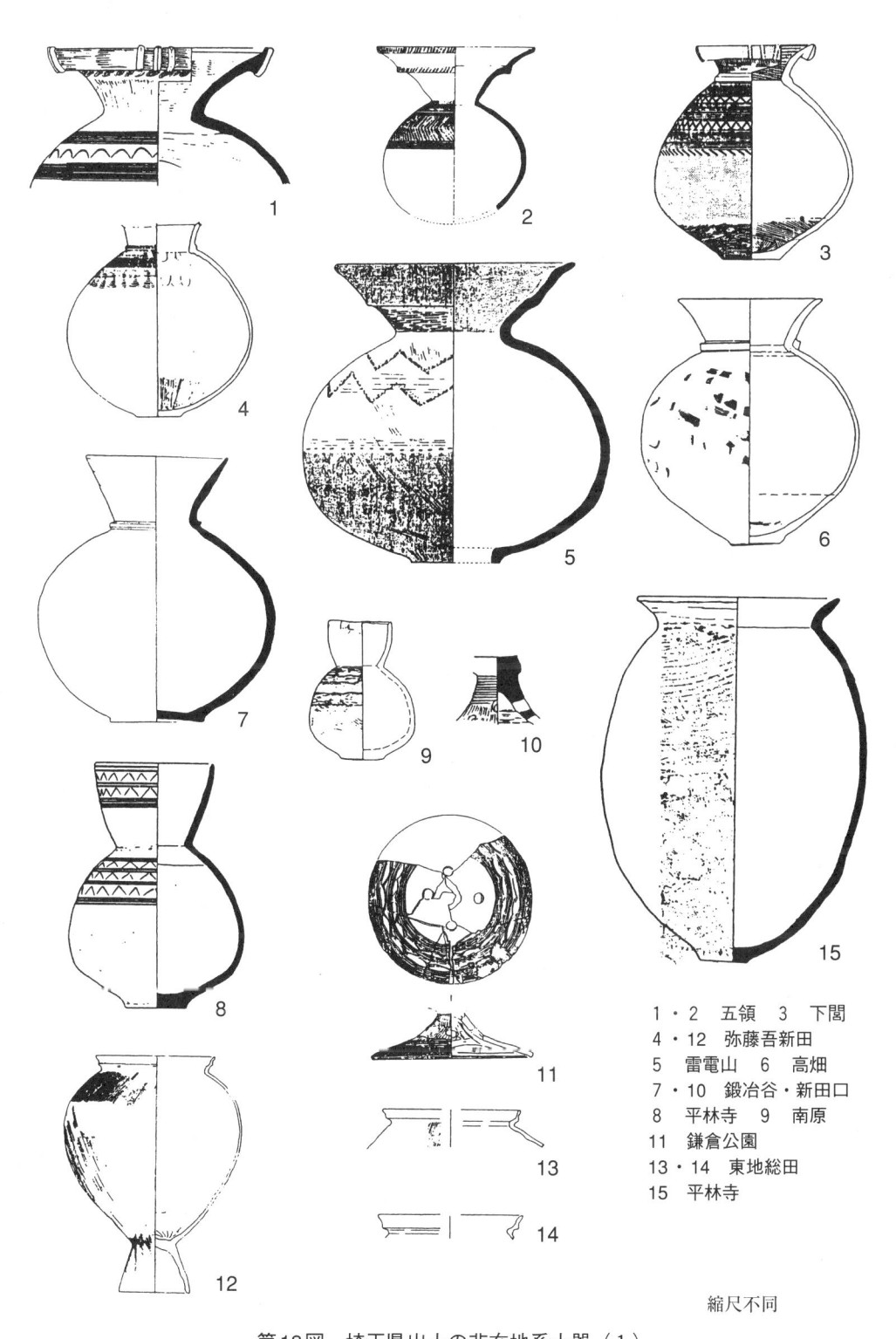

第18図　埼玉県出土の非在地系土器（1）

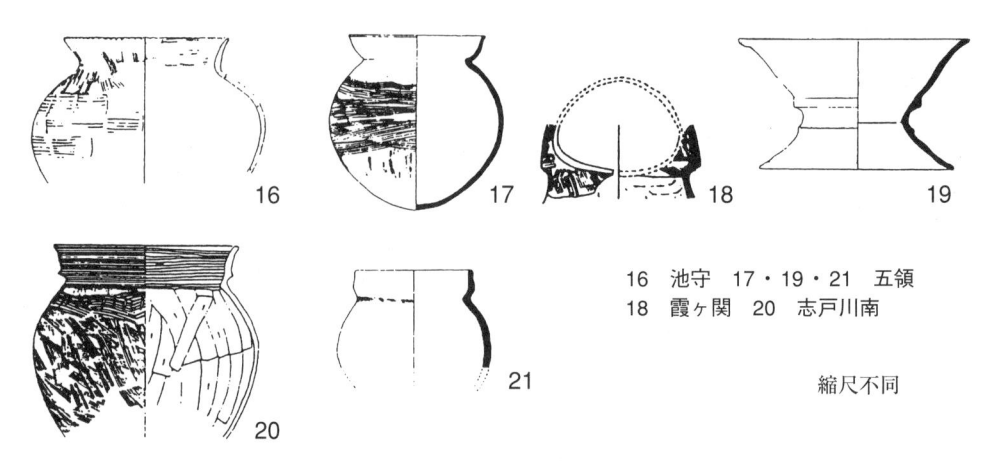

第1編 弥生時代から古墳時代へ

```
16  池守  17・19・21  五領
18  霞ヶ関  20  志戸川南

                        縮尺不同
```

第19図　埼玉県出土の非在地系土器（2）

いる。

　10は鍛冶谷・新田口遺跡の高坏で、脚部に平行クシ描文が施されている。11の鎌倉公園遺跡の高坏は裾部が大きく開く形態で、その裾部に平行クシ描文と連続山形文の退化したものが施されている。そして、最下段には斜格子が描かれている。このほか東海系高坏は志戸川南遺跡、馬室小学校遺跡、赤台遺跡からも出土している。

　S字甕は弥藤吾新田遺跡（12）や東地総田遺跡（13・14）をはじめとして、多数の遺跡から出土している。畿内系の土器として叩きをもつ平林寺遺跡出土の甕（15）が有名である。このほか叩きを有する甕として池守遺跡（16）、や鍛冶谷・新田口遺跡、馬込大原遺跡、楽上遺跡、登戸遺跡のものがある。また、五領遺跡からは布留式タイプの甕（17）が出土している。口縁は内湾し、底部は丸底を呈している。手焙形土器は霞ヶ関遺跡から出土している（18）。

　山陰系の鼓形器台として五領遺跡の資料が有名であるが（19）、そのほか弥藤吾新田遺跡、地神祇遺跡からも出土している。

　北陸系の土器として、志戸川南遺跡の甕（20）がある。口縁はSの字状を呈し、横線がめぐっている。また、五領遺跡出土の21も、北陸系土器の退化したものと見ることができる。

　埼玉県では東海系土器をはじめ、畿内系、北陸系、山陰系の土器が出土している。先にあげた遺跡のほかに、志戸川南遺跡では前方後方型周溝墓から東海系土器が出土している。埼玉においても非在地系土器の出土時期は、やはり弥生末から五領Ⅰ・Ⅱ式期に集中している。

群馬県（第20図）

　元島名将軍塚古墳（前方後方墳）からは多量の東海系土器が出土している。ここに図示したものはほんの一部である。1は有段口縁で、頸部に凸帯をもち、肩部には平行クシ描文が走り、その間に波状クシ描文が配されている。底部は穿孔されている。2は4段の平行クシ描文間に連続山形文が配されている。

　3は元島名遺跡の壺で、前方後方型周溝墓からの出土である。口縁の形態は1と類似しており、

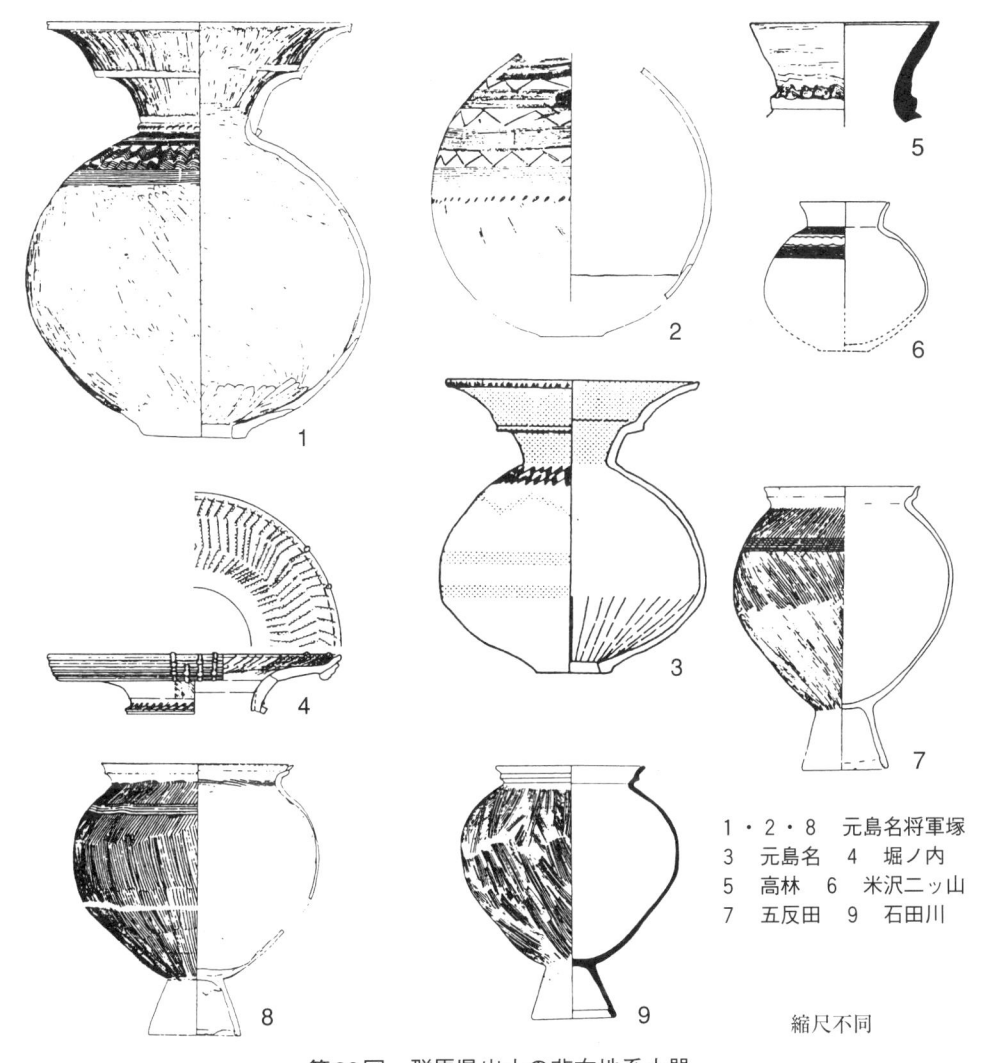

第3章　東国における古墳時代の開始

第20図　群馬県出土の非在地系土器

1・2・8　元島名将軍塚
3　元島名　4　堀ノ内
5　高林　6　米沢二ッ山
7　五反田　9　石田川

縮尺不同

肩部には波状文と丹によって描かれた連続山形文が配されている。

4は堀ノ内遺跡出土の壺で、口縁部には棒状浮文がつき、内面にはクシによる羽状の列点文があり、頸部には凸帯がめぐる。堀ノ内遺跡ではこのほかに何点かの東海系土器が出土している。

5は高林遺跡出土の壺で、単純口縁で頸部に凸帯をもつ。6は米沢二ッ山遺跡出土の小型壺で、平行クシ描文間に連続山形文が退化したものが配されている。

群馬県は古くからS字甕を出す遺跡が多いことで有名である。ここに図示した五反田遺跡（7）、元島名将軍塚（8）、石田川遺跡（9）のほかに多くの遺跡から出土している。また、手焙形土器が巾遺跡から出土している。

群馬県では以上見てきたように圧倒的に東海系土器が多く、手焙形土器を畿内系とするなら、畿内系土器は巾遺跡の手焙形土器が1点ということになる。これら非在地系土器は、五領Ⅰ・Ⅱ

式期に集中して出土している。

栃木県（第21図）

1は前方後方墳の茂原愛宕山古墳出土で壺ある。有段口縁で、内面に羽状文が見られ、頸部には凸帯がある。底部穿孔である。向北原遺跡からは壺（2）が出土した。口縁都内面及び肩部にクシによる羽状列点文が施されており、さらに円形浮文を見ることができる。斗光ケ丘遺跡出土の壺（3）は、口縁部に棒状浮文が付けられており、肩部には平行クシ描文間を連続山形文のくずれたものがめぐっている。6・7はイサベ遺跡出土の壺で、6は有段口縁で、棒状浮文と頸部凸帯が存在するが、7は単純口縁で頸部に凸帯が見られるだけである。これと同様のものが聖ケ丘遺跡から出土している（8）。

S字甕は谷近台遺跡からまとまって出土している（4）。S字甕はそのほか柴工業団地（5）をはじめ、いくつかの遺跡からも出土している。全体的にくずれたS字甕が多い。栃木県においては現在のところ、東海系土器以外は確認されていない。出土時期は五領Ⅰ・Ⅱ式期に集中するようである。

以上、関東の非在地系土器を見てきたが、古墳時代初頭の短期間に集中して出現していることがわかる。そして、その後これらの土器は在地の土器に影響を与えることなく消滅してしまうのである。また、非在地系土器で圧倒的に多いのが東海系で、次いで畿内系、北陸系、山陰系の順である。

次に遺跡・遺構別の出土状況を見ると、集落からの出土がもっとも多く、次いで東海系土器は前方後方形周溝墓や前方後方墳から多く出土し、畿内系土器は前方後円墳から出土する例が多い点は、注目すべき事実である。さらに、集落での出土状況を見ると、1点あるいは数点の出土といった遺跡が多いが、石田川遺跡をはじめとして相当量のS字甕を出土する遺跡もある。

また、非在地系土器を出する遺跡は、①東海系土器のみを出土するもの、②畿内系土器のみを出土するもの、③北陸系のみを出土するもの、④東海系と畿内系土器を出土するもの、⑤東海系と北陸系土器を出土するもの、⑥東海系と山陰系土器を出土するもの、⑦東海系、畿内系、北陸系、山陰系土器を出土するもの、といったいくつかのタイプが存在し、かなり複雑な様相を示している。次に非在地系土器がどのような地域に分布しているかを見ていくことにしたい。

3　非在地系土器の分布

まず、東京湾沿岸地域を見てみよう（第22図）。

神奈川県では相模湾沿岸地帯に多く分布している。また、S字甕は横須賀半島から多く出土している。沿岸部から奥まった地域では、酒匂川、相模川、鶴見川といった主要河川流域に分布している。

東京都は大きく見て4地域から非在地系土器が出土している。第1地域は多摩川下流域の世田谷を中心とした地域である。この付近には亀甲山古墳（前方後円墳）、宝来山古墳（前方後円墳）、

第3章　東国における古墳時代の開始

1　茂原愛宕山　2　向北原　3　斗光ヶ丘　4　谷近台
5　柴工業団地　6・7　イサベ　8　聖ヶ丘

縮尺不同

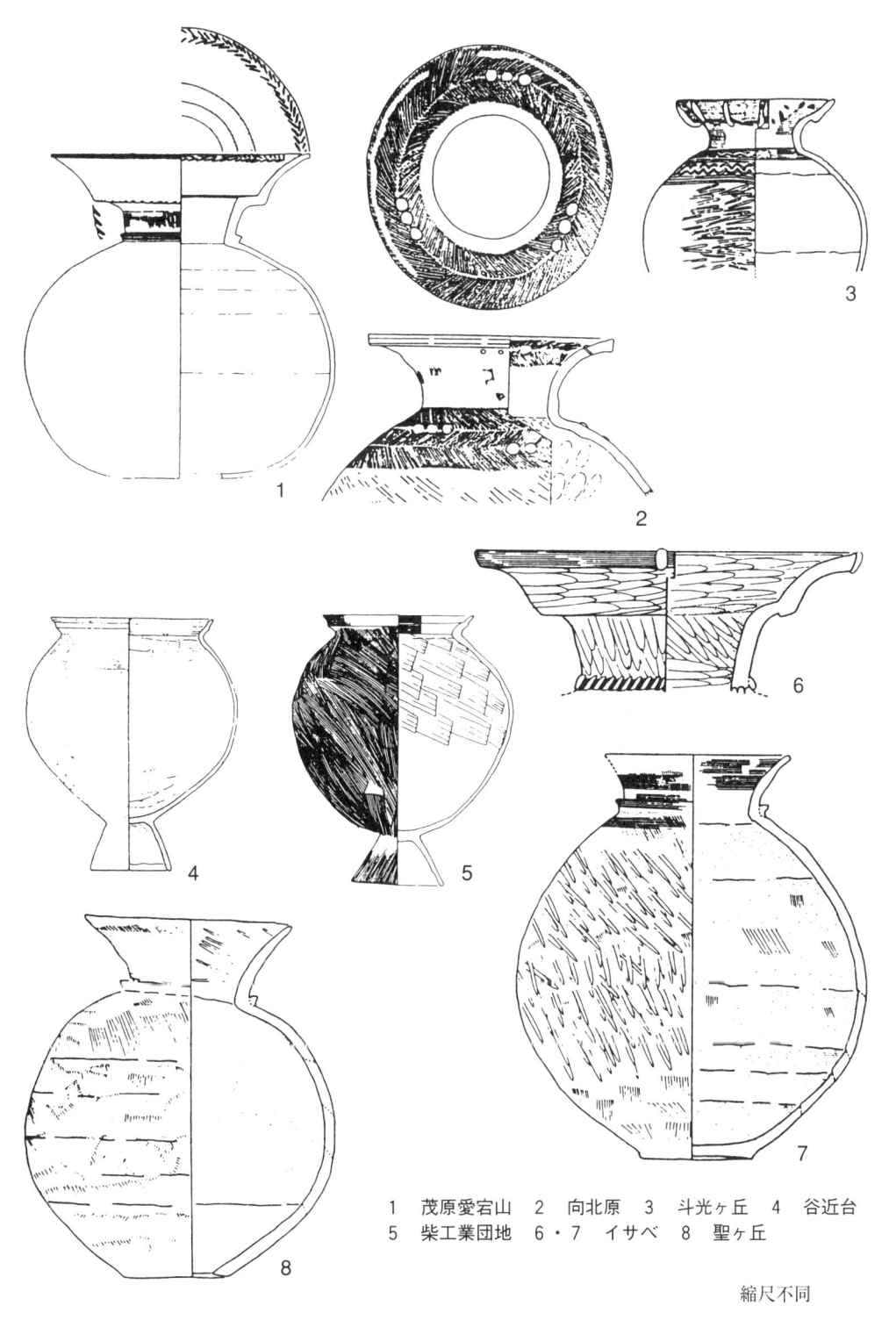

第21図　栃木県出土の非在地系土器

第1編　弥生時代から古墳時代へ

表1　非在地系土器一覧

神奈川

遺　跡　名	出　土　土　器	文　献	備　考
1　千　代	東海系壺・S字甕	神沢勇一　　　1968	
2　諏訪の前	東海系壺・S字甕	杉山博久　　　1971	
3　篠　山	東海系高坏	杉山博久　　　1976	
4　下寺尾	東海系壺・高坏	神奈川県立博物館　1971 杉山博久　　　1976	
5　稲荷台	東海系壺・手焙形土器	寺田兼方　1965・1971	
6　才　戸	S字甕	竹沢嘉範　　　1972	
7　持　田	S字甕	赤星直忠　　　1974 川上久夫ほか　1975	
8　雨崎洞穴	S字甕	神奈川県立博物館1971	
9　大浦山洞穴	S字甕	神奈川県立博物館1971	
10　鴨居上ノ台	S字甕	中村勉ほか　　1981	
11　間口洞穴	S字甕	神奈川県立博物館1971	
12　末　長	S字甕	神奈川県立博物館1971	
13　長井内原	東海系壺・S字甕	大塚真弘ほか　1982	
14　なたぎり	S字甕・北陸系甕	小出義治ほか　1979	祭祀遺跡
15　岡　田	東海系壺	神沢勇一　　　1968	
16　大　塚	東海系高坏	神沢勇一　　　1968 湯川悦夫ほか　1972	
17　桜　畑	東海系壺	安藤文一	
18　子ノ神	東海系壺・S字甕	望月幹夫　1978・1983	
19　三殿台	東海系壺・高坏、畿内系甕	和島誠一ほか　1968	高坏は搬入品か
20　王子台	東海系壺・S字甕	小川貴司　　　1983	
21　山王山	畿内系甕	小川貴司　　　1983	搬入品か
22　根丸島	畿内系甕	小川貴司　　　1983	
23　新作小高台	北陸系甕	増子章二ほか　1982	

東　京

遺　跡　名	出　土　土　器	文　献	備　考
1　堂ケ谷戸	東海系壺・S字甕	寺田良喜　　　1982	
2　下　山	東海系壺・高坏	末長康一郎　　1982	高坏は搬入品か
3　上神名	S字甕	水沢裕子　　1980a・b	
4　世田谷総合運動公園	東海系壺	桜井清彦　　1970a・b	
5　方南峰	東海系高坏	重住豊　　　　1981	
6　神谷原	東海系壺、畿内系甕、北陸系甕	吉廻純ほか　　1981	
7　鞍骨山	東海系壺	服部敬史ほか　1971	
8　下寺田	東海系壺	服部敬史　　　1975	
9　中　田	S字甕	服部敬史ほか　1966・67・68	
10　宇津木向原	東海系壺	小川貴司　　　1983	
11　御所水	東海系高坏	小川貴司　　　1983	
12　上小岩	S字甕	熊野正也　　　1972	
13　葛西城	S字甕	古泉弘　　　　1983	
14　飛鳥山公園	S字甕	吉田格　　　　1960	
15　亀　山	東海系高坏・S字甕、畿内系甕	小川貴司ほか　1983	
16　西　台	東海系壺	目賀田嘉夫　　1954	

千　葉

遺　跡　名	出　土　土　器	文　献	備　考
1　手古塚古墳	畿内系甕	杉山晋作ほか　1981	
2　大　堀	S字甕	小林三郎　　　1965	
3　神門4号墳	畿内系壺・甕等、東海系	田中新史　　　1977	
4　長平台	東海系壺、手焙形土器	白井久美子　　1983	方形周溝墓　壺は搬入品か
5　国分僧寺	東海系壺	白井久美子　　1981	
6　南中台	北陸系甕・高坏	小川貴司　　　1983	
7　土　宇	手焙形土器	柿沼修平　　　1979	
8　小田部古墳	東海系壺・高坏	沼沢豊　　　　1972	
9　大　厩	S字甕	三森俊彦ほか　1974	
10　草　刈	畿内系高坏	小久貫隆夫　　1983	
11　番後台	東海系壺、畿内系壺・甕	藤崎芳樹　　　1982	
12　東寺山	東海系壺、手焙形土器	沼沢豊　　　　1979	

第3章　東国における古墳時代の開始

	遺跡名	出土土器	文献		備考
13	星久喜	手焙形土器	杉山晋作ほか	1981	
14	宮脇	東海系甕	半田正一	1973	
15	諏訪原	S字甕、畿内系壺・甕	関根孝夫	1974	
16	戸張一番割	畿内系甕	杉山晋作ほか	1981	
17	三ツ堀	東海系壺	下津谷達男	1957	
18	大篠塚	東海系壺	栗本佳弘	1971	
19	臼井南	東海系壺	熊野正也	1975	方形周溝墓
20	江原台	畿内系甕	田村言行	1979	
21	大崎台	畿内系甕	小川貴司	1983	
22	阿玉台北	東海系壺・高坏	矢戸三男	1975	
23	平台先	東海系壺・S字甕	白石竹雄ほか	1973	
24	鹿島前	S字甕	石田守一ほか	1978	
25	飯合作	東海系	沼沢豊ほか	1978	前方後方形周溝墓

埼玉

	遺跡名	出土土器	文献		備考
1	東地総田	S字甕	高橋一夫	1982	
2	西地総田	S字甕	高橋一夫	1983	
3	鍛冶谷・新田口	S字甕・東海系高坏、畿内系甕、北陸系甕	塩野博ほか	1968	方形周溝墓 西口正純　1986
4	南原	東海系壺	塩野博ほか	1972a	方形周溝墓
5	諏訪山	東海系壺	増田逸朗	1971a	
6	馬込大原	畿内系甕	藤原高志	1983	
7	加倉	東海系壺	安岡路洋	1958	
8	平林寺	東海系壺、畿内系甕	塩野博ほか	1972b	
9	上野	S字甕	岩槻市	1983	
10	井沼方	東海系壺	小倉均	1981	
11	和田北	東海系壺	小倉均	1982	
12	鎌倉公園	東海系高坏	小川貴司	1983	
13	大山	S字甕	谷井彪	1979	
14	小室天神前	東海系壺	玉田利一	1981	
15	池守	畿内系甕	斉藤国男	1981	
16	高畑	東海系壺・S字甕	栗原文蔵ほか	1977	方形周溝墓
17	弥藤吾新田	東海系壺・S字甕、山陰系器台	田部井功	1976	
18	加納山	東海系壺	増田逸郎	1969	方形周溝墓
19	赤台	東海系高坏	小川貴司	1983	
20	楽上	畿内系甕	小川貴司	1983	
21	馬室小学校	畿内系壺、東海系壺	小川貴司	1983	
22	下間	東海系壺	山崎武	1981	
23	横塚山古墳	東海系壺	増田逸朗	1971b	
24	東沢	S字甕	並木隆	1979	
25	滝	S字甕	笹森健一	1979	
26	霞ヶ関	東海系壺、北陸系甕、手焙形土器	塩野博ほか	1981	
27	浜崎	東海系壺	谷井彪	1970	
28	上之郷	東海系壺	谷井彪ほか	1968	
29	五領	東海系壺、畿内系甕、北陸系甕、山陰系器台	金井塚良一・杉原荘介	1971	
30	雷電山古墳	東海系	大塚実	1971	
31	登戸	畿内系甕			
32	諏訪	S字甕	柿沼幹夫	1979	
33	地神祇	山陰系器台	小川貴司	1983	
34	水窪	S字甕	佐藤忠雄	1976	
35	日の森	S字甕	菅谷浩之ほか	1978	
36	後張	S字甕	立石盛詞	1982	
37	志戸川南	北陸系甕、東海系壺・東海系高坏・S字甕	塩野博ほか 小川貴司	1981 1983	
38	川越田	畿内系甕	富田和夫	1985	
39	南藤田	S字甕	高木義和	1978	

第1編 弥生時代から古墳時代へ

群馬

	遺 跡 名	出 土 土 器	文 献		備 考
1	米沢二ッ山	東海系壺・S字甕	梅沢重昭	1971	
2	高 林	東海系壺・S字甕	小林三郎	1968	
3	石田川	東海系壺・S字甕	松島栄治	1968	
4	五反田	S字甕	梅沢重昭	1978	
5	天ケ堤	S字甕	中沢貞治	1978a	
6	蟹沼東	東海系壺	中沢貞治	1978b	
7	東流通団地	S字甕	赤山容造	1982	
8	大 黒	S字甕	川島正一	1976	
9	五目牛東	S字甕	村松一昭	1980	前方後方形周溝墓
10	元島名	東海系壺	白石 修	1979	
11	元島名将軍山古墳	東海系壺・S字甕	田口一郎ほか	1982	
12	八幡原	S字甕	鬼形芳夫ほか 平野進一	1974 1981	
13	上 滝	東海系壺・S字甕	平野進一	1981	
14	引 間	S字甕	神戸聖語ほか	1979	
15	鈴ノ宮	S字甕	田口一郎ほか	1978	
16	日 高	S字甕	平野進一	1979	
17	巾	手焙形土器	木下正史編	1982	
18	下 郷	S字甕	松本浩一ほか	1980	
19	朝倉2号墳	S字甕			
20	竹 沼	S字甕	綿貫鋭次郎	1978	
21	堀ノ内	東海系壺・S字甕	荒巻実ほか	1982	

茨城

	遺 跡 名	出 土 土 器	文 献		備 考
1	ふた子塚	東海系壺	黒沢彰哉	1981	
2	木滝台	東海系壺・畿内系甕	田口 崇ほか	1978	
3	松 延	東海系壺	黒沢彰哉	1981	
4	生 子	S字甕	西宮一男	1968	
5	地蔵根	S字甕	松尾昌彦ほか	1981	
6	梶の宮	S字甕	西宮一男	1968	
7	長 岡	東海系	松尾昌彦ほか	1981	
8	大塚新地	東海系壺	石井 毅	1981	
9	三反田	S字甕	鴨志田篤二	1979	
10	郷 原	S字甕	茂木雅博	1982	
11	米 崎	S字甕	松尾昌彦ほか	1981	
12	石神外宿	東海系	松尾昌彦ほか	1981	
13	小田林	S字甕	西宮一男	1968	
14	吹 上	S字甕	鈴木裕芳	1981	
15	金井戸	東海系壺	佐藤次男	1974	
16	曲 松	S字甕	佐藤次男	1974	
17	宿 東	S字甕	松尾昌彦ほか	1981	
18	富士ノ上	S字甕	井上義安	1967	

栃木

	遺 跡 名	出 土 土 器	文 献		備 考
1	斗光ヶ丘	東海系壺・S字甕	小森哲也ほか	1977	
2	茂原愛宕塚古墳	東海系壺	橋本澄朗ほか	1981	
3	向北原	東海系壺・S字甕	橋本澄朗	1976・81	
4	イサベ	東海系壺	山ノ井清人	1976	
5	薬師寺南	S字甕	橋本澄朗ほか	1979	
6	柴工業団地	S字甕	山中 晋ほか	1981	
7	権現北	S字甕	久保哲三ほか	1979	
8	谷近台	東海系壺・S字甕	小森紀男	1980	
9	大桝塚古墳	S字甕	前沢輝政	1977	
10	赤 石	S字甕	小森紀男	1980	
11	聖ヶ丘	東海系壺	山ノ井清人	1976	

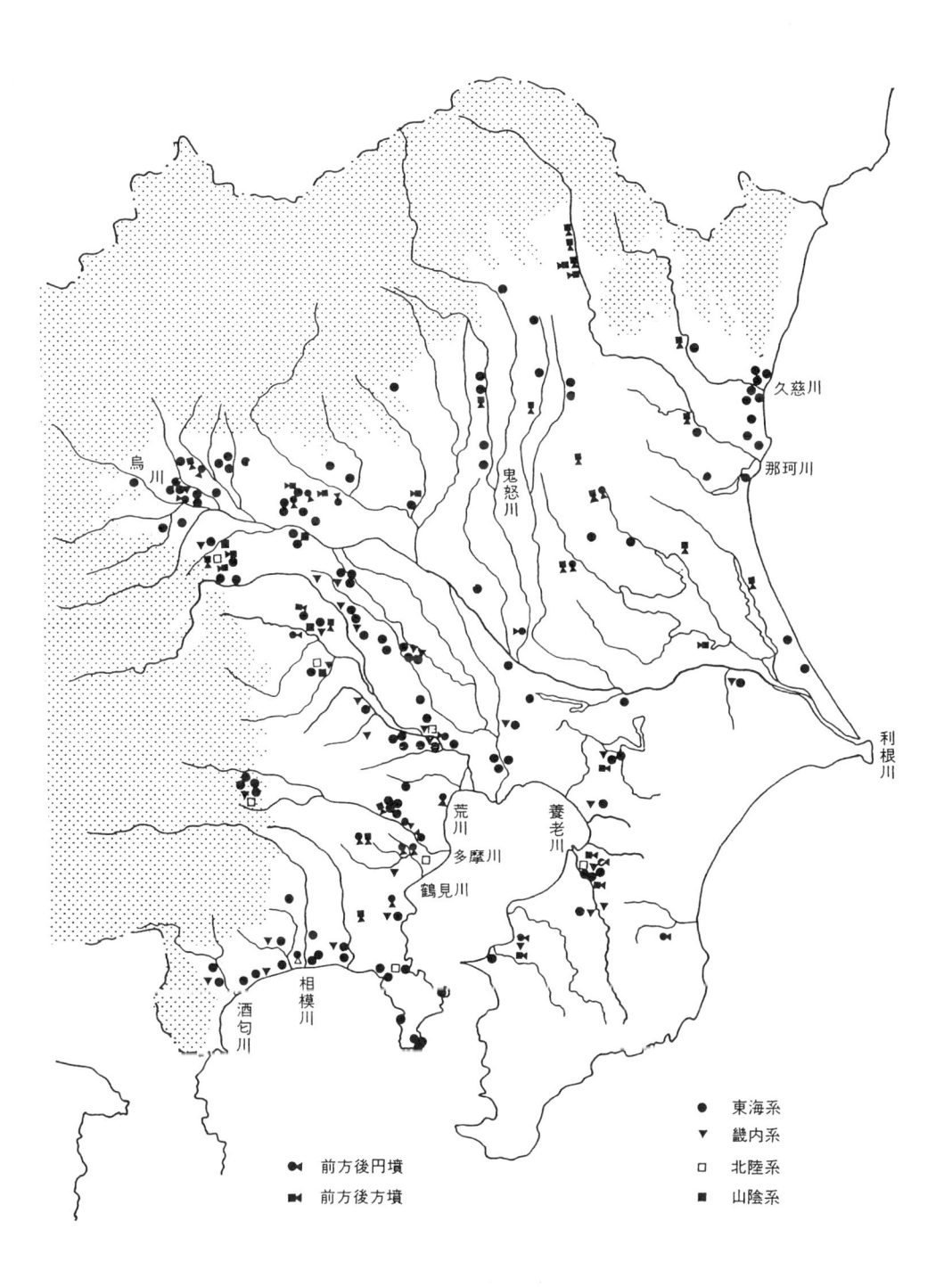

第3章 東国における古墳時代の開始

第22図 非在地系土器分布図

第1編　弥生時代から古墳時代へ

砧7号墳（前方後方墳）という古式古墳が存在する。第2地域は多摩川上流域の八王子周辺である。第3地域は荒川右岸の板橋・北区周辺で、第4地域は葛飾区を中心とした東京湾低地である。この地域の対岸は埼玉県草加市・川口市・戸田市であるが、旧入間川水系・隅田川水系（現・荒川水系）として同一の地域である。この埼玉県側の現・荒川下流域でも、多くの非在地系土器を出土している。この地域は現在の東京湾からやや奥まっているが、かつては東京湾沿岸地域と考えることができる。

千葉県では市原市国分寺台を中心とした養老川流域に多く、各種の非在地系土器が出土している。この地域は多くの非在地系土器を出土した神門4号墳をはじめ、前方後方墳の新皇塚古墳、東間部多2号墳といった古式の古墳が築造されている。また、この地域は後に上総国府や国分寺も造営されていることから考えて、古墳時代初頭から上総における中心地域であったと捉えることができる。さらに、東京湾沿岸地帯では千葉市周辺、小糸川・小櫃川流域に分布している。小糸川・小櫃川流域には三角縁神獣鏡と布留式タイプの甕を出土した前方後円墳の手古塚古墳と前方後円墳の道祖神裏古墳が存在する。また、内陸部では佐倉市周辺に分布しており、この地域には前方後方墳の飯合作1号墳が存在する。

東京湾沿岸地域を見渡すと、非在地系土器が全体的に分布するが、いくつか集中して分布する地域がある。ここでまとめて見ると、第1は相模湾沿岸、第2が多摩川下流域、第3が荒川下流域、第4が養老川下流域といった4地域をあげることができる。この4地域は前述した古式古墳のほかに、真土大塚古墳、殿ケ谷古墳（前方後円墳）、日吉観音松古墳（前方後円墳）、加瀬白山古墳（前方後円墳）、芝丸山古墳（前方後円墳）、高稲荷古墳（前方後円墳）などの多くの古式古墳が分布している。東京湾沿岸地域は多くのそして各種の非在地系土器を出土するとともに、数多くの古式古墳が築造されたことが大きな特徴といっていいだろう。

茨城県は太平洋沿岸に多く分布している。太平洋沿岸では3地域に集中して分布している。第1地域は鹿島町（現・鹿嶋市）で、代表的な遺跡として木滝台遺跡がある。第2は那珂川下流域で、第3が久慈川下流域である。そして、久慈川を遡ると前方後方墳の富士山4号墳が存在し、近くに非在地系土器を出土する遺跡がある。また、那珂川を若干遡ると前方後方墳の安戸星古墳が存在する。近くにはやはり非在地系土器を出す遺跡が存在する。さらに那珂川を遡って行くと上侍塚古墳や下侍塚古墳で有名な前方後方墳群の存在する那須地方に至達する。茨城県の古式古墳は前方後方境が多いが、那須地方の前方後方墳を考える上で示唆的である。

茨城県ではこのほかに、霞ケ浦に流れ込む恋瀬川流域にも分布する。やはり、この上流域には佐自塚古墳（前方後円墳）、丸山1号墳（前方後方墳）が立地している。鹿島町は太平洋沿岸地域であるが、利根川河口地域ともいえる。千葉県側の利根川流域には、非在地系土器が点々と分布している。続いて内陸部を見ていくことにしよう。

埼玉県では草加市周辺をひとつの基点として、第1地域は旧入間川水系を中心に分布する。集中して出土する地域として、草加市・戸田市・川越市・東松山市周辺をあげることができる。第

第 3 章　東国における古墳時代の開始

2 地域は元荒川水系で、岩槻市・鴻巣市・行田市周辺から集中して出土している。このほかに県北地方の児玉地方と、太田市の対岸の妻沼町周辺から集中して出土している。これらの非在地系土器と古式の前方後円墳と前方後方墳の分布とを対比すると、東松山市地方には前方後円墳の高坂諏訪山 2 号墳、前方後方墳の山ノ根古墳、塩 1・2 号墳が存在する。児玉地方では塚本山 3 号墳、南志戸川 4 号墳、石蒔 B 8 号墳という前方後方形周溝墓が存在する。そして、荒川（旧入間川）下流域には高稲荷古墳が存在するのである。

　群馬県では平野部全体に分布しているといってよい。強いて分けると、第 1 に太田市周辺、第 2 が利根川左岸の前橋市周辺、第 3 に利根川右岸の高崎市周辺、第 4 が藤岡市周辺という 4 地域となり、この地域に集中的に分布している。そして、これらの地域には数々の古式古墳が存在するのである。

　栃木県に入ると非在地系土器の分布は散漫となる。小貝川、五行川、鬼怒川流域に点々と分布し、茂原愛宕古墳が立地する田川流域には多少多くの非在地系土器を出土する遺跡が点在する。

　以上、各県の非在地系土器の分布を見てきたが、東海系土器をはじめとする非在地系土器は、無秩序に関東に分布するのではなく、特定の地域に集中して出土する傾向をつかむことができた。そして、非在地系土器が集中する地域には、古式古墳が存在するのである。これらの古式古墳のいくつかは、非在地系土器と有機的な関係で結ばれているかのように見える。

4　東北地方出土の関東系土器

　関東地方では弥生時代末から古墳時代の初頭にかけて、東海系をはじめとする非在地系土器が出土するが、東北地方では 7 世紀後半から 8 世紀前半にかけて関東系と呼ばれている土器が出土する（第 23 図）。年代的には大きな開きがあるが、出土する背景には同一のものがあると考えられるので、関東地方の非在地系土器について考える前に、東北地方の関東系土器について考察を進めていくことにしたい。

　現在のところ、関東系土器を出土する遺跡は宮城県内に限られており、出土する遺跡は大きく①官衙遺跡、②集落跡、③古墳の三つに分けることができる。官衙関係遺跡として仙台市郡山遺跡、古川市名生館遺跡がある。郡山遺跡では多賀城創建以前の建物遺構と寺院跡が確認されている。官衙跡は第Ⅰ期、第Ⅱ期に分けられており、第Ⅰ期の遺構以前に関東系を出土する竪穴住居跡が存在する。そして、第Ⅱ期の官衙跡にも関東系土器が伴出し、第Ⅰ期以前の竪穴住居跡の年代を 7 世紀前半に、第Ⅱを 7 世紀末から 8 世紀初頭に比定している（注 4、木村浩二ほか 1981・82・83）。

　名生館遺跡は玉造柵に比定されている。現在のところ創建年代は 7 世紀末が考えられている。この遺跡からは 7 世紀紀末から 8 世紀初頭に比定できる関東系土器が出土している（注 5、白鳥良一ほか 1981・82）。

　集落遺跡として清水谷遺跡（丹羽茂 1981）、御駒堂遺跡（小井川和夫 1982）が著名である。清水

第1編　弥生時代から古墳時代へ

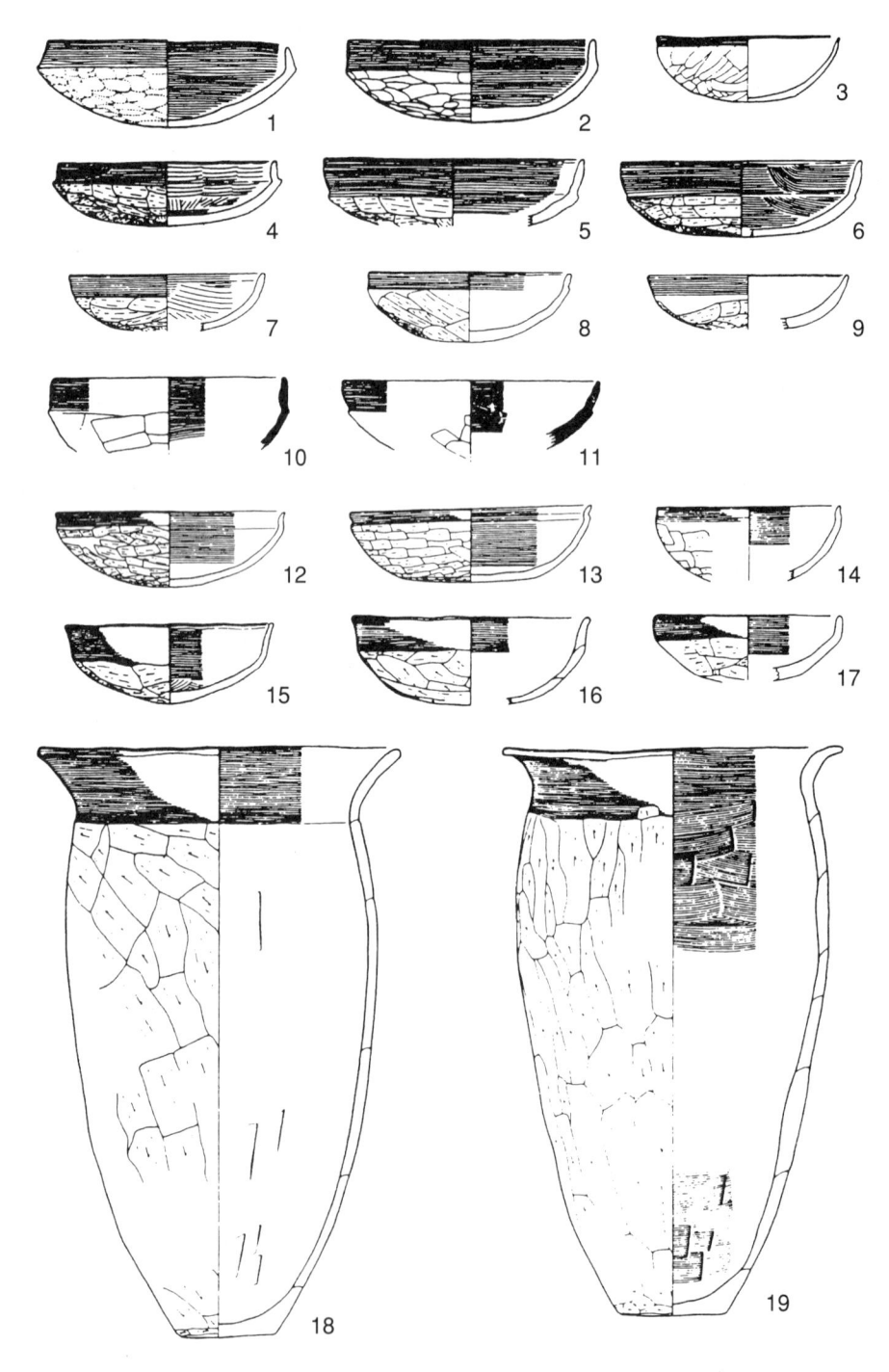

1～3　郡山遺跡　4～9　清水谷遺跡　10　名生館遺跡
12～14　色麻古墳群　15～19　御駒堂遺跡

第23図　宮城県出土の関東系土器

70

谷遺跡では7世紀中頃から後半にかけての関東系の坏が出土している。御駒堂遺跡でも関東系の坏が81点出土しており、そのほかに長甕も出土している。そして、これら「ナデ調整の坏およびヘラケズリの甕は、これまで福島県以北においてほとんど出土例がない」とし、関東地方の系統に属する土器群であると結論づけている。これらの土器は7世紀末から8世紀前半にかけて出土する。

さらに、御駒堂遺跡では関東系の土器を出土する住居跡と、在地の土器を出土する住居跡間には、構造上の差異があることが指摘されている。つまり、7世紀末から8世紀初頭の時期は在地の土器を主体とし、それに少量の関東系の土器が組合うものであるが、この時期のカマドは地山を削り出し、燃焼部と住居跡外に長くのびる煙道部となっている。しかし、関東系土器を主体とし、それに少量の在地の土器出土する8世紀前半の住居跡のカマドは、壁を若干掘り込み、粘土を貼り付け、さらに粘土で裾をつくり、燃焼部を構成している。長い煙道部をつくらないため、燃焼部と煙道部の区別が不明確なカマドは、宮城県内においてほとんど類例を見ないという。そして、「住居跡もとくにカマドの構造において本地域の住居跡と異なり、関東地方の住居跡に類似している。このように土器のみにとどまらず遺構の面にも認められる異質性については、単に文化・技術の伝播というよりは、より直接的な影響、すなわち『移住』によって生じたものとみるのが最も自然であろう」とし、また遺跡の規模からして「ある程度まとまった規模の移住が行なわれたことは事実であり、その背景には当然政治的な意図が存在していた」と考えられている。年代的には『続日本紀』霊亀元年（715）の「移相模、上総、常陸、上野、武蔵、下野六国富民千戸。配陸奥焉」という記事に合致しているとしている（小井川1982）。卓見である。小井川和夫の見解は関東系土器を歴史的に位置づけたものとして評価でき、私もこの見解に賛同する一人である。

関東系土器を出土する横穴墓と古墳群として、日向前横穴（早坂春一1981）、朽木橋横穴（佐々木安彦1983）、青山横穴（佐々木安彦1975）、川北横穴（氏家和典1970）、色麻古墳群（古川一明1983）が知られている。日向前横穴では7世紀後半からの末の、朽木橋横穴からは7世紀後半、7世紀末から8世紀初頭の坏が、青山横穴からは7世紀後半の坏が、そして色麻古墳群からは7世紀末から8世紀初頭の坏が出土している。

副葬された関東系土器について、日向前横穴では①被葬者が関東地方の人で、埋葬時に故郷の土器をあわせて供献した。②被葬者は在地の人であるが、関東地方から搬入された土器を埋葬時に供献したという二通りの可能性が示されている（早坂1981）。現在のところ、搬入されたと思われる関東系土器は見られないので、②は否定的なものとなる。

朽木橋横穴について佐々木安彦は、「大崎平野周辺の横穴古墳からも関東系土器が出土することは、当時大崎地方に関東地方と強い関連をもつ人々が存在し、社会的基盤の一翼を担っていたことが知られる。そしてこれらの人々がどのような性格を有し、またどのような位置を占めていたかは不明であるが、関東系の土器が横穴古墳に副葬されることは、これらの人々が横穴古墳を

第1編　弥生時代から古墳時代へ

造営した集団やその被葬者と直接、間接的に係っていたことを意味すると思われる」と述べている。

　色麻古墳群は総数300基を越える古墳で、うち36基が調査されている。そのうち9基から関東系土器が出土している。そのほか所属不明のものが何点か出土していることから、比較的多くの古墳に関東系土器が伴うのではないかと考えられている。内部主体は、A横穴式石室、B竪穴式石室、C箱式石棺の三者が存在する。なかでも「胴張り型横穴式石室は宮城県内のいくつかの後期群集墳内でも確認されており、胴張りプラン自体はとくに異質なものとは言えない。しかし、群構成の問題とも関連して、本古墳群のように胴張り型の横穴式石室を内部主体とする均質的な円墳群が主体となる群集墳は周辺地域にはみられず、北関東西部にきわめて類似した様相をもつ群集墳が集中的にみられる」とし、「関東系の土器の存在を考慮するならば、古墳の構造、群構成にみられる北関東西部地域との類似性は、本古墳群の形成自体がそれらの地域と何等かの関係を有する可能性を示唆している」と述べている（古川一明 1983）。

　色麻古墳群の地理的・歴史的環境は、古墳群の南東約1kmの所に一の関遺跡がある。一の関遺跡では建物基壇跡、掘立柱建物跡、土塁状遺構が確認されており、さらに多賀城創建前の瓦も出土し、寺院跡もしくは官衙跡の可能性が強いといわれている。一の関遺跡は色麻柵の比定地のひとつに数えられている。3km南東には、多賀城の創建瓦を焼成した日の出山窯跡群が存在する。色麻古墳群の被葬者は、これらの遺跡の形成と深いかかわりをもった可能性が想定されている（古川 1983）。

　宮城県下出土の関東系土器は、郡山遺跡出土の7世紀前半代のものが最古であるが、その数は少ない。続いて清水谷遺跡で7世紀中頃から後半にかけてものが出土しており、7世紀末から8世紀初頭にかけてのものがもっとも多く出土している。出土の背景については、東国地方からの移住が考えられたが、次になぜ宮城県のみに関東系土器が集中して出土するのかを考えていきたい。

　東北地方の前方後円墳・前方後方墳は、福島県・宮城県を中心に分布している。宮城県では名取平野・大崎平野を中心にそれらが展開し、第Ⅱ期になると名取平野に全長110mの遠見塚古墳（前方後円墳）が、そして67mの前方後方墳の薬師堂古墳が出現する。また、大崎平野には107mの青塚古墳（前方後円墳）が造営される。第Ⅲ期になると名取平野には東北最大の前方後円墳として有名な全長168mの雷神山古墳が出現し、観音堂古墳、飯野古墳といった前方後方墳をまじえた東北地方最大の古墳群が形成される（氏家知典 1966・70）。

　また、土器を見ると関東の五領式に併行する塩釜式土器が宮城県には存在するが、岩手県においては稀である（注6、高橋信雄 1982）。S字甕も福島県・宮城県には分布している（丹羽 1983）。古墳と土器から見て、仙台周辺は古墳時代に大和王権下に入ったと考えて間違いなさそうである。しかし、東北地方全体から見れば大和王権は仙台地方に点を確保したに留まったと見るべきであろう。

第3章 東国における古墳時代の開始

　古墳時代に確保した名取平野・大崎平野を拠点として、7世紀代にそれより以北の地の経営が開始される。そして、7世紀後半には郡山遺跡が造営され、7世紀末には名生館遺跡が、8世紀初頭に多賀城が創建され、宮城県以北の経営が本格化するのである。そこで、これら城柵の造営や物資の補給に、この時代はすでに大和王権下に組み込まれていた東国各地の人々が動員されていったのである。なかには兵士として東北の地に行った人々もいたことだろう。文献史料では8世紀に入らないと、東国の東北経営参画の様子はわからないが（注8）、考古資料は7世紀前半から東国の人々が大和王権の東北経営の足場固めとして、宮城県に移住あるいは徴用されていたことを示している。つまり、このような人の動きが関東系土器として我々の前に現われてきたのである。

　福島県・宮城県の太平洋沿岸には、鹿島神宮・香取神宮系の式内社が10社存在する（大塚徳郎1970）。鹿島・香取の両神宮はともに利根川河口に鎮座し、いずれも武神・軍神として崇拝されており、古代においては東北経営の守護神として重要な位置を占めていた。このことひとつとっても、東北経営における東国の役割を推し量ることができよう。

　宮城県での足場固めが終了すると、北上川流域に城柵を造営しながら北上川を北上し、北上川の沖積平野を支配して行った。日本海側では、8世紀前半に物雄川河口に秋田城を造営し、物雄川流域の支配を確立していく。そして、律令時代の大和政権下に組み込まれた地域は盛岡と能代を結ぶ地帯であった（岡田茂弘 1982）。

　その後、江戸幕府によって北海道経営が開始される。大和政権の東北経営に際し、蝦夷の抗争があったように、寛文9年（1669）アイヌの英雄として有名なシャクシャインの抵抗があった。北海道経営は明治政府によって本格化し、屯田兵制が採用され、さらに日本各地からの移民を募った。北海道には本州各地の地名が残っている。また当初、北海道に移住した人たちは、故郷の家屋形態を踏襲して家を建てたようだ。このように、大和政権による東北経営、明治政府による北海道経営の方式が類似していることは注目すべきである。権力による土地支配の図式は、時代が変わっても基本的に変わることがないのである。

5　非在地形土器出土の意義

（1）出土の背景

　関東における東海系土器をはじめとする非在地系土器はすでに見てきたように、弥生時代末から古墳時代初頭に集中して出土している。この現象は東北地方における関東系土器の状況と類似していた。ここではなぜ東海系土器が主体となり、一定の時期に集中して出土するのかを考えて行こう。

　弥生時代後期になると、西日本における畿内地方の優位が確立する。その間『魏志倭人伝』が伝えるように、西日本で大きな争いがあったことが想定されており、この倭国大乱と高地性集落とを結びつけるのが一般的である。都出比呂志は第Ⅲ様式期にはじまる高地性集落は、第Ⅳ様式

期になると、「各地で一斉に急増し」、そのことを考えると、「抗争が西日本の瀬戸内海沿岸を圏内に包みこんで大規模なものとなったのであろう」と述べている（都出 1974）。畿内勢力の農耕祭祀の祭器と考えられている銅鐸は（春成秀爾 1982）、畿内を中心に瀬戸内海沿岸、東は伊勢湾及び遠州灘沿岸に多く分布する。銅鐸祭祀の内容がどうであれ、これらの地域は弥生時代に共通した祭祀形態をもった社会であったと考えることができる。田中 琢は「縄文文化の系譜をひいた農耕文化を維持していた集落では、まつりも縄文文化的な色彩の濃厚なものであり、おそらく彼らの多くはこのまったく異質の新しい銅鐸のまつりを拒否したのであろう」とし、「畿内から東に及ぶにつれて、『見る銅鐸』の比率がしだいに多くなる傾向をしめすのは、銅鐸のまつりをただちに受けいれることを拒否し、なお異質のまつりを行っていた集落が、東にいくに従って数を増していた状況を的確に反映している。」と記している（田中 1970）。

このような意味をもつ銅鐸の分布範囲が、弥生時代における祭司を共通基盤とした地域であった。そして、西暦200年前後にこれらの地域が同盟し、畿内勢力が盟主としての地位を確立し、東国経営に乗り出して行った。その際、東国諸国の人々が東北経営に狩り出されたのと同様に、大和政権の支配下あるいは同盟関係にあって、東国に一番近い東海地方西部の人々が中心となり東国経営に動員されて行ったのである。さらに、非在地系土器が示しているように、当然畿内の人々もそして北陸・山陰地方の人々も動員されていたのである。ここに、東海系土器をはじめとする非在地系土器の出土の背景があるのである。

熱田神宮の御神体は草薙剣で、また日本武尊の東征伝説と深いかかわりをもっている。伊勢神宮も大和朝廷の東国経営の前進基地ではなかったかという見解もあり（川添登 1977）、やはり日本武尊の東征伝説とかかわりの深い地である。鹿島神宮・香取神宮は大和政権よる東北経営時の守護神であったのと同じように、熱田神宮・伊勢神宮も弥生時代末から古墳時代初頭の東国経営の守護神としての性格を有していたのであろう。つまり、熱田神宮・伊勢神宮の地は、東国経営の際の大規模な祭祀場であり、後にそれぞれ神宮へと成長して行ったものと考えることができる。このことからも、東海地方西部地方が大和王権の東国径営時の前線基地であったことが想定できるのである。

（2）非在地系土器を出土する遺跡と遺構

非在地系土器は大きく分けると、①集落、②墳墓（前方後方墳、前方後円墳、前方後方形周溝墓、方形周溝墓）、③祭祀遺跡から出土する。集落での出土状況を見ると、1点あるいは数点出土するものと、多量に出土するものの二者が存在する。後者の場合はすでに先学が論じているように、移民の拠点的な集落を想定することができる。前者の場合個体数は少ないが、やはりその背後には集団を想定しなければならないだろう。そして、先に記したように集落における非在地系土器の組み合わせは何通りも存在した。このことは、ひとつの集落に非在地系土器の示す地方の人々が移住してきたと考えてよい。非在地系土器を出土する古墳については後述するが、非在地系土器を出土する方形周溝墓や前方後方形周溝墓は、その地方からの移民たちの墓が想定できる。田

第3章　東国における古墳時代の開始

中新史は市原市国分寺台で確認された方形周溝墓の変遷から、「四隅通路の弥生時代中期から後期前半は、一辺の溝の独立した両側、さらには一隅通路へと、通路の固定、減少という、南関東共通の大きな流れを認めることができる。しかし弥生時代後期後半には、四隅通路の形態が再び出現し、これは在地の発展からは追えないと考える。国分寺台でも天神台遺跡で数基、この時期の四隅通路のものが検出されており、北陸系の墓制の系譜との把握が可能」であると論じている（田中 1983）。市原市南中台遺跡からは北陸系土器がまとまって出土しており、これと決して無関係ではないだろう。

　非在地系土器出土の背後には人そして集団の移動と移住が想定できた。非在地系土器の示す地域の人々が、つまり東海地方西部、畿内、北陸、山陰地方から、弥生時代末から古墳時代初頭という一定の時期に相当数の人々が関東地方に移動・移住していることがわかる。その人数は古代における東北経営の際の文献が示す人数に匹敵し、あるいは遺跡数からしてそれを上まわる数になろう。そして、この段階の移住も何度も記すように政治的なものであった。移住して来た人々の中には一部故郷に帰った人もあろうが、多くの人々は在地化していったものと考えられる。

（3）非在地系土器と五領式土器

　東海系をはじめとする非在地系土器は、在地の土器型式に大きな影響を与えていない。いっぽう、五領式土器の成立の背景には畿内の土器型式・組成の影響を強く受けている。つまり、小型器台・小型丸底壺・有段口縁壺などがそれであり、祭祀面とのかかわりが深い土器群である。これらの土器は五領式成立以前の弥生時代末に出現しており、この段階に畿内勢力が関東地方に進出していたことは明らかである。この点は関東地方の一部の地域で小銅鐸が出土していることからも明白である。小銅鐸が出土する時期の関東地方は、地域色の強い土器が各地に分布し、地域色が払拭されるのは五領式の成立を待たなければならない。五領式土器成立の前夜および成立期は、非在地系土器が集中して出土する時期であり、その成立の契機は政治的要素が強い。

　非在地系土器の出土の背景には人の移動・移住が想定できた。人の移動・移住それ自体政治的であるが、非在地系土器自体には政治性・自主性を認めることはできない。非在地系土器の背後には大和王権が存在しており、その指示により非在地系土器の示す地方の人々が移動・移住しているのである。

　小型器台・小型丸底壺は銅鐸祭祀に代る祭祀形態として捉えることができる。このように政治色の強い五領式土器の成立と非在地系土器の分布とは密接なつながりをもっている。つまり、五領様式の分布する地域には非在地系土器が出土し、非在地系土器の分布しない地域には五領様式の出土はなく、存在するとしてもその数はごく少ないのである。

6　非在地系土器と初期古墳

　非在地系土器は単に集落からの出土だけでなく、墳墓からも出土している。方形周溝墓や前方後方形周溝墓からは東海系土器を出土する例が多く、これらはその地方からの移民の墓である可

能性が高いことを述べた。

　また、何基かの初期古墳からも東海系・畿内系土器が出土している。東海系土器を出土する古墳として、東間部多2号墳（円墳）、元島名将軍塚古墳（前方後方墳）、朝倉2号墳（円墳）、茂原愛宕塚古墳（前方後方墳）があり、畿内系土器を出土する古墳として、手古塚古墳（前方後円墳）、神門4号墳（前方後円墳）が知られている。非在地系土器を出土する古墳は少ないが、前方後円墳からは東海系土器の出土はなく、東海系土器は前方後方墳が主体で、逆に前方後円墳からは東海系土器は出土せず、畿内系土器が出土するという一定の法則が存在するかのように見える。

　さらに、三角縁神獣鏡を出土する古墳は、関東に限って見ると、真土大塚山古墳（注9）、加瀬白山古墳、手古塚古墳、赤城塚古墳、前橋天神山古墳、芝根7号墳、稲荷山古墳の前方後円墳と、柴崎蟹沢古墳（円墳）、茶臼山古墳（円墳）、三本木古墳（墳形不明）、頼母子塚古墳（墳形不明）などの円墳からも出土するが、基本的に前方後円墳に伴う例が多く、前方後方墳からは一枚も出土していない（注10）。このように、前方後円墳には畿内系土器が伴い、前方後方墳には東海系土器が伴う。また、三角縁神獣鏡は前方後方墳からは出土しないが、おそらくこの現象は両者の性格の相違に起因しているのではないかと思われる。前方後方墳の性格については、古くから論議されてきているが、今日に至っても定説は確立していない。そこで、先にあげた両者の相違をひとつの手がかりとして、前方後方墳の問題について考えてみたい。

　長野県弘法山古墳は、東海系土器を出土した前方後方墳として有名である。築造年代は4世紀中葉前後といわれている（補注1）。報告書の中で前方後方墳に関して、斎藤忠が考察しているので見解を聞いてみよう（斎藤1978）。斎藤はまず、「前方後方墳という形態を通じて、直ちに無批判に、政治上の規制とむすびつけ、政治上の支配服属関係ルートをもとめようとすることには慎重であらねばならない」とし、従来ややもすると前方後方墳を、出雲・吉備勢力と結びつけようとする風潮をたしなめている。そして、「もし、前方後方墳の被葬者をもって、特殊な政権との支配関係を考えるならば、ほぼ同じ時期とみとめられる前方後円墳が、その近隣に存在する場合、この前方後方墳の被葬者だけが、特殊な政権との紐帯にむすばれ、そのそばの前方後円墳の被葬者はこの紐帯にむすばれなかったということになる。一体、このようなことが考えられるのであろうか」という疑問を投げかけている。さらに、前方後方墳は「政治的なものと無関係とは考えない」としながらも、「前方後方墳という墓制上の形態を通じて、いわゆる『吉備政権』との関係や出雲との政治的な紐帯とを求めることは無理である」と述べている。それではなぜ前方後方墳という形態が採用されたかについては、「墓という立場から、墳丘を考えると、要するに、前方後方墳とは、前方後円墳の後円部に対し、平面を方形にし、陵角を四方に張るものである。この二つの墳丘において、どちらが遺骸を収める上の形態としてふさわしいかというと、前方後方墳である。遺骸を収める施設は、長方形のプランを画くことが普通である。これにふさわしい形態は墳丘を方壇にすることであり、後方の形態にすることである。しかし、築造の技術からいうと、後円の形態にする方が、より容易であり、後方部の場合、陵角をなすように盛りあげること

第3章　東国における古墳時代の開始

に、一段とこまかい配慮が必要となってくる。したがって、前方後円墳と前方後方墳の二つの墳丘の場合、むしろ前方後方墳が方墳とともに、本格的な形態としてふさわしかったのであり、前方後円墳はこれに対し、変則的なもの」であるという。さらに、本格的な形態の前方後方墳がなぜ発達しなかったかというと、それは超大型あるいは大型の墳丘をつくる場合、前方後円墳の方がつくりやすいからその墳形が採用され、前方後方墳は次第に円墳や前方後円墳の発達のかげで萎縮していったという。斎藤は最後に、前方後方墳は畿内でも一部採用されたが、「基本的な風俗がむしろ中央よりも地方にあらわれることが多い。墓である前方後方墳も、その一つと考えてよい」と結論づけている。前方後方墳に関する斎藤の見解についての批判は後にまわすことにして、さらにいくつかの重要な提言をしているので、長くなるがさらに斎藤の考えを紹介していきたい。

　そのひとつに鉄斧に関する見解がある。鉄斧の出土状態から、「生前に被葬者が重視して用いていたものを、その埋葬にあたって、特に丁重に安置したものと考えざるを得ない」としている。さらに、各地の古墳出土の鉄斧を集成・分類した結果、鉄斧は「必ずしも工具類とはみなされ難く、むしろ武器とする方が穏当なものもある」と述べている。そして、「布でつつまれて副葬してる諸事例或は弘法山古墳の如く木製の容器に収められたのではないかと考えられる例の見られることは、工具・農具とするよりは、武器として、そして特殊なものとして、これを丁重にとりあつかったと考える方が適切であろう」と結論づけている。

　一志茂樹も弘法山古墳出土の鉄斧は、単に斧ではなく、文献から斧鉞ではないかという見解を示している。斧鉞は天皇が遠征将軍に下賜している記載もあることから、弘法山古墳の被葬者は将軍の地位にあったものではないかと推察している。

　斎藤忠も被葬者の問題にふれている。弘法山古墳については、墳形から畿内あるいは出雲などの地域との政治的な特殊な関係を、そして特殊な支配服属関係を考えるべきでなく、「先進地域との関係を端的に示すものは、風俗習慣の根強い背景のもとに発達した墓制としての墳丘よりは、鉄斧・土師器などの遺品であらねばならない」と、慎重かつ包蓄のある表現をしている。まさに、被葬者や古墳の性格を考えるのは、「土師器などの遺品であらねばならない」のである。とすると、弘法山古墳の被葬者は出土土器から東海地方西部との関係で考えなければならないことになる。

　ここでまた、関東地方の前方後方墳にもどることにしよう。東海系土器を多量に出土した前方後方墳として元島名将軍塚古墳がある。この古墳の立地する井野川下流域は、「在地の弥生文化の発展を基盤としたものではなく、外部からの政治的影響のもとに開始をみた」ものであり、元島名将軍塚古墳出土の壺は伊勢地方に祖形を求めることができることから、被葬者とそれに直接的な関係のある集団は、伊勢地方から来た可能性が強いといわれている（田口一郎 1981）。

　このほか、東海系土器を出土する古墳は、東間部多2号墳、茂原愛宕塚古墳がある。この時期は古墳祭祀と土器は密接な関係にあった。これら東海系土器を出土する前方後方墳が在地首長の

第1編　弥生時代から古墳時代へ

古墳とするなら、なぜ東海系土器を製作し、祭祀に使用したのか、その理由を明示しなければならない。ここは素直に東海系地方の人が葬られ、故郷の土器をつくって祭ったと考えた方が自然である。前方後方墳のすべてを東海地方の人の古墳とする資料はないが、少なくとも東海系土器を出土する前方後方墳の被葬者はそのように考えるべきである。そして、その被葬者は一志茂樹が想定したように、東征軍の将軍クラスを考えても間違いではないだろう（注12）。東征軍の将軍は単に軍事面だけを担当しているのではなく、前方後方墳が築造されていることから見て、その地域の統治者として長く駐屯し政治的役割を果たしたものと思われる。川添　登は大和王権が東国に進出するにあたり、どうしても勢力下におさめなければならない地域は伊勢地方であり、これをワニ氏が中心となって行ったとしている。伊勢の雲出川流域にある向山古墳・筒野古墳・西山古墳の3基の前方後方墳はワニ氏が造営したものであろうと推察し、ワニ氏の東国進出と東国の前方後方墳は密接な関係にあるのではないかと考えている（川添 1977）。ワニ氏と前方後方墳の関係はともかく、私もこの見解にきわめて近い立場である。

　前方後方墳を東海地方西部からの東征軍の将軍の墓と仮定して、もう一度第22図の分布図を見ると、すでに田口一郎が指摘しているように、東海系土器を出土する地域には前方後方墳が立地する例が多い。たとえば、道祖神裏古墳と小糸川流域、新皇塚古墳・東間部多2号墳と養老川流域、飯合作1号墳と佐倉市周辺、那珂川流域と安戸星古墳、久慈川流域と富士山古墳、山の根古墳・塩1・2号墳と東松山市周辺、塚本山23号・南志戸川4号・石蒔B8号（いずれも前方後方形周溝墓）と児玉地域、元島名将軍塚古墳と高崎市周辺、前橋八幡山古墳と前橋市周辺という関係を求めることができる。

　茂木雅博は前方後方墳のあり方について、次のようにまとめている（茂木 1976）。①単独型　最初に大型前方後方墳が構築され、以後それに匹敵する大型古墳が造営されないもの。②交代型　前方後方墳から前方後円墳へと盟主的墳墓の造営が変化するもの。③継続型　発生期古墳の前方後方墳が構築され、さらに前方後方墳が継続して構築されるもの、という3形態が存在するという。

　前方後方墳を東海地方西部地域からの東征軍の将の墓とする立場から、茂木が提示した3形態を考えた場合はどうなるのであろうか。まず、①の単独型については、その地方が大型古墳を形成するだけの経済的基盤は存在しないが、軍事上の拠点であったと考えることができる。②の交代型は、当該地域は弥生時代からの経済的基盤が存在し、有力な在地首長層が存在した。この地域を平定し駐屯した将軍が前方後方墳を造営し、その後有力在地首長層が大和王権と同盟関係あるいは支配服属関係を結び大和王権の墓制である前方後円墳をつくった。③の継続型は、東海地方西部からの将軍が長く駐屯し、在地首長層に転化して行ったと考えることもできる。継続型は関東地方においては、東北地方と面した那須地方にのみ存在することは興味ある事実である（注13）。

　ここで、さらに前方後円墳についても検討してみよう。初期の前方後円墳は群馬県と東京湾沿

第 3 章　東国における古墳時代の開始

岸地域に集中して分布している。これらの前方後円墳のうち畿内系土器を出土しているものは、神門 4 号墳と手古塚古墳の 2 基である。この 2 基古墳については、先に検討した前方後方墳と同じように、畿内から人物を被葬者として想定することができる。従来、前方後円墳をはじめとする古墳は、すべて在地首長層の墓と考えられてきた。しかし、初期の前方後方墳は主として東海地方西部（伊勢湾沿岸）地域の将軍の墓を想定できた。少なくとも、東海系土器を出土する前方後方墳に関しては、このように考えた方が合理的である。

　高稲荷古墳は旧入間川水系の河口に 1 基のみ存在する前方後円墳で、その後この古墳の系譜を引く古墳は 1 基も存在しない。この地域は弥生時代後期の遺跡数は少なく、高稲荷古墳を造営するだけの経済的基盤と有力な在地首長層が存在していたとは考えられない。有力な在地首長層が存在していたなら、その系譜を引く古墳の造営があってもよいはずである。初期の前方後円墳が築造された地域は、その後古墳群が形成されているのが一般的であり、このような面から見ても高稲荷古墳は特異なあり方を示す前方後円墳ということができる。高稲荷古墳が端的に示すようなその後の系譜が続かない初期前方後円墳については、従来考えられてきたような在地首長層の墓とするよりは、畿内地方からの将軍・統治者の墓と考えるべきである。

　東京湾沿岸地域の初期古墳は、すべて主要河川の河口部に造営されている。地図のない当時、河川は行き先のまたは交通上の大きな目安であったはずである。それは、河川はよほどのことがない限り変動しないからである。大和王権の東国進出にあたり、このような交通上の要衝とともに、河川によって形成された沖積地を背景に成長してきた在地首長層を押さえる必要があった。本村豪章は真土大塚山古墳の性格について、「相模川川口附近は湾口が狭く内に広く、湾入していた可能性もあろう。（中略）もし入口が狭く内に大きくひろがった江湾の存在が是認されるならば、真土大塚山古墳は風待ちの港としての、この港を一望の下に見おろして位置していたことになろう。このようにみれば乾田経営を含む農業共同体の統轄者としてだけでなく、陸上交通・海上交通の要衝をおさえる支配者としての姿が真土大塚山古墳の被葬者にうかがえよう」（本村 1974）と述べている。真土大塚山古墳は在地首長層の古墳と考えられるが、大和王権の東国進出の際に軍事上・経営上の要衝の地に、在地首長層がいればその首長層を配下に組み込み、存在しない所は畿内あるいは東海地方の将軍が直接支配したと考えることができる。繰り返すようであるが、前方後円墳は基本的に在地首長層の古墳と考えるが、畿内系土器や高稲荷古墳のようにその後の系譜の存在しない古墳（芝丸山古墳もこの例であろう）は、畿内からの東征軍の将軍・統治者の古墳と考えることができるのである。

　甘粕健と久保哲三は関東における古墳発生期の 4 世紀後半に、大和王権による「東国への第一次征服行動がおこされているが、関東の発生期の古墳はおそらく大和政権とむすびついた在地の族長か、または大和政権の出先の豪族によって築造されたものとおもわれる。さらに推測をたくましくすれば、大規模な前方後円墳をもつ南武蔵のばあいは大和政権の中枢部と結合した族長の存在を、小形前方後方墳の多い常総のばあいは、大和政権の外縁にあって、征服戦の尖兵的役割

第1編　弥生時代から古墳時代へ

をになった特殊なグループの存在をしめすようにおもわれる」と論じ、特殊なグループとは、「たとえば関東の国造といわれるもののうち、那須国造ほか8国造が出雲族・仲国造ほか2国造が多臣族であるという伝承の出雲族や多臣族などがこれに相当するかもしれない」と推測している（甘粕・久保1966）。現在においても基本的にこの考えはくずれていないが、前方後円墳は単に在地首長層の古墳だけでなく、畿内からの将軍のものもあることや、前方後方墳については出雲系のものも存在すると思われるが、山陰系土器の出土が少ないことから、その多くは東海地方の将軍の墓である可能性が高いことを指摘しておきたい。

そして、大和王権の東国進出にあたり、東国経営上の拠点に存在する在地首長層をいち早く押える必要があった。その在地首長層は大和王権と同盟あるいは支配服属関係を結び、大和王権はそれら在地首長層に対し三角縁神獣鏡を分与したのであろう。三角縁神獣鏡が在地首長層に与えられたものであると考えることによって、東征将軍の墓である前方後方墳からは出土しない理由がより一層明確になるのである。また、手古塚古墳からは三角縁神獣鏡が出土している。前方後円墳であることから畿内勢力を考えることができ、東征に際しそれを携帯してきたことも考えられるが、被葬者は在地首長化して行ったと考えるべきであろう。

斎藤忠は前方後方墳を地方の古墳と考えたが、決してそうではないことが判明した。前方後方墳の多くは東海地方からの将軍の墓であり、東国が大和王権下に組み込まれると、大和王権の墓制である前方後円墳が、それと同盟・支配服属関係を結んだ在地首長層によって造営されていくのである。ここで、東海地方の将軍たちの使命も終了し、前方後方墳は姿を消していく。このように考えれば、斎藤が「前方後方墳の被葬者だけが特殊な政権との紐帯にむすばれ、そのそばの前方後円墳の被葬者はこの紐帯にむすばれなかったということになる。一体、このようなことが考えられるのであろうか」という疑問も自ら解消するのである。このようなことから、大和王権を内部から直接支えている畿内勢力の東征軍の将は前方後円墳、畿外勢力は前方後方墳という法則が存在していたと考えられるのである。

まとめ

非在地系土器の検討から、弥生時代末から古墳時代の初頭にかけて、東海地方西部をはじめとして、畿内、北陸、山陰地方からかなりの人が関東地方に移動・移住していることが判明した。こうした現象は大和王権あるいは律令政府が東北経営にあたりとったのと同じように、東国経営にも欠かすことのできない政策のひとつであった。

また、非在地系土器を出土する初期古墳の検討から、これら古墳は従来いわれてきたように、すべてが在地首長層の墓ではなく、少なくとも東海系土器を出土する前方後方墳については、その地からの東征軍の将軍の墓である可能性が高いことが指摘でき、前方後円墳についても一部畿内からの将軍の墓であることも想定できた。

草加市の場合、現在のところS字甕の出土率が高く、その土器も器肉が薄くより東海的である

第 3 章　東国における古墳時代の開始

ことから、東海地方からの移民を相当数考えることができる。さらに、草加市では現在のところ弥生時代の遺跡は確認されておらず、古墳時代に入り突如集落が出現する。この現象は対岸の伊興遺跡の出現とあわせて、政治的様相を帯びていると考えることができる。真土大塚山古墳が交通上の要衝であったことと深い関係が想定されたように、高稲荷古墳も同様の性格を考えることができる。草加市の古墳時代初頭の遺跡が出現する契機は、大和王権の東国進出と決して無関係ではなかったのである。

　本稿においていくつかの仮説を提示した。この仮説を論証して行くには、さらに個別実証の研究が必要である。研究法としては個別実証を積み重ねて行くのが一般的であろうが、市史という性格から期限もあり、まず大枠も設定し、自分なりの古代史像を形成する必要があった。また、一面では地域研究から日本史にどこまで迫れるかという自分自身への挑戦であった。しかし、今後は個別実証の責務も感じている。

　最後になったが、本稿を草するにあたり多くの方々の援助があった。文献収集にあたっては、天野　努・大江正行・瓦吹　堅・河野喜映・駒宮史朗・酒井清治・佐々木和博・重住　豊・須田　勉・田口一郎・立石盛詞・谷本鋭次・西口正純・橋本澄朗・松成昭子・村田健二・山崎　武・若松良一の緒氏の協力があった。とくに、佐々木和博氏には宮城県内の古墳や城柵などの遺跡を案内していただいた。ともに記して感謝の意を表したい。

注

1　草加市出土の土器の胎土分析を三辻利一氏に依頼したところ、Ｓ字甕は在地産のものであるとの結果を得ている。

2　神沢勇一氏は東海系土器の流入経路について、東海地方東部（駿河湾沿岸地域）に見られないところから、海路から移入されたものであろうと推定している。

3　江谷　寛は「手焙形土器の再検討」の中で、畿内に多く分布し、大和川水系のある地域で出現し、岡山・伊勢湾・東海へと伝播したと論じている（江谷 1971）。

　　手焙形土器は東海地方西部で発生したとも考えられるが、現在のところそれを論じる用意がないので、ここでは江谷寛の意見に従い畿内系土器として扱った。

4　郡山遺跡の関東系土器については、木村浩二氏が実見の機会を与えてくれたのをはじめ色々とご教示を得た。記して感謝の意を表したい。

5　名生館遺跡・御駒堂遺跡の関東系土器については、進藤秋輝・白鳥良一・小井川和夫氏によって実見の機会を得、さらに色々ご教示をしていただいた。記して感謝の意を表したい。

6　岩手県水沢市では小規模だが五領期の遺跡が確認されている。その近くに最北端の前方後円墳として有名な角塚古墳が存在する。古墳は角塚古墳１基のみで、五領期の遺跡もその後継続することなく消滅する。この段階で大和王権の勢力が北上川を遡って、水沢市周辺まで及んだことを示すものであろうが、機は熟せず経営に失敗し撤退している。本格的な経営がはじまる

第1編　弥生時代から古墳時代へ

のは、9世紀初頭の胆沢城の築造を待たなければならない。角塚古墳および五領期等の遺跡については、伊藤博幸氏にご案内いただき、色々とご教示を得た。記して感謝の意を表したい。

7　福島県元屋敷古墳は前方後方墳で、ここからもＳ字甕が出土している（伊藤玄三 1982）。

8　ここに、東国から東北への人の動きに限って文献を掲げておく。

①続日本紀　和銅2年（709）

陸奥、越後二国蝦夷、野心難訓、慶害良民、於是遣使徴発遠江・駿河・甲斐・信濃・上野・越前・越中等国。

②続日本紀　和銅7年（714）

勅割尾張・上野・信濃・越後等国民二百戸、配出羽柵戸。

③続日本紀　霊亀元年（715）

移相模・上総・常陸・上野・武蔵・下野六国富民千戸、配陸奥国焉。

④続日本紀　霊亀2年（716）

従三位中納言巨勢朝臣萬呂言、建出羽国已経数年、吏民少稀、狄徒未馴、其地腴膏、田野広寛、請令随近国民、遷於出羽国、教喩狂狄、兼保地保、許云、因以陸奥国置賜最上二郡、及信濃・上野・越前・越後四国百姓各亘戸、隷出羽国焉。

⑤続日本紀　養老元年（717）

以信濃・上野・越前・越後四国百姓一百戸、配出羽柵戸焉。

⑥続日本紀　養老三年（719）

遷東海・東山・北陸三道民二百戸、配出羽柵。

⑦続日本紀　天平宝字元年（757）

遷坂東八国并越前・能登・越後等四国浮浪人二千人、以為雄勝柵戸、及割留相模・上総・下総・常陸・上野・武蔵・下野等七国所送軍士器杖、以貯雄勝・桃生二城。

⑧続日本紀　天平宝字2年（758）

徴発坂東騎兵、鎮兵、役夫、及夷俘等、造桃生城小勝柵。

⑨続日本紀　神護景雲3年（769）

勅、陸奥国桃生、伊治二城、営造已畢、厥土次壌、其毛豊饒、宜令坂東八国、各募部下百姓。

⑩続日本紀　宝亀5年（774）

勅坂東八国曰、陸奥国如有告急、随国大小差発援兵二千已下五百已上、且行且奏、務赴機要。

⑪続日本紀　宝亀6年（775）

出羽国言、蝦夷餘燼、猶未平殄、三年之間請鎮兵九百九十六人、且鎮要害、且遷国府、勅差相模・武蔵・上野・下野四国兵士発遣。

⑫続日本紀　宝亀7年（776）

出羽国志波村賊叛逆、與国相戦、官軍不利、発下総・常陸国騎兵伐之。

⑬日本後紀　延暦15年（796）

遣伊勢・参河・相模・近江・丹波・但馬等国婦女各二人於陸奥国、教習蠻語以二年。

⑭日本後紀　延暦15年（796）発相模・武蔵・上総・常陸・上野・下野・出羽・越後等

国民九千人、遷置陸奥国伊治城。

⑮日本後紀　延暦21年（802）

勅、官軍薄代、鬭地膽遠、宜発駿河・甲斐・相模・武蔵・上総・下総・常陸・信濃・上野・下野等国浪人四千人、配陸国胆沢城。

そのほか、東国から軍事物資等を東北に運び込んだ記載も多数あり、実際に木簡も出土している。

9　真土大塚山古墳は従来から円墳もしくは前方後円といわれてきたが、最近本村豪章は地形の復元から前方後方墳説を唱えている（本村 1974）。もし、真土大塚山古墳が前方後方墳であるとするなら、関東で三角縁神獣鏡を出土する唯一の前方後方墳ということになる。しかしながら、地形復元には多少無理が感じられ、にわかに前方後方墳であるとは認めがたい。

10　三角縁神獣鏡の分布については、基本的に野村幸希の「三角縁神獣鏡の分布」（野村 1982）によった。

11　山越　茂は関東の初期前方後円墳と前方後方墳の出土鏡を比較している。その結果、前方後円墳は①仿製鏡三面に対し、舶載鏡22面と舶載鏡が多い。②舶載鏡22面のうち三角縁神獣鏡は６面と、三角縁神獣鏡の出土率が高く、いっぽう前方後方墳は①舶載鏡は四面と少ない（ただし、真土大塚山古墳を前方後方墳としているので、前方後円墳とすると三面）。②小型仿製鏡系統のものが多いとしている（山越 1977）。このように、鏡をとってみても両者間に相違があることがわかる。

12　前方後方墳を主として東海地方西部からの将軍の墓と仮定した場合、いくつかのクリヤーしなければならない問題がある。そのひとつとして、東海地方西部に古式の前方後方墳が多く存在するのかしないのかということがある。すでに、川添　登（1977）や田口一郎（1981）が指摘しているように、伊勢地方の雲出川流域には前期の前方後方墳として、筒野古墳、西山古墳、向山古墳があり、これらが東国の前方後方墳の出現に影響していることも考えられる（補注2）。

13　栃木県では那須地方に前方後方墳が集中している。山越　茂はこの地方の前方後方墳は那珂川を経て波及してきたのではないかと想定している（山越 1977）。たしかに、山越がいうように那須国造と下毛野国造との出自は異なり、那珂川流域には東海系土器が多く分布し、前方後方墳も存在することから、その可能性が強いことが指摘できる。

補注

1　弘法山古墳の年代は、その後の土器研究の進展により時期が大幅に繰り上げられ、3世紀末から4世紀初頭と考えられているが（直井雅尚ほか1993『弘法山古墳出土遺物の再整理』松本市教育委員会）、4世紀まで下ることはないだろう。

第1編　弥生時代から古墳時代へ

2　その後、愛知県や岐阜県では3世紀代の前方後方墳や前方後方形周溝墓が相次いで発見されている。

引用文献

ア

赤星直忠　1955「南関東」『日本考古学講座』4　河出書房

赤星直忠　1974『持田遺跡N区試掘概報』逗子市教育委員会

赤山容造　1982『伊勢崎・東流通団地内遺跡』群馬県企業局

荒巻実ほか　1982『堀ノ内遺跡群』藤岡市教育委員会

安藤文一　1982『桜畑遺跡』桜畑遺跡調査会

安藤安信ほか　1982『朝日遺跡』愛知県教育委員会

伊藤玄三　1982『本屋敷古墳群発掘調査概報』2　法政大学考古学研究室

石井　毅　1981「大塚新地遺跡」『茨城県教育財団文化財調査報告』11

石田守一ほか　1976『鹿島前遺跡』我孫子市教育委員会

井上義安　1967「那珂湊市富士ノ上警察署敷地の土師器」『茨城県の土師器集成』第1集　茨城考古学会

岩槻市　1983「上野遺跡」『岩槻市史考古資料編』

一志茂樹　1975「斧鐵（まさかり）考 ―長野県松本市弘法山古墳の歴史的位置―」『信濃』第28巻第4号　信濃史学会

氏家和典　1966「古墳文化の地域的特色　―東北―」『日本の考古学』Ⅲ　河出書房

氏家和典　1970a「宮城県玉造郡岩出山町川北横穴群発掘調査報告書（第一次）」『岩出山町史』

氏家和典　1970b「古墳文化の伝播」『古代の日本』8　角川書店

梅沢重昭　1971『太田市米沢二ツ山古塚』群馬県教育委員会

梅沢重昭　1978『群馬県太田市五反田・諏訪下遺跡』太田市教育委員会

江谷　寛　1971「手焙形土器の再検討」『古代学研究』59

小川貴司　1983『特別展図録三〜四世紀の東国』八王子市郷土資料館

小川貴司ほか　1983「東京都北区の埋れた考古資料」『考古学雑誌』第61巻第1号

小久貫隆史　1983「草刈遺跡A区（第一次調査）」『千原台ニュータウン』千葉県文化財センター

小倉　均　1981「井沼方遺跡」『大北遺跡・井沼方遺跡発掘調査報告書』浦和市遺跡調会

小倉　均　1982「和田北遺跡」『井沼方・大北・和田北・西谷・吉場遺跡発掘調査会報告書浦和市遺跡調査会

大塚徳郎　1970「式内の神々」『古代の日本』8　角川書店

大塚真弘ほか　1982『長井町内原遺跡』内原遺跡調査団

大塚　実　1967「東松山市雷電山古墳出土の壺形土器」『上代文化』第37号　国学院大学考古学会

大参義一 1968「弥生式土器から土師器へ ―東海地方西部の場合―」『名古屋大学文学部研究論集』17

岡田茂弘 1982「東北城柵と多賀城」『日本歴史地図』原始古代編下 柏書房

鬼形芳夫 1974『八幡原遺跡』群馬県教育委員会

カ

柿沼修平 1979『土宇』日本文化財研究所

柿沼幹夫 1979『下田・諏訪』埼玉県教育委員会

金井塚良一 1971「シンポジウム『五領式土器について』」『台地研究』第19号 台地研究会

鴨志田篤二 1978『三反田遺跡調査報告書（第三次）』勝田市教育委員会

川島正一 1976『群馬県邑楽郡邑楽町大黒遺跡発掘調査報告書』邑楽郡邑楽町教育委員会

川上久夫ほか 1975『持田遺跡発掘調査報告書』逗子市教育委員会

川添 登 1977「前方後方墳の被葬者」『季刊人類学』第8巻第2号

神奈川県立博物館 1971『考古学資料集成』3

神沢勇一 1968「相模湾沿岸地域における弥生土器の様相について」『神奈川県立博物館研究報告』1巻1号

木下正史編 1982『弥生時代』日本の美術5 至文堂

木村浩二ほか 1981『郡山遺跡』Ⅰ 仙台市教育委員会

木村浩二ほか 1982『郡山遺跡』Ⅱ 仙台市教育委員会

木村浩二ほか 1983『郡山遺跡』Ⅲ 仙台市教育委員会

久保哲三ほか 1979『権現山北遺跡』宇都宮市教育委員会

熊野正也 1972「上小岩遺跡出土の土器」『土師式土器集成』1 東京堂出版

熊野正也 1975『臼井南』佐倉市教育委員会

栗原文蔵ほか 1977「高畑遺跡の調査」『鴻池・武良内・高畑』埼玉県教育委員会

栗本佳弘 1971「佐倉市大篠塚遺跡」『南関東自動車道関係埋蔵文化財発掘調査報告書』千葉県文化財保護協会

黒沢彰哉 1981「茨城県における古式土師器の問題」『婆良岐考古』第3号 婆良岐考古同人会

小井川和夫ほか 1982「御駒堂遺跡」『東北自動車道遺跡調査報告書』Ⅵ 宮城県教育委員会

古泉弘ほか 1983『葛西城』葛西城址調査会

小出義治 1979『桂町遺跡群・なたぎり遺跡』相武古代研究会

小林三郎 1965「千葉県大堀出土の土器」『考古学集刊』第3巻第1号 東京考古學會

小林三郎 1967「群馬県高林遺跡の調査」『考古学集刊』第3巻第4号 東京考古學會

小森哲也ほか 1977「塩谷町大宮中学校所蔵の古式土師器」『峰考古』第1号 宇都宮大学考古学研究会

小森紀男 1980「栃木県における五領式土器の研究」『宇大史学』第2号 宇都宮大学

第1編　弥生時代から古墳時代へ

神戸聖語　1979『引間遺跡』高崎市教育委員会

サ

佐々木安彦　1975「青山横穴古墳群」『三本木町文化財調査報告書』三本木町教育委員会

佐々木安彦　1983「朽木橋横穴古墳群」『朽木橋横穴古墳群・宮前遺跡』宮城県教育委員会

佐藤次男　1974「日立市曲松遺跡」「日立市金井戸遺跡」『茨城県史料』考古資料編古墳時代　茨城県

佐藤忠雄　1976『水窪・新井遺跡の調査』埼玉県岡部町教育委員会

斎藤国夫　1981『池守遺跡』行田市教育委員会

斎藤　忠ほか　1978『弘法山古墳』松本市教育委員会

坂田正一ほか　1973『宮脇』宮脇遺跡調査団

桜井清彦ほか　1970「世田谷区立総合運動場遺跡調査報告（第1・2次調査)」『世田谷区立郷土資料館紀要』第2集

桜井清彦ほか　1974「世田谷区立総合運動場内遺跡調査報告（第3・4次調査)」『世田谷区立郷土資料館紀要』第3集

笹森健一　1979「滝遺跡」『埋蔵文化財の調査』（1）　上福岡市教育委員会

塩野博ほか　1968『鍛冶谷・新田口遺跡』戸田市教育委員会

塩野博ほか　1972a「平林寺遺跡の遺構と遺物」『加倉・西原・馬込・平林寺』埼玉県教育委員会

塩野博ほか　1972b『南原遺跡第2・3次調査概要』戸田市教育委員会

塩野博ほか　1981『関東における古墳出現期の諸問題　―埼玉―』日本考古学協会

重住　豊　1978『方南峰遺跡』杉並区教育委員会

下津谷達男ほか　1957『野田市三ツ堀遺跡』野田市郷土博物館

白井久美子　1981「市原市上総国分寺台出土の東海系『有段口縁』甕形土器について」『古代』第71号　早稲田大学考古学会

白井久美子　1982「長平台遺跡の調査」『上総国分寺台調査概報』市原市教育委員会

白井久美子　1983「市原市長平台遺跡288・289号墳出土の土器」『特別展図録三～四世紀の東国』八王子市郷土資料館

白石　修　1979『元島名遺跡』高崎市教育委員会

白石竹雄　1973『平台先遺跡』平台先遺跡発掘調査団

白鳥良一ほか　1981・82『名生館遺跡Ⅰ』1982『名生館遺跡』Ⅰ・Ⅱ　多賀城跡調査研究所

菅谷浩之ほか　1978『日の森遺跡』埼玉県美里村教育委員会

杉原荘介　1971「五領遺跡出土の土器」『土師式土器集成』1　東京堂出版

杉山晋作ほか　1981『関東における古墳出現期の諸問題　―千葉―』日本考古学協会

杉山博久　1971『小田原市諏訪の前遺跡』小田原考古学研究会

杉山博久　1976「茅ヶ崎市の遺跡と遺物」『神奈川県茅ヶ崎市下町屋における緊急調査の記録』下

　　　　　町屋遺跡発掘調査団

鈴木裕芳 1981『久慈吹上』日立市教育委員会

関根孝夫 1974『諏訪原遺跡』松戸市教育委員会

タ

田口一郎 1972「塚原遺跡」『いぶき』6・7合併号　埼玉県立本庄高等学校考古学部

田口一郎 1978『鈴ノ宮遺跡』高崎市教育委員会

田口一郎 1981『元島名将軍塚古墳』高崎市教育委員会

田口崇ほか 1978『木滝台遺跡・桜山古墳埋蔵文化財発掘調査報告書』日本文化財研究所

田中新史 1977「市原市神門四号墳の出現とその系譜」『古代』第62号　早稲田大学考古学会

田中新史 1983「市原市神門四号墳調査の意義」『特別展図録三～四世紀の東国』八王子市郷土資
　　　　　料館

田中　琢 1970「『まつり』から『まつりごと』へ」『古代の日本』5　角川書店

田部井功 1976『弥藤吾新田遺跡発掘調査報告書』埼玉県遺跡調査会

田村言行 1979『江原台』江原台第一次遺跡発掘調査団

高木義和 1978『南藤田・井の岡遺跡』埼玉県寄居町教育委員会

高橋一夫 1982「草加市の遺跡（1）　―毛長川流域を中心して―」『草加市史研究』第2号

高橋一夫 1983「草加市の遺跡（2）　―西地総田遺跡の発掘調査―」『草加市史研究』第3号

高橋信雄 1982「岩手の土器　―古代―」『岩手県の土器』岩手県立博物館

竹沢嘉範 1972「逗子市才戸出土の土師器」『横須賀考古学会報』15

立石盛詞 1982『後張』埼玉県埋蔵文化財調査事業団　第15集

谷井彪ほか 1968「大和町の遺跡と出土土器」『埼玉考古』第6号　埼玉考古学会

谷井　彪 1970『浜崎遺跡発掘調査報告書』埼玉県遺跡調査会

谷井彪ほか 1979『大山』埼玉県教育委員会

玉田浩一 1981『小室天神前遺跡』伊奈町天神前遺跡調査会

寺田兼方 1965『稲荷台遺跡調査概報』藤沢市教育委員会

寺田兼方 1971『稲荷台遺跡調査概報』藤沢市教育委員

寺田良喜ほか 1982『堂ケ谷戸遺跡』1　世田谷区教育委員会

都出比呂志 1974「古墳出現前夜の集団関係」『考古学研究』80　埼玉考古学会

富田和夫 1985「川越田遺跡の調査」『立野南・八幡太神南・熊野太神南・今井遺跡群・一丁田・
　　　　　川越田・梅沢』埼玉県埋蔵文化財調査事業団　第46集

ナ

中沢貞治 1978a「天ケ提遺跡」『高崎遺跡・天ケ提遺跡・天野沼遺跡・下書上遺跡』伊勢崎市教
　　　　　育委員会

中沢貞治 1978b「蟹沼東古墳群」『蟹沼東古墳群・貝戸下遺跡』伊勢崎市教育委員会

第1編　弥生時代から古墳時代へ

中村勉ほか　1981『鴨居上の台遺跡』上の台遺跡調査団

中山晋ほか　1981『柴工業団地内遺跡発掘調査報告』栃木県教育委員会

並木　隆　1979『中条条里遺跡調査報告書』Ⅰ　熊谷市教育委員会

丹羽茂ほか　1981「清水遺跡」『東北新幹線関係遺跡』Ⅴ　宮城県教育委員会

丹羽　茂　1983「宮前遺跡」『朽木橋横穴古墳群・宮前査団遺跡』宮城県教育委員会

西口正純　1986『鍛冶谷・新田口』埼玉県埋蔵文化財調査事業団　第62集

西宮一男　1968「猿島郡猿島町生子の土師器」「結城市小田林の土師器」「新治郡新治村梶の宮の土師器」『茨城県の土師器集成』第2集　茨城県考古学会

沼沢　豊　1977「千葉県市原市小田部古墳の調査　―土器―」『古墳時代研究』Ⅰ　古墳時代研究会

沼沢豊ほか　1978『佐倉市飯合作遺跡』千葉県文化財センター

沼沢　豊　1979『東寺山石神遺跡』千葉県文化財センター

野村幸希　1982「三角縁神獣鏡の分布」『日本歴史地図』　柏書房

ハ

橋本澄朗ほか　1976「向北原遺跡」『栃木県史資料編』考古Ⅰ　栃木県教育委員会

橋本澄朗ほか　1979『薬師寺南遺跡』栃木県教育委員会

橋本澄朗ほか　1981『関東における古墳出現期の諸問題　―栃木―』日本考古学協会

橋本博文　1979「上野東部における首長墓の変遷」『考古学研究』102号

服部敬史ほか　1966・67・68『八王子市中田遺跡』Ⅰ・Ⅱ・Ⅲ八王子市中田遺跡調査会

服部敬史ほか　1971『鞍骨山遺跡』八王子市谷野遺跡調査団

服部敬史　1975『下寺田・要石遺跡』八王子市下寺田遺跡調査会

春成秀爾　1982「銅鐸の時代」『国立歴史民俗博物館研究報告』第1集　第一法規

早坂春一　1981「日向前横穴古墳群」『東北新幹線関係遺跡調査報告』Ⅴ　宮城県教育委員会

久末一郎　1982『下山遺跡』1　世田谷区教育委員会

平野進一　1979『日高遺跡』（1）高崎市教育委員会

平野進一　1981『八幡原A・B　上滝　元島名A』群馬県埋蔵文化財調査事業団

藤崎芳樹　1982『市原市番後台遺跡・神明台遺跡』千葉県文化財センター

藤原高志　1983「馬込大原遺跡」『ささら・帆立・馬込新屋敷・馬込大原』埼玉県埋蔵文化財調査事業団　第24集

古川一明　1982「色麻古墳群」『宮城県営圃場整備等関係遺跡詳細分布調査報告書』宮城県教育委員会

マ

前沢輝政　1977『山王寺大桝塚古墳』早稲田大学出版部

増子章二ほか　1982『新作小高台遺跡発掘調査報告書』川崎市教育委員会

増田逸朗 1969「加納入山遺跡」『埼玉考古』第 7 号　埼玉考古学会

増田逸朗 1971 a「諏訪山遺跡」『諏訪山貝塚・諏訪山遺跡・桜山貝塚・南遺跡発掘調査』埼玉県遺跡調査会

増田逸朗 1971 b『横塚山古墳』埼玉県遺跡調査会

松尾昌彦ほか 1981『関東における古墳出現期の諸問題　―茨城―』日本考古学協会

松島栄治 1966『石田川』石田川刊行会

松村一昭 1980『五目牛東遺跡群及び赤堀村 8 号墳発掘調査概報』群馬県赤堀村教育委員会

松本浩一ほか 1980『下郷』群馬県教育委員会

三森俊彦ほか 1974『市原市大厩遺跡』千葉県文化財センター

三渡俊一郎 1975「S字口縁台縁付甕形土器出土遺跡分布に関する私見」『古代学研究』76　古代学研究会

水沢裕子 1980『上神明遺跡第 4 次調査略報』世田谷区教育委員会

茂木雅博 1976「信濃の前方後方墳」『信濃』第28巻第 4 号　信濃史学会

茂木雅博 1982『常陸部原遺跡』茨城県東海村教育委員会

望月幹夫 1978『子ノ神』厚木市教育委員会

望月幹夫 1983『子ノ神』Ⅱ　厚木市教育委員会

本村豪章 1974「相模真土大塚山古墳の再検討」『考古学雑誌』第60巻第 1 号　日本考古学会

ヤ

矢戸三男 1975『阿玉台北』千葉県文化財センター

安岡路洋 1958「岩槻市加倉遺跡報告書」『埼玉研究』第 2 号　埼玉県地域研究会

山越　茂 1977「下野国前方後方墳私考」『栃木県史研究』第14号

山崎　武 1981『下閭遺跡』鴻巣市遺跡調査会

山ノ井清人 1976「イサベ遺跡出土の古式土師器」「聖ケ丘遺跡出土の古式土師器」『栃木県史資料編』考古 1　栃木県教育委員会

湯原悦夫・加納俊介 1972「南関東出土の東海系土器とその問題」『小田原考古学研究会会報』第 5 号

吉田　格 1960「東京都北区飛鳥山公園弥生竪穴住居址路調査概報」『武蔵野』第39巻第 1・2 号　武蔵野文化協会

吉廻純ほか 1981『神谷原』Ⅰ　八王子市椚田遺跡調査会

ワ

和島誠一ほか 1968『三殿台』三殿台遺跡調査報告刊行会

渡辺文吉・目賀田嘉夫 1954『板橋区志村西台住居址発掘報告』都立北野高等学校

綿貫鋭次郎 1978『竹沼遺跡』藤岡市教育委員会

第1編　弥生時代から古墳時代へ

第2節　前方後方墳の性格

はじめに

　前方後方墳については先学の多くの業績があるが、前方後円墳に比べその性格について定説的な見解は見受けられない。私はとくに古墳の研究を行ってきたわけではないが、草加市史の一環として、関東地方出土の東海系土器をはじめとする「非在地系土器」を集成し、その意義について一稿を草した（高橋 1985）。その際に、いくつかの前方後方墳から東海系土器が出土していることや、前方後方墳は非在地系土器が集中している地域に分布している傾向にあることに気づいた。このことから前方後方墳は非在地系土器の中でも、とくに東海系土器と強い相関関係にあることが推察したのである。そこで本稿では、関東地方出土の非在地系土器の歴史的背景を提示し、前方後方墳の性格について考えていきたい。

1　前方後方墳と非在地系土器の分布

　ここではまず、関東地方の初期の前方後方墳と前方後方形周溝墓、さらに非在地系土器の分布を見ていくことにしよう（第24図）。

神奈川県

　1の東野台2号墳は片瀬川中流域に立地し、下流には東海系・畿内系土器を出土する遺跡が分布する。2の稲荷台16号墳は鶴見川上流にあり、この流域には古式の前方後円墳が分布する。また、神奈川県下の非在地系土器は、相模湾に面した地域に数多く分布している。

東京都

　3の砧中学校7号墳は多摩川中流域にある。この流域には古式の前方後円墳が存在するとともに、東海系土器を出土する遺跡も多く分布する。東京都下の非在地系土器は、砧田7号墳周辺と上流の八王子市、さらに荒川下流域に集中して分布している。

千葉県

　4の道祖神裏古墳は小糸川流域にある。近くには畿内系土器を出土した手古塚古墳（前方後円墳）が存在し、また河口近くには東海系土器を出土する遺跡が分布する。5の新皇塚古墳、6の東間部多2・16号（前方後方形周溝墓）と7の諏訪台33号（前方後方形周溝墓）は、いずれも養老川下流域に立地する。この地域は後世、国府や国分寺が造営されるなど、古代における上総国の中心地となっていく。また、古墳時代初頭においても非在地系土器が集中し、さらには神門4・5号墳が存在するなど、上総の中心地としての役割を果していた。

　8の飯合作1・2号墳（前方後方形周溝墓）は印旛沼の南に立地し、東海系土器を出土した。周辺には東海系・畿内系土器を出土する遺跡が多い。9の阿玉台北7号（前方後方形周溝墓）は利根川下流域に立地する。やはり近くには非在地系土器を出土する遺跡が分布する。千葉県下の非

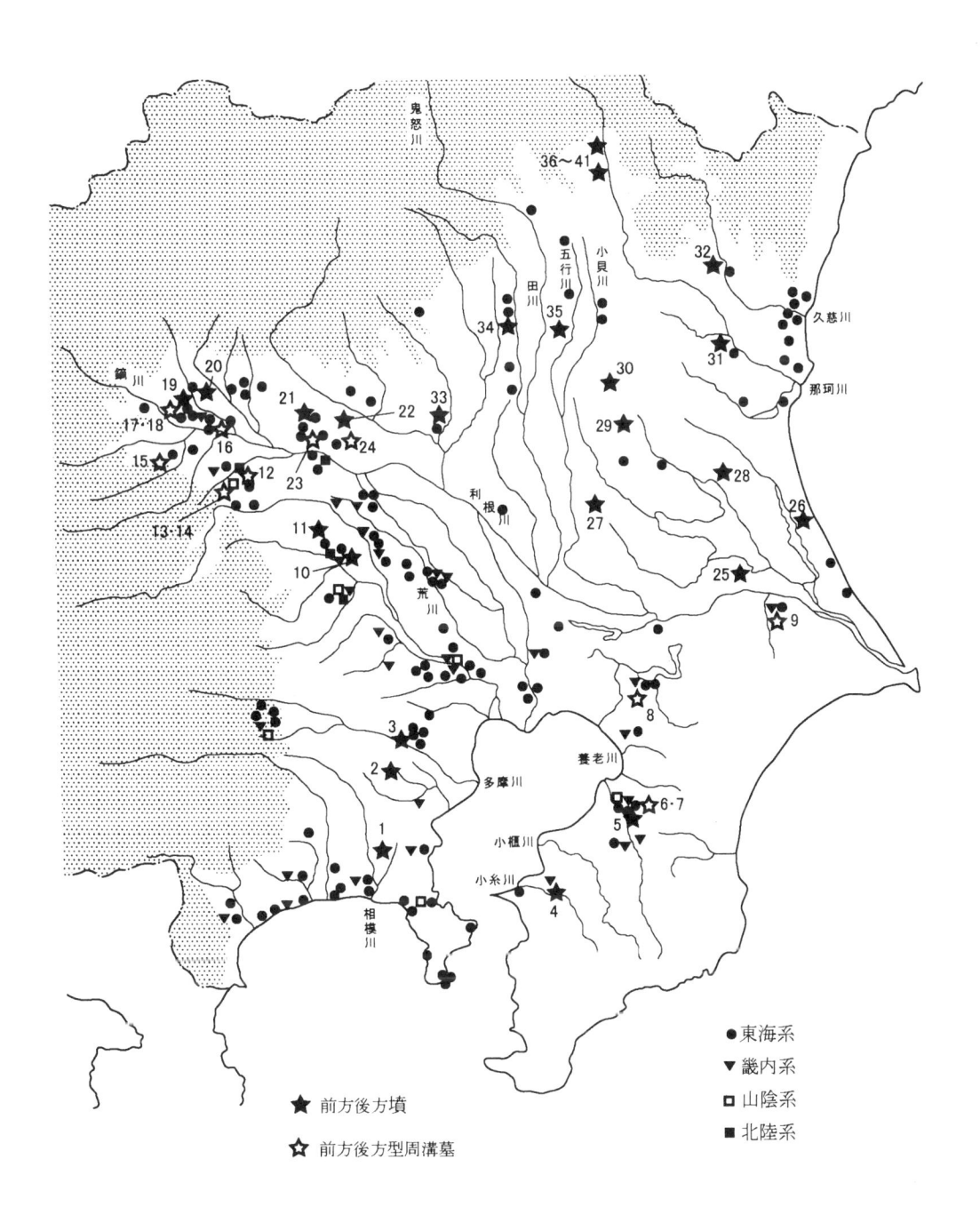

第3章　東国における古墳時代の開始

第24図　前方後方墳および非在地系土器分布図

第1編 弥生時代から古墳時代へ

在地系土器を見ると、市原市国分寺台周辺が象徴しているように、前方後方墳・前方後方形周溝墓が存在する地域に出土する傾向にあることが指摘できる。

埼玉県

10の山ノ根古墳、11の塩1・3号は東松山市周辺にあり、近くには各種の非在地系土器を出土した五領遺跡が存在する。

12の石蒔B8号（周溝墓）、塚本山33号（13・前方後方形周溝墓）、志戸川南4号（14・前方後方形周溝墓）はいずれも児玉地方に存在する。このうち志戸川南4号周溝墓からは、東海系土器が出土している。また、この地域は県内でも非在地系土器が集中して出土する地域のひとつである。

埼玉県下の非在地系土器は、旧入間川下流域や荒川流域、元荒川中流域、東松山市周辺、行田市周辺、児玉地方といったいくつかの地域に集中して分布する傾向にある。

群馬県

15の堀ノ内2号（前方後方形周溝墓）は鮎川流域に立地し、堀ノ内遺跡からは東海系土器が出土している。下郷1・42号（前方後方形周溝墓）(16)、下佐野1号（周溝墓）(17)、鈴ノ宮4・7号（前方後方形周溝墓）(18)、元島名将軍塚古墳(19)、前橋八幡山古墳(20)はいずれも高崎市・前橋市周辺に分布している。とくにこの地域は東海系土器の分布密度の濃い地域である。また、元島名将軍塚古墳は多量の東海系土器を出土している。

寺山古墳(21)、藤本観音山古墳(22)、東流通団地8号（周溝墓）(23)、屋敷内B号（周溝墓）(24)はいずれも伊勢崎市と大田市周辺に分布している。やはり、この地域も東海系土器を出土する遺跡が集中している。群馬県においても前方後方墳及び前方後方型周溝墓は、東海系土器が集中して出土する地域に多く存在することがわかる。

茨城県

25の原1号墳は霞ケ浦南端に立地している。現在のところこの周辺では非在地系土器の出土は確認されていない。26の大峰山1号墳は北浦の東側に立地している。周辺ではまだ非在地系土器は出土していないが、近くの鹿島町（現・鹿嶋市）からは東海系土器が多く出土している。27の桜塚古墳は霞ケ浦に流れ込む桜川流域に立地し、近くには前方後円墳の山木古墳が存在する。28の勅使塚古墳は霞ケ浦北端に位置するが、今のところ周辺に非在地系土器の出土は見られない。29の丸山1号墳は霞ケ浦に流れ込む恋瀬川上流に立地し、近くには前方後円墳の佐自塚古墳が存在する。

30の狐塚古墳は岩瀬町に存在し、周辺に非在地系土器の出土は確認されていない。

31の安戸星古墳は那珂川下流域に位置し、河口周辺には東海系土器を出土する遺跡が点在する。この那珂川上流が、前方後方墳群で有名な那須地方となる。

32の富士山4号墳は久慈川中流域に立地し、やはり河口には東海系土器を出土する遺跡が集中する。茨城県下の非在地系土器の類例は少ないが、鹿島町・那珂川及び久慈川河口に集中して出土し、ほかは点在傾向にある。しかし今後、非在地系土器の出土は増加するものと考えている。

第3章　東国における古墳時代の開始

栃木県

　33の大桝塚古墳は赤津川流域に立地し、S字甕が出土している。近くにも東海系土器を出土する遺跡が分布する。

　34の茂原愛宕山古墳田川流域に立地している。この流域にはいくつかの東海系土器を出土する遺跡が点在する。さらに、本古墳からも東海系土器が出土している。

　35の亀ノ子塚古墳は五行川流域に立地し、やはりこの流域には東海系土器が点在して分布する。

　湯泉神社古墳（36）、那須八幡塚古墳（37）、駒形大塚古墳（38）、上侍塚古墳（39）、上侍塚北塚古墳（40）、下侍塚古墳（41）は那珂川上流域にある。この地域はいまだ非在地系土器の出土は見られないが、前方後方墳が集中する地域として古くから研究者の注目を集めている。栃木県下の非在地系土器の分布は、茨城県と同じく点在傾向にあるが、前方後方墳が存在する流域に多く分布することが指摘できる。

2　非在地系土器出土の背景

　関東地方には東海系・畿内系・北陸系・山陰系の非在地系土器が出土する。これらの土器は弥生時代末から古墳時代初頭のわずかな期間に出現し、在地の土器にほとんど影響を与えることなく消滅していく。また、集落からの出土は多くとも数個体が一般的で、非在地系土器が主体を占める遺跡はごく少ない。

　関東地方出土の非在地系土器を考える上で参考となるのが、東北地方（宮城県）で出土している関東系といわれている土器である。関東系土器は7世紀前半から中頃にかけてのものも存在するが、出土率が高くなるのは7世紀後半からであり、8世紀前半まで継続して出土する。このように関東系土器は一定の期間内で出現し消滅するという点において、関東地方の非在地系土器と類似した状況を示している。関東系土器は集落跡・官衙関係遺跡・古墳から出土しているが、やはり在地の土器に比べ出土量は圧倒的に少なく、在地の土器に影響を与えずに消えていく。この点についても非在地系土器と同じ様相を示している。

　御駒堂遺跡では、多くの関東系土器が出土しているが、関東系土器を主体に出土する住居跡と、在地の土器だけを出土する住居跡とでは、カマドの構造に相違が見られた。その相違とは、在地の土器を出土する住居跡のカマドは、煙道を長く掘り込んだ壁に粘土を張って袖をつくるという在地のカマドであるのに対し、関東系土器を主体的に出土する住居跡のカマドは、煙道が短く袖も粘土等で住居壁の内側につくるという関東地方に一般的に見られるものである。このようにカマドの構造上にも相違が見られることから、御駒堂遺跡出土の関東系土器は、関東地方からの移住者によってつくり出されたものと考えられている（小井川和夫 1982）。関東系土器はほかの遺跡からも出土しているが、これらについても関東地方からの移住者によってつくられたものと、私は理解している。

　古代の東北に関しては文献から、大和朝廷が東北経営にあたる際に、東国の人々を主体に徴用

していることがわかる。関東系土器を残した人々は、こうした人々であったに違いない。関東系土器は考古学的にも文献からも東国の人々が、東北の地で製作した土器であったと考えることができる。このように東国諸国の人々が古代の東北経営に主体的に動員されたということは、当時の大和王権の支配下は関東地方までであったからである。そこで、対東北経営の最前線であった東国に対し、人と物資の補給が割りあてられたのである。

さて、関東地方出土の非在地系土器は、関東系土器と時代的な差はあるものの、本質において差異は認められず、関東系土器が示す内容をそのまま弥生時代末から古墳時代初頭の関東地方にタイムスリップすることができると考えている。つまり、非在地系土器は「系」の示す地域の人々が、関東地方に移動・移住した結果生まれたものだった。東北地方における関東系土器出土の背景には、大和朝廷の東北進出という政治的・軍事的要因があった。関東地方出土の非在地系土器の背景には、同じく大和王権の東国進出という政治的・軍事的行動が内在していた。非在地系土器の出現にはこうした歴史的背景があったのである。

弥生時代後期後半の関東各地には、狭い範囲に分布圏をもつ土器群が出現する。臼井南式・吉ケ谷式・岩鼻式・朝光寺原式土器などがその例である。これらの土器の分布範囲をひとつの文化圏と見る研究者もいるが、文化圏と捉えるよりも地域的政治圏と理解する方が妥当である。先にあげた土器の分布圏は、少なくとも古墳時代になると消滅する。このことは、文化圏あるいは地域的政治圏が払拭されたことを意味し、ここに五領式土器が成立する。非在地系土器はまさにこの激動の時代に登場するのである。

非在地系土器は分布図を見てもわかるように、各地で多くの土器が出土している。そのなかでも東海系土器が主流を占める。S字甕はそのすべてを東海地方西部からの移動・移住者の手によってつくられたと見ることは困難かも知れないが、それを差し引いても東海系土器が多いことは注目すべきことである。

それではなぜ、多くの東海地方の人々が関東地方に来たのかが大きな問題となる。この点について次のように考える。弥生時代の畿内勢力の範囲を知るひとつの手掛かりとして銅鐸がある。とくに、終末期の三遠式銅鐸はその名の通り三河・遠州地方に分布の中心地があり、弥生時代に銅鐸祭祀を共有した東限は、東海地方西部までということになる。だが、銅鐸はその地の東の長野県からも出土している。しかし、その数はわずかで、基本的には東海地方西部までと考えてよい。銅鐸祭祀を共有した地域で、古墳時代になると畿内勢力は盟主としての地位を確立し、畿内勢力が核となり本格的な東国進出が開始された。その際に大和朝廷の東北進出と同じように、東国経営の最前線であった東海地方西部の人々が主として動員されていった。東海系土器が畿内系・北陸系・山陰系土器に比べ圧倒的に出土量が多い理由は、まさにここに存在するのである。また、この時期関東地方では小銅鐸が何点か出土しているが、これらも東海地方西部の人々によって製作されたものと考えている。

第3章　東国における古墳時代の開始

3　前方後方墳の性格

　前方後方墳と前方後方形周溝墓からは東海系土器が出土する。先に示した元島名将軍塚古墳（田口一郎 1981）、茂原愛宕塚古墳（橋本澄朗 1981）、志戸川南4号墓（塩野博ほか 1981、小川貴司 1983）、飯合作2号墳（沼沢豊 1978）などが知られている。さらに、地域をひろげれば長野県弘法山古墳（斉藤　忠ほか 1978）、新潟県山谷古墳（甘粕健ほか 1984）、福島県元屋敷古墳（伊藤玄三 1982・83）からも東海系土器が出土している。東海系土器は前方後方墳から出土しても、前方後円墳からの出土は確認されていない。また、手古塚古墳（市毛薫 1975）、神門4・5号墳（田中新史 1977・84）といった前方後円墳からは畿内系土器が出土しても、前方後方墳からの出土は見られない。さらに、関東地方に限って見れば、三角縁神獣鏡は前方後円墳から出土するが、前方後方墳から出土しないという現象を認めることができる。このように見ていくと、両者の間には大きな性格上の相違が想定できよう。

　前方後方墳というと、まず頭に浮ぶのが出雲である。たしかに、出雲には前方後方墳が多く、かつ継続して存在するが、前方後方墳は出雲で発生したものではない。この点を重視しなければならない。最古の前方後方墳は都月1号墳・湯迫車塚古墳に代表されるように吉備に存在することから、今のところ吉備で発生したと見ることができる（補注1）。

　ここで、まず出雲の状況について渡辺貞幸の見解を聞いてみよう。渡辺は「出雲の前期古墳を語る場合に問題となるのは当地の古墳時代が、他の地域のように前方後円墳や前方後方墳でなく、方墳で始まるという事実である」とし、「よく主張される見解によれば、出雲では、在地勢力が根強く大和に対抗して、畿内勢力の象徴である前方後円墳を採用しなかったのだ、という。各地方首長と畿内勢力との間の矛盾は、程度の差こそあれ、どこでも存在したはずであるから、この見解によれば、出雲の低抗は相当激しいものだったことになる。しかし、出雲地域の前期古墳の規模や副葬品の貧弱さは覆いがたい事実であって、大きな対抗関係などは、考古学からみれば、到底成立しえない空想であるといわなければならない」という。さらに、「出雲に方墳や前方後方墳が多いのは、大和と対抗していたためとか、独自の文化圏をかたくなに守っていたためなどではなく、畿内を盟主とする首長連合体内において、他の多くの首長とは異なる立場にあった者が、出雲地域にはやや多かったという可能性を示すにすぎない。」（渡辺 1984）と述べている。たしかに、出雲の前方後方墳を過大評価すると、前方後方墳の本質を見失うことになる。

　吉備では弥生時代末から古墳時代初頭にかけて特殊器台を生み出し、これが大和王権の古墳祭祀に取り入れられている。このことからも吉備は先進地域であるとともに、大和と対抗し得るほどの勢力をもった地域であったことがわかる。前方後方墳がこの地で発生したことは興味深い。吉備の前方後方墳は、湯迫車塚古墳から三角縁神獣鏡が出土していることから、大和と同盟関係を結びながらも、吉備の独自性を示す象徴であったのではないだろうか（補注2）。しかし、吉備の首長層は前方後方墳から前方後円墳へと墓制を変化していくことから、やがて吉備の勢力は大

和王権に対し、対等で独自性をもった同盟関係から、服属に近い同盟へと変質していったことが読み取れる。このように発生期の前方後方墳は独自性を現わしていたことから、大和王権は前方後方墳を前方後円墳よりも一ランク低い墓として位置づけたのではないかと考えたい。現在のところ、出雲の古墳文化について言及する力量はないが、前方後方墳と前方後円墳が入り混って展開する出雲の複雑性を解明する上に、以上のような視点が必要ではないだろうか。

甘粕健は、「大和・山城・吉備というような大和王権を構成する有力な豪族が、前方後円墳をシンボルとするグループと前方後方墳をシンボルとするグループに意識的に分けられていた」とし、大和西山古墳のある丹波市付近の和爾氏の本拠地であり、新山古墳の馬見古墳群は葛城氏の古墳群と考えられている。備前車塚は、吉備氏の本宗吉備上道臣の本拠の古墳」であることから、前方後方墳はこれらの有力豪族によって造営されたものと考える。つまり、これらの氏族は「大王家と婚姻の伝承を持つ大豪族」であることから、古墳の第一次分布圏内でもとくに有力氏族が前方後方墳を造営したというのである。さらに、古墳の第二次分布圏である出雲・能登・関東東北部の前方後方墳については、「地方豪族の大和政権に対する『服属』が大和政権一般に対する服属ではなく、個別的な地方豪族と、大和政権を代表する個別的な中央豪族との接触を直接的な契機として実現されたと考えるならば一応の解釈がつくのではあるまいか。すなわち、大和政権を代表して当該地方に派遣された将軍が前方後方墳をシンボルとする中央豪族であったばあい、その他の豪族は、これと擬制的な同族関係を結び、そのことを表示して前方後方墳を造営した」（甘粕 1971）と推察している。

大王家と婚姻関係の伝承をもつ和爾・葛城・吉備の各氏は、それだけに大和王権と対抗し得る有力豪族であった。前方後方墳は初期において、大和王権に対して独自性を示すものであったのだろう。だからこそ、前方後方墳は墓制として一ランク低いものとして位置づけられたのである。ほかの部分については、論を進めるなかで批判していくことにしよう。

関東地方の前方後方墳を考える場合、前方後方墳から少なからず東海系土器が出土することから、当然伊勢の西山古墳・筒野古墳・向山古墳・坂本古墳という前方後方墳を問題にしなければならない。伊勢を中心とする東海地方西部は、古墳時代初頭の大和王権の東国進出に重要な役割を果している。川添 登は伊勢の前方後方墳について、大和の勢力が大和から東海・東国地方に出るには「いかなるルートをとるにせよ伊勢地方を通らなければならない」ので、伊勢地方の勢力が天理市にある西山古墳・和爾下神社古墳という前方後方墳を築いた和爾氏と同族関係を結び、先の前方後方墳を造営したと考えた。そして、この和爾氏が東国経営の主体となったので、東国に前方後方墳が多い理由はここにあると推察した（川添 1977）。

先にも記したように、関東地方の前方後方墳には、東海系土器を出土するものがある。古墳から出土する土器は、古墳祭祀にとって重要な意味をもっており、東海系土器を伴う前方後方墳は、少なくとも在地首長層の古墳とすることはできない。在地首長層の古墳と考えるなら、なぜ関東から遠く離れた東海地方西部の土器を真似てつくり、古墳祭祀に使用したのかを説明しなければ

ならない。甘粕が述べるように前方後方墳をシンボルとする中央豪族と個別に同盟関係を結んだ在地首長が前方後方墳を造営したとするなら、東海系土器を出土する要因はまったく見受けられないのである。しかし、実際には東海系土器を出土する前方後方墳が存在することから、甘粕の考え方は成立しないと考えている。その点、川添の考え方は基本的に甘粕と類似しているというものの、東国の前方後方墳が伊勢の勢力と関係があるという考え方は魅力に富んでいる。私の考え方は細部について川添と相違するものの、基本的には類似しているといってよい。

伊勢の前方後方墳は、茂木雅博のいうところの「継続型」（茂木 1976）にあたる。畿内以東で継続型の前方後方墳が分布する地域は、伊勢地方と栃木県那須地方と宮城県名取地方の3箇所である。名取及び仙台周辺は、大和王権にとって最北端の点的拠点であった。律令時代になるとこの地方を東北最大の拠点とするため多賀城を造営し、北上川を北上し本格的な東北経営に着手しはじめた。那須地方も後述するように、大和王権が東北に進出する際の関東における最北端の拠点であった。那須を北に進むと白河を越えて東北の地に入る。東海地方西部も弥生時代末から古墳時代初頭にかけての東国進出の拠点であった。伊勢神宮と熱田神宮は本来大和王権が東国へ進出する際の祭祀の拠点であり、これが後に両神宮へと発展していったのであろう。東国においてこれに対比できるのが、香取神宮と鹿島神宮である。これらは大和朝廷が東北へ進出する際の祭祀の拠点であったと考えることができる。

継続型の前方後方墳が存在している地域は、以上のような共通した歴史的背景をもっている。伊勢の前方後方墳も、当然この枠組の中で考えていかなければならない。そうすると伊勢・那須・名取地方の前方後方墳は、先にあげた共通性から、それぞれの地域において軍事的拠点であったと考えることができる。伊勢の前方後方墳の被葬者は、川添が想定しているように和爾氏との関係の中で把握できるかも知れないが、軍事的色彩の強い人物が想定できる。いずれにせよ伊勢の前方後方墳は、大和王権の東国進出と深い関係があったに違いない。関東地方の前方後方墳は、非在地系土器の分布と合わせて見ていくと、東海系土器が集中して分布する地域に多い。さらに、東国経営の人的動員の主体が東海地方西部にあり、前方後方墳から東海系土器が出土することから、東国及び東北の前方後方墳は在地首長の古墳と考えるより、東海地方西部から派遣された将軍の墓と理解すべきである。大和王権によって派遣された将軍は、本貫地においては前方後円墳を造営できるだけの身分ではなかったが、東征軍の将軍ということで、前方後円墳よりも一ランク低い前方後方墳の造営が許されたのである。

いっぽうでは、畿内系土器を出土する前方後円墳が存在するが、このような古墳は畿内から直接派遣された者の墓であろう。これに加え、初期の前方後円墳が1基のみ存在し、その後の系譜が追えないものもある。これらも畿内の中枢から派遣された者（将軍）の古墳である可能性が強い。こうしたことから、畿内の中枢から派遣された将軍は前方後円墳、東海地方といった畿外勢力から派遣された将軍は前方後方墳といった規制が存在していたように思われる。従来、古墳はすべて在地首長の墓という定説は、当然見直されてしかるべきである。

第1編　弥生時代から古墳時代へ

第25図　全国の前方後方墳分布図

　全国の前方後方墳の分布を見てもわかるように（第25図）、畿内及びその以西の地域では、一定の地域に集中して分布するが、畿内以東では特定の地域に分布することはないが、多くは関東地方に分布する。畿内以西の前方後方墳については先に述べた以外に言及する力はないが、少なくとも畿内以東のものは大和王権の東国進出に伴って出現したものと考えてよい。先に関東地方の前方後方墳からは三角縁神獣鏡は出土せず、前方後円墳から出土することを指摘した。三角縁神獣鏡が政治性の高い産物であるとするなら、畿内の外縁地域から派遣された将軍の墓である前方後方墳からは出土しない理由も説明できよう。そして、大和王権の東国進出にあたり、大和王権と同盟あるいは服属関係に近い同盟を結んだ在地首長に前方後円墳と三角縁神獣鏡が分与されたのである。

　前方後方墳と関連して問題となるのが、前方後方形周溝墓である。前方後方形周溝墓について、前方後方墳と何ら変わらないと見る研究者もいるが、前方後方形周溝墓は方形周溝墓群中に存在する例が多いことから、前方後方墳とは一線を画すべきである。この周溝墓も前方後方墳と同様

に、非在地系土器が分布する地域に多く、志戸川南4号墓からは東海系土器が出土するなど、前方後方墳と共通する要素をもっている。大塚初重は全国の前方後方型周溝墓を集成し、圧倒的に東国に多いことを指摘しているが、「方形周溝墓との関係を重視する立場に立てば、将来とも西日本各地で発見例が増加する」（大塚 1984）可能性があると述べている。しかし、前方後方墳および東海系土器との関連を重視する立場に立てば、将来とも分布の中心は東国にあることは変わらないという予測をもっている。

それでは前方後方墳と前方後方形周溝墓の性格の相違はどこにあるのだろうか。前方後方墳については主として東海地方西部から派遣された将軍の墓と想定した。これら将軍は関東各地の軍事的・政治的な要衝に進駐していった。当然、将軍とともに兵士も派遣された。また、大和朝廷の東北経営と同じように、農民も移住させられたことだろう。ひとつの地域を征服し支配するには、単に軍事行動だけでは不可能なことを歴史は教えている。農民は在地化し、兵士の中にもその地に残り在地化していったものもあろう。前方後方形周溝墓はこうした人々によって造営されたのである。

将軍たちのなかには所期の目的を達成し、早々と帰還した者もいた。一方では所期の目的を達成しても、軍事的・政治的要請からさらに長期の駐屯を余儀なくされた将軍もおり、任地で一生を終えた者もいたことだろう。前方後方墳はこうした将軍たちによって造営されたのである。

関東地方には最初に前方後方墳が出現し、その後に前方後円墳が出現する地域がある。茂木雅博のいう「交代型」である。これについては次のように解釈している。すなわち、征服された在地首長がその後大和王権と同盟関係を結び前方後円墳を造営したと。おそらく、この例が一般的であったろう。もうひとつ、将軍自身が在地首長化し、子孫が前方後円墳を造営していく可能性もある。関東地方に前方後方墳が多い理由は以上によるのである。

4　那須の前方後方墳

今までの記述により、那須になぜ前方後方墳が多いかすでに予測することができたと思うが、ここで再度那須の前方後方墳群について触れておこう。

那須の前方後方墳群は那珂川流域にある。那珂川の河口周辺には東海系土器を出土する遺跡が分布し、そのやや上流には前方後方墳の安戸星古墳が存在する。那須はその上流に位置し、那須の前方後方墳群はまさに那珂川流域の奥津城的存在である。那須の前方後方墳を築いた勢力は、山越　茂も想定しているように、那珂川を遡上してきたと考えてよい（山越 1977）。

那須は関東地方から東北への入口で、古代には白河に関が設けられた。那須は古墳時代においても対東北に関する軍事的要衝に変わりなく、将軍は何代にもわたり駐屯していた。何代にもわたる将軍は同一系譜上にあるのか、一代一代派遣されたのかはわからないが、後々まで軍事的性格を失うことはなかったので、代々前方後方墳が築いたのであろう（補注3）。いずれにせよ那須は、大和王権の直轄地的性格を帯びていたものと考えることができる。那須の前方後方墳は那須

第1編　弥生時代から古墳時代へ

地方のもつ地理的要因、つまり対東北進出への軍事的要衝という特殊性から継続して前方後方墳が造営されたのであった。

まとめ

　関東地方の前方後方墳の分布を見ると、南関東よりも北関東に多く分布している。北関東は縄を多用する弥生式土器の分布地域で、古墳時代直前までその土器が続き、一部では五領式土器と共伴する。また、関東全体を見ても多かれ少なかれ弥生式土器には縄文が施されている。古墳時代の大和王権の東国進出は、これら縄文が施されている地域への進行でもあった。すると縄を多用する北関東の抵抗が激しかったことが想定でき、前方後方墳がその地に多く分布することも理解できる。東北地方の抵抗はさらに激しく、点を確保するに留まった。

　前方後方墳から東海系土器が出土するとはいうものの、その多くは在地の土器である。今後、非在地系土器製作の背景を考えなければならないが、前方後方墳から在地の土器が出土するからといって、在地首長の墓とすることはできないし、また逆に非在地の人の古墳とも決めつけることもできない。今まで述べてきたように、前方後方墳の分布する地域には東海系土器を出土する遺跡が多く、実際に東海系土器を出土する前方後方墳が多い。これらを総体的に、そして古墳時代初頭の政治状況を考えた時、前方後方墳は東海地方西部を中心とする地域から派遣された将軍の墓とするのが妥当であると考えられる。

補

　脱稿後、埼玉県史編さん室によって東松山市諏訪山29号墳の確認調査が行なわれた。従来、この古墳は前方後円墳と考えられていたが、調査によって前方後方墳であることが判明した。そして、この古墳から「駿東地方の大廓式系に入る」壺形土器が出土した（江口尚史1985）。このことは、本稿を裏づける資料がひとつ増加したものと考えている。今後もさらに前方後方墳から東海系土器が出土するものと予想している。

補注
1　最近、近江地方で世紀代の前方後方墳が相次いで確認されている。滋賀県能登川町の神郷亀塚古墳は全長35.5ｍの前方後方墳で、出土土器から3世紀前半が考えられている（植田文雄2001「能登川町神郷亀塚古墳の調査」『邪馬台国時代の近江と大和』香芝市二上山博物館）。同県高月町には古保利古墳群が存在し、8基の前方後方墳が知られているが、そのなかの1基である小松古墳は全長60ｍの前方後方墳で、確認調査によって多量の土器が出土し、手焙形土器も故意に破砕された状態で出土した。小松古墳は出土土器から3世紀中頃に比定されている（黒坂秀樹2001「高月町古保利古墳群」『邪馬台国時代の近江と大和』香芝市二上山博物館）。こうした最近の状況は、前方後方形周溝墓も含め、前方後方墳で最古のものは近江地方にあることから、前方後方

墳は近江を含めた東海地方西部で出現したと示唆している。すると、東国の前方後方墳はより東海地方西部と密接な関係をもつことになる。

2　近藤義郎は最古の前方後円（方）墳には、①「古い相の鏡群」をもち特殊器台形埴輪・特殊壺形埴輪をもたない一群と、②「古い相の鏡群」も特殊器台形埴輪・特殊壺形埴輪もともにもつ一群があるという。この二者が成立する背景として、「吉備中枢勢力との間にある種の親縁関係をもっていた被葬者はその葬にあたり、墳に特殊器台形埴輪・特殊壺形埴輪が樹立され、吉備中枢との間に親縁関係をもたないかあるいはそれがごく薄い被葬者の墳にはそれが樹立されない、という関係があった」と考え、さらに、「畿内中枢の箸墓古墳や西殿塚古墳・中山大塚古墳などに特殊器台形埴輪・特殊壺形埴輪が見られることは、吉備中枢勢力が上位の畿内中枢に対して親縁関係を保持ないし強化すべくつとめたことを物語るかのようである」と述べている。また、出雲市の西谷3・4号墳の特殊器台等も出雲の首長と親族関係にともなって吉備から移住した人の葬にあたり、送り届けたものと考え、吉備中枢にありながら「古い相の鏡群」を出しながら特殊器台形埴輪・特殊壺形埴輪をもたない備前車塚古墳の被葬者は、「吉備の出自ではなく、おそらく畿内中枢の出自で、先に触れたように婚姻ないし養子縁組として吉備中枢に移り住んだ人物であろう。墳丘の小規模さに対して13面という多数の中国鏡を配布され、しかも吉備中枢にあって特殊器台形埴輪・特殊壺形埴輪で祀られていない事実は、上の推定を強く支えるものといえるだろう」という（近藤義郎 1991「最古の前方後円（方）墳における二者」『権現山51号墳』権現山51号墳刊行会）。近藤の見解は吉備の前方後方墳、さらには古墳時代を考える上で示唆的な見解である。

3　最近、小川町教育委員会が温泉神社古墳周辺の確認調査を行っている。その結果、温泉神社古墳の周辺（長さ約500m、幅60m）から、温泉神社古墳に続く4世紀前半から4世紀後半にかけての方墳が20基ほど確認された（真保昌弘1999『那須吉田新宿古墳群発掘調査概要報告書』小川町教育委員会）。前方後方墳に方墳が伴う例が多いことは指摘されていたが、これだけの方墳群の存在は全国的に類例がない。那須の前方後方墳を考える上で貴重な資料を提供している。

引用文献

甘粕　健 1971「古墳の成立・伝播」『古代の日本』9　角川書店

甘粕健ほか 1984『山谷古墳』新潟県巻町教育委員会

伊藤玄三 1982・83『本屋敷古墳群発掘調査概報』Ⅱ・Ⅲ　法政大学考古学研究室

市毛　薫 1975『朱の考古学』雄山閣

江口尚史 1985「東松山市諏訪山29号古墳の調査」『第18回　遺跡発掘調査報告会発表要旨』埼玉
　　　　考古学会ほか

小川貴司 1983『特別展図録　三～四世紀の東国』八王子市郷土資料館

大塚初重 1984「東国における古墳の発生」『東アジアの古代文化』第38号　大和書房

第1編　弥生時代から古墳時代へ

川添　登　1977「前方後方墳の被葬者」『季刊人類学』8巻2号

小井川和夫　1982「御駒堂遺跡」『東北自動車道遺跡調査報告書』Ⅵ　宮城県教育委員会

斉藤忠ほか　1978『弘法山古墳』松本市教育委員会

塩野博ほか　1981『関東における古墳出現期の諸問題　―埼玉―』日本考古学協会

高橋一夫　1985「関東地方における非在地系土器出土の意義」『草加市史研究』第4号

田口一郎　1981『元島名将軍塚古墳』高崎市教育委員会

田中新史　1977「市原市神門4号墳の出現とその系譜」『古代』第63号　早稲田大学考古学会

田中新史　1984「上総神門5号墳の調査」『考古学ジャーナル』No.233

沼沢　豊　1978『佐倉市飯合作遺跡』千葉県文化財センター

橋本澄朗ほか　1981『関東における古墳出現期の諸問題　―栃木―』日本考古学協会

茂木雅博　1976「信濃の前方後方墳」『信濃』第28第巻4号　信濃史学会

山越　茂　1977「下野国前方後方墳私考」『栃木県史研究』14

渡辺貞幸　1984「考古学が復元する古代出雲と大和政権」『歴史読本』臨時増刊号84年6月号　新人物往来社

第3章　東国における古墳時代の開始

第3節　関東地方の前方後方墳

はじめに

　関東で確実なあるいは確実性の高い前方後方墳は、群馬県3基、栃木県19基、茨城県11基、埼玉県5基、千葉県3基、東京都1基、神奈川県3基の計45基が知られている。しかし、千葉県の場合は後期になっても前方後方墳が存在するので、関東では特異な地域ということができる。本稿ではとくに古墳時代初頭の前方後方墳を検討の対象としているので、千葉県の後期前方後方墳は除外する。

　また最近、各地で前方後方形周溝墓の発見が相次いでいる。これらには低い墳圧が存在していたことが確認されている。都出比呂志はこれらを低墳丘墓という名称と概念で捉えている（都出1986）。ここでは、都出の名称と概念を借用することにしたい。前方後方形低墳丘墓は現在までのところ、群馬県12基、埼玉県5基、千葉県6基の計23基確認されている（表2）。これら前方後方形低墳丘墓は、前方後方墳を考える上で欠かすことができないので検討の対象としたい。

1　分布の特徴

　前方後方墳の分布上の大きな特徴として、第1に南関東に少なく北関東に多いことが指摘できる。なかでも栃木県、茨城県に多く分布する。これらの地域では逆に前方後方形低墳丘墓が少なく、今のところ1基も確認されていない。第2に栃木県を除いた地域での前方後方墳の分布は各主要河川と一定地域に点在し、同一地域において継続して存在することはない。逆に栃木県では田川、五行川、小貝川、那珂川流域で継続して存在する（第26図）。

2　前方後方墳の出現と古墳の展開

　関東地方の前方後方墳は、主要河川と主要地域に存在していることが明らかとなった。次にこうした地域で前方後方墳はどの段階で出現し、古墳がどのように展開していくか見ていくことにしよう（第27図）。

　群馬県太田市周辺では、まず前方後方墳の寺山古墳が出現する。次に太田八幡山古墳、朝子塚古墳、別所茶臼塚古墳と前方後円墳が継続して造営される。前橋市周辺の広瀬川流域では、前方後方墳の前橋八幡山古墳と前方後円墳の天神山古墳が出現する。両者の前後関係は明確でないが、群馬県においては前方後方墳が先行して出現する傾向にあり、前橋八幡山古墳が先行して築かれた可能性が高い。高崎市周辺の井野川流域では元島名将軍塚古墳が出現し、蟹沢古墳、浅間山古墳、大鶴巻古墳といった前方後円墳が築造されている。この地域は前方後方形低墳丘墓が多く存在するのもひとつの特徴である。かつては上野であった矢場川流域には前方後方墳の藤本観音山古墳が出現する。引き続き前方後円墳の矢場薬師塚古墳、小曽根浅間山古墳が出現する。群馬県

第1編　弥生時代から古墳時代へ

表2　前方後方墳・前方後方形低墳丘墓一覧

群馬県

No.	名称	規模(m)	低墳丘墓	東海系土器	文献
1	前橋八幡山	130			1
2	元島名将軍塚	91			2
3	寺山	60			3
4	鈴ノ宮7号	21	○	○	4
5	元島名	56	○	○	5
6	下佐野4号	32	○	○	6
7	下佐野5号	51	○		6
8	下佐野6号	63	○		6
9	熊野堂	23			7
10	矢中村東3号	27	○	○	8
11	下郷SZ42号	42	○	○	9
12	堀ノ内CK2号	34.4	○	○	10
13	堤東2号	30	○	○	11
14	東流通団地7号	25	○	○	12
15	屋敷内B1号	31.3	○	○	13

栃木県

No.	名称	規模(m)	低墳丘墓	東海系土器	文献
16	藤本観音山	116.5			14
17	山王寺大桝塚	96		○	15
18	大日塚	36		○	16
19	愛宕塚	48		○	17
20	権現塚	65			18
21	山王山南塚1号	46.5			19
22	三王山南塚2号	50			19
23	亀の子塚	56.3			14
24	八ツ木浅間山	57			14
25	山崎1号	33.4			20
26	星ノ宮浅間塚	53.5			21
27	二子塚1号	29			19
28	二子塚2号	47			19
29	駒形大塚	64			14
30	那須八幡塚	68			22
31	温泉神社	50			14
32	上侍塚	114			14
33	下侍塚	84			14
34	上侍塚北	48.5			14

茨城県

No.	名称	規模(m)	低墳丘墓	東海系土器	文献
35	狐塚	41			23
36	桜塚	30			24
37	后塚	54			25
38	丸山1号	55			26
39	勅使塚	64			27
40	安戸星	28.3			28
41	富士山4号	48			29
42	大峰山4号	31			30
43	原1号	29			31
44	長堀2号	46			32

埼玉県

No.	名称	規模(m)	低墳丘墓	東海系土器	文献
46	山根1号	58			34
47	諏訪山29号	46		○	35
48	塩19号	38			36
49	塩20号	34.5		○	36
50	鶯山	60			35
51	塚本山33号	21.5	○		37
52	石蒔B8号	27	○		38
53	村後	26	○		39
54	南志度川4号	26	○		40
55	権現山		○	○	41

千葉県

No.	名称	規模(m)	低墳丘墓	東海系土器	文献
56	道祖神裏	56			42
57	東間部多2号	35.5	○		43
58	東間部多16号	26.5	○		44
59	諏訪台33号	17.8	○		45
60	草刈99号	30.3	○		46
61	新皇塚				47
62	飯合作1号	25	○	○	48
63	飯合作2号	29.5			48
64	阿玉台北7号	25.5	○	○	49

東京都・神奈川県

No.	名称	規模(m)	低墳丘墓	東海系土器	文献
65	砧中学校7号	65			55
66	稲荷前16号	36			56
67	東野台	54			57
68	秋葉山	41			58

第3章　東国における古墳時代の開始

■　前方後方墳
□　前方後方形墳丘墓

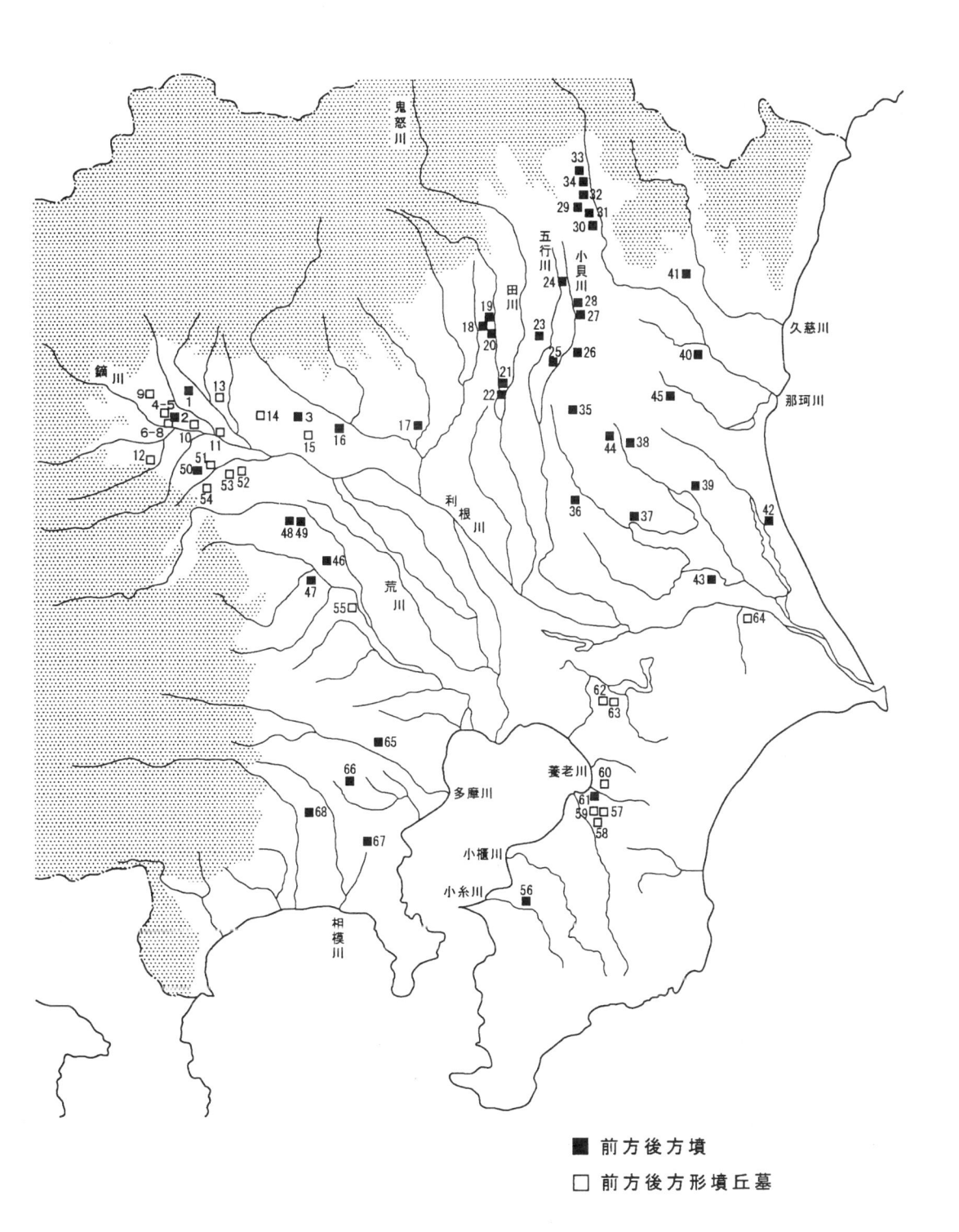

第26図　関東の前方後方墳分布図

第1編 弥生時代から古墳時代へ

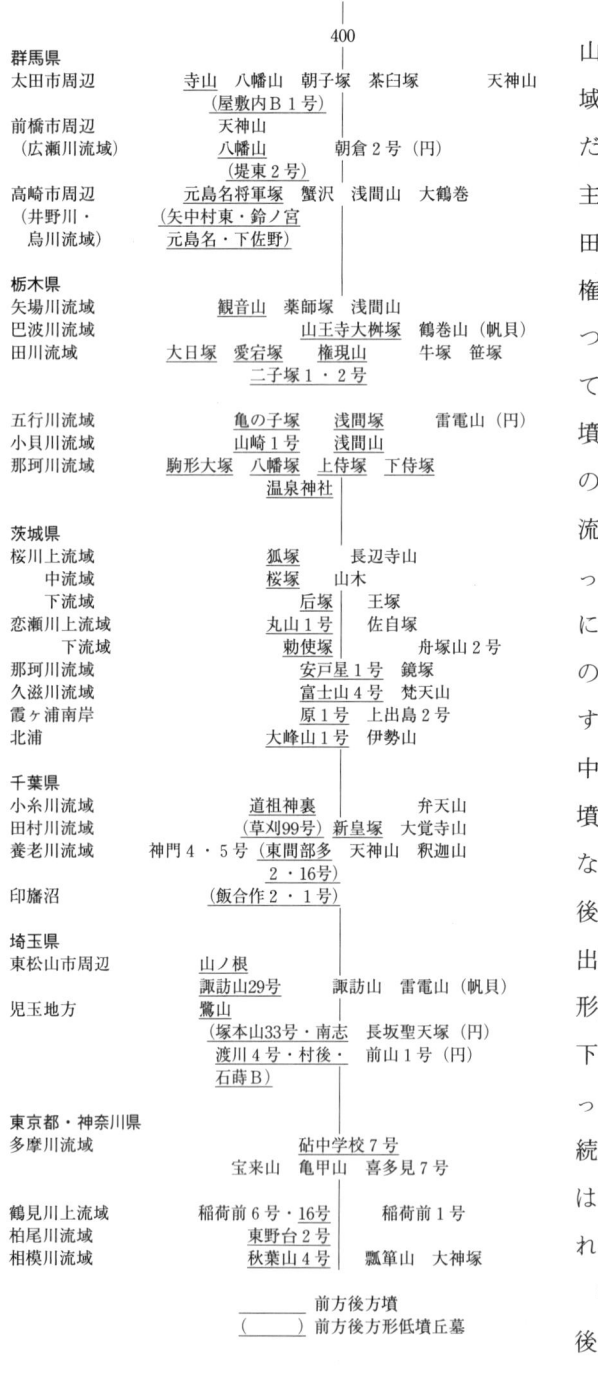

```
                                    400
群馬県
 太田市周辺       寺山  八幡山  朝子塚  茶臼塚    天神山
                      (屋敷内B1号)
 前橋市周辺       天神山
 (広瀬川流域)      八幡山        朝倉2号（円）
                      (堤東2号)
 高崎市周辺       元島名将軍塚 蟹沢 浅間山 大鶴巻
 (井野川・       (矢中村東・鈴ノ宮
  烏川流域)       元島名・下佐野)
栃木県
 矢場川流域        観音山  薬師塚  浅間山
 巴波川流域             山王寺大桝塚    鶴巻山（帆貝）
 田川流域         大日塚 愛宕塚 権現山    牛塚  笹塚
                  二子塚1・2号

 五行川流域        亀の子塚  浅間塚    雷電山（円）
 小貝川流域        山崎1号  浅間山
 那珂川流域        駒形大塚 八幡塚 上侍塚 下侍塚
                  温泉神社
茨城県
 桜川上流域         狐塚       長辺寺山
   中流域          桜塚       山木
   下流域          后塚       王塚
 恋瀬川上流域      丸山1号      佐自塚
    下流域        勅使塚            舟山2号
 那珂川流域       安戸星1号    鏡塚
 久滋川流域       富士山4号    梵天山
 霞ヶ浦南岸        原1号   上出島2号
 北浦           大峰山1号    伊勢山
千葉県
 小糸川流域        道祖神裏       弁天山
 田村川流域       （草刈99号）新皇塚  大覚寺山
 養老川流域     神門4・5号（東部多 天神山 釈迦山
                         2・16号）
 印旛沼           (飯合作2・1号)
埼玉県
 東松山市周辺      山ノ根
                 諏訪山29号  諏訪山   雷電山（帆貝）
 児玉地方         鷲山
                 (塚本山33号・南志 長坂聖天塚（円）
                  渡川4号・村後・ 前山1号（円）
                  石蒔B)
東京都・神奈川県
 多摩川流域         砧中学校7号
                 宝来山  亀甲山  喜多見7号
 鶴見川上流域    稲荷前6号・16号  稲荷前1号
 柏尾川流域        東野台2号
 相模川流域       秋葉山4号    瓢箪山  大神塚
                    _____ 前方後方墳
                    (    ) 前方後方形低墳丘墓
```

第27図 関東における前期古墳の変遷

の場合、まず前方後方墳が出現し、その後前方後円墳に移行する地域といっていいだろう。

栃木県の巴波川流域に、前方後方墳の山王寺大桝塚古墳が出現する。ほかの地域に比べ出現の時期が若干遅れるようだ。また、この地域はその後に継続する主要な前方後円墳の築造は見られない。田川流域には大日塚古墳、愛宕塚古墳、権現塚古墳という前方後方墳が継続してつくられる。その後、若干の時期をおいて牛塚古墳、笹塚古墳といった前方後円墳が出現し、その下流に山王山1・2号の2基の前方後方墳も存在する。五行川流域には亀の子塚古墳、浅間山古墳といった前方後方墳が出現し、小貝川上流域には前方後方墳の二子塚1・2号が、その下流に浅間塚古墳、山崎1号墳が存在する。しかし、五行川・小貝川流域では中期の前方後円墳が存在せず、前方後方墳に引き続き前方後円墳の造営は見られない。那珂川流域には有名な那須の前方後方墳群がある。まず、駒形大塚古墳が出現し、那須八幡古墳、温泉神社古墳が形成され、次に箒川を越えて上侍塚古墳、下侍塚古墳、上侍塚北古墳が築かれていったと考えられている。前方後方墳は継続して造営されているが、5世紀中頃には前方後方墳の系譜は終了すると考えられている。

茨城県でも前方後方墳が先行し、前方後円墳が続くようだ。桜川上流域では前方後方墳の狐塚古墳が出現し、次に前方後円墳の長辺寺山古墳が、中流域では前

方後方墳の桜塚古墳が出現し、前方後円墳の山木古墳が、下流域では后塚古墳が出現し、前方後円墳の王塚古墳が築かれる。恋瀬川上流域では前方後方墳の丸山1号墳が出現し、前方後円墳の佐自塚古墳が築かれ、下流域でも勅使塚古墳に前方後円墳の舟塚山2号墳が続く。那珂川流域では安戸星1号墳が出現し、前方後円墳の鏡塚古墳が、久滋川流域でも富士山4号墳に引き続き、前方後円墳の梵天山古墳が出現する。霞ケ浦南岸、北浦においても同様の傾向にある。

埼玉県でも前方後方墳が前方後円墳に先行して出現する。東松山市周辺ではまず前方後方墳の山ノ根古墳、諏訪山29号墳が出現する。諏訪山29号墳は前方後円墳の高坂諏訪山古墳へと続くが、山ノ根古墳は前方後円墳へと継続しない。児玉地方では鷲山古墳が出現し、長坂聖天塚古墳、前山1号等の円墳へと続き、前方後方墳から前方後円墳へという現象は見られない。

千葉県では小糸川流域に前方後方墳の道祖神裏古墳が出現する。時期を同じくして小櫃川流域では、布留系土師器を出土した前方後円墳の手古塚古墳が出現する。この流域の鳥越古墳も古式の前方後方墳といわれているが、そうすると手古塚古墳との前後関係が問題となってくる。小糸川流域はその後、弁天塚古墳、内裏塚古墳などと大型前方後円墳が次々と造営されている。田村川流域から養老川流域にかけての市原市国分寺台周辺は、まず前方後円形低墳丘墓である神門5・4号墳が出現し、その後に草刈99号墳、東間部多2・16号、諏訪台33号の前方後方形低墳丘墓が出現し、新皇塚古墳はその後に出現するようだ。

東京都多摩川下流域には前方後方墳の砧中学校7号墳が存在する。これに先行するかあるいは同時期に前方後円墳の蓬来山古墳が出現するといわれている。前方後円墳の系列はその後、亀甲山古墳、喜多見7号墳へと続いていく。神奈川県鶴見川上流域に稲荷前16号墳が存在する。ここには稲荷前6号墳という古いタイプの前方後円墳があり、前後関係が微妙である。しかも、鶴見川下流域には稲荷前16号墳とほぼ同時期に観音松古墳が存在していたものと思われ、やはり稲荷前16号墳との前後関係は微妙である。柏尾川流域には東野台2号墳が出現する。その後、前方後円墳の富塚古墳が形成されるようだが、それに続く前方後円墳は造営されていない。相模川流域には秋葉山4号墳が出現する。その後、瓢箪山古墳、大神塚古墳などの前方後円墳が形成される。具土大塚山古墳に関して、本村豪章は前方後方墳としているが（本村 1974）、ここでは保留しておきたい。

以上、前方後方墳の出現と古墳の展開を見てきたが、ここで簡単にまとめておこう。

1）栃木県那須地方のように前方後方墳の系譜が何世代も続く地域。
2）栃木県田川流域のように前方後方墳が集中し、前方後方墳の系譜が2～3世代続くが、その分布から見ると前方後方墳の系譜は2系列考えられ、その後前方後円墳か展開する地域。
3）群馬県・茨城県・埼玉県東松山市周辺のように前方後方墳が出現し、前方後円墳に移行する地域。
4）埼玉県児玉地方のように前方後方墳から円墳に移行する地域。
5）栃木県山王寺大桝塚古墳周辺のように前方後方墳が最初に出現するが、その後古墳が継続

第1編　弥生時代から古墳時代へ

しない地域。
6) 千葉県・東京都・神奈川県のように、前方後方墳が一概に前方後円墳に先行するとは限らない地域。

このように、前方後方墳の出現のあり方と、それに継続する古墳の展開は、地域によっていくつかのパターンがあることが判明した。

4　前方後方墳と前方後方形低墳丘墓

前方後方墳と前方後方形低墳丘墓の違いは、まずその存在形態にある。前方後方形低墳丘墓は多くの場合、方形周溝墓とともに存在する点に大きな特徴がある。表2に掲げた前方後方形低墳丘墓もその例外ではない。いっぽう、前方後方墳は方形周溝墓とは立地を異にし、集落と接することはない。だが、前方後方形低墳丘墓も阿玉台北遺跡・飯合作遺跡では、一見集落内にあるように見えるが、前方後方形低墳丘墓の出現を契機に集落は他に移動する例もある（大村　直 1985）。

その規模においても両者には相違が見られる。前方後方形低墳丘墓の大きさは、21m～35mまでのものが第1グループを形成し、31m前後に集中する傾向にある。第2グループは41m～65mの間に点在する。現在のところ最大規模のものは下佐野9号墓の63mであるが、この規模であっても方形周溝墓とともに存在する。前方後方墳は大きく3グループに分かれる。第1グループは21m～45mまでのもので、第2グループは46m～70mまでのものである。第3グループは81m以上のものである。このように前方後方墳には三つのランクを認めることができる（第28図）。前方後方形低墳丘墓は規模において、前方後方墳の第1・2グループと重なるが、前方後方形低墳丘墓は方形周溝墓群から抜け出せない階層であり、決して前方後方墳の被葬者にはなり得なかったのである。

前方後方形低墳丘墓の形態は大きく分けて、方形周溝の一部が切れ、その部分が肥大化し前方後方形を呈するAタイプと、周溝が一周するBタイプが存在する。さらに、両タイプにおいてもさまざまなバラエティーをもっており、この点においても前方後方墳との相違を認めることができよう。また、前方後方形低墳丘墓はAタイプからBタイプへと移行するわけでもなく、初期の段階でBタイプが出現する地域もある。たとえば、群馬県熊野堂遺跡の前方後方形低墳丘墓にはC硅石の堆積が見られた。C硅石の降下は4世紀中頃といわれているところから、その年代は4世紀中頃以前ということになる。前方後方形低墳圧墓は決して方形周溝墓の系譜から出現するものではなく、前方後方墳と連動して出現するのである。さらに、前方後方墳は在地の墳形という意見もあるが、北條芳隆は備前車塚古墳と箸墓古墳は1対6の比率で築造されていることを明らかにしている（北條 1986）。このことからも、前方後方墳は在地の墳形ということはできないだろう。

第28図　前方後方墳と前方後方形低墳丘墓の規模の比較

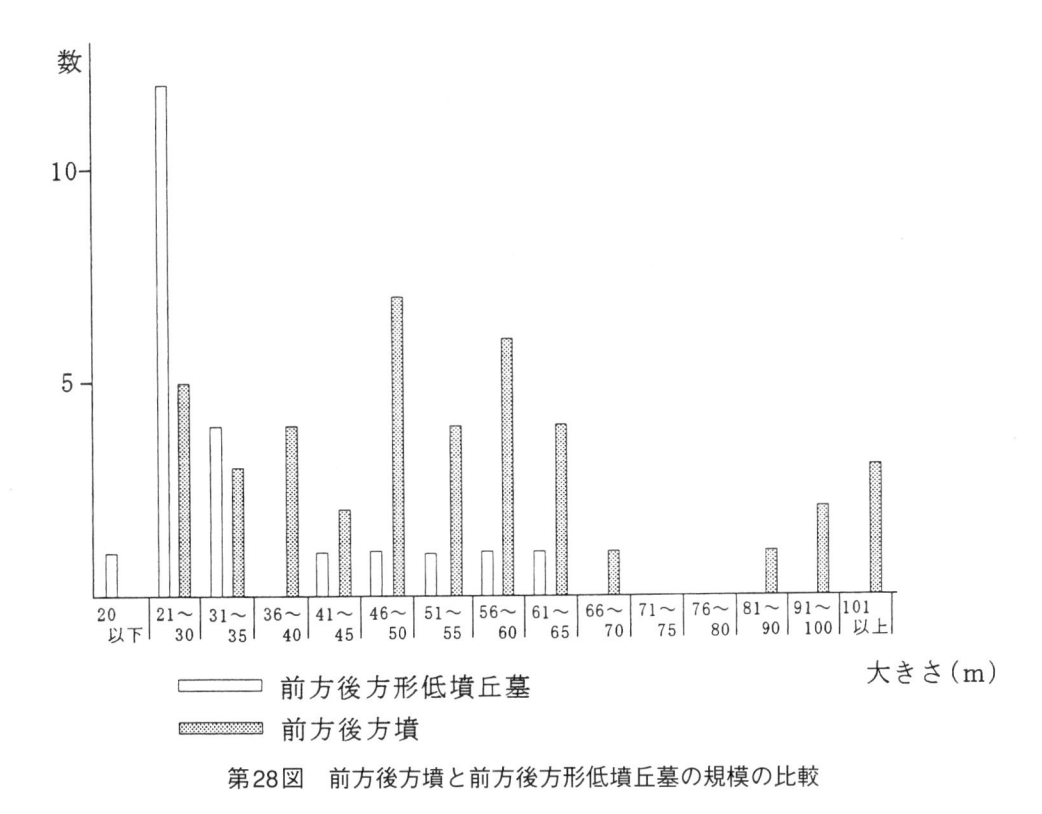

5　前方後方墳と非在地系土器

　弥生時代末から古墳時代初頭の関東地方には、東海系、畿内系、北陸系、山陰系といった非在地系土器が多数出土する。これらの非在地系土器は、関東全体に分布するわけではなく、一定の地域に分布する傾向にある。たとえば、神奈川県では相模湾沿岸、東京都では多摩川下流域、千葉県では小糸川流域、養老川流域、印旛沼周辺、埼玉県では荒川下流域、東松山市周辺、児玉地方、群馬県では太田市、前橋市、高崎市、藤岡市周辺が主で、平野部一帯に出土するといってよい。栃木県では田川、五行川、小貝川流域に、茨城県では鹿嶋市周辺、那珂川、久滋川下流域に集中的に分布している。

　非在地系土器でもとくに東海系土器は、前方後方墳の出現する地域と重なる地域が多い。また、表2を見てもわかるように、前方後方墳・前方後方形低墳丘墓に東海系土器が出土する例が多いことは注目すべき点である。比田井克仁は非在地系土器の出現を、土器の搬入→模倣→定着というプロセスで考えている（比田井 1985）。こういうパターンも存在したと思うが、非在地系土器の背後には多数の人の移動があり、その人たちによってつくられたと考えることができるのである（高橋 1985a・b）。

　S字甕が石田川式として定着する群馬県において、前方後方墳が出現する地域は弥生後期の遺跡はあまり存在しない地域であり、古墳時代以降に遺跡が急増する。逆に鏑川流域の富岡市、吉

第1編　弥生時代から古墳時代へ

井町周辺は弥生後期の遺跡が豊富に存在する地域で、この地域では円墳が最初に造営される（梅沢重昭 1975）。こうした点は、単に群馬県だけの現象ではなく、栃木県那須地方、埼玉県児玉地方でも同様の現象を見ることができる。これらの地域は、在地の技術だけで可耕地として開発するのは不可能で、灌漑等の新技術をもった東海地方等からの人々の移住によって、はじめて開発されていったのであろう。

古墳時代初頭のダイナミックな人の移動は、決して無秩序に行われたものではない。その背後には、大和王権の東国経営という政治的な背景があったのである。非在地系土器は東海地方の人々が多く関東地方に移動・移住していることを示しており、移住等は大和王権の意図のもとに行われたと考えるべきである。また、東海系土器を出土する前方後方墳も多いが、こうした前方後方墳の被葬者は東海地方となんらかの関係があったと考えることができる。私はこれらの前方後方墳の被葬者を、大和王権によって東海地方から派遣された将軍の墓と考えた（高橋 1985 a・b）。この考え方の正否はともかく、未開発地域や東国経営の軍事的拠点に東海地方を中心とした人々が移動・移住していることだけは確かであろう。こうした拠点に前方後方墳が出現するのである。

まとめ

前方後方墳まだ解明されていない点が多い。しかし、従来のように古墳のすべてを在地から生まれてくると考えると、前方後方墳の歴史的意義は解明されないだろう。原秀三郎は「古墳文化の背景というものは、少なくとも駿河・遠江ということで考えた場合、これを前期古墳から考えていいかどうかは別にいたしまして、とにかく在地自生型といいますか、弥生時代以降の在地の連中がだんだん力をのばしてきて、そうして古墳を造るようになったという在地自生理論というのでは解けないというふうに思っております。むしろ私は征服をした連中がそこを封邑として与えられて土着していくというプロセスの中で、古墳文化というものを考えなきゃならんだろうと思っております」と述べている（原 1986）。すべての古墳が在地で自生しないとは考えていないが、少なくとも前方後方墳に関しては原と同じ見解をもっている。いずれにせよ、こうした見解は従来の古墳に関する定説と真っ向から対立する。議論のひとつの材料になればと考えている。

謝辞

本稿をまとめるにあたり、大金宣亮・橋本澄朗両氏から栃木県の前方後方墳について有意義なご教示を受けた。

また、文献収集にあたり河野喜映・白石浩之・須田勉・近藤　敏・高崎光司・飯塚卓二・大江正行・田熊清彦・瓦吹　堅氏の協力があった。記して感謝の意を表したい。

第 3 章　東国における古墳時代の開始

文献

1　前橋市教育委員会　1971『前橋市史』第 1 巻
2　田口一郎　1981『元島名将軍塚古墳』高崎市教育委員会
3　梅沢重昭　1975「群馬県における初期古墳の成立（1）」『群馬県史研究』第 2 号
4　田口一郎　1978『鈴ノ宮遺跡』高崎市教育委員会
5　田口一郎　1979『元島名遺跡』高崎市教育委員会
6　群馬県教育委員会　1978『上越新幹線地域埋蔵文化財発掘調査概報』Ⅳ
7　群馬県埋蔵文化財調査事業団　1983『年報 2 』　群馬県埋蔵文化財調査事業団1984『熊野堂遺跡』（1）
8　高崎市教育委員会　1984『矢中村東遺跡』Ⅶ
9　松本浩一ほか　1980『下郷』群馬県教育委員会
10　荒巻実ほか　1982『堀内遺跡群』藤岡市教育委員会
11　井上唯雄ほか　1985『堤東遺跡』群馬県教育委員会
12　赤山容造　1982『伊勢崎・東流通団地遺跡』群馬県企業局
13　宮田　毅　1984「屋敷内B遺跡」『出現期古墳の地域性』第 5 回三県シンポジウム資料　千曲川水系古代文化研究所ほか
14　栃木県　1976『栃木県史』資料編考古 1
15　前沢輝政　1977『山王寺大桝塚古墳』藤岡町教育委員会
16　久保哲三　1986「宇都宮市茂原町大日塚古墳第 2 ・ 3 次発掘調査報告」『峰考古』第 6 号　宇都宮大学考古学研究会
17　橋本澄朗ほか　1981『開東における古墳出現期の諸問題―栃木―』日本考古学協会
18　橋本澄朗　1984「栃木県における古墳出現期の地域相」『出現期古墳の地域性』第 5 回三県シンポジウム資料　千曲川水系古代文化研究所ほか
19　小森紀男　1986「芳賀郡市貝町上根二子塚古墳群墳丘測量調査報告」『峰考古』第 6 号　宇都宮大学考古学研究会
20　真岡市　1984『真岡市史』考古資料編
21　栃木県　1981『栃木県史』通史編 1
22　三木文雄ほか　1957『那須八幡塚』小川町古代文化研究会
23　西宮一男　1969『常陸狐塚古墳』岩瀬町教育委員会
24　筑波大学　1981『筑波古代地域史の研究』
25　土浦市　1975『土浦市史』
26　後藤守一ほか　1957『常陸丸山古墳』丸山古墳顕彰会
27　大塚初重ほか　1964「茨城県勅使塚古墳の研究」『考古学集刊』第 2 巻第 3 号　東京考古學會
28　茂木雅博　1982『常陸安戸星古墳』安戸星古墳調査団

第1編　弥生時代から古墳時代へ

29　大宮町 1977『大宮町史』
30　大洋村教育委員会 1983『大峰山古墳群調査報告書』
31　茂木雅博 1980『常陸浮島古墳群』浮島研究会
32　茨城県教育委員会 1973『茨城県埋蔵文化財調査報告書』
33　茨城町史編さん委員会 1985『茨城町宝塚古墳』
34　埼玉県 1982『新編埼玉県史』資料編2　弥生・古墳
35　埼玉県史編さん室 1986『埼玉県古式古墳調査報告書』
36　菅谷浩之 1984『北武蔵における古式古墳の成立』児玉町
37　増田逸朗 1977『塚本山古墳群』　埼玉県教育委員会
38　佐藤忠雄 1978『後榛沢遺跡群の調査』岡部町教育委員会
39　利根川章彦 1984『向田・権現塚・村後』埼玉県埋蔵文化財調査事業団　第38集
40　菅谷浩之 1982「美里村志渡川遺跡群の調査」『第15回遺跡発掘調査報告会発表要旨』埼玉考古学会
41　笹森健一 1983・86『埋蔵文化財の調査』Ⅴ・Ⅷ　上福岡市教育委員会
42　大塚初重ほか 1976『道祖神裏古墳調査概報』千葉県教育委員会
43　須田勉ほか 1974『東間部多古墳群』上総国分寺台遺跡調査団
44　須田勉ほか 1976『南向原』上総国分寺台遺跡調査団
45　上総国分寺台遺跡調査団 1975『諏訪台古墳群調査概要』
46　斉木　勝『千原台ニュータウン』Ⅱ千葉県文化財センター 1985
47　千葉県文化財センター 1974『市原市菊間遺跡』
48　沼沢　豊 1978『佐倉市飯合作遺跡』千葉県文化財センター
49　矢戸三男 1975『阿玉台北遺跡』千葉県都市公社
50　大塚初重 1962「前方後方墳序説」『明治大学人文科学研究所紀要』第1冊
51　椙山林継 1980「木更津市鳥越古墳の調査」『考古学ジャーナル』No.171
52　中村恵次ほか 1979「前方後方墳の一考察　―千葉県市原市六孫王原古墳の調査―」『古代』第55号
53　印旛沼町教育委員会 1977『吉高山王遺跡』
54　甘粕健ほか 1969『安孫子古墳群』東京大学考古学研究室
55　對比地秀行 1982『嘉留多遺跡・砧中学校7号墳』世田谷区教育委員会
56　横浜市港北ニュータウン埋蔵文化財調査団 1986『古代のよこはま』
57　榊原松司 1981「東野台」『関東における古墳出現期の諸問題』日本考古学協会
58　神奈川県教育委員会 1982『神奈川県埋蔵文化財調査報告書』第24集

引用文献

大村　直　1984「千葉県における弥生時代後期から古墳時代前期の様相」『古墳出現期の地域性』第5回三県シンポジウム資料　千曲川水系古代文化研究会ほか

久保哲三　1986「古墳時代における毛野・総」『岩波講座日本考古学』5

坂本和俊　1980「房総と南武蔵の主要古墳」『鉄剣を出した国』学生社

坂本和俊　1984「埼玉県の前期古墳概観」『古墳出現期の地域性』第5回三県シンポジウム資料　千曲川水系古代文化研究会ほか

塩谷　修　1984「茨城県における前期古墳の変遷」『古墳出現期の地域性』第5回三県シンポジウム資料　千曲川水系古代文化研究会ほか

高橋一夫　1985a「前方後方墳の性格」『土曜考古』第10号　土曜考古学研究会

高橋一夫　1985b「関東地方における非在地系土器出土の意義」『草加市史研究』第4号

都出比呂志　1986「墳墓」『岩波講座日本考古学』4

原秀三郎　1986「地域と王権 ―5、6世紀駿遠地域史の構想―」『古代を考える』41　古代を考える會

比田井克仁　1985「外来系土器の展開」『古代』第78・79合併号

北條芳隆　1986「墳丘に表示された前方後円墳の定式とその評価」『考古学研究』128　考古学研究会

茂木雅博　1986「常陸の前方後方墳」『国学院大学考古学資料館紀要』第2輯

本村豪章　1974「相模・真土大塚山古墳の再検討」『考古学雑誌』第60巻第1号　日本考古学会

第1編　弥生時代から古墳時代へ

第4節　前方後方墳出土土器の研究

はじめに

本章第1節で非在地系土器について記した。その要旨は、概略次のような内容である。

弥生時代末から古墳時代初頭にかけての関東地方に、東海系土器、畿内系土器、北陸系土器、山陰系土器が出土するが、こうした非在地系土器出土の背景は、大和王権の東国経営のために非在地系土器の示す地域の人々が、東国に移動あるいは移住した結果と考えた。そのなかでも東海系土器の出土率が高いのは、古墳時代末から律令時代にかけて東北地方に出土する関東系土器が東北経営に東国の人々が動員されたことを示すのと同じように、当時畿内の勢力下にあり、東国と対峙していた最前線の東海地方の人々がより多く東国経営に動員されたからだと想定した。

また、関東地方では東海系土器が前方後方墳から出土する例も多いく、こうした現象は非在地系土器の出現が人の移動・移住という原因によって生じたとするなら、前方後方墳出土土器も同様に捉えなければならないので、東海系土器を出土する前方後方墳の被葬者は、東国経営のために大和王権によって東海地方から派遣された「将軍」の墓と推察したのであった。

しかし、その段階では非在地系土器の細かな時期区分をしていなかったという欠点があった。また、前述の見解について多くの批判が寄せられたが、今回は前方後方墳出土土器の編年を中心に論を進めていきたいと考えている。

1　前方後方墳出土の土器

まず、前方後方墳と前方後方形低墳丘墓をどのように区分するかという問題がある。ここでは、方形周溝墓とともに群集するものを前方後方形低墳丘墓とし、独立して墳丘をもつものを前方後方墳として扱うことにする。

長野県

弘法山古墳（第29図）

壺は5種類出土している。壺A（1）は有段口縁で口縁部内面に突出部と、綾杉文がある。肩部には突帯があり、胴部文様は平行沈線間に沈線による山形が描かれている。器形は畿内的であるが、文様は東海地方西部のもので、文様構成は浅井和宏（浅井1986）のパレススタイル土器分類のE類新（浅井1986）にあたるといわれている。壺B（2）は二重口縁を呈し、口縁部に波状文と円形浮文が、肩部にも波状文が施され、頸部には突帯がある。器形・文様とも畿内的である。壺C（3）の器形は壺Bと同一で口縁部の円形浮文が欠落しているものである。壺D（4）は有段口縁で、口縁部には棒状浮文がつき、内面と口縁部下段位に円形竹管文が解かれている。壺Eは単純口縁の壺で、口唇部に棒状浮文が配されている。

高坏はA、Bの2タイプが存在する。注目すべきはAタイプの脚部に櫛描文のあるものである。

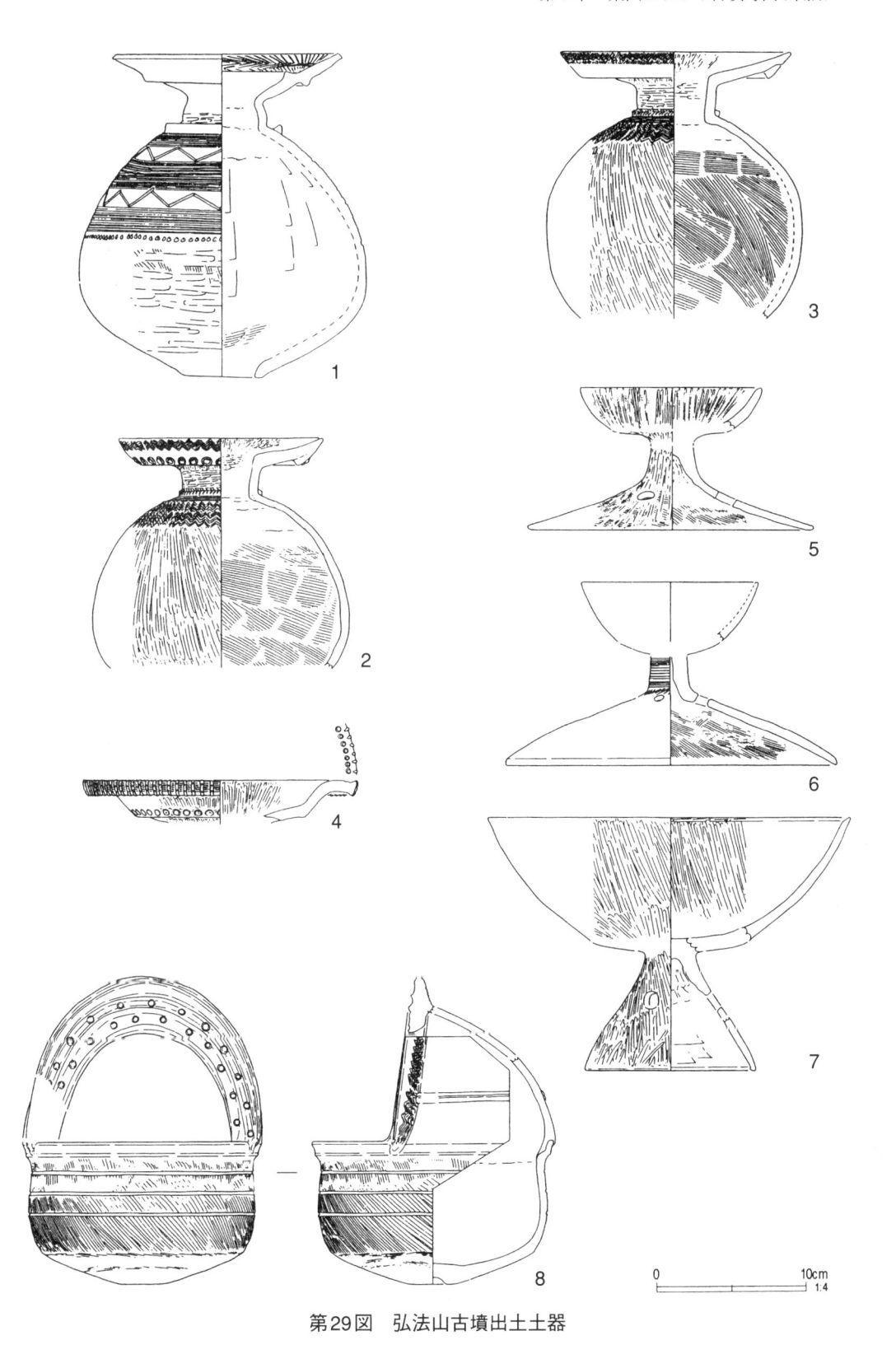

第3章　東国における古墳時代の開始

第29図　弘法山古墳出土土器

第1編　弥生時代から古墳時代へ

　高坏Aタイプは、裾が強い角度をもって大きく開くもので、これと類似するものは纏向編年の纏向3（関川尚功一 1976）、寺沢編年の布留O式（寺島　薫 1986）に見ることができ、また東海西部の宮腰編年（宮腰 1987）では元屋敷中期に位置づけられている。高坏Aの器形は畿内のもので、文様は東海地方西部のものであるということができる（斉藤忠ほか 1978、補注）。
　瀧峯2号墳（第30図）
　高坏は大小の2形態があり、坏部はいずれも深い埦形のものである。器台は口縁部の立つもので、器台と3の壺はセットになるものである。（林　幸彦 1987）

神奈川県

　稲荷前16号墳
　出土土器については写真が公表されている。壺は有段口縁のものと単純口縁の2種類がある。有段口縁のものは2形態存在し、A類は口縁部が大きく開くもので、B類は口縁部が内湾ぎみに立ち上がり、後述する鷺山古墳出土のものと類似する。鷺山古墳のものには円形の透かしがあるが、これには見られない。また、A類には大小の形態が存在し、大型のものには口縁部に刻みが入れられている。坩形の直行口縁壺は高さ26.2cmと大型のものである。器台は脚部に孔をもつものである（横浜市港北ニュータウン埋蔵文化財調査団 1986）。
　東野台2号墳（第31図1）
　小型丸底壺1個体が出土している。底部・体部は小さく、口縁部が大きい古い形態のものである。鉄剣は2振出土しているが、刀身が短く古い形態のものと考えられる（滝沢　亮 1981）。

東京都

　砧中学校7号墳（第31図2）
　台付甕等が出土している。全面ハケ整形されており、口縁はゆるやかに外反する。（對比地秀行 1982）

千葉県

　道祖神裏古墳（第31図3・4）
　甕が2個体出土している。いずれも口径の大きな甕である。1は口径が器高より大きく、口径と胴部最大がほぼ同一の形態のものである。（大塚初重ほか 1976）

埼玉県

　諏訪山29号墳（第32図）
　1は大きく開く有段口縁の壺で、頸部に突帯をもつ。2も同様の壺であるが、口縁部と口唇部の形態が相違する。3は駿東地方の大廓式の影響を受けた壺である。口唇部は内側に折りまげられ、口縁部には縦に4本1組の沈線が5単位引かれている。また、肩部に結節のある無節の羽状縄文と円形浮文が施されている。4・5は二重口縁の壺で、6・7は甕である。8は稲荷前16号墳から出土しているような坩形の直行口縁壺である。9は埦形の坏部をもつ高坏で、脚部は大きく開く形態のものである。11〜14は器台である。16はS字甕の台部である。（埼玉県史編さん室

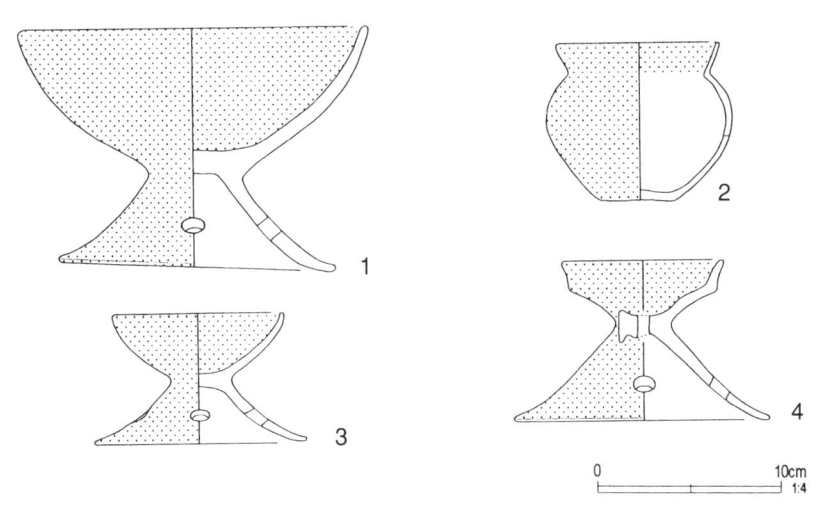

第3章　東国における古墳時代の開始

第30図　瀧峯2号墳出土土器

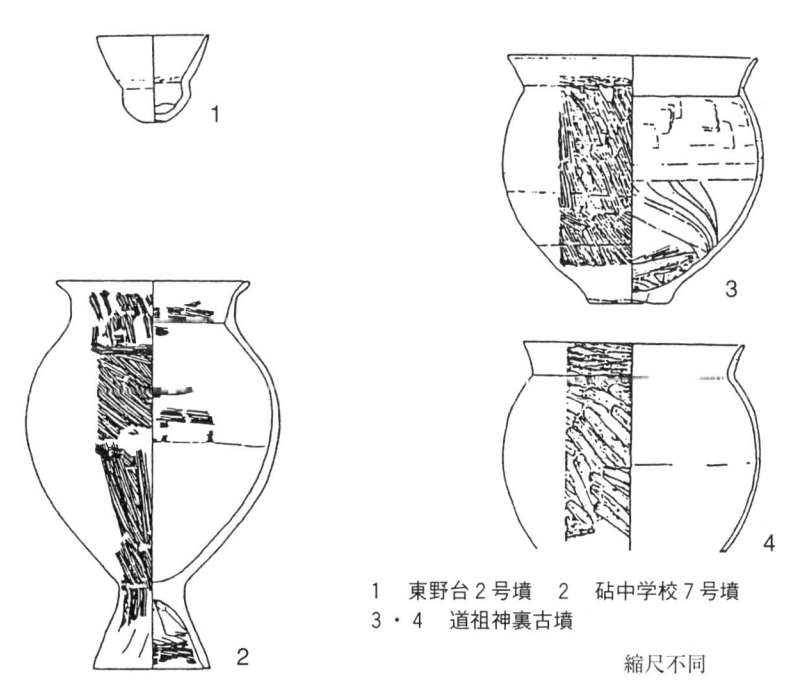

1　東野台2号墳　2　砧中学校7号墳
3・4　道祖神裏古墳

縮尺不同

第31図　東野台2号墳・砧中学校7号墳・道祖神裏古墳出土土器

第1編　弥生時代から古墳時代へ

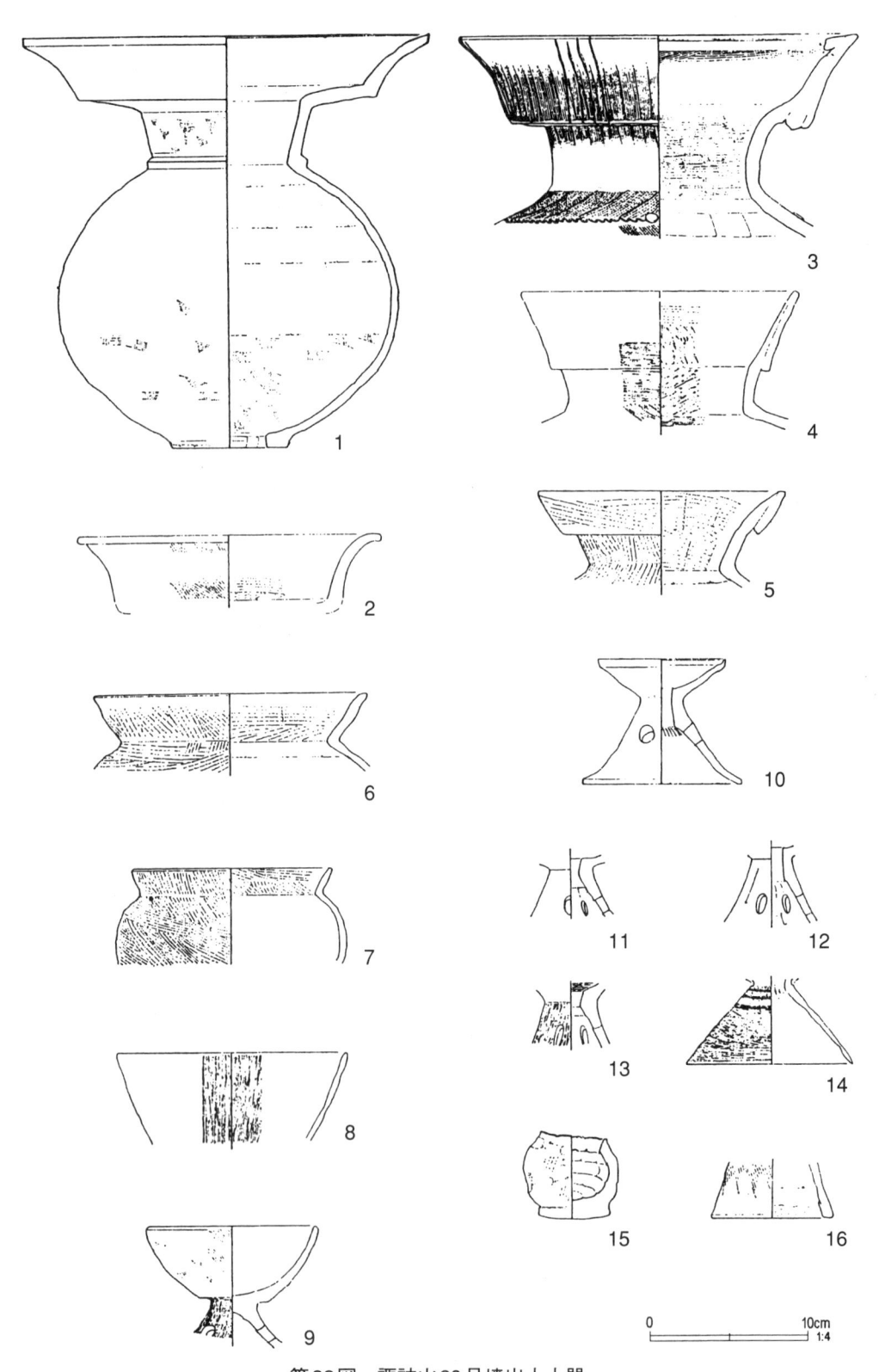

第32図　諏訪山29号墳出土土器

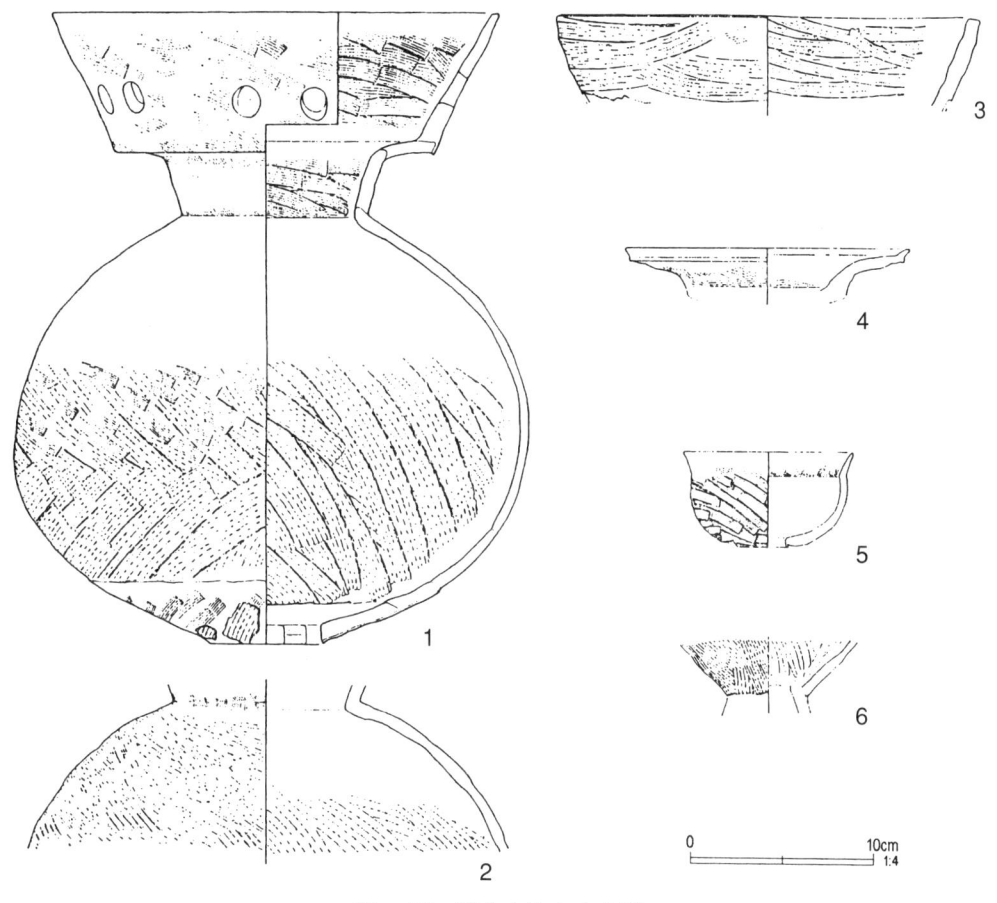

第3章　東国における古墳時代の開始

第33図　鷲山古墳出土土器

1986)

鷲山古墳（第33図）

　1は有段口縁の壺であるが、口縁部は幅広でそこに円形の孔が12個あけられている。2・3も同一形態の壺といわれている。4は大きく開く有段口縁の壺で口唇部はつまみ出している。5は小型の短い口縁部をもつ小型鉢で、6はS字甕である。（埼玉県史編さん室 1986）

群馬県

元島名将軍塚古墳（第34・35図）

　数多くの土器が出土している。1は有段口縁の壺で、頸部、口縁部とも大きく開く形態で、口唇部はつまみ上げられている。頸部には刻みのある突帯が見られ、肩部には2段の平行沈線間に波状が施されており、伊勢湾型壺といわれている。2も有段口縁の壺で、頸部に比べ口縁部の大きなものである。頸部には突帯がある。3は東海地方西部のパレススタイルの壺に見られる文様構成をもっており、4段の櫛描文間に3段の山形文が施されている。4はS字甕で肩部に横ハケが見られる。高坏は4形態存在する。6・7は元屋敷タイプの高坏であろう。6は坏部が深く大きく脚部は短い。7はその逆で坏部は浅く、脚部は長くなっている。これらと類似する資料が元

第1編 弥生時代から古墳時代へ

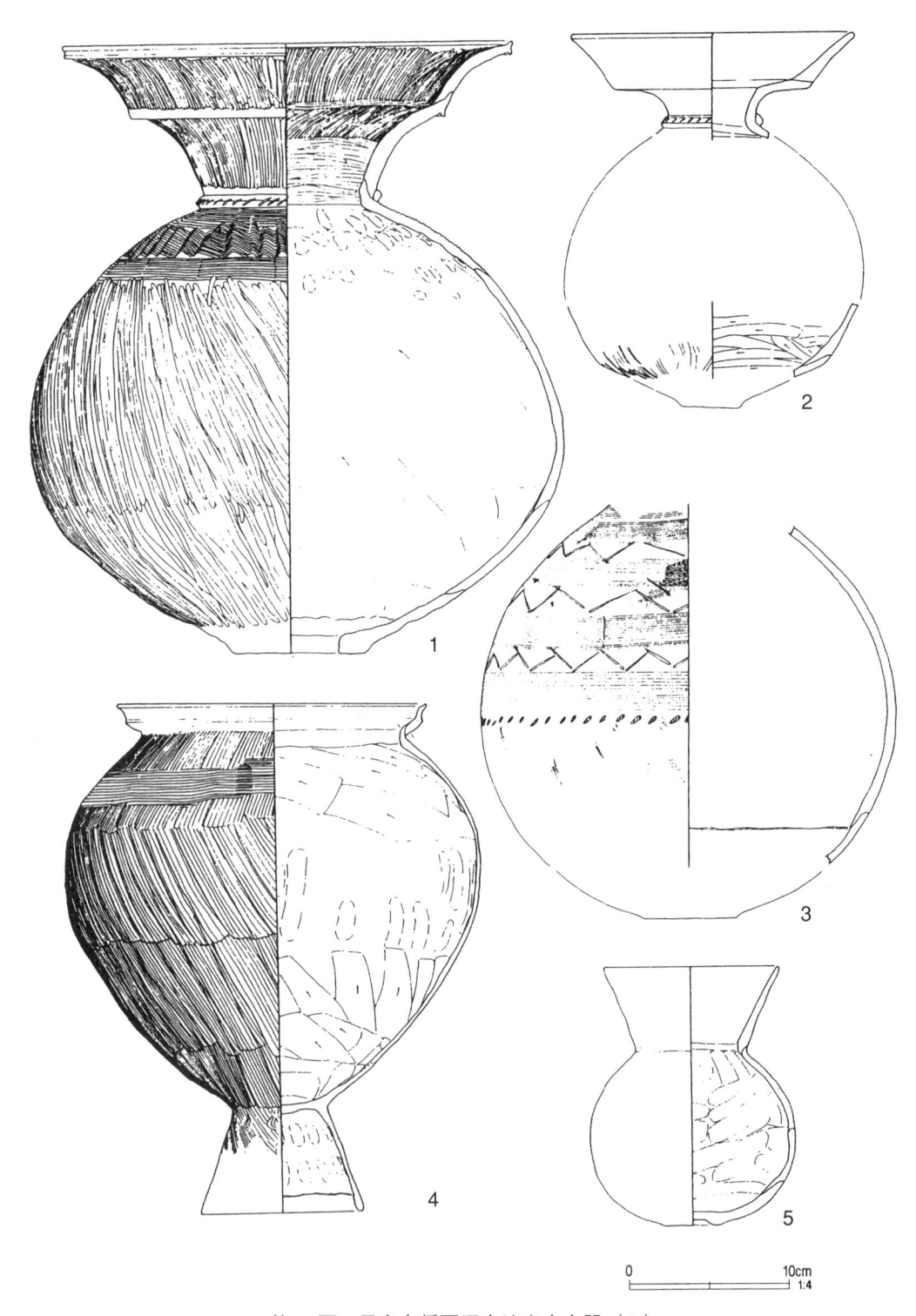

第34図 元島名将軍塚古墳出土土器（1）

第3章　東国における古墳時代の開始

第35図　元島名将軍塚古墳出土土器（2）

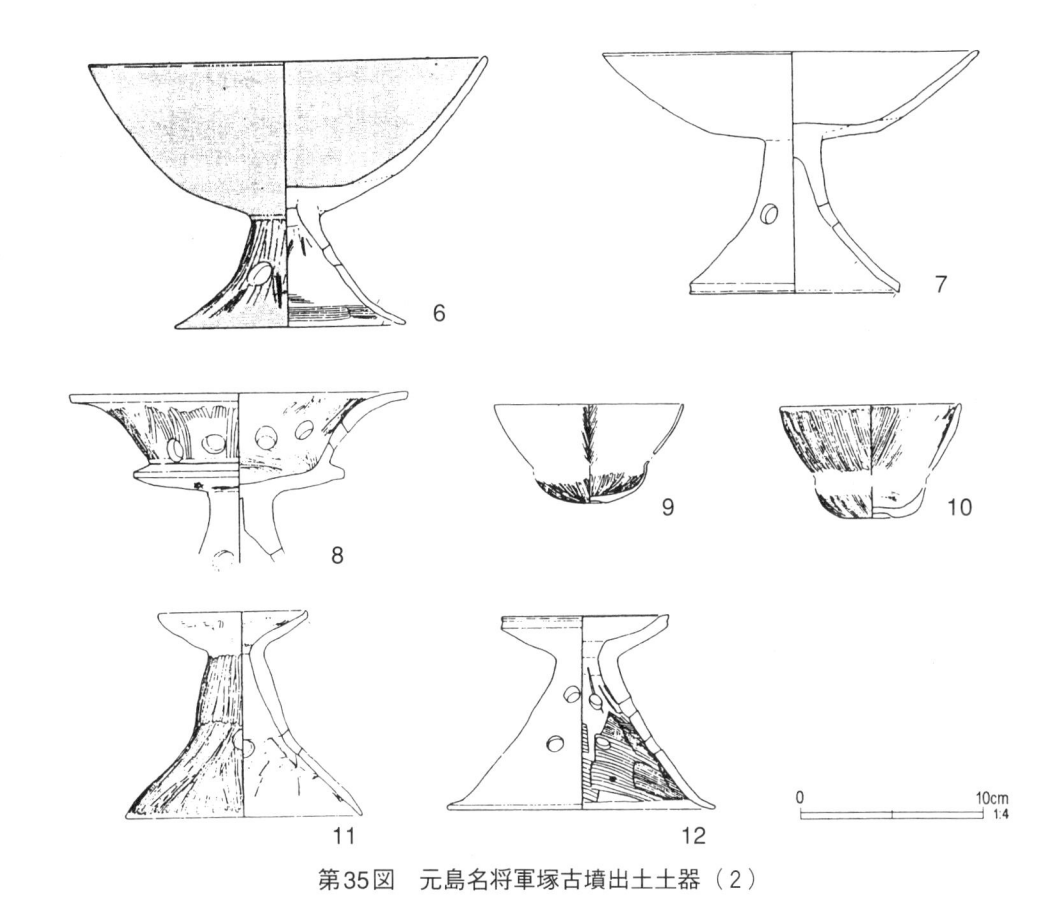

屋敷遺跡竪穴遺構から出土している。8は特殊器台形の高坏である。9・10は小型丸底壺である。いずれも底部は上げ底で小さく、口縁部との比は2：1である。11・12は器台で、11と類似するものは元屋敷遺跡から出土している。（田口一郎 1981）。

栃木県

駒形大塚古墳（第36図）

　壺は2種類出土している。1は口縁部断面が三角形を呈するものである。2は口縁部上段に山形文が、下段には円形竹管文が施されている。この土器は東海地方東部の系統を引く土器ではないかといわれている。3は坩形の直行口縁壺で、4は坩である。高坏は元屋敷タイプの坏部が大きく、脚部の開かないもの（A類）と、埦形の坏部をもち、脚部が大きく開く形態のもの（B類）が存在する。また、B類には坏部下端に稜をもつものと、丸い埦のままの2形態が存在する。
（三木文雄編 1987）

下侍塚古墳（第37図）

　1・2は有段口縁の壺で、口縁部と頸部は器高全体に占める割合が高い。3は棒状浮文の付く壺で、これと類似する資料は、纒向遺跡辻土壙4上層から出土しており、纒向4式に位置づけられている。4は単純口縁の壺で、肩部にカマボコ形の山形文と平行沈線が施されている。この種

第1編 弥生時代から古墳時代へ

第36図 駒形大塚古墳出土土器

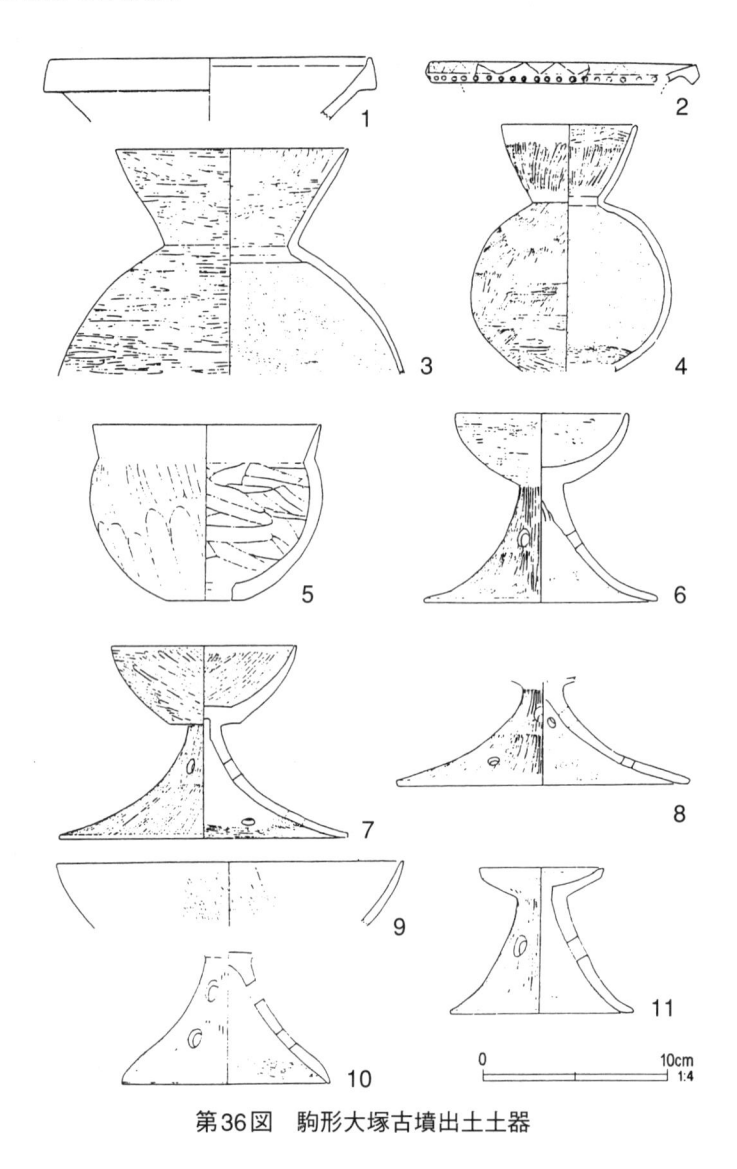

の壺の破片がもう1片出土しており、山形文が見られる。高坏は坏部下端に段をもつのを特徴としている。(大金宣亮 1976)

大日塚古墳（第38図）

全体の器形がわかるものは少ない。1は有段口縁の壺であり、両面とも赤彩されている。3・4はS字甕で、いずれも頸部内面に横ハケが施されている。8は器台である。9には平行沈線とカマボコ形の山形文が、また10には櫛によると思われる平行沈線と山形文が施されている。(今平利幸 1986)

茂原愛宕塚古墳（第39・40図）

1の口縁部はつまみ上げられており、口唇部が直立に近い状態になっている。口縁部には粘土紐が貼り付けられている。2は二重口縁の壺である。胴部最大径は下半にあり、下膨れの胴部と

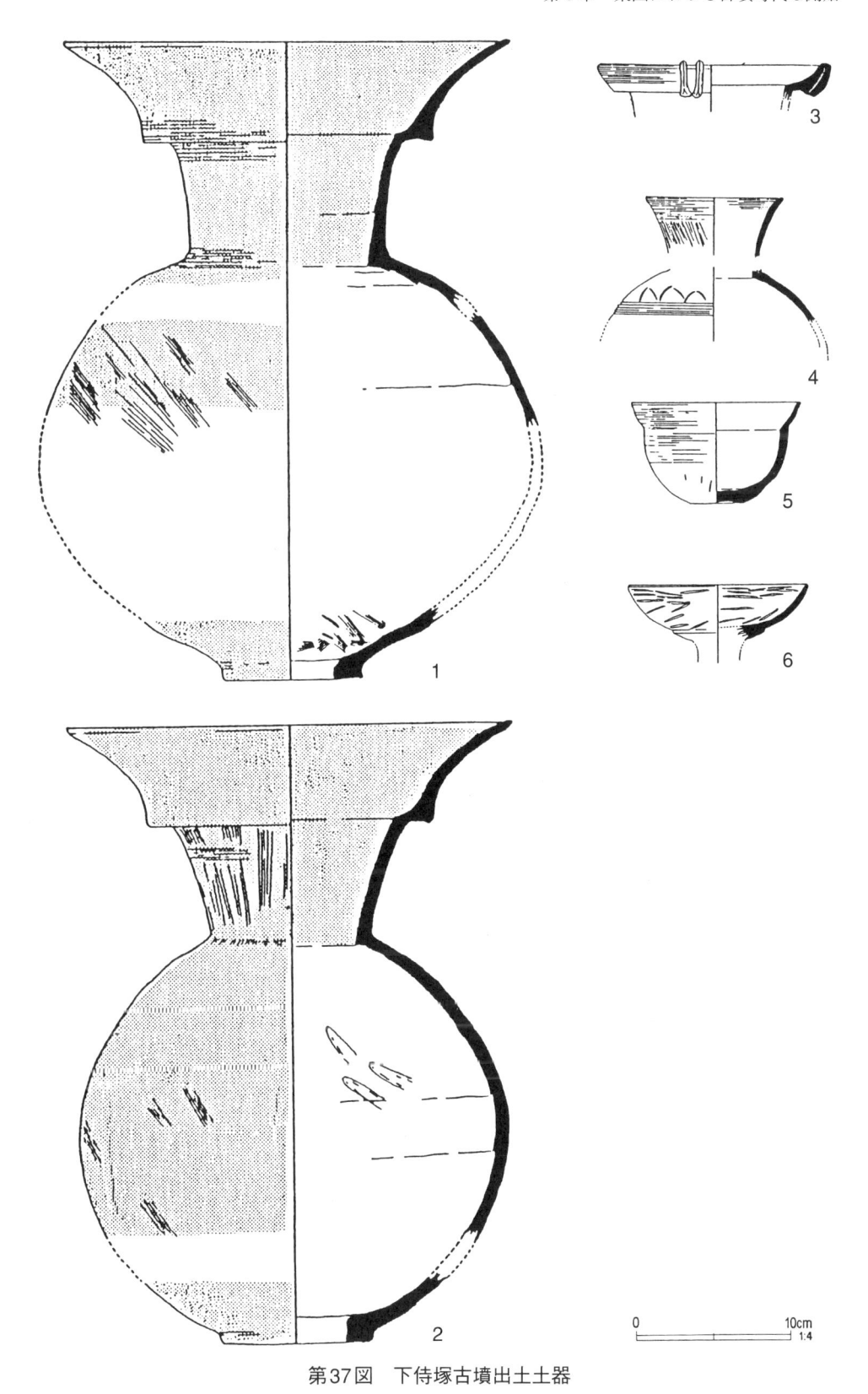

第3章　東国における古墳時代の開始

第37図　下侍塚古墳出土土器

第1編　弥生時代から古墳時代へ

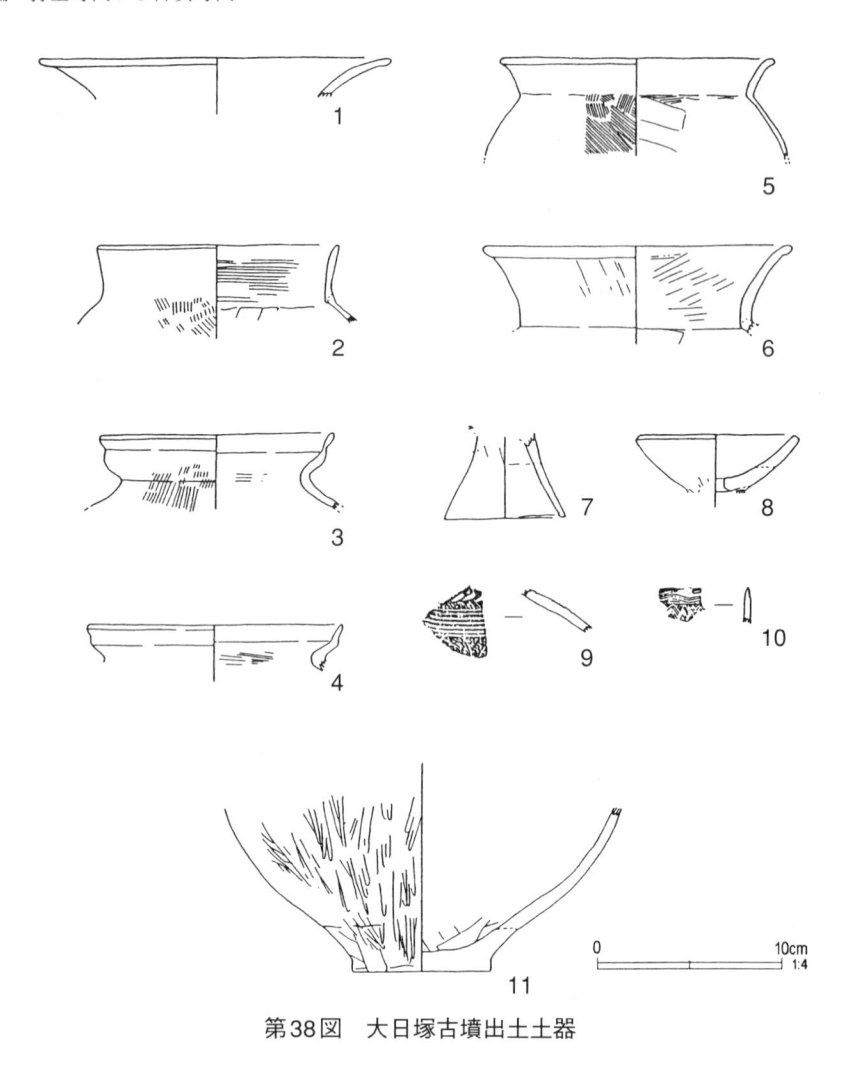

第38図　大日塚古墳出土土器

なっている。3は有段口縁の壺で、頸部に突帯があり、口縁部内面には綾杉文が施されている。5は脚部が大きく開く高坏で、埦形の坏部になるものと想定される。6・7は小型丸底壺である。口縁部と体部・底部の比はほぼ1：1である。8は器台である。（橋本澄明 1981）

　藤本観音山古墳（第41図）
　1～4は壺である。1・2は有段口縁で、頸部は4のようになるものと思われる。口唇部形態は相違を見せているが、いずれも口縁部をつまみ出している。3は頸部から口縁部への屈曲が強いものである。5は小型のS字甕である。7は高坏の脚部である。小型高坏の系譜の中では新しい段階のものであろう。（前沢輝政ほか 1985・1986）

　山崎1号墳（第42図）
　1は有段口縁の壺である。5・6は高坏の脚部であろう。裾が大きく開く形態のものである。7・8は小型丸底壺である。7の底部は極端に小さい。いずれも上げ底である。9は器台の受け部である。（山ノ井清人 1984）

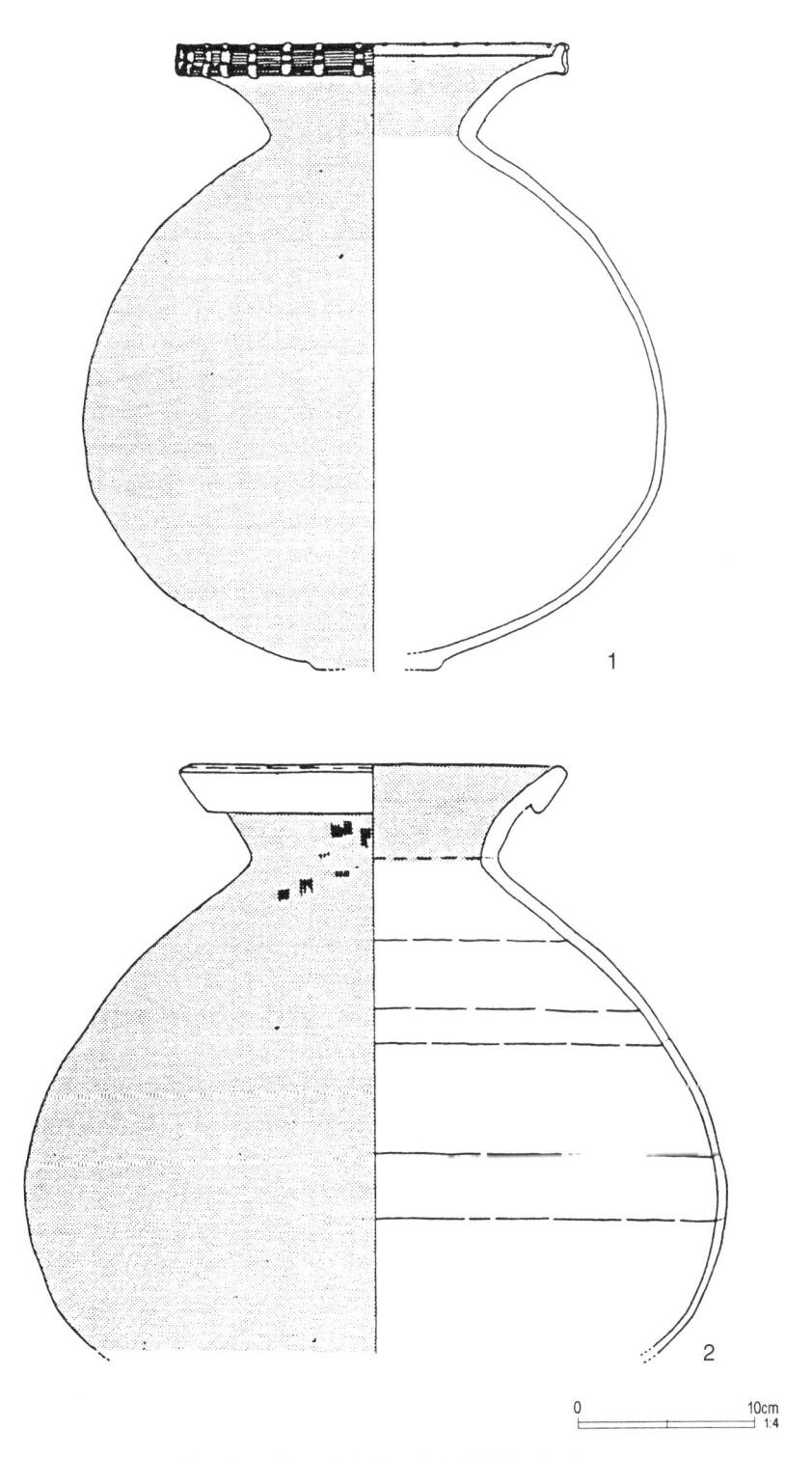

第3章　東国における古墳時代の開始

第39図　茂原愛宕塚古墳出土土器（1）

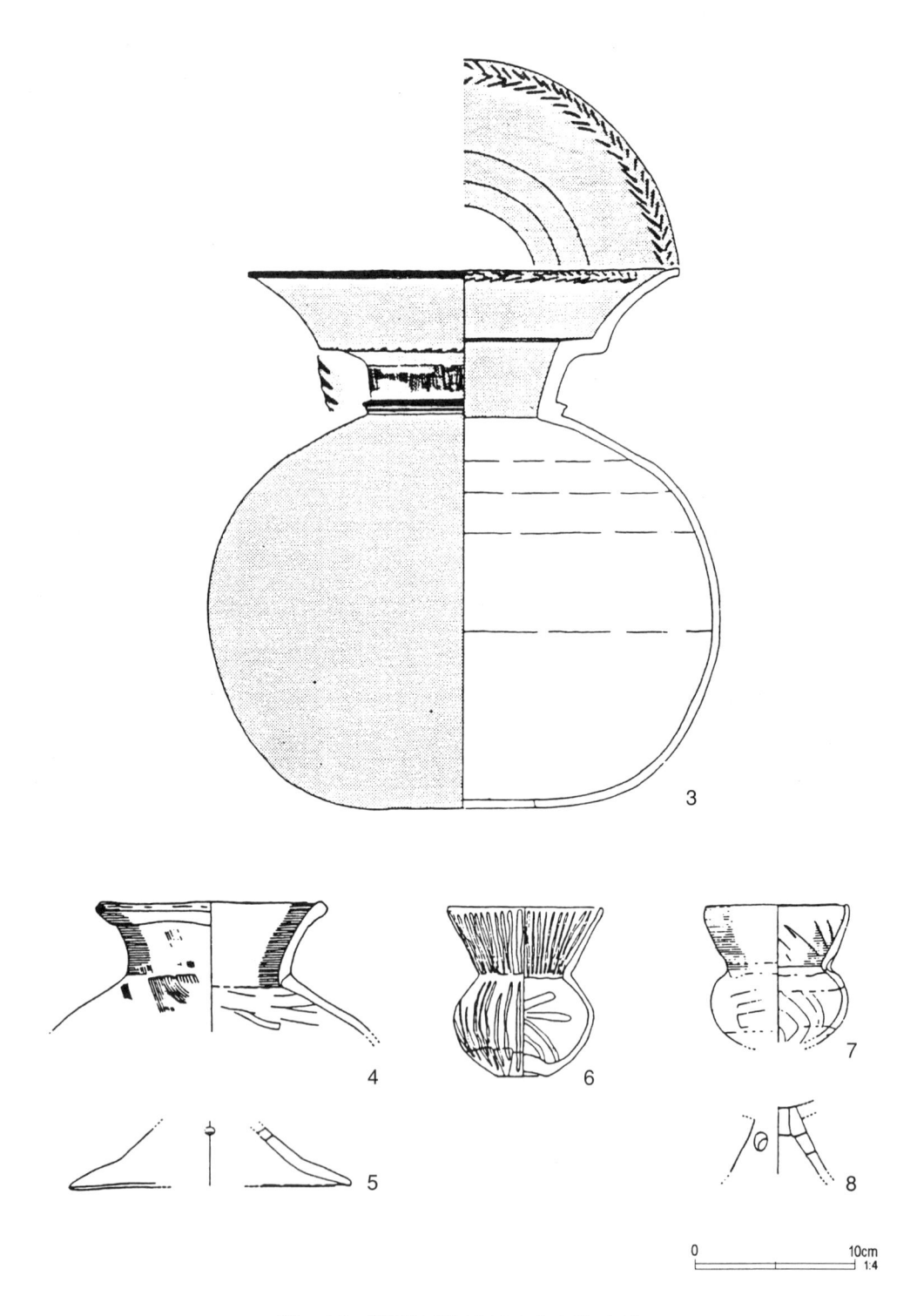

第1編　弥生時代から古墳時代へ

第40図　茂原愛宕塚古墳出土土器（2）

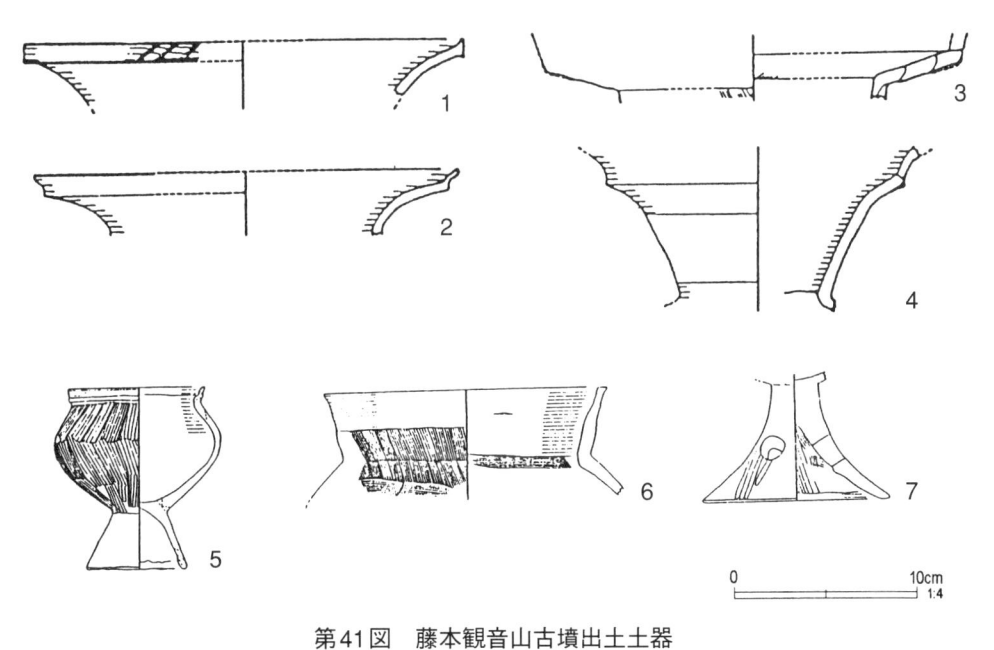

第3章　東国における古墳時代の開始

第41図　藤本観音山古墳出土土器

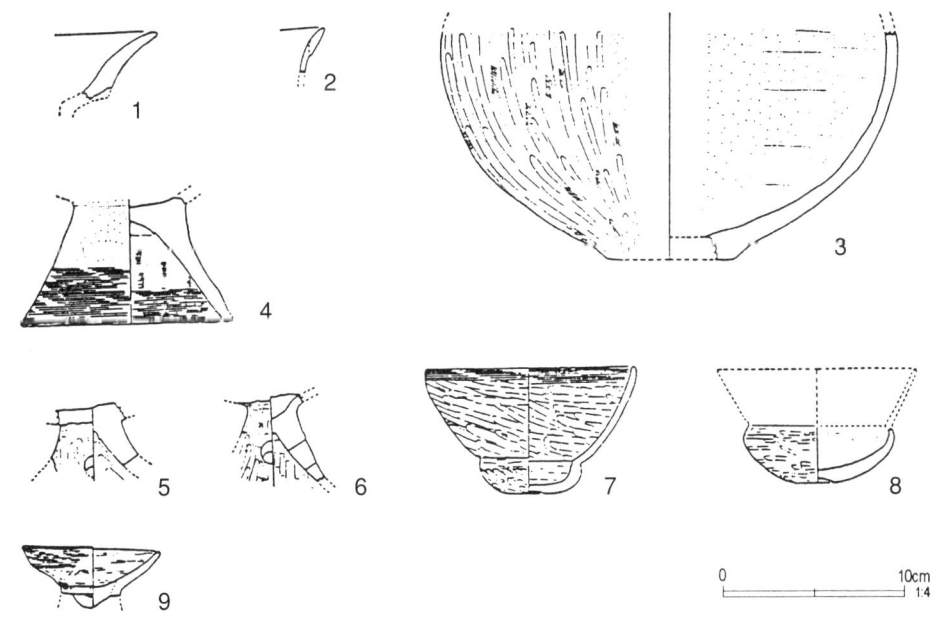

第42図　山崎1号墳出土土器

第1編　弥生時代から古墳時代へ

茨城県

狐塚古墳（第43図）

壺、高坏、器台が出土している。壺は全体の器形のわかるものはないが、2の胴部に1の有段口縁が付くと考えてよいだろう。高坏の脚部は裾が大きく開く形態のものである。（西宮一男 1969）

原1号墳（第44図）

1・2は坩形の壺で、胴部最方径は胴下半部にあり、口縁部はわずかに外半している。3は有段口縁の壺であるが、頸部から口縁部への移行は滑らかで、口縁部下方に突帯を付け、より有段口縁としての効果を出している。4は高坏の脚部ある。（茂木雅博ほか 1980）

安戸星古墳（第45図）

1は胴部に突帯（ヒレ）をもつ壺である。突帯をもつ壺は伊場式に見られるが、古墳時代の類例は少なく、類似する資料は神奈川県久地伊屋之免古墳出土の壺がある（村田文夫ほか 987）。2～4は坩で2の口縁部は外半し、3は内湾している。5は小型鉢で底部は上げ底である。（茂木雅博 1982）

勅使塚古墳（第46図）

1は有段口縁の壺で、頸部から口縁部の形態は、原1号墳の壺に見られた口縁部下方の突帯を取り去ったものに似ている。2は坩で口縁はほぼ直行している。3は高坏の坏部である。4・5は高坏脚部で、脚部は円筒状で裾部のひろがる形態となる。（大塚初重・小林三郎 1964）

福島県

本屋敷古墳（第47図）

1・2は有段口縁の壺で、1の口唇部は外に引き出されている。3・4は二重口縁の壺である。6は坩形の直行口縁縁壺で、図示したほかに東海地方によく見られるひさご形の坩も出土している。7は小型丸底壺である。9はS字甕で、10はその台部であろう。11・12は深い埦形の坏部で、11は高坏脚部である。柱状の脚部に大きく開く裾部をもつのを特徴としている。14は器台である。（伊藤玄三ほか 1985）

石川県

小菅波4号墳（第48図）

1は頸部の細い有段口縁の壺で、肩部には綾杉文が施されている。2は1と同一の器形であるが、口縁部に刻みが施され、肩部に刻み突帯がある。3は有段口縁の壺であるが、頸部が太いものである。頸部には突帯があり、口縁部には円形浮文が見られ、口唇部には刻みが施されている。5も有段口縁の壺である。肩部には突帯があり、肩部と口縁部には沈線間に2段の波状が施文され、また口縁部には円形浮文が見られる。6は口縁部断面三角形で、口縁部に2段の波状文が施されている（小嶋芳孝 1986）。そのほか『関野古墳群』には円形浮文と棒状浮文をもつ壺（4）、在地弥生土器の系譜を引く高坏（7）が図示されている。（宇野隆夫ほか 1987）

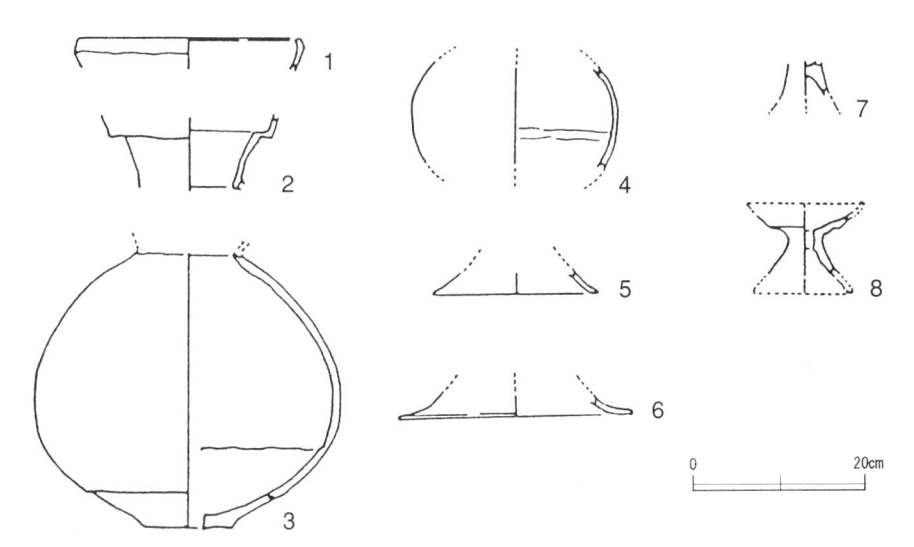

第3章　東国における古墳時代の開始

第43図　狐塚古墳出土土器

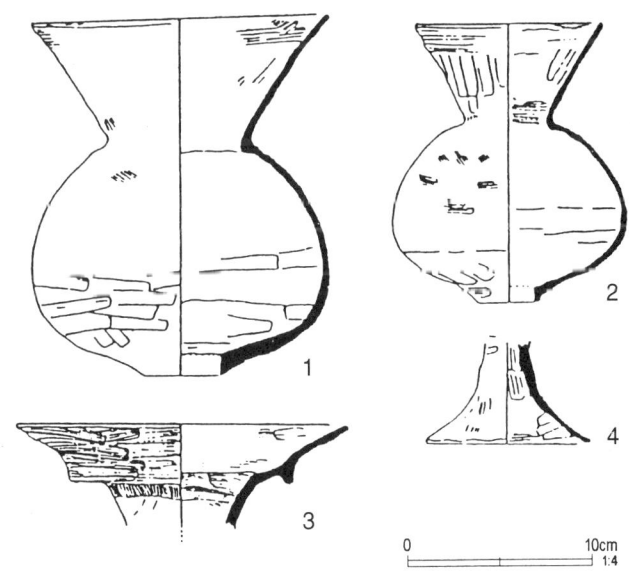

第44図　原1号墳出土土器

第1編　弥生時代から古墳時代へ

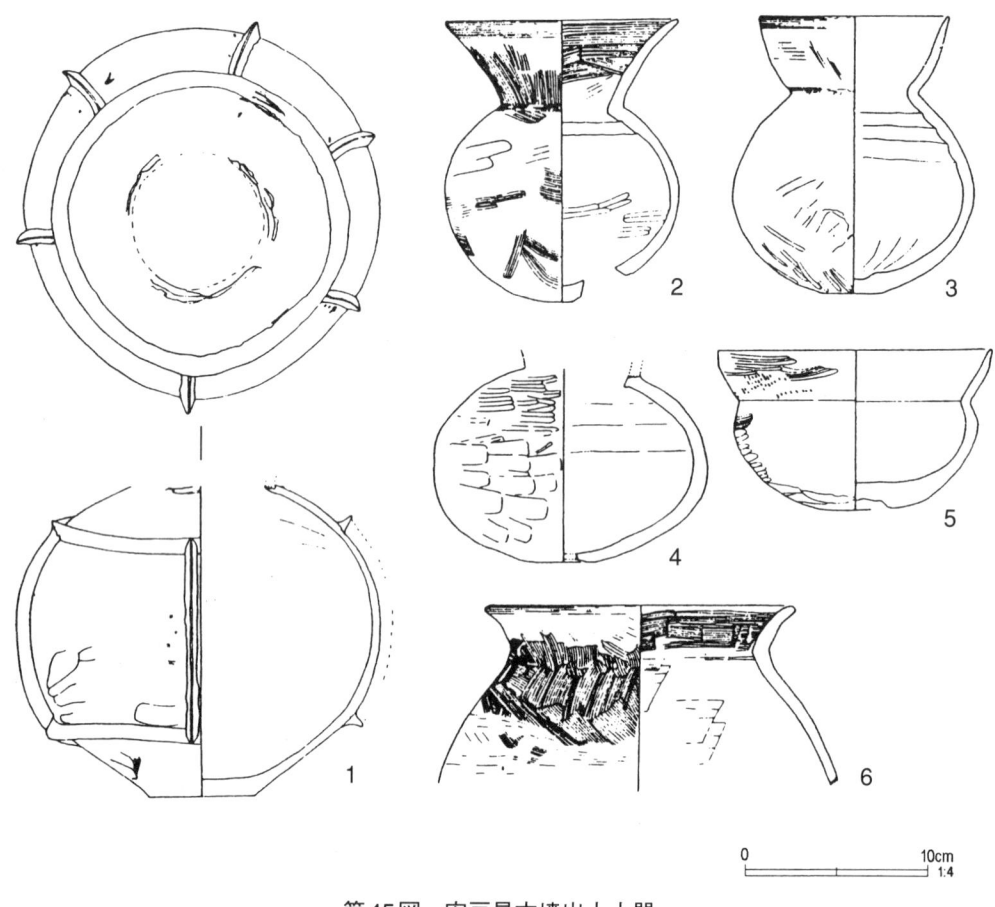

第45図　安戸星古墳出土土器

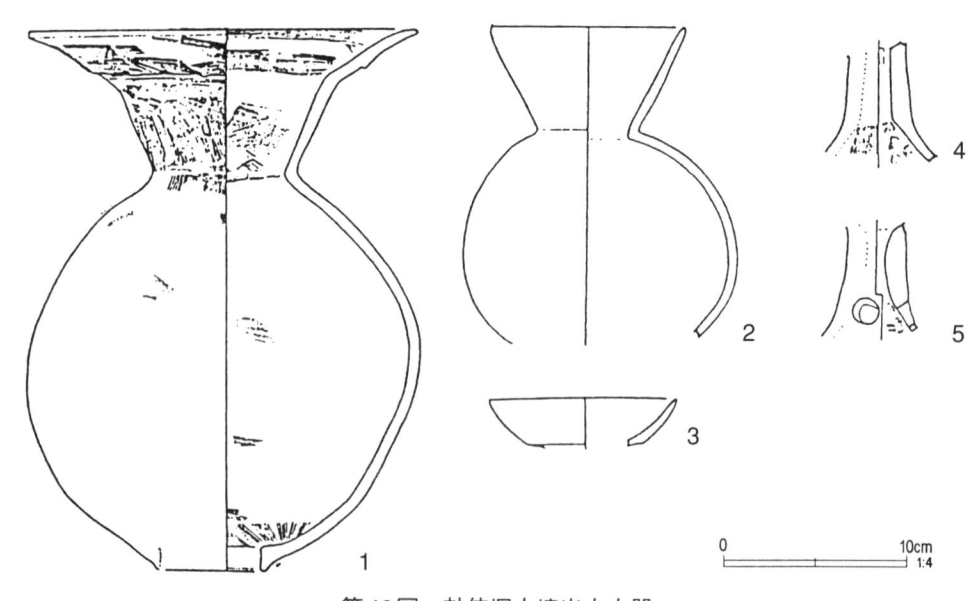

第46図　勅使塚古墳出土土器

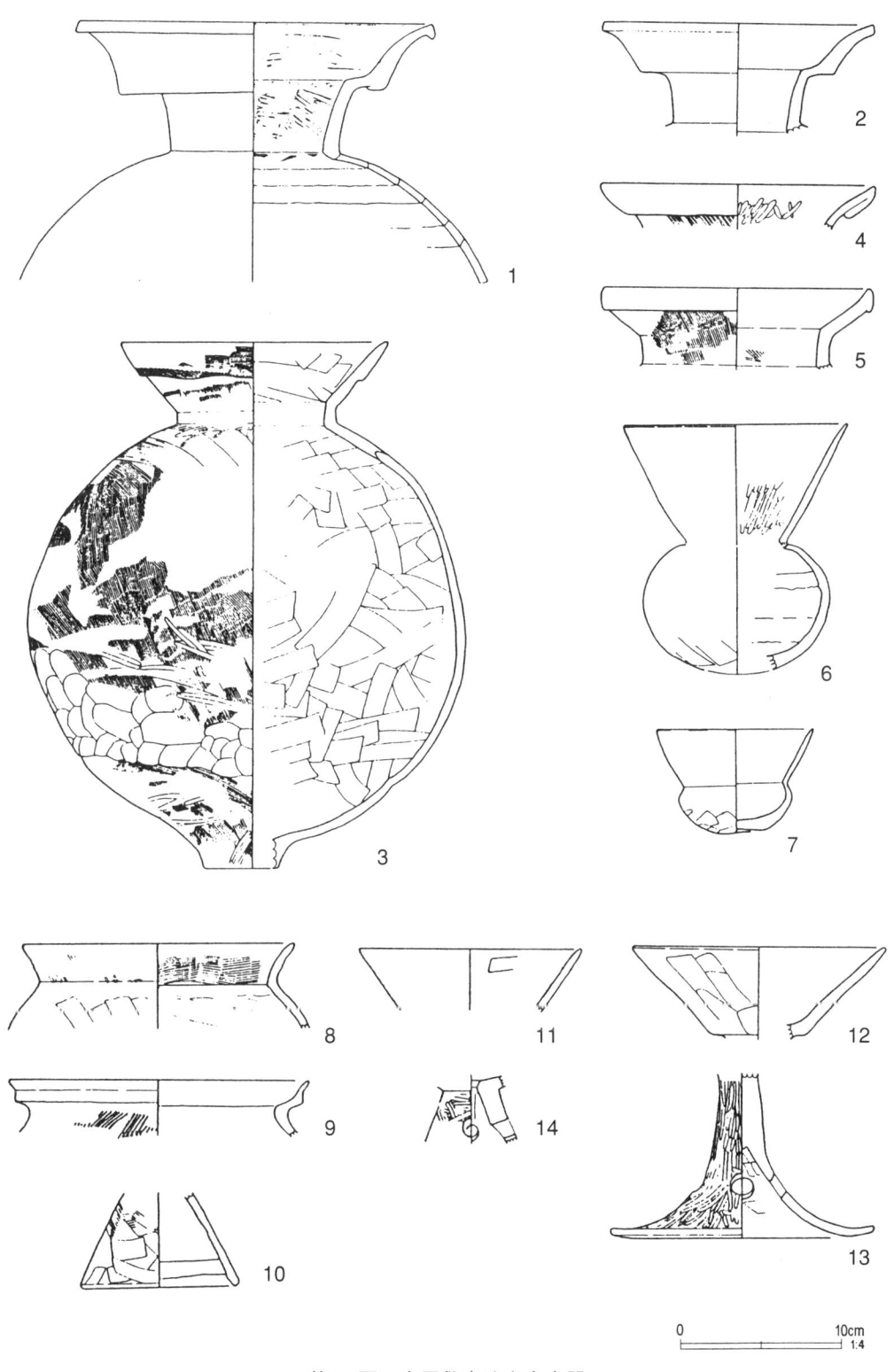

第3章　東国における古墳時代の開始

第47図　本屋敷古墳出土土器

第1編　弥生時代から古墳時代へ

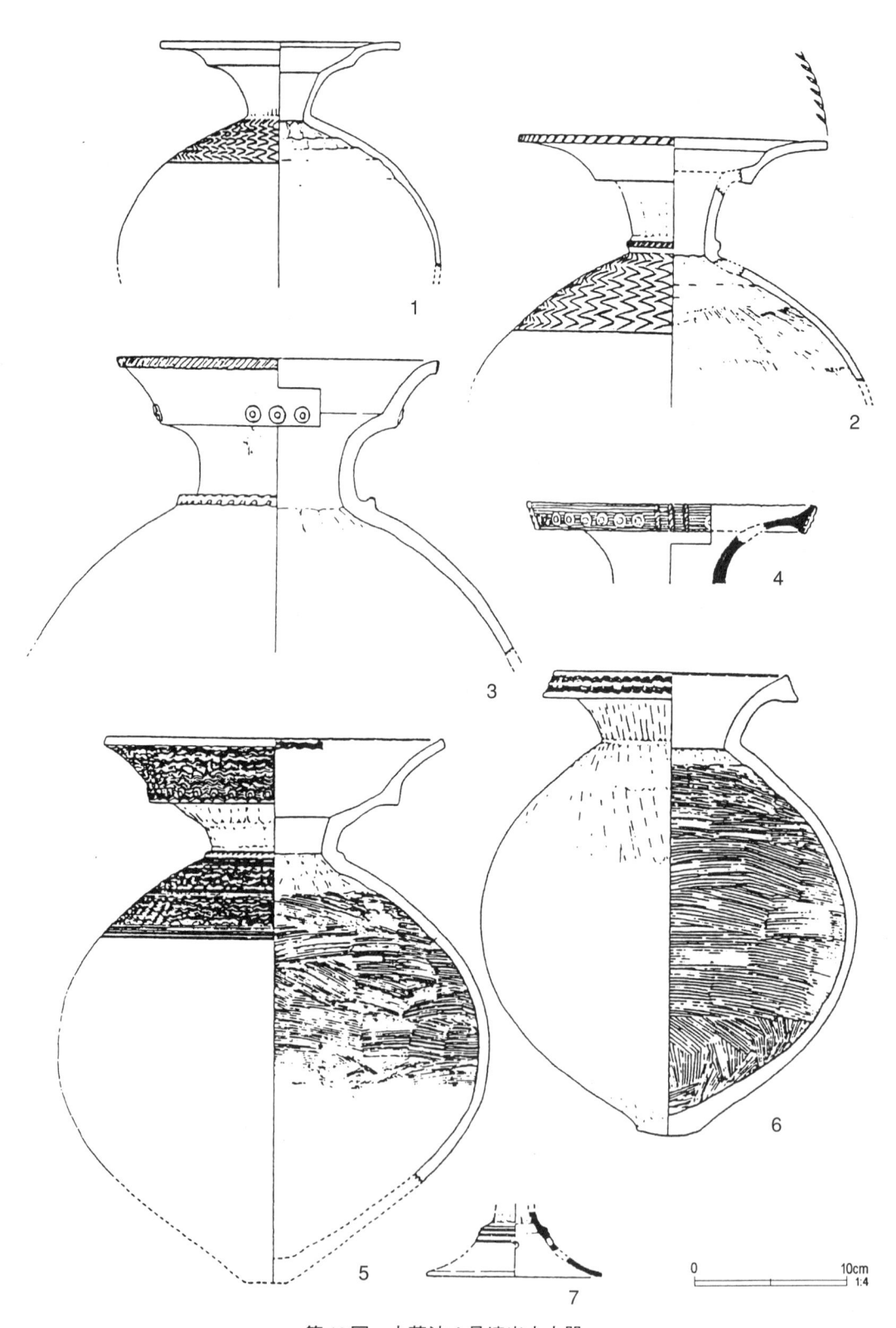

第48図　小菅波4号墳出土土器

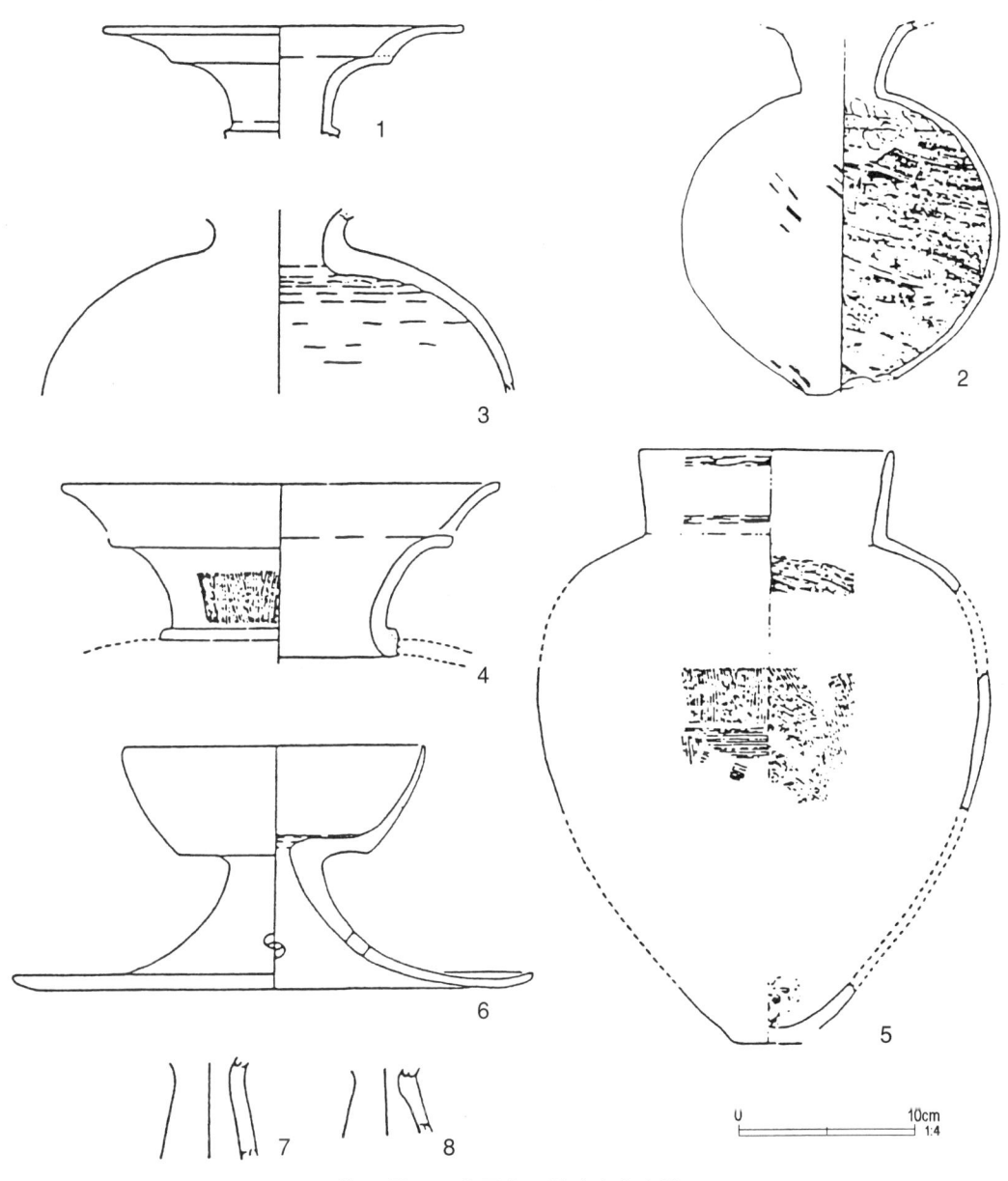

第3章　東国における古墳時代の開始

第49図　国分尼寺1号墳出土土器

国分尼塚1号墳（第49図）

　1の有段口縁の壺は、口縁部の形態、頸部に突帯が存在することなど、小菅波4号墳の壺と類似している。2も同様の器形になるものと思われる。4も有段口縁の壺であるが、頸部が太く、頸部に突帯が存在する。5は直行口縁壺である。6は高坏形の大型器台で受け部は埦形で、脚部は大きく開く。7・8は小型の器台であろう。（富山大学人文学部考古学研究室 1983）

大槻11号墳（第50図）

　1は有段口縁の壺である。2は東海系の壺で、口縁部には擬凹線文が、頸部には突帯が見られ、

第1編　弥生時代から古墳時代へ

第50図　大槻11号墳出土土器

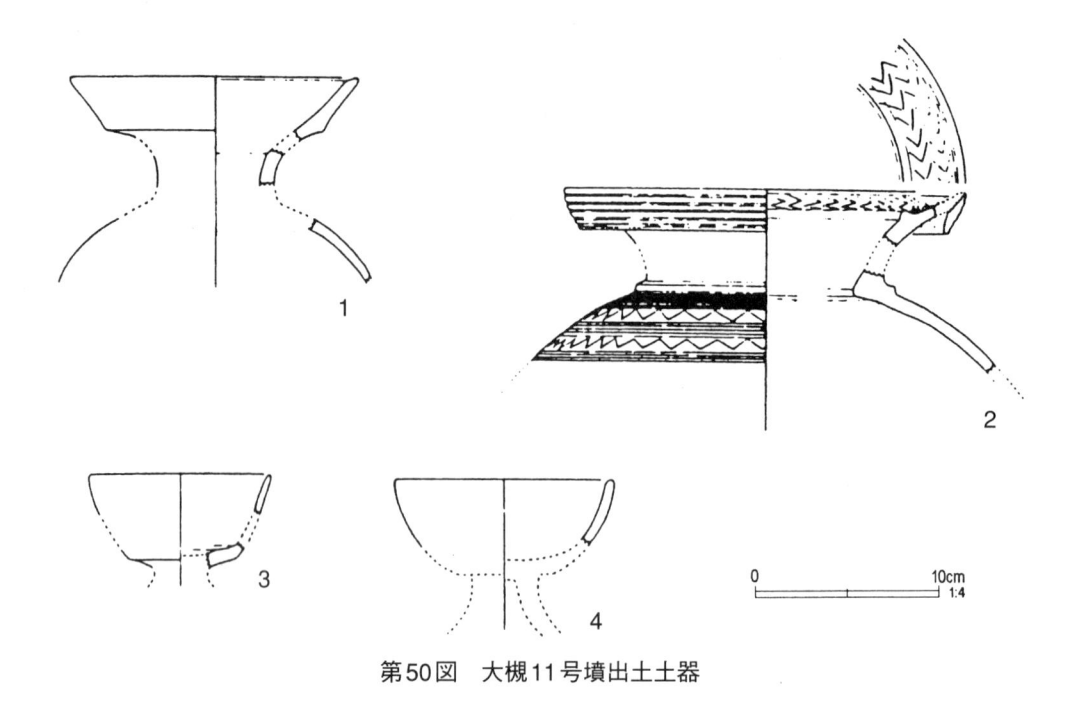

肩部に2段の沈線間に山形文が施されている。また、口縁部内面には、綾杉文が施されている。このタイプの壺は浅井和宏の分類によると、E類の中段階に対応する文様構成をもっている。3・4は高坏で、坏部は埦形で、脚部は大きく開く形態になるものと思われる。(小嶋芳孝 1986)

塚越1号墳（第51図）

1は有段口縁の壺で、肩部には2段の平行櫛描文と波状が施されている。2は有段口縁の壺であるが、頸部は太く、口縁部は大きく開かない形態のものである。頸部には刻みをもつ突帯が存在する。3は短頸直行口縁壺で3・4も類似した器形になるものと思われる。6の大きな坏部の中間に稜をもち、円柱状の脚部から裾部が開く形態をもつ高坏は、在地の系譜を引くものである。7・8は庄内タイプの高坏で、9・10は器台である。(小嶋芳孝 1973・1986)

新潟県

山谷古墳（第52図）

1は二重口縁の壺で、口縁部には擬凹線状のものがハケによって施されている。2も二重口縁の壺で、口縁部には1と同様の擬凹線状のものが施されている。3は擬凹線文をもつ甕で、北陸系のものであろう。5は単純口縁の壺で、口縁部が外反し、底部は上げ底となっている。4は高坏の脚部で、全体に大きく開く形態である。(甘粕健ほか 1984)

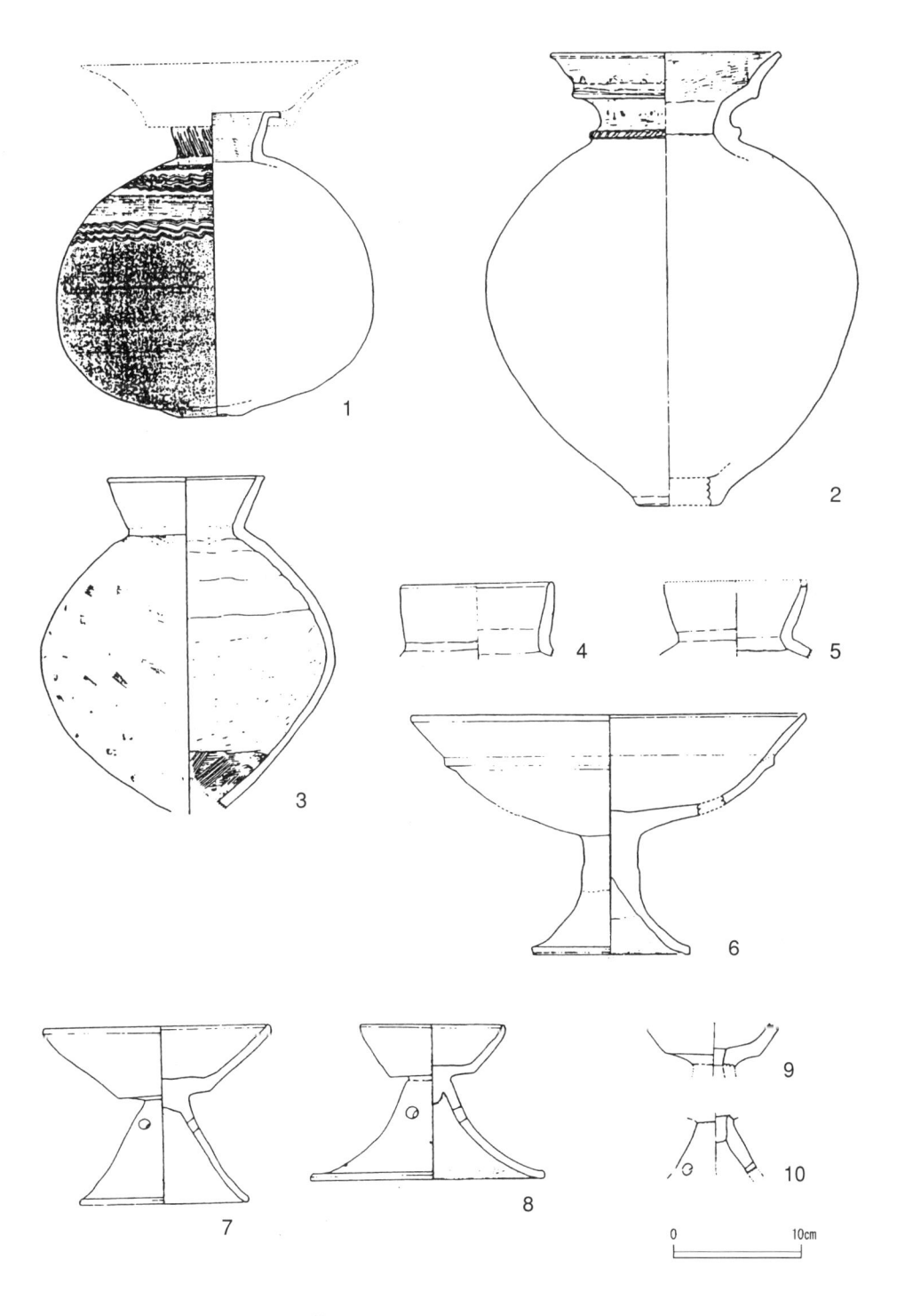

第3章　東国における古墳時代の開始

第51図　塚越1号墳出土土器

第1編　弥生時代から古墳時代へ

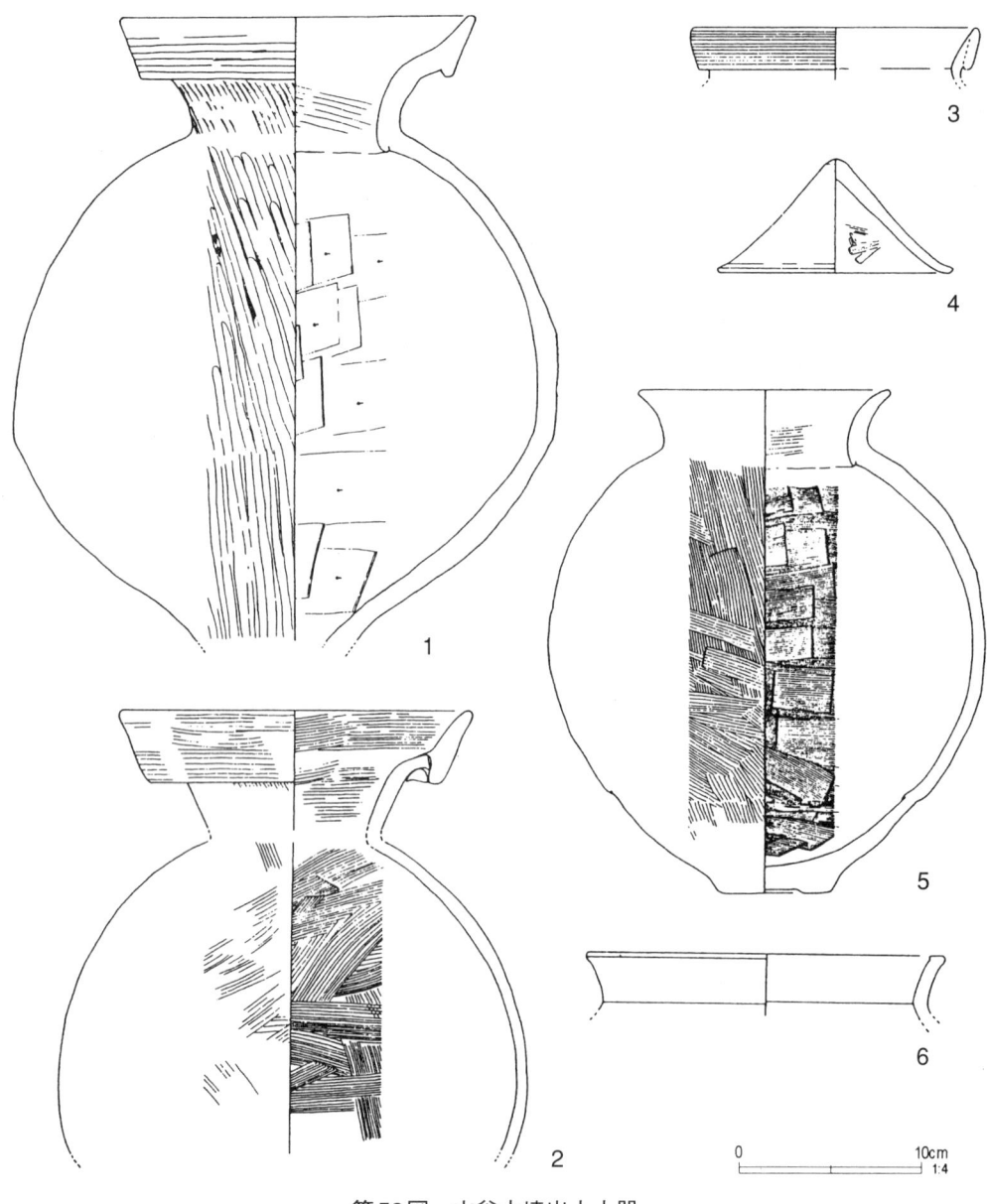

第52図　山谷古墳出土土器

2　前方後方形低墳丘墓出土の土器

千葉県

飯合作1号墳（第53図）

　1・2とも口縁が外反する甕である。1は全面ハケ整形されている。2は直行口縁壺で、胴下半部はパレススタイルの壺のように内側に入り込んでいる。（沼沢豊 1978）

飯合作2号墳（第54図）

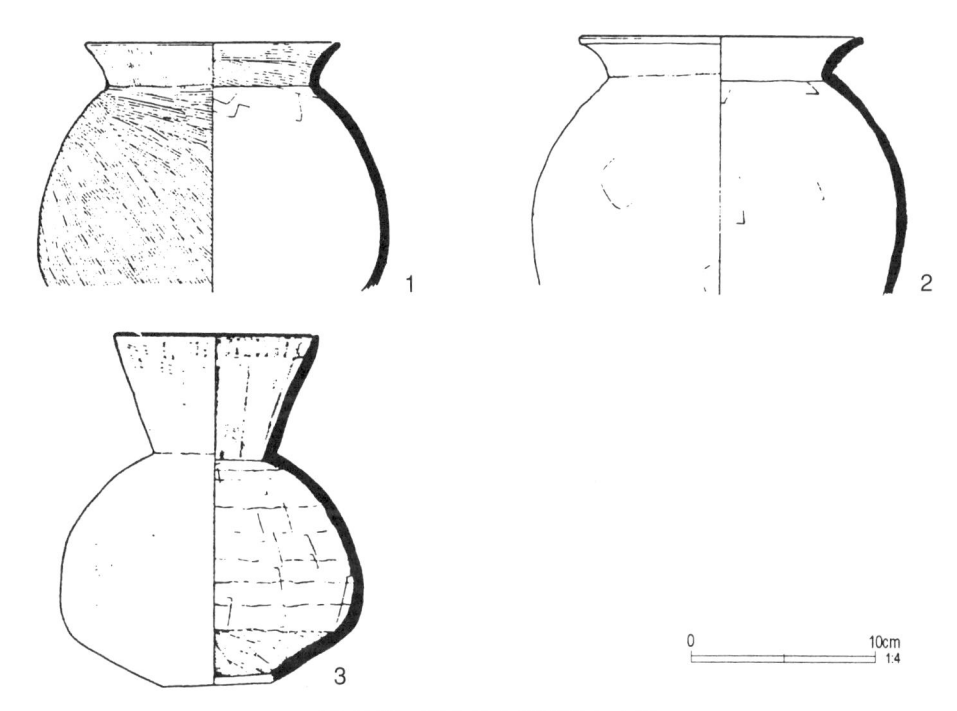

第 3 章　東国における古墳時代の開始

第53図　飯合作 1 号墳出土土器

　1・2 は二重口縁の壺である。3 は大きく開く有段口縁の壺である。4 もわずかに有段口縁壺となっているが、口縁は二重口縁となっている。5 は甕で、6 は小型鉢である。7 は器台で、8 は小型鉢と器台が結合した土器である。(沼沢 1978)

　草刈99号墳（第55図）

　1 は有段口縁の壺で、口縁部には円形浮文の代わりに円形竹管文が施されている。また、頸部には刻みのある突帯が貼り付けられている。2 は二重口縁壺である。3 は小型壺で口縁部は内湾している。4 は甕で口縁部が外反する。5・6 は台付甕で、5 にはハケ整形痕が見られない。7 は大きく開く皿形の坏部をもつ高坏である。8 は坩で口縁部と体部・底部の比 1：1 である。9 は器台である。(小久貫隆夫ほか 1983)

　東間部多 2 号墳（第56図）

　1 は有段口縁の壺で、頸部は短く、口縁部もあまり大きく開かない。2・3 は単純口縁の壺で、口縁部は外反する。5・6 は直行口縁壺で、口縁部はわずかに内湾している。7 は鉢で、9 は小型鉢である。9 は埦形の坏部をもつ高坏で、脚部は大きく開く形態になるものと思われる。10 は元屋敷タイプの高坏で脚部は内湾している。(須田勉ほか 1974)

　阿玉台北 7 号墳（第57図）

　1 は単純口縁の壺で、口縁部内面に折り返しがある。2 は有段口縁の壺で、頸部は短く、口縁部の開きも大きくない。4 は埦形の坏部をもつ高坏で、脚部は大きく開く形態のものになろう。5 は元屋敷タイプの高坏脚部で、脚部は内湾している。6 は大きく開く高坏の脚部である。7 は

第1編 弥生時代から古墳時代へ

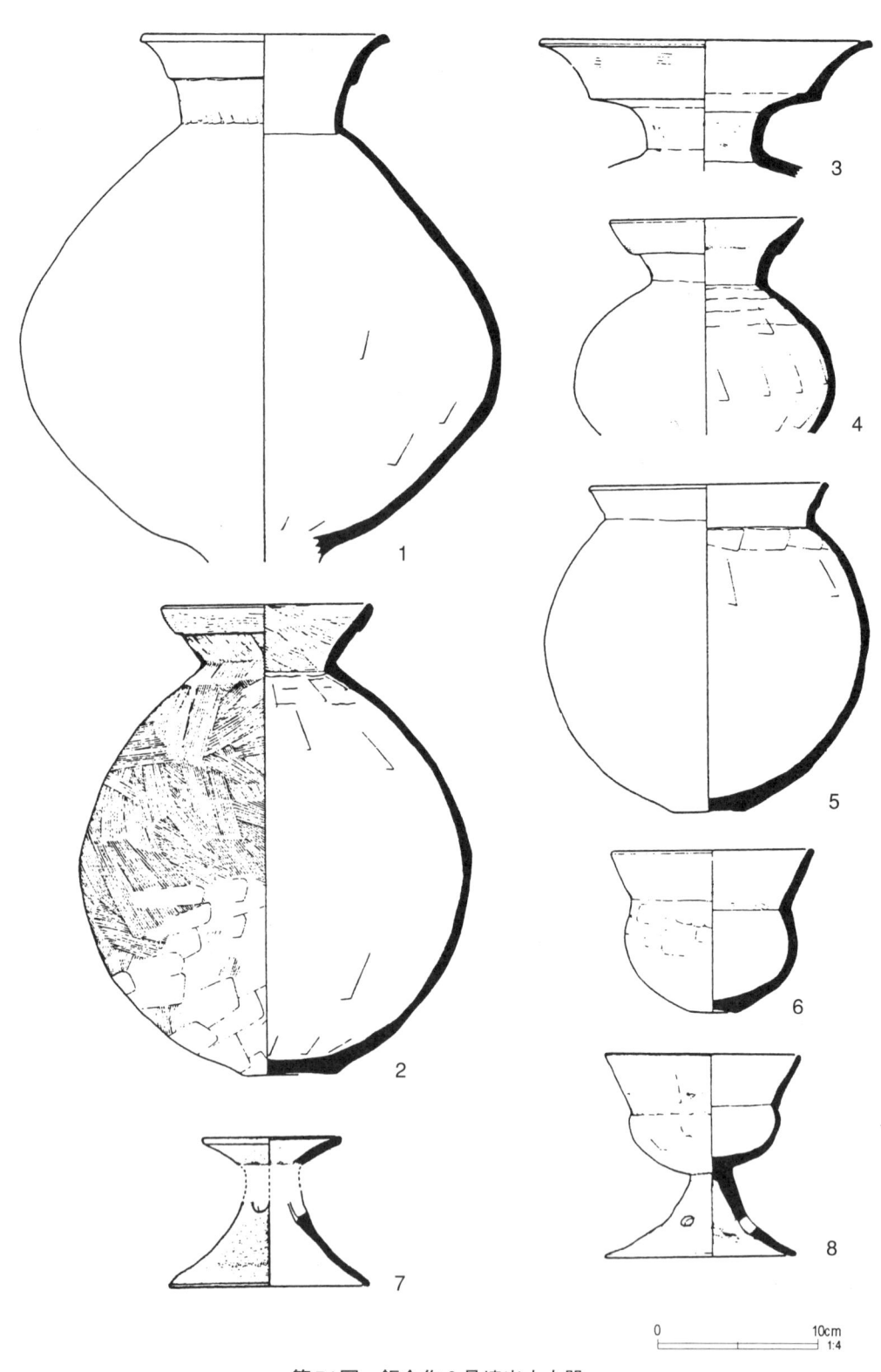

第54図　飯合作2号墳出土土器

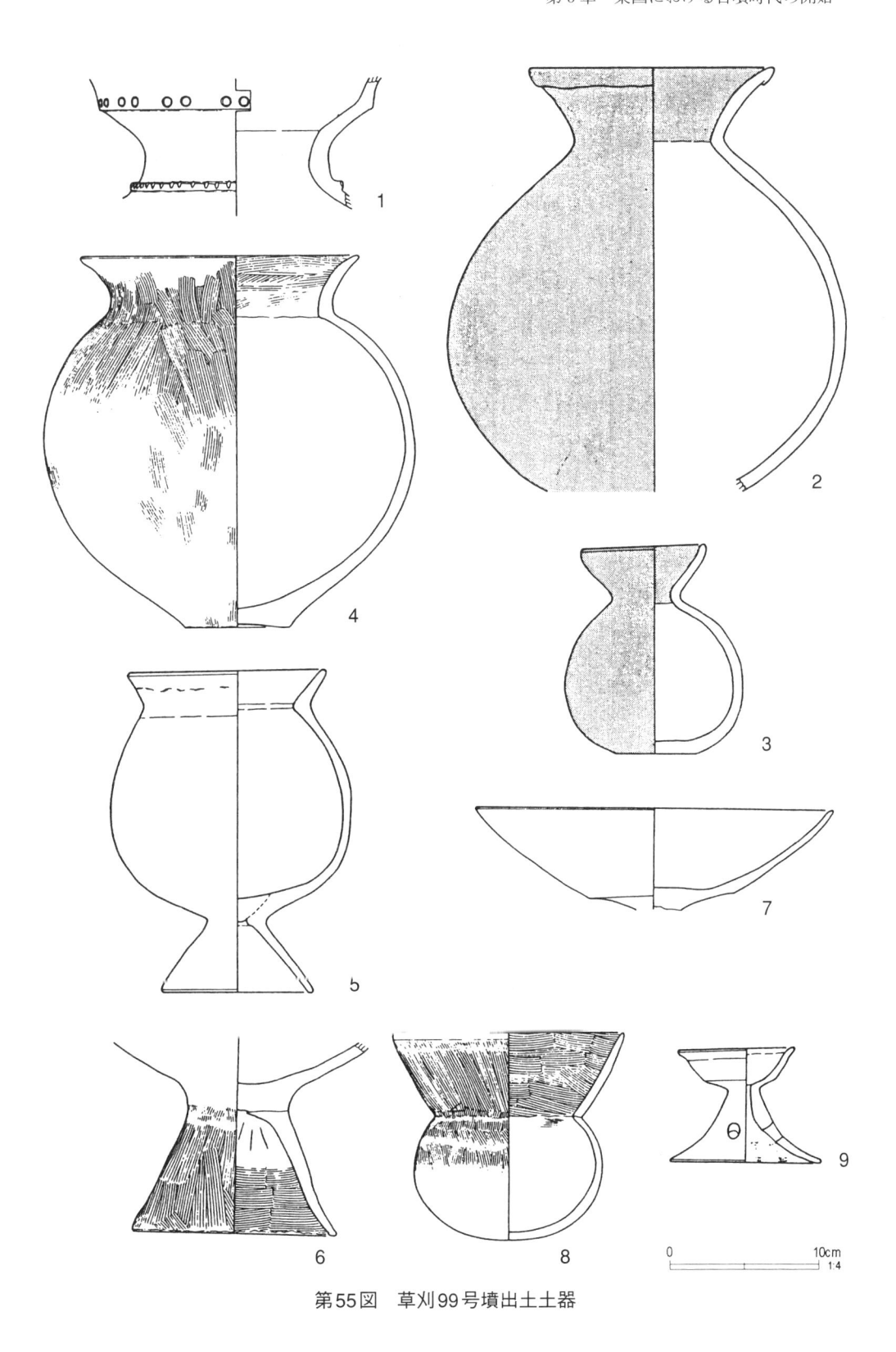

第3章　東国における古墳時代の開始

第55図　草刈99号墳出土土器

第1編 弥生時代から古墳時代へ

第56図 東間部田2号墳出土土器

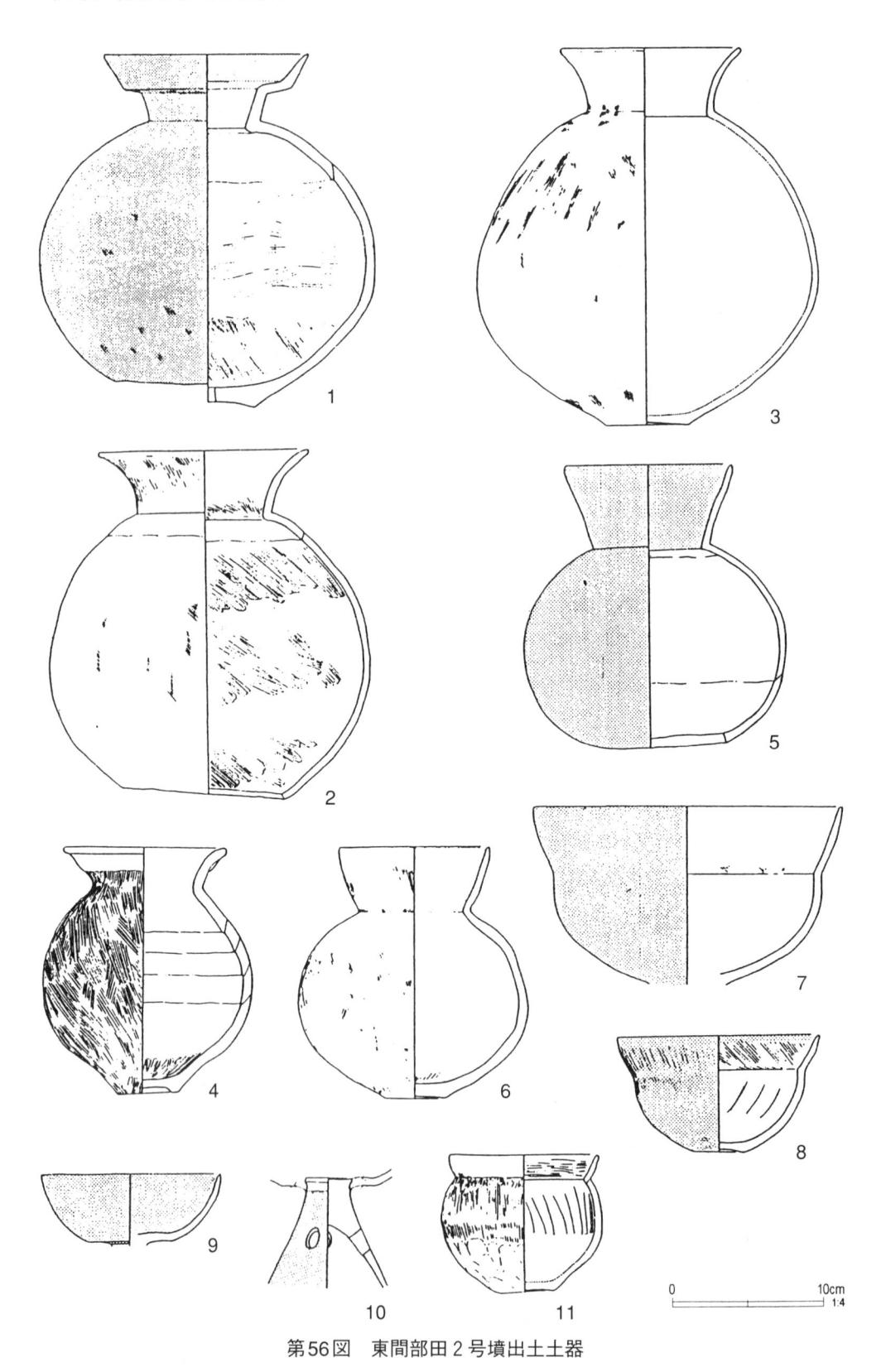

140

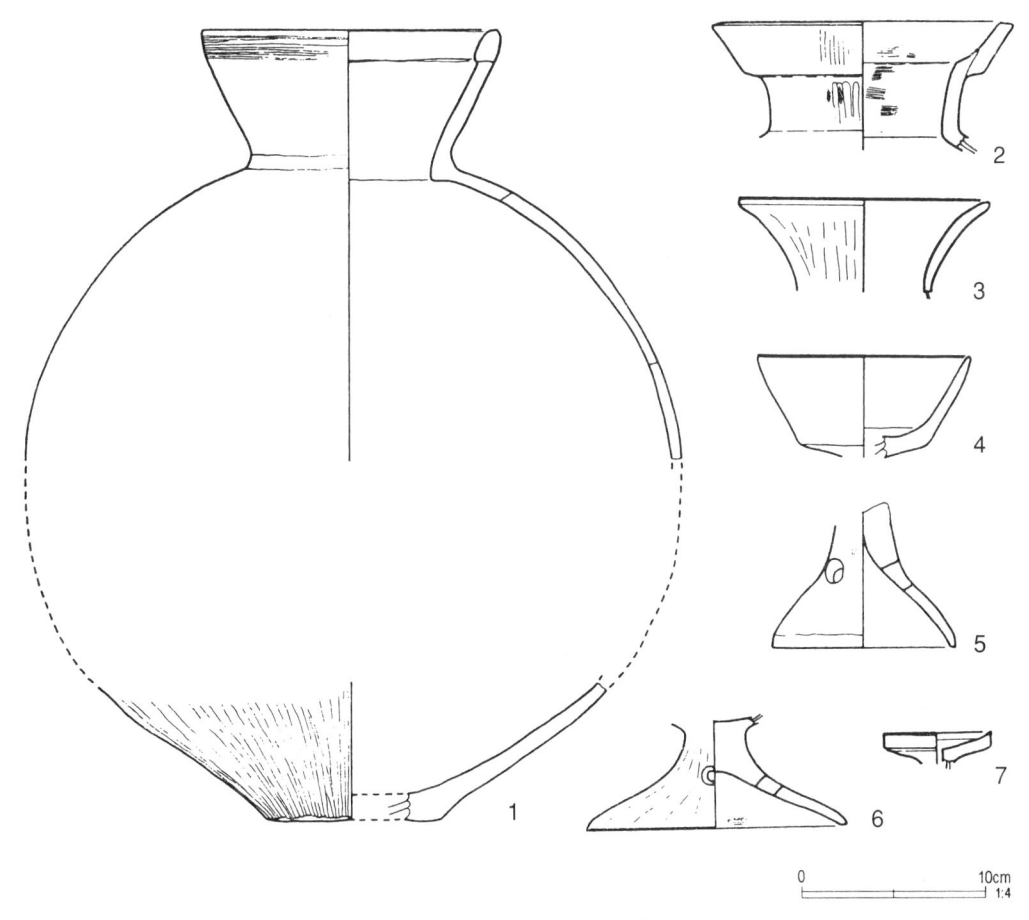

第57図　阿玉台北7号墳出土土器

器台である。(矢戸三男 1975)

埼玉県

権現山2号墳（第58図）

1は有段口縁の壺で、頸部は短く口縁部の大きく開くものである。2はパレススタイルの壺で、肩部に2段の平行櫛描文と2段の波状文が施されている。(笹森健一 1983・84)

塚本山33号墳（第59図）

1は二重口縁の壺で、頸部に簾状文、肩部に縄文が施文されている。2の壺には肩部に平行櫛描文と波状文が施されている。3はS字甕である。4は高坏で、1・2の壺とともに弥生土器の樽式の系譜を引くものであろう。(増田逸朗ほか 1977)

村後遺跡1号墳（第60図）

1は有段口縁の壺であるが、段はあまり明瞭ではない。口縁部下半には刻みが施され、口唇部は引き出されている。頸部には刻みのある突帯があり、肩部には平行櫛描文と2段の山形文が施文されている。2は有段口縁の壺で、胴部に比べ口縁部の大きい形態のものである。頸部には突

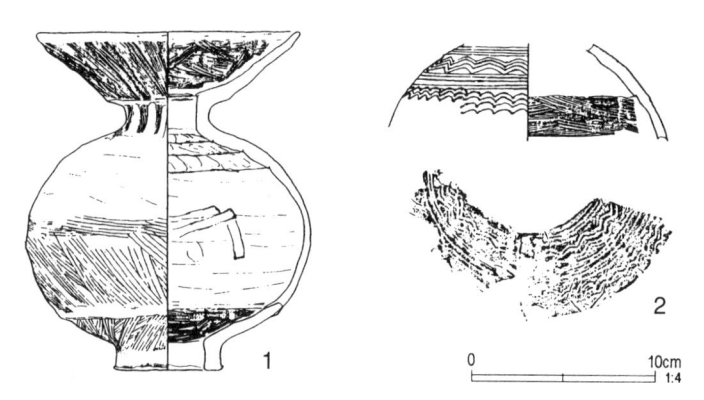

第1編　弥生時代から古墳時代へ

第58図　権現山2号墳出土土器

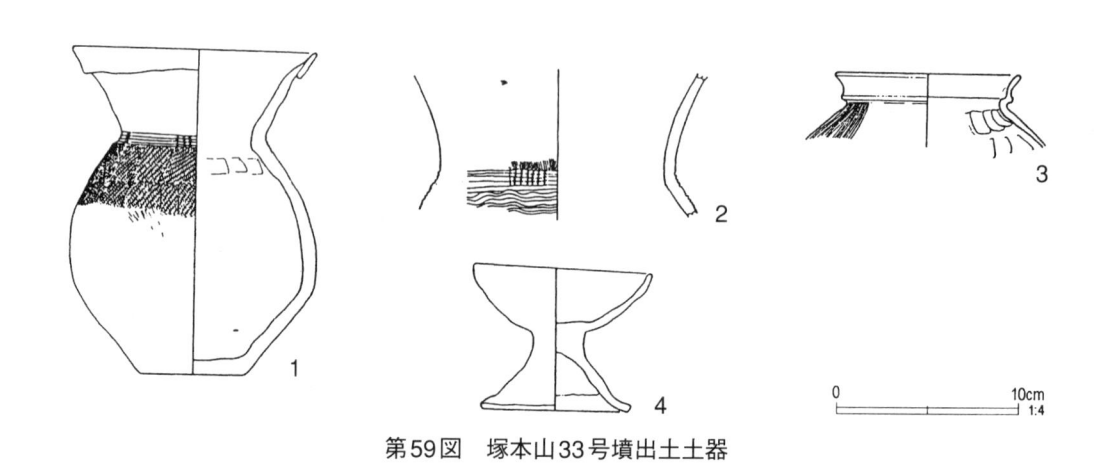

第59図　塚本山33号墳出土土器

帯がめぐっている。3は坩で口縁部はわずかに内湾している。4は高坏で、坏部下端に段をもつ特徴ある高坏である。5は器台で、口縁部は立ち上がり、脚部に円孔が開けられている。6はS字甕である。7は台付甕で、ハケ整形痕は見られない。(利根川章彦 1984)

南志戸川4号墳（第61図）

4号墳が前方後方形低墳丘墓であるが、方形周溝墓（1・5号）からも東海系土器が出土しているので参考に図示しておいた。1のパレススタイルの壺は、口縁部断面三角形で、外面には棒状浮文、内面には綾杉文が施され、また口縁部内面には2箇所に稜がある。肩部と胴部の2箇所に突帯がめぐり、また櫛による平行沈線と山形文が、そして最下段に列点文が配されている。これと類似する資料は、高崎市貝沢柳町第1方形周溝墓から出土している（久保泰博・篠原幹夫 1986）。4は鉢で、5は広口壺で、口縁はほぼ直行し、口唇部はつまみ出され薄くなっている。
(美里町 1987)

群馬県

堀ノ内CK2号墳（第62図）

頸部と口縁部が大きく開く有段口縁の壺で、口唇部は上につまみ出されている。2は1とほぼ

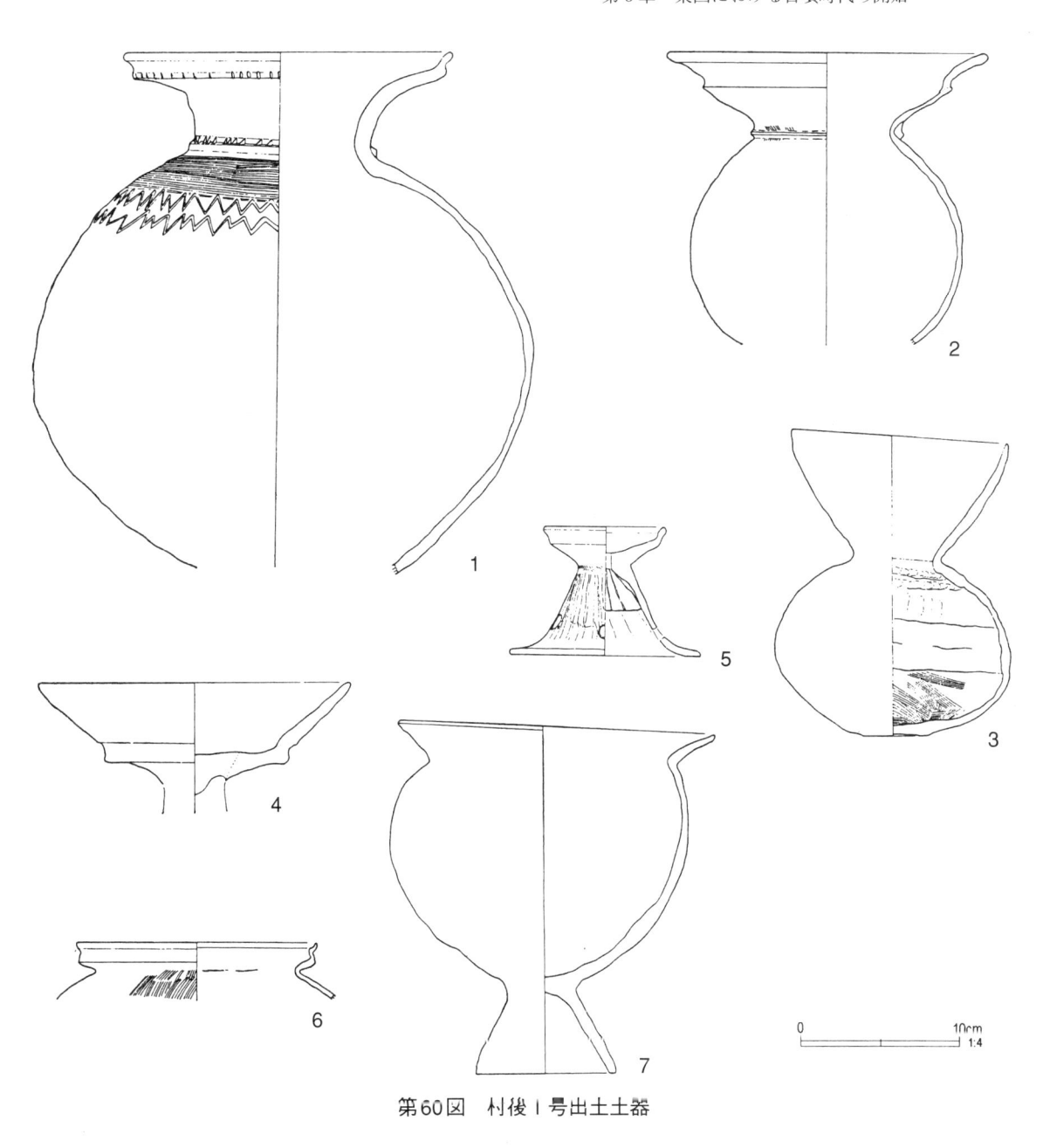

第3章　東国における古墳時代の開始

第60図　村俊1号出土土器

同様の器形で、1をひとまわり小さくしたものである。3も有段口縁の壺であるが、口縁部が短い。しかし、口唇部は1と同様に上につまみ出されている。4は鉢で、5は鉢であるが小型丸底壺に近い器形をしている。6は器台で、7は埦形の坏部に大きく開く脚部をもつ高坏である（新巻　実ほか 1982）。

元島名3号墳（第63図）

1は有段口縁の壺で、外面口唇部に刻みをもち、口唇部はわずかにつまみ出されている。肩部に波状文が施されている。また、肩部には山形文が、胴部には赤彩によって2本の帯が表現され

第1編　弥生時代から古墳時代へ

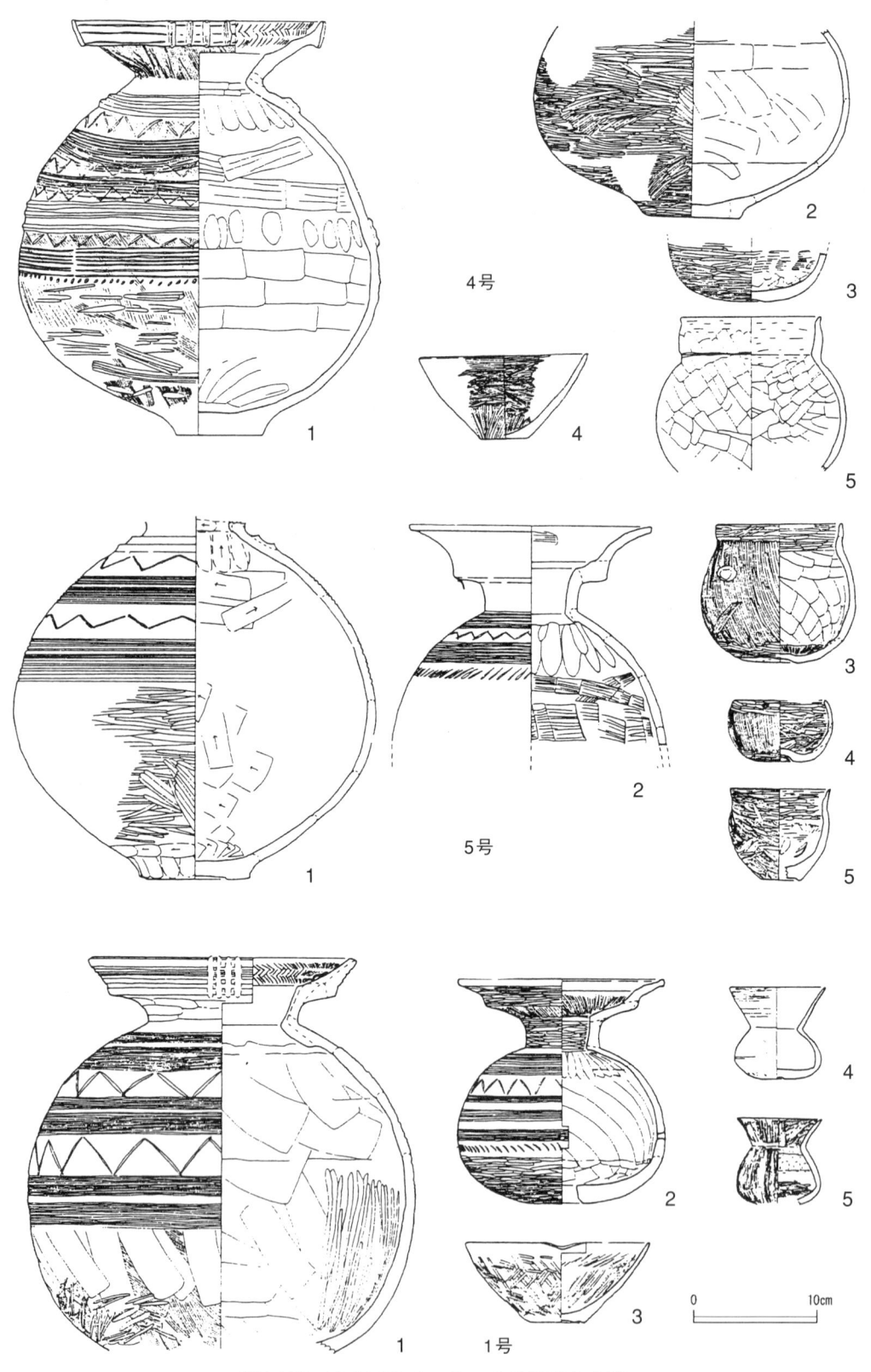

4号

5号

1号

第61図　南志戸川4・5・1号墳出土土器

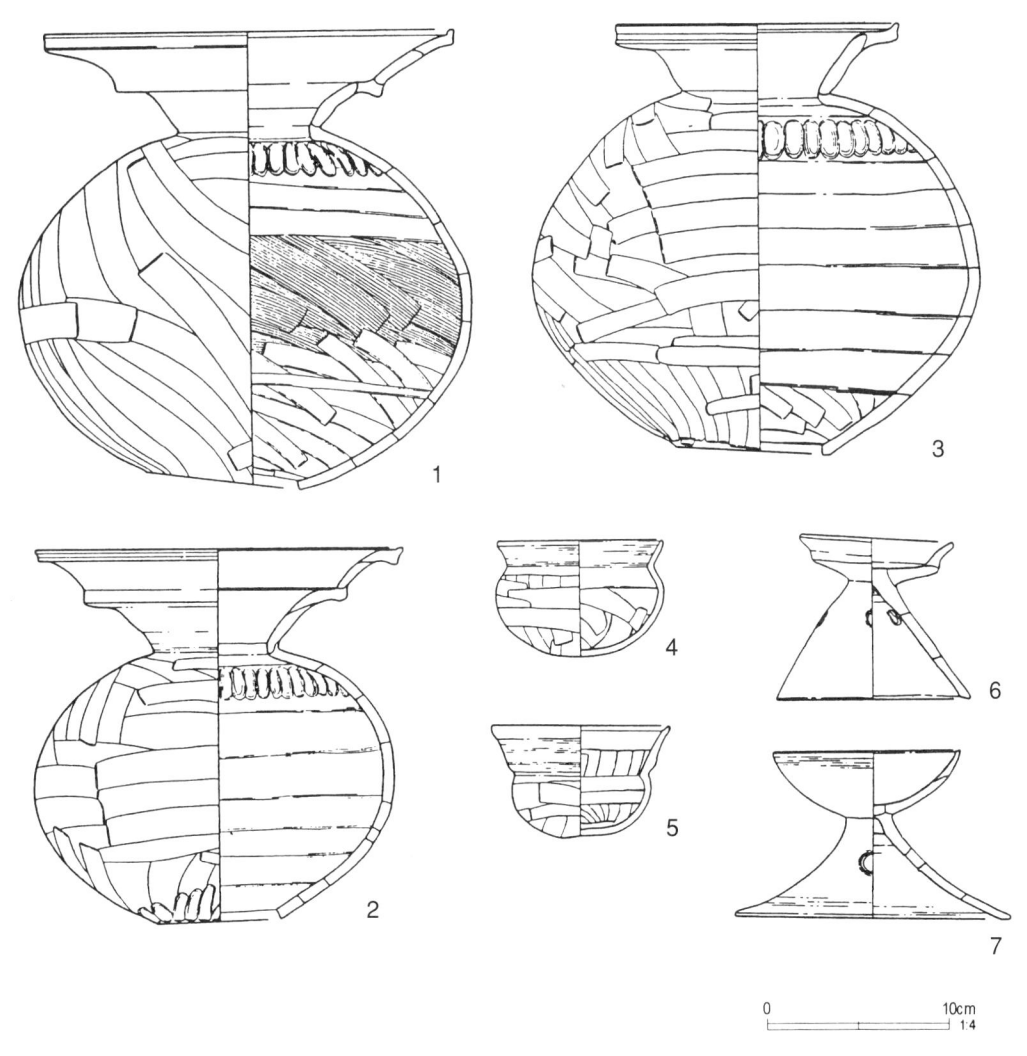

第3章　東国における古墳時代の開始

第62図　堀ノ内CK2号墳出土土器

ている。2も有段口縁の壺で、口唇部は1と同じくわずかにつまみ出されている。3は口縁部内面に折り返しをもつ独特の壺で、また口縁部外面には4本1単位の縦の沈線が施され、口唇部には刻みが見られる。駿東地方の大廓式の系譜を引く土器である。(田口一郎 1979)

堤東2号墳（第64図）

1～3は有段口縁の壺である。器形に若干の相違は見られるものの、同一形態の壺ということができる。4はS字甕で肩部に横ハケが見られる。5は口縁部に粘土紐痕を残した在地弥生土器の系譜を引く壺である。6は大型の坩形壺で、7は小型丸底壺、8は小型鉢である。9は塊形の坏部に大きく開く脚部をもつ高坏で、9・10は元屋敷タイプの高坏であろう。11は小型の器台で、12は特殊器台、13は高坏形の器台である。(井上唯雄ほか 1985)

伊勢崎東流通団地8号墳（第65図）

1は二重口縁の壺で、2は有段口縁の壺である。このほかに有段口縁の壺で、口縁部に円杉浮

第1編 弥生時代から古墳時代へ

第63図 元島名3号墳出土土器

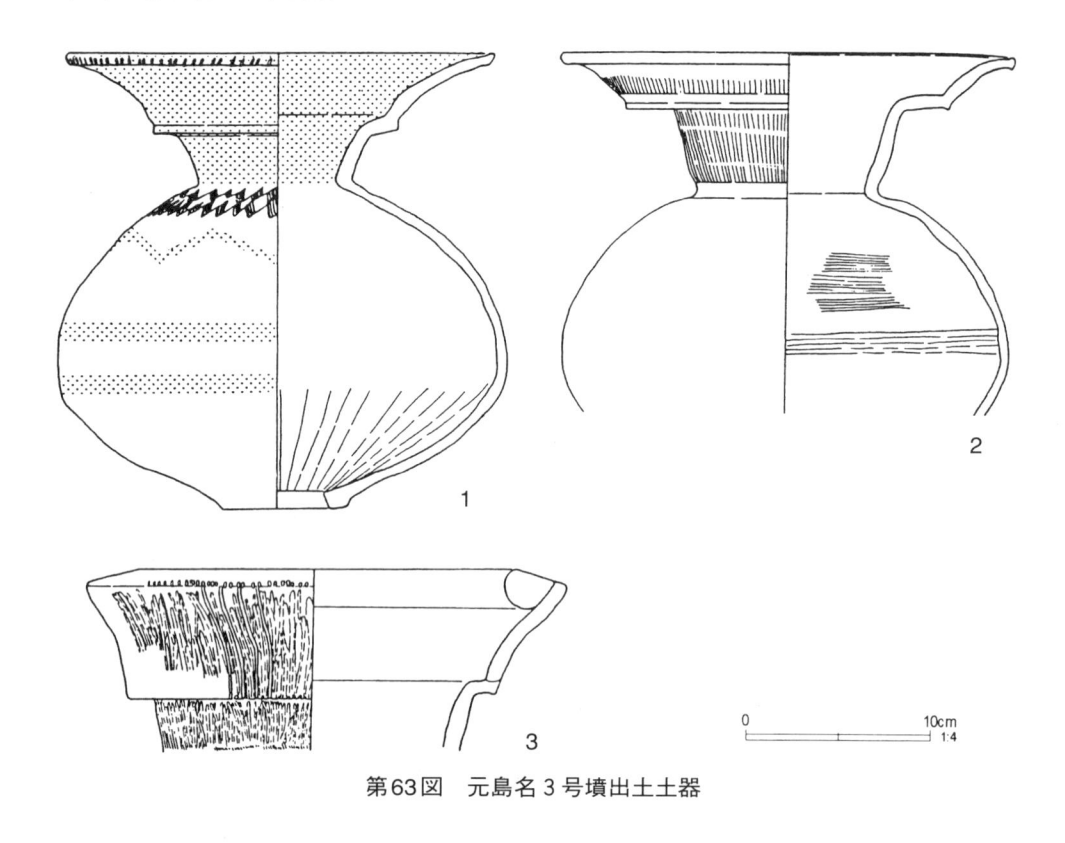

文のあるものも出土している。(赤山容造 1982)

屋敷内B遺跡1号墳（第66図）

1・2とも有段口縁の壺で、頸部・口縁部とも大きく開く形態のものである。3は二重口縁の壺である。4は甕で、5は広口壺で口縁部は直行している。6は小型の鉢で、7は高坏の脚部である。(宮田 毅 1984)

3 編 年

前方後方墳から出土した土器の時期を決定するにあたり、各地の古墳時代初頭の土器編年について概観しておこう。

まず埼玉県を取り上げたい。最近、古墳時代初頭の土器編年を考える上での良好な資料が東松山市下道添遺跡から出土している（坂野和信 1987）。第67図にそれを示した。

下道添第1期

壺（1〜3）と甕（4・5）には在地弥生土器が多く残存している。壺は二重口縁で、1・2のように口縁部と肩部に縄文が施文されているものと、3のように口縁部に縄文のない2形態が存在する。4・5の甕には粘土紐痕を残し、縄文が施文されている。また、6の台付甕にも縄文が見られる。いずれも吉ヶ谷式土器である。台付甕はもう一種類出土しているが、それは口唇部に刻みが入るものである。8の高坏は欠山タイプのもので、小型の高坏（10）も同様の系譜を引く

146

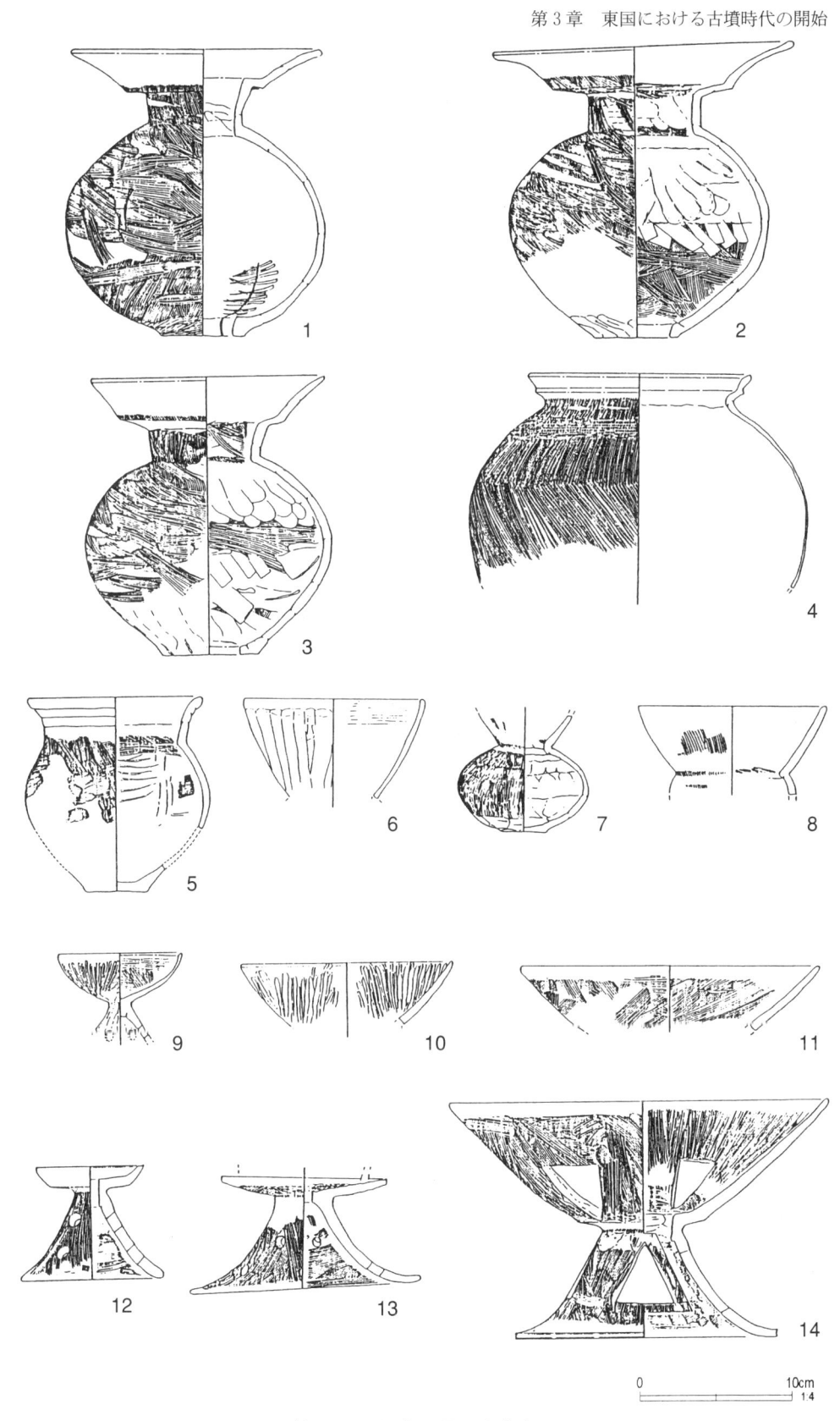

第3章　東国における古墳時代の開始

第64図　堤東2号墳出土土器

第1編　弥生時代から古墳時代へ

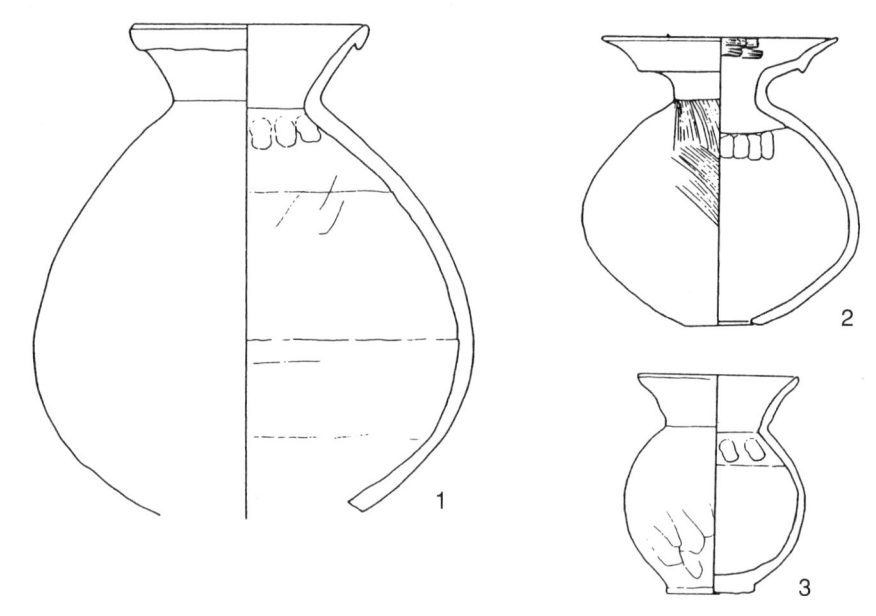

第65図　伊勢崎東流通団地8号墳出土土器

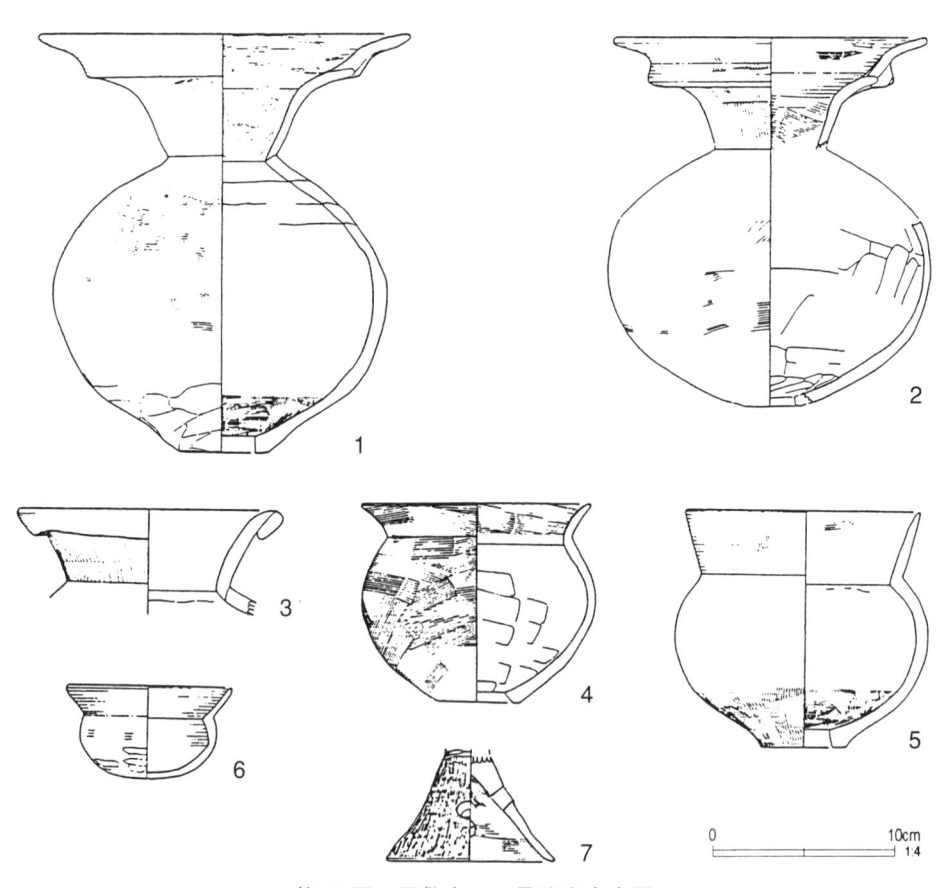

第66図　屋敷内B1号墳出土土器

ものであろう。第1期で注目されるものは、小型器台と特殊器台形の高坏の出現である。しかし、小型器台は五領期に見られる定形化した形態になっていない点も注目される。

下道添第2期

大きな特徴は、17〜19の有段口縁壺、34の定形化した小型器台の出現をあげることができる。14の壺は棒状浮文をもつ弥生町式の系譜を引くもの、16の口縁部に粘土紐痕を装飾としてそのまま生かしている吉ヶ谷式の壺、また、第1期に見られた二重口縁の壺で、口縁部に縄文の施文された壺、また二重口縁の壺で無文のもの、口縁部が大きく開く単純口縁の壺、そして有段口縁壺など器形が豊富である。有段口縁壺は、体部に比較して口縁部の大きなもので、頸部が細く、口縁部が大きく開く形態のものである。また、口唇部をつまみ出しているものもあり、肩部に櫛による平行沈線と波状文が施されているものもある。高坏は欠山タイプのものから、25・26のような元屋敷タイプのものへと変化する。また、高坏で注目できるのは、28の塊形の坏部に大きく開く脚部をもつ高坏の出現である。この高坏の裾部に櫛による平行沈線と山形文がみられ、明らかに元屋敷期の文様構成を見せている。坩は口縁部が内湾し、この種の肩部に平行櫛描文と連孤文あるいは山形文と思われるものが配されているものも出土している。文様構成は高坏と同じく元屋敷期のものであろう。まだこの段階には小型丸底壺は出現しておらず、31・32の精製の小型鉢が出現する。小型器台は受部の口縁が立ち上がる形態のもので、大型の特殊器台(30)も存在する。

下道添第3期

35の単純口縁壺は前段階の流れを汲むもので、口唇部のつまみ出しは強く、より立ち上がっている。36の二重口縁の壺も存在するが、棒状浮文等の装飾は見られない。41の小型高坏も前段階の系譜を引くもので、42の元屋敷タイプの高坏も存在する。第3期で注目すべきことは、新たに38の布留タイプの甕と39のS字甕、44の小型丸底壺が出現することである。この第3期は布留の古段階に位置づけることができよう。

下道添遺跡の土器と、その近くに存在する有名な五領遺跡との関係はどうであろうか。五領遺跡は公表された土器は少ないが、限られた資料で検討すると第68図のようになる。下道添遺跡の第2・3期は方形周溝墓の資料であるので、集落資料である五領遺跡とは器種構成に若干の相違が見られる。

五領第1期

1のような東海系土器が存在する。二重口縁の壺で、口縁部に棒状浮文があり、肩部には櫛による平行沈線と連孤文風の崩れた山形文が施されている。2・3は在地の二重口縁の壺は無文である。また、4の単純口縁の壺も在地の弥生土器の系譜を引くものである。5の大型坩は欠山期に見られるような体部と口縁部の比が1：1である。11の小型器台も欠山の系譜を引くものであろう。12の器台は、11と同じく受部が浅く、脚部が若干開き、裾部で大きく開く形態で、この形態は元屋敷遺跡に類似するものがある。18の甕は底部が平底、ハケの使い方など畿内系の甕の特徴を示している。

第1編 弥生時代から古墳時代へ

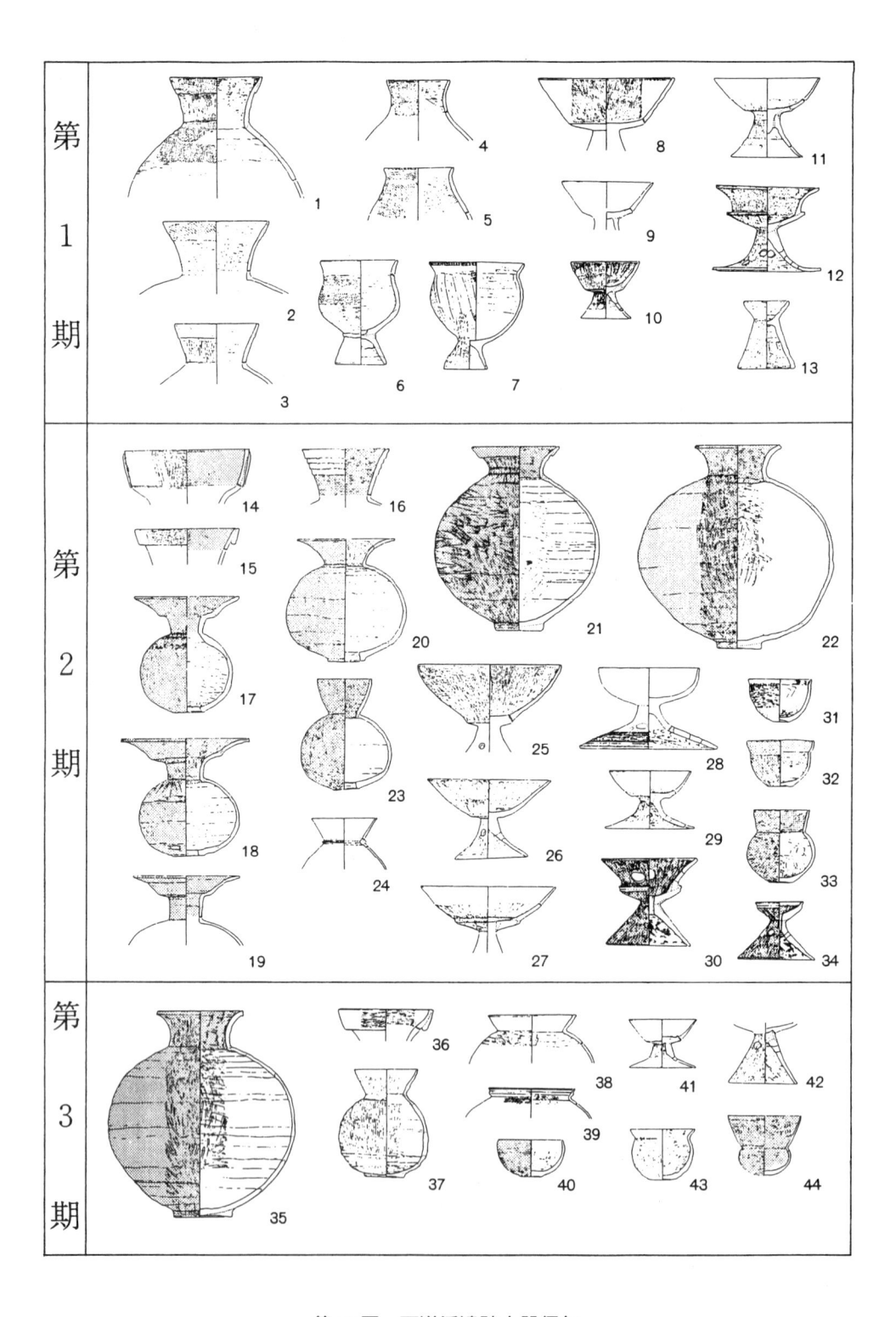

第67図 下道添遺跡土器編年

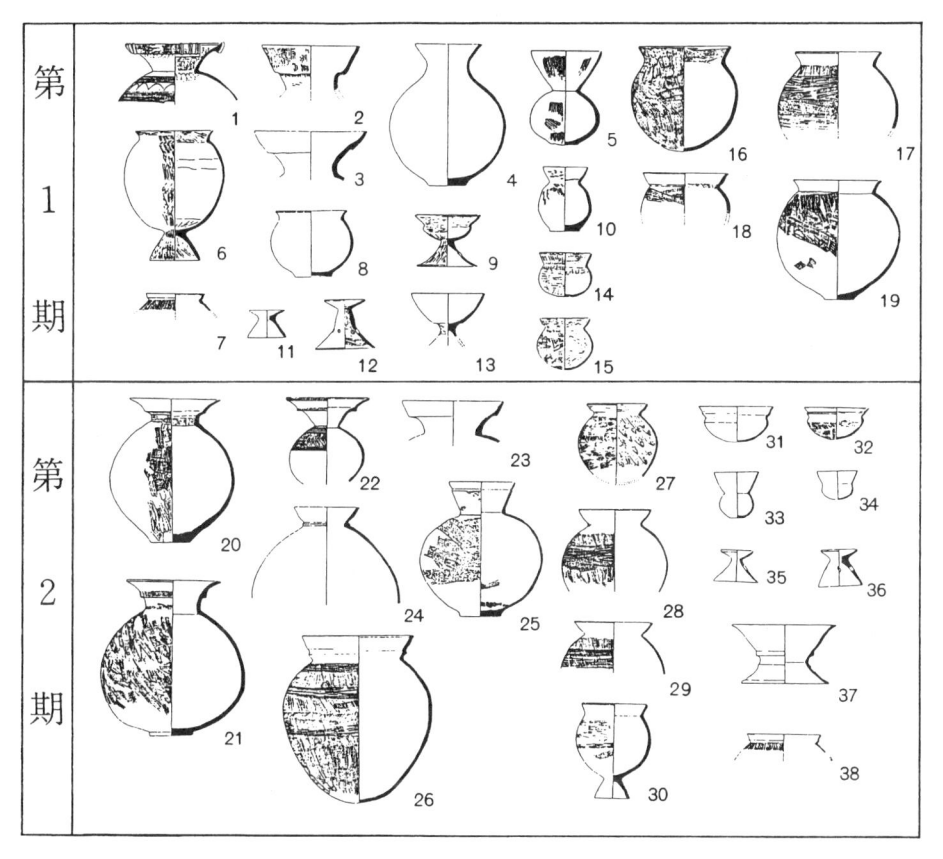

第68図　五領遺跡土器編年

　第1期は欠山的様相、元屋敷的の様相、布留的様相が入り混じっているのを特徴としているが、S字甕は欠山期に伴うA類ではないので元屋敷期に併行しよう。しかし、第2期に見られるような布留期の直接的影響は見られないことから、布留以前にそれも布留期に近い段階に位置づけられ、下道添第2期にはほぼ平行しよう。

五領第2期

　20・21の有段口縁が見られる。21は東海の影響を受けている土器といえる。また、23のように在地弥生土器の系譜を引く二重口縁壺も残存する。26の甕は北陸系である。この甕は漆町編年（田嶋明人 1986）によると9群に位置づけられているものに類似する。9群土器は布留系土器による斉一化の時期で、27〜29の布留甕、有段の小型精製鉢、小型丸底壺の出現、定形化した小型器台の出現等、漆町9群土器と様相を同一にしている。37は山陰系の鼓形器台で、38はS字甕である。

　次に、非在地系土器を多く出土した千葉県柏市戸張一番割遺跡（平岡和男ほか 1985）の土器群を見てみよう（第69・70図）。

戸張一番割第1期

　壺は1のように在地の系譜を引くもの、3、5のように東海地方の影響を受けているもの、ま

第1編　弥生時代から古墳時代へ

た4のように口縁部に円形浮文があり、畿内の影響を受けているものがある。小型壺の7と9の坩は明らかに欠山期後半の影響を受けたもので、14の台付甕も欠山期後半に伴うものである。15は14の退化したものである。16の台付甕は在地のもので、口唇部に刻みがあり、口縁部には粘土紐痕を残している。これら東海系の土器とともに注目すべき土器は、11〜13の叩きをもつ甕である。この甕の器形、底部と胴部の接合、叩きのあり方、ドーナツ状の底部は庄内1式の特徴を示している。21〜24の高坏は一般にいわれる欠山タイプの高坏ではなく、元屋敷的高坏である。17の口縁部が内湾する甕は東海地方に散在する。小型器台は数的には少ないが存在し、特殊器台形高坏も出土している。

戸張一番割第2期

28の壺は口縁部に棒状浮文、内面に波状文、頸部に突帯をもち、また頸部には平行櫛描文と波状文をもつ。東海地方の影響下に成立した土器である。29も同様である。有段口縁の壺はこの段階に出現する。口縁部内湾の34・35の壺も東海地方西部の器形で、欠山的様相をもっている。叩きの甕は、胴部が球形化し、ハケが加わるようになる。底部は37・38のようにドーナツの底部も残存し、さらに38のように底部と胴部の叩きを別個に行うものも残存している。38の口唇部はつまみ出されている。39〜41の甕は、器形的に叩きのある甕と類似するが、すべてハケ整形の甕である。42の甕の底部は丸底で、口縁部が肥厚し、一見内湾しているように見える。ハケの使用はないが、これも畿内系の甕と考えていいだろう。台付甕は地在のもので、口唇部の刻みは見られない。45の高坏は元屋敷タイプのもので、46〜51のように脚部が大きく開く小型高坏が出現する。46の脚部にはクシで軽く描いた横線文がある。欠山的様相の残存形態とすることができよう。51の高坏脚部の形態は庄内式の新しい時期の特徴を示し、坏部口唇部が内面に傾斜する特徴は欠山期の特徴を示している。48は特殊器台形高坏で、52は特殊器台である。小型器台の数は多いが、受部が直線的で浅いのが特徴である。また、50のような小型丸底壺の祖形のような器種が存在するが、定形化したものは出現していない。

戸張一番割遺跡においても、非在地系土器は複雑なあり方を示している。たとえば、第1期では小型壺と坩、S字甕の祖形をなす14の台付甕は欠山期に出土し、また纒向遺跡においてもこの種のものは纒向2式に伴う。また、叩きのある壺は庄内1式の特徴をもっている。ただ、高坏は特徴的な欠山タイプの高坏ではないことから、欠山の新段階か、元屋敷の古段階に位置づけることができよう。非在地系土器は古い型式を残存する特徴があることを考慮しても、戸張一番割遺跡第1期は庄内1式、纒向2式よりも若干新しい年代が考えられるが、それぞれに併行するものと思われる。これと併行する時期のものとして、野田市三ツ堀遺跡1号住居跡の土器群をあげることができよう（下津谷達男ほか 1962、菊池健一 1988）。

第2期は叩き甕の減少、元屋敷タイプの高坏、東海地方の影響を受けている小型高坏の出現、小型丸底壺の祖系となる小型鉢の存在から庄内2式、纒向3式、元屋敷期中段階に併行するものと考えていいだろう。

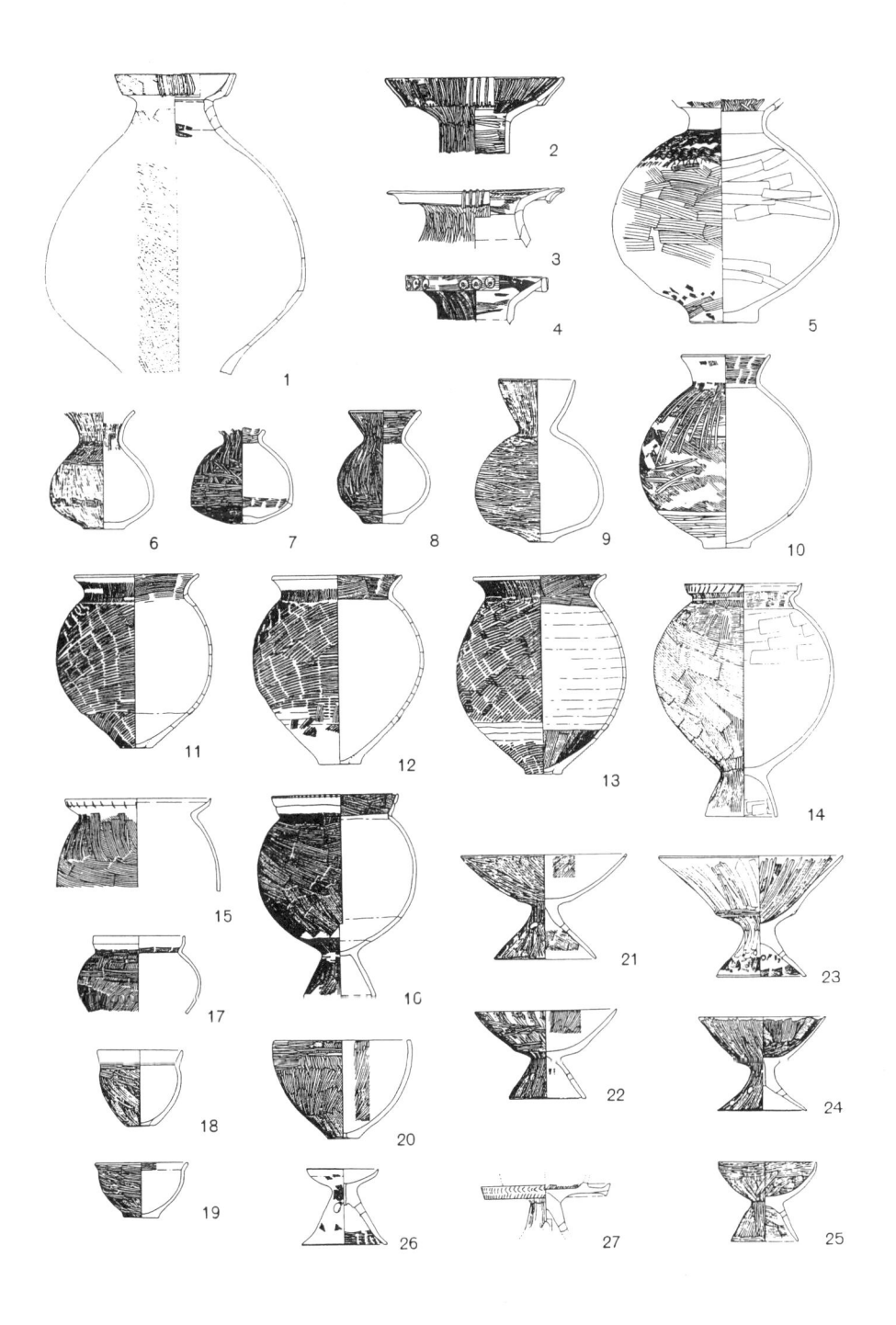

第3章 東国における古墳時代の開始

第69図 戸張一番割第1期の土器群

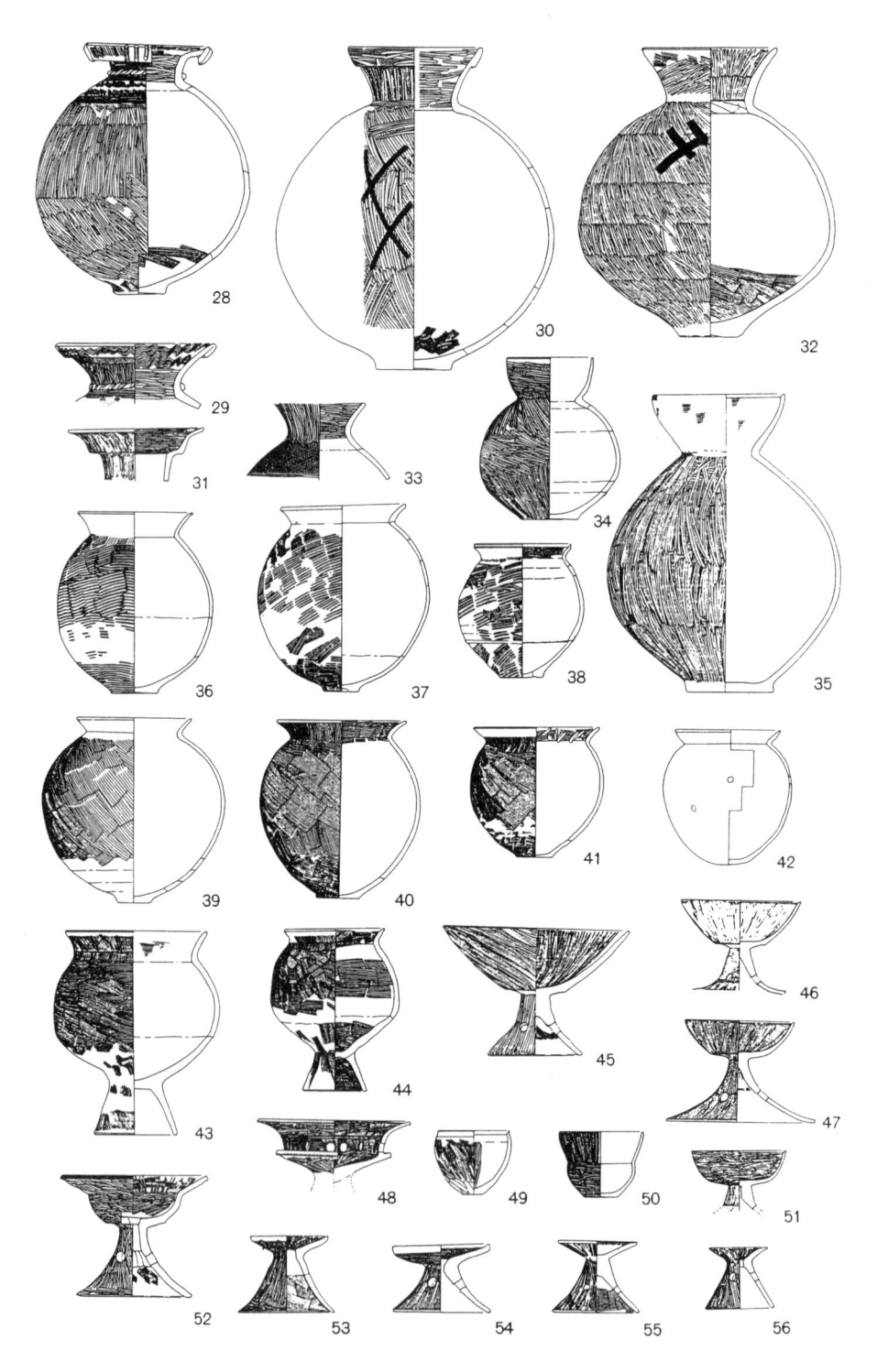

第1編　弥生時代から古墳時代へ

第70図　戸張一番割第2期の土器群

第 3 章　東国における古墳時代の開始

最後に、栃木県の土器編年を烏森遺跡と赤羽根遺跡の土器群から検討してみよう（第71図）。

栃木第1期

現在のところ栃木県内でもっとも古いと考えられている烏森遺跡の土器群である（田代　隆 1986）。1は有段口縁の壺で、口縁部下端に円形浮文がある。2は単純口縁の壺で、口縁部は外反する。台付甕は口縁部に刻みをもたないものが多いが、4のように刻み目をもつものも残存する。甕の口縁は「く」の字状に曲がり、わずかに外反する。5・6の甕の器形全体は戸張一番割遺跡第2期のものに類似している。甕のなかで気になるのが7の甕である。口縁部の中程が肥厚し、一見内湾しているように見える。底部は平底であるが、全体の雰囲気はやはり戸張一番割遺跡第2期42の甕に似ている。また、12の元屋敷タイプの高坏脚部のつくりは、戸張一番割遺跡第1期の24の高坏脚部と類似しているが、坏部下端の稜が崩れていることと全体の雰囲気はやはり第2期21の高坏に類似している。小型高坏・小型器台も存在するが、小型丸底壺はまだ出現していない。

栃木第2期

烏森遺跡に続く土器として赤羽根遺跡を選んだ（岩淵一夫ほか 1984）。19は有段口縁の壺で、口唇部に棒状浮文が付けられている。20の壺は口縁部が大きく外反し、口唇部が引き出されている。そして、その口唇部に棒状浮文とその間に山形文が配されている。頸部には刻みのある突帯がめぐっている。21も有段口縁壺で、頸部に突帯がめぐっている。22も有段口縁の壺である。頸部に刻みのある突帯がめぐり、肩部には2段の波状文が施されている。この段階に25のようなS字甕が出現する。特殊器台は受部下端の突出部が烏森遺跡のものより退化している。また、第2期に30の小型精製鉢と小型丸底壺が新たに出現するのを特徴としている。

栃木第3期

37は有段口縁壺である。38は二重口縁壺で、口縁部に刻み目と棒状浮文をもつ。39は頸部に刻みのある突帯がめぐり、2本の沈線間に波状文が施され、また突帯と上位沈線間に斜位のハケがあり、文様帯としての効果を示している。40は二重口縁の壺で41は第2期の系譜を引くものである。S字甕はこの段階にも存在し、小型S字甕が見られる。小型丸底壺は体部にヘラ削り、ハケ・が施され、前段階のヘラ磨きに比べ、新しい様相を呈している。また、小型精製鉢も有段口縁のものが出現する。

以上をまとめると、表3のような対応関係になろう。次に、この表をもとに前方後方墳および前方後方形低墳丘墳墓の時期決定を行っていこう。

表3　各地域編年対照表

期	下道添	五領	戸張1番割	栃木	畿内	東海西部	北陸(漆町)	東北
					纒向1式	欠山式		
I	1期		1期		2式	元屋敷	5・6群	
II	2期	1期	2期	1期	3式	元屋敷	7・8群	
III	3期	2期		2期	4式	元屋敷	9群	1期
IV				3期				2期

第1編　弥生時代から古墳時代へ

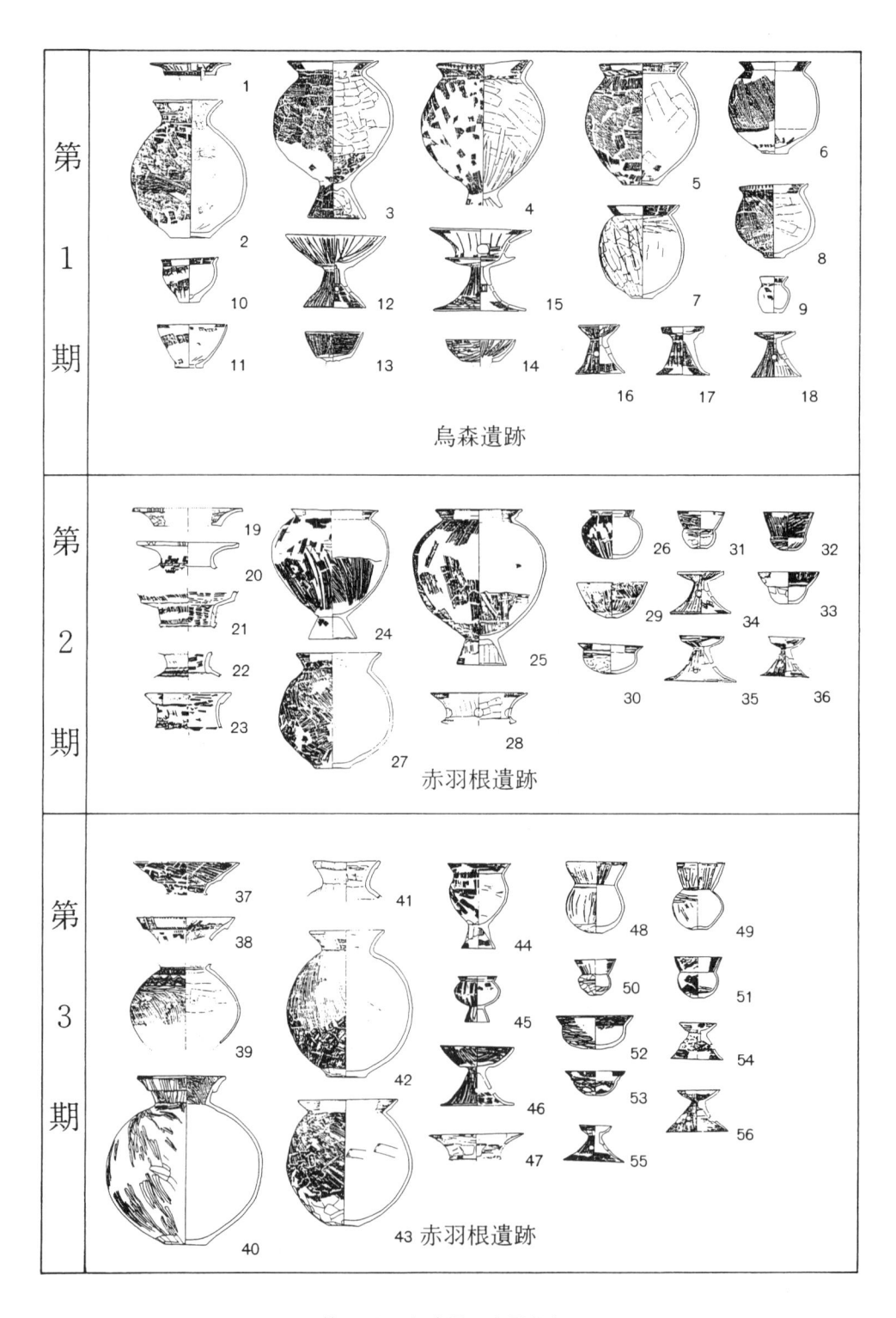

第1期　烏森遺跡

第2期　赤羽根遺跡

第3期　赤羽根遺跡

第71図　栃木県の土器編年

第3章　東国における古墳時代の開始

4　出土土器の時期

（1）前方後方墳

弘法山古墳　土器は東海地方西部の影響を強く受けている。1の壺の文様構成は元屋敷期の文様であり、また高坏も元屋敷期の影響下にある。1の壺と同様の文様をもち、肩部に段のあるものは、南志戸川4号から出土している。これには小型丸底壺は伴わず、それ以前の段階のものである。さらに、脚部に横線のある高坏は、横線自体は元屋敷期の影響下にあるが、器形的には庄内期の形態をもっている。これと同様な高坏が戸張一番割遺跡第2期に伴う。こうしたことから、第Ⅱ期に位置づけることができよう。また瀧峯2号墳も同時期に位置づけていいだろう。

砧中学校7号墳　台付甕1点だけでは時期決定は難しい。だが、五領期であることには間違いない。道祖神裏古墳の甕も同様である。東野台2号墳の小型丸底壺は口縁部が大きく開き、体部・底部が小さい古い形態をしており、小型丸底壺が出現する第Ⅲ期に位置づけることができる。

諏訪山29号墳　大廓式の影響を受けた壺が出土している。大廓式土器は纒向遺跡において辻土壙4下層から出土し、纒向3式に位置づけられている。また、6の甕口縁部は五領第1期18の甕口縁部に類似し、小型高坏はこの段階から出現することから第Ⅱ期に位置づけられよう。

鷺山古墳　4の有段口縁壺の口唇部はつまみ出されており、これと類似する手法が取られているものは、下道添遺跡第3期の壺に見ることができる。また、5の鉢は小型丸底壺出現以前に多く見られる器形であることから、諏訪山29号墳と同じ第Ⅱ期に位置づけられる。

元島名将軍塚古墳　古い形態の小型丸底壺が出土しているが、第Ⅱ期まで遡ることはないものと思われる。3の横線間に3段の山形文のある文様構成と類似する壺が、南志戸川1号方形周溝墓から出土している。南志戸川遺跡ではこの段階に小型丸底壺が伴う。2の壺は諏訪山29号墳のものと類似している。また、特殊器台形高坏も坏部下端の張り出しが強く古い形態を示し、さらに11の器台も五領第1期のものと類似するなど、第Ⅱ期の様相を示すものが多いが、小型丸底壺の存在から第Ⅲ期に位置づけておこう。

駒形大塚古墳　小型高坏と元屋敷タイプの両者が存在するが、小型高坏が主体である。小型高坏は第Ⅱ期の各遺跡に見られるものと類似し、諏訪山29号墳出土のものとも類似している。4の坩も下道添第2期の坩形土器と類似する。こうしたことから、第Ⅱ期に位置づけることがでる。

下侍塚古墳　土器で問題となるのが3の壺である。これと類似する資料が辻土壙4上層から出土し、纒向4式に位置づけられている。4の壺には肩部に山形文のくずれたカマボコ形になったものの下に、平行櫛描文がある。カマボコ形の山形文は五領第1期にも見られるが、文様構成自体は下侍塚古墳の方が後出の感がする。第Ⅲ期に位置づけていいだろう。

大日塚古墳　土器は茂原愛宕塚古墳築造前の住居跡の土器とほとんど変わらない。住居跡の土層を見ると自然堆積ではなく、人為的に埋められた可能性も見受けられる。2号住居跡からは弥生土器も共伴し、脚部が大きく開く小型高坏も出土している。また、坩は口縁部が内湾し、口唇

部部内カットし一つの面をもつもので、欠山的様相を残すものである。9の壺は山形文がくずれカマボコ形になったもので、これと類似する文様構成をもつ土器は、五領第1期の壺に見ることができる。こうしたことから、第Ⅱ期に位置づけられる。

　茂原愛宕塚古墳　1の壺の口唇部ほどつまみ出しは強くはないが、これと類する壺が栃木第2期の赤羽根遺跡から出土している。また、小型丸底壺は体部にヘラ削りは見られず、第3期まで下ることはないだろう。大日塚古墳に続く古墳として第Ⅲ期に位置づけることができる。

　藤本観音山古墳　全体の器形の分かるものは小型のS字甕だけであるので、年代を決定するのは難しいが、4の壺の頸部自体が開き勅使塚古墳まで下がらず、7の高坏脚部の形態は元屋敷タイプの中でも新しい段階のものである。第Ⅲ期に位置づけたい。

　山崎1号墳　全体の器形のわかるものは小型丸底壺のみである。小型丸底壺は全面ヘラ磨きされており、また口縁部の大きい特徴は小型丸底壺の中でも古い形態を示しているといってよい。高坏も藤本観音山古墳のものより古い形態のものであることから、第Ⅲ期に位置づけられる。

　安戸星古墳　注目すべき土器は胴部に突帯のある土器である。いわゆる「ヒレ付土器」である。西遠江地方の弥生後期に見られるもので、関東地方でも弥生後期に散見する程度である。古墳時代の土器で胴部に縦の突帯のもつものは、安戸星古墳と川崎市久地伊屋之免古墳、高崎市貝沢柳沢遺跡第1号方形周溝墓から出土している（第72図）。貝沢柳町遺跡の土器は2本1単位の縦の突帯が肩部と胴部に存在する突帯を結び、縦の突帯は5単位存在したものと推定されている。胴部には平行櫛描文と山形文が配されている。安戸星古墳と久地伊屋之免古墳のものは類似している。いずれも無文で、安土星古墳のものは縦と横の突帯で胴部を6区分しているのに対し、久地伊屋之免古墳のものは2本1単位の縦突帯で4区分している。

　貝沢柳町遺跡の土器の文様構成、山形の幅広の形態等は、まったく南志戸川4号出土の土器と変わらない。南志戸川遺跡4号は確かに5号よりも古い様相を呈しているが、第Ⅱ期の幅の中に入るものと思われる。安戸星古墳等の突帯で胴部を区画する土器は、貝沢柳町遺跡の退化型式として理解でき、丸底の口縁部内湾の坩形土器や小型精製鉢の存在から第Ⅲ期に位置づけられよう。

　狐塚古墳　おそらく、1の壺の胴部に6の有段口縁が付くものと思われる。また、高坏の脚部も坏部との接合部が細く脚部も大きく開く形態になると思われ、古い様相を示しているものと考えられることから、第Ⅲ期に位置づけておきたい。

　原1号墳　有段口縁の壺が出土しているが、口縁部内面の段は退化し、外面に突出部をつけて有段口縁の効果を出している。また、高坏脚部は円筒化し、長脚のものである。こうした高坏脚部は後述するように第Ⅳ期から出現すると考えられることから、第Ⅳ期に比定することができよう。

　勅使塚古墳　壺と高坏の形態は原一号墳より若干新しいと様相を示しているが、第Ⅳ期の範疇に入るものと思われる。

　本屋敷古墳　出土土器のなかで年代を考える上で参考になる土器として、13の高坏がある。こ

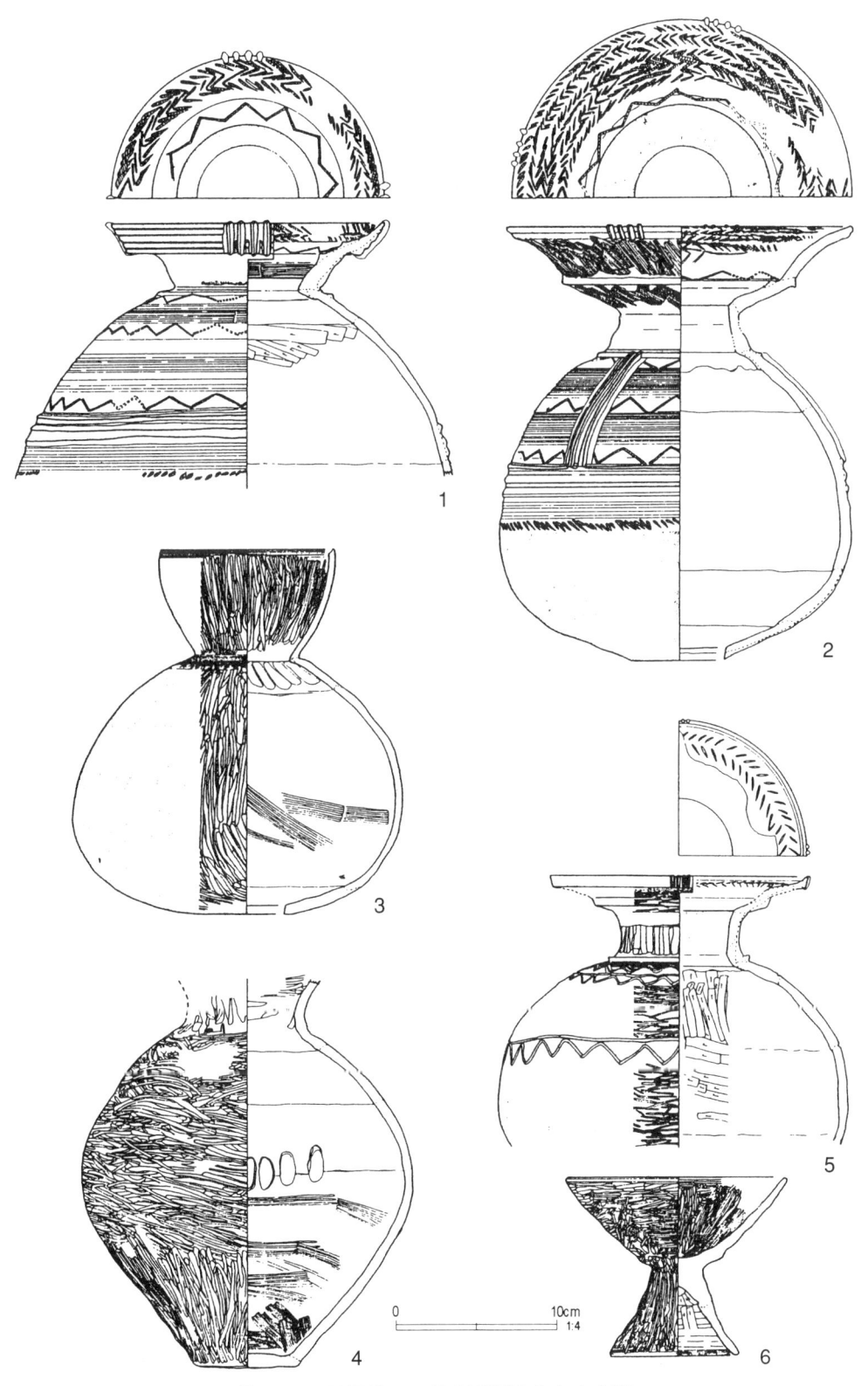

第3章 東国における古墳時代の開始

第72図 貝沢柳町1号方形周溝墓出土土器

第1編　弥生時代から古墳時代へ

の土器を検討する前に、東北地方の土器編年について見ておこう。最近、宮城県の詳細な古式土師器の編年が丹羽　茂によって提示された（丹羽1985）。丹羽は大きく第1段階、第2段階、第3段階に分け、第2段階をA、Bの2段階に分けている。ここではとくに高坏の変遷に注目したい。第1段階の高坏は、小型精製鉢に大きく開く脚部をつけた高坏が主流を占め、元屋敷タイプの高坏も伴う。第2A段階になると、小型精製鉢形態の坏部とした高坏は姿を消し、脚部上部が円柱状となり、下部つまり裾が円錐状に開き、ここに孔が開けられるものが主体となる。つまり、この形態の高坏は、本屋敷古墳出土の高坏と類似することから、本屋敷古墳は丹羽編年（東北編年）第2期に相当し、第Ⅳ期に位置づけることができよう。

　小菅波4号墳　壺は全体に庄内的様相を示し、器台の脚部には段を有する在地のものである。漆町編年によると、こうした在地的様相をもつ器台は漆町6群には消滅することから、第Ⅰ期に位置づけることができよう。

　国分尼塚1号墳　1の壺の形態は小菅波4号墳のものとほとんど変わらない。文様が欠落しているだけである。こうしたことから、小菅波4号墳の壺よりも後出であることは明らかであり、漆町7群に位置づけることができ、第Ⅱ期に比定できよう。

　塚越1号墳　宮本哲郎は8の高坏を古府クルビ期に位置づけている（宮本1986）。在地形態の高坏が存在することから、古府クルビ期でも古い段階に比定することも考えられたが、小菅波4号墳の壺と同時期とすることはできないことから、第Ⅱ期に位置づけられよう。

　大槻11号墳　棒状浮文は欠落するが、これと類する東海系土器が古府クルビ遺跡から出土し、古府クルビ式に位置づけられている（谷内尾晋司1983）。大槻11号墳出土の東海系土器は、山形文の高さもなく、幅も狭く、いわゆる小型の山形文で、文様構成、口縁部内面のあり方などパレススタイルのE類にあっても古い様相を示しているが、先に述べた関東地方の例からしても、第Ⅱ期に位置づけるのが妥当であろう。

　（2）前方後方形低丘墓

　草刈99号墳　庄内期によく見られる竹管文の付く有段壺が存在するが、丸底壺が存在することから、庄内期まで遡ることはないだろう。竹管文は円形浮文の退化したものと考えられ、また元屋敷タイプの高坏や在地弥生土器の系譜を引く壺等が出土していることから、布留古段階の第Ⅲ期に位置づけられよう。

　東間部多2号墳　元屋敷期の古いタイプの高坏脚部と庄内期に見られる小型高坏、また小型丸底壺出現以前の小型精製鉢が出土していることから、第Ⅲ期以前となる。口縁部内湾する坩は、戸張一番割遺跡第2期の口縁部が内湾する坩に類似することから、第Ⅱ期に比定できよう。

　飯合作1・2号墳　2号墳出土の1の五領第2期に類似する口縁をもつ壺が存在し、なお、1号墳出土の3の直行口縁壺、2号墳出土の8の鉢と器台の結合土器は第1期に見られないことから、第Ⅱ期に比定しておきたい。

　阿玉台北7号墳　5の脚部が内湾する高坏と類似するものが、東間部多2号墳から出土してい

る。高坏脚部の形態は東間部多2号墳の方が若干古い様相を呈しているが、ほぼ同様期と考えてよいだろう。

権観山2号墳 時期決定の要素を欠くが、肩部につけられた櫛描文の文様は下道添遺跡第2期の壺にも同様のものが見られることから、同時期のⅡ期に位置づけておこう。

塚本山33号墳 樽系統の弥生土器が出土し、古い様相を残すが、横ハケのないS字甕が出土していることから、第Ⅲ期に位置づけていいだろう。

村後遺跡1号墳 壺の櫛描文は退化し、S字甕にも横ハケが見られない。また、坏部下端に強い稜を有する高坏は矢部遺跡から出土し、布留0式に位置づけられている。こうしたことから、布留期でも古い段階が考えられ、第Ⅲ期に比定できよう。

南志戸川4号墳 本遺跡では4号の前方後方形低墳丘墓とともに、東海系土器を出す方形周溝墓が存在する。もっとも古いのが4号で、肩部と胴部に突帯がめぐる壺である。突帯は縦の突帯同様、元屋敷の土器に遠江地方の弥生の要素が附加されたものである。これだけ考えると古く遡ることになるが、文様構成らかはそんなに古く遡らない。5の口縁部内湾する広口壺と類似するものが、戸張一番割遺跡第1期に存在する。それと比べ南志戸川4号墳のものは退化した形態を示していることから、第Ⅱ期に位置づけられよう。

次の段階のものは5号方形周溝墓で（第61図）、胴部中央の突帯は消滅し、肩部の突帯だけとなる。広口壺はさらに崩れた形を示す。1号方形周溝墓がその次に位置づけられる。この段階に小型丸底壺が伴う。この段階を第Ⅲ期に考えている。

もっとも新しく位置づけられるのが2号方形周溝墓である（第73図）。壺は有段口縁となり、胴部文様帯はなくなり、口縁部内面に綾形文だけが施文されている。この段階を第Ⅳ期に比定したい。

堀ノ内CK2号墳 壺の形態は元島名将軍塚古墳のものと類似している。しかし、無文の壺であることから、元島名将軍塚古墳より後出のものとなろう。高坏も坏部は稜もなく、第Ⅳ期に比定した南志戸川2号方形周溝墓から出土している高坏と類似していることから、同じ第Ⅳ期に位置づけることができよう。

元島名3号墳 諏訪山29号墳と同じ大廓式土器の影響を受けた壺が出土しており、また2の壺の形態は諏訪山29号墳のものとほとんど同一のものであることから、同じ第Ⅱ期に位置づけることができよう。

堤東2号墳 小型丸底壺の存在から第Ⅱ期まで遡ることはない。S字甕は肩部に横線が見られ古い様相をもっており、また元屋敷タイプの高坏が存在し、さらに在地弥生土器の系譜を引く壺が存在することから、第Ⅲ期に位置づけておきたい。

屋敷内B遺跡1号墳 年代決定の要素を欠くが、壺は胴部に比べ口縁部が大きく藤本観音山古墳の壺よりは古いと考えられるので、第Ⅲ期に比定しておこう。

伊勢崎東流通団地8号墳 図示されてないが、有段の口縁に円形浮文の付く壺が出土している。

第1編 弥生時代から古墳時代へ

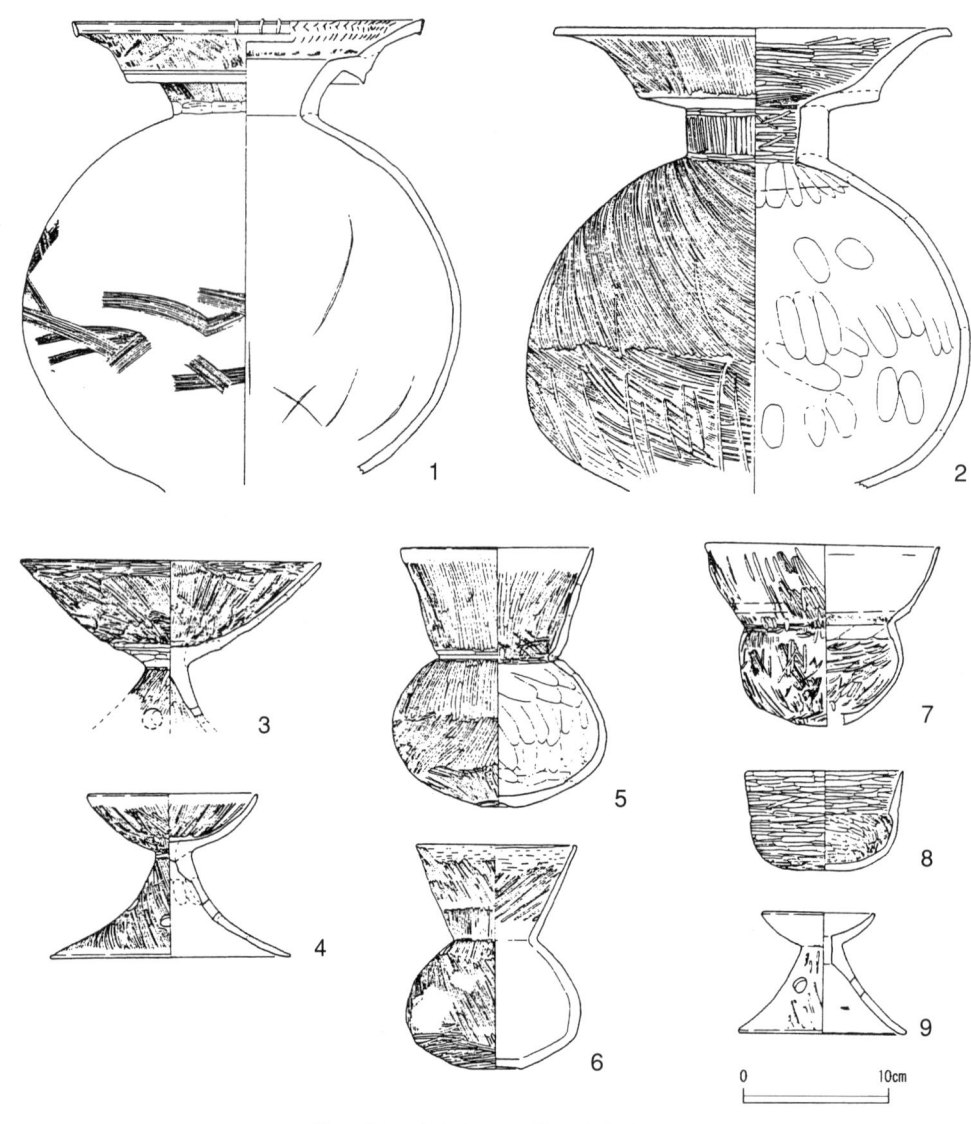

第73図　南志戸川2号墳出土土器

表4　前方後方墳・前方後方形低墳丘墓時期別一覧

期	前方後方墳・前方後方形低墳丘墓
Ⅰ	小菅波4号
Ⅱ	弘法山、瀧峯2号、鷺山、駒形大塚、大日塚、国分尼塚1号、塚越1号、大槻11号
	東間部多2号、阿玉台北7号、南志戸川4号、元島名3号、権現山2号
Ⅲ	東野台2号、砥中学校7号、元島名将軍塚、下侍塚、茂原愛宕塚、山崎1号、安戸屋、狐塚、藤本観音山、稲荷前16号、道祖神裏、山王寺大桝塚、三谷
	草刈99号、飯合作1・2号、塚本山33号、村後1号、堤東2号、屋敷内B1号、伊勢崎東流通団地8号
Ⅳ	原1号、勒使塚、本屋敷
	堀ノ内CK-2号

＊上段は前方後方墳、下段は前方後方形低墳丘墓

円形浮文は庄内期に多く見られることから、第Ⅱ期か第Ⅲ期に位置づけることができる。二重口縁の壺の形態が草刈99号墳に類似していることから、第Ⅲ期に位置づけておきたい。

以上をまとめると表4のようになる。表4を見ると、第Ⅱ期に確立した前方後方墳が出現することがわかる。小菅波4号墳の1基だけが、第Ⅰ期に存在する。小菅波4号墳は国分尼塚1号墳より古いことは明らかであるので、第1期には入るが、第Ⅱ期に近い第Ⅰ期ということができよう。また、盛行期は第Ⅱ期と第Ⅲ期にあり、第Ⅳ期以降は姿を消すようである。

5　非在地系土器と前方後方墳に関する諸見解

非在地系土器とくに群馬県のS字甕に関する群馬県の研究者の見解は、第1節「関東地方における非在地系土器出土の意義」で紹介しているので、ここでは最近の研究者の見解について紹介しよう。

岩崎卓也は古墳出現期の問題を非在地系土器の問題と合わせて、次のように述べている。「長野県下では東海系を主体とする土器が第1波として流入し、ついで畿内等他地域の土器がこれに加わるが、主流が東海系である点に変わりはなかった」。「東海地方に一歩遅れるが、東国の要所要所に畿内系土器が流入するようになり、やがて畿内的な器種構成が支配するようになることを思えば、古墳時代の東海地方に過大な評価を与えるのは難しいと思われる」。非在地系土器が「人間の動きの結節点という見方が不当でないとするなら、それは交通上の要地という意味も内包することになるだろう」と述べている。また、「土器の動態把握を通じて、古墳成立基盤の吟味を試みたものである。そのため、まず閉鎖的ともいえる弥生時代後期の土器群の相互間に始まる土器の移動が、共時に全国的規模で展開したものか、あるいはそれぞれの地域的事情にもとづく個別的な動きであったかを検討した。その結果、北九州への高坏の流入や、中部山地における櫛描文の定着といった弥生時代後期の変容が、時期差や質の差等を伴うと想定できそうなのに、終末期のそれは全国的な広がりの中で、ほとんど時差を見出せない共時的な変動だったと認定した。しかもそれは隣接集団間の自然発生的・互酬的な動きとは認められず、むしろ畿内を中心とするシステマティクな動きとして把握しうる可能性があると考えた」。さらに、「外来系土器が質・量とも多い地域と古式前方後方墳の分布との間には、ある種の相関関係が存在した可能性が強くなる。私は土器の動きが多い地域に対して、人の動きの結節点という意義づけをおこなった。そうした他地域の事情をも考慮しつつ、上記した動きに大和を中心にくり広げられた、広域にわたる流通機構の再編成を推理した。そうだとすれば、前方後方墳に葬られた地域首長には、大和王権が管掌する新流通網の中で、自己がかわる地域内に外来必需品の再配分者としての機能が賦与されていた」という（岩崎卓也 1984）。

比田井克仁は南関東出土の北陸系土器を取り上げ、そのほとんどが在地における模倣品であるといっている。千葉県南中台遺跡では多くの北陸系土器とともに、「13号住居跡のように、住居形態までも北陸地方そのものという場合もある。特殊ピットの存在が、玉造りの有無にかかわっ

第1編　弥生時代から古墳時代へ

ていたかどうかという問題はさておいて、直接的に人々が移民してきたことを示す有力な証拠の一つと言うことができる。このように見てくると、北陸系土器の移動（あるいは人々の移動と言ってよいかも知れないが）は、ごく自然で消極的なものではなく、北陸地方に押しよせた新しい社会的状況と伝統的なそれとの、複雑な絡みあいの中から出てきた、必然的で積極的であったとすることができるかも知れない」と考え、非在地系土器を人の移動との関係で捉えている（比田井 1987）。

　田口一郎はパレススタイルの壺を取り上げ、①東関東の相模湾沿岸、霞ヶ浦、印旛・手賀沼沿岸のような海岸・湖沼・河川沿いでの水上交通との関連を推考させる地域に多く分布し、②北関東西部の利根川・荒川中流域は、調査・報告例の少ないなかで、高い分布密度を示す地域であるという。そして、「パレス壺のように規格され個性的な文様で飾った土器を出土する墳墓の被葬者は、その固有の土器により出自（祖霊系譜）を具象化したとは考えられないであろうか。さらに周囲の集落址での集中を考慮すると、濃尾平野から、それぞれの地に定着し、そして死んでいった人々に対して、その集団の象徴である装飾壺が鎮魂の器として使われたと考えられるのである」。「外来系土器の集まる遺跡は、多様な人間・物質・情報の集中・交換の場であり、市・津などの機能をもつ特殊な性格を考えねばならない。さらに推考すれば、そのような外来系の集中する遺跡間を結ぶネットワークが、様々な物質・情報の伝播の拡がりに主要な社会的システムとして大きな機能をはたしていたようである」とし、「パレス壺を代表する固有の文様をもつ装飾壺を、集団の象徴として捉えることが許されるなら、墳墓での葬送儀礼に関わる使用は、被葬者の出自系譜に関わっていると考えたい。南志渡川遺跡のように、長期に墳墓変遷の中でパレス壺が葬送儀礼の主流となる例は、確実な集団的入植の定着と、その集団の主体的な在り方を考えさせる」と述べている（田口一郎 1987）。

　小森紀男は「壺などのある限られた土器だけが移動した場合には、土器そのものが商品として持ち込まれたかも知れない。土器の内容物の交換や贈与があったかも知れない。しかし、谷近台遺跡のように壺・甕・高坏・鉢など日常使われている多くの器種が移動した場合は、どのように考えるのだろうか。単に土器だけの移動にとどまらず、人間の移動や居住を十分に推測することができるであろう。近年、本県の出現期古墳からは、足利市藤本観音山古墳・藤岡町山王寺大桝塚古墳・宇都宮市茂原愛宕塚古墳のように、東海系を出土する古墳が多く、また、宇都宮市茂原大日塚古墳・南河内三王山南塚1号・2号墳の周辺には、東海系の土器を出土する遺跡が多く確認されている。従って、これらの初期古墳の被葬者が東海地方と何らかのつながりをもっていたこと―畿内政権による東国への浸透活動の役割を、東海地方の人びとが果たしていたこと―を示唆していると考えられている。もしそうであるなら、谷近台遺跡が形成された社会背景を、畿内政権を背後にひかえて東海西部地域の人びとの大規模な移動と考えることができ、谷近台遺跡の南方約3キロに所在する亀の子塚古墳（全長56.3mの前方後方墳）との関係がクローズアップされてくるのである」と述べている（小森紀男 1987）。

第3章　東国における古墳時代の開始

　また、春成秀爾は神門4・5号墳の存在する国分寺台周辺の状況について、次のように述べている。「長平台1号墳丘墓から出土したパレススタイルの壺は、この地域における墳丘墓の出現に東海地方西部が深いかかわりを持っていたことを示す点で、とくに重要である。また、在地系ととらえられている弥生町や前野町式土器にしても、東海地方の影響はつよく及んでおり、この時期に関東地方と尾張を中心とする東海地方西部の集団—勢力と呼び替えてもよかろう—の間に、密接な交流があったことを認めてよいだろう。神門5号墳丘墓出土の多孔鉄鏃が、東海地方以西に分布する多孔銅鏃の系譜をひくものであることも、この際注意されてよい。国分寺台に墳丘墓が築かれていた弥生後期後半の久ヶ原から弥生町期・前野町期という時期は、2～3世紀のことであるが、この時期西方では、畿内勢力と東海勢力との間に熾烈な対立・抗争がつづいていた。畿内地方で銅鐸のうちでもっとも新しい近畿式が、東海地方おそらく尾張で三遠式が、それぞれ製作されていた事実は、このような関係を想定することなしには説明しにくいのである。（略）三遠地方における銅鐸型式の変転は、とりもなおさず、畿内勢力と争っていた東海勢力が畿内勢力の下に降ったということを意味する。おそらく、それが3世紀中葉のことであろう。2・3世紀の東海勢力と畿内勢力との間に、右のような対立・抗争状態を想定するならば、関東地方における東海系土器の出現、それより遅れて登場する畿内系土器の存在、さらには大形墳丘墓の成立の意味を考えるうえで、示唆するところは大である。（略）国分寺台上の墳丘墓は、東海・畿内・北陸地方との緊張した集団関係のうえにはじめて成立したことはほとんど疑いない。傑出した規模と高さ、神門4号墳丘墓に示される複雑化した埋葬儀礼は、このような集団関係のなかで実現したのである。他地方から搬入された土器は、おそらく埋葬儀礼に他地方の集団構成員の参加があったことを物語る」と（春成秀爾　1986a）。

　次に、前方後方墳の被葬者についての見解を紹介しておこう。大塚初重は前方後方墳について次のような見解を示している。「前方後方墳が出現する理由は、それなりの歴史的な原因が介在していたにちがいない。そこに大和における前方後方墳の性格の反映があったとは断言できぬし、むしろ大和王権東国開拓に関連して、濃厚な墓制の継承があったとみる方が妥当ではあるまいか。そのことは、かの朝鮮楽浪における漢代墓制の移入という考古学的事象をここに引用するまでもなく、東国への進出に貢献した畿内の有力豪族達が、彼らの故地における墓制をそのまま踏襲した結果にもとづいたと考えるべきではなかろうか」。「東国支配の基礎を築づいたであろうこれら前方後方墳の被葬者達が、おもに河川とか湖、もしくは古代の交通上の要衝に彼の墳墓を遺していった事実は、古墳の分布の上からもたしかめうることである」という（大塚初重　1966）。

　前沢輝政は「前方後方墳は、首長墓でも一格低いもの」であろうと考える。また、「前方後方墳の被葬者は、大墳丘墓をつくりうるほどの地域勢力を有していても、そのつよい在地性故に前方後方墳についても在地の首長が多いのであろうが、それは大和政権との関係において、前方後方墳の被葬者より紐帯が強くかつ重要であったため、より高い身分者として遇せられたのに相違なく、そのため大王墓と同形の墳墓造営となったものと」考え、「東国への軍事行動の直接的指

導者のものという説や、また古式前方後方墳の多くの所在する吉備地方を重視しての政権との政治的同盟関係のものや、さらに出雲や北部朝鮮につながる政治的関係のものという―前方後方墳の築造と対立関係の―政治適権力による所産とするようなものではない」という。そして、「前方後方墳が前方後円墳に比して、内容において劣り、しかも漸次前方後円墳にとってかわられるというその要因はおそらく『つよい在地性』という性格の故であろうと」とし、「大和平野にみられる有力豪族の伝承地に前方後方墳の所在することは同じ大和にありながら、三輪山麓の初期大和政権の本拠地に、大王たちの陵墓とみられる巨大な前方後円墳の群在することときわめて対象的であり、このことは前方後方墳が王墓でない可能性が指摘されるのであろう。そしてまた、さきの有力豪族たちも大和のなかの在地豪族（在地性のつよい豪族）であったとみるならば、前方後方墳の被葬者としても矛盾ないであろう。そして、これらの前方後方墳の築造が一基及至数基にして消え、その後前方後円墳にかわっていることは―その在地首長勢力の消長によるが―とにかく大和政権の勢力が、その後着実により直接的に波及したことを示すものと考えられる」という見解を示している（前沢輝政 1980）。

久保哲三は、「愛宕塚、大日塚などの東海系土器を出土する初期古墳の関係者が東海地方と何らかのつながりをもっていたと考えてよいだろう」とし、「毛野地方に初期古墳が造営された時期は西暦4世紀後半から5世紀初頭ごろと考えられ、あたかもこの時期は、宋書倭国伝にしるされている倭王武の上表の『昔より祖禰躬から甲冑を攬き、山川を跋渉し寧処にいとまあらず。東は毛人を征すること五十五国、西は衆夷を服すること六十六国云々』の祖禰の時期にほぼ相当する。畿内政権による東国への浸透活動がおこなわれたこの時期の毛野の古墳は畿内政権の外縁にあって浸透活動の尖兵的役割をになった豪族の墳墓と考えられ、出土土器はその役割を東海地方の人々が果たしたことを示唆している」と考えた（久保 1986）。

橋本澄朗は同じ栃木県、とくに芳賀地方の状況と山崎1号墳の被葬者について次のような見解を示している。芳賀地方には前方後方墳が多く、また谷近台遺跡からはS字甕が出土しているが、「土師器の問題は誇張して表現すれば、本流域に入植した人々の故地を求める作業とも言える」とし、「谷近台遺跡のS字甕、井頭遺跡の大きな坩、向北原遺跡の大形の壺などは、芳賀台地に入植した人々の故地を示す土器群の一つと考えられる」という。つまり、群馬のS字甕に対する群馬県内の研究者の見解、つまり入植者の土器という見解と同様な立場をとっている。そして、山崎1号墳は「弥生時代後期後半の山崎遺跡を破壊して築造されている事実に注目したい。山崎遺跡は立地から判断して、根本南麓に形成された弥生時代後期後半の中心的集落と考えられる。その集落を破壊して自己の奥津城とする被葬者のなかに、本地域の弥生人を征服した王者の姿を垣間見る思いがするのである。敷衍すれば、弥生時代の遺跡とは異なり、低位な台地上に確認された大畠遺跡などを本墳の被葬者進出の緒果と考えたい」という（橋本 1987）。

茂木雅博は「前方後方墳と前方後円墳が単なる墳形の相違を意味するものではなく、前方後方墳には前代の葬制の古い相が認められるのに対し、前方後円墳はそれらを凌駕して大和地方に出

現した新しい時代を意味するものである。正に前方後円墳は桜井箸墓山古墳をもって開始される前方後円墳を中心とする古墳時代の先駆をなす墳墓体制であって、寿陵を基本とする新しい墳墓体制が古墳時代の新体制として登場するのであろう。この新しい体制に組入れられた前方後方墳を残したグループは、露払い的な存在として全国各地に散って行ったのであろう」という（茂木1986）。これだけでは読者は、茂木のいわんとするところを理解することができないであろう。

　茂木は1969年「古式古墳の性格」という論文で、前方後方墳の主要遺物を検討し、次のような見解を提示している。「大和を中心に分布する前方後円墳が、小林氏の解かれるように、舶載鏡と碧玉製の石製品を中心に発展しているのに対して、前方後方墳がその系譜からはずされていることも明らかであろう。こうした性格上の相違から筆者はこの時期を大和統一政権が本邦全体に浸透していたのではなく、もっとも多くの古式前方後円墳をもつ岡山県下に畿内地方とは別性格の前方後方墳を中心とする一政権がかなり早い時期に成立し発展したものと考えるに到ったのである。そしてそれは大和の一部にも入り込んでおり、前方後方墳と前方後円墳を盟主とする二大政権として存在し、やがてその一方である前方後方墳が前方後円墳を盟主とする政権に組入れられ、はじめて本邦が統一されて、前方後円墳が全国的に分布し得るようになって行ったものと思われる。とくに出雲地方に後期前方後方墳が集中する点も古代史を考える場合無視できず、岡山県からここに移行している点、古式古墳時代の吉備と後期古墳時代の出雲の間に何らかの関連性が介在するものと思われる」と。つまり、前方後方墳を残したグループとは主に吉備を指していると理解してよいだろう。

　それでは関東地方以外では、前方後方墳に関してどのような見解が示されているのだろうか。まず東北地方を見てみよう。

　伊藤玄三は本屋敷古墳に関して、「古墳を造るようになってはじめて新しい文化が入ってきたのではないかとつい考えがちですが、それは違うのではないかという気がします。恐らく古墳を造る前の段階に、南あるいは西の方から新しい土器を使う人たちかが入ってきていると」考え、またS字甕が出土していることから、「東海系の土器が古墳とかかわりを持つようなかたちで入ってきているらしいと思います。端的に申しますと、これらの土器の様相はかなり強く西のほうから入ってきたものがあったらしいということを思わせます。（略）それと共に私たちかとかく単純に考えがちな古墳の造営は、どうも在地勢力になる前提を考えていく必要があるのではないかという気がします。そうすると、在来の人たちはいったいどうなるのかという問題が出てくるかもしれませんが、少なくとも古墳などを造っている人たち、あるいはそれに先行して新しいものを担って入ってきた人たちは、決して従来のその土地に住んでいた人たちではないような要素を多分に持っているということを考えさせられたわけです」。「即ち、本屋敷前方後方墳のように最古のグループの古墳、造営に先行する古式土師器使用者の移住があって、その前提の上に畿内中央との政治的関係が成立して、あのような形態の古墳が造られることになっていく。そこには突如として古墳の出現を考えるのではなく、その前提に新文化の進出を考慮していく必要を認め

第1編　弥生時代から古墳時代へ

るということであります。その意味で微視的かも知れませんが、新しい形の古墳の出現には新来集団の移住を強く意識させられるところであります。古墳被葬者もまたその中の首長ということになるでしょう」と述べている（伊藤 1986）。

甘粕健は「前方後方墳の被葬者は連合政権として大和政権の構成メンバーではあるが、その出自や職掌の上で特殊な位置にあり、身分的に前方後円墳の集団よりやや低く位置づけられていたのではないかと考え」、東日本では畿内に比べ前方後方墳の比率が高く、最古の古墳が前方後方墳の形をとる地域が多いことから、「大和政権の東方進出の初期の段階に、その尖兵として活躍し、地方首長の服属の契機を作ったのが前方後方墳をシンボルとする首長集団であったためではなかろうか」という。また、この前方後方墳に対する基本的考えのもとに越後の前方後方墳について見解を述べている。「北陸の前方後方墳の分布は神通川以西に集中し、新潟県山谷墳までの富山県東部、新潟県西部の間には前方後方墳の分布は見られないが、このことは能登半島の七尾湾あたりを起点として海流を利用した海上交通による文化伝播によるものであろう」としている。そして、「七尾湾からその背後の邑地地溝帯東半部（七尾市から鹿島郡鹿島町まで）は東日本屈指の前期古墳の集中地帯であるが、その繁栄は北陸東部に対する海上交通の起点として東西日本を結ぶ戦略的な優位性によるところが多かったと考えられる。したがって越後の前方後方墳は能登の首長を媒介として伝えられた可能性が強い」と考える。また、山谷古墳出土の土器は在地の土器であることから、「新潟の最古の古墳は、東海西部の勢力の進出を受けて成立した北陸西部の石川・富山の古墳文化を受容した土着の勢力によって作られたものと考えられ、その際、西方からの集団的な移住はとくになかった」と想定している（甘粕健 1986 a）。

橋本澄夫は北陸地方の初期古墳は前方後方墳が多いことを述べ、「前方後方墳はいうまでもなく弥生時代後葉の方形台状墓を母胎として生まれた墓制で、被葬者もまた在地首長層の系譜に連なる者と考えられる。前方後方墳を生んだ地域が、四隅突出方を含む台状墓分布地域であること、内部全体に木棺直葬などを伝統性が守られることもこれを裏書きする」という（橋本 1978）。

さらに、甘粕健は前方後方墳ではないが、九州の方形周溝墓について、「伝えられた墓制の内で方形周溝墓は元来弥生時代の畿内の墓制だが九州には前方後円墳と前後して現れた。前方後円墳・前方後方墳は首長間の祭祀的同盟を媒介として遠隔地にも伝えられたと考えられるが、方形周溝墓は元来共同体の共同墓地を構成するもので、その伝播は民衆レベルの交流によるものだろう。九州への方形周溝墓の伝播は中間の中国地方を跳び越して実現しているから、その契機としては大和政権の遠征軍の兵士の土着化など東方からの移住が考えられるのではなかろうか。北部九州の方形周溝墓に畿内系や出雲系の外来土器が供献されていることはその傍証となるであろう」と述べている（甘粕 1986 b）。

ここで、これまでに紹介した各研究者の見解をまとめてみよう。非在地系土器に関しては、人の移動・移住にともなって出現したことではほぼ見解の一致が見られた。前方後方墳についての見解はどうであろうか。前方後方墳については、在地論者と非在地論者がいるが、以外と非在地

第3章　東国における古墳時代の開始

論者、つまり他地方から来た人たちによって前方後方墳がつくられたという見解が多い。

最近、前方後方墳だけでなく初期前方後円墳も、果たして従来いわれているようにその地において弥生時代以来の在地勢力が造営したものかどうか検討あるいは問題視する傾向にある。そうした研究者は少ないが、春成秀爾は甲斐銚子塚古墳について、「『古墳のまつり』は畿内で生みだされ、畿内王権の拡張とともに各地にいうなれば与えられていった。それにしても畿内の前方後円墳の制が、きわめて忠実に守られている甲斐の地の銚子塚古墳は、この時期の古墳の特質をもっとも鮮明に示していたというべきであって、畿内から派遣された使臣が『古墳のまつり』の次第や必要な準備を直接伝えるとともに、まつりそのものを最後まで監察していたことを考えさせるに十分である。おそらく前方部上で鏡の授与に、もっとも深くかかわっていたのは、この使臣だったのであろう。それにしても、この甲斐の地に突如として巨大な姿をあらわした銚子塚古墳の被葬者が、はたしてこの地の出身者であったか、それとも畿内王権から派遣された人物であったかは、なお今後考えてみなければならない重要な問題である」と述べている（春成1986b）。

さらに、文献史家でも前方後円墳在地首長説に疑問を投げかけている。多少長くなるが原秀三郎の見解を引用しておこう。「三池平古墳とか、あるいは午王山古墳とか、そういう前期古墳なり、あるいは中期初頭の古墳というものが蘆原国造にかかわるものであるとすれば、この蘆原君というのは弥生時代以来の土着氏族ではないということであります。この点は非常に重要なことだと私は思うのであります。つまり、従来古式の古墳を考える場合には、だいたい弥生時代以来次第にその地域の首長が政治権力をもつようになり、そして古墳の築造にかかわるということを無言の前提にしてものを考える人が多いようであります。しかし、私はこの蘆原君について言うと、少なくとも系譜が明らかに誤りであるということを証明しない限り、彼はやはり吉備武彦の子孫として東国遠征の過程において、この焼津、それから蘆原の地を征服しその地を賜り、そして支配者として臨んだ氏族の流れであるということになると私は思うのであります」。「戦闘のあと征服地はほとんど王権のもとに組こまれ、そこに土着し、そしてそこを開発していくのは王権に結びついた連中であって、これまでの土着の勢力は、その中にまきこまれていったというふうに思います」。「私は古墳文化の背景というのは、少なくとも駿河・遠江ということで考えた場合には、これを前期古墳から考えていいかどうかは別にいたしまして、とにかく在地自生型といいますか、弥生時代以来の在地の連中がだんだん力をのばしてきて、そうして古墳を造るようになったという在地自生型理論というのでは解けないというふうに思っております。むしろ私は征服した連中がそこを封邑として与えられて土着していくというプロセスの中で、古墳文化というものを考えなきゃならんだろうと思っております」。「私は大和王権というものに結びついた東国支配、東国征服、つまり東は毛人を征すること55国といった過程で、あるものはもちろん取立てられて、自生的に成長していくものもあるが、大半の場合は、やはり中央から派遣された征服者たちがそこに封邑を得て、土着し、文化を築いていくと考えていったらどうかと思うのです。従って私は、最近そういう議論があるんですが、地域国家というものがまずできて、その連合として

第1編　弥生時代から古墳時代へ

大和国家を考えていくという見方には批判的であります。やはり大和王権というものが畿内にあって、それが四方を征服していく過程で日本か出来上っていく」。「そういう征服と封邑という関係、つまりそれはさっき言った軍と郡、『上る所の二十三人を軍郡に叙す』という宋書にあらわれてくるような関係、つまり封邑が大和の将軍達に与えられ、そこに植民されていくという考え方をしてみたらどうだろうかというふうに考えておるわけであります。」（原 1986）。世界史を見ても戦いなくして統一国家が成立した例はない。日本だけが例外だったとは考えがたい。

おわりに

本稿の目的は、前方後方墳出土土器の編年的位置づけを行うことにある。その結果、前方後方墳は庄内期の新しい段階には出現したことが明らかになった。第Ⅲ期を布留段階と考えている。布留期のはじまりをいつにするか論議の別れるところであろうが、西暦300年前後とするなら、少なくとも前方後方墳は3世紀末には出現し、4世紀中頃以降はほとんど姿を消していくものと思われる。さらに、方後方墳形低墳丘墓も前方後方墳と同時期に出現することが明らかとなった。こうしたことから、今回検討の対象とした関東、信越、東北、北陸の地域において、前方後方墳はその地域で最古の古墳であるといえるのである。

最後になったが、本稿を草するにあたり多くの方々にお世話になった。記して感謝の意を表したい。福島県教育委員会　玉川一郎、国士館大学　戸田有二、山形県教育委員会　野尻　侃、山形県川西町教育委員会　藤田宥宣、川西町文化財保護協会　竹田又右衛門、栃木県教育委員会　大金宣亮、栃木県文化振興事業団　竹澤謙・大橋泰夫・小森紀男、栃木県立博物館　橋本澄朗、長野県埋蔵文化センター　樋口昇一・宮沢恒之・丸山敏一郎・西山克己、佐久市教育委員会　林幸彦、松本市立考古博物館　神澤昌二郎・直井雅尚・関沢聡、山梨県立埋蔵文化財センター　坂本美夫、新潟大学　甘粕　健・小野　昭、富山大学　秋山進午・宇野隆夫、富山県立埋蔵文化財センター　関　清、石川県立埋蔵文化財センター　田嶋明人、小松市教育委員会　望月精司（敬称略）

補注

弘法山古墳の出土遺物はその後再整理が行われ、土器も一部再実測図されたものが公表されているので、新しい図面と差し替えた。また、出土土器を纒向編年、矢部編年、廻間編年と比較検討し、古墳の年代も3世紀末から4世紀初頭という幅を与えている（直井雅尚ほか1993『弘法山古墳出土遺物の再整理』松本市教育委員会）。

引用文献

赤山容造 1982『伊勢崎・東流通団地遺跡』群馬県企業局

浅井和宏 1986「〈宮廷式〉土器について」『欠山式とその前後』愛知考古学談話会

甘粕健ほか 1984『山谷古墳』新潟県巻町教育委員会

甘粕健ほか 1986a「古墳時代の社会と文化」『新潟県史』通史編1　新潟県

甘粕健 1986b「古墳時代の筑紫」『岩波講座日本の考古学』5

新巻実ほか 1982『堀ノ内遺跡群』藤岡市教育委員会

伊藤玄三ほか 1985『本屋敷古墳群の研究』法政大学

伊藤玄三 1986「東北南縁に展開する古墳の実態とその性格」『東アジアの古代文化』47号　大和書房

井上唯雄ほか 1985『堤東遺跡』群馬県教育委員会

今平利幸 1986「宇都宮市茂原町大日塚古墳第2・3次発掘調査概報」『峰考古』第6号　宇都宮大学考古学研究会

岩崎卓也 1984「古墳出現期の一考察」『中部高地の考古学』Ⅲ　長野県考古学会

岩淵一夫 1984『赤羽根遺跡』栃木県文化振興事業団

宇野隆夫ほか 1987『関野古墳群』富山大学人文学部考古学研究室

小久貫隆夫ほか 1983『千原台ニュータウン』Ⅱ　千葉県文化財センター

大金宣亮 1976『下侍塚周濠発掘調査概報』湯津村教育委員会

大塚初重・小林三郎 1964「茨城県勅使塚古墳の研究」『考古学集刊』第2巻第3号　東京考古學會

大塚初重 1966「常陸における前方後方墳」『茨城県史研究』6

大塚初重ほか 1976『道祖神裏古墳調査概報』千葉県教育委員会

菊池健一 1988「弥生土器から土師器へ」『東葛上代文化の研究』古宮・下津谷両先生還暦記念祝賀事業実行委員会

久保哲三 1986「古墳時代における毛野・総」『岩波講座日本の考古学』5

久保泰博・篠原幹夫 1986『貝沢柳町遺跡』高崎市

小嶋芳孝 1973『河北郡宇の気町宇気塚越遺跡』石川県教育委員会

小嶋芳孝 1986「月影期を中心とした墳墓の供献土器」『シンポジウム「月影式土器について報告編」石川考古学研究会

小森紀男 1987「第7節　移り変わる古代のムラと生活」『真岡市史』第6巻　原始古代中世通史編　真岡市

埼玉県史編さん室 1986『埼玉県古式古墳調査報告書』

斉藤忠ほか 1978『弘法山古墳』松本市教育委員会

笹森健一 1983『埋蔵文化財の調査』Ⅴ　上福岡市教育委員会

笹森健一 1984『埋蔵文化財の調査』Ⅷ　上福岡市教育委員会

下津谷達男ほか 1962『野田市三ツ堀遺跡』野田市郷土博物館

須田勉ほか 1974『東間部多古墳群』早稲田大学出版部

関川尚功 1976「纒向遺跡の古式土師器」『纒向』橿原考古学研究所

第1編　弥生時代から古墳時代へ

田嶋明人 1986『漆町遺跡』Ⅰ　石川県埋蔵文化財センター

高橋一夫 1985「関東地方における非在地系土器出土の意義」『草加市史研究』第4号

高橋一夫 1988「古墳出現期の諸問題」『物質文化』50　物質文化研究会

滝沢　亮 1981『シンポジウム関東における古墳出現期の諸問題　―神奈川県―』日本考古学協会

田口一郎 1978『元島名遺跡』高崎市教育委員会

田口一郎 1981『元島名将軍塚古墳』高崎市教育委員会

田口一郎 1987「パレス・スタイル壺の末裔たち」『欠山土器とその前後　研究・報告編』愛知考古学談話会

田代　隆1986）『烏森遺跡』栃木県文化振興事業団

對比地秀行 1982『嘉留多遺跡・砧中学校7号墳』世田谷区教育委員会

寺沢　薫 1986『矢部遺跡』奈良県立橿原考古学研究所

利根川章彦ほか 1984『向田・権現塚・村後』埼玉県埋蔵文化財調査事業団　第37集

富山大学人文学部考古学研究室 1983『石川県七尾市国分尼塚古墳群発掘調査報告』

丹羽　茂 1985「出土土器の検討と問題の所在」『今熊野遺跡　一本杉遺跡　馬越石塚』宮城県教育委員会

西宮一男 1969『常陸狐塚』岩瀬町教育委員会

沼沢　豊 1978『佐倉市飯合作遺跡』千葉県文化財センター

橋本澄夫 1978「玉作りの文化圏」『地方文化の日本史』第1巻　文一総合出版

橋本澄朗 1981『シンポジウム関東地方における古墳出現期の諸問題　―栃木県―』日本考古学協会

橋本澄明 1987「真岡市山崎1号墳の検討」『栃木県立博物館研究紀要』第4号

原秀三郎 1986「地域と王権　―5、6世紀駿遠地域史の構想―」『磐田原古墳群の検討』古代を考える41　古代を考える會

春成秀爾 1986 a「古墳出現前夜」『図説発掘が語る日本史2　関東・甲信越』新人物往社

春成秀爾 1986 b「古墳のまつり」『古代甲斐国と畿内王権』第4回企画展図録　山梨県考古博物館

林　幸彦 1978「佐久市瀧峯2号墳の調査速報」長野県埋蔵文化財センター

比田井克仁 1987「南関東出土の北陸系土器について」『古代』第83号　早稲田大学考古学会

坂野和信 1987『下道添遺跡』埼玉県埋蔵文化財調査事業団　第67集

平岡和男ほか 1985『戸張一番割遺跡』柏市教育委員会

前沢輝政 1980「前方後方墳の性格について」『古代探叢』早稲田大学出版部

前沢輝政 1985「藤本観音山古墳第1次発掘調査」『昭和59年度埋蔵文化財調査概要』足利市教育委員会

前沢輝政 1986「藤本観音山古墳第2次発掘調査」『昭和60年度発掘調査概報』足利市教育委員会

増田逸朗 1977『塚本山古墳群』埼玉県教育委員会

美里町 1987『美里町史通史編』

三木文夫編 1987『那須駒形大塚』吉川弘文館

宮腰健司 1987「尾張における『欠山式土器』とその前後」『欠山式土器とその前後研究・報告編』愛知考古学談話会

宮田 毅 1984「太田市周辺における古墳出現期の様相」『第5回シンポジウム古墳出現期の地域性』千曲川水系古代文化研究所ほか

宮本哲郎 1986「装飾器台の展開」『シンポジウム「月影式」土器について 報告編』石川県考古学研究会

村田文夫ほか 1987『久地伊屋之免遺跡』久地伊屋之免遺跡調査団

茂木雅博 1969「古式古墳の性格」『古代学研究』56

茂木雅博ほか 1976『常陸浮島古墳群』浮島研究会

茂木雅博ほか 1982『常陸安戸星古墳』安戸星古墳調査団

茂木雅博 1986「常陸の前方後方墳」『國學院大學考古学資料館紀要』第2輯

谷内尾晋司 1983「北加賀における古墳出現期の土器について」『北陸の考古学』石川考古学研究会

矢戸三男 1975『阿玉台北』千葉県都市公社

山ノ井清人 1984「山崎第1号墳」『真岡市史』第1巻 考古資料編

横浜市港北ニュータウン埋蔵文化財調査団『古代のよこはま』

第1編　弥生時代から古墳時代へ

付論　新座遺跡出土の「叩き甕」から

はじめに

　新座遺跡は昭和38年12月、跡見学園女子大学の建設にともなう造成工事中に発見された。発掘調査は急遽、立正大学考古学研究室に依頼され調査が実施され、報告書は昭和40年3月に刊行された（坂詰秀一 1965）。報告書の序文を読むと、遺跡の発見から調査に至るまできわめて迅速に対応されたことがわかる。調査を担当した坂詰秀一は「あとがき」に、「遺跡の踏査そして発掘調査まで24時間をいでずして調査の体制を確立し、すぐさま発掘にあたったと云う経験は、終生忘却することの出来ぬことである」と記している。この序文から当時の関係者の努力と協力の様子が偲ばれる。遺跡はその重要性に鑑み、後世に再び調査・活用ができるようにと、調査終了後に再び埋め戻され、現在も保存されている。こうしたことを顕彰する意味もかねて、調査にいたるまでの経緯と遺跡の概要が書かれた記念碑が研究棟前の一角に建てられた。

1　遺跡の概要

　遺跡は柳瀬川左岸の武蔵野台地上（所沢台地）の柳瀬川に突き出す舌状台地上に立地する。標高は30m、低地との比高差は15mを測る（第74図1）。発掘調査された遺構は、縄文時代中期加曽利EⅠ・Ⅱ期の住居跡5軒と、古墳時代初頭の住居跡1軒（Y-1号住居跡）である。古墳時代初頭の住居跡は1軒だけの調査であったが、本遺跡が立地する所沢台地では、古墳時代初頭の遺跡は希薄であることから貴重な遺跡といえる。本稿で取り上げる「叩き甕」はこの住居跡から出土した。

2　住居跡と出土土器の概要

住居跡（第75図）

　住居跡の規模は東西5.8m、南北6.1m、ローム面からの堀込みの深さは40～45cm、形態は隅丸方形を呈する。4本の主柱穴は各コーナー付近に位置し、炉は住居跡の北寄りにある。ここで、この住居跡の平面構造を解明するためにいくつかの作業をしてみよう。

　第1に、住居跡の各壁を直線で延ばすと方形のプランとなり、各コーナーを対角線で結ぶと、対角線はほぼ直角に交わり、4本の柱穴は対角線状上に位置する。

　第2に、対角線の交点を中心に円を描くと、各壁を直線で延ばして結ばれた各コーナーも円上に位置する。

　こうした作業をとおしてY-1号住居跡の平面プランは、規格性をもっていることが判明した。

　弥生時代の住居形態は円形、楕円形、隅丸方形、隅丸長方形などがある。弥生時代の住居跡の長軸にあわせて中央に中軸線を引くと、柱穴は中軸線を中心に対称的に配置される「主柱配列対

付論　新座遺跡出土の「叩き甕」から

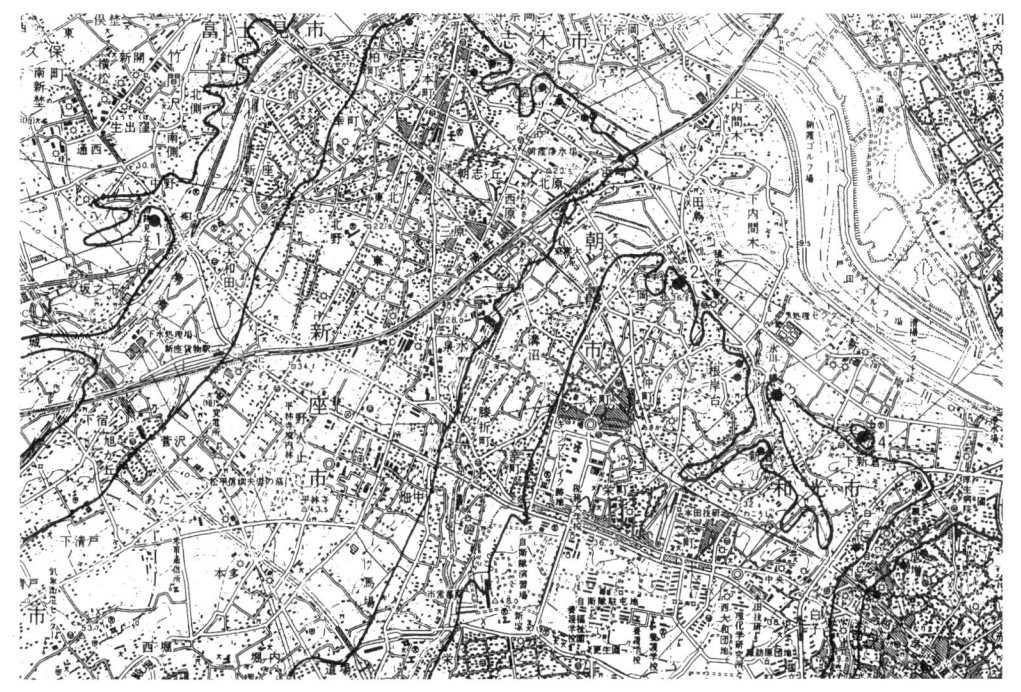

第74図　新座遺跡位置図　1．新座　2．向山　3．花ノ木　4．午王山
●　その他弥生時代の遺跡

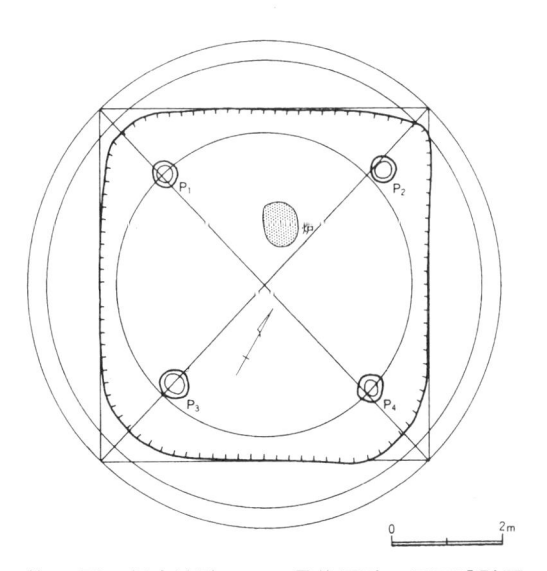

第75図　新座遺跡Y－1号住居跡の平面設計図

第1編　弥生時代から古墳時代へ

称構造」と呼ばれる住居が一般的である。それに対し本住居跡は方形で、対角線の交点を中心に円を描くと、その円上に主柱穴が配置される「主柱配列球心構造」の住居であることがわかる。主柱穴の配置は弥生時代の東日では対称構造で、西日本が球心構造の住居があったが（都出比呂志 1989）、古墳時代になると東日本に球心構造の住居が出現するようになる（高橋 1990）。この球心構造の住居は、畿内系土器や東海系土という非在地系土器が出土する集落に最初に出現する。本住居跡は球心構造の住居であることが判明したが、後述するように畿内系の叩き甕が出土していることから、本住居跡は畿内等の外部からの影響下に成立したと考えていいだろう。

　土器（第76図）

　いずれも破片である。1～3は壺で、1は単純口縁でハケ整形、2は口縁をわずかに折り返した口縁の壺で、ハケ整形後にていねいにヘラで磨かれている。3は底部である。4～7は甕である。4は口縁に段をもつ有段口縁で、口唇をつまみあげた形態である。肩部に叩き痕跡が残っていることから、叩き成形後に荒いハケ整形されていることがわかる。この種の口縁は在地の弥生土器の系譜からは生まれない口縁形態で、畿内の庄内期の土器に見られることから、その影響を受けて成立したと考えられる。5・6は胴部に叩きが施されている。

　ここで、本稿の題名となった「叩き甕」について簡単に説明しておこう。叩き技法とは羽子板状の板に平行の溝を掘った板で、土器とくに甕を叩いて成形する際に多く用いられる技法である（第77図）。この技法は畿内の弥生中期後半に出現するが、弥生時代後期の第Ⅴ様式に盛行し、古墳時代初頭の庄内式期の前半まで残存する。だが、関東地方では畿内で叩き技法が衰退する時期に叩き甕が出現する。なお、本住居跡からは叩き甕の破片が10点出土している。

　7は台の部分が欠損しているが台付甕と考えられる。全面ハケで整形されている。8は特異な土器である。先端部はヘラで平坦に整形されており、外面には粘土がはみだしており、一見すると折返し口縁を呈している。この部分を口縁と想定すると、その下には粘土紐が残っており、口縁周辺の整形としては雑で、一般的な器種には見られない。また、これが口縁ではないとすると、考えられる器種は甑しかない。しかし、甑とすると推定底径は直径18cmと大きく、大型甑の部類に入るが、古墳時代の鬼高式期の大型甑でもこれに匹敵する底径をもつ甑は存在しない。さらに、古墳時代初頭にはこうした大型甑は存在しないことから、甑とすることも不可能である。整形をみると細かなハケによる軽いヘラ整形で、明らかに甕を整形する際の特徴をもっている。いずれにせよ、この土器は通常の器種でないことは明らかである（注1）。

　9・10は小型器台で、9は受部で中央に脚部につながる穴があけられている。10は脚部で受部に通じる穴があけられ、さらに脚部に3孔あけられている。器面はいずれもていねいにヘラで磨かれている。11は裾部が大きく開く高坏脚部で、穿孔が認められる。以上がY－1号住居跡出土土器の概要である（注2）。

　土器の年代

　土器編年上の手掛かりとして、小型器台、裾部が大きく開く高坏と叩き甕がある。この時期の

付論　新座遺跡出土の「叩き甕」から

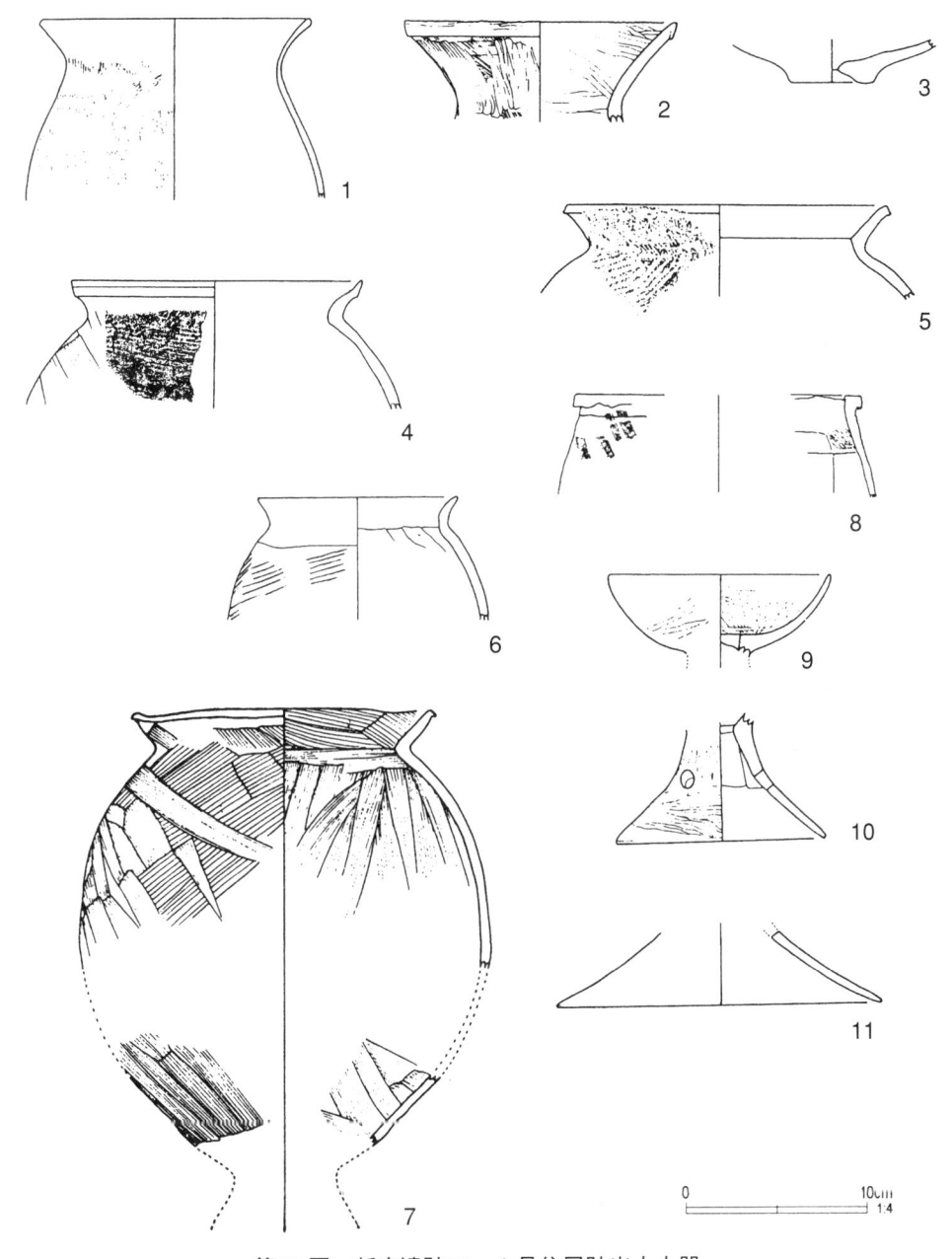

第76図　新座遺跡Y-1号住居跡出土土器

　関東地方の土器型式は、埼玉県東松山市の五領遺跡出土の土器を標式資料として、五領式土器と命名されている。土器の形態はこの五領式土器のなかでも古い様相を示している。畿内地方との併行関係を求めると、庄内式の新段階から布留式初頭と考えられ、その実年代は3世紀終末から4世紀初頭に位置づけられよう。

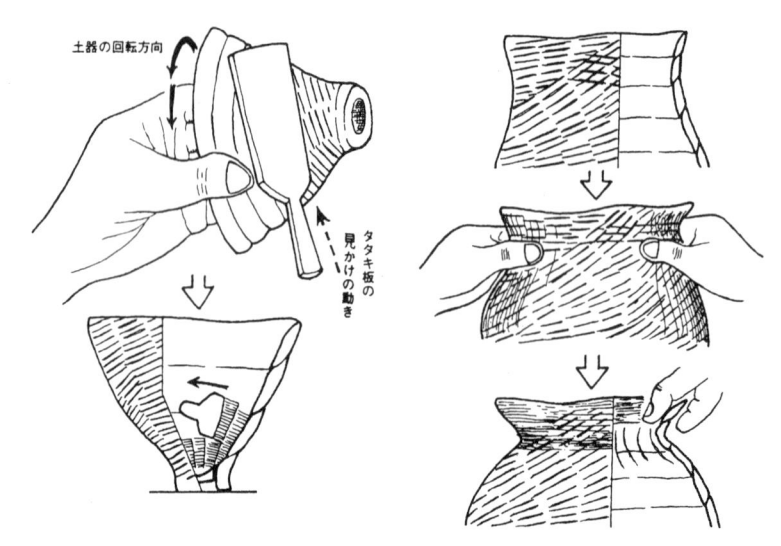

第77図　叩き甕製作工程図（都出1974）

3　周辺における非在地系土器を出土する遺跡

朝霞市向山遺跡

　遺跡は朝霞市岡に所在し、黒目川と白子川によって開析された武蔵野台地先端部の舌状台地上に立地する。また、台地は新岸川と荒川によって形成された沖積地に突き出しており、標高は約21mである（第74図2）。

　向山遺跡は、これまでに数度の調査が実施されて、弥生時代中期から後期にかけての住居跡130軒、方形周溝墓7基などが検出されている。弥生時代中期の宮ノ台期の住居跡から袋状鉄斧、大型蛤刃石斧、抉入柱状片刃石斧が出土した。これらの石器は関東地方では類例が少なく、また袋状鉄斧は関東地方でははじめての出土である。後期の方形周溝墓からは、これもまた関東地方では類例の少ない鉄剣が出土し、近くかのピット内からは3点の銅釧が出土した。さらに、後期の住居跡から高さ6.5cmの銅鐸形土製品（第78図）が出土している（肥沼正和 1994、照林敏郎 1995・96）。

第78図　向山遺跡出土銅鐸形土製品

和光市花ノ木遺跡・上之郷遺跡

　両遺跡は向山遺跡と同じ台地に位置し、標高約27mである（第74図3）。花ノ木遺跡の調査では弥生時代後期の住居跡2軒、方形周溝墓5基、環濠2条が検出された。上之郷遺跡は花ノ木遺跡と隣接しており、環濠は上之郷遺跡にむかって延びていくことから、両遺跡は環濠で囲まれる一体の遺跡となることが想定されている。環濠は2条平行して掘られており、1号環濠は断面V字形で幅約2m、深さ約1.5m、2号環濠は幅約1.2m、深さ約90cmである。出土土器のなかには東

遠江地方の菊川式土器の影響を受けたものが数多く存在する（石坂俊郎 1994）。

和光市午王山遺跡

午王山遺跡は和光市大字新倉字午王山に所在し、向山遺跡と同じ武蔵野台先端部の独立台地上に立地する。標高約24ｍである（第74図4）。午王山遺跡はこれまでに5次にわたる調査が実施され、次第にその全貌が明らかになりつつある。本遺跡は弥生時代後期の環壕集落として著名で、環壕は断面V字形で、幅2～3ｍ、深さ1～1.5ｍのものと、これよりも規模の小さい溝の2条が台地縁辺部にめぐり、その規模は東西200ｍ、南北100ｍが推定される。遺物は環壕から多く出土しており、注目されるものとして、銅釧、銅鐸形土製品2点、土鈴、多数のミニチュア土器がある。また、東海系土器が多量に出土しており、なかには貝殻腹縁文が施文された壺もあり、さらには花ノ木遺跡と同じく菊川式系土器も出土しており、東遠江地方や東海西部との関係を窺うことができる（鈴木敏弘 1981・93、鈴木一郎 1994・95・96）。

その他の遺跡

これまで紹介した遺跡が立地する武蔵野台地より南の、新岸川あるいは墨田川下流の武蔵野台地上にも菊川式の影響を受けた土器を出土する遺跡が存在する。新宿区下戸塚遺跡（早稲田大学校地埋蔵文化財調査室 1966）と板橋区四葉地区遺跡（板橋区遺跡調査会 1988・90）である。いずれも環壕集落であることから、地域の拠点集落としての性格が想定される。また、北区赤羽台遺跡（東北新幹線赤羽地区遺跡調査会 1990）では先にあげた2遺跡より時代は下るが、尾張地方で出現したS字甕をはじめとする東海系土器が出土している。この遺跡もやはり環壕集落である。

さらに、叩き甕を多量に出土している遺跡として、千葉県佐倉市大崎台遺跡（柿沼修平ほか 1985・86・87）と柏市戸張一番割遺跡（平岡和夫ほか 1985）がある。いずれも環壕集落で、地域の拠点集落として考えてよい。なお、戸張一番割遺跡の住居跡は新座遺跡と同じ球心構造である。

以上、大雑把に東海系土器と畿内系土器という非在地系土器を出土する遺跡を概観してきたが、非在地系土器を出土する遺跡は、環壕をともなう地域の拠点集落である例が多いことが判明した。さらに、向山遺跡と午王山遺跡で出土している銅鐸形土製品からこの点を検証してみよう。

4　銅鐸形土製品

銅鐸形土製品は1984年段階で、全国で44点の出土が知られている（神尾恵一 1984）。その時点から10年余が過ぎているので多少の資料の増加は見込まれるが、それほど多く出土しているとは考えられず、神尾恵一が集成した資料は大筋を示していると考えていいだろう。

ここで、神尾の研究成果にもとづいて銅鐸形土製品について記すことにしよう。銅鐸形土製品は弥生時代中期中頃から古墳時代初頭まで存在するが、その大半は銅鐸祭祀が行われていた弥生時代後期のものである。弥生時代のものは本来の銅鐸文様が描かれ、鰭も表現されるなどかなり忠実に銅鐸が模倣されている。それに比べ古墳時代初頭のものは、向山遺跡出土例のように文様が描かれることはなく、形も忠実に模倣しなくなる。また、弥生時代の銅鐸形土製品の分布は銅

鐸分布圏と合致するが、古墳時代初頭になると銅鐸祭祀圏とは無縁の関東地方にも出現するようになる。

銅鐸形土製品の性格・用途については諸説あるが、ここでは省略しておく。しかし、銅鐸祭祀圏内で銅鐸形土製品を出土する遺跡は、銅鐸を所有しうる拠点集落から出土するようである。また、銅鐸形土製品が出土するほぼ同じ時期に、青銅でつくられた「小銅鐸」と呼ばれる銅鐸の模造品が出土する（相京邦彦 1995）。数は銅鐸形土製品より少なく全国で30例ほど知られており、そのうち関東地方で12点出土している。銅鐸形土製品と小銅鐸を比較した場合、材質から小銅鐸の方が上位にあると考えられるが、出土遺跡をみるとやはり非在地系土器を出土する遺跡が多いことから、そのもつ性格は同様であったものと推察される。

ここで問題となるのが、銅鐸祭祀はすでに終了している時期になぜ銅鐸形土製品と小銅鐸が関東地方で出土するのかという点である。前述したように関東地方は銅鐸祭祀圏外にあり、情報として銅鐸を知り得たとしても、その祭りや使用法を見た人はいなかったはずである。また、いたとしてもきわめて少なかったはずである。こうした点を考慮すると、これら製品をつくり、祭祀の道具として使用した人びとは在地の人々ではなかったことが想定される。銅鐸形土製品が出土している向山遺跡と午王山遺跡では、東海系土器が出土していることを考えあわせると、銅鐸形土製品はこれら人々によってもたらされたと考えられるのである。

おそらく、銅鐸形土製品と小銅鐸を出土する遺跡は、東海地方からの移住者あるいは関係ある人たちの遺跡で、環壕をともなう例が多いことから、新たな時代に向けての拠点集落であった可能性が高い。

5　非在地系土器出土の背景

弥生時代終末から古墳時代初頭にあたる3世紀中頃から4世紀初頭の関東地方では、東海系土器を主体に畿内系次いで北陸系・山陰系土器という非在地系土器が出土する。かつて、非在地系土器が出土する背景として、それら系の示す地域からの人びとの移動や移住を考えたが、（高橋 1985）。今もこの考えに基本的に変わりはないが、ここで最近の状況について見てみよう。

神奈川県綾瀬市の神崎遺跡は環壕集落で、環壕および住居跡から菊川式系土器が出土し、在地の土器との出土比率は菊川式系土器が全体の95％を占めている。こうした事実から、菊川式土器を使用していた地域の人々が集団で移住した移住者のムラであったことが想定される。しかし、土器は胎土分析の結果、その大半は在地でつくられた土器であるという（小滝勉ほか 1992）。

菊川式系土器はいくつかの遺跡から出土していることは、先に見てきたとおりである。菊川式系土器出土の背景として、中島郁夫は菊川式土器を使用していた人びとが関東地方に移住し、在地の中核的集落の近くに集落を形成し、そこを中心に菊川式系土器が拡散していったと考える（中島 1993）。比田井克仁は菊川式系土器の移動は倭国大乱との関係を想定している（比田井克仁 1993）。各段階・時期により東海や畿内からの移動・移住する要因は相違すると思うが、最初に

東海系土器が、その後に畿内系土器が入ってくることは事実である。こうした移住者たちの拠点集落の多くは環壕で囲んで防御されている。果たして何に対し防御を必要としたのだろうか。それは、移住者と在地住民との軋轢のためかも知れない。

いずれにせよ、弥生時代後期から古墳時代初頭にかけて、全国的にダイナミックな人の移動と移住があったことは確実である。古墳時代はこうした激動の時代を経過して成立したのである。関東地方では前方後円墳が出現する前に環壕集落は消滅し、その後は古代豪族の居館・武士の居館や城を省き、居住地を溝で囲むことはなかったのである。

まとめ

新座遺跡の叩き甕をひとつの素材として、周辺の非在地系土器を出土する遺跡を概観してきたが、非在地系土器を出土する遺跡は地域の拠点集落であったことが明らかとなった。また、これら遺跡は新岸川、墨田川に面した武蔵野台地の先端部に築かれていた。古墳時代において現・荒川（旧入間川）は、大宮と浦和の境あたりから東に折れ、現在の東京都と埼玉県の境川になっている毛長川筋を流れ東京湾にそそいでいた。東京湾から武蔵野台地縁辺を流れていたのは、隅田川と現新岸川の流れであった。遺跡の分布を見ると、この河川に面した台地先端部に非在地系土器を出土する拠点集落が形成されていることがわかる。こうした、遺跡立地を考えると、これら集落の人々は河川によって形成された広大な沖積地を水田として開発できる技術をもっていた人たちであったのかも知れない。東海系土器の代表的存在であるＳ字甕が、尾張地方の低地に住む人びとによりつくり出された土器であったことを想起すると、あながち的外れでもないような気がする。

ここで再度、新座遺跡に話をもどそう。本遺跡は叩き甕が出土していることと土器型式から、周辺の東海系土器を出土している遺跡よりも新しく、環壕集落が消滅する古墳時代初頭に形成された遺跡であると考えられる。発掘調査は古墳時代の住居跡１軒とそれに伴うわずかな土器の出土であったが、この調査により確認された叩き甕と球心構造の住居跡は、ほかの類似する遺跡から類推すると、本遺跡が古墳時代初頭に新たに形成された地域の拠点集落であった可能性が高いことを推測させる。まさに、本遺跡は地域の歴史を解明する上で欠かすことができない遺跡といえよう。

そして、新座遺跡の発掘調査の成果は、時代をこえて今なお我々に貴重な資料と情報を提供し続けているのである。

注
1 　今回掲載した土器は新座市史第１巻（新座市 1984）から転載したが、８の土器は再実測し掲載した。
2 　出土土器は跡見学園女子大学で保管・管理している。

第1編 弥生時代から古墳時代へ

引用文献

相京邦彦 1995「東日本における『小銅鐸』の終焉」『古代文化』第47巻第10号 財團法人古代學協會

石坂俊郎 1994「花ノ木遺跡の調査」『花ノ木・向原・柿ノ木坂・水久保・円山台』埼玉県埋蔵文化財調査事業団 第134集

板橋区遺跡調査会 1988『四葉地区遺跡昭和62年度』

板橋区遺跡調査会 1990『四葉地区遺跡平成元年度』

柿沼修平ほか 1985・86・87『大崎台遺跡発掘調査報告』Ⅰ・Ⅱ・Ⅲ 佐倉市大崎台Ｂ地区遺跡調査会

神尾恵一 1984「銅鐸形土製品試考（上）・（中）・（下）」『古代文化』第36巻第5・10・11号 古代學協會

小滝勉ほか 1992『神崎遺跡発掘調査報告書』綾瀬市教育委員会

肥沼正和 1994『岡・向山遺跡』朝霞市教育委員会・朝霞市遺跡調査会

坂詰秀一 1965『新座』吉川弘文館

鈴木一郎 1994『新倉午王山遺跡（第3次・第4次）』和光市教育委員会

鈴木一郎 1995「和光市午王山遺跡の調査」『第28回遺跡発掘調査報告会発表要旨』埼玉考古学会

鈴木一郎 1996『午王山遺跡（第5次）』和光市教育委員会

鈴木敏弘 1981『新倉午王山遺跡』和光市新倉午王山遺跡調査会

鈴木敏弘 1993『午王山遺跡』和光市教育委員会

谷井彪・高山清司 1968「大和町の遺跡と出土遺物」『埼玉考古』第6号 埼玉考古学会

高橋一夫 1985「関東地方における非在地系土器の意義」『草加市史研究』第4号

高橋一夫 1990「集落の形態―東日本―」『集落と豪族居館』古墳時代の研究2 雄山閣

都出比呂志 1974「古墳出現前夜の集団関係」『考古学研究』80 考古学研究会

都出比呂志 1989「竪穴式住居の平面形」『日本農耕社会の成立過程』岩波書店

照林敏郎 1995「朝霞市向山遺跡第3地点の調査」『第28回遺跡発掘調査報告会発表要旨』埼玉考古学会

照林敏郎 1996「朝霞市向山遺跡の調査」『第29回遺跡発掘調査報告会発表要旨』埼玉考古学会

東北新幹線赤羽地区遺跡調査会 1990『赤羽台遺跡―八幡神社地区―』

中島郁夫 1993「東海地方西部における後期弥生土器の『移動』・『模倣』」『転機』第4号

新座市 1984『新座市史』第1巻 自然・考古・古代・中世資料編

比田井克仁 1993「山中式・菊川式東進の意味すること」『転機』第4号

平岡和夫ほか 1985『戸張一番割遺跡』柏市教育委員会

早稲田大学校地埋蔵文化財調査室 1996『下戸塚遺跡の調査』第2部

第2編　集落と祭祀

第1章　古墳時代の集落

第1節　集落の構造と住居

1　移住と住居形態

　東国の弥生時代末から古墳時代初頭には東海系、畿内系、北陸系、山陰系といった非在地系土器が数多く出土する。これら非在地系土器は地域を問わず普遍的に出土するのではなく、ある一定の地域に集中して出土する特徴がある。また、これら非在地系土器は器形、製作技法、文様がその故地のものとよく類似し、在地の人々が製作した土器とは考えられない。非在地系土器がつくられた背景について、東国の人がなんらかの理由により非在地系土器の故地に行き来し、その記憶をもとに非在地系土器を製作したとする説もあるが、なぜ東国の人々がそれらの地に行く必要があったのか説明がつきにくく、これでは古墳時代初頭のダイナミックな歴史は理解できない。非在地系土器は大和政権の東国経営の一環として、各土器の系の示す地域の人々が東国に移動あるいは移住してきた結果と考えるべきである（高橋 1985）。

（1）弥生・古墳時代の移住

　最近、移住を示す良好な資料が千葉県市原市で確認されている。市原市国分寺台周辺は非在地系土器が集中して出土し、大和王権の東国経営かかわる拠点のひとつと考えられる地域である。なかでも中台遺跡と南中台遺跡は北陸系土器が集中して出土する遺跡で、これらが主体的に出土する住居跡も存在する。南中台遺跡13号住居跡は、北陸系土器を主体的に出土する住居跡のひとつで、住居跡には北陸地方の玉造の住居跡にみられる特殊ピットが存在し、住居までもが北陸地方の形態を採用しているのである（比田井克仁 1987）。このように、土器だけでなく住居形態までもが北陸系ということは、明らかに北陸地方からの人々が移住してきたことを示している。

（2）奈良時代の移住

　さらに、奈良時代になると宮城県から関東系土器が出土する。そのなかのひとつである御駒堂遺跡では、関東系土器を主体的に出土する住居跡が検出されており、そのカマドの造り方は在地のものとは相違し、関東地方のカマドの構造だという（小井川和夫ほか 1982）。これも関東地方から東北地方への移住を示すひとつの事例ということができよう（注1）。

2　住居形態の変遷

（1）隅丸住居から方形住居へ

　弥生時代の住居の平面形態は、円形、隅丸方形、隅丸長方形、楕円形等があるが、弥生末になると方形の平面形態の住居が出現し、五領期になると方形が基本となる。

第2編　集落と祭祀

　ここで、東国における方形住居の出現の契機について考えてみたい。

　まず、方形住居出現の様子を埼玉県比企地方を例に見てみよう。比企地方には弥生後期に縄文を多用する吉ケ谷式土器が分布する。これらの住居の平面形態は隅丸長方形を基本とし、炉は主軸線の柱穴より外に1箇所、そしてその反対側の主軸から外れた所に1箇所ないしは2箇所という独特の形態をとっている。しかし、吉ケ谷式土器のなかに小型器台や高坏といった土師器の器種が入り込むと、住居形態は方形へと、また複数あった炉も1箇所となる。

　古墳時代に入るとなぜ住居は方形の平面形態をとるのか、これについての論考はあまり見られないが、西日本の方形住居の影響下で成立したとする見解がある（都出比呂志 1989）。千葉県柏市戸張一番割遺跡（平岡和夫ほか 1985）は、畿内系と東海系の非在地系土器を主体的に出土する遺跡である。非在地系土器が主体的に出土することとは、土器の系の示す地域から人々の移動と移住が考えられる。畿内系甕のなかで古い形態は、胴部に叩きとドウナツ状の底部をもち、これらはその特徴から庄内期の新段階に対応すると考えられ（高橋 1989）、かつ古式土師器の組成も成立している。戸張一番割遺跡の住居形態はやや長方形のものも存在するが、基本は方形で、住居跡のコーナーの対角線上に4本の主柱穴があり、対角線の交点を中心に円を描くと、各コーナーは円上に位置する方形住居も存在する。この形態の住居は都出比呂志のいう西日本の住居形態の特徴である「主柱配列求心構造」と類似する。

　庄内期の新段階は、関東の編年でいうところの弥生町・前野町期に併行する。この段階は一部の地域、とくに非在地系土器が集中して出土する地域では古墳時代に突入し、ほかの地域では弥生土器を使用するといったマダラ現象を見ることができる。大和王権の東国進出は一挙になしえたものではなく、戸張一番割遺跡のように拠点をいくつも確保しながら東国経営を行っていったのである。

　方形住居は、まず非在地系土器が集中して出土する遺跡に出現する。方形住居はこうした拠点から周辺地域にひろまったものと思われる。

（2）住居規模の変遷

　平安時代になると竪穴住居の規模がきわめて小さくなることが知られている。この現象に対しいくつかの見解が示されているが、この問題を考えるためにも古墳時代住居の平面規模を概観しておこう。

　東京都八王子市神谷原遺跡は、弥生時代末から古墳時代初頭の集落跡で、規模の確認できる住居跡は143軒存在する（大村　直ほか 1981・82）。143軒の合計面積は3,630㎡で、1軒の平均面積は25.4㎡となる。ほぼ同時期の遺跡として、埼玉県富士見市南通遺跡があるが（小出輝夫 1983）、ここでは規模の確認できる住居跡が102軒あり、その総面積は2,224㎡で、1軒の平均面積は21.8㎡となる。

　和泉期の集落として、埼玉県川越市上組Ⅱ遺跡を例にとると（黒坂禎二 1989）、ここでは規模の確認できる住居跡が23軒あり、その総面積は594.9㎡で、1軒の平均面積は25.9㎡となる。ま

第1章　古墳時代の集落

た、同一台地上で上組Ⅱ遺跡に隣接する御伊勢原遺跡（立石盛詞 1989）では規模の確認できる住居跡が66軒あり、その総面積は2,357.6㎡で、1軒の平均平面は35.7㎡となる。御伊勢原遺跡には大型の住居跡が数多く存在し、近接する遺跡であっても住居規模に相違が見られる点は注目される。

鬼高期の例として中田遺跡を取り上げよう。中田遺跡は3期に分かれるが（服部敬史ほか 1966・67・68）、Ⅰ期の住居跡は33軒存在し、その総面積は1,565㎡で、1軒平均の面積は47.4㎡となる。Ⅱ期は20軒で総面積443㎡、平均面積は21.6㎡となる。Ⅲ期は13軒で総面積212㎡となり、1軒平均の面積は16.3㎡である。

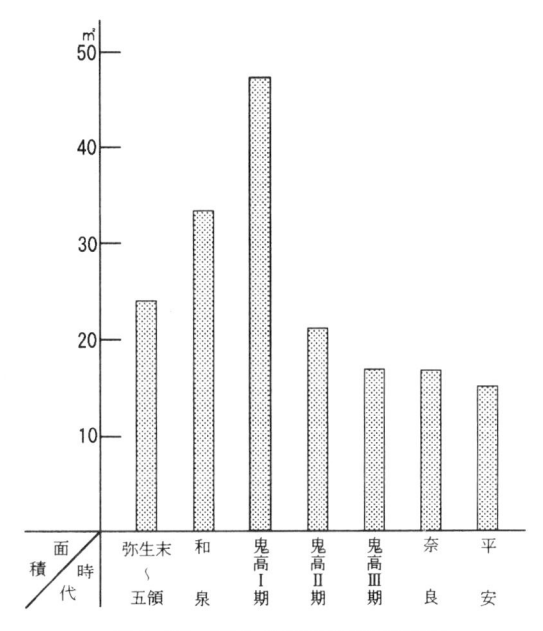

第79図　竪穴住居跡面積変遷図

上組遺跡でも鬼高期の集落が存在し、規模の確認できるものが45軒あり、その総面積は986.8㎡で、平均面積は21.9㎡となる。上組遺跡の年代は6世紀末から7世紀中頃で、中田遺跡のⅡ期からⅢ期にかけての時期に相当する。

奈良・平安時代の千葉県東金市久我台遺跡では、1軒の平均規模は15.3㎡で（萩原恭一ほか 1988）、また同時期の埼玉県台耕地遺跡での平均は14.6㎡である（酒井清治 1984）。このように、奈良・平安時代の住居の面積は、古墳時代のものより10㎡ほど小さくなっている。古墳時代から平安時代までの住居規模の平均値を表すと第79図となる。

また、古墳時代の柱穴間の面積と奈良・平安時代の住居の規模とはほぼ同じ分布を示している（第80図）。住居の小型化現象は7世紀頃からはじまるが、それとともに無柱穴の住居が増加していく。中田遺跡でもⅢ期になると4本主柱穴の原則がくずれて、4本柱穴の原則を保っているのは49軒中23軒となり過半数を割っている。時代が下るにしたがって無柱穴の住居が増加し、平安時代になると無柱穴の住居が一般的となる。

無柱穴住居の出現と住居の小型化現象は、住居構造、空間利用の大幅な変化を示唆している。古墳時代住居の柱穴間の規模と、無柱穴住居の規模に変化がないことから、無柱穴住居の場合はその外に一定の住居空間の存在を推測させるのである。

3　集落の構成

集落構成についてはさまざまな視点による研究が数多くあり、大局的には大きな違はないが、細部にいたると意見の一致を見ない。たとえば、同一遺跡を何人かが分析をして、それぞれ違う

第2編　集落と祭祀

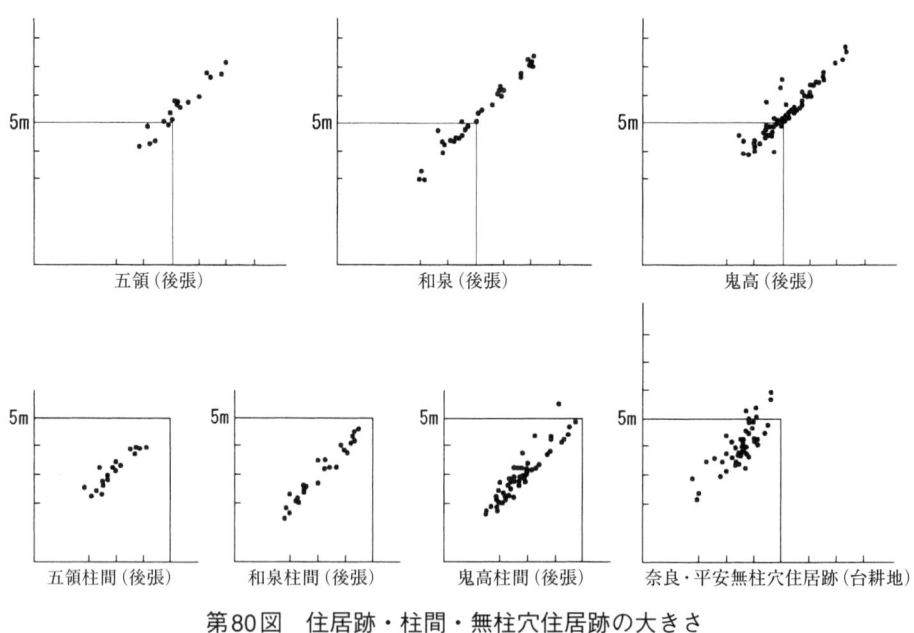

第80図　住居跡・柱間・無柱穴住居跡の大きさ

結論が導き出される例がある。これは土器細分の方法が大きな要因と思われるが、同一時期の住居を把握する困難さを示している。しかし、この難問に新局面を与えたのが、火山灰によって一挙に埋められた遺跡の発掘で、黒井峯遺跡がその代表である。この発掘により今まで得られなかった数々の知見が得られ、その成果をもとに集落研究は飛躍的に発展する可能性を秘めている。

ここでは、東国の一般農耕集落の構成を見ていくことにしよう。分析の対象とする遺跡はひとつの台地を調査し、集落全体が把握できるものを選択した。五領期、和泉期は埼玉県上組Ⅱ遺跡、鬼高期は千葉県タルカ作遺跡で代表することにしたい。

（1）五領期の集落

上組Ⅱ遺跡の五領期の集落は、出土土器から新古の2時期に分けることができる。ここでは古段階の集落を扱うことにする（第81図）。

集落は15軒の住居跡から構成されている。それぞれの住居跡は分布状態からA～Jの10住居跡小群に分けることができる。A住居跡小群は1軒の大型住居跡からなり、B住居跡小群も1軒から構成されている。C住居跡小群は2軒から、D住居跡小群は1軒で構成されている。また、これらA～Dの4住居跡小群の分布状態は一つのまとまりを示していることから、この四つの住居跡小群の集まりを一つの住居跡群として把握することができる。このように見ていくと、五領期の集落には三つの住居跡群が存在し、第1住居跡群は前記のとおり、四住居跡小群からなる5軒の住居跡によって構成されている。第2住居跡群はE・Fの2軒と1軒からなる2住居跡小群によって構成されており、第3住居跡群はG～Jの四住居跡小群からなり、その軒数は7軒である。大型住居跡は第1住居跡群のものより若干小型ながら第3住居跡群にも存在する。

第1章 古墳時代の集落

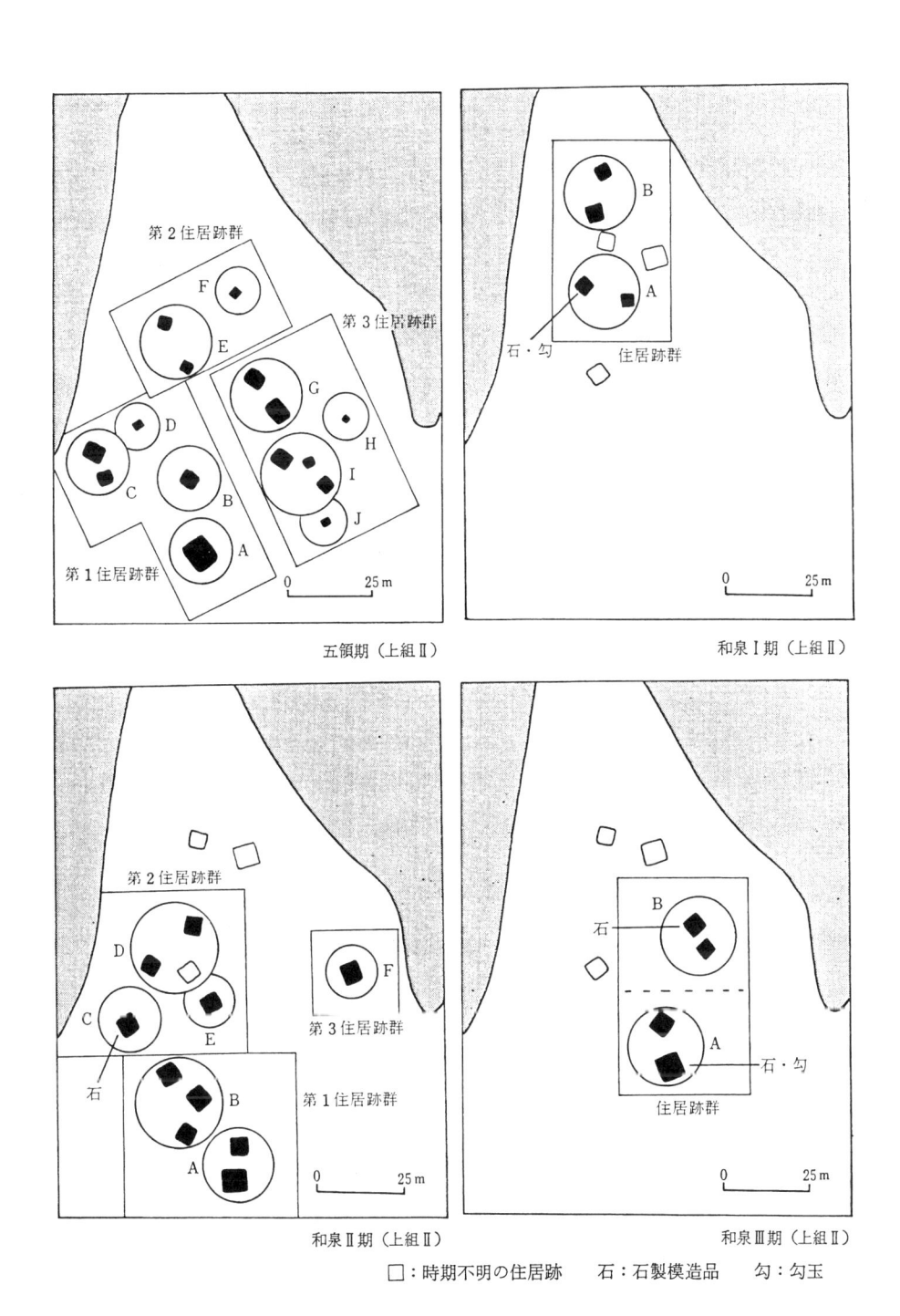

五領期（上組Ⅱ）

和泉Ⅰ期（上組Ⅱ）

和泉Ⅱ期（上組Ⅱ）

和泉Ⅲ期（上組Ⅱ）

□：時期不明の住居跡　　石：石製模造品　　勾：勾玉

第81図　五領・和泉期の集落構成

第2編　集落と祭祀

（2）和泉期の集落

和泉期の集落は3期に分けることができる（第81図）。

Ⅰ期の集落　それぞれ2軒からなるA・Bの二住居跡小群によって一つの住居跡群が構成されている。石製模造品と勾玉がA住居跡小群の1軒から出土している。

Ⅱ期の集落　三つの住居跡群からなる10軒の住居跡で構成されている。第1住居跡群はA・Bの2軒と3件からなる住居跡小群によって構成されている。A住居跡小群の1軒は大型住居跡である。第2住居跡群はC～Eの三住居跡小群からなる5軒で構成されている。また、石製模造品はC住居跡小群から出土している。第3住居跡群は大型住居跡1軒のF住居跡小群からなっている。

Ⅲ期の集落　Ⅰ期と同様、2軒の住居跡から構成されているA・Bの二住居跡小群が存在する。また、A住居跡小群からは石製模造品と勾玉が、B住居跡小群からは石製模造品が出土していることから、二つの住居跡群に分かれる可能性もある。

（3）鬼高期の集落

タルカ作遺跡はⅠ期からⅢ期に分けることができ、Ⅰ期は6世紀前半、Ⅱ期は6世紀中頃から後半、Ⅲ期は6世紀末に比定できる（第82図）。

Ⅰ期の集落　6軒の住居跡によって構成されている。住居跡は台地上に散漫に分布するが、大きく三つの住居跡群に分けることができる。第1住居跡群1軒からなるAの一つの住居跡小群によって、第2住居跡群は1軒からなるB～Eの四つの住居跡小群によって構成されている。また、第3住居跡群は2軒からなるFの一住居跡小群によって構成されている。

Ⅱ期の集落　17軒の住居跡によって構成されている。台地全体に住居跡が分布し、中央部に広場的空間をもつ。集落はA～Lの12の住居跡小群からなり、これらはさらに六つの住居跡群に分けることができる。

第1・2・4住居跡群は1軒からなるA・B・Gの三つ住居跡小群によって構成されており、第3住居跡群は7軒で、1軒と2軒からなるC～Fの四つ住居跡小群によって構成されている。第5住居跡群は4軒で、1軒と2軒からなるH～Jの三つ住居跡小群によって構成されている。第6住居跡群も1軒と2軒からなるK・Lの二住居跡小群から構成されている。

Ⅲ期の集落　16軒の住居跡によって構成されている。住居跡は台地全体に分布するが、その分布状態からⅡ期と同様、六つの住居跡群に分けることができる。
第1住居跡群は1軒からなるAの一住居跡小群、第2住居跡群は1軒と2軒からなるB・Cの二つ住居跡小群からなり、第3住居跡群は1軒からなるD・Eの二住居跡小群によって構成されている。第4住居跡群は2軒からなるFの一住居跡小群、第5住居跡群は1軒からなるG～Iの三つの住居跡小群から、第6住居跡群は5軒で、これらは1軒と2軒からなるJ～Lの三住居跡小群によって構成されている。

タルカ作遺跡は当初、六住居跡小群からなる三つ住居跡群から出発した。その後は六つ住居跡

第1章 古墳時代の集落

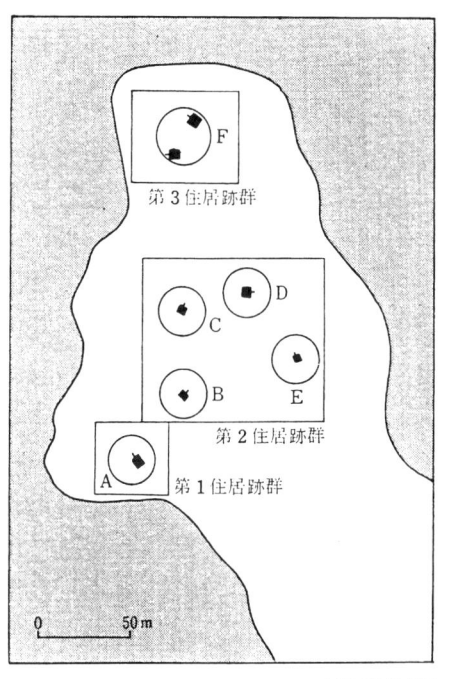

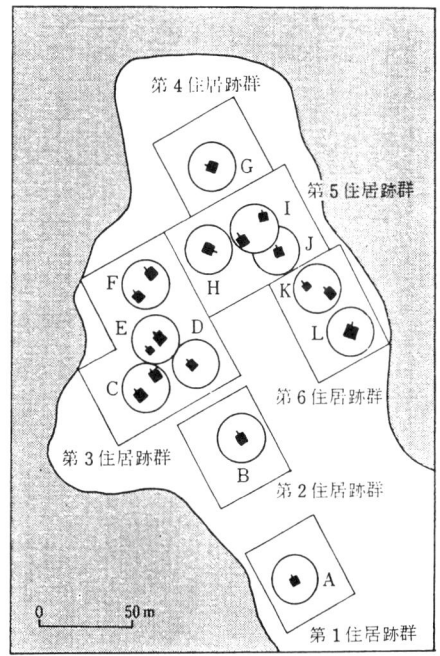

タルカ作遺跡第Ⅰ期

タルカ作遺跡第Ⅱ期

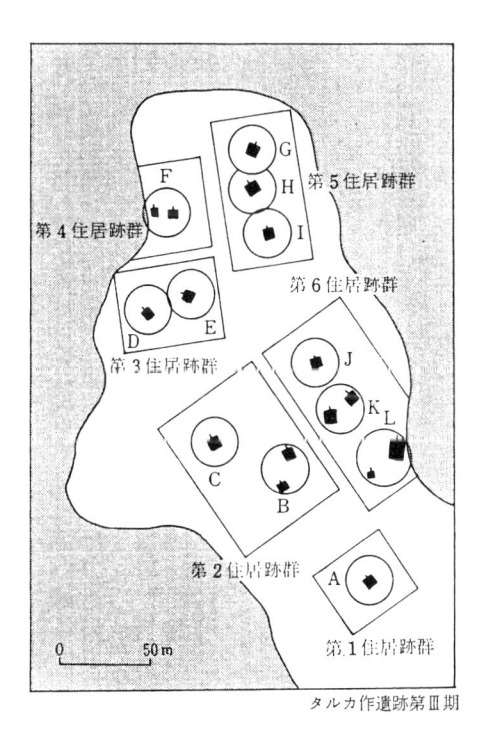

タルカ作遺跡第Ⅲ期

第82図 鬼高期の集落構成

第2編　集落と祭祀

群に発展したが、この六住居跡群の核は当初の六住居跡小群であった可能性も考えられる。また、タルカ作遺跡の特徴は1軒からなる住居跡小群が多く見られることで、さらに1軒だけで一住居跡群を形成している例も存在するという点にある。それは逆に住居跡群を構成する住居数に差が生じたことを示し、さらにこのことは有力住居跡群と弱小住居跡群というように、住居跡群間に格差が出現したことを意味している。

(4) 住居跡小群と住居跡群

五領期から鬼高期の集落を見てきたが、どの時期の集落も住居跡小群が集まり住居跡群を構成し、いくつかの住居跡群の集合体として集落が構成されていることがわかる。また、一つの住居跡小群は1軒か2軒で構成されている例が多く、時代が下るにしたがって1軒からなる住居跡小群の数が増加していくことは注目されよう。住居跡群は住居跡小群が集まり、一定の場所を占地していることから、住居跡小群間になんらかの有機的関係があったことが推察される。

1軒に居住する家族構成を現段階で明示することは難しいが、台付甕、長甕、甑の出土率から、1軒の住居跡は消費生活の単位として確立していたと考えることができよう。住居跡小群は1軒ないし2軒で構成されることが多いが、住居跡小群を1世帯と仮定すると、住居跡群は複数の世帯の集合体(住居跡小群1軒からなる場合は単独で1世帯)とみなすことができ、集落はさらにいくつもの世帯の集合体によって構成されていたと考えられる。

(5) 石製模造品と住居跡群

石製模造品は当初、古墳の副葬品や祭祀遺跡の祭具として出現するが、5世紀になると集落からも出土するようになり、その多くは和泉期の後半つまり5世紀後半になってからである。この時期はちょうどカマドが各地に出現する時期にあたる。

上組Ⅱ遺跡での出土状況をみると、石製模造品はすべての住居跡から出土するわけではなく、住居跡群の特定の住居から出土する。たとえば、Ⅰ期では4軒の住居跡の内1軒から石製模造品と3点の勾玉が出土している。Ⅱ期の集落からは第2住居群の1軒から出土し、Ⅲ期では二つの住居跡小群の1軒からそれぞれ出土しており、その内の1軒では勾玉が伴っている。また、石製模造品を出土する住居跡は、そのほかに勾玉や鬼高期になると須恵器や高坏といった、ほかの住居跡にはあまり見られない特殊な遺物を出土する場合が多い。

祭祀の内容は多種多彩なものがあり、さらにそのレベルも国家的祭祀、首長祭祀・集落祭祀等が考えられるが、5世紀に入り住居内祭祀が行われたことは注目すべき現象である。その内容について、カマドに関係した祭祀ではないかとの見解もあるが、カマドが存在しない住居跡からも出土し、またカマドが各住居跡に設置された後においても、各住居跡から石製模造品は出土しないことは、その見解に否定的にならざるをえない(補注)。石製模造品が住居跡群の特定の住居から出土するということは、住居跡群のなかで住居跡群を代表し祭祀を行った住居と人物が存在したことを意味している。住居跡群を一世帯と見るならば、世帯単位の祭祀が実施されていたことを示唆している。祭祀の内容を特定するのは難しいが、住居内祭祀は農耕に係わるものと考え

られるところから（高橋1971）、世帯が生産活動の基本単位となっていた可能性が高い（注2）。

4　移動する集落

　農耕社会になると定住するというのが常識であるが、実は集落は移動を繰り返しているのである。その例を大宮台地南端部で見てみよう（渡辺正人 1989）。

（1）大宮台地南端部の遺跡分布

表5　大宮台地南部の時期別遺跡数

時期及び時間幅	遺跡数	方形周溝墓数
弥生中期単独	25	
弥生後期単独	97	
五領期単独	53	
和泉期単独	24	
鬼高期単独	28	
弥生中期～後期	6	2
弥生中期～五領期	3	1
弥生後期～五領期	20	5
弥生後期～和泉期	6	2

　埼玉県さいたま市の旧大宮市を中心とした大宮台地南端部の弥生中期以降の遺跡数は表5のとおりである。大宮台地は河川により開折された谷が深く入り込み、さらに小さな谷津が複雑に形成されている。弥生中期の遺跡はこうした小さな谷津に面した台地上に立地している。弥生後期になると、遺跡は弥生中期の25遺跡から約4倍増の97遺跡と増加し、台地全体に分布するようになる。弥生後期には一部沖積地に遺跡を形成するようになるが、基本的な集落立地は弥生中期と変わらない。

　古墳時代初頭の五領期には、弥生後期よりさらに沖積地に進出する遺跡は増加するものの、集落立地は弥生後期段階のものとの大きな変化は見られない。

　弥生中期に比べ後期において遺跡数が4倍に増加したことは、農耕の定着による人口増加にともなう遺跡数の増加と考えられる。しかし、五領期になると遺跡数は半減し、さらに和泉期・鬼高期においても五領期の遺跡数よりも半減する。この現象を人口の減少として捉えることはできず、他地域への移動を考えなければならない。

（2）継続型集落と廃絶型集落

　ここで、時間幅と継続性をもつ集落を見ると、弥生中期から後期が6遺跡、そのなかで方形周溝墓をもつ集落が2遺跡、弥生中期から五領期までが3遺跡、方形周溝墓をもつ集落が1遺跡、弥生後期から五領期が20遺跡、方形周溝墓をもつ集落が4遺跡、弥生後期から和泉期が6遺跡、方形周溝墓をもつ集落が2遺跡である。弥生中期から和泉期の遺跡の総数が227遺跡で、そのなかで継続性をもつ遺跡は35遺跡であり、その比率は約15％ときわめて低い数値を示している。そして、継続する遺跡にあるいはその近くに方形周溝墓が存在することは、これら継続する集落を拠点集落あるいは母村と見ることができる。また、このような継続集落は大宮台地の各支台に存在し、さらにより広大な沖積地に面する台地先端部に多く立地している。つまり、拠点集落は谷水田を農耕の対象としていたのではなく、より広い沖積地をその対象としていたことがわかる。

　一方、短期間で廃絶する数多くの遺跡は自然に依存する度合いが高く、生産性の低い小さな谷水田を対象とし、自然条件の悪化や災害等で耕作不可能になると、そこを放棄して移動していた様子を窺うことができる。この現象は単に大宮台地南端部固有の現象ではなく、東国における普

第2編　集落と祭祀

遍的現象といっても過言ではないだろう。

5　停滞と発展　—水稲耕作と畠作—

（1）古墳造営と生産性

　大宮台地南端部の遺跡分布から弥生中期以来、水稲耕作の主流は生産性の低い谷水田であったことが判明した。谷水田は大規模な灌漑は必要とせず、むしろ排水が重視されたものと思われる。谷水田中心の水稲耕作は、すでに甲元眞之が指摘しているように（甲元眞之 1988）、農耕技術の未発達により沖積地での大規模な灌漑工事を施工できなかったことに起因するものといえよう。大宮台地南端部の中央部には有力な古墳及び古墳群は存在しないが、その背景には生産性の問題が介在しているのである。つまり、生産性の低い谷水田の集合地帯には強力権力は発生しなかったのである。

　いっぽう、大宮台地西側の荒川（旧入間川）に面した台地及び自然堤防上には、前方後円墳を含む50基余の後期古墳が築かれている。こうした事実は、広い意味での荒川低地が古墳時代後期以降の開発の主要地帯であったということができる。大宮台地の東側には中川低地が存在するが、この地域にはわずかな古墳しか造営されていない。中川低地は荒川低地に比較して湿地が多いことから、灌漑に膨大な労働力を投下しなければならず、当時の灌漑技術では広大な低地での水稲耕作は不可能であったことを示している。荒川低地は中川低地に比べ氾濫原としての条件がよかったのであろう。その後、荒川低地には条里が施工されている。

　荒川低地の開発は大宮台地の谷水田の開発に比べ、在地首長主導による灌漑工事とそれに伴うより大規模な共同作業を必要とした。また、谷水田に比較して生産性が高いところから、富の蓄積と収奪が可能となり古墳が出現するのである。

　埼玉県下の古墳分布を見ると、その多くは後期群集墳であるが、圧倒的に大宮台地以外の台地・丘陵地帯に数多くの古墳が分布しており、また古式古墳も多い（第83図）。この事実は一体何を意味するのであろうか。

　児玉地方においては、和泉期の水田は谷の下流域に開墾され、その谷頭には灌漑用の人工の浅い溜池が設けられていたのではないかと推定されており、用水は基本的に谷の湧水を利用しているようである。鬼高期になると谷頭部まで水田が拡張されていくが、基本的には和泉期の状況と大きな変化はないようである。しかし、7世紀末〜8世紀初頭になると古九郷用水、真下大溝と呼ばれている用排水が掘削され、はじめて「生産性の高い比較的広い同一水準の湛水面積を擁する水田を形成する一つの重要な契機」になったと考えられている（鈴木徳雄 1989）。その後、この地域には大規模条里が施工されるが、これら用水が大きな役割を果したことはいうまでもないだろう。

（2）畠作と家族の自立

　ここで興味ある事実は、児玉地方においても古墳時代の水田は谷水田が中心であるという点で

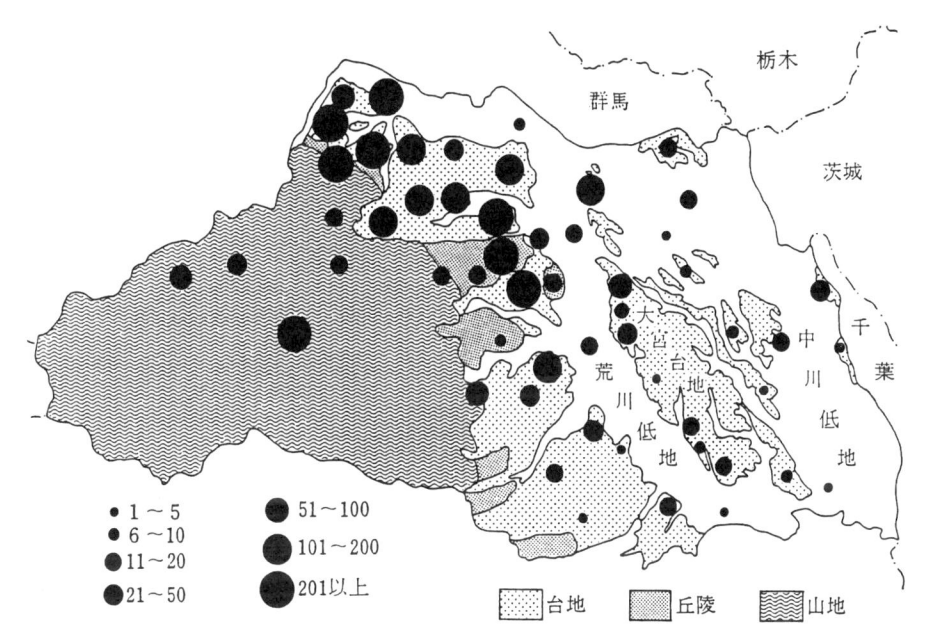

第83図　埼玉県における古墳分布概念図

第84図　大型鉢

ある。同じ谷水田でも大宮台地の谷畑は排水型谷水田であるが、児玉地方の谷水田引水型谷水田で、仮に児玉地方の谷水田は産性が高いとしても、古墳の数にあまりにも隔たりがある。このことは水稲耕作だけでは律することはできないことを示している。これらの地域においては、水稲耕作とともにその生産基盤として畑作が重要な比重を占めていたのではないかと思われるのである。

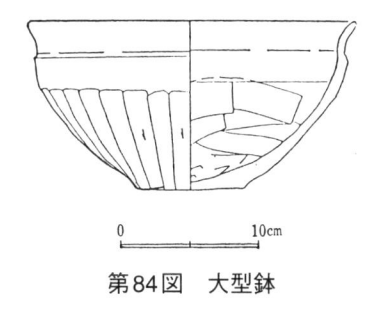

　鈴木徳雄の研究によると、鬼高Ⅰ式期から出現する大型鉢は（第84図）、真間期まで残存し、加熱処理に係わる器種で、畑作等に関係した新しい調理対象物と調理法に対応した調理器の一形式であるという（注3）。当然のことながら、大宮台地でも畑作は行われており、大型鉢も出土している。また、鈴木徳雄の見解によると、児玉地方では伝統的共同用益地を畑地として分割・割り当てが体制的、組織的に行われていた可能性が高いという。児玉地方はこうした水稲耕作と畑作があいまって、生産性の高い地域となったと思われる。

　児玉地方の古墳の大部分は後期群集墳である。群集墳の被葬者は有力家族といわれているが、単に有力家族という要因だけで古墳が築造できたとは考えられず、それプラスαの要因、たとえば身分制の問題等も視野に入れる必要があるだろう。いずれにせよ、児玉地方には群集墳が多いことはまぎれもない事実である。

　畑作は水稲耕作に比べ、灌漑あるいは大溝の掘削というような大規模な共同作業と労働投下を必要とせず、家族単位の労働力でこと足りる。黒井峯遺跡では宅地の中に小さな畑が存在してい

るが（石井克己 1986・87）、こうした畠だけではなく、群馬県でいくつも検出されているような畠地が存在していたものと考えていいだろう（注4）。畠作物は稲に比べて収奪が少なく、これらが家族の富の蓄積に一役かっていたことは間違いない。群集墳はこうした地域に数多く発生し、また畠作は家族の自立に大きな役割を果したものと考えられるのである。

注

1　人の移住と住居形態については、石野博信が総体的に論じている（石野 1985）。
2　石製模造品は7世紀後半になると消滅する。7世紀後半代は天皇中心の中央集権国家への道を歩みはじめるが、こうした状況のなかで質的な相違はあるが、天皇と同じ剣・玉・鏡を使用しての祭祀が実行されていることは、天皇祭祀の権威の失墜になる。天皇祭祀の権威を高めるために、石製模造品といえども7世紀後半以降はその使用が禁止され、天皇が独占したと思われるのである。
3　鈴木徳雄氏の教示による。
4　1887（明治20）年の荒川沿岸地域の耕地率は41.9％で、その内訳は水田15％、畠地が26.9％で、畠地が多いことが明らかにされている（新井壽郎ほか 1988）。おそらく、古墳時代においても畠作はかなりの比重を占めていたのではないかと思われる。

補注

埼玉県本庄市教育委員会では、カマドの構築土を篩にかける調査を行っている。その結果、カマドの構築土に石製模造品を入れ込んでいることが判明し、社具路遺跡では鬼高Ⅰ式期3軒、鬼高Ⅱ式期1軒のカマド構築土から1〜4個の臼玉が出土した。南大通り線内遺跡でも和泉Ⅱ式、鬼高Ⅰ式期1軒、Ⅱ式期1軒、鬼高期2軒、真間期Ⅰ軒、時期不明1軒から臼玉が1〜3個出土した（佐藤好司 993「社具路遺跡・南大通り線内」『古墳時代の祭祀遺跡』第Ⅱ分冊　東日本埋蔵文化財研究会）。

カマド構築土内には臼玉を入れ込む特徴があるように見える。しかし、臼玉は小さいので混入の可能性も考えられるが、土玉が出土する例もある。こうした出土例を見ると、混入と捉えるよりカマド構築にかかわる祭祀と考えるべきだろう。また、同県上里町東猿見堂遺跡からも出土していることから一地域の特徴とはいえない。しかし、すべてのカマドから出土しない点にも注目すべきである。

引用文献

新井壽郎ほか 1988「産業の立地と土地利用」『荒川　人文Ⅱ』荒川総合調査報告書3　埼玉県
石井克己 1986・87『黒井峯遺跡確認調査概報』群馬県小持村教育委員会
石野博信 1985「移住した人々の住居」『考古学と移動・移住』同志社大学考古学シリーズⅡ

大村直 1981・82『神谷原』Ⅰ・Ⅱ八王子市椚田遺跡調査会

黒坂禎二 1989『上組Ⅱ遺跡』埼玉県埋蔵文化財調査事業団　第80集

小井川和夫ほか 1982「御駒堂遺跡」『東北自動車道遺跡調査報告書』Ⅵ　宮城県教育委員会

甲元眞之 1988「農耕集落」『集落と祭祀』岩波講座日本考古学4

小出輝雄 1983『針ヶ谷遺跡群』富士見市遺跡調査会

酒井清治 1984『台耕地Ⅱ』埼玉県埋蔵文化財調査事業団　第33集

鈴木徳雄 1989『真下境東遺跡』埼玉県児玉町教育委員会

高橋一夫 1971「石製模造品出土の住居址とその性格」『考古学研究』71　考古学研究会

高橋一夫 1985「関東地方における非在地系土器出土の意義」『草加市史研究』第4号

高橋一夫 1989「前方後方墳出土土器の研究」『研究紀要』第6号　埼玉県埋蔵文化財調査事業団

立石盛詞 1989『御伊勢原』埼玉県埋蔵文化財調査事業団　第79集

都出比呂志 1989「堅穴住居の平面形」『日本農耕社会の成立過程』岩波書店

萩原恭一ほか 1988「東金市久我台遺跡」千葉県文化財センター

服部敬史ほか 1966・67・68『八王子市中田遺跡Ⅰ・Ⅱ・Ⅲ』八王子市中田遺跡調査会

比田井克仁 1987「南関東出土の北陸系土器について」『古代』第83号　早稲田大学考古学会

平岡和夫ほか 1985「戸張一番割遺跡」千葉県柏市教育委員会

渡辺正人 1989『御蔵山中遺跡』大宮市遺跡調査会

第2編　集落と祭祀

第2節　6世紀の集落

1　集落と共同体

　人間の歴史がはじまって以来、特別の事情がないかぎり1人で生活をした人はいない。人間は必ず集団をつくり、集団のなかの1人として生きてきた。今日、人は家族を形成し、行政的な市町村・県・国、あるいは職場といったさまざまな集団に属している。原始・古代の場合にも家族がひとつの単位であり、それはさらに氏族・部族などの集団に属していた。そして、集団構成のあり方や、家族構成は時代とともに変化するため、それを検討することによって、当時の社会の様子や特徴を知ることができるのである。

　我々が原始・古代の家族構成や共同体のあり方を考える材料として集落跡がある。集落跡を発掘調査すると、数多くの竪穴住居跡等が検出されるが、時代や時期の違うものを含んでいるため、集落研究の第一歩として同時期の住居跡を摘出する必要がある。考古学の場合、年代を決める基準は土器であるので、同時期の住居跡を探し出す場合も、土器の検討からはじめなければならない。しかし現在、土器から捉えられる時間幅は25〜50年に過ぎない。また、土器がほとんど出土しない住居跡もあるので、同時併存した住居跡をつかむことは予想以上に困難な作業である。それ故、ここで「同時期の住居跡」というのは、土器型式の違いでつかめる一定の時間幅のなかで併存した住居跡ということになる。

　こうした点を前提に、まず5世紀の集落例として埼玉県さいたま市の下手遺跡（大宮市 1968）を取り上げ検討しよう。下手遺跡では7軒の住居跡が調査されており、A地区は3軒（道路部分に1軒存在したことも想定できる）の住居跡が、B地区は4軒の住居跡があり、住居跡は孤状に配置されている。その分布からAとBの二つの住居跡群を認めることができる（第85図）。

　次に、東松山市の舞台遺跡を見ると（井上肇ほか 1978）、舞台遺跡は台地全体を調査しているので、集落全体の様相を知ることができる。舞台遺跡では5世紀末から6世紀初頭の住居跡25軒検出されており、分

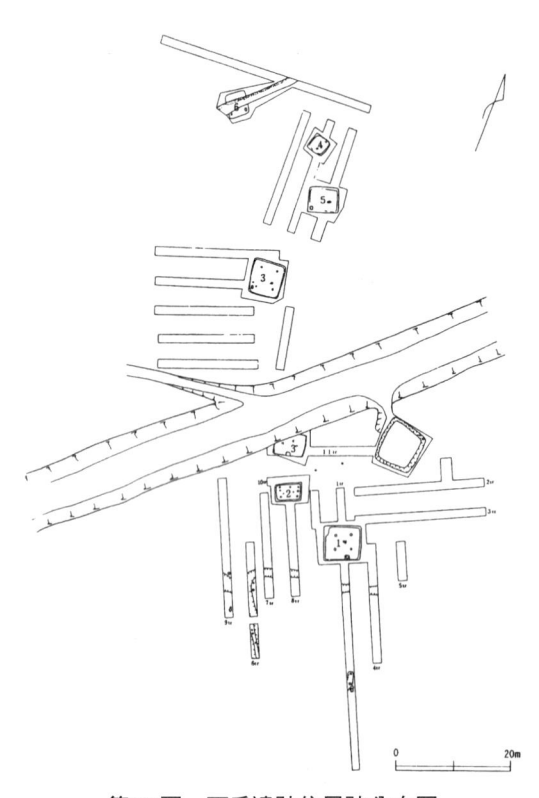

第85図　下手遺跡住居跡分布図

第1章　古墳時代の集落

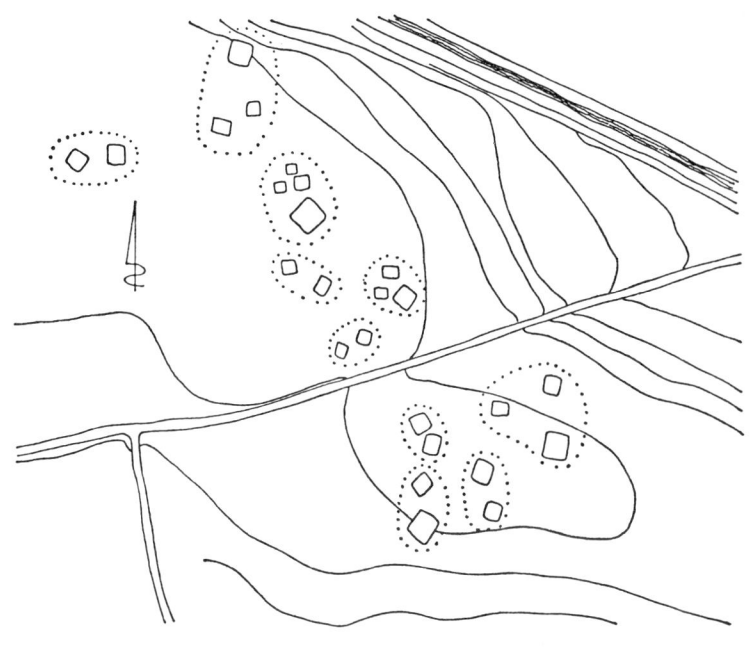

第86図　舞台遺跡住居跡分布図

布状況は第86図とおりである。各住居跡の分布状況からグルーピングをすると、九つの住居跡小群を捉えることができる。各群に属する住居跡数や配置には多少の違いが見られるが、それぞれの群の住居跡は寄り添うように存在し、ひとつのまとまりを示す点は共通している。住居跡群による住居跡数の違いは、家族構成の違いを示し、円形や弧状の住居跡配列は、住居跡小群単位での人のまとまりを示すのである。

　6世紀前半の東京都八王子市西野遺跡（宮塚義人ほか 1974）では、8軒の住居跡が調査され、4軒からなる二つの住居跡群が存在する（第87図）。出土土器には時間差を認められないことから、ほぼ同時期に存在した住居であったと考えられる。

　これまで見てきたように、住居跡はバラバラに存在するのではなく、いくつかの住居跡が集まってひとつの小群をつくり、さらにいくつかの小群が集まって集落を構成していたことがわかる。

2　住居跡群とは何か

　それでは、住居跡群とは一体どのような性格をもっていたのか、次にこの問題を考えてみたい。いくつかの住居跡が一定の範囲にまとまって存在する住居跡小跡は、この現象を見ただけでも住居跡小群を構成する住居跡は、ほかの住居跡小群の住居跡よりも深い結び付きがあったと見ることができるが、出土土器の組み合せからこの点を検討していくことにしよう。

　発掘調査してみると住居跡に伴う土器は意外に少ない。火災にあった住居跡は同時に何件もの住居跡が焼ける場合が多く、より同時存在の住居を捉えることができる可能性が高いので、火災住居跡を中心に土器の出土状況を調べて見ることにしよう。しかし、これとても火災後まったく

第２編　集落と祭祀

第87図　西野遺跡住居跡分布図

人の手が入っていないとはいいきれない。

　火災住居跡の例として４世紀の埼玉県岩槻市諏訪山遺跡を取り上げよう（横川好富ほか 1971）。火災にあったと思われる住居跡は８軒あり、４軒ずつの二つ住居跡群に分かれる（第88図）。そして各住居跡からの出土土器の組み合せを表わしたのが第89図である。

　まず、第１住居跡群をみると、第５号住居跡は煮沸用の台付甕、貯蔵用の壺、盛付用の埦、そして祭祀用の器台と小型丸底壺、供献用の高坏などが出土している。しかし、７・８・９号住居跡では、すべての器種が出土しているわけではない。また、第２住居跡群を見ると、第５号住居跡で見られたように、すべての器種を出す住居跡は存在しない。４軒が集まると、どうにか生活できるだけの土器組成である。ただ、台付甕はほとんどの住居跡から出土していることから、食生活は自立していたと見ることもできる。

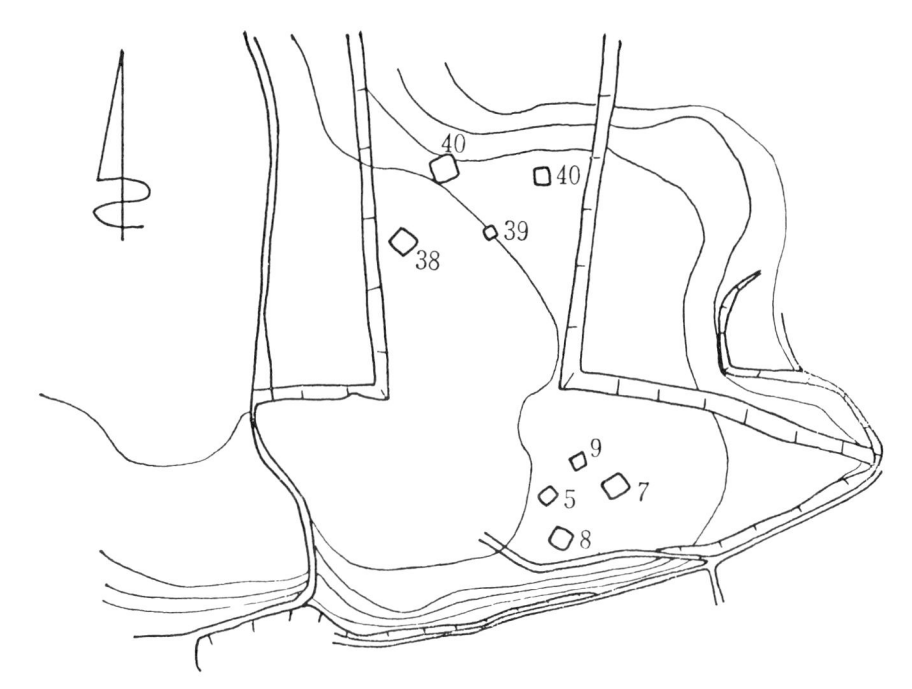

第88図　諏訪山遺跡住居跡分布図

　次に、6世紀前半の西野遺跡と比較検討してみよう。第90図は西野遺跡における二つの住居跡群の土器組成を表わしている。一見して諏訪山遺跡と違うことがわかるだろう。長甕・甑・坏といった食生活に欠かすことができない土器は、すべての住居跡から出土している。

　そこで、4世紀の集落を諏訪山遺跡から類推すると、今日我々が頭に描いている1軒の家に対するイメージとはだいぶ違うことがわかる。たとえば、現在の我々の一家では多少の違いがあっても、生活に必要な道具類は一式もっている。しかし、古墳時代初頭の集落では、生活に必要な土器を1軒ごとにはもっていなかったようだ。住居跡群を形成する各住居跡から土器を集めないと、土器組成が成立しないのである。このようなことからみると、住居跡群こそ今日我々が思い描く「家」に相当するということができそうだ。しかし、6世紀になると住居跡の分布形態こそ変わらないが、西野遺跡のように長甕・甑・坏などが各住居跡から数多く出土しはじめるのである。

3　6世紀の発展

　このように古墳時代の後期になると、各住居が生活に最低必要な土器をもつようになったという事実は、いったい何を示すのだろうか。それは住居ごとにカマドが付設されたこととも関連するのである。カマドの出現は住居ごとの消費生活が自立してきたことを物語るといわれているが、各住居が保有する土器組成がこのことを如実に示している。またこの時期に、滑石で剣・玉・鏡を真似てつくった石製模造品が住居跡から出土しはじめる。しかし、それもすべての住居跡から

第 2 編　集落と祭祀

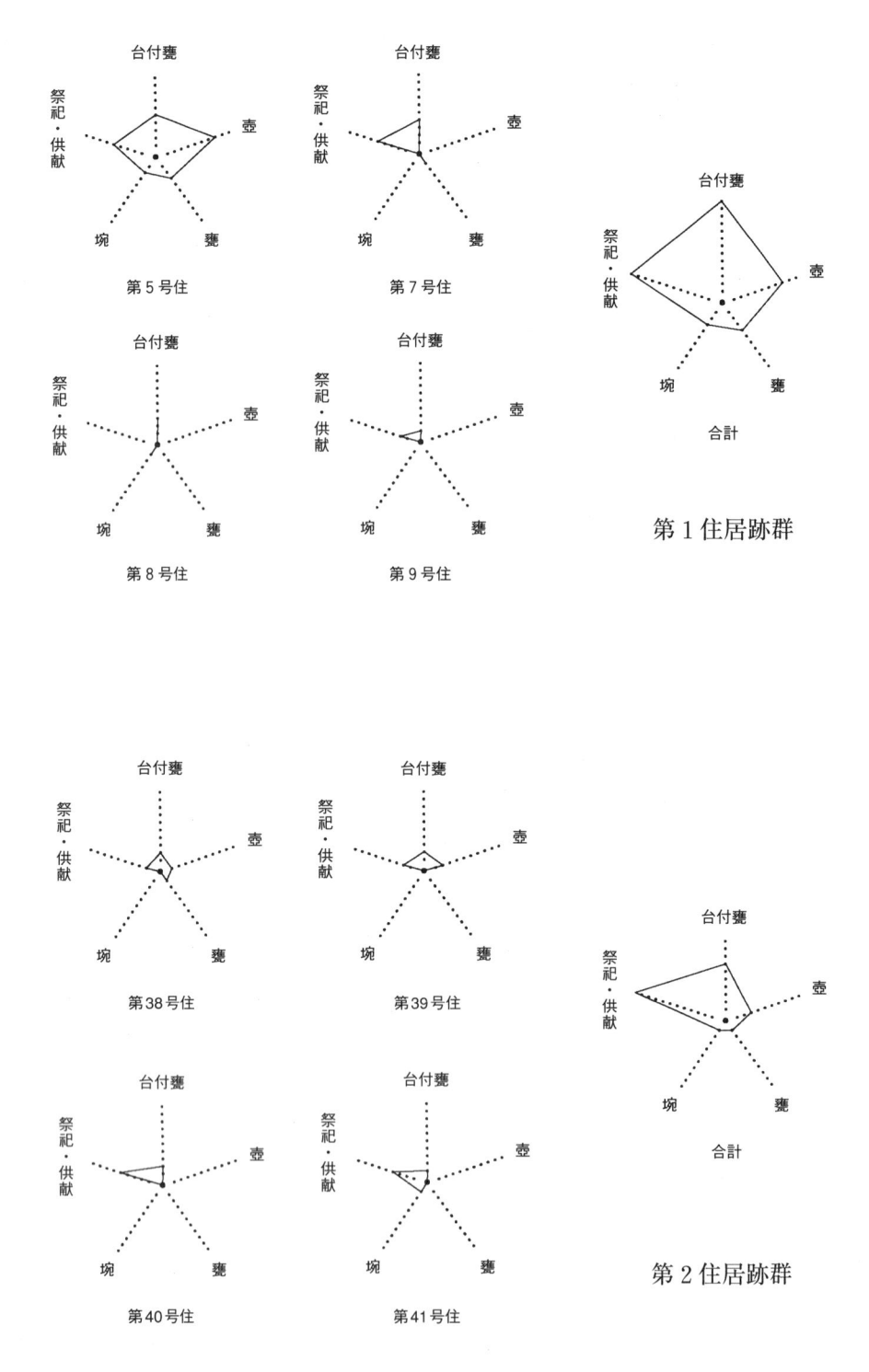

第 89 図　諏訪山遺跡土器組成図

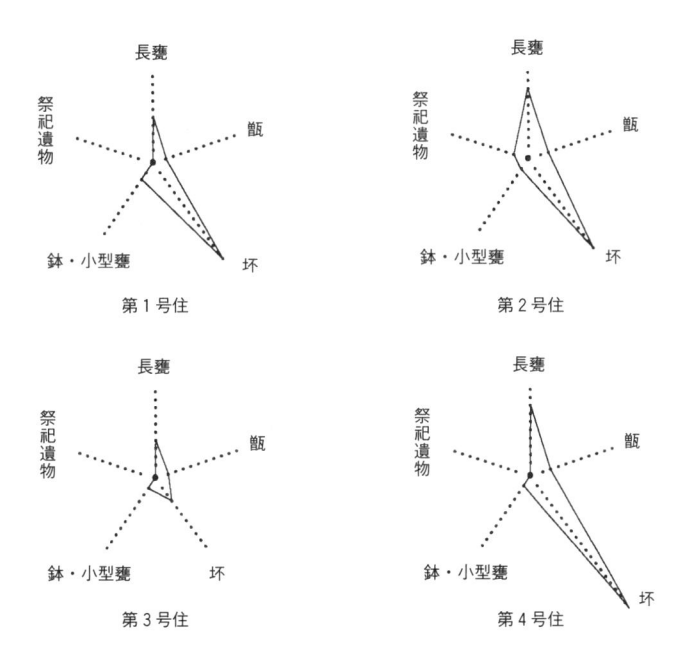

第1章 古墳時代の集落

第1号住

第2号住

第3号住

第4号住

第1住居跡群

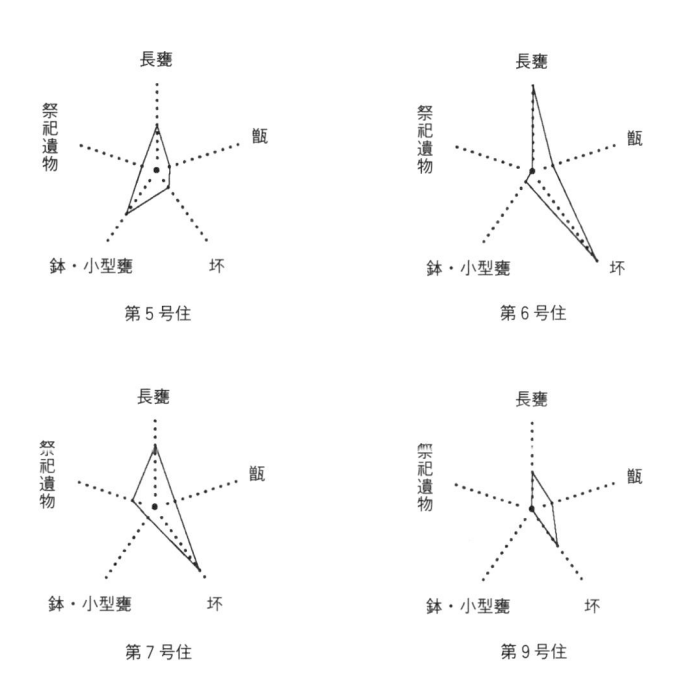

第5号住

第6号住

第7号住

第9号住

第2住居跡群

第90図　西野遺跡土器組成図

出土するわけではなく、一つの住居跡群に1ないしは2軒という割合で出土する傾向が認められるのである。

生活に必要な土器は住居ごとにもてるようにはなったが、祭祀用の石製模造品は特定の住居跡に偏って出土することも事実である。つまり、特定の人物が家族の祭りを司るようになったとみなすことができるのである。この祭りを司った人物は家父長と考えられ、こうした家族形態を家父長的世帯共同体と呼び、それ以前の世帯共同体とは区別されている。

このように、6世紀に入ると住居群ごとに祭りが行なわれ、また各住居でも消費面での自立化が進んだ。しかし、生産の単位は各住居単位だったとは考えにくく、住居跡群が最小単位として浮かび上がってくる。それは住居跡の分布を見てもわかるように、住居跡が寄り添うように集まっているのはその現われである。6世紀の住居群は共同体から自立しつつあったが、各住居はその属する住居跡群とまだ強い結び付きをもっていたと考えられる。

4　炉からカマドへ

6世紀前半になるとほとんどの住居跡から炉が消えてカマドが付設された。カマドは5世紀末に畿内で出現し（補注）、時を同じくして東国にも出現した。初期のカマドが見られる遺跡としては、埼玉県本庄市二本松遺跡や西富田遺跡があり、かなりのスピードで東国に伝わってきたことがわかる。何千年も使われてきた炉からカマドへの変化は大きな変革だったに違いない。炉からカマドへの変化は、当時の人々の生活にどのような変化をもたらしたか検証してみよう。

弥生時代後期以降から盛んに使われた台付甕は、6世紀なると消滅する。台付甕は煮沸用の土器として優れていたが、カマドの出現とともに無用となり、その長い使命を終えたのである。それにかわって登場したのが長甕である。甕をカマドにかける際に、胴が短いと火に当たる部分が少なく、熱効率が悪いので胴を長くした。長甕とともに使われたのが甑である。それまで甑は1集落で1個程度しか出土しなかったが、この頃になると、1軒に3個は出土するほど出土率が高くなった。そこで、台付甕を使っていた時代の食生活は煮ることが中心だったが、カマドの普及とともに、煮るから蒸す方法に米食法が変化したのではないかといわれている（柿沼幹夫1976）。しかし、当時の人々が毎日米を口にできたどうかは疑わしい。江戸時代の農民の生活を見ても、毎日米を食したわけでもないので、米食法が煮るから蒸すに変わったとはいい切れないだろう。だが、甑は数多く出土しているから、食品を蒸すことが盛んに行なわれたのも事実だ。しかし、その対象を米だけに限る必要はないだろう。また、初期のカマドには高坏が支柱の代わりに逆転しておかれていることが多い。小型甑で神へお供えする強飯をつくり、高坏はそれをのせる重要な祭具ではないかと考えられている。

高坏がカマドの支柱に使われている事実に注目し、笹森健一は「カマドの発生とともに大型化する甑によって日常化する蒸す米を調理することは、神々とともに供膳し、供食することを意味してはいないか。こう想定すれば蒸し米を調理するカマドに使用する支柱は高坏でなければなら

たかった」という説く（笹森 1976）。しかし、祭祀遺跡では甑が出土する例は稀で、甕や壺などが出土するのが一般的である。蒸すという行為が神聖であり、神との供膳・供食を意味しているのなら、祭祀遺跡でこそ出土してもよさそうなものだが、実際にはそうした例はないのでさらに検討する必要があるだろう。しかし、カマドの出現は人々の生活を変化させ、カマドに対する新たな信仰も生じたことだろう。

5　祭りの変化

　東国でカマドが出現した頃、祭りも大きく変化していった。カマド出現以前の祭祀具は土器が一般的で、壺や高坏が祭祀に使用され、祭祀専用の土器として小型器台と小型丸底壺が出現した。小型器台と小型丸底壺を結合させた土器や石製品もあるので、器台の上に小型丸底壺をのせて使うことが本来の姿であったことがわかる。この土器は従来から、大和王権との関係が深いと論じられてきた。つまり、古墳時代になるとこれらの土器が全国的に出現するが、大和王権の進出によって小型器台と小型丸底壺がその勢力圏にひろがっていったからである。

　しかし、このように重要な土器であったならば、両者がセットで出土してもよさそうだが、集落跡からは必ずしもセットでは出土しない例が多い。たとえば、諏訪山遺跡では、23軒の五領期の住居跡が調査されたが、小型丸底壺はまったく出土していない。さらに、祭祀遺跡での小型器台と小型丸底壺の出土例も稀である。祭祀遺跡と一口にいっても、祭りの対象はさまざまではあるが、自然を対象としたものが多く、民衆的な祭りということができよう。使われていた土器も壺・甕・高坏・手捏土器など、弥生時代の伝統を引くものである。

　小型器台と小型丸底壺は集落内ではセットで出土しておらず、祭祀遺跡でも出土が少ないということは、それらが民衆の生活や祭祀とは、必ずしも深い関係になかったということができる。小型器台は小型丸底壺より早く出現するが、早く消滅するという減少もそれを現しているように見える。また、古墳から出土する例はあるが、やはりセットで出土することは稀である。このように見ると両者は、政治的色彩のつよい土器とはいえそうにないが、代用品を使用していた可能性もあり、今後の課題としたい。

6　住居跡出土の石製模造品

　5世紀後半になると、祭祀用具として剣・玉・鏡の石製模造品が新たに加わる。剣・玉・鏡は前期古墳の重要な副葬品であり、北九州の沖ノ島祭祀遺跡から数多く出土しているように、重要な祭祀用具であった。しかも、滑石で模造したものとはいえ、支配階級の独占物だった剣・玉・鏡が、一般の集落や祭祀遺跡から出土するようになったことは画期的である。それでは、いままで支配階級の独占物だったものをどうして民衆が使えるようになったのだろうか。それについて原島礼二氏は、①石製模造品は、五領期には支配集団が古墳を核とする祭りを独占していたため、民衆のなかに持ち込まれなかった。②独自の呪力をもつと考えられていた剣・玉・鏡などの模造

品は民衆の手にわたらず、土器だけが使われていた。しかし、供献土器だけでは、再生産に効能をもつことはできたいため、呪力は完全に支配集団とその首長に独占されていた。③五領期には、呪力をもつ品々を民衆の生活の場にまで分与しなくとも、支配を維持できた。④しかし、和泉期になると支配形態の矛盾が深刻になった。⑤そのため、供献土器の分与だけでは、深まった矛盾を乗り切れなくたってきたため、石製模造品を分与し、祭りの面から支配の強化につとめた、という見方を示している（原島 1971）。

たしかに、支配形態の矛盾の深刻化は、民衆の成長によるものであろう。それは前述のように、住居跡にはカマドも付設され、長甕や甑を各住居で保有し、消費生活の自立化が進んだことに示されている。また、石製模造品の出土からもわかるように、家父長的世帯共同体が成長し、消費のみならず生産も世帯単位で行なわれるようになってきた。世帯単位で石製模造品を使っての祭りは、たとえば豊作を願うというような農業関係の祭りが主だったことが想定できる。

住居跡から石製模造品が出土する背景には、民衆の成長とともに世帯共同体自体の変化も考えられるのである。石製模造品が出土しはじめる5世紀後半の集落には、高坏や手捏土器などの祭祀関係の土器が多量に捨てられた住居跡が存在する。このような現象は、和泉期特有のものである。たとえば、本庄市の古川端遺跡8号住居跡からは、壺8、甕18、甑4、台付甕5、高坏23、坩3、小型丸底壺3、甌1、坏3、埦4、小型甕1、手捏土器2個体の合計75個体が出土している（小久保徹 1978）。とくに高坏の多さは目につく。この現象は単たる土器の廃棄なのか、それとも祭りに使われた土器類がまとめて廃棄されたものなのかよくわからないが、供献用土器が多量につくられ使われたことは明らかだ。何らかの事情によって集落内で盛んに祭りが行なわれたと考えられる興味深い現象である。

さて、石製模造品は6世紀を最盛期として、7世紀になると消滅する。これとほぼ同時期に高坏も消滅し、ここに伝統ある供献用の高坏と石製模造品という祭祀用具が一挙に消え去るのである。

7　古代国家と祭祀

以上のように、祭祀関係遺物の動向を見ると、三の画期があったことがわかる。第1の画期は小型器台と小型丸底壺の出現期、第2の画期は小型器台・小型丸底壺の消滅と石製模造品の出現期、そして第三画期は高坏と石製模造品の消滅期である。そのうち石製模造品が消滅する第3の画期こそがもっとも重要な画期といえよう。つまり、剣・玉・鏡は7世紀になると天皇の独占物になるので、石製模造品の消滅はこうした動きと関係があると考えられるのである。各共同体が質の違いはあるが剣・玉・鏡を自由に使用できたということは、この点に関する限り大王と同格だったといえる。これまで在地首長層が剣・玉・鏡を使いながら祭っていた権利を、7世紀に入ると大和王権が独占したことが推察できのである。また、石製模造品が消滅する7世紀は、前方後円墳の消滅期でもある。第3の画期は政治的にも大きな画期であったに違いない。それは古代

天皇制の確立期であり、古代国家の成立期でもあった。

　高坏や石製模造品が消滅したのちの、民衆の祭祀用具や装置はどのようなものに変化したのだろうか。石製模造品とともに土製模造品もつくられ、石製模造品消滅後も使われたが、やがて姿を消していく。『風土記』などを見ると、村々の社に関する記事が目につく。石製模造品が消滅していく頃には小さな祠が建てられ、そこで新しい祭りが行なわれていったことが想定できる。おそらくここに、今日の神社祭祀の初源的形態を認めることができるのである。

8　鉄製農具の普及と所有形態

　生産力の向上による民衆の成長の背景に、鉄製農工具の普及があった。東国で確かめられている製鉄遺跡は、奈良・平安時代のものが多いが、鉄の加工に当たった小鍛冶関係の遺構は、古墳時代終末のものが確認されている。しかし、古墳時代後期に群集墳がつくられ、ほとんどの古墳から鉄製武器等が出土しており、その量は相当なものである。これらの鉄器がすべて移入されたものとも考えにくいので、一部は鉄鋌などの素材から鉄器が生産さていた可能性も捨て切れない。

　原島礼二の研究によると、古墳時代から歴史時代までの鉄製品の住居跡別出土率は、五領期が2.2％、和泉期7％、矢倉台9.8％、鬼高期15.7％、真間期が18.5％、国分期が37.9％と、時代が新しくなるしたがって出土率が高くなる（原島 1968）。原島は和泉期と国分期に出土率が急増していることから、そこに大きな画期があったと考えた。それに対して、鉄製農具だけを見ると、出土率にほとんど目だった変化は見られないとする意見もある。しかし、鉄製農具も時代が新しくなるにしたがい増加している。すなわち、クワ・スキ先は今のところ関東地方で30例ほど知られているが、その割合は和泉期は4.6％、鬼高期が13.6％、真間期9.1％、国分期72.7％である。また、鎌は100点近く出土しているが、そのうち和泉期は3.1％、鬼高期が13.6％、真間期8.3％、国分期75％と、鉄製農具は鉄器の出土率とほぼ同じ傾向を示しているのである。

　また、原島は鉄器の出土率の推移から鉄製農具の所有形態を考え、4、5世紀は共同体ごとに所有してまとめて管理していたが、5世紀の後半以降は世帯共同体ごとに所有されるようになったと考えた。ここで、実際に遺跡にあたりながら、鉄製農具所有のあり方を考えていこう。

　9、10世紀の住居軒数に対するクワ・スキ先の出土率を見ると、千葉県中馬場遺跡では13軒中2軒で1.9％、栃木県井頭遺跡では124軒中1軒で0.8％、また、神奈川県蔦尾遺跡では283軒中1軒で0.6％、その出土率はきわめて低い。同じように鎌を見ると、中馬場遺跡は18軒で7.8％、井頭遺跡は8軒で5％、また蔦尾遺跡は6件で2.8％となっており、クワ・スキ先よりも出土率は高いが、それでもかなり低い数値を示している。

　鉄はサビて消滅するという特性や、打ち直して再生できるという性質を考え、これらの数値がそのまま当時の実態を示しているとは思わないが、少なくとも実体の一端は反映していると考えてもよいだろう。原島がかつて考えていたように、竪穴住居ごとに鉄製農具を所有していたのなら、もっと出土率が高くなるはずであるが、蔦尾遺跡のようにクワ・スキ先が283軒中1軒とい

第2編　集落と祭祀

う出土状況からは、到底竪穴住居ごとに所有は考えられない。

群馬県愛宕遺跡では、平安時代の火災住居跡が発掘された。炭化材の下から2本の鎌と鋸、鉄製紡錘車、丸鞆に巡方、布片、万年通宝に土師器や須恵器が出土した。この住居跡は火災にあって、そのまま放棄したものと考えられ、1竪穴住居の所有品を考える上で参考になる。丸鞆や巡方といった石帯は、律令官人のなかでももっとも位の低い人が付けるものだが、低い位とはいっても官位をもっていたので、集落のなかでは有力な人だったことが想定される。このような官位をもつ人物であっても鎌は所有しているものの、クワ・スキ先は所有していなかったのである。

それでは、クワ・スキ先はどのような所有形態になっていたのだろうか。関東地方でも平安時代になると製鉄遺跡が急増し、それと符号するように国分期に鉄製品が急増する。製鉄に関与できる人たちや、流通に参画できた特定人物が鉄器を集中的に所有したのではないかと考えられる。

平安時代になると土地の私的所有も進行していたが、再生産の道具を特定の個人に掌握されていた可能性が高い。そして、鎌は愛宕遺跡から類推すると、住居跡群ごとの所有が考えられるのである。

それでは、5、6世紀の鉄製農具の所有形態はどうであったろうか。5世紀の古墳には鉄製農工具が副葬されていることが多い。5世紀の段階では農工具が単なる農工具ではたく、再生産を保障する呪具的意味合いをもっていた。つまり、鉄製農工具をもつことが支配者としてのシンボルでもあったのである。このような段階では、民衆がこれらを所有していたとは考えられない。この時期のクワ・スキ先は、木製のクワやスキ先に鉄板を巻きつけたようなもので、今日の鋤や鍬のような強度はとても望めないが、木製のものよりは威力を発揮したに違いない。しかし、6世紀になるとU字形のクワやスキ先が出現する。このU字形のものは現在の鋤や鍬と形の上でも似ており、また強度の点でもほとんど変わりがないものである。このU字形のクワ・スキ先になってから、集落からの出土例が増加するのである。

こうしたことから、クワ・スキ先は少なくとも6世紀になると民衆の手に届くものになったが、その所有形態は共同体ごとと考えた方が妥当のようである。5世紀末から6世紀にかけて、民衆が成長した背景のひとつに鉄製農具の普及があったのである。

9　土師器と須恵器

土師器とは古墳時代と奈良・平安時代の土器の総称で、その技法は縄文・弥生土器の流れをくんでいる。須恵器は5世紀に朝鮮半島から工人とともに伝わってきたもので、ロクロを使用して形をつくり、窯を築いて焼いた。

土師器は日常生活に使われたもので、その形の特徴や組み合せからいくつかの型式に分類されているが、大きく分けると次の三様式に分類することができる。第一様式は古墳時代初頭の土器群で、祭祀的様相を帯びている五領様式であり、和泉式土器もこの様式に入る。次に古墳時代後期の鬼高式土器で、この土器群はひとつの鬼高様式としてとらえることができる。そして、最後

が奈良・平安時代の真間式土器・国分式土器で、両者をまとめて国分様式とすることがでる。

　五領様式の土器群は、全体的に弥生土器の影響を強く受けているが、古墳時代初頭を特徴づける祭祀用の小型器台や小型丸底壺といった小型精製土器群をもっている。鬼高様式の特徴は長甕と須恵器を模倣した坏と甑にある。鬼高様式の段階で、台付甕や複合口縁の壺といった弥生以来の伝統を残す土器群は姿を消し、はじめて弥生的要素が土器から払拭された。国分様式になると土師器の器種は、甕と坏が基本となり、器種も減少してくる。この器種の減少は、須恵器生産と深いかかわりがある。つまり、この国分様式の時期から武蔵では須恵器窯が急増し、それと比例して集落のなかで須恵器の出土率が増加するのである。このように、土師器の器種の減少は、それに須恵器がとって代わったことを意味している。国分様式は須恵器という外的要因によって規定されながら成立した土器群であった。さて、各様式の実年代であるが、五領様式は4世紀初頭から5世紀の後半、鬼高様式は5世紀後半から7世紀終末、国分様式は8世紀初頭から10世紀となる。

　従来、武蔵国における須恵器生産は、国分寺造営との関係で考えられてきたが、ここ数年、古墳時代の窯跡が埼玉県内で確認されつつある。古いものは5世紀末頃まで遡るものもあり、須恵器が大阪府陶邑ではじめて焼かれてからまもなく武蔵の地まで波及していたことになる。古墳時代の須恵器は集落から出土する例は少なく、古墳に副葬されている方が圧倒的に多い。須恵器は首長層の独占物だったのである。須恵器が入手できなかった民衆は、須恵器を模倣した土師器をつくっていた。その代表的なものが坏であり、甑である。これらの須恵器を模倣した土器が鬼高様式のとして特色をもっともよく現している。

　須恵器生産は粘土の選択、ロクロの技術、窯の構築といったように、土師器生産には見られない高い技術を必要とした。これらの技術が一人で歩いて伝わってくるはずもないので、須恵器の技術者集団の移動や移住を考えねばならないだろう。また、技術者集団もその地に勝手に行き、勝手に須恵器を焼いたとは考えにくい。

　須恵器生産には良質な粘土が採掘できるという条件もあるが、単に地質的・地理的条件で須恵器窯が築かれたのではなく、人的なつながりもあったのではないかと考えている。たとえば、その地域を須恵器の技術者集団とかかわりある氏族が支配し、あるいはその地の有力氏族に招かれたことも考えられるだろう。いずれにしても、その地と何らかのつながりがあったと見ていいだろう。

10　民衆の成長と古代国家への胎動

　5世紀末から6世紀初頭にかけて、家父長的世帯共同体の確立やカマド、石製模造品の出現が示すように、共同体から家族が自立しはじめたと考えられた。その背景とて生産から消費までを家族単位で完結できるようになっただけではたく、水田を永続的に占有する傾向が生じたことも考えられる。そして、ついに有力家族は小円墳という首長層と同一の葬制を取り入れるまでにな

第2編　集落と祭祀

表6　古墳時代主要遺構・遺物の消長

時期 遺構と遺物	五領様式			鬼高様式	国分様式	
	弥生末	五領	和泉	鬼高	真間	国分
方形周溝墓	──────────	──────────				
前方後円墳		──────────	──────────	──────────		
小型器台	──────────	──────────				
小型丸底壺		──────────	──────────			
高坏	──────────	──────────	──────────	──────────	──────────	──────────
カマド			──────────	──────────	──────────	──────────
長甕			──────────	──────────	──────────	
大型甑			──────────	──────────	──────────	
石製模造品			──────────	──────────		
須恵器生産				──────────	──────────	──────────

った。

　鬼高様式の土器は弥生的要素を払拭し、弥生以来の伝統的な共同体関係に変化をきたしはじめた時期である（表6）。民衆の成長は従来の共同体関係の矛盾を激化させていった。すなわち、支配者の象徴だった剣・玉・鏡と古墳が民衆のものとなったため、それらを用いての支配とそのイデオロギーは効力が弱まっていったのである。そこで支配階級は新たな支配イデオロギーを生みだし、支配体制を再編する必要に迫られた。

　7世紀になると前方後円墳が消滅する。政治的記念物だった前方後円墳が消滅することは、それを必要としない新しい時代の到来を意味している。この時代にこそ古代国家の成立を考えるべきであり、7世紀は国家成立の条件が整った時期だ。その意味で6世紀は、古代国家成立への過渡期だったという.ことができよう。極言すれば、前方後円墳は弥生的社会の到達点であり、前方後円墳の消滅は弥生的社会の終焉を意味するのである。

補注
　カマドの出現にはその後新資料が続出し、見解を変えているので「続カマドの出現」参照されたい。

引用文献
井上肇ほか 1978『舞台』埼玉県教育委員会、

大宮市 1968「下手遺跡Ⅱ」『大宮市史』第1巻
柿沼幹夫 1976「甑形土器の一考察」『埼玉考古』15号　埼玉考古学会
小久保徹 1978「古川端遺跡の発掘調査」『東谷・前山2号墳・古川端』埼玉県教育委員会
笹森健一 1976『川崎遺跡（第3次）・長宮遺跡発掘調査報告書』上福岡市教育委員会
原島礼二 1968「農民経営発展の三段階」『日本古代社会の基礎構造』未来社
原島礼二 1971「日本古代社会論」『現代歴史学の課題』上　青木書店
宮塚義人ほか 1974『北八王子西野遺跡』東京西線及び北八王子変電所遺跡調査会
横川好富ほか 1971『諏訪山遺跡』埼玉県遺跡調査会

第3節　住居の空間利用とカマド

1　住居の空間利用の変遷

(1) カマドと入口

弥生時代以来、炉は住居の一方に寄った場所に位置している。多くの場合、炉は北側に寄っていることが多い。つまり、炉は北を指向しているといえる。一方、入口は炉の反対側、つまり南指向が強い。入口を想定する材料として、炉と反対側の壁沿いに外に向かって傾斜する小ピットがある。いわゆる第5のピットの存在である。これは馬蹄形状のよく踏み固められた土手状の高まりとともに存在することが多い。こうしたことから、かつてこれらを入口施設と考えたことがある（高橋 1983）。その後、渡辺修一は草刈遺跡の精密な床面調査の成果をもとに、5番目のピットと馬蹄形状の土盛遺構の部分や、炉あるいはカマドに向かう主柱穴間は床面が堅いことから、やはりこれらを入口施設であると詳細に論じている（渡辺修一 1985）。また、実際にこのピットに一本梯子と思われる木材がささって出土している例もあることから、一本梯子を固定するための弟子穴と推定して間違いないだろう。

(2) 貯蔵穴の位置

貯蔵穴の位置は大きく3タイプに分けることができる。第1タイプは、炉の段階では炉と反対側の入口のある壁のコーナー寄りにあるもの（1a）、カマド出現期以降ではカマドと反対側の壁のコーナー寄りにあるもの（1b）の2タイプが存在する。第2タイプは、炉の段階では入口と反対側の炉の寄っている壁コーナー寄りにあるもの（2a）、カマドが導入された段階ではカマド側の壁のコーナー寄りにあるもの（2b）の2タイプが存在する。第3タイプはいわゆる張り出しピットである。弥生時代後期から古墳時代初頭にかけての時期は、第1タイプの1aが主流を占めるが、和泉期には第1タイプと第2タイプが入り混じり、特定場所に位置することはない。また、この段階には入口部に貯蔵穴が存在するものもあり、鬼高期にはこれが張り出していくものと思われる。張り出しピットは6世紀前半にみられる独特の現象である。たとえば、中田遺跡では第Ⅰ期に出現し、第Ⅱ期以降は消滅する。張り出しピットの存在する時期は、竪穴住居の面積が拡大する時期である。中田遺跡第Ⅰ期の竪穴住居の平均面積は47.4㎡で、第Ⅱ・Ⅲ期の平均面積は約20㎡であることから、第Ⅰ期の竪穴住居は第Ⅱ・Ⅲ期に比べ2倍強の面積をもっている。ただ、張り出しピットのピット部分だけの大きさを測ってみると、一般の貯蔵穴と数値に変化はないところから、これも貯蔵穴と考えていいだろう。

鬼高期になると張り出しピットが出現するものの、貯蔵穴はカマドの左右に存在する例が多くなるが、6世紀代はまだ貯蔵穴の位置は定まらない。しかし、7世紀に入ると必ずカマドの左右、しかもカマドの右側が圧倒的に多くなる。このことから、7世紀に住居内の空間利用が確立したと考えられる。

しかし、貯蔵穴は7世紀以降の住居の小型化とともに次第に衰退し、無柱穴住居に貯蔵穴が設置されることはほとんどなくなる。この現象は貯蔵穴の性格を考える上で貴重な示唆を与えてくれるとともに、弥生時代以降長くその役割を果たした貯蔵穴が無用になったとは考えがたく、竪穴以外の住居空間にその機能が移されたのではないかと推察されるのである。

(3) 住居の平面利用形態

千葉県タルカ作遺跡は6世紀代の集落跡であるが、住居跡内に各時期を通じて一般に間仕切り溝と呼ばれているものが数多く検出されている(蔀　淳一 1985)。間仕切り溝について最近「敷板の根太痕跡」であるとの見解が出されている(今泉　潔 1989)。今泉が論じるように、タルカ作遺跡においても溝は柱穴に連結しない例もあり、また柱穴と無関係な位置にあるものもあり、柱を無視した空間分割は考えられないので、敷板の根太痕跡の可能性が高い。たとえ、これらの溝跡が間仕切り溝にせよ、あるいは敷板の根太痕跡にせよ、この空間は寝間として機能していたと考えて間違いない。

タルカ作遺跡ではその他の6世紀代の遺跡と同じように、貯蔵穴の位置が定まらないが、貯蔵穴の位置にかかわらず入口とカマドを結んだ両側の、そして柱穴の外側の主要部分が寝間で、柱間の中は土間あるいは居間であったと類推することができる。弥生時代後期以来、炉は一方の壁に寄っており、炉の反対側に入口が存在する場合が多いことから、弥生後期から鬼高期までは基本的に寝間の位置はタルカ作遺跡の敷板根太痕跡を手掛かりに類推した平面利用とほぼ同一の形態をとっていたものと思われる。7世紀に入ると前述のとおり貯蔵穴はカマドに接して設置されるようになる。このことから、各住居においてはじめて炊事の場が確立したとも考えられるのである。ただ、東国におけるカマドの最初の出現地ひとつである埼玉県児玉地方の住居跡では、必ずといってよいほどカマドは中心から右に寄っており、その寄ったところに貯蔵穴が存在する例が多いことから、これら地域は他の地域より住居の平面利用形態が早く確立していた可能性も高く、地域差も存在することを指摘しておきたい。

2　カマドの出現

埼玉県本圧市周辺で和泉期のカマドが確認され、カマドの出現は鬼高期を遡ることが判明して久しいが、最近各地におけるカマド出現の時期が明らかにされつつある(中村倉司 1989)。その研究成果によると、カマドは5世紀第2四半期に群馬県前橋地方と埼玉県児玉地方に出現し、5世紀第3・4四半期になると関東各地に出現する。しかし、この段階は点的な存在であり、各住居にカマドが普及するのは6世紀に入ってからである。東国におけるカマドの出現の問題について、多元的発生説と一元説があり多元的発生説を採る者は、家父長的世帯共同体の成長を重視し、一元説を採る者は大和政権との関係を重視している。かつては筆者も前者の立場を採っていたが(高橋 1975)、その説は成立しがたいと考え、現在では後者の立場を採っている(高橋 1986)。カマドはどのような理由と背景をもって東国に出現したのであろうか。以下、その問題を考えてみ

第 2 編　集落と祭祀

よう。

（1）初期須恵器の分布とカマドの出現地域

カマドはなぜ先に掲げた特定の地域にいち早く出現したのであろうか。この問題を考える材料として、古墳時代初頭の非在地系土器と初期須恵器、韓式土器及び初期カマドの分布を比較してみよう。興味あることに、これら非在地系土器の集中分布地域と初期須恵器、韓式系土器の分布地域及びカマドの初源地域とほぼ重なり合うのである。非在地系土器の集中分布地域は、大和政権の東国進出の拠点と考えられ、これらの地域に祭祀的様相の強い初期須恵器等が出土することは、引き続き大和政権は古墳時代初頭に確保した拠点にテコ入れを行っていたと見ることができる。そして、これら拠点は点から面への支配の拠点として5世紀段階にも機能していたと考えられるのである。つまり、初期カマドはまずこうした地域に出現したのである。また、カマドは単にカマドだけが導入されたのでなく、煮沸方法、カマドに関する祭りや儀礼、生活方式等も一括導入されたものと思われる。カマドを文化伝播と同様に見なすのは困難で、カマド出現の背景には畿内地方からの人の移住も考えるべきであろう。

（2）台付甕と長甕・甑

カマドの出現以前の主要煮沸具は台付甕であった。カマドが出現すると台付甕は長甕と甑にその座を明け渡した。長甕と甑は、とくに甑はカマド出現以降飛躍的に出土量が増加する。また、各住居にカマドが設置されるようになることから、各住居で消費の自立化が確立あるいは進んだといわれている。果たして自立化が進んだのか、確立したのか、各時代の煮沸具の主役である台付甕と長甕・甑の出土率から検討してみよう。

後張遺跡は埼玉県児玉地方にあり、五領期から鬼高期前半まで継続する遺跡で（立石盛詞 1982・83）、カマドも5世紀後半には出現している。後張遺跡をとおして五領期とカマド出現以降の煮沸具の出土率を比較してみよう。五領期の住居跡26軒からの台付甕の出土個体数は125個体で、1軒当たりの平均保有個体数は4.8個体となる。カマド出現以降の住居跡47軒から甑は81個体出土し、長甕は201個体出土している。甑の1軒平均の保有個体数は1.7個体で、長甕は4.2個体となる。このように見ると、一見多いように感じられる長甕の出土率は台付甕に若干及ばないことがわかる。また、長甕は直接火がかかり消耗率が高いことから、甑のカマド2.5倍の出土率を示している。煮沸具の出土率からは、五領期と鬼高期に大きな変化は認められず、このことから消費の自立化を論じることはできない。おそらく、五領期においても各住居内での消費生活は自立していたと考えるべきであろ、こうしたことから、1軒の住居はすでに古墳時代初頭から消費に関してはかなり自立していたことが想定でき、さらに集落構成上も一つの重要な核として存在していたものと考えることができるのである。

引用文献

今泉　潔　（1989）「竪穴住居の解体と引越し」『史館』第21号　史館同人

第1章 古墳時代の集落

蔀　淳一　（1985）『佐倉市タルカ作遺跡』千葉県文化財センター
高橋一夫　（1975）「和泉・鬼高期の圭音問題」『原始古代研究』Ⅱ　校倉書房
高橋一夫　（1983）「集落分析の一視点」『埼玉考古』第21号　埼玉考古学会
高橋一夫　（1986）「生活遺構・迦物の変化の意味するもの」『季刊考古学』第16号　雄山閣
立石盛詞ほか　（1982・83）『後張』Ⅰ・Ⅱ　埼玉県埋蔵文化財調査事業団
中村倉司　（1989）「関東地方における竃・大形甑・須恵器出現期の地域差」『研究紀要』第6号
　　　　埼玉県埋蔵文化財調査事業団
渡辺修一　（1985）「古墳時代竪穴住居の構造的変遷と居住空間」『研究連絡誌』11号　千葉県文
　　　　化財センター

第2章 古代の集落

第1節 計画村落

はじめに

ここでいう計画村落とは、直木孝次郎がヒストリア42号の「古代国家と村落―計画村落の視角から―」という論文のなかで、計画村落について「当該村落の外にある力―公権力―によって計画された村の意味」と規定している。私もこの概念に基づいて計画村落を考えていきたいと思う。

最近、関東地方でも歴史時代の土器の研究が盛んに行われ、研究成果もいくつか発表されている（高橋 1975・河野喜映 1976・星野達雄 1977）。こうした成果に基づいて集落を分析していくと、ある一定の時期に集落が突如出現し、ある一定の時期に突如消滅していく集落があることがわかる。こうした集落は大集落であることが特徴で、このような現象を示す集落は直木がいう計画村落ではないかと考えた。

実際それが計画村落であるがどうかは十分な検討を要するが、計画村落であると考えている遺跡をまず紹介したい。

1 計画村落と推定される遺跡

井頭遺跡

最初に栃木県真岡市井頭遺跡を取り上げたい（第91図）。この遺跡では奈良・安時代の竪穴住居跡が124軒調査されており、集落のほぼ全体を調査している。集落の特徴としましては、弥生時代後期と古墳時代前期、鬼高期の集落が存在するが、これらは小規模な集落である。鬼高期以降集落は営まれることなく、8世紀中頃になって突如大集落が形成され、糸切りのままの底部をもつ須恵器坏が集落から出土する9世紀中頃に消滅する。井頭遺跡の歴史時代集落の存続期間は、約1世紀ということになる。

特徴ある出土遺物として、4軒の竪穴住居跡から瓦が出土している。軒丸瓦は井頭遺跡に隣接し、芳賀郡衙に比定されている塔法田遺跡（補注1）と寺院跡と考えられている中村遺跡（補注2）と同笵で、下野国分寺と同笵の瓦も出土している。軒平瓦も下野国分尼寺・下野薬師寺、塔法田遺跡と同笵のものが出土している。

塔法田遺跡は井頭遺跡の東方2kmの地点にあり、そこから井頭遺跡が立地している台地がよく見える。大金宣亮は「粗大な推定が許されるならば、本集落にみる瓦は、彼らが、かかる芳賀郡衙の建立（整備）に際して、何らかの形で関係することによって、本集落に搬入されて来たものとすることができる。そして、あるいはその目的のために、強力な政治的背景に結集された集団」

第2編　集落と祭祀

であろうと考えている（大金 1975）。

　井頭遺跡は3期に分けることができる。それぞれの時期の集落変遷については後述するが、124軒を単純に3時期で割ると1時期40軒ということになる。1時期に存在する竪穴住居跡の数が多く、ここにも自然村落との相違が見られる。また、8世紀以降になると竪穴住居跡は小さくなっていき、無柱穴のものが増えていく。笹森健一の研究によると、この時代の竪穴住居跡は古墳時代と同じ竪穴住居跡という概念でなく、竪穴部分は土間として捉えるべきであるという（笹森 1978）。つまり、無柱穴の竪穴住居跡は柱が竪穴外に立てられており、竪穴の部分は土間であり、居間あるいは寝間は竪穴外にあったと考えるのである。3～4mの竪穴住居跡でも実際はかなりの面積が住居空間として有していたことになる。そうなると、この時期の1住居の居住人数は、従来の数式からは簡単に割り出せず、多くの人が居住していた可能性が高くなる。

　井頭遺跡は8世紀中頃に突如出現し、9世紀中頃に消滅する大集落で、構成員も相当数いたものと思われ、また遺物の面では郡衙に使われた瓦が出土するなど、計画村落の一例と思われる。

村上遺跡

　千葉県八千代市村上遺跡（第92図）では歴史時代の住居跡が157軒、それに掘立柱建物跡が24棟調査されている（天野務ほか 1974）。この遺跡は集落全体を調査しているわけでなく、一部保存地区になっているので、全体の7～8割の調査かと思う。住居跡は弥生後期のものと歴史時代の住居跡だけで、この台地上にはほかの時期の遺構はまったく存在しない。村上遺跡も8世紀中頃に突如出現し、9世紀中頃に姿を消していく。

　遺物の特徴としては、井頭遺跡のように瓦が出土し郡衙との関係を把握できるようなものはないが、多量の墨書土器が出土している。墨書土器は144点の出土は明らかで、それプラス70点ほどになると考えられている（表7）。墨書土器の性格についてはまだ不明な点が多いが、これだけ多量の墨書土器を出す集落も関東でも稀有な例といえる。

表7　村上遺跡出土墨書土器一覧

文字	来	毛	山	义	利	多	林	手	家	大	丈	備来	子春	卅	千
個数	63	26	8	5	4	4	4	3	3	2	2	2	2	2	2
文字	前卅	奉	利	又	朝日	申	聖	太	芳	古	上	兀	←	⊕	28+α
個数	1	1	1	1	1	1	1	1	1	1	1	1	1	1	144+α

中馬場遺跡

　次に、千葉県柏市中馬場遺跡（第93図）を紹介しよう。中馬場遺跡周辺は古代東海道の於賦駅の候補地のひとつ比定されている。集落は突如出現するというわけではなく、鬼高期から継続して営まれているが、消滅時期はこれまで紹介してきた遺跡と同じように9世紀中頃になる。この遺跡では131軒の竪穴住居跡が調査されていが、遺跡はさらに北に延びるものと考えられる（古宮隆信ほか 1972・1976）。

第2章 古代の集落

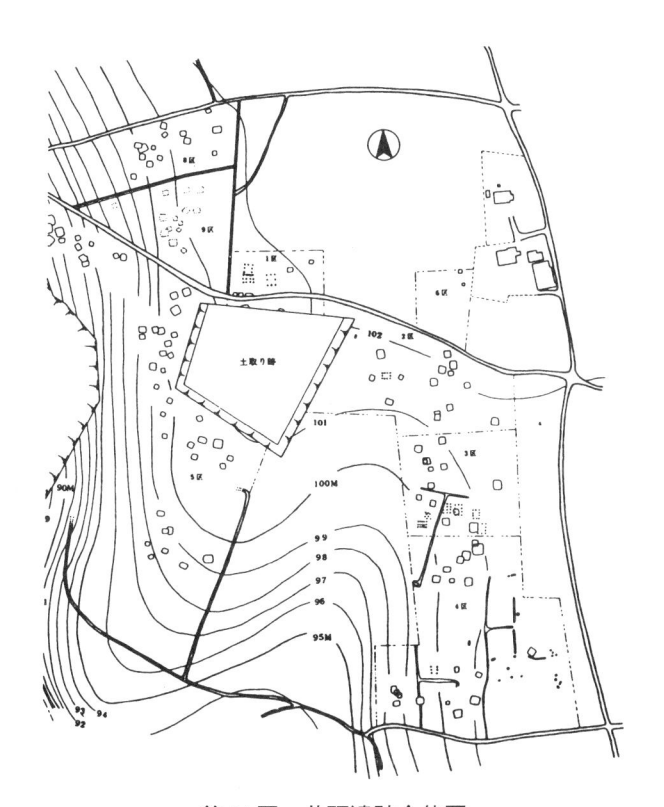

第91図　井頭遺跡全体図

第92図　村上遺跡全体図

第2編　集落と祭祀

　中馬場遺跡は4時期に分けることができるので、平均すると1時期約32軒となる。この遺跡も自然村落と比較すると竪穴住居跡数が多いようだ。

　出土遺物の特徴としては、馬具が3点住居跡から出土し、羽口も出土しており、台地の下には製鉄遺構の存在が推定されている。駅と関係する遺物として馬具が出土しているが、駅としての遺構が不明である。駅家の発掘例を知らないが、駅としてどのような遺構存在するのかも現時点では不明である。溝や柱穴列も存在するが、これらが一概に駅関係の遺構ともいえない。つまり、遺構として決定的なものは見出せないが計画村落の一例と考えた。

山田水呑遺跡

　最後に千葉県東金市山田水呑遺跡について検討しよう（第94図）。

　この遺跡では143軒の竪穴住居跡と25棟の掘立柱建物跡が調査されている。遺物の分布、遺跡のひろがりからすると、全体の4分の1が調査面積だろうといわれていることから、約500軒近い住居跡の存在が考えられている。遺跡からは縄文土器の破片が多少出土するが、弥生・古墳時代の遺構は皆無で、歴史時代の集落だけが存在する。山田水呑遺跡は8世紀の前半に突如集落が形成され、9世紀の後半に消滅する。他の計画村落と思われる集落よりも、やや早めに出現し遅くまで存続するのである。

　集落の出現について報告書では「8世紀前半の百万町歩開墾計画や三世一身法といった全国的な開墾計画の気運と決して無関係に成立した集落ではないようである。このように考えてくると山田水呑集落は自然発生的な集落ではなく、本台地の陸田化と台地南方に侵入する谷の水田化を意図する開墾のために、ある程度の計画性をもって他集落から移住された開墾集落として本集落を位置づけることができる」述べている（松村恵司ほか 1977）。遺跡の東方約3kmの滝台遺跡から「山邊郡印」が出土しており、この集落からも「山口舘」という墨書土器が出土している。このようなことから山田水呑遺跡は上総国山辺郡山口郷に比定されており、その一部を成す集落であることが想定されている。

　本遺跡からも村上遺跡と同じように104点という多量の墨書土器が出ており、書かれている文字が29種類130字である（表8）。

表8　山田水呑遺跡墨書土器一覧

文字	井	佐	佐倉	加加	上	加	田	山	上上	＋	小□	山口舘	日	散□□	成田?
個数	26+10?	19+3?	4+1?	3	3+2?	2+1?	2+2?	2	2	2	1	1	1	1	1
文字	上田	至	中野	家□	山邊	山邊大	山佐	馬雁	佐□	舎	小付	成か戌	直?	未?	□原	30?
個数	1	1	1	1	1	1	1	1	1	1	1+2	1	1	1	1	85+21?

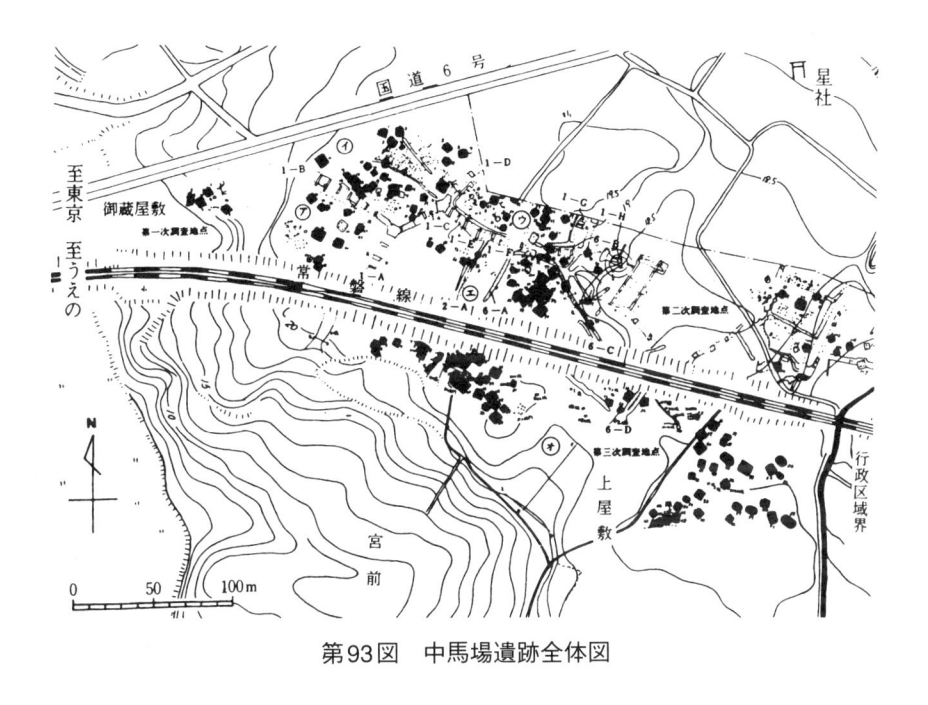

第2章 古代の集落

第93図 中馬場遺跡全体図

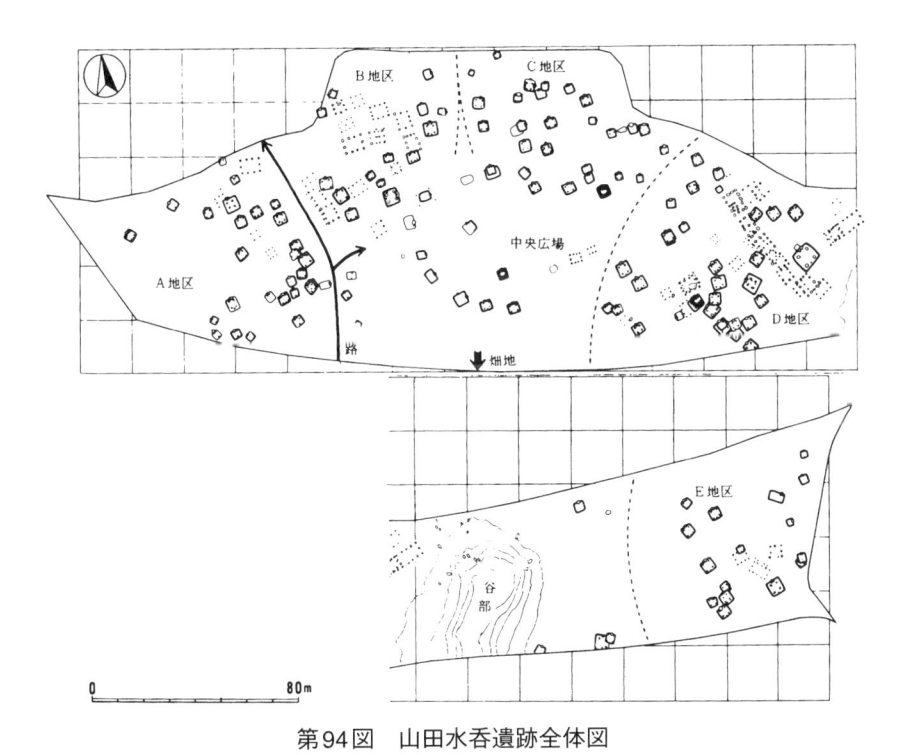

第94図 山田水呑遺跡全体図

第2編　集落と祭祀

2　集落の構造

次に、住居跡の分布状態について見ていきたい。

井頭遺跡（第95図）

竪穴住居跡は台地縁辺部に分布している。中央に土採取場があるが、調査担当者の大金宣亮はそこに竪穴住居跡はなかっただろうと推測している。

第Ⅰ期　土採取場の箇所に竪穴住居跡が存在しなかったとなると広場とも思われ、そこを中心に住居跡が分布する。大雑把に見ると10の住居跡群から構成されている。

第Ⅱ期　台地西側の住居跡は減少し、東側に多くの竪穴住居跡を見ることがでる。住居跡群を構成する竪穴住居跡数にバラツキが見えはじめ、2軒や1軒単独のものが多くなるが、いっぽうでは中央に掘立建物跡が存在、4軒の竪穴住居跡それを囲むように存在するという住居跡群も出現する。

第Ⅲ期　竪穴住居跡は住居跡群を形成することなく、単独で存在するものが多くなり、竪穴住居跡数が減少する。

以上が井頭遺跡の集落の変遷であるが、土採取場の周辺には決して竪穴住居跡を構築することはなかったので、この場所は広場だったと考えられる。

村上遺跡（第96図）

第Ⅰ期　井頭遺跡同様、遺構が形成されない場所が広く存在する。この空間は広場と考えられ、そのまわりに住居跡が散在するが、住居跡群を形成しているようである。第1期の掘立柱建物跡は明らかではないが、3棟が切り合っているものがあることから、第1期にも掘立柱建物跡が存在した可能性があるが、大部分は第2期に出現したものと考えられる。

第Ⅱ期　多くの竪穴住居跡がこの時期に出現する。この時期には掘立柱建物跡をもつ住居跡群と、掘立柱建物跡が主体の住居跡群と、竪穴住居跡だけの住居跡群が明瞭に区分することができ、掘立柱建物跡をもつ住居跡群の竪穴住居跡数はほかの住居跡群より多い。

第Ⅲ期　竪穴住居跡数が減少し、第Ⅰ期同様広場を中心に竪穴住居跡が散在しているように見えるが、いくつかの住居跡群によって集落が形成されている。村上遺跡では最後まで広場に住居跡等を構築することなく、環状集落を維持していることから、集落構成に強い規制があったと思われる。

中馬場遺跡（第97図）

この集落も全体の集落景観を見ると、馬蹄形あるいは環状の住居跡分布を示している。中馬場遺跡では大きく見ると四つの住居跡群が存在し、そのうち三つの住居跡群によって環状の集落を形成しており、その部分の集落を中心に変遷を見ていこう。

第Ⅰ期　広場を中心に環状というよりも、東西に分かれていくつかの住居跡群が存在している。住居跡群を形成する竪穴住居跡は決して多くなく、ほかの場所の竪穴住居跡は単独で存在して

第 2 章　古代の集落

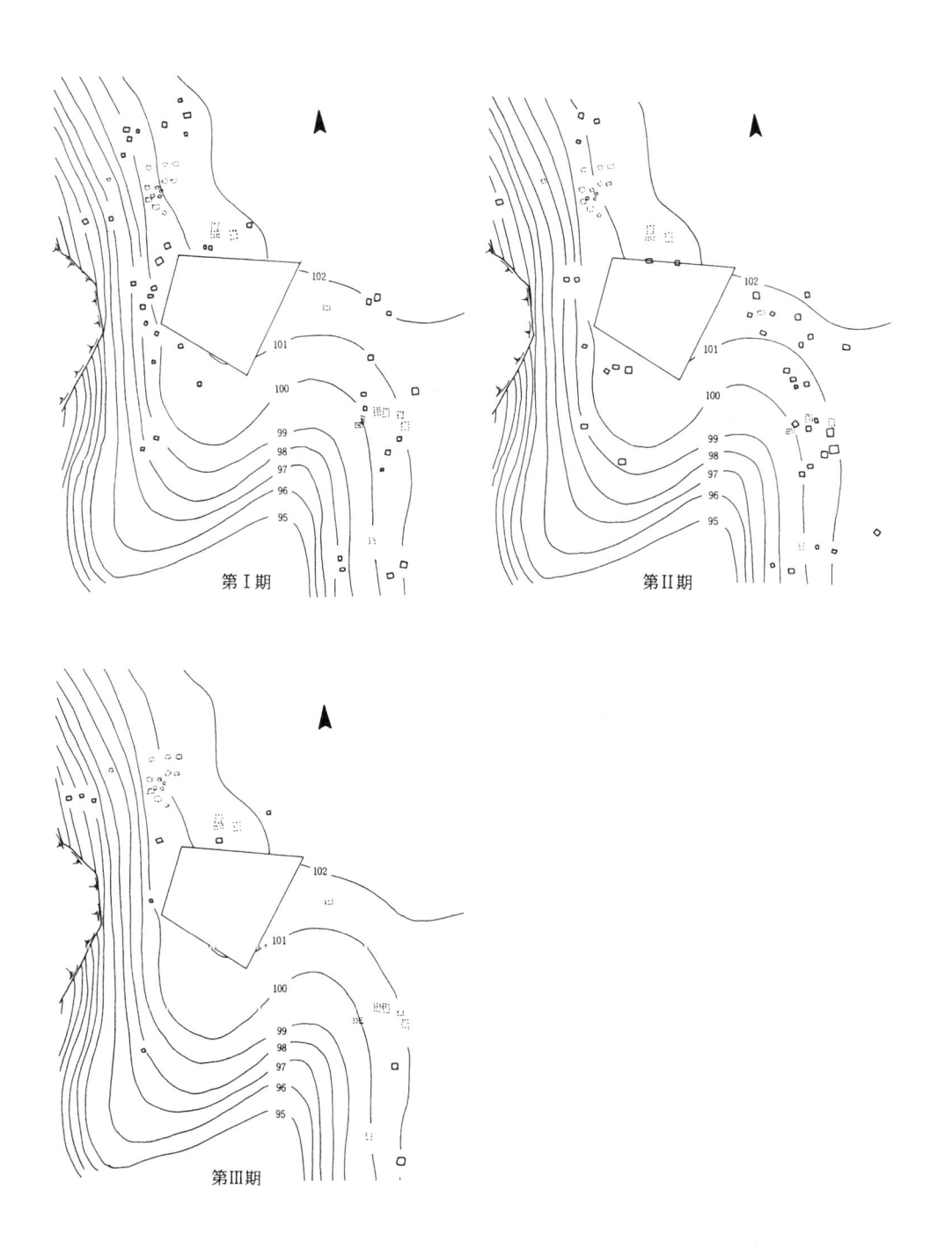

第95図　井頭遺跡住居跡分布変遷図

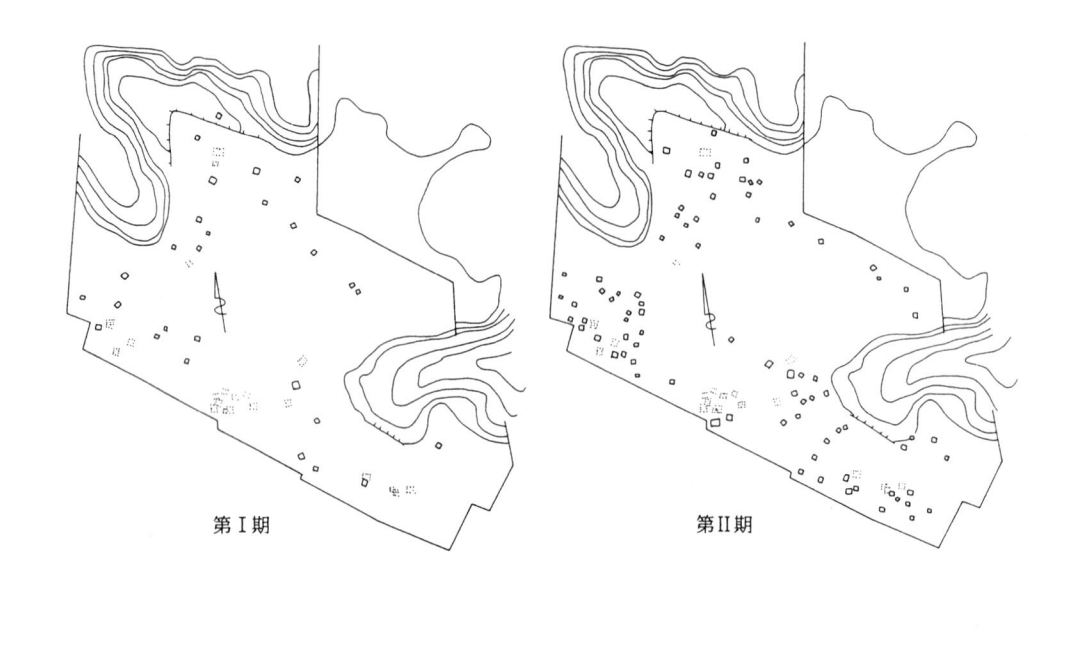

第 2 編　集落と祭祀

第 I 期

第 II 期

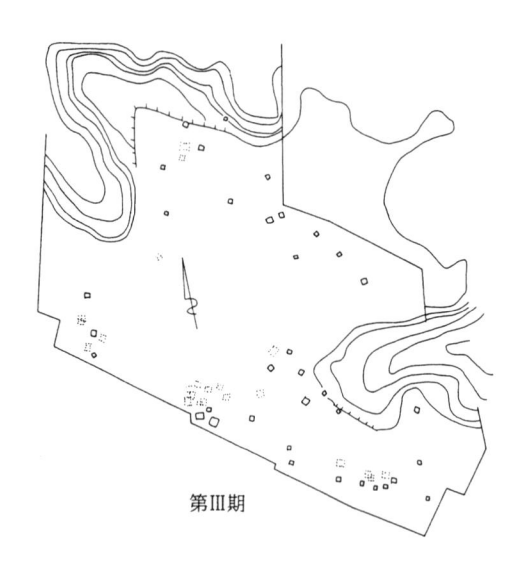

第 III 期

第96図　村上遺跡住居跡分布変遷図

第2章　古代の集落

いる。

　第Ⅱ期　基本的には第Ⅰ期と同じ集落形態を示す。うまく住居跡群を捉らえられないが、3～4の住居跡群から形成されていると思われる。ほかの場所には二つの住居跡群が存在する。

　第Ⅲ期　第Ⅱ期まで広場として規制されていた場所に竪穴住居跡が進出し、環状集落は崩壊に向う。竪穴住居跡の分布は散在化傾向にあるが、いくつかの住居跡群は捉えることができそうだ。

　第Ⅳ期　この時期は竪穴住居跡数も減少し、環状集落も崩壊する。東西の二つの住居跡群があるが、東側は住居跡群というより、単独で存在している竪穴住居跡といった方がいいかも知れない。以上が中馬場遺跡の集落の変遷であるが、常磐線によって壊されている部分がだいぶあるので、中央に広場をもつ環状集落だったと見て間違いないものと思う。

　山田水呑遺跡（第98・99図）

　報告者の意見をまじえながら考えていこう。

　第Ⅰ期　前半には、11軒の住居跡が環状に並び、入口部に掘立柱建物跡が1棟存在す

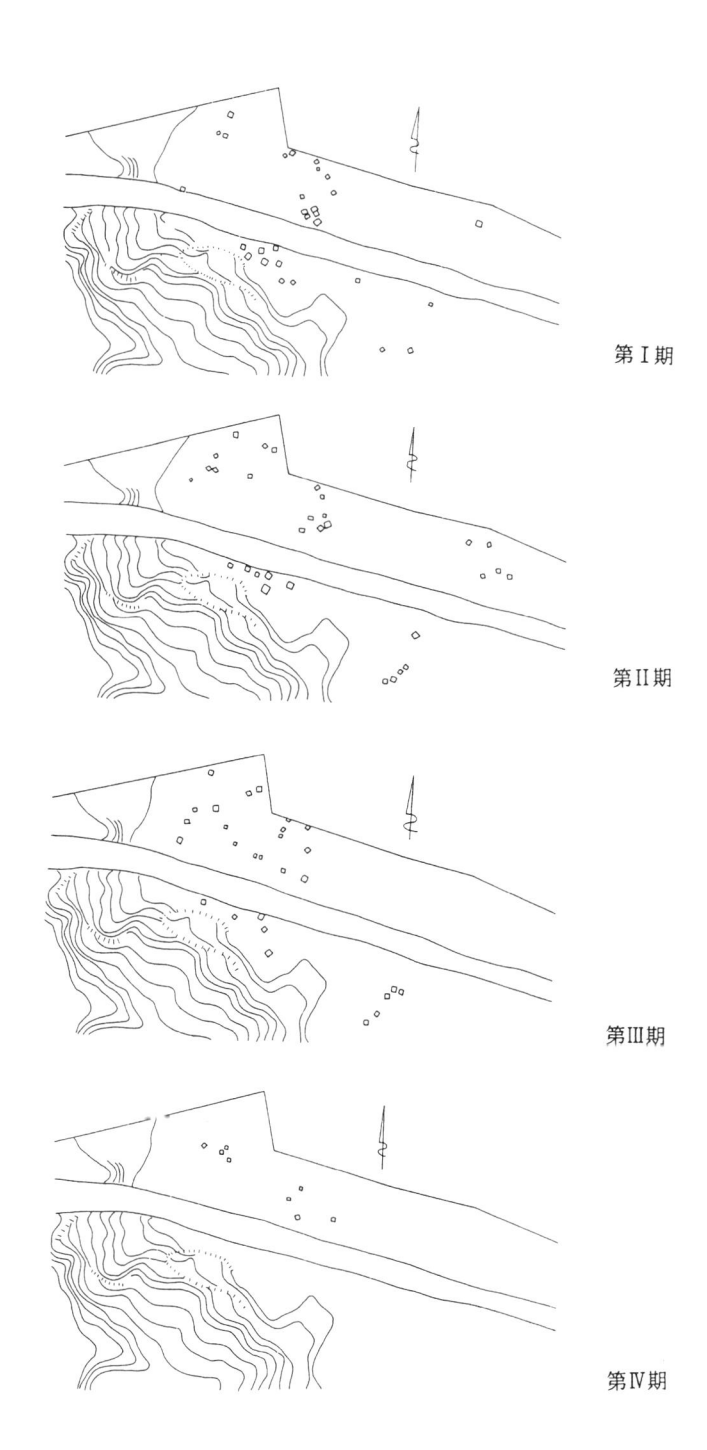

第Ⅰ期

第Ⅱ期

第Ⅲ期

第Ⅳ期

第97図　中馬場遺跡住居跡分布変遷図

第2編　集落と祭祀

る。

　後半には、前半の楕円形集落を構成していた各住居跡は台地上に広く分布するようになるが、住居跡は散在することなく、まとまりを見せている。また、東側には掘立柱建物跡を中心とする建物群が出現し、軒を揃えているように見える。

　第Ⅱ期　基本的に第Ⅰ期後半と分布状態は変わらないが、西側のグループも掘立柱建物跡を伴う建物群が出現する。

　第Ⅲ期　掘立柱建物跡が盛行するとともに竪穴住居跡が小型化する。西側には掘立だけで一群をなすものも存在する。

　第Ⅳ期　掘立柱建物跡は減少するものの、西側にはまだ掘立柱建物跡だけの建物群が存在し、竪穴住居跡は点在するようになる。この時期の竪穴住居跡から「山口館」という墨書土器が出土している。

　第Ⅴ期　掘立柱建物跡は消滅し、竪穴住居跡は大きく東西のグループに分かれて存在する。東側のものはさらにいくつかの住居跡群に分けることができそうである。

　以上が山田水呑遺跡の集落の変遷であるが、最初に移住してきて竪穴住居跡群をつくった場所は、第Ⅰ期後半以降は広場として機能していたと考えられ、その場所には最後まで住居跡等の遺構をつくることはなかった。やはり、集落の構成に強い規制があったと考えざるを得ない。

3　計画村落と自然村落

（1）住居跡の分布形態

　次に、計画村落と自然村落の相違について考えたい。

　自然村落で多数の住居跡が調査されているものに、千葉県千葉市有吉遺跡（種田斉吾ほか 1975・78）と神奈川県厚木市鳶尾遺跡（河野ほか 1975）がある。有吉遺跡は遺跡全体の調査ではなく、3分の1程残っているが、142軒の奈良・平安時代の竪穴住居跡が確認されている。この遺跡は鬼高期から続いており、鬼高期のものが55軒、遺跡の終末は黒笹90号窯式の灰釉陶器が出土しているので、楢崎編年を適用すると11世紀初頭になる。集落形態は中央に広場をもつことなく、またとくに住居跡群を形成することなく、1軒あるいは2軒がひとつの単位として存在し、台地に散在している。有吉遺跡は歴史時代の土器は8時期に分けることができるので、単純計算すると1時期約18軒ということになる。計画村落とはだいぶ様相が違うことがわかる。

　鳶尾遺跡は167軒の竪穴住居跡と117棟の掘立柱建物跡が調査されている。この遺跡も鬼高期から継続するもので、終末は12世紀近くになる。歴史時代の土器は10時期に分けられているが、各時期の住居跡を明確に捉えることはできない。しかし、大雑把に住居跡の分布状態を見ると、やはり住居跡が台地に散在する傾向を示している。有吉遺跡や鳶尾遺跡のように、大集落でなくとも一般の自然村落と思われるものは、2軒や1軒が単位となって散在するようである。

　自然村落は何故8世紀以降住居跡分布が散在化するのか、つまりどうして鬼高期のように、あ

第2章 古代の集落

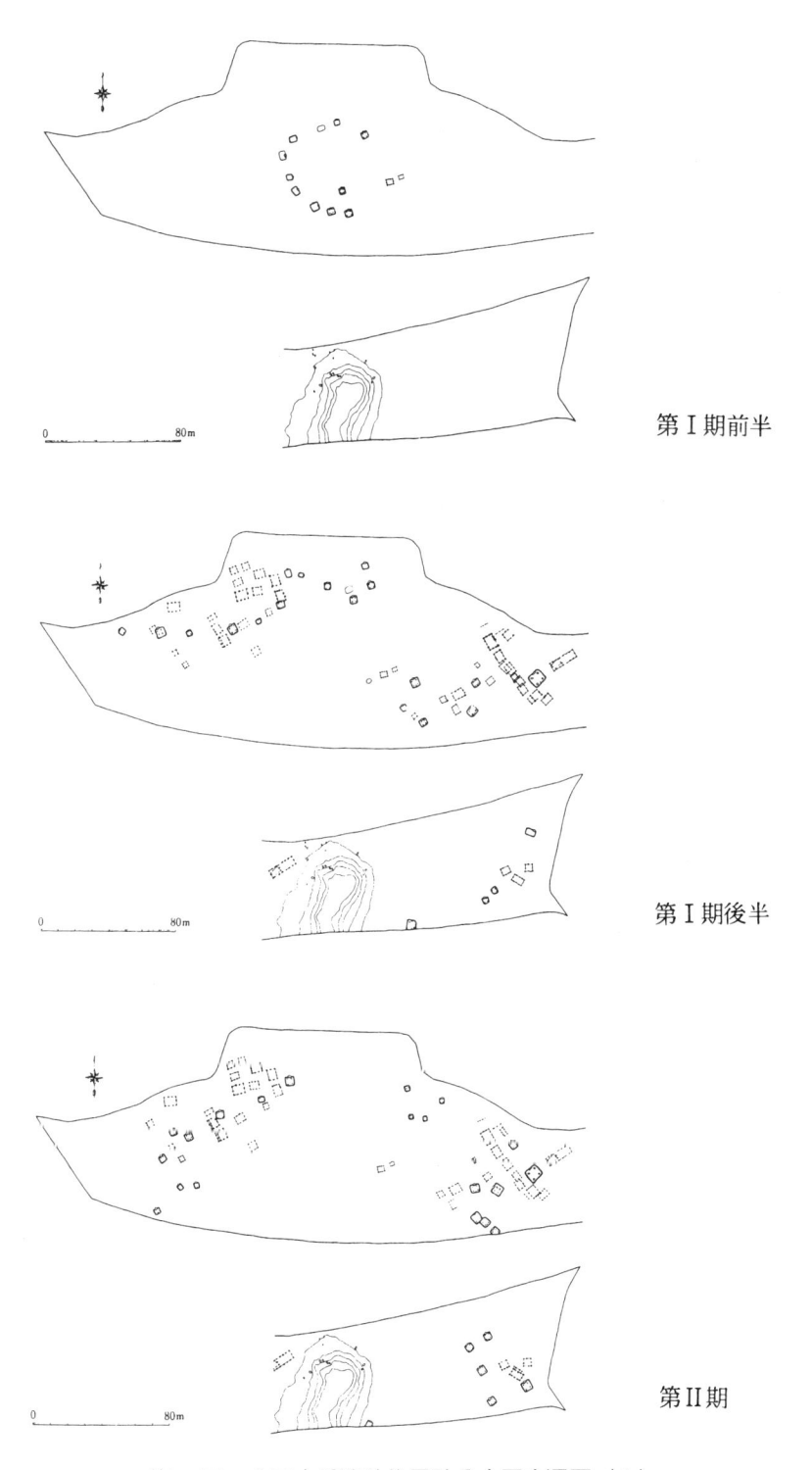

第Ⅰ期前半

第Ⅰ期後半

第Ⅱ期

第98図　山田水呑遺跡住居跡分布図変遷図（1）

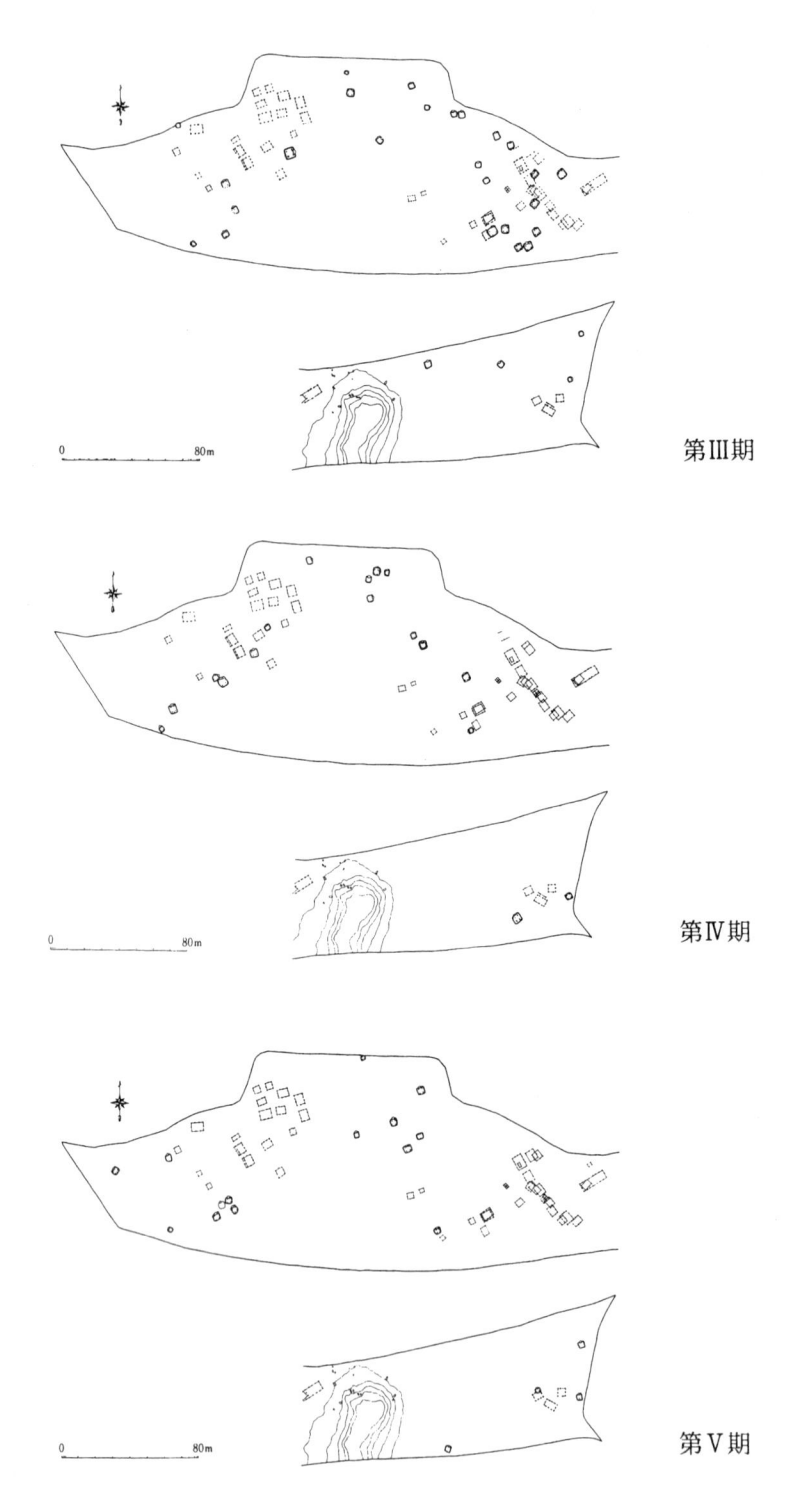

第 2 編　集落と祭祀

第Ⅲ期

第Ⅳ期

第Ⅴ期

第99図　山田水呑遺跡住居跡分布図変遷図（2）

るいは計画村落のように住居跡群を形成しないのだろうか。その基本的要因は竪穴住居跡の自立化と園宅地の所有にあるのではないかと思われる。8世紀以降各竪穴住居跡が園宅地を所有するようになり、そのため竪穴住居跡が現象として散在しているように見えるのではないだろうか。逆に計画村落は強制的なものであるので、園宅地の所有は認められていないため、群として捉えられるのだと思う。

　また、先にあげた計画村落と思われる4遺跡からは、いずれも律令官人としての身分を表わす石帯が出土している。こうした面からも律令国家と決して無縁でないことがわかり、9世紀中頃に消滅していくということは、律令国家の崩壊と深い関係ある現象ではないかと推察できるのである。

　（2）住居空間

　8世紀以降、竪穴住居跡は小さくなる。第100図を見てもわかるように、竪穴住居跡は4m前後のものが多い。参考に有吉遺跡鬼高期の竪穴住居跡の大きさを示ししたが、歴史時代のものは一辺が2mに満たない住居もあり、鬼高期の2分の1～3分の1程の面積をもつ住居が多い。こうした現象を金井塚良一は、律令制の収奪によって一般民衆の貧困化と考えた。しかし、竪穴部分は小さくなっているが、住居空間はそれほど変化しないと考えている。

　無柱穴住居跡は計画村落と想定した井頭遺跡では124軒中80軒で65％、村上遺跡は157軒中95軒で60％、中馬場遺跡131軒中33軒で25％、山田水呑遺跡は143軒中55軒で38％となる。自然村落としてあげた有吉遺跡では142軒中90軒で63％、鳶尾遺跡は169軒中167軒で99％となっており、自然村落の方がやや高い数値を示している。井上尚明は町田市周辺の歴史時代の竪穴住居跡100軒について調べた結果、無柱穴のものは真間期で63％、国分期で55％という結果を出している（井上 1977）。

　関東では一般的にローム層が遺構の確認面になるので、そこまで達しないものは確認できない。無柱穴住居の場合、その住居の周辺にローム面まで達しない柱穴があった可能性がある。たとえば、4m竪穴住居跡で、その外2mに柱を置いたとすると、柱間は6m近くになり、この間隔は鬼高期の竪穴住居跡を例にとると10mクラスの大型住居跡となる。つまり、竪穴部分は土間で、平地が居間としても機能していたと考えられるのである。

　このように考えていくと、無柱穴の竪穴の方が4本柱のものより一段進んだ住居形態で、面積も広くなるということになり、歴史時代の竪穴住居跡は決して貧困化を示しているのではなく、逆の現象を示すことになる。

　従来、竪穴住居跡の面積だけで居住人数を計算しているので、1住居の推定人数は少なくなるが、竪穴を土間という概念でとらえると居住人数は多くなる。大島郷の戸籍を調べると7～8人位の房戸が多いが、これ位の人数であると無柱穴の住居に入るのではないかと思われる。

　以上、計画村落について述べてきたが、出土遺物では井頭遺跡のように郡衙と関係ある瓦が出土している遺跡もある。しかし、遺物の総体は自然村落とそれほど相違はなく、集落の存続時間・

第2編　集落と祭祀

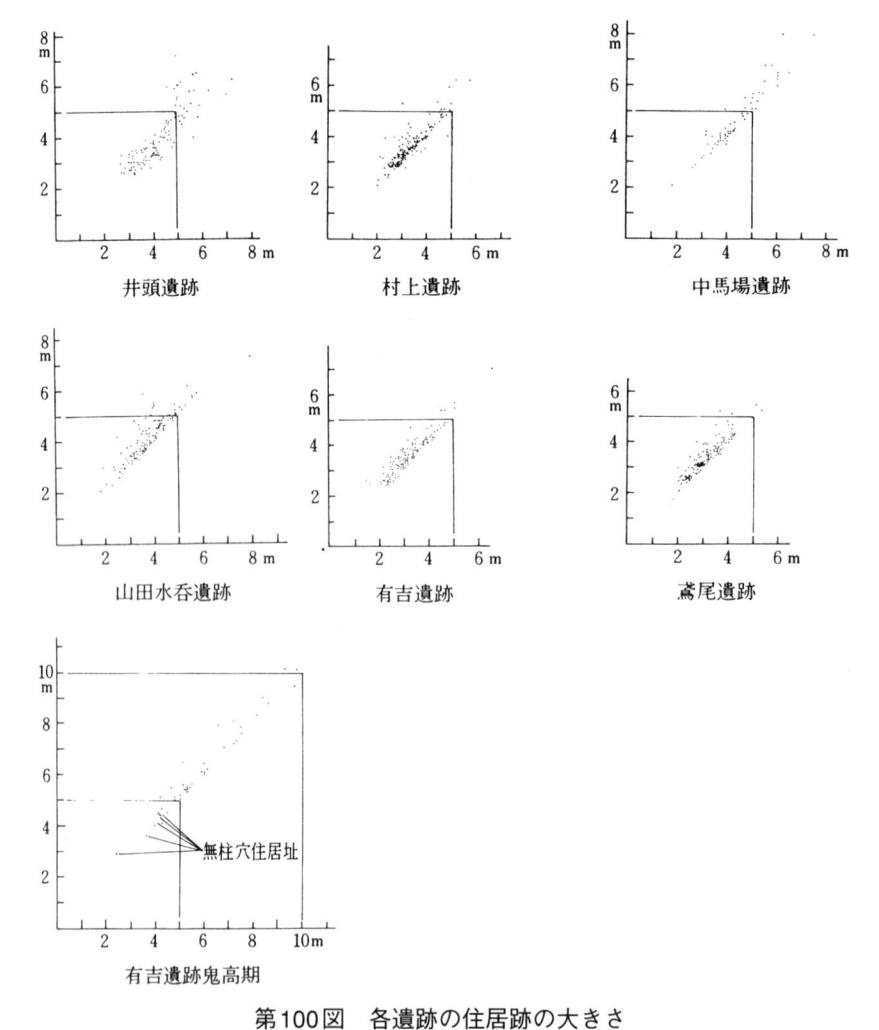

第100図　各遺跡の住居跡の大きさ

集落形態で自然村落とは相違が見られるのである。

補注

1　塔法田遺跡はその後「堂法田遺跡」に名称変更となっている。その理由は、遺跡名は字名をとって遺跡名をとするが、遺跡付近には「塔法田」という字名はなく、正しい字名は「堂法田」であることから「堂法田遺跡」名称変更となった（大金宣亮1984「堂法田遺跡」『真岡市史』第1巻　考古資料編）

2　中村遺跡に関しては、その後の調査成果から寺院ではなく、芳賀郡の税物格納施設としての性格が推定されており、「郡倉別院」に位置づけられている（大金宣亮1984「中村遺跡」『真岡市史』第1巻　考古資料編）。

引用文献

天野務ほか 1974『八千代市村上遺跡群』千葉県文化財センター

井上尚明 1977「古墳時代およびそれ以降の住居址について」『町田市すぐし山遺跡発掘調査報告』
　　　中央大学考古学研究会

大金宣亮 1975『井頭』栃木県教育委員会

河野喜映ほか 1975『鳶尾遺跡』神奈川県教育委員会

河野喜映 1976「厚木市鳶尾遺跡出土の土器の編年試論―歴史時代を中心―にして」神奈川考古
　　　第1号　神奈考古学同人会

古宮隆信ほか 1972『中馬場遺跡・妻子原遺跡』柏市教育委員会

古宮隆信ほか 1976「中馬場遺跡第三次発掘調査報告書」柏市教育委員会

笹森健一ほか 1978『埼玉県上福岡市川崎遺跡（第3次）・長宮跡発掘調査報告書』上福岡市教育委
　　　員会

高橋一夫 1975「国分期土器の細分・編年試論」『埼玉考古』第13・14号　埼玉考古学会

種田斉吾ほか 1975・78『千葉東南部ニュータウン』3・5　千葉県文化財センター

松村恵司ほか 1977『山田水呑遺跡』日本道路公団・山田遺跡調査会

星野達雄 1977「いわゆる『国分式土器』について」原始古代社会研究3　校倉書房

第2節　集落分析の一視点

はじめに

　最近の集落研究は停滞している。その要因としてさまざまなことが考えられるが、その主要因は考古学側の集落研究と共同体に関する問題意識の低さや、同時存在の竪穴住居跡を把握することの難しさがあげられる。つまり、集落研究の根幹をなす部分がとても不安定なのである。まず、この不安定材料を取り除かなければならない。

　集落論・共同体論の先駆的業績として、和島誠一・金井塚良一の「集落と共同体」がある（和島・金井塚 1966）。両氏の論文は考古学資料を駆使しているが、きわめて理論的な内容である。今日、考古学面の集落論でこの研究を越えるものはないといわれているが（服部敬史 1978）、我々はそれを乗り越えていかなければ、いつまでたっても集落研究の進展は望めない。両氏の研究は史的唯物論・マルクス史学からみれば、一定の完成度を示している。筆者も集落研究の方法として、両氏の研究は理論的にも正しいものと考える一人であり、マルクス史学の問題意識がここまで集落研究を高めてきたと考えている。しかし、両氏の研究から学び、集落論を一歩でも前進させるためには理論を先に置いて集落を考えるのではなく、たとえ結果が同じとなっても集落を徹底的に分析して竪穴住居跡群を把握し、そこから理論化して行かなければならないと思う。捜査に行き詰まった刑事は現場に戻るように、我々も集落に戻ろう。

　そこで、集落分析の一視点として、竪穴住居の入口位置を検討し、それから道を想定して住居跡群を摘出したい。発掘した集落跡をみると遺構検出面であるローム層まで下げられ、ロームはまばゆいばかりであるが、そこからは当時の集落環境はイメージできない。集落には草木一本も存在しなかったわけではない。必ず草木や畑、広場などの空間もあったはずである。

　集落に道を想定する場合、もっとも重要なポイントは竪穴住居の入口の方向である。そこで、まず入口を決定する作業からはじめることにしよう。

1　入口の設定

　入口の確定とはいうものの、竪穴住居跡には出入口の施設が存在するものは稀で、やっかいな問題である。最近、主柱穴4本のほかにもう一本、壁際の小さなピットを注目し、第5のピットと呼んでいる。そのほかに、従来から入口の施設ではないかといわれてきたものに「馬蹄形の盛土」がある。また、竪穴住居跡構造から入口を想定する研究もあり、これらを参考に古墳時代以降の竪穴住居の入口について考えていくことにしよう。

　東京都神谷原遺跡では竪穴住居跡の床面を、1cmコンタで実測を行っている（吉廻純ほか 1981）。71号竪穴住居跡（第101図）を見ると、炉の周辺が一番低く、この低いコンタは第5のピットと馬蹄形の盛土に向かっている。高い箇所は第5のピットや馬蹄形盛土のある東壁を除いたところで

ある。等高線からは入口は東壁にあり、そのほかの壁際は寝間であったということが読みとれる（注1）。弥生時代後期以降の竪穴住居跡をみると、炉は必ず一方の壁に寄っており、その対岸に第5のピットや馬蹄形盛土が多く存在することから、当該期の入口は一般的には炉の対岸であった考えてよさそうである。

　次に、鬼高期の竪穴住居跡を観察してみよう。東京都石川天野遺跡4C-64竪穴住居跡では床面の硬度測定を行っている（第102図）。その緒果、「4C-64竪穴住居跡北の床面は、壁近くが非常に柔らかく、柱穴を囲む内側が硬い傾向をもち、とくに柱穴のすぐ内側1mが非常に硬い。かまどの周辺では向かって右に攪乱が入ってしまったが、左側をみると、側方が比較的硬かった。一方、貯蔵穴では周囲1mの範囲が非常に柔らかく、1mから外側では急に硬くなり、中央部の硬い区域に続くことを示した」という（小池裕子・根本直樹 1981）。そして、「このことは、一般に考えられているように、貯蔵穴（張り出しピット：筆者注）の上に渡した板が施工され、出入口に連なっていたとの考えと矛盾しない」と述べている。このように鬼高期の竪穴住居跡は硬度測定の結果も、入口はカマドの対岸の可能性が高いことを示している。炉とカマド、等高線による実測と硬度測定という違いはあるが、同一の結果が得られたことは重視しなければならない。床面の残りの良いものについては、この2例からもわかるように、この手の調査を実施する必要性を痛感する。

　鬼高期の竪穴住居跡には「間仕切り溝」と呼ばれるものが存在する。これも入口を想定する材料となる。第103図を見てもわかるように、間仕切り溝はカマドが設置された壁に直行する側に存在する。千葉県上ノ台遺跡2R-48号竪穴住居跡の間仕切り溝の部分は神谷原遺跡・石川天野遺跡の例から、寝間としての空間が考えられた場所である。このことから間仕切り溝の部分は寝間と考えてほぼ間違いない。2R-48号竪穴住居跡ではカマドの対岸には第5のピットが存在する。同じく2P-49号竪穴住居跡（第104図）ではカマドが付け替えられているが、北西壁のものが初期のもので、それに伴う間切り溝がD1・3・4・6の4本である。カマドの対岸には馬蹄形盛土が存在することから、カマドの対岸が入口と考えられる。以上のことから、5番目のピットは「入口用ピット」と命名してよく、馬蹄形盛土とともに入口施設と関係あるものと考えてよい。張り出しピットは貯蔵穴と考えられているが、何故貯蔵穴が張り出し、その上が入口となったかを解決しなくてはならないが、鬼高期でも初期の段階の入口はカマドの対岸とすることができる。

　鬼高期の一般的な竪穴住居跡がそうであるように、鬼高期でも新しい時期になるとカマドの位置は中央部から右寄りの傾向となる。カマドの位置が片寄る現象に着目し、竪穴住居の構造や空間利用の方法に迫ったものとして柿沼幹夫の研究がある（柿沼 1979）。柿沼の研究を要約すると次のようになる。

　埼玉県児玉地方のカマドは和泉式期以降は右に寄る傾向があり、「左右カマドとカマドの位置する壁の方位については、右カマド東・北、左カマド西・南という関係が成立する。この明確な

第2編　集落と祭祀

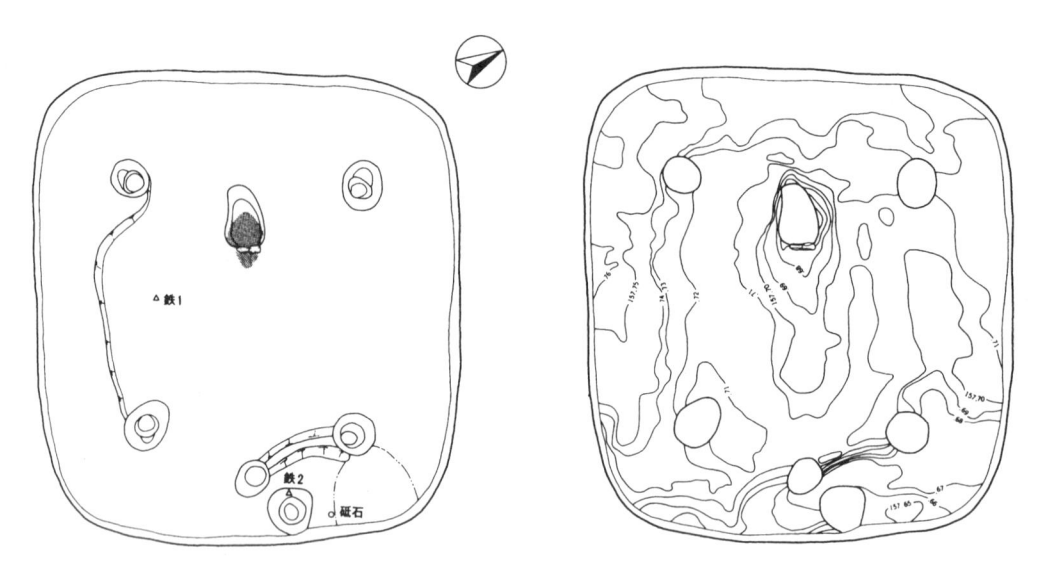

第101図　神谷原遺跡17号住居跡コンタ図

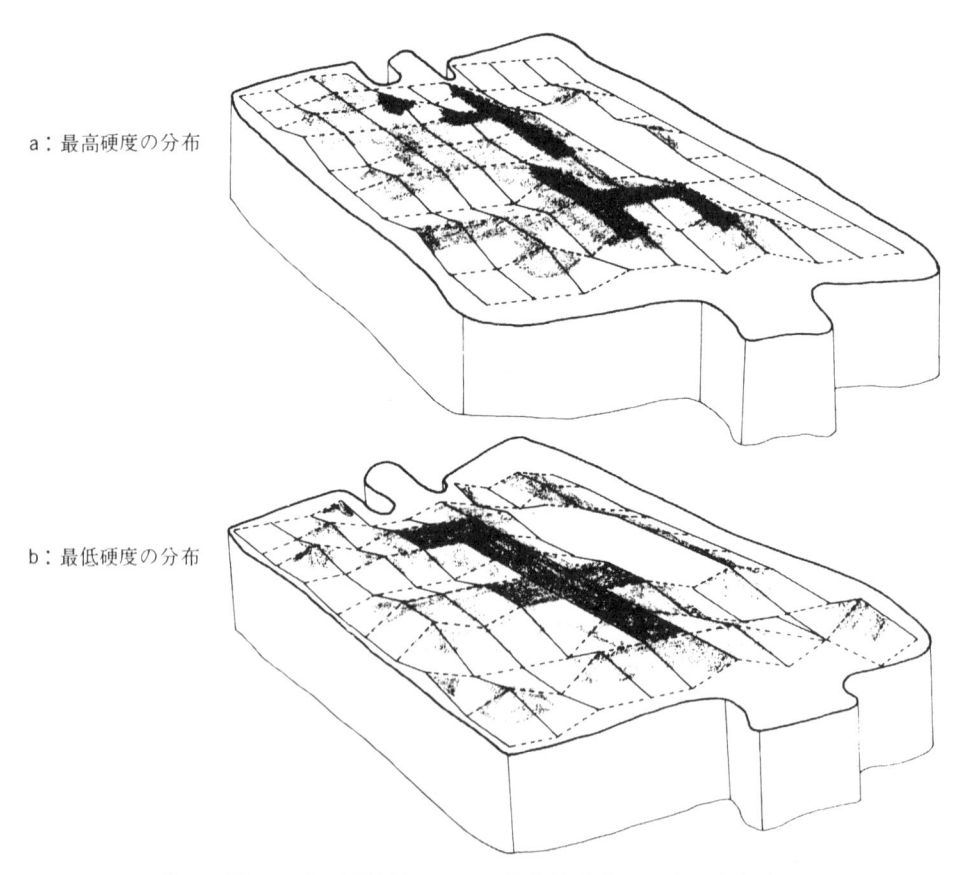

a：最高硬度の分布

b：最低硬度の分布

第102図　石川天野遺跡4C－64号住居跡床面硬度分布概念図

関係を成立させた要因は、北・西風を避けるために、入口か東か南に設定するとともに、カマド・貯蔵穴と入口を直結させようとしためなのだ。入口は、東壁か南壁の中央部＝カマドの位置する壁に対して直角の位置に設定されたことが想定され」、カマドと入口を直角に結んだ空間が土間になるという（第105図）。柿沼の考えでいくとカマドの対岸に入口は存在しないことになり、今まで検討してきたことと矛盾する。このことは地域的な相違なのか、どちらかが間違っていることになる。しかし、神谷原遺跡と石川天野遺跡の事例や、入口用ピットや馬蹄形盛土から、鬼高期以前と鬼高期の古い段階までは炉とカマドに対岸に入口が想定できた。

　上ノ台遺跡では6世紀後半にカマドの付け替えが行われている。先に示した2Ｐ－49号竪穴住居跡もその例である。ここでもう一度2Ｐ－49号竪穴住居跡を観察してみると、新しいカマドは北東壁に設置されており、それに伴い間仕切り溝も掘り直している。しかし、馬蹄形盛土はそのまま残っており、入口の場

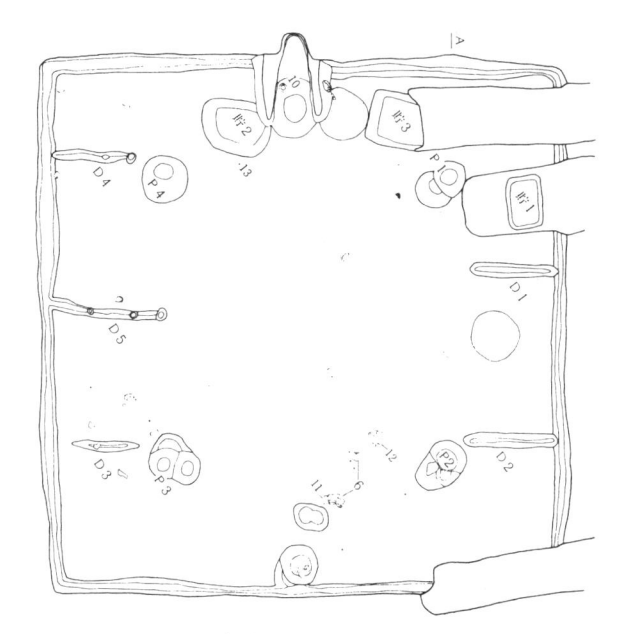

第103図　上ノ台遺跡2R－48号住居跡

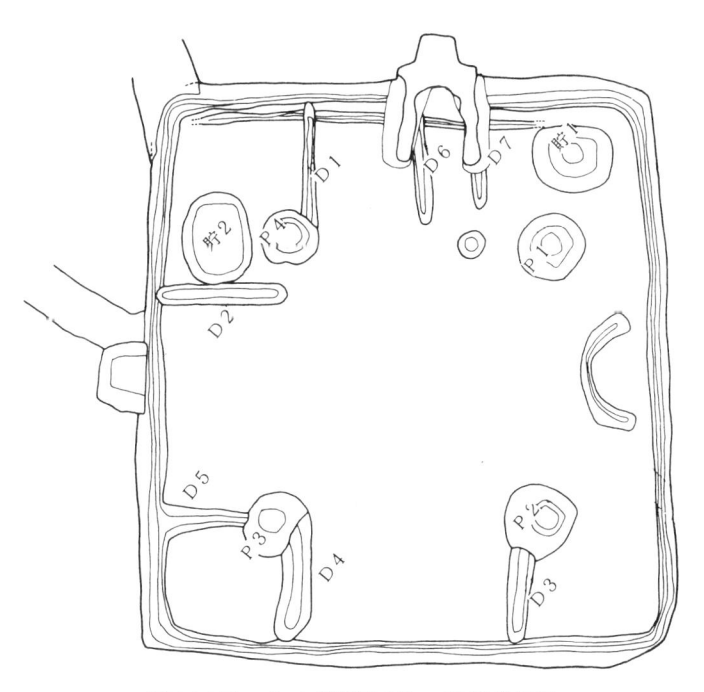

第104図　上ノ台遺跡2P－49号住居跡

第2編　集落と祭祀

所に変化は見られない。当初の寝間はカマドと入口を結んだ両側であったのが、カマドの位置の90度変化したことによって、寝間はL字形を取らざるを得なくなった（第106図）。つまり、カマドの付け替えを契機に、竪穴住居の空間利用のあり方が明らかに変化していることが読み取れる。カマド自身の位置も当初は中央部にあったが、付け替えたカマドは右寄りとなっている。このことから、カマドの寄った側の壁に入口を、そして土間を想定した柿沼の仮説は実証されるのではないかと考えている（注2）。カマドの付け替えは、単にカマドが古くなったからという理由からでなく、竪穴住居空間の利用の変化といった外部的な要因が大きく左右していることを端的に示しているといえよう（注3）。2P－49号竪穴住居居跡の場合、その理由として土間概念の導入をあげることができよう。上ノ台遺跡ではこれと同じ現象を示す竪穴住居跡を数多く見ることができる。竪穴住居への土間概念の導入は柿沼が述べているように、カマドの導入とともに入ってきた可能性もあるが、埼玉県児玉地方は他地方に先駆け5世紀代にカマドが出現し、土間概念の導入も早かったことが推察できる。いっぽう、他地方ではカマドの出現も遅れ、カマドの設置当初は従来の竪穴住居間の利用法を取っており、その後に寝間土間概念が導入されたと想定したい。このように考えれば先の矛盾点は解消する。

　奈良時代になると竪穴住居は小型化していく。これまでは竪穴住居の小型化は、そのまま居住空間の狭小化と考えられてきた。しかし、笹森健一は鬼高・真間・国分期のカマドの位置等を検討し、各時代を通して竪穴住居空間に変化は見られないという画期的説を打ち出している（第107図）（笹森1978）。笹森の研究は古代末期までの展望をもった大系的なもので、集落研究に曙光をもたらしたといっても過言でない。笹森の研究を受けて柿沼が竪穴住居跡の空間利用の研究を一歩進めたということができよう（第108図）。奈良・平安時代のカマドも必ずどちらかに寄っている例が多いが、これは鬼高期のものと同じ原理と捉え、入口をカマドが寄った壁と考えたい。

2　六反田遺跡の分析

　六反田遺跡は4世紀から11世紀の長きにわたり営まれた集落である。その間4回の断絶があるが、6世紀以降は継続して営まれている。出土土器は1期から20期に分けられ（浅野晴樹・石岡憲雄1981）、それをもとに各時期の竪穴住居跡分布図を作成している。土器の分類について異論はないが、集落の分析については切り合っているものが同時期とし、また掘立柱建物跡の分析がなされてないなど問題点を残しているので、六反田遺跡での土器の分類に導かれながらここで再度集落の分析を行った。そのため報告書に示されている各時期の竪穴住居跡分布とは相違を見せている（注4）。

　六反田遺跡は想定される遺跡範囲の4割の調査であった。集落跡は東にひろがり、西側はほぼ調査したものと考えてよい。そのため全体の竪穴住居跡等の分布を知ることができず、道の想定が困難であるが、カマドの位置等から集落の縁辺部に道を想定した。また、入口は先の検討のように、カマドが寄った側の壁とした。なお、今回の分析の対象とした時期は6世紀以降の集落で

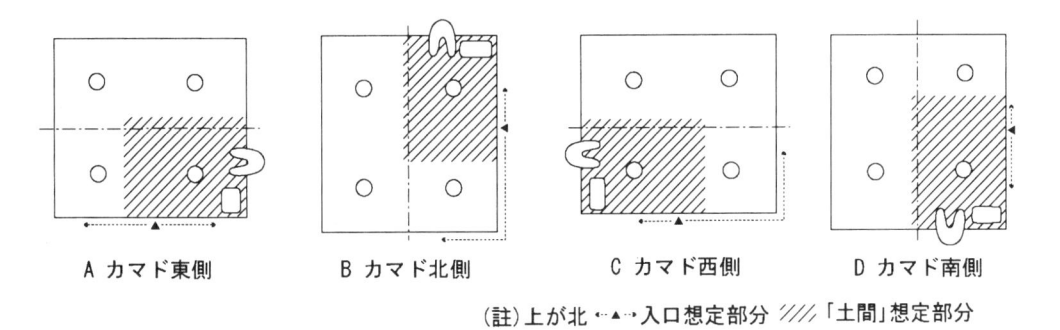

A カマド東側　　B カマド北側　　C カマド西側　　D カマド南側

(註)上が北　▲・・▶入口想定部分　////「土間」想定部分

第105図　カマドの位置と貯蔵穴・入口＝柱間関係概念図

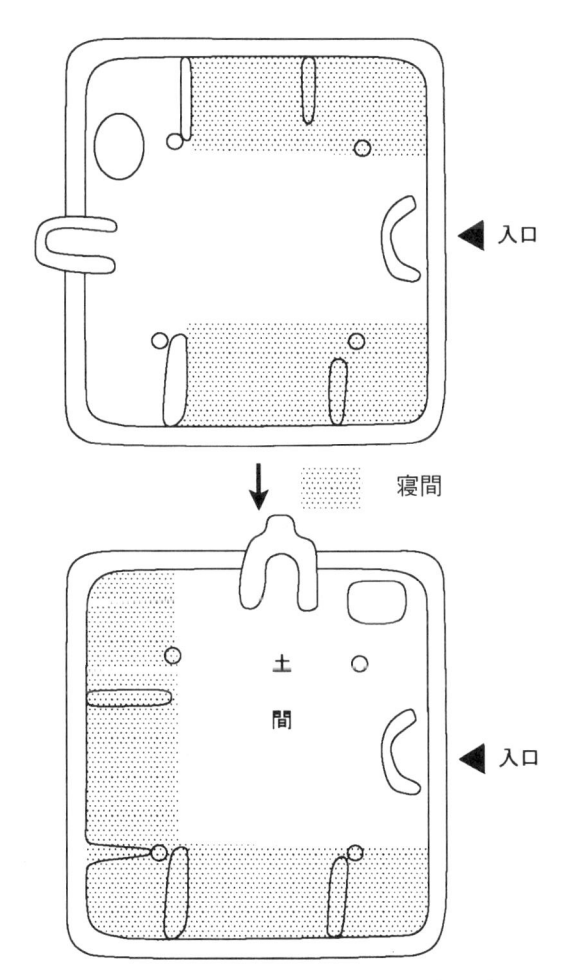

◀入口

寝間

土間

◀入口

第106図　上ノ台遺跡2P－49号住居跡空間利用変遷図

第2編 集落と祭祀

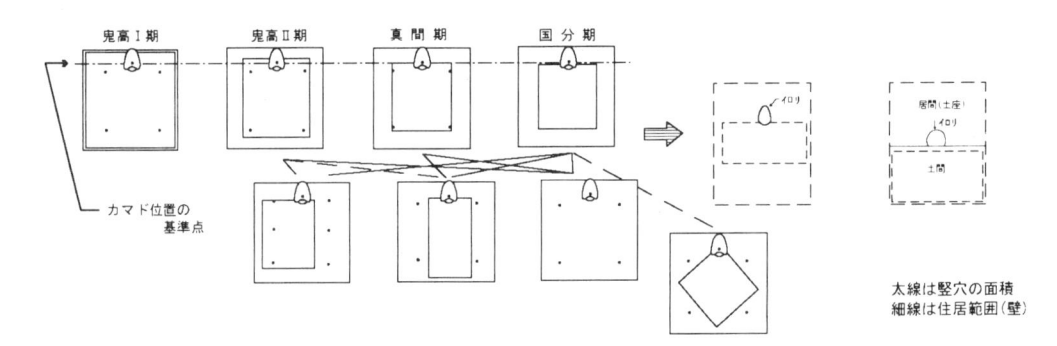

第107図 住居跡形態模式図

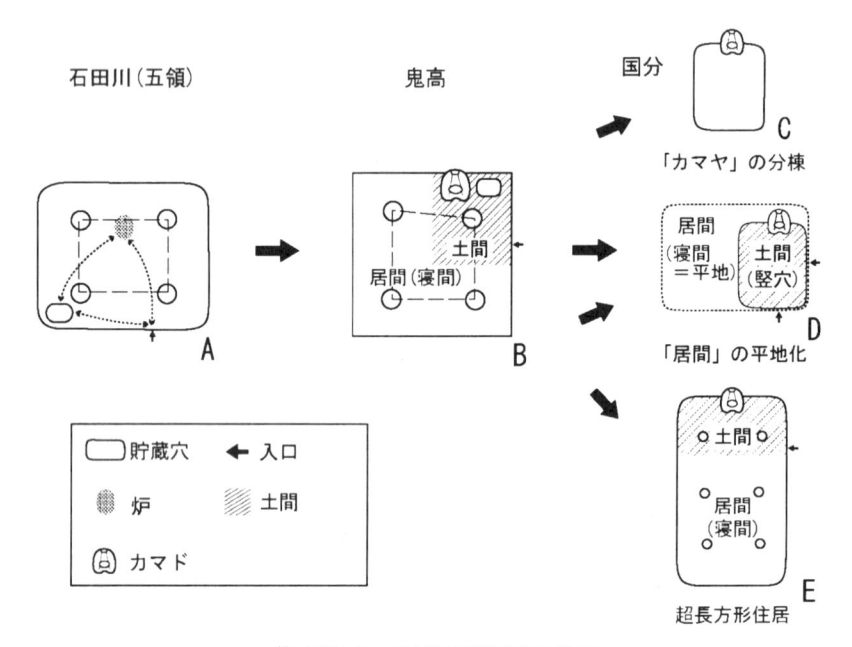

第108図 住居空間利用概念図

ある（第109～113図）。

第1期（6世紀第1四半期）

　発掘区の南に6軒の住居跡が存在する。入口の関係からA軒道（遺跡は東にひろがることから、本来このA幹道は枝道となるものと考えられるが、便宜的にA幹道と呼ぶことにする）が想定でき、三つの住居跡小群に分けることができる。aは1軒のみであるが、調査区域外にこの仲間の竪穴住居跡の存在が予想される。aからは石製模造品を出土している。bは3軒から構成されている。うち1軒からは石製模造品と須恵器が出土している。カマドは二方向に向いており、1軒は90度ずれているが、枝道に向かって口が存在することがわかる。cは2軒の竪穴住居跡からなり、うち1軒は須恵器を出土している。入口やはり枝道に向いている。2軒はカマドが相対している方向

にあるが、入口は同じ方向にある。入口の場所は単に風といった自然条件からのみ決定されるのではなく、集落における道あるいは集落構造全体の中で決定されるものと推察できる。a・b・cの住居跡小群はA幹道を共有しており、分布も半円状に一つのまとまりをみせており、三つの住居跡小群は有機的なつながりをもった一つの住居跡群として把握できる。

第2期（6世紀第2四半期）

幹道は同じ場所に存在する。竪穴住居跡は調査区域外に多く存在するものと考えられるので、分析の対象としない。

第3期（6世紀第3四半期）

第1・2期には竪穴住居跡の存在しなかった西側に、A幹道に入口を向ける3軒の竪穴住居跡が存在する。それぞれa・bの住居跡小群に分けることができ、さらに幹道沿いに1軒からなるcが存在する。a・bはその竪穴住居跡の分布から見ても一つのまとまりを示しているが、共同広場的なものを想定することによって、a・b・cの住居跡小群は一つの住居跡群として捉えることができよう。

第4期（6世紀第4四半期）

第3期には竪穴住居跡が見られなかった東側に再度竪穴住居跡（f）が分布するようになる。西側にはa・eの住居跡小群が存在する。a・bはまとまっているが、c～eはそれぞれ単独で存在するように見えるが、同じく共同広場的な空間を設定することから、有機的つながりをもつ住居跡群として捉えることができる。

第5期（7世紀第1四半期）

A幹道は多少変化し・そこにd・eの二つの住居跡小群が、そしてA幹道から枝道を得てfが存在する。西地区にはa・b・cの三つの住居跡小群が存在する。a・b・cとd・eはそれぞれ一つの住居跡群とすることができる。

第6期（7世紀第2四半期）

A幹道には3軒から構成されるcと、2軒からなるdの二つの住居跡小群が存在する。B幹道には2軒からなるa、1軒のb住居跡小群があり、これらは道を共有するということから、一つの住居跡群として把握することができる。

第7期（7世紀第3四半期）

A幹道には2軒からなるd住居跡小群、枝道にあるそれぞれ1軒のe・fの三住居跡小群が存在する。gはd・e・fとやや離れるが・前と同じように共同広場を設定することによって、e～gの住居跡小群は一つの住居跡群となる。B幹道には1軒から成るa・b・cの三住居跡小群がある。それぞれは離れているが、やはり共同広場を設けることによって一つの住居跡群と見ることができる。

第8期（7世紀第4四半期）

A幹道には2軒から構成されているf・gが、1軒から構成されている、h・iの四つの住居

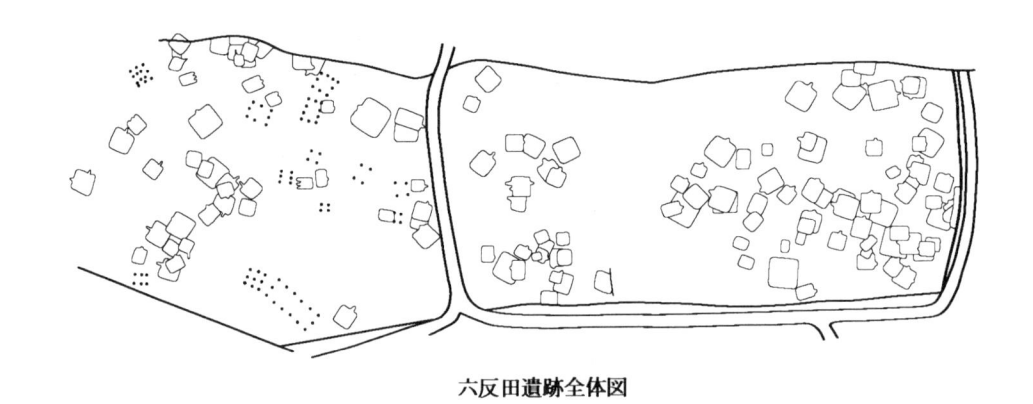

第2編 集落と祭祀

六反田遺跡全体図

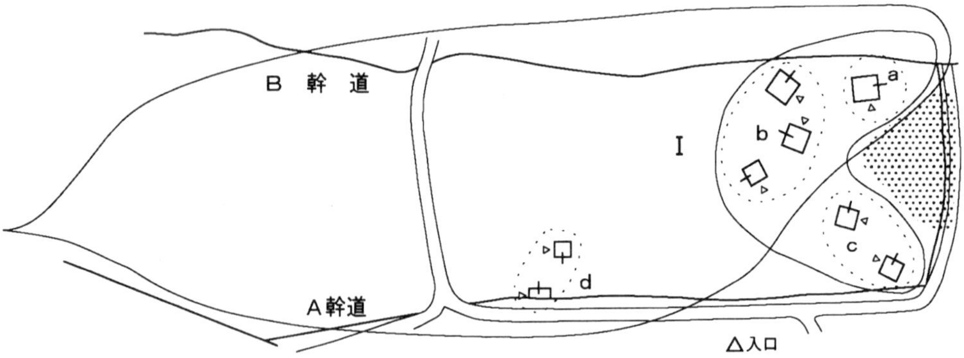

第1期（6C第1・四）

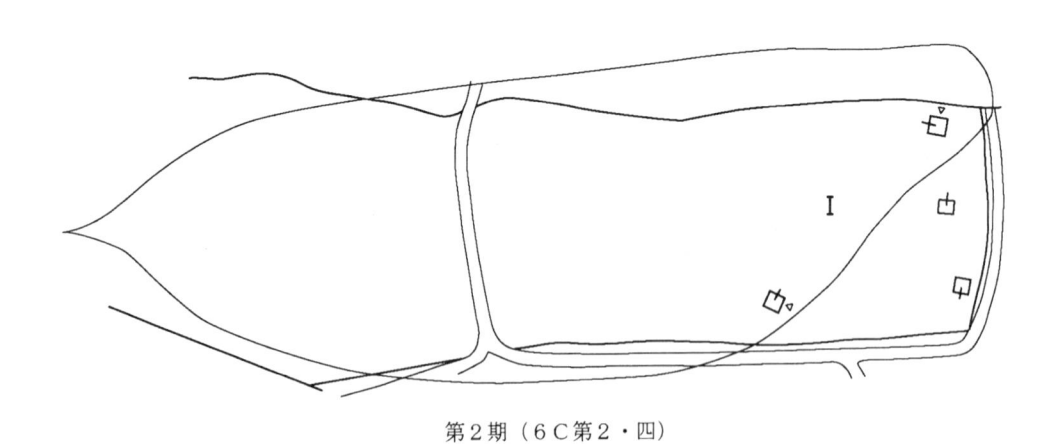

第2期（6C第2・四）

第109図 六反田遺跡集落変遷図（1）

跡小群が存在する。B幹道にはa～eの竪穴住居跡がコの字状に整然と配置されている。中間にはjとkの住居跡小群がある。j・kは第7期からみるとf～i住居跡群に包括できそうであるが、第9期を見るとこの区域に多くの竪穴住居跡が存在するようになるので、独立した住居跡群として捉えた。当然、a～eの住居跡小群とf～iの住居跡小群はA・Bの幹道を共所している意味においても、一つの住居跡群とすることができる。

第9期（8世紀第1四半期）

この時期は古・新の竪穴住居跡を確認することができ、竪穴住居の建替とすることができよう。A幹道に2軒からなるa、1軒で構成されるb・cの住居跡小群が存在する。A・B幹道を結ぶ枝道には、2軒からなるd、1軒からなるe・f・gの住居跡小群が存在する。a～cはA幹道を、d～gは枝道を共有する意味から、一つの住居跡群とすることができる。

第10期（8世紀第2四半期）

A幹道は遺跡の中央部に寄ってくる。A幹道には2軒から構成されているa住居跡小群、1軒からなる住居跡小群bが存在する。B幹道には1軒からなる住居跡小群c・dが存在する。a・b・cの住居跡小群は一つの住居跡群として捉えることができる。

第11期（8世紀第3四半期）

A幹道はもとの位置に戻りつつある。酉地区に遺構が集中する。この時期の特徴は掘立柱建物跡（注5）が出現することである。B幹道には1軒からなる住居跡小群a・b、1軒の竪穴住居跡（注6）と1×2間の掘立柱建物から構成されているc住居跡小群、そして1軒の竪穴住居跡と2×3間総柱及び2×2間の掘立柱建物跡から構成されているdの各住居跡小群が存在する。また、A・B幹道を結ぶ枝道には、1軒からなるe・g・hの住居跡小群、1軒の竪穴住居跡と1×1間の掘立柱建物跡（倉庫）から構成されるi住居跡小群が存在する。A幹道には1軒のi・jの住居跡小群が存在する。西地区には2×2間総柱建物跡k（倉庫）が1棟存在する。

5棟の掘立柱建物跡の主軸は、ほぼ同一方向にあることからも同時期とすることができよう。これ以降の掘立柱建物跡の主軸は次第に東にずれていく傾向にある。

第11期は、第10期にみられた竪穴住居跡の小型化と散在化傾向が強まっていく時期でもある。それとともに竪穴住居跡と掘立柱建物跡がセットで存在することは注目すべきである。また、a～f住居跡小群及びkはそれぞれが独立しているように見えるが、大きく一つの住居跡群として捉えることができよう。

第12期（8世紀第4四半期～9世紀第1四半期）

もっとも多くの掘立柱建物跡が出現する時期である。A幹道にはそれぞれ1軒からなるg～lの住居跡小群が、やや離れて1軒の竪穴住居跡のmが存在する。g～lの6軒の住居跡小群は、A幹道及びそこからの枝道を共有する点から、一つの住居跡群として把握できよう。B幹道つまり西地区には1軒の竪穴住居跡と2×2間、1×2間の掘立柱建物跡と、1×1間、2×3間の総柱の倉庫から構成されている住居跡小群a、新たに1×1間の3棟の倉庫群b、そしてcは第11期では

第2編　集落と祭祀

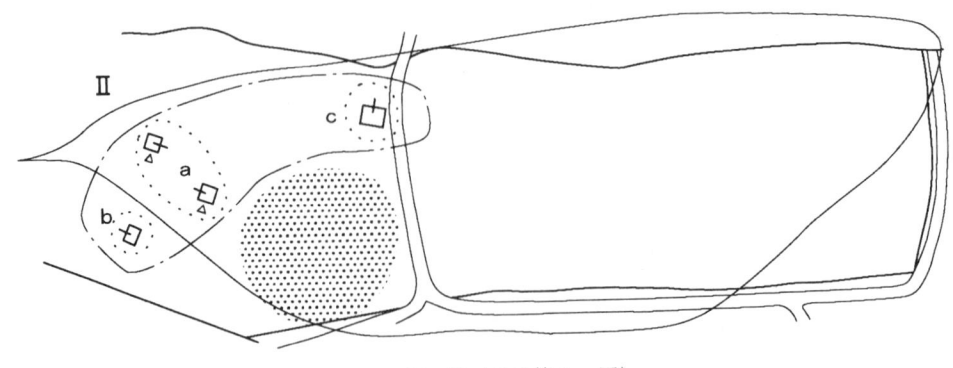

第3期（6C第3・四）

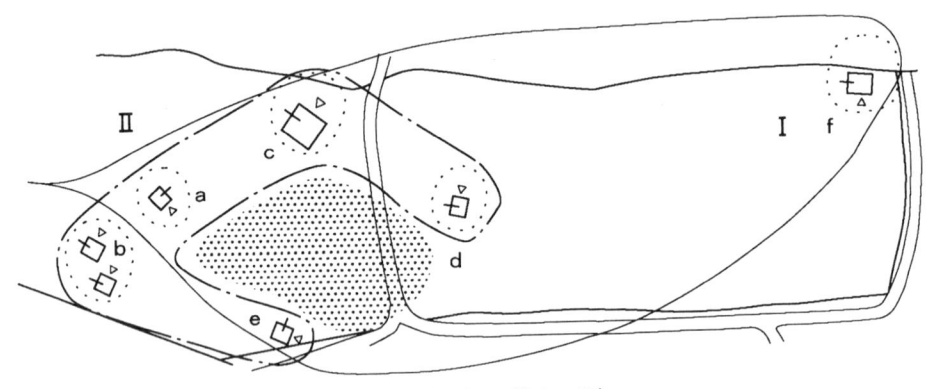

第4期（6C第4・四）

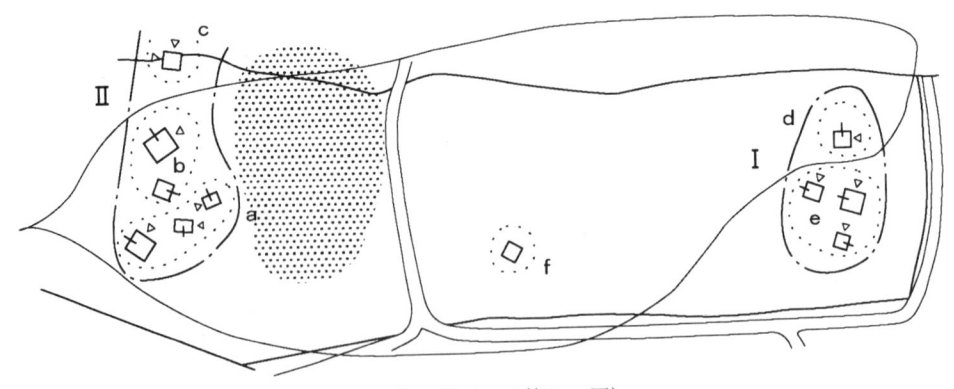

第5期（7C第1・四）

第110図　六反田遺跡集落変遷図（2）

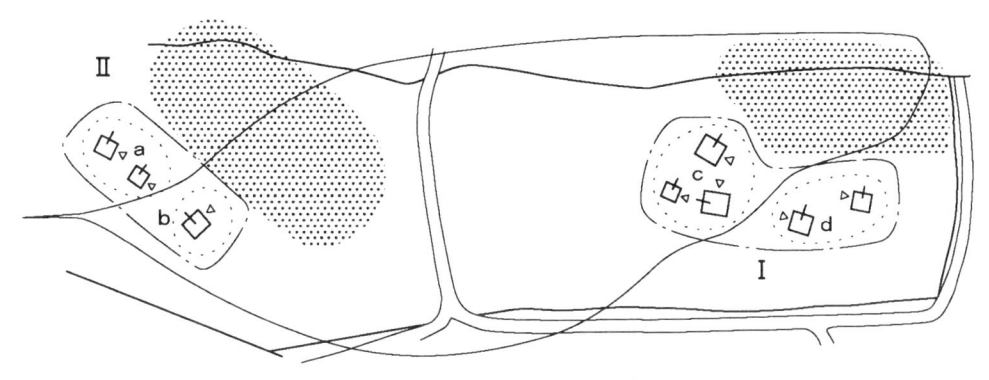

第2章 古代の集落

第6期（7C第2・四）

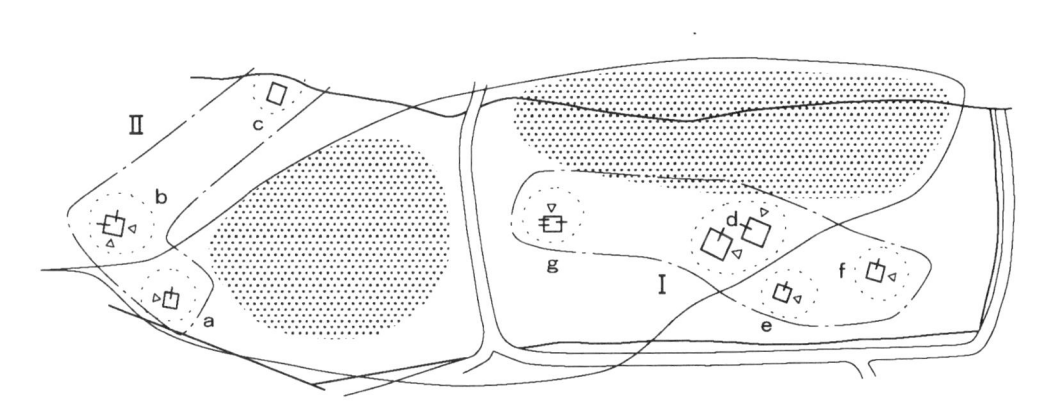

第7期（7C第3・四）

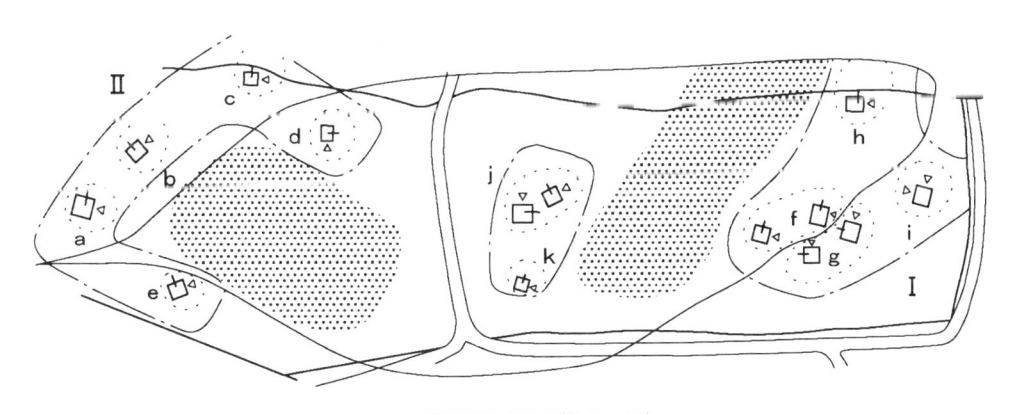

第8期（7C第4・四）

第111図 六反田遺跡集落変遷図（3）

243

第2編　集落と祭祀

1×2間の掘立建物跡は2×3間に建替えられ、同じく1軒の竪穴住居跡とセットになっている。さらに1軒からなるd・eの倉庫、fの1×2間の掘立柱建物跡が存在する。a～fは全体的に半円状に分布し、西に共同広場を設定できことから一つの住居跡群として捉えることができる。

掘立柱建物跡は第11期に比べ主軸を東に取っており、第12期に出現するものは、ほぼ同一方向にある。

第13期（9世紀第2四半期～9世紀第3四半期）

A幹道のe～hの住居跡小群はより散在化する。fのみが2軒から構成されており、ほかは1軒からなっている。B幹道及び枝道の掘立柱建物跡は減少する。a住居跡小群は1軒の竪穴住居跡と2×3間の掘立柱建物跡から構成されており、b住居跡小群は一軒のみ、cの倉庫群は1棟新たに出現し4棟から構成されている。

また、新たに共同作業小屋と思われる2×7間の掘立柱建物跡が出現する。この掘立柱建物跡は東に振れているので、第13期の中でも後半に出現したものと考えられる。

第14期（9世紀末～10世紀前半）

竪穴住居跡はA幹道に分布する。この地区は竪穴住居跡の切り合いが激しく、時期決定の良好な資料が得られなかったので、検討は保留する。

第15期（10世紀後半～11世紀前半）

竪穴住居跡は長方形のものが出現し、カマドが壁コーナーに設置されるなど竪穴住居跡自体が大きく変化する。おそらく、このことは笹森健一が想定しているように、竪穴住居跡の土間化に伴う現象と見ることができる。竪穴住居跡は遺跡全体に点在している。

以上、六反田遺跡において6世紀から11世紀までの集落の変遷を見てきた。集落内の道の存在をより明確にするために、上浜田遺跡に道を想定してみよう。

上浜田遺跡における道

上浜田遺跡は舌状台地をほぼ全面調査しており、道を想定するには良好な遺跡といえよう。上浜田遺跡はⅠ期（8世紀前半）からⅤ期（9世紀後半）に分けられている（國平健三 1979）。上浜田遺跡では台地の中央部に決して遺構は存在しない場所があるので、ここに幹道を想定した（第114図）。また、住居跡小群は枝道に向かって入口が存在するなど、六反田遺跡と同じ現象を示している。上浜田遺跡における住居跡小群及び住居跡群の捉え方の正当性を証明することができよう。

3　分析から導き出されたもの

（1）住居跡小跡と住居跡群

六反田遺跡の分析から2～3軒あるいは1軒から構成されているものを住居跡小群と呼び、これらがいくつか集まって一つの住居跡群を形成されていることが判明した。さらに、六反田遺跡では調査区域内はⅠとⅡの空間は二つの住居跡群の居住区域であった可能性が高い。

まず、集落研究において基本となる住居跡小群から検討していこう。

第2章 古代の集落

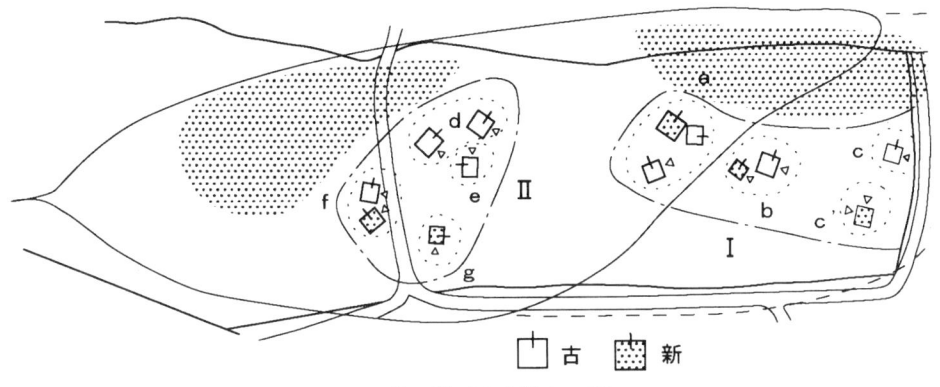

第9期（8C第1・四）

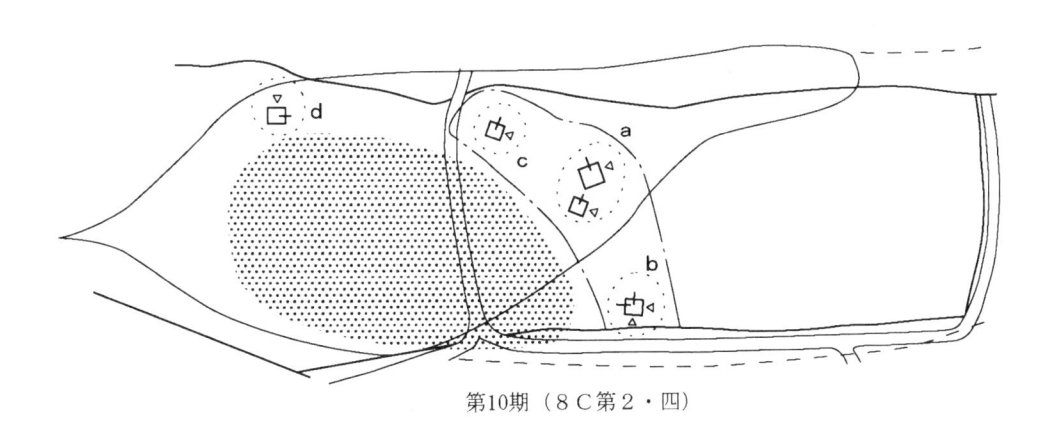

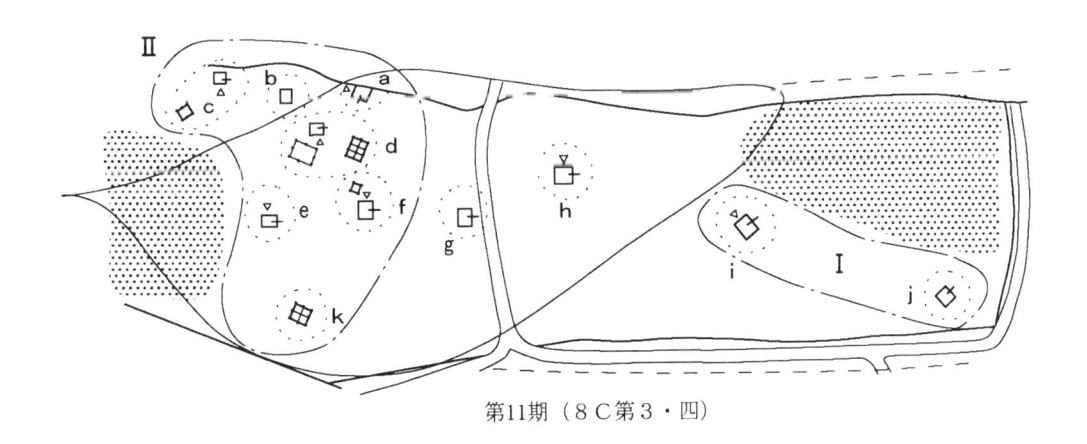

古 新

第10期（8C第2・四）

第11期（8C第3・四）

第112図　六反田遺跡集落変遷図（4）

245

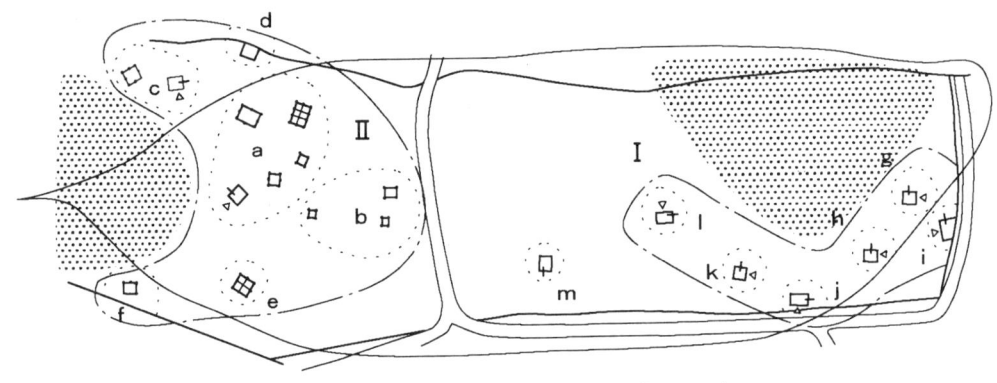

第12期（8C第4・四〜9C第1・四）

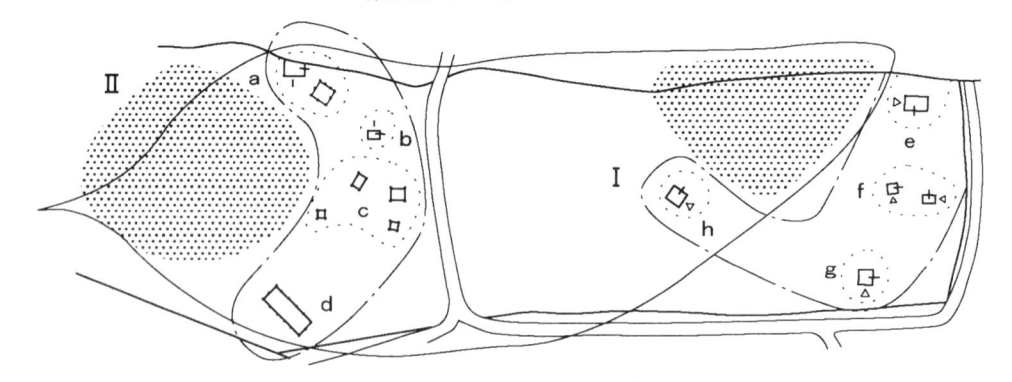

第13期（9C第2・四〜第3・四）

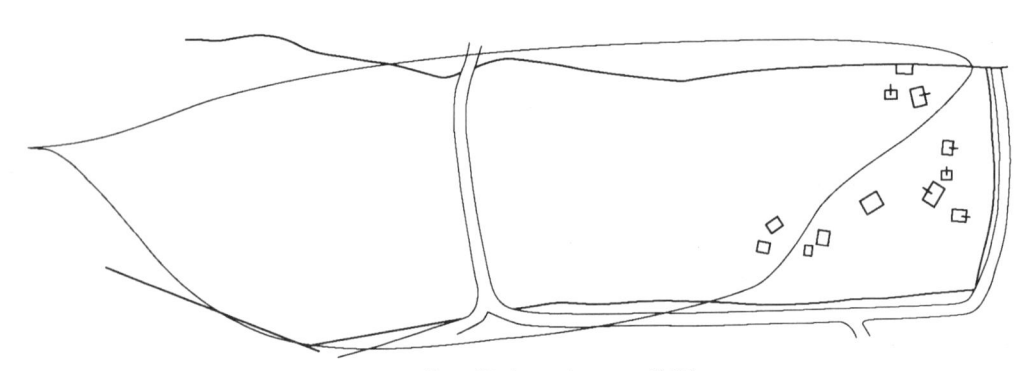

第14期（9C末〜10C前半）

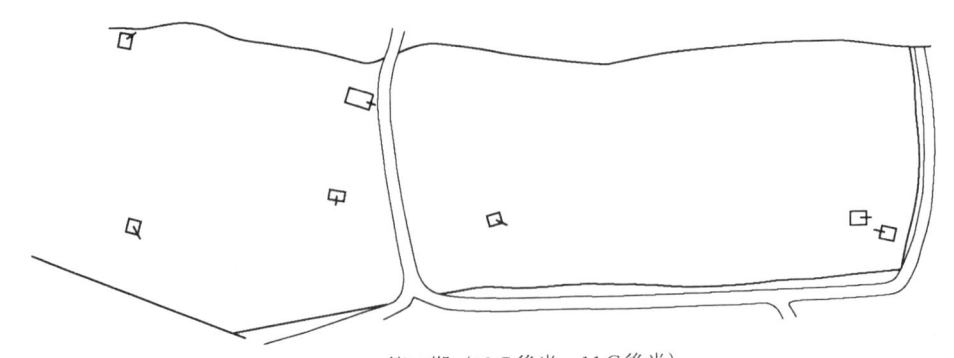

第15期（10C後半〜11C後半）

第113図　六反田遺跡集落変遷図（5）

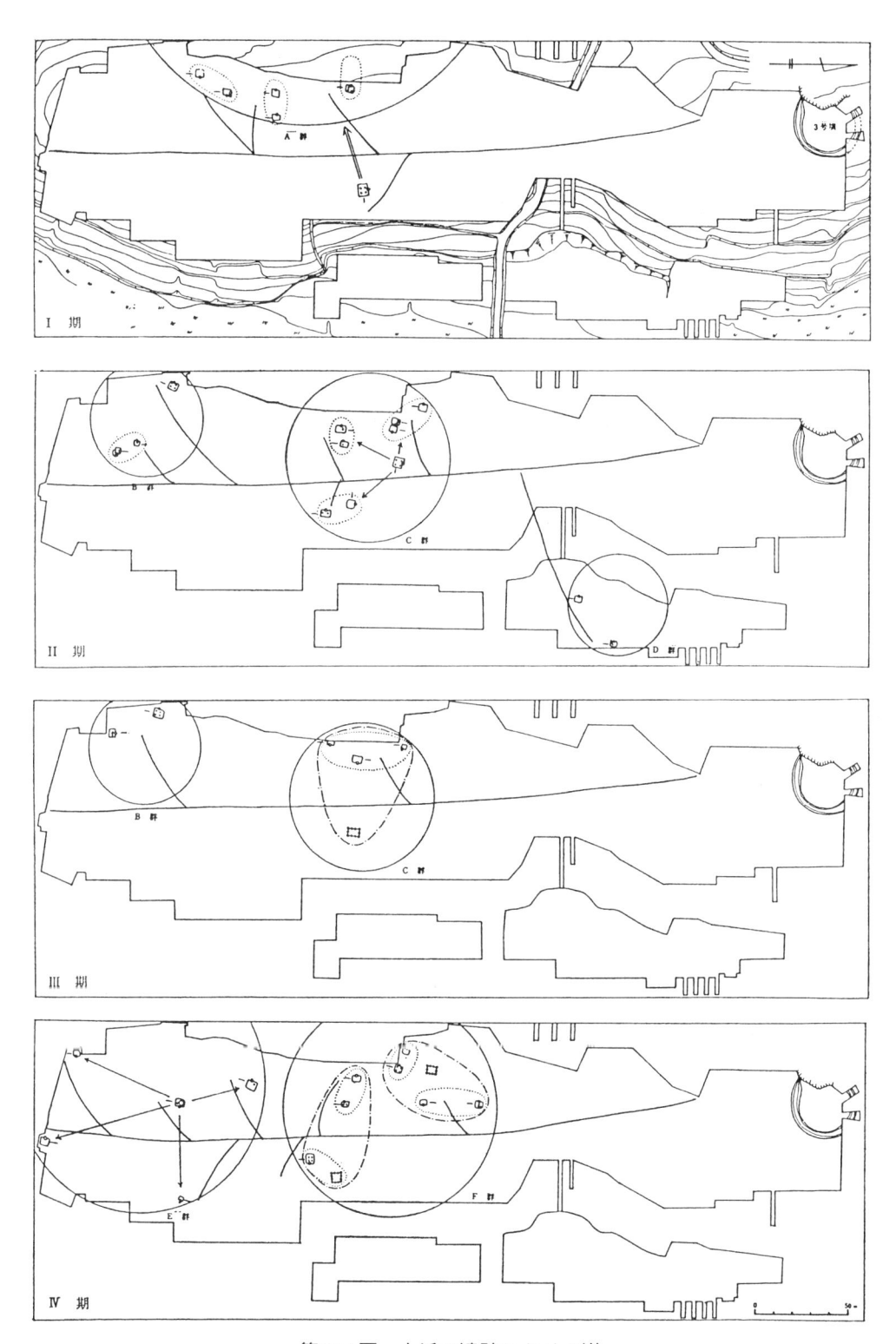

第114図　上浜田遺跡における道

第2編　集落と祭祀

　ここでいう「住居跡群」は、生産等の単位として存在していたことが想定されることから「単位集団」（近藤義郎 1959）と呼び替えてもよい。この単位集団には「世帯共同体」ないしは「家父長的世帯共同体」という歴史概念を与えられてきた。基本的にこの考え方は正しいと考えるが、考古学的に論証されているとはいいがたい。私もかつて家父長的世帯共同体の存在を論証するために、竪穴住居跡から出土する石製模造品を素材として小論を発表し、石製模造品はすべての竪穴住居跡から出土することがなく、住居跡群の特定の竪穴住居跡から出土する傾向が強く、またその竪穴住居跡からは須恵器や祭祀的色彩を帯びる土器が出土する例が多いことなどから、石製模造品を出土する竪穴住居跡は家父長層の住居ではなかったかと論じた（高橋 1974）。この考え方はいまも基本的は変らないが、住居跡群を家父長制的世帯共同体として捉えると、住居跡小群はどのように理解すればいいのかという新たな問題が生じてくる。

　住居跡小群を構成する各竪穴住居跡は、同じ方向に入口があり、竪穴住居跡どうしが接近してしるなど一つの単位として存在することは確実である。すると、集落において最小の単位となる住居跡小群とは、どのような性格をもつ単位なのかを明らかにしていかなければない。また、入口と道を想定せずに集落を見ると、各竪穴住居跡が最小の単位として厳然と存在するので、この両者の関係についても明らかにしていかなければならない。

　鬼高期になると各竪穴住居跡はカマドが設置され、鬼高期以前は集落で1～2個体しか出土しなかった甑も各竪穴住居跡から数多く出土し、煮沸形態の土器は1軒の竪穴住居跡でもセットとして数多く保有するようになったことを意味している。カマドの設置と煮沸用土器の普及は、すでに和島誠一・金井塚良一が論じているように（和島・金井塚 1966）、各竪穴住居跡での消費生活は自立を現わしていると考えていいだろう。こうしたことから、住居跡小群を消費の単位と見ることはできない。

　住居跡群は中央に広場的空間をもっている。この空間を共同作業場と考えるなら、住居跡小群は独自でそれをもっていたとすることはできず、生産における一つの単位は住居跡群であったと考えざるを得ない。住居跡小群の構成単位は1～3軒の竪穴住居跡という小規模なものであることから、生産の単位することはこの面からも無理がある。6世紀以降の生産単位は先学が論じているように、家父長制的世帯共同体による個別経営と規定することができよう。すると住居跡小群は消費の単位でもなく、生産の単位でもないことになる。しかし、住居跡小群は家父長制的世帯共同体の構成単位であることには変わりないので、住居跡群を構成する基礎単位である住居跡小群は律令時代の戸籍に記された「房戸」的性格をもつものと位置づけたい。

　（2）宅　地

　鬼高期における宅地所有の有無については、大きく二つの意見に分かれている。宅地は存在しないという見解をとる研究者は文献史家に多く、その代表者として石母田　正（1971）、吉田孝（1976）、鬼頭清明（1976）があげられ、それらに批判的見解を提出している考古学研究者に都出比呂志がいる（都出 1978）。都出は宅地が明らかに存在していたという見解をもっているわけ

ではなく、「竪穴住居跡の顕在化は宅地の分立につながるもので」あり、大阪府大園遺跡では「平地竪穴住居の主屋と付属屋と倉庫と井戸が整然としたまとまりをもつ住居区画が遺跡地の何個所かで確認されている」ことなどから、「竪穴住居跡群＝宅地未成立説には充分根拠があるとは考えられない」という。宅地は家父長制的世帯共同体における私有の崩芽としてきわめて重要な論点を内包している。

　六反田遺跡をはじめ多くの遺跡でもそうであるように、竪穴住居跡は一定の範囲内で建替えが行われている例が多いことから、一定の居住区域は存在していたものと想定することができる。しかし、集落全体の大きな変遷のなかでそれらを見ていくと、従来居住区であった場所が共同広場に、その空間が居住区域へと変化していく。六反田遺跡の場合は、東地区は第Ⅰ住居跡群が、西地区には第Ⅱ住居跡群が存在することから、ある程度の居住区の設定はなされていたと見ることができるが、果してその居住区が私有物となっていたかどうかは別の問題である。居住区域が私有地となっていたなら、宅地が広場に変化するといった現象は短期間のなかで起るとは考えられない。鬼高期においては宅地の私有化は確立しておらず、共同体全体の所有地という枠内で考えないと理解できない（注7）。つまり、居住区域の設定は共同体全体の枠組のなかで決定されたものであろう。

　それでは、いつ頃から宅地が出現するのだろうか。六反田遺跡では第10期（8世紀第2四半期）に竪穴住居跡の散在化がはじまり、第11期（8世紀第3四半期）以降より散在化する。つまり、住居跡小群は住居跡群との紐帯が緩んだかのように散在するのである。しかし、住居跡群としてのまとまりを留めていることから、住居跡小群は住居跡群から決して独立してはいなかったのである。この住居跡小群の散在化は、住居跡群全体の作業場のほかに住居跡小群独自の作業場的なものを保有したのか、あるいは宅地的なものが存在しはじめたかのいずれではないかと考えられる。ここでは後者の宅地的なものが出現し、それにより居住地空間がひろがり、住居跡小群の散在化という現象につながったものと考えたい。

　第11期以降を見ると、居住区域と共同広場は基本的にあまり変化していないことに気づく。また、第11期は居住地域と土地利用に大きな変化が見られる時期でもある。東側の第Ⅱ住居跡群は第3期（6世紀第3四半期）以降、多少の居住区域の変動を見せながらも、一定の空間を共同作業用の広場として保有し、そこには建物をつくることはしなかった。しかし、それが第11期になると、かつて広場として利用してきた場所に建物をつくり出すのである。これはどのような理由によるものかわからないが、宅地的なものが発生し、それに伴い共同体全体の中で、居住区域が新たに設定されたとも想定できる。

　ここで一度六反田遺跡から離れ、ほかの遺跡からも宅地について検討することにしたい。この問題を考える上で良好な資料を提供してくれる遺跡として、埼玉県北坂遺跡がある（中島　宏1981）。北坂遺跡は8世紀末から9世紀末までのおよそ100年間にわたり営まれた遺跡である。竪穴住居跡は一定の狭い範囲で建替えられており、また掘立柱建物跡とも主軸を同じくし、全体に

第 2 編　集落と祭祀

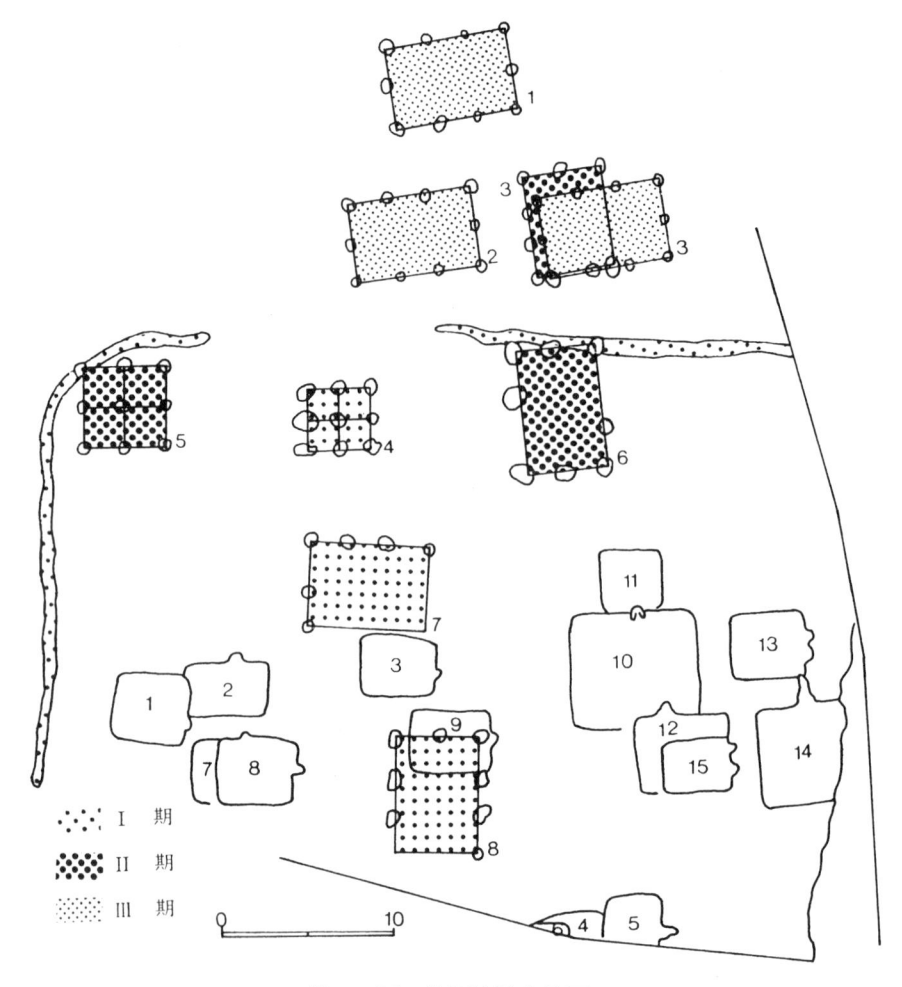

第115図　北坂遺跡全体図

整然と配列されている（第115図）。ここで注目すべきは、これら遺構をとりまく溝の存在である。南側の溝は斜面のため自然消滅している。東は調査区域外であるが、溝は方形にめぐるものと思われる。北側の溝の途切れている部分は入口だろう。掘立柱建物跡は主軸の方向からⅢ期に分けられている。掘立柱建物跡のうち2×2間総柱のものは倉庫と、そのほかのものは平地竪穴住居と考えてよい。溝は外部と居住区域を分けるもので、溝の内側は宅地（イエ）（注8）として理解していいだろう。そして、溝は9世紀中頃には機能を停止したものと考えられる。

北坂遺跡の出土遺物は鉄製の「中」の焼印、落しカギの鍵、銅鈴、円面硯、把手付灰釉長頸壺などといった一般の集落からは出土しない特異なものが目立つ。北坂遺跡は古代の那珂郡に所在し、焼印の「中」は国分寺の文字瓦からも「那珂郡」を表わしていることがわかる。北坂遺跡の近くには那珂郡衙跡に比定される古郡があり、また那珂郡衙の郡寺と考えられる大仏廃寺（駒衣廃寺）も存在する。北坂遺跡の住人は、遺構構成や出土遺物さらに那珂郡衙との地理的関係から、那珂郡衙に勤めた在地官人が想定できる。このように北坂遺跡の例から見て、8世紀末に地方官

人層は明らかに宅地を有していたことがわかる。

ここでまた六反田遺跡に戻ることにしよう。六反田遺跡では北坂遺跡のように溝で区画する明確な宅地は存在しない。吉田孝は「『宅地』という一区画の成立すること自体が竪穴住居から平地住居への転換を前提としたい」という石母田の見解（石母田 1971）を踏襲し、「『家一区』という一つの区画をもったイエ・ヤケが明確な形で成立してくるのは、まず貴族・豪族層であり、それがしだいに上層農民にも及んでいったのではないかと」考え、「畿内周辺地域においても、基幹的農民が、はっきりした区画をもつイエ・ヤケを一般的にもつのは、よりもう少し後の時代ではないかと想定される」と述べている（吉田 1976）。

六反田遺跡で竪穴住居跡が散在化する第11期は、掘立柱建物が出現する時期で、石母田の言葉を借りれば宅地成立の大きな要因が生じた時期である。第11期の段階では住居跡群はまだ従前の分布形態をとっており、北坂遺跡とは様相を異にしている。この点からも宅地が存在したとはいい切れないが、第11期以降には居住区域が一定化するなど、前段階とも様相を異にしていることも確かである。このことから、明確な私有地としての宅地は存在しなかったが、その萌芽的形態は出現したと理解しておきたい。8・9世紀段階の一般農民は明確な宅地はもち得なかったが、集落内においてそれぞれの居住区域は決定されていることから、私有化の萌芽的傾向にあり、宅地的なものは存在したと考えていいだろう。ただ、宅地は明確に私有化までにはいたっておらず、有所権があったとしても薄弱なものであったと推察できる。つまり、家父長制的世帯共同体は宅地から見ても、8・9世紀段階では共同体から完全に脱却していないのである。しかし、10世紀後半から11世紀前半になると、竪穴住居跡の分布は散漫となり、群として捉えることはできなくなる。この時期、竪穴部分は土間で、そのほかの部分は平地住居となっていたと考えることができ、単に調査で確認された建物ではなく、穴を掘らずに地表に柱だけを建てる、より中世的な平地住居の存在も想定しなくてはならない。いずれにしても竪穴住居跡自体や分布形態に大きな変化を認めることができ、大半の竪穴住居跡が平地住居化していたと見ることができる。このような観点から、この段階にいたって宅地が確立したと考えたい。

（3）掘立柱建物跡

関東では8世紀中頃になると一般の集落にも掘立柱建物が出現するようになる。六反田遺跡でも8世紀第3四半期にはそれが出現する（注9）。掘立柱建物跡でもとくに倉庫のあり方を問題としたものとて鬼頭清明の研究がある（鬼頭 1976・79）。鬼頭の論点は次のようなものである。

まず、住居跡群が生産面での自立性をもっているといわれているが、生産活動のどのような局面で自立しているかを明らかにしなければならないとし、それを明らかにする資料として倉庫を取り上げた。たとえば、7～8世紀の竪穴住居跡が検出されている静岡県東平遺跡を検討し、7軒の掘立柱建物跡をすべて倉庫と考え、うち3棟は住居跡群のなかにあるが、これを住居跡群に所属する倉庫とし、ほかの4棟は遺跡の隅に集中していることから集落全体の所有する倉庫と考えた。このことから収穫物の収納方法には、①集落の居住者が収穫した農作物は小竪穴グループ

第2編　集落と祭祀

ごとに倉庫に保有して収納されるものと、②集落全体に管理されるもの、の二通りが存在し、家父長制的世帯共同体は「農業経営としては、それをかこむ共同体から自立しておらず、収穫物も集落全体の管理部分が一応留保されていることなどから、その共同体に対する自立性が弱い」と論じている。

しかし、東平遺跡の掘立柱建物跡は2×2間が2棟、2×3間が4棟、3×4間が1棟で、倉庫は基本的に高床で総柱と考えると、これらの掘立柱建物跡はすでに都出比呂志が指摘しているように（都出 1978）、平地住居跡と考えるのが妥当である。鬼頭清明はその後、山田水呑、村上、蔦尾の各遺跡の掘立柱建物跡を倉庫とし、さらに自説を補強しているが、蔦尾遺跡の総柱の建物跡を除いて、鬼頭が図示しているもので倉庫となるものはきわめて少ない。倉庫が倉庫ではなくなることは、その説が成立する基盤がなくなることである。集落内における倉庫のあり方から導き出された収穫物収納の二形態、それをもとに家父長制的世帯共同体の自立の弱さを証明しようとしたが、先の理由により決して証明したことにはならないのである。

六反田遺跡で掘立柱建物跡が出現するのは第11期であった。この時期の掘立柱建物跡は第Ⅱ住居跡群に5棟存在し、その種類は1×2間1棟、2×2間1棟、2×3間総柱1棟、2×2間総柱1棟、1×1間1棟である。第Ⅰ住居跡群には掘立柱建物跡が存在しないことから、特定の住居跡群に掘立柱建物跡が伴うことがわかる。1×2間、2×2間は平地式の住居跡で、1×1間、2×2間総柱のものは倉庫と考えることができる。2×3間総柱のものは、形態的にみると竪穴住居形態のものであるが、高床式となるので倉庫とも考えられる。しかし、北坂遺跡で見たように、地方官人層の住居も平地式のものであることから、六反田遺跡では一般農民の住居は平地式と考え、2×3間総柱のものは倉庫と考えてよい。すると、第Ⅱ住居跡群は6軒の竪穴住居跡と2軒の掘立柱建物跡、そして3棟の倉庫から構成されていたことになる。二つの倉庫は第Ⅱ住居跡群の中心部にあり、kはそこからやや離れたところにあるが、この地区は第11期以降は第Ⅱ住居群の居住区であり、宅地的なものとなっている。このことから考えても倉庫kは離れているが、第Ⅱ住居跡群のなかに包括されるものとして捉えてよいだろう。

第12期になると第Ⅱ住居跡群のa住居跡小群は、1軒の竪穴住居跡と新しい1×2間と2×2間の掘立柱住居跡と2軒の倉庫から構成されている。a住居跡小群では掘立柱建物の建替えが行なわれていることから、2軒の倉庫は第12期いっぱい存在していたとは考えられず、おそらく途中で消滅するものと思われる。それに代わって1×1間の3軒の倉庫群bが出現するものと考えられる。また、a住居跡小群中の2軒の倉庫が消える時期には、2×2間総柱の倉庫eも消滅するものと想定される。bの倉庫群は住居跡群の中にあったものが独立したと考えることができ、この地区はやはり第Ⅱ住居跡群の居住区域であることから、第Ⅱ住居跡群に伴う倉庫と考えるのが妥当である。

第13期になると、新たに1棟の倉庫が加わり4棟の倉庫群（c）となる。しかし、先に出現していた3棟の倉庫は第13期を通じて存在していたとは考えがたく、第13期のある段階で消滅して

いくものと思われる。そして、主軸のずれから見ると、新しい倉庫が出現してしばらくして2×7間の共同作業所が建てられたものと考えられる。これら倉庫と共同作業所は先の理由により第Ⅱ住居跡群に伴うものと考えていいだろう。

第14・15期になると掘立柱建物跡はなくなる。この現象は先述したように、竪穴住居跡の土間化が進み、ほかに平地住居としての空間が存在したと想定できるのである。掘立柱建物は地表に柱を建て、姿を変えて普及していったのである。

以上、六反田遺跡の掘立柱建物跡を検討してきた。六反田遺跡の発掘面積は、想定される遺跡全体の約4割であったが、発掘区域内には集落全体の倉庫と考えられるものは存在しなかった。調査区域外に存在する可能性もあるが、ほかの遺跡例から見てもそれらしき倉庫は存在しないだろう。倉庫からだけでは家父長制的世帯共同体の自立の強弱を論じるのは困難である。倉庫は掘立建物跡群に伴う例が多く、集落内で掘立柱建物跡が群を形成する比率は低い。多くの住居跡群は竪穴住居跡で形成されているのである。そこで、なぜ掘立柱建物跡と倉庫をもつ住居跡群とそうでない住居跡が出現するのかがより重要となってくる。それを解く鍵は鉄製農具の所有形態にあると考えられるので、次にこの問題を検討し、そこから家父長制的世帯共同体の問題もあわせて検討していくことにしたい。

4　鉄製農具の所有形態

鉄器の所有形態に関しては原島礼二の研究がある（原島 1962）。原島は古墳時代以降の集落での鉄器の出土率から、五領・和泉期は共同体の支配者が鉄製農具を所有し、6世紀以降は家父長御的世帯共同が、そして国分期（平安時代）になると各竪穴住居跡で所有すると想定した。その後、宮原武夫などの批判もあり（宮原 1970）、一部見解を修正し、6・7世紀段階では「鉄製品や須恵器は必ずしも特定の住居に独占されてなく、大家族を構成する若干の家に分散して置かれていた」とし、このことは「大家族内部の所有関係がその長を頂点として集中されてはいなかったことを意味」し、奈良時代になっても関東地方では「家長権の強化を裏がきする現象はみあたらない」と述べている（原島 1977）。

鬼頭清明は原島の研究成果を援用しつつ、鉄製品は酸化するので、その背後には出土量の数百倍以上の使用が予想され、統計で処理するのは危険なので、比較的残りのよい集落から推察すべきだとしている。そして、いくつかの遺跡では鉄器が高い出土率を示していることから、8・9世紀には鉄製農工具が各竪穴住居まで普及していたと考えた。しかし、出土率が高いといって示した遺跡から鉄製農具は出土しておらず、後述するように農具と工具の所有形態には相違があると考えられるので、工具類から農具の所有形態を類推するのは危険である。さらに、農具の所有形態を考えるには、集落の大部分を調査した遺跡から推察すべきである。かつて、私は鉄生産との関係で鉄製農具の所有形態を論じたことがある（高橋 1976）。現在、我が国における製鉄の開始は6世紀後半が想定され、関東地方では8世紀後半には製鉄が開始されたと考えられるが、そ

第2編　集落と祭祀

表9　各遺跡出土の鉄製品一覧

鉄製品＼遺跡名	井頭	村上	中馬場	有吉	山田水呑	鳶尾	上浜田	六反田	計
クワ・スキ先	1	1	4	0	1	1	1	1	9
鎌	8	15	18	6	5	6	3	0	61
穂摘具	0	7	0	1	0	1	0	0	9
刀子	13	39	47	13	32	41	23	3	211
斧	2	4	4	2	2	3	0	0	17
鋸	0	0	9	0	0	0	0	0	9
鑿	0	0	9	2	0	2	2	0	15
鉇	0	0	3	0	0	0	0	0	3
紡錘車	0	12	5	2	2	3	1	0	25
鏃	3	9	52	6	6	36	3	1	116
釘	2	5	14	1	5	19	12	0	58
直刀	0	0	0	0	0	1	0	0	1
鐔	0	1	0	0	0	0	0	0	1
馬具	0	2	3	0	0	0	0	0	5
小札	0	0	0	0	1	0	0	0	1
火打金具	0	0	0	0	2	0	0	0	2
その他	0	4	1	23	8	5	4	1	46
計	29	99	169	56	64	118	49	5	589

の数は少ない。各地で製鉄炉が出現するようになるのは、9世紀中頃から10世紀代である（補論1）。このようなことからも、8・9世紀段階に鉄製器具が各竪穴住居まで普及していたとは考えられない。六反田遺跡では1本のクワ・スキ先も鎌も出土していない。六反田遺跡は想定される遺跡範囲の4割の調査であったが、6割の部分から鉄製農具が出土する可能性も存在するが、確率からして多くの出土は期待できない。東国の集落からは思ったほど鉄製農具は出土しないのである（表9）。これが実態である。クワ・スキ先に比べ鎌の出土率は高い。鉄製農具は鉄という性格から再利用される可能性も十分配慮しなければならないが、クワ・スキ先と鎌の出土率の相違、そして両者もほかの工具類との出土率の間には大きな差が認めることができる。原島や鬼頭が述べているように、もし竪穴住居単位で鉄製農具を所有していたとするなら、工具類のようにもっと出土率が高くてもよさそうなものである。

ここ実際に、各竪穴住居跡で鉄製農具を所有していたかどうかを考古学的に調べてみよう。

竪穴住居跡には火災となり、そのまま廃棄されているものがあり、この特徴は遺物が原位置のまま多量に出土することである。その一例として群馬県愛宕山遺跡をあげることができる（神保侑史1975）。4号竪穴住居跡では炭化材の下から2本の鎌のほかに、鋸・鉄製紡錘車・丸鞆・巡方・布片・万年通宝、土師器甕や皿・須恵器壺・木製椀・灯明皿などが出土している。当時の竪穴住居跡の一括遺物を考える上でも貴重なものである。巡方や丸鞆が出土していることから、一般農民層の竪穴住居跡とは考えられず、集落内において一定の地位にあった者の住居跡だった可

能性が強い。このような竪穴住居跡でさえ、クワ・スキ先は所有していなかったのである。この例からしても一般農民の竪穴住居跡でクワ・スキ先を所有していたとは考えられないのである。

地域は青森県へと飛ぶが、10世紀代の三内遺跡では、クワ・スキ先の出土は1点のみであったが、住居跡とは考えられない遺構から出土している。鎌はH-23・H-37竪穴住居跡からそれぞれ1本ずつ出土している。H-23竪穴住居跡は火災住居である。穂摘み具は16本出土しているが、うち15本は火災住居のH-44竪穴住居跡からの出土である。報告者はこのような鉄製農具の出土のあり方から、「農具であるスキ・クワ先（開墾・耕作用具）と鎌及び『穂摘み具様鉄製品』（いずれも収穫用具）の三者が、その遺存する竪穴住居跡を異にする現象がみられた。この農具の種別所有（管理）形態が、農具の竪穴単位の所有堅穴を単位とする農業生産よりも、単位集団を単位とする所有＝共同耕作形態の反映と見る」ことができると考えた（桜田　隆 1978）。そして、生産用具の置き場は竪穴住居跡内で管理する場合と、竪穴住居跡外で管理する＝形態が存在すると推察した。

H-44竪穴住居跡は火災住居で、壁板材が炭化して残り、それから入口も判明するなど、竪穴住居構造を考える上にも貴重な竪穴住居跡である。この竪穴住居跡からは穂摘み具が15本も出土していながら、やはりクワ・スキ先の出土は見られないのである。

三内遺跡は鉄製農具の所有形態を考える上で、貴重な資料を提供してくれた。愛宕山遺跡と三内遺跡の例からみても、さらに集落での出土状況からしても、やはり鉄製農具は各竪穴住居跡単位の所有は考えられないのである。三内遺跡の例から桜田　隆はクワ・スキ先の所有形態を「単位集団を単位とする所有」と考えたが、むしろ10世紀段階では特定個人が集中所有していたと想定したい。鎌はクワ・スキ先よりも出土率が高いが、工具類から比べると低い出土率となる（注10）。このことから家父長制的世帯共同体単位の所有を考えたい（注11）。

鉄製農具はそのもつ性格から、桜田が論じたように、開墾・耕作用のクワ・スキ先と、収穫用具の鎌と区別しなければならない。工具類は出土率の高さから各竪穴住居跡単位の所有を考えてもよいが、開墾・耕作用のクワ・スキ先は特定個人の集中所有が、そして鎌は家父長制的世帯共同体単位の所有が想定できる。

鬼頭清明は8世紀から竪穴1軒ごとに鉄製農具は存在したとし、「鉄製農工具の占有主体が、竪穴住居者のほとんどすべての人々、したがって勤労する共同体成員の諸個人にまでいきわたっていたと考えてよい。逆に家父長の農耕具に対する所有権の独占的排他的強さを否定しているようにみうけられる。したがって、このことは逆に家父長的世帯共同体の労働過程自立性の弱さを物語っていると考えざるをえない」という（鬼頭 1979）。鉄製農具の所有形態に関して私と相容れない考え方を採っているが、家父長的世帯共同体の自立の弱さはすべての竪穴住居跡が鉄製農具を所有し、家父長の独占的排他的な所有権が存在しなかったからではなく、むしろ逆に家父長制的世帯共同体の生産過程における自立の弱さは、収穫用具の鎌のみを所有し、肝心な開墾・耕作用具としてのスキ、クワ先を所有し得なかった点にある。この見解を補強するために、もう一

第2編　集落と祭祀

度集落に戻ることにする。

　掘立柱建物跡が集落内でどのような位置にあるかを明らかにしておこう。いくつかの遺跡から堅穴堅穴住居跡と掘立柱建物跡との関係をまとめると次のようになる。①掘立柱建物跡は掘立柱建物跡どうしで、竪穴住居跡は竪穴住居跡どうしで切り合う例が多い。②掘立柱建物跡と堅穴住居跡はそれだけでまとまって存在する傾向にある。③倉庫は倉庫どうしで切り合うことは稀である。④倉庫は掘立柱建物跡群に伴う例が多いが、堅穴住居跡群に伴う例もある。

　ここで取り上げなくてはならないのは④の問題である。掘立柱建物跡は一般的な竪穴住居跡よりも優位にあると考えられ、そこになぜ倉庫が伴うのか問われなければならない。

　村上遺跡ではほとんど掘立柱建物跡だけで構成されている住居跡群は1箇所で、ここに多くの倉庫が伴う（天野　努 1974）。そして、集落全体の倉庫と考えられるものは存在しない。井頭遺跡では倉庫として考えられるものは2×2間、2×4間のそれぞれ総柱の建物跡である（大金宣亮 1975）。これらは掘立柱建物跡を含む住居跡群に伴うものである。蔦尾遺跡ではⅢa期（9世紀第1四半期）に2×2間総柱の倉庫が出現する（國平健三 982）。私見によればこの倉庫は2×3間で南庇をもつ掘立柱建物跡と、2×3間の掘立柱建物跡と1軒の竪穴住居跡に伴うものである。

　また、Ⅳd期（9世紀第2～3四半期）になると、その地区に2×3間総柱の倉庫が建つが、近くに3×3間の掘立柱建物跡が存在し、それに伴うものと思われる。六反田遺跡をはじめ各遺跡において、集落全体の倉庫と考えられるものは存在しないのである。ここで重要なことは倉庫をもつ住居跡群ともたない住跡居群がなぜ生じるかである。その要因は鉄製農具の所有形態にあると考えている。つまり、倉庫をもつ住居跡群がスキ・ワク先を所有していたのである。そのほかの集落の構成員は、そこからスキ・ワク先を借り、代償として収穫物の一部を収めたのである。以前は収穫物の一部は集落全体の倉庫に収められたが（注12）8世紀以降はそれに代わって特定個人のもとに収穫物の一部（富）が集中するようになったのである。

　鉄器の所有形態をこのように考えることによって、集落内における掘立柱建物跡と倉庫の意義を明らかにすることができ、倉庫でないものを倉庫にして集落全体の倉庫を設定しなくても、生産から消費までの過程において、家父長制的世帯共同体は労働過程つまり再生産過程においても自立が弱かったことが論証できるのである。

まとめ

　六反田遺跡の分析を通し、住居跡群は住居跡小群から構成されており、住居跡小群は房戸的性格が考えられた。また、宅地の成立は10世紀後半代が推察された。しかし、竪穴住居跡の散在化や住居跡群の居住区の関連から、掘立柱建物跡が出現する8世紀後半に宅地の萌芽的形態が見られた。家父長制的世帯共同体は鉄製農具特にクワ・スキ先を所有していなかったことから、労働過程において自立性は弱かったと判断され、このことから当然家父長権も薄弱なものであることが推察される。第5期の第Ⅰ住居跡は三つの住居跡小群から形成されていたが、二つの住居跡小

第2章 古代の集落

群から石製模造品が出土している。石製模造品は明らかに住居跡に伴うという確証はないが、東京都中田遺跡第Ⅰ期の集落では、住居跡群中に石製模造品を出土するいくつかの住居跡が存在する（服部敬史 1978）。かつて私は、石製模造品は家父長の所有物と考えていたが、住居跡小群（房戸）単位で所有し、祭祀を行った可能性もある。となると、従来の見解の訂正しなければならない。住居跡小群単位で石製模造品を所有し祭祀を行なっていたとすると、このことはより家父長権の弱さを示すものである。また、竪穴住居跡の分布形態の変化を見ていくと、家父長制的世帯共同体が自立していくというよりも、掘立柱建物跡や倉庫をもつ特定の家父長制的世帯共同体は自立し、富を集中していくが、住居跡小群が自立していく傾向にあるように見受けられる。このような家父長制的世帯共同の自立の弱さと未完成性が、日本の古代社会をあらゆる面から規定していると考えられるのである。

　家父長掫的世帯共同体の自立が一段と弱かった古墳時代に古代国家の発生は考えられたい。前方後円墳は弥生的社会のひとつの到達点であり、前方後円墳はとくに過少評価する必要もないが、過大評価するのは危険であろう。

注

1　南・西・北壁の高い部分は、等高線の低い部分に比べ床面が軟らかかったという。これに関しては神谷原遺跡の担当者の1人である新藤康夫氏にご教示を得た。記して感謝の意を表したい。

2　東北地方の歴史時代の竪穴住居跡には入口の遺構が明瞭に残っている例が多い。三内遺跡H－44竪穴住居跡もその一例である（第116図）。それらを見るとかマドの対岸というものは少なく、カマドの脇、カマドの寄っている側の壁、その逆のものなどさまざまである。東北地方は積雪地帯であるので、関東地方とは同一に論じられないが参考になろう。

3　柿沼幹夫はカマドの造り替えについて、「1つの竪穴住居跡に2か所のカマドがあり、1か所はすでに破壊されて使用不能になっているような竪穴住居跡があるが、これなどは家族の者が死んだ時に、古いカマドを破棄したり、カマドの灰を取りかえて改火することにより同じ火を通じて家族関係を確認するという、民俗事例にも通ずるものがある」（柿沼 1979）としている。

4　竪穴住居跡の時期を決定する作業は、報告書で土器分類や集落分析を行った
　石岡憲雄・浅野晴樹氏に数々のご教示を得た。記して感謝の表したい。

5　掘立柱建物跡にはさまざまな種類があり、まずその性格を決定しなければならない。各遺跡の掘立柱建物を参考に考えていきたい。表10を見てもわかるように2×3間がもっとも多く、2×2間が次に多い。これらは数が多いことから平地住居と考えられる。総柱のものは高床となる建物で、倉庫と竪穴住居の二通りが考えられる。しかし、一般集落の掘立柱建物跡の竪穴住居形態は平地竪穴住居と考えられるので、総柱のものは原則として倉庫としたい。1×1間は倉庫となるものであろう。しかし、村上遺跡では1×1間が存在しないことから、1×2間

第2編 集落と祭祀

第116図 三内遺跡H－44号住居跡

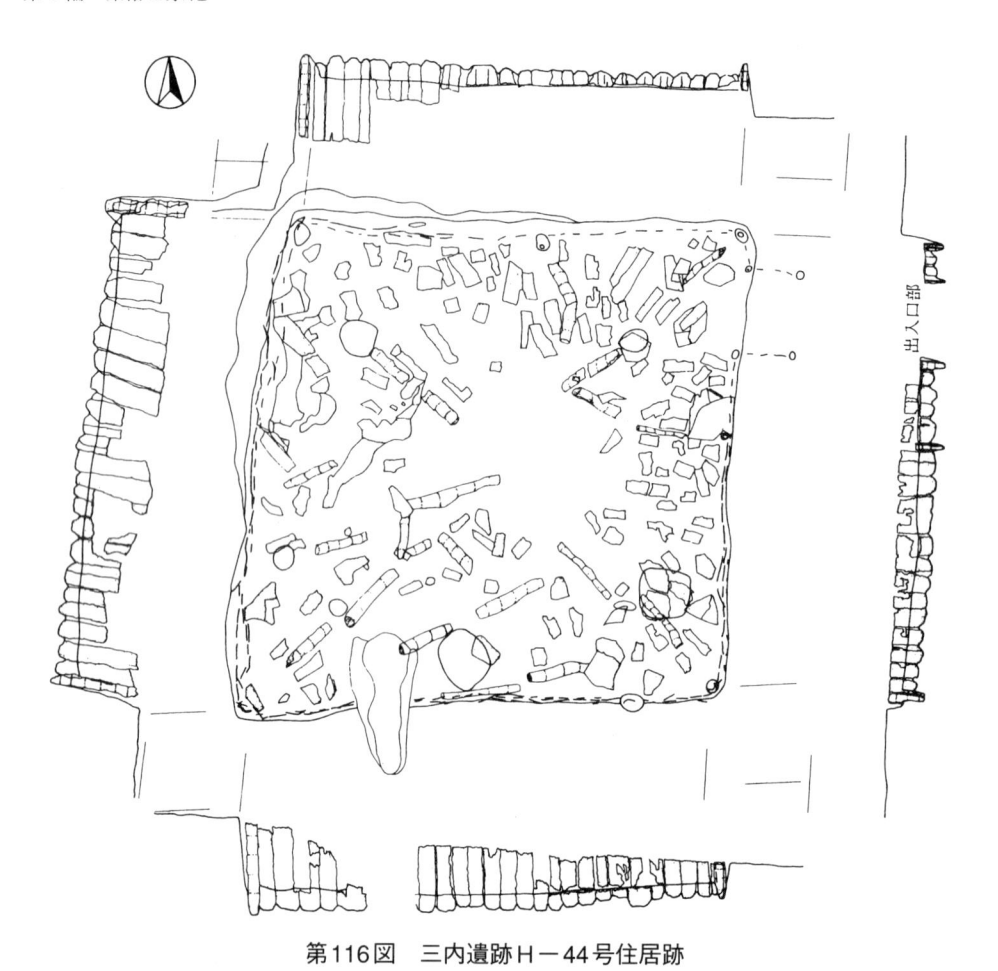

表10 各遺跡掘立柱建物跡一覧

掘立 \ 遺跡名	村上	山田水呑	中馬場	井頭	鳶尾	六反田	合計
2×3間	10	20	4	4	59	1	98
2×2間	5	14	0	2	31	2	54
2×2間（総柱）	3	1	1	3	2	1	11
2×3間（総柱）	0	1	0	2	3	1	7
2×3間（南庇）	0	0	0	0	1	0	1
3×3間	0	6	0	0	3	0	9
3×3間（総柱）	0	0	0	0	0	1	1
3×4間	0	2	0	0	0	0	2
3×2間（西庇）	0	0	0	0	1	0	1
1×1間	0	5	0	0	1	4	10
1×2間	5	2	0	0	1	3	11
2×7間	0	1	0	0	0	1	2
合計	23	52	5	11	103	13	207

は倉庫とすることができよう。六反田遺跡では1×2間の占める割合が多く、倉庫は1×1間のものが考えられるので、1×2間は住居が想定される。六反田遺跡では特異な掘立柱産物跡として2×7間がある。これと同じものが千葉県山田水呑遺跡に存在する。山田水呑遺跡では2×7間を作業所としているので（石田広美 1977）、この見解に従いたい。

また、六反田遺跡では東地区にピット群が存在したが、建物跡となるものも存在する可能性もあるが詳細は不明である。六反田遺跡は中世の遺構もあり、それとの関係も考えなくてはならない。

6 六反田遺跡では掘立柱建物跡は単独で存在する例はなく、必ず竪穴住居跡とセットになっている。そのような竪穴住居跡は、カマド屋的性格も考えていかなければならないだろう。

7 群馬県三ツ寺遺跡では方形に溝をめぐらし、そのなかに掘立柱建物跡や竪穴住居跡が存在する。三ツ寺遺跡は前方後円墳を造営するような首長層の館が想定されており（下城 正 1982）、一般農民の宅地とは区別して論じるべきであろう。

8 吉田孝は建物のある一画をさす語はヤケ（真屋、東屋、馬屋、厨屋）で、屋を含めた住い全体がイエ（家）であると述べている（吉田 1976）。

9 畿内における掘立柱建物の普及について鬼頭清明は「官衙寺院の造営に伴う材木の需要は、泉津そのほかでは材木の商品化を生ぜしめており、このような材木の生産量の増大が、竪穴住居に比べて、柱材、板材を多量に必要とする掘立住建物の建設を一般民衆に可能にさせた一つの条件であったのではないかと思われる」述べている（鬼頭 1979）。関東においても、8世紀中頃は国分寺の造営の時期であり、各地に主要寺院や郡衙跡も造営され、畿内同様これらが一般集落における出現の契機になったものと思われる。

10 穂摘み具と鎌は収穫用具であるが、穂摘み具は穂を摘み取るものであり、鎌は根刈り具で用途に相違がある。東国の集落からも少なからず穂摘み具は出土するが、三内遺跡の例から両者の出土のあり方に差異があった。桜田 隆が述べているように、所有形態に相違があることも考えられるが、今回それについての考えは用意していない。

11 土井義夫はクワ・スキ先を家父長制的世帯共同体、鎌は竪穴住居跡単位での所有を考えている（土井 1981）。

12 弥生末から古墳時代にかけての東京成増一丁目遺跡では、集落全体の倉庫が存在する（鈴木敏弘 1981）。

補注

最近、関東では7世紀末から8世紀初頭の箱型炉が発見されている。ただ、その数は極めて少ない。また、8世紀後半の製鉄炉も発見されているが、製鉄炉が数多く出現する時期に変化はない。

第 2 編　集落と祭祀

引用文献

浅野晴樹・石岡憲雄　1981「出土土器の分類」『六反田』六反田遺跡調査会

天野　努　1974『八千代市村上遺跡群』千葉県文化財センター

石岡憲雄　1981「竪穴住居址の配置」「六反田」六反田遺跡調査会

石田広美　1977「掘立柱建物址の分析」『山田水呑遺跡』日本道路公団・山田遺跡調査会

石母田正　1871『日本の古代国家』岩波書店

大金宣亮　1979『井頭』栃木県教育委員会

柿沼幹夫　1979「竪穴住居跡について」『下田・諏訪』埼玉県教育委員会

鬼頭清明　1976「八世紀の社会構成史的特質」『日本史研究』172　日本史研究会

鬼頭清明　1979「八世紀の農村構造（一）」『律令国家と農民』塙書房

國平健三　1979『上浜田遺跡』神奈川県教育委員会

國平健三　1981・82「相模国の奈良・平安時代構造（上・中）」『神奈川考古』第12・13号　神奈川考古同人会

小池裕子・根本直樹　1981「王子市・石川天野遺跡 4 C―64竪穴住居址床面の硬度測定について」『東京・石川天野遺跡第 3 次調査』駒沢大学考古学研究室

近藤義郎　1959「共同体と単位集団」『考古学研究』21　考古学研究会

桜田　隆　1977「出土遺物（鉄製品、木製品及び竹製品）について」『青森市三内遺跡』青森県教育委員会

笹森健一　1978「竪穴住居跡について」『川崎遺跡（第 3 次）・長宮遺跡発掘調査報告書』上福岡市教育委員会

下城　正　1982「群馬県三ツ寺 1 遺跡調査概要」『考古学雑誌』第67巻第 4 号　日本考古学会

神保侑史　1975「愛宕山遺跡」『特別展群馬県の考古学展』群馬県立博物館

鈴末敏弘　1981『成増一丁目遺跡発掘調査報告』成増一丁目遺跡調査会

高橋一夫　1974「石製模造品出土の住居跡とその性格」『考古学研究』71　考古学研究会

高橋一夫　1976「製鉄遺跡と鉄製農具」『考古学研究』87　考古学研究会

都出比呂志　1978「はたして郷戸は最初の個別経営か」『日本史研究』87　日本史研究会

土井義夫　1971「関東地方における竪穴住居跡出土の鉄製農具について」『物質文化』18　物質文化研究会

中島　宏　1981「北坂遺跡の調査」『清水谷・安光寺・北坂』埼玉県埋蔵文化財調査事業団　第 1 集

服部敬史　1978「関東地方における古墳時代後期集落構成」『考古学研究』97　考古学研究会

原島礼二　1665「7 世紀における農民経営の変質」『歴史評論』177・179・181　春秋社

原島礼二　1977「鉄資源の利用」『古代の地方史』7　朝倉書店

官原武夫　1970「書評―原島礼二著『日本古代社会の基礎構造』」『歴史学研究』364　青木書店

村田六郎太 1982『千葉・上ノ台遺跡』千葉市教育委員会

吉廻　純 1981「遺構と遺物」『神谷原Ⅰ』八王子資料刊行会

吉田　孝 1976「律令と村落」『岩波講座日本歴史』3

和島誠一・金井塚良一 1966「集落と共同体」『日本の考古学』Ⅴ　河出書房

第2編　集落と祭祀

第3節　移住者の村

はじめに

　宮城県清水遺跡で、東北地方でこれまでに出土例がない土器が発見された。この土器は関東地方の古墳時代後期の土器に類似していることから、「関東系土器」と命名された。

　その後、宮城県では各種の遺跡から多くの関東系土器が確認・再確認され、古墳時代後期以降に東北地方と関東地方との間で、人の交流があったことが考古学的に明らかになり、その歴史的背景について論じられるようになった。

　また、時代を遡り、関東の古墳時代初頭には多くの畿内系や東海系土器が出土する。これらの土器の意味するところは、古代の東北地方の関東系土器と意味するところは同じであったのか、比較検討していこう。

1　関東系土器を出土する遺跡

　まず、東北地方における関東土器が出土する背景を探るために、それらが出土している代表的遺跡を概観しよう。

（1）官衙関係

郡山遺跡　本遺跡は、仙台市を流れる広瀬川と名取川の合流点近くの自然堤防上にある。本遺跡は7紀後半から8世紀初頭にかけての2期の官衙遺構が重複している。第Ⅰ期官衙は7世紀後半に造営され、真北から30度〜40度振れた東西400m、南北600m以上の範囲が推定されている。第Ⅱ期官衙は7世紀末頃に第Ⅰ期の官衙を意図的に取り壊し、その後は建物を真北に合わせて造営した。遺構の規模は一辺428m（4町）の正方形で、外郭は材木によって塀がつくられ、塀に接して南門や櫓状の建物が配置されている。そして、政庁はおよそ東西81m、南北100mの規模で、中央より南に寄った位置にあるものと考えられている。第Ⅱ期にはこの官衙の南に、官衙の付属寺院が建立された。規模は一辺214m四方（方2町）で、金堂、講堂、僧房などが所在する寺院中枢部は材木列の塀で囲まれている（仙台市教育委員会 1989）。

　郡山遺跡は、東北地方最初の官衙遺跡で、第Ⅰ期の官衙は多賀城成立以前の陸奥国府と推定されている（今泉隆雄 1989）。最古の関東系土器はこうした遺跡から出土した。土器の年代は、7世紀前半から中葉に比定されており、第Ⅰ期官衙創建以前の住居跡からの出土である（木村浩二 1983）。これらの土器は、胎土の肉眼観察や製作技法から在地産ではなく、関東地方からの搬入品で、その形態的特徴から千葉県北部地域の土器であるといわれている（長谷川厚 1992・1993）。また、第Ⅱ期官衙に伴う7世紀末の関東系土器も出土している。こうした事実は、関東地方は東北地方における律令社会形成の段階から深くかかわっていたことを物語っている。

　名生館遺跡　本遺跡は、宮城県古川市大崎にある官衙遺跡で、玉造柵あるいは玉造郡衙跡と推

定されている。造営年代は7世紀末で、9世紀後半まで存続していた。政庁は一本柱列の塀に囲まれた東西53m、南北61mの内にある。関東系土器は住居跡や土壙から出土しており、その年代は7世紀末である（白鳥良一ほか 1981〜86）。また、これらの土器は埼玉県北部の児玉地方のものと類似していることが指摘されている（長谷川 1993）。

東山遺跡 本遺跡は、宮城県加美郡宮崎町にあり、加美郡衙跡に推定されており、築地跡、正倉跡、掘立柱建物跡群などが検出されている。郡衙は8世紀前半に造営され、10世紀中頃まで継続していたと考えられている。胴部にヘラ削りのある関東系の長甕は、郡衙造営以前の8世紀前半の住居跡から出土しているが、住居跡は郡衙の造営に伴い埋め戻されている（白鳥良一ほか 1987）。

（2）古　墳

色麻古墳群 色麻古墳群は宮城県加美郡色麻町に所在する。古墳群は直径10m前後の小円墳で形成され、かつては500基程存在していたと想定されている。

古墳群の形成時期は7世紀中葉から8世紀前葉で、3段階に分けられている。第1段階は7世紀中葉から7世紀後半で、関東系土器と在地の土器が出土している。第2段階は7世紀末から8世紀初頭で、関東系土器の出土は少なくなり、在地系土器を主体とする古墳が増加する。第3段階は8世紀前葉で、在地の土器が主体となる。

発掘調査によって確認された主体部は99基であった。その内の86基すべてが胴張横穴式石室で、胴張横穴式石室は第1段階から第3段階まで存在する。そのほかは9基の竪穴式石室と4基の箱式石棺であった（古川一明 1983・84、佐々木和博ほか 1985）。

胴張横穴式石室は仙台市安久訪古墳群、古川市塚原古墳群、白石市鷹ノ巣古墳群などでは単体で確認されており、それ自体は特異な存在ではないが、色麻古墳群のように石室の裏込めに多量な小石を用いる手法等や、群として胴張横穴式石室が存在する形態は宮城県には存在しない。胴張横穴式石室もつ古墳群は、群馬県藤岡市東平古墳群、埼玉県大里郡川本町鹿島古墳群、同児玉郡美里町塚本山古墳群といった北関東西部に多く、かつ色麻古墳群はこれら古墳群と類似した様相をもつ点が多いことから、被葬者はこれら地方と深いかかわりをもっていたと考えられている（古川 1983・84）。また、長谷川厚によると色麻古墳群出土の関東系土器は、埼玉県児玉地方の土器と類似するという研究成果からも、本古墳群に北関東西部の人びとが葬られた可能性が高い。

色麻古墳群の南東約1kmには一の関遺跡がある。一の関遺跡には基壇跡、掘立柱建物跡、土塁状遺構が存在し、さらに多賀城創建以前の瓦が出土していることなどから色麻柵に比定されている。その2km先には、多賀城の創建瓦を焼いた日の出山窯跡群が存在する。色麻古墳群の被葬者は、こうした官的性格をもつ遺跡の造営に深くかかわっていた人々であったと推察できるのである。

また、日向前横穴墓、朽木橋横穴墓、青山横穴墓、山畑横穴墓などからも、7世紀末から8世

第2編　集落と祭祀

紀初頭の関東系土器が出土している。これら横穴墓も関東からの移住者の墓と捉えていいだろう。

2　移住者の村

　これまで集落以外の関東系土器を出土する遺跡を見てきたが、どこかにこれら遺跡にかかわった人びとの居住の場が必ずあったはずである。そこで、関東系土器を出土した集落として著名な宮城県御駒堂遺跡（小井川和夫ほか 1983）を検討し、その実態に迫ってみよう。

　御駒堂遺跡で関東系土器が出土しているのは、第1期と第2期の集落である。第1期は7世紀末に、第2期は8世紀前半に比定されており、第1期の住居跡は3軒、第2期の住居跡は22軒検出されている（第117図）。また、第1期の出土土器を見ると、在地の土器が主体で、関東系土器はわずかであるが、第2期になると逆に関東系土器が主体となり、それに在地の土器は客体的という様相を示す。なお、第3期以降は住居跡数はは少なくなるが、在地の土器だけが出土する集落となる。

（1）カマドの構築法

　御駒堂遺跡のカマドの構築法には二つのタイプがある。Aタイプのカマドは、地山を掘り残して袖部をつくり、煙道部は地山を長く掘り込んでおり、燃焼部と煙道部は明確に区別できるものである。このように煙道を長く掘込むものを煙道aとしよう。Bタイプのカマドは、壁を掘り込みそこに粘土を貼り付け袖部を構築するもので、その最奥部を煙道としての機能をもたせているため長い煙道はつくらないものである。そのため燃焼部と煙道部の区別は明確ではない。こうしたものを煙道bとしよう。

　Aタイプのカマドは第1期に、Bタイプのカマドは第2期の住居跡に設置されている。第3期以降になるとカマドの袖のつくりはAタイプとなり、煙道はa・b両者が混在している。カマドの袖は基本的に粘土を基礎に構築するが、補強材としてたとえば川原石とか凝灰岩などを用いるといったように地域の素材をうまく利用している。その点、地山を掘残しカマドの袖とするAタイプのカマドは特徴あるものである。

　宮城県におけるカマドをみると、まず仙台市岩切鴻ノ巣遺跡（白鳥良一ほか 1974）では、5世紀後半から末にかけての初期カマドをもつ2軒の住居跡が検出されている。カマドの袖はいずれも粘土で構築されているが、煙道は長く掘り込んでいるaタイプのものと、煙道の掘り込みのないbタイプの両者が併存する。また、6世紀初頭の仙台市南小泉遺跡（佐藤洋 1897）では、カマドの袖は粘土で構築されているが、煙道は地山を掘り込んでいるaタイプのものが検出されている。その後の良好な資料については知見に触れないが、郡山遺跡の官衙創建以前の7世紀前半から中頃の住居跡のカマド煙道はbタイプで、袖は粘土で築かれたAタイプである。このように見ていくと、宮城県内ではカマド出現の当初から煙道はaとbの両者が存在しているが、地山を掘り残して袖とするAタイプのカマドの例は見られないようである。

　関東地方ではほとんどのカマドの袖は粘土を基本に構築されているが、掘り残し袖のカマドは

埼玉県西北部の大里・児玉地域に集中して分布している。石岡憲雄は六反田遺跡の報告のなかで、時期ごとのカマドの構造と形態についてまとめ、六反田遺跡Ⅷ期の7世紀後半から掘り残した袖が出現することを明らかにしている（石岡1981）。

その後、埼玉県北部の妻沼低地の発掘調査が実施され、自然堤防上に古墳時代中期以降の遺跡が数多く検出され、6世紀前半から継続して掘り残し袖のカマドが存在することが確認された（瀧瀬芳之1990、岩瀬　譲1991、劔持和夫1993、瀧瀬ほか1993）。こうした袖部を掘り残すカマドは、自然堤防上の粘性の強い地域に多く存在する特徴がある。六反田遺跡では7世紀末頃になると、壁面を燃焼部と煙道部まで掘り抜くカマドが出現する。まさに、粘性を利用したカマドづくりである。御駒堂遺跡の第1期のカマドは、こうした地域のカマドと形態と構造が類似している（図118）。御駒堂遺跡の地山も粘性土であることから、こうしたカマドが偶然築かれたとも考えられるが、両地方のカマドの比較と出土土器から、埼玉県北部付近からの移住者の存在が想定されるのである（注）。

第2期になるとカマドの様相は一変し、すべてが粘土で袖が築かれる粘土袖となる。関東地方のカマドは先に例示した埼玉県北部以外の地域は、この粘土袖が主体である。この段階の御駒堂遺跡の出土関東系土器は、南武蔵から東京湾東岸地域との関連が指摘されている〔長谷川1993〕。こうした事実は、南武蔵や東京湾東岸地域から多くの人が移住し、カマドもその地域の構築方法によって築かれた可能性を示している。

　（2）集落形態

御駒堂遺跡の関東系土器を出土する第1期の住居跡は3軒で、発掘区の北側にのみ存在する。第2期になると住居跡は中央に住居跡が形成されない広場を中心に、発掘区全体に分布するようになる。遺跡全体の検出住居数42軒中、第2期の住居跡は22軒で半数以上を占めていることから、第2期が御駒堂遺跡の中心となる集落ということができる。

第2期の集落の特徴は、およそ南北160ｍ、東西80ｍという広大な広場を有することである。8世紀前半の御駒堂遺跡が示すこのような集落形態は、全国的にも類例は認めることはできず、特異な集落形態といえよう（第119図）。たとえば、同時代の集落跡で広場を有するものとして千葉県山田水呑遺跡が知られているが、山田水呑遺跡は計画村落と考えられ、集落が形成された当初のみ中央に広場をもつ環状集落の形態をとるが、御駒堂遺跡のような広大な広場は形成していない。また、住居跡の分布は散漫であり、住居跡群としてのまとまりは捉えにくい。この時期の一般集落は、いくつかの住居跡小群が集まり住居跡群を、複数の住居跡群が集まり集落を形成するのが常であるが、御駒堂遺跡では住居跡群が捉えにくいことから、個々の住居の独立性は弱く、総体として一集落を形成しているように思われるのである。そして、集落は広場を中心に環状に形成されており、広場が重視されていたようだ。広場では共同作業や練兵場としても機能していたのかも知れない。ここに、移住者の村としての御駒堂遺跡の特徴を見いだすことができるのである。

第2編　集落と祭祀

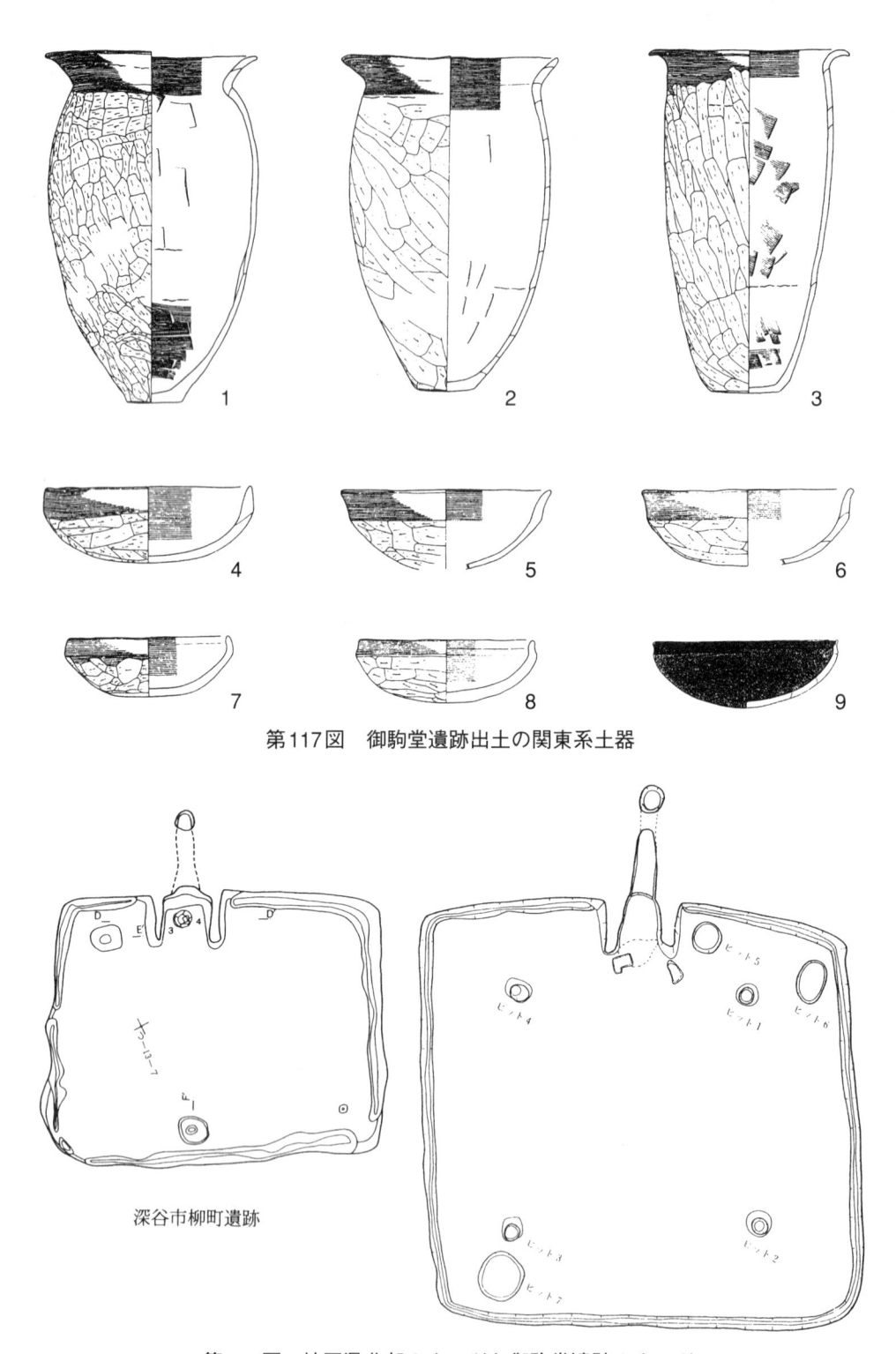

第117図　御駒堂遺跡出土の関東系土器

深谷市柳町遺跡

第118図　埼玉県北部のカマドと御駒堂遺跡のカマド

第2章　古代の集落

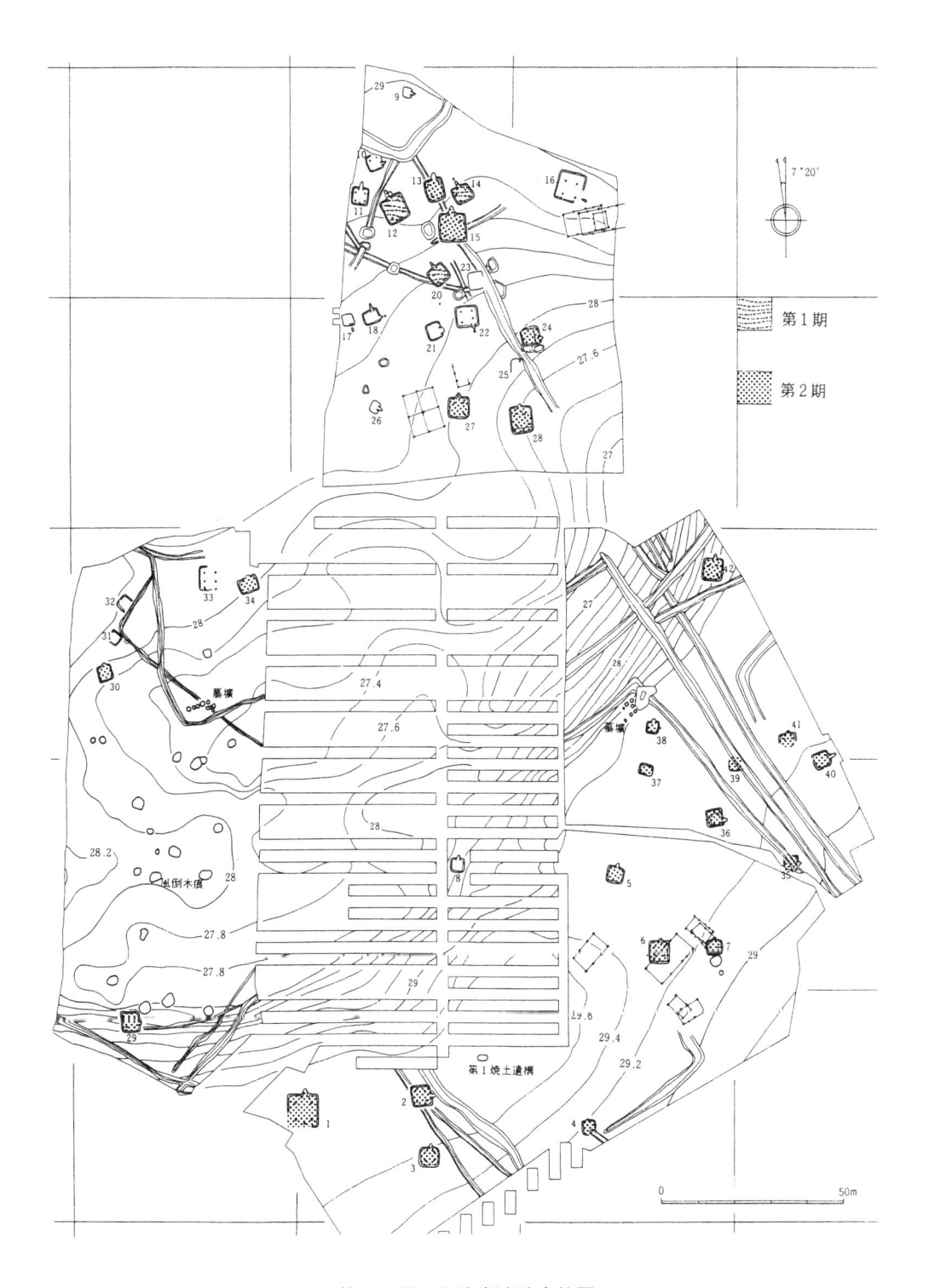

第1期

第2期

第119図　御駒堂遺跡全体図

第2編　集落と祭祀

3　関東古墳時代初頭の移住者の村

　関東の古墳時代初頭にも古代の東北に見られたように、東海系土器、畿内系土器、北陸系土器といった非在地系土器が出土する。非在地系土器は、関東全域から出土するが、集中して出土する地域は限定している。また、非在地系土器は系の示す地域により類似する第1次非在地系土器と、第1次非在地系土器の影響下に生まれた第2次非在地系土器が存在する。

　第1次非在地系土器を出土する集落の場合、非在地系土器が主体、在地の土器は客体で、住居形態も非在地系土器の故地と類似するという特徴がある。たとえば、千葉県柏市戸張一番割遺跡では（平岡和夫ほか 1985）、タタキ甕といった畿内系土器を主体に出土する。住居も方形で、住居のコーナーの対角線上に4本柱が配置され、対角線の交点を中心に円を描くと柱穴が円上に位置するいわゆる西日本型住居構造である「主柱配列求心構造」（都出比呂志 1989））住居が出現する。それ以前の弥生時代の住居形態は隅丸方形、隅丸長方形、楕円形であったが、古墳時代になると方形住居に変化するのである。畿内系土器を主体として出土した戸張一番割遺跡では、他地域に先駆けて新しい住居形態である主柱配列求心構造の住居が出現するのである。

　このような、新しい構造をもつ住居形態は、畿内系土器を製作した外来集団によってもたらされたものである。そして、戸張一番割遺跡のような外来集団が主体をなす拠点集落から新しい文化が周辺地域にひろまり、第2次非在地系土器が出現したのである。

　また、千葉県市原市南中台遺跡は、北陸系土器を主体的に出土する遺跡である。その中の1軒の住居跡には、北陸の玉造工房住居跡に存在する特殊ピットと呼ばれているものと同一形態のピットが存在した。南中台遺跡でも、土器だけでなく住居形態も北陸の形態を採用していたのである（比田井克仁 1987）。

　次に、東海系の移住者の村を見ておこう。東海系土器を主体に出土する遺跡は多いが、東京都北区赤羽台遺跡を取り上げよう。本遺跡では13軒の古墳時代初頭の住居跡が検出されているが、いずれもS字甕に代表される東海系土器が主体的に出土している。また、赤羽台遺跡で確認された集落内祭祀は、詳細は省くが伊勢湾地方を故地とした祭祀儀式であるところから、その地方の外来集団が居住した集落であるという（鈴木敏弘 1991）。

　また、同じ隅田川流域の標高1mの自然堤防上から、60基を越える方形周溝墓が発掘調査された。北区豊島馬場遺跡である。この遺跡の大きな特徴は、いずれの方形周溝墓からもS字甕が大量に出土していることである（中島広顕ほか 1993）。これら方形周溝墓は東海地方からの移住者の墓であり、おそらく近くに葬られた人々の集落があるはずである。

　なお、豊島馬場遺跡の方形周溝墓は、溝の形態と土器組成から溝をめぐらした住居であるという見解が及川良彦の論文を嚆矢とし相次いで発表されている（及川 1998、長瀬 出 2000）。ここでは本論から外れるので詳細は記さないが、納得できる見解である。S字甕をつくった集団は低地の開発を得意としたので、こうした低地にも居を構えることができたのであろう。本遺跡からは

S字甕のほかに東海西部系の鋤（樋口昇 1993）が出土していることなどから、豊島馬場遺跡も移住者の村とすることができよう。

また、茨城県野方台遺跡でも東海系土器を主体とした土器が出土し、在地の土器はわずかしか認められなかった。住居跡も方形で、柱穴も主柱配置求心構造である（玉井輝男 1983、赤井博之 2001）。これも移住者の村と考えて間違いない。

まとめ

古代の東北には大和政権の東北経営のために、東国から多くの人々が兵士として移民として東北へ赴いた記録がある。たとえば、『続日本紀』霊亀元年（715）には「移相模・上総・常陸・上野・武蔵・下野六国富民千戸　配陸奥国焉」とある。「戸」とあることから千人ではなく、その数倍の人が移されたと考えることができる。こうした人々が関東系土器を残し、先に概観した官衙の造営等に従事し、死後は古墳や横穴墓に葬られ、故郷の関東系土器が副葬されたのであろう。

時代は遡るが、古墳時代初頭の東国にも古代東北と類似した考古学的現象を見ることができた。東海系や畿内系をはじめとする第1次非在地系土器は関東系土器と同様、移住者によってつくられた土器である。神奈川県綾瀬市神崎遺跡は、弥生時代後期に東海地方西部の三河・西遠江からの移住者の環濠集落として有名である。出土土器の95％はその地方に出自をもつ山中様式新段階のもので、胎土分析の結果では搬入品は少量で、大半は在地で生産されたものであるという（小滝 勉 1992）。

さて、これら非在地系土器出現の背景には、人の移動・移住があったとする見る点では、大方の意見は一致している。しかし、その歴史的背景についてはさまざまな意見がある。最近では、赤塚次郎による精力的な一連の研究がある。要約すると次のようなものである。廻間式土器の第1次拡散期は廻間Ⅱ式初頭、その年代は3世紀中葉で邪馬台国時代と考える。邪馬台国は畿内と考え、それと抗争する狗奴国を濃尾平野に想定し、両者の緊張関係が直接およんだ伊勢湾沿岸の住民が戦火を逃れ、西へ東へと難民として排出されため、東海の墓制である前方後方墳が前方後円墳に先駆け列島にひろまるとともに、東海系の文化が定着したという（赤塚 1992）。魅力的な見解であるが、果たして難民が前方後方墳を造営できたか疑問である。私は、纏向遺跡を初期大和王権の王都として評価する立場から、大半の東海系・畿内系・北陸系・山陰系土器が移動する背景に、初期大和王権の政治力を想定している（高橋 1985）。

かつて、これほど短期間での集団移動や移住はなかった。いずれにせよ、古墳時代という新しい時代に向けてダイナミックな動きがあったことだけは確実である。そして、時代を問わず移住した人々は在地の人びとと融合し在地化していったことを、非在地系土器は語っているのである。

注

「関東における非在地系土器出土の意義」では、袖部を掘り残し、長い煙道をもつタイプのカ

マド在地のものとしたが、その後の調査の進展により御駒堂遺跡のこのタイプのカマドも関東の影響下で出現したと考えている。

引用文献

赤井博之　2001「野方台遺跡」『村史千代川村生活史』第3巻　茨城県千代川村

赤塚次郎　1992「東海系のトレース」『古代文化』第44巻第6号　古代學協會

石岡憲雄　1981「竃について」『六反田』大里郡岡部町六反田遺跡調査会

今泉隆雄　1989「八世紀前半以前の陸奥国と坂東」『地方史研究』221　地方史研究会

岩瀬　譲　1991『岡部町樋詰・砂田前』埼玉県埋蔵文化財調査事業団　第102集

及川良彦　1998「関東地方の低地遺跡の再検討」『青山考古』第15号　青山考古学会

木村浩二　1983『郡山遺跡』Ⅲ　仙台市教育委員会

劔持和夫　1993『深谷市ウッギ内・砂田・柳町』埼玉県埋蔵文化財調査事業団　第126集

小井川和夫ほか　1983「御駒堂遺跡」『東北自動車道遺跡調査報告書』Ⅵ　宮城県教育委員会

小滝　勉　1992『神崎遺跡発掘調査報告書』綾瀬市教育委員会ほか

小滝　勉　1993「神崎遺跡」『東日本における古墳出現過程の再検討』日本考古学協会新潟大会実行委員会

中島広顕ほか　1993「東京都豊島馬場遺跡の古墳出現期方形周溝墓群とその性格」『日本考古学協会第59回総会研究発表更旨』

佐々木和博ほか　1985「色麻古塘群」『香ノ木遺跡　色麻古墳群』宮城県教育委員会

佐藤洋　1987『南小泉遺跡第14次発掘調査報告書』仙台市教育委員会

白鳥良一ほか　1974「岩切鴻ノ巣滞跡」『東北新幹紳関係遺跡.調査報告書』Ⅰ　宮城県教育委員会

白鳥良一ほか　1987『東山遺跡』Ⅰ　宮城県立多賀城研究所

鈴木敏弘　1991『赤羽台遺跡』東北新幹線赤羽地区遺跡調査会

仙台市教育委員会　1989『甦る城柵郡山遺跡』

高橋一夫　1985「関東地方における非在地系土器出土の意義」『草加市史研究』第4号

瀧瀬芳之　1990『東川端遺跡』埼玉県埋蔵文化財調査事業団　第94集

瀧瀬芳之ほか　1993『上敷免遺跡』埼玉県埋蔵文化財調査事業団　第128集

玉井輝男　1983『下栗野方台遺跡』茨城県千代川村教育委員会

都出比呂志　1989「竪穴住居の平面形」『日本農耕社会の成立過程』岩波書店

長瀬　出　2000「東京都豊島馬場遺跡における『方形周溝墓』の再検討」『法政考古』第26集　法政考古学会

長谷川厚　1992「古墳時代後期の研究（4）－古墳時代後期土器からみた広域間の交流について－」『神奈川考古』第28号　神奈川考古同人会

長谷川厚　1993「関東から東北へ　－律令成立前後の関東地方と東北地方の関係について－」『二

　　　　十一世紀の考古学』雄山閣出版
比田井克仁 1987「南関東出土の北陸系土器について」『古代』第83号　早稲田大学考古学会
樋口　昇 1993「木製農具研究の一視点」『考古学フォーラム』3
平岡和夫ほか 1985『戸張一番割遺跡』柏市教育委員会

第3章　カマドの出現

第1節　カマドの出現

はじめに

　カマドは社会構成史的観点から集落を考える上で重要な要素のひとつである。その重要性についてはすでに和島誠一と金井塚良一が指摘されている（和島・金井塚 1966）。本稿では主として和泉・鬼高期のカマドの出現期について若干の考察を試みたい。

　まず、各地の初期カマドの様相について検討しよう。

1　各地の初期カマド

埼玉県西富田遺跡（玉口時雄 1962）

　3軒の和泉期の住居跡が調査されている。1軒の住居跡には炉が存在したが、ほかの2軒はカマドが設置されていた。カマドの煙道は未発達で、壁の切り込みは認められなかった。

埼玉県二本松遺跡（小沢國平 1957）

　和泉期の2号住居跡のカマドは、壁への切り込みはなく、煙道は未発達である。また、カマドは住居を掘った後に構築されたと考えられている。

埼玉県前田遺跡（横川好富 1967）

　鬼高Ⅰ式期の3号住居跡のカマドはほかの遺跡のカマドとは相違して、壁から135cmほど離れて築かれている。炉も存在することから、カマドは住居を造った後に築かれたことがわかる（補注1）。

埼玉県八幡山遺跡（金井塚良一ほか 1968）

　4軒の鬼高Ⅰ式期の住居跡が調査されているが、2軒の住居跡は壁の切り込みはなく煙道は未発達であるが、2軒は壁を若干切り込んでおり、煙道の発達が見られる。

長野県生仁遺跡（丸山敏一郎ほか 1969）

　H8号住居跡は和泉期のものであるが、カマドはかなり破壊されているため詳細は不明であるが、壁の切り込み及び煙道は認められなかったという。

長野県平出遺跡（小出義治 1955）

　46号住居跡のカマドは「四箇の平板状の安山岩と二箇宛両側に立て、更に粘土をもって被覆し、竈内中央部に長方形の石が支柱として樹てられていた」が、図を見る限りでは壁への切り込みはみられず、煙道部は未発達のようである。

第2編　集落と祭祀

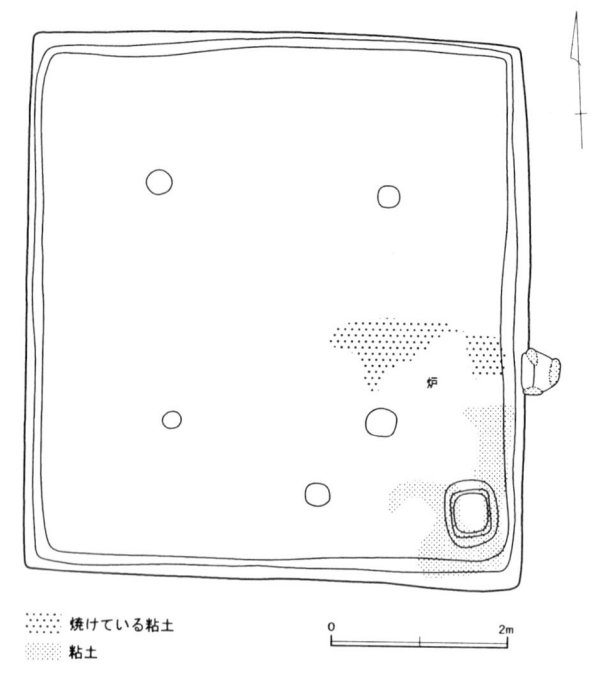

```
[図：柏市根切遺跡1号住居跡の平面図]
  焼けている粘土
  粘土
  0      2m
```

第120図　柏市根切遺跡1号住居跡

長野県城の内遺跡（木下修一ほか 1961）

　鬼高Ⅰ式期の12号住居跡は他の住居跡との切り合いが激しかったが、カマドの部分は残っていた。カマドは煙道がなく、カマドとしては未完成なものであるという。

千葉県根切遺跡（補注2）

　1号住居跡は5.8m×5.7mの方形の火災住居跡である。そのため、土器、土錘、石製模造品、鉄片など多種多様な遺物が出土した。和泉Ⅱ式期の所産である。とくに注目すべき点は、カマド構築直前の様子を窺い知れることである。東壁中央からやや南に寄ったところの壁を36cmほど切り込んでおり、その先端部と両側の3箇所に粘土を貼りつけている。その下には焼けた粘土と炉があり、南東コーナーには貯蔵穴がり、その周辺には良質の白色粘土が多量に置かれていた（第120図）。土製支脚は2点出土していることから、これを粘土で囲んで使用したとも推測できるが、壁の切り込みがあることから、炉を使用していた途中の段階でカマドの構築を開始した住居で、粘土はカマドの構築用に用意されたものと考えた方がいいようだ。もし、火災にならなかったらカマドは完成していたに違いない。

千葉県夏見台遺跡（西野　元 1967）

　2号住居跡は鬼高Ⅰ式期の住居跡で、炉とカマドが共存している。カマドは壁を切り込んでおらず、周溝はカマドの下までまわっており、カマドの袖は未発達で、燃焼部は掘り込まれていない。こうしたことから、住居が築かれてからしばらく時間が経ってからカマドが構築されと見ることができる（注1）。

千葉県大谷口遺跡（岩崎卓也ほか 1970）

　住居跡どうしの切り合い等が激しいが、鬼高Ⅰ式期の住居跡は壁の切り込みが見られず、煙道は未発達のようである（補注3）。

中田遺跡（服部敬史ほか 1966・67・68）

　多くの鬼高期の住居跡が調査されているが、鬼高Ⅰ式期のカマドの様相を見ると、まったく壁の切り込みがないものと、わずかに壁を切り込んでいるカマドの両者が存在するが、壁を十分切り込んだカマドは鬼高Ⅱ式期以降に出現する。だが、鬼高Ⅰ式期の住居跡でもE4号住居跡は円筒土器を煙道として用いており、D56号住居跡、E11・16・19号住居跡でもカマド付近から円筒土器の破片が出土していることから、円筒土器を煙道として使用していたことがわかる。

　また、初期的カマドの様相を示すものとしてB9号住居跡がある。そのカマドは「赤橙色によく焼けた固い焼土が厚さ10cm内外で竈の上面にあり、その下は黒色の有機質となっている。横断面には、両袖の粘土の構造がよく示され、これも有機質土層にのせられているような状態である。この竈は調査中から粘土を馬蹄形にまわした中で火を焚いたものという考えと、やはり粘土で火床をおおっていたという、ふた通りの意見が生じたもので、後者のばあいであると竈自体の傾斜があまりなく、火床は水平に近い状況になってしまうということに注意しておきたい」という。これは完成されたカマドではなく、初期カマドの熱処理を考える上で参考になる遺構である。また、本遺跡においても数は少ないが、カマドの下に周溝がめぐる例が存在する。

2　炉からカマドへ

　関東における初期的カマドの様相を見てきたが、和泉期のものと鬼高Ⅰ式期のカマドに構造的な差異は認められなかった。たとえば、大半のカマドには切り込みが見られず、煙道が未発達であることなどが共通点としてあげられる。カマドとして完成した姿を見せるのは鬼高Ⅱ式期で、その後は煙道部が時代とともに発達していくが、構造自体に大きな変化は認められない。

　最近、機能的には初期カマドと変わらない遺構が和泉期の住居跡で確認されている。その例として千葉県高野台遺跡4号住居跡では、「方形の竪穴の南寄り中央部に炉が設けられ（中略）、この上面及び周辺にわたって土製支脚数本と甕形土器、大形長胴形甑、小形甑、塊等が折り重なって発見された。支脚の片面は粘土でかためた構造物の一部として使用されていた形跡が認め」られ（補注4）、同県山田台遺跡7号住居跡でも「北壁寄り中央部に設けられた炉の上に生粘土でかためた土製支脚が検出」されている（補注5）。土製支脚は五徳として使用されたと考えられているが、先に見た2例は土製支脚を粘土で固定し、さらに粘土で一定の範囲を囲うという点において、つまり熱処理に関し一段階進んだ方式とすることができる。こうした熱処理の方法は初期カマドと類似し、おそらくこうしたものがカマドへと発展するのであろう。前田遺跡の壁から離れたカマドの出現は、高野台遺跡や山田台遺跡の例からはじめて理解できるものであろう。

　カマドは須恵器窯などの熱処理の影響を受けて出現したのではなく、むしろ和泉期に見られた

第2編　集落と祭祀

熱処理の方法が発展してカマドへと転化したと理解したこうが妥当のようである（注2）。そして、カマドは一定の地域でまず出現し、各地に波及したというのではなく、おそらく関東で多元的に出現したのではないかと考えられるのである。

　鬼高Ⅰ式期の住居跡すべてにカマドが設置されているわけではない。夏見台遺跡では7軒中2軒、千葉県三ツ堀遺跡（下津谷達雄ほか 1963）、茨城県御所内遺跡（佐藤政則 1969）などもその例である。鬼高Ⅰ式期に各地でカマドをもたない住居跡が存在することは明らかで、しかも一定の地域に限定された現象ではないのである。こうしたことから、カマドは一定の時期に各地に波及・普及するものではなく、社会が一定の段階に達したときに受け入れらえるのである（補注6）。

注
1　夏見台遺跡では同じ鬼高Ⅰ式期の住居跡でも7号住居跡には、壁に切り込みを入れた煙道が存在する。また、周溝もカマドの下にはまわっていないことから、住居をつくる段階にカマドの位置は決定していたことを示している。おそらく、7号住居跡は他の住居跡より後出の住居跡であろう。
2　これの問題に関してはすでに和島・金井塚によって論じられている（和島・金井塚 1966）。

補注
1　最近の調査で壁から離れたカマドの類例が増加している。福岡県西新町遺跡では布留式古・中段階の3軒の住居跡からこの種のカマドが検出されており（重藤輝行 2000・01『西新町遺跡』Ⅱ・Ⅲ　福岡県教育委員会）、さらに埼玉県二本松遺跡で布留系甕を出土した和泉Ⅱ式期の住居跡1軒（長谷川勇ほか 1983『二本松遺跡発掘調査報告書』本庄市教育委員会）、同南大通り線内遺跡でも同時期の住居跡1軒に存在する（増田一裕 1987『南大通り線内遺跡発掘調査報告書』本庄市教育委員会）。すると、前田遺跡のカマドも特殊な一例ということではなく、初期カマドの一様相と捉えることも可能である。
2　この住居跡については、『東葛上代文化の研究』に報告した（高橋一夫 1988「根切遺跡」古宮・下津谷両先生還暦記念祝賀事業実行委員会）。
3　増田　修は神奈川県東原遺跡における和泉Ⅱ式期のカマドの調査結果から、「初源的な竈の特徴として、従来から煙道部の未発達ということが度々ゆわれてきたが、この様な初源竈における指摘は問題があろう。竈として構築されたものにおいて、煙道は必ず付くものであり、未発達という観点はあり得ない」とし、調査技術上の問題も指摘している（増田ほか 1983『横浜市緑区東原遺跡発掘調査報告』横浜市埋蔵文化財調査委員会）。東原遺跡では和泉期のカマド煙道はすべて壁に切り込まれており、その部分が煙道部だということがわかり、たしかに煙道部は存在する。また、中田遺跡の円筒土器の例から、それを黒色帯に据え置かれたら煙道部としての確認は困難となり、切り込みがないから煙道は存在しないとはいい切れない。しかし、埼玉県

前田遺跡の例のように壁から離れた位置に築かれたものには煙道は存在しない。カマドの大きな流れをみると煙道は時代とともに発達していくことから、煙道が未発達のカマドが存在したことも考慮すべきである。

4　この部分は引用形式になっているが引用文献が記載されていない。その文献を柏市教育委員会に調べてもらったがわからなかった。ただ、引用形式をとっていることから、何かを参考に記したのだと思うが記憶に残っていない。

　この調査は昭和41年古宮隆信氏を担当者として行われ、私も学生時代に調査に参加している。1984年に「第2章　高野台遺跡の調査」『柏市埋蔵文化財調査報告書』にとして柏市教育委員会から刊行されている。そこにはこれらの記述はなく、また土製支脚の実測図も記載されていない。崩れ去ってしまったものと思われる。また、本住居跡は火災住居跡で多くの土器が出土している。調査時点で和泉期として認識したが、報告書をみると現時点では鬼高Ⅰ式期と認識できる土器である。

5　昭和41年に古宮隆信・下津谷達男を担当者として調査が行われ、私も学生時代に調査に参加した。1984年に柏市教育委員会から『山田台遺跡』が刊行されている。報告書では6号住居跡となっており、「炉は住居址北寄りに位置し、35cm前後の円形である。焼土上部より炭化材、土器片、粘土ブロックが検出された」とあるが、やはり土製支脚の記載はない。土製支脚は高野台遺跡同様、壊れてしまった可能性が高い。

6　その後、カマドの出現に関して考え方を変えているので、本稿「続カマドの出現」を参照。

引用文献

岩崎卓也ほか　1970『大谷口』松戸市教育委員会

小沢國平　1957『本庄市二本松遺跡二号住居址発掘調査報告』本庄市教育委員会

金井塚良一ほか　1968「東松山市八幡山遺跡調査概報」『台地研究』17

小出義治　1955『平出―46号住居址―』平出遺跡調査会

佐藤政則　1969「東海村御所内遺跡調査報告書」『茨城県埋蔵文化財調査報告書』　茨城県教育委員会

下津谷達男ほか　1963『野田市三ツ堀遺跡』野田市郷土博物館

玉口時雄　1962「埼玉県本庄市西富田遺跡発掘調査報告」『史観』65・66・67合冊号

西野　元　1967『夏見台』船橋市教育委員会

服部敬史ほか　1966・67・68『中田遺跡』資料編Ⅰ・Ⅱ・Ⅲ　八王子市中田遺跡調査会

丸山敏一郎ほか　1969『生仁』長野県考古学研究報告7

横川好富　1967『松伏村前田遺跡』松伏村教育委員会

和島誠一・金井塚良一　1966「集落と共同体」『日本の考古学』Ⅴ　河出書房

第2節　続カマドの出現

はじめに

　古墳時代の生活遺構でもっとも顕著な変化を示すものは、炉からカマドへの変化である。カマドの出現に関しては古くから二つの見解がある。一つは、カマドは窯業とともに大陸から伝えられ一元的に波及するとう考え方で、二つは、カマドは在地で多元的に出現するという考え方である。私は後者の考え方でカマドの出現について小文を発表したことがあるが（高橋 1975）、その論に多くの批判が寄せられ（笹森健一 1978、谷井　彰 1979、笹森紀己子 1982）。これらの批判は学ぶべき点が多く、従来の見解は成り立たない部分もあると考えるにいたった。また、初期カマドの実態も明らかになりつつあるので、再度この問題について考えることにしたい。

1　北部九州と畿内のカマド

　最近、北部九州や畿内で古いカマドが相次いで確認されている。大阪府四ッ池遺跡では庄内式から布留式期のカマドが（堺市教育委員会 1984）、福岡県西新町遺跡では布留式期の古い時期のカマドが存在するという（福岡市教育委員会 1982）。この時期のカマドは集落全体に普及していなかったが、5世紀初頭の福岡県塚堂遺跡ではほとんどの住居跡にカマドが付設されている（福岡県教育委員会 1983・84・85）。そのカマドは壁の切り込みはなく、煙道は未発達のようであるが、完成されたカマドであり、大型の把手付甕が出土している。4世紀中頃の住居跡1軒にカマドがみられるが、土器の出土量は少なく混入の可能性も指摘されているので、住居跡の年代は確定できていない。

　北部九州や畿内といった先進地域では4世紀にカマドが出現しているが、そうした地域においてもすべての集落と住居跡にカマドは普及してなく、特定の住居に限られている。こうした地域のおいてもカマドが一般化するのは5世紀初頭のようだ。5世紀初頭という時期は、日本に須恵器窯が出現する時期である。須恵器生産の開始時期について、5世紀初頭より若干遡るという見解もあるが、カマドの出現は須恵器窯出現と時期を同じくすることから、西谷　正が述べているように朝鮮半島との関連で考えることができる（西谷 1983）。

2　カマドと神話

　大林太良は日本におけるカマドの出現に関し、興味ある見解を述べている（大林 1985）。大林は、カマドは明器から見て中国では漢代に用いられたことは明らかで、朝鮮高句麗では5世紀に用いられていることから、中国から朝鮮を経てわが国にもたらされたという。そのひとつの手がかりとして、14世紀中頃に成立した説話集の「神道集」にある説話をあげている。その概略は次のとおりである。

隣どうしの男女が結婚した。男は栄華を尽くしたあげく遊女遊びに狂ってしまい、結局離れてしまった。それから男は零落した。しかし、女には福分があるので長者と再婚した。男は村を出て箕を売り歩いているうちに、再婚した妻の家に売りに行った。女は前夫と気づき箕を買ってやる。次に来た時には下女の家に泊めさせたが、夜、男の様子をみようとした時目と目が合い、事情を知った男は恥じて死んだ。女は死体を釜屋の後ろに埋めさせた。そして、男は釜神になったというものである。

こうした一人の女が二人の男と結婚し、落ちぶれた前夫が前妻に出会い、死んでカマド神になる形式の説話は多く、かつ広く東アジアに分布するという。さらに、このような話は中国で生まれ、カマドとともに日本に入り、古代におけるカマドの祭りや祓いも、またこれらを基礎づける神話もともにセットで伝えられたとみるのが自然であろうと、大林は考える。

3 カマドの普及

4世紀代に受容し、5世紀初頭に北部九州や畿内に普及したカマドは、5世紀後半ごろ東国に出現する（補注1）。この出現の背景として、カマドの多元的発生説をとる者は家父長的世帯共同体の成長をカマドの出現と絡めて評価し、一元説をとる者は大和王権との関係で考えている。私は前者の立場に立った。

東国を見る限り、カマドは5世紀後半に出現するが、すべての地域に普及するのは6世紀前半まで待たなければならない。この差異を家父長的世帯共同体の成長に差に、さらには社会発展段階の差に置き換えるのには無理があるようだ。谷井　彪も批判しているように、カマドの出現をもって消費の自立化や社会の発展の差異を論証するのは困難である。

群集墳は家族墓といわれ、その被葬者は家父長層と考えられているが、群集墳は鬼高期の集落がある地域すべてに出現するわけでなく、分布に偏りがあるのは周知のとおりである。群集墳も家父長的世帯共同体の成長だけでは律しきれず、それプラスαが必要だったはずである。

ここで、カマドの出現について大和王権とのかかわりで考える論者の意見を見てみよう。

原島礼二はカマドの出現には支配者集団が関与したとし、「5世紀に増大した非生産的労働への不満を解消する側面をもつ」と考える（原島1971）。笹森紀己子はカマドの出現を糒との関係で捉え、カマドが出現する5世紀後半は、東国にも大型の前方後円墳が出現し、「労働力貢献が盛んに行われ始め、それに伴い携行食として大量の糒生産が必要とされた時期に相当する」とし、原島の「王権と坂東地方の支配集団との支配服属関係は坂東労働力を貢献しながら、支配のための技術や物資を与えられた」とする考えを参考に、「王権に貢献された莫大な労働力とかまどが密接に結びつき」、「かまどの出現が労働力貢献を裏付ける」関係にあると論じている。

まとめ

カマドの出現は「糒」との関係にあるのかどうかを論じる力はないが、カマドは朝鮮半島から

第2編　集落と祭祀

の渡来集団によって日本にもたらされ（補注2）、各地に波及していった（補注3）。つまり、カマド出現は一元的であったと考えるのである。東国におけるカマドの出現時期の相違は、社会発展段階の相違として捉えたが、これに関しても第一段階としていくつかの先進地域にカマドが導入され、第二段階としてその地域からカマドが各地に普及していったと考えることができる。第一段階のカマドの導入は、大和王権と地域首長との政治的関係がその背景に存在したことが想定できるのである。

また、和泉期のおける土製支脚を粘土で固めるという熱処理の効率化を、在地での熱処理の内的発展と理解した。たしかに、その一面を捨て去ることはできないが、むしろこうした現象はカマドを認識し、自らの努力でカマドに近づこうとした努力の一環と評価したい。そして、大林太良や谷井彪は指摘するように、カマドは単にカマドという構築物だけが伝えられたというだけでなく、それにかかわる祭りや世界観などもセットとなって入ってきた可能性が高いのである。

補注

1　現在では鬼高期の開始年代は5世紀後半まで遡るので、カマドは5世紀中頃に出現したと考えていいだろう。

2　福岡県西新町遺跡では布留式古・中段階の住居跡にカマドが付設されて例が数多く検出されている。カマドの形態も多様で、①壁に直行するもの、②コーナーにあり、対角線上に焚き口のあるもの、③煙道が壁に沿って曲がり、カマド全体がL字形を呈するもの、④壁から離れているもの、⑤コーナーにあるが壁と平行するもの、がある。

L字形のカマドは韓国京畿道地域を中心に検出例が増加し、百済時代の竪穴住居の造付カマドと共通しているといわれ、壁から離れたカマドは「暖房効果をもたせるために煙道を竪穴内に取り込む構造と言え、朝鮮半島南部で近年増加している原三国時代～三国時代の竪穴住居の造付けカマドと構造的に共通している」という。

西新町遺跡は非在地系土器が多く出土するのが大きな特徴である。その大半は畿内系土器が多いが、なかでも布留系土器が多量に出土し、各住居跡から出土している。そのほかは山陰系土器も多く目に付く。さらに、朝鮮半島系の土器も多数出土しており、沿岸部の全羅道地域からの舶載された土器もあり、半島系土器は全羅道と忠清道地域に系譜が求められるものが多いという（重藤輝行 2000・2001『西新町遺跡』Ⅱ・Ⅲ　福岡県教育委員会）。

西新町遺跡の調査によって、4世紀前半にはカマドが出現することが明らかになった。その類型が朝鮮半島に存在することと、半島系の土器が多数出土することから、カマドは半島からの移住者によってもたらされたと考えて間違いないだろう。西新町遺跡は玄界灘に面しており、4世紀代倭国と半島との交易の窓口のひとつであり、国際都市の様相をもっていたことを出土土器から想定できる。

ここからカマドは各地にひろがったと考えられるが、近隣地域かこの時代に近いカマドは存

在せずに畿内にみられることから、カマドは自然に普及していったというものではなく、大和王権が関与した人の移動や移住に伴って各地に拡散していったものと思われる。埼玉県本庄市で布留系甕が和泉期の初期カマドに伴って出土することも、この考え方を証左するものであろう。

3　埋蔵文化財研究会によって全国的なカマド集成が行われている。それによると東北と南九州を除いた地域でカマドが出現するのは5世紀中頃から後半である（埋蔵文化財研究 1992『古墳時代の竈を考える』第一・二・三分冊）。

引用文献

大林太良　1985「蘆刈以前―竈と夫妻・家族―」『岩波講座日本考古学月報』2
堺市教育委員会　1984『堺市文化財調査報告』16
笹森紀己子　1982「カマド出現の背景」『古代』第72号　早稲田大学考古学会
笹森健一　1978『川崎（第3次）・長宮遺跡』上福岡市教育委員会
高橋一夫　1975「和泉・鬼高期の諸問題」『原始古代社会研究』2　校倉書房
谷井　彪　1979『畑中遺跡』埼玉県美里村畑中遺跡調査会
西谷　正　1983「伽耶地方と北部九州」『太宰府古文化論叢』吉川弘文館
原島礼二　1971「日本古代社会論」『現代歴史学の課題』青木書店
福岡県教育委員会　1983・84・85『塚堂遺跡』Ⅰ～Ⅳ
福岡市教育委員会　1982「西新町遺跡」『福岡市高速鉄道関係埋蔵文化財調査報告』Ⅱ

第4章　集落と祭祀

第1節　石製模造品出土の住居跡とその性格

はじめに

　石製模造品の研究は、絶えず祭祀遺跡とのかかわりのなかで行われてきた。実際にそのほとんどが祭祀遺跡から出土するからである。祭祀遺跡は遺跡の特殊性、遺物の豊富さから古くから多くの研究者によって注目され研究も行われてきたが、住居跡出土の石製模造品は1軒の住居跡からは多くても数点であり、すべての住居跡から出土するわけでもなく、石製模造品自体も祭祀遺跡ほどの華やかさはないので、あまり注目を集めてこなかった。

　そこで本稿では、住居跡内から出土する石製模造品の出現期と消滅期を明らかにし、これらを出土する住居跡の性格を追求し、さらに村社の発生についても言及したい。

1　上限と下限

　石製模造品を使用する祭祀の東国への波及は、東京都伊興遺跡や福島県建鉾山遺跡から見て、5世紀前半頃と考えられる。石製模造品が住居跡から出土する時期も、ほぼ同時期かそれより若干遅い時期である。東国では和泉Ⅰ式期から出土しはじめるがその類例は少なく、和泉Ⅱ式期から普遍的に出土する。和泉期以前は土器を使っての祭祀であることから、石製模造品は五領期には存在せず、和泉期を上限と考えていいだろう。

　さて、下限は鬼高期で、7世紀後半の真間期になると石製模造品は住居跡から姿を消す。同じくして石製模造品を使用する祭祀遺跡も真間期には消滅する。これらの理由は後述することにしよう。

2　変遷

　和泉Ⅰ式期　この時期のものは少なく、1遺跡2住居跡だけで、出土率は全体の3％である（補注1）。石製模造品は現在のところ剣形品と臼玉が確認されている。剣形品は大きく形がよく整ったものである。

　和泉Ⅱ式期　出土率が急増する。現在16例を数え、全体の30％を占める。石製模造品の形態は和泉Ⅰ式期同様形が整っているが、なかには簡素化されたものも出現し、小型化したものも多くなる。また、出土率が増加するとともに種類も増え、剣形品・勾玉・臼玉・有孔円板といった石製模造品の基本形態が出揃う。

　鬼高Ⅰ式期　和泉Ⅱ式期よりもさらに出土率が高くなる。この時期のものが23例存在し、全体

の40％を占める。石製模造品の形態・種類は和泉Ⅱ式期のものとほとんど変わらないが、鬼高Ⅰ式期から土製模造品が出土しはじめる。現在、土製模造品は中田遺跡しか類例はないが（服部敬史ほか 1966・1967・1968）、中田遺跡では鬼高Ⅰ式期の住居跡30軒存在し、そのなかで石製模造品と土製模造品を出土する住居跡が11軒ある。その内訳は石製模造品だけの住居跡3軒、土製模造品のみ出土する住居跡5軒、両者を出土するもの3軒である。中田遺跡では石製模造品を出土する住居跡より土製模造品を出土する住居跡が上まわり、点数も石製模造品16点、土製模造品45点と数の上でも土製模造品が上まわっている。

鬼高Ⅱ式期 この時期のものは10例を数え、全体の17％である。減少傾向にあることがわかる。石製模造品の形態・種類は鬼高Ⅰ式期のものと変わらないが、しばしばきわめて簡略化されたものもある。また、この時期にも土製模造品が存在し、中田遺跡では鬼高Ⅱ式期30軒、Ⅲ式期15軒のうち、石製模造品を出土する住居跡は皆無で、土製模造品を出土する住居跡は各時期1軒ずつである（補注2）。

土製模造品は鬼高Ⅰ式期から出現するが、祭祀遺跡においてもやはりこの時期から出土するようになり、住居跡出土の土製模造品も祭祀遺跡と相関関係にあることがわかる。

3 伴出遺物

石製模造品を出土する住居跡からは、当然のことながら甕や壺あるいは坏といったものも出土するが、供献形態の土器の出土率が高い傾向を示す。なかでもの高坏の出土率は55％と高く、半数以上の住居跡から出土している。たとえば、埼玉県上野遺跡1号住居跡では7個体、同県水深遺跡6号住居跡5個体、東京都中田遺跡Ｂ1号住居跡12個体、Ｂ9号住居跡16個体、同Ｃ3号住居跡10個体、同Ｃ9号住居跡5個体、同Ｅ8号住居跡11体、同Ｅ11号住居跡7個体、同Ｅ19号住居跡12個体、千葉県御領崎3号住居跡12個体である。また、坩も11軒の住居跡から出土しており、出土率は20％となる。そのほかに、一般の住居跡の出土遺物には見られない須恵器と土師器の甑、須恵器高坏と坏（注1・補注3）、手捏土器、土製の鈴や鏡などが出土する住居跡も存在する。つまり、石製模造品を出土する住居跡は、祭祀的様相の強い遺物を出土する点に特徴がある。

4 出土住居跡の形態

石製模造品を出土する住居跡形態は、一般の住居跡となんら変わらない。一般的な住居跡とは、和泉期では平面プランは方形で炉と貯蔵穴をもち、鬼高期においては炉の代わりにカマドを有するものである。こうした住居形態をもつものは24遺跡中21跡で、56軒中の46軒である。

だが、中田遺跡と夏見台遺跡では、張り出しピットをもつ住居跡から石製模造品が出土する場合がある。中田遺跡で張り出しピットをもつ住居跡は鬼高Ⅰ式期17軒、Ⅱ式期1軒の18軒存在し、そのなかで石製・土製模造品を出土するものは7軒あり、いずれもⅠ式期のものである。夏見台遺跡でも張り出しピットをもつ住居跡は鬼高Ⅰ式期2軒、Ⅱ式期3の計5軒で、うち4軒から石

製模造品が出土している（西野　元ほか1967）。ただ、このうち1軒は石製模造品の工房跡なので（注2・補注4）、正確には3軒とすべきである。

　御領崎遺跡第3号住居跡では張り出しピットはもたないが、カマドの反対側の南壁から若干離れた位置に、床面下から7cmほど高い半円の馬蹄形盛土遺構が存在していた。その規模は南北1m、東西2mで、ここからは長甕と大型坏が出土している。これと類似する遺構をもつ住居跡の例は知らないが、住居跡全体の出土遺物の内容からみて祭祀的遺構と考えることもできる（注3・補注5）。

5　住居跡の性格

　祭祀遺跡はさまざまなものを対象として形成され、その対象によって立地や遺跡のあり方も相違する。いっぽう、住居跡出土の石製模造品は、その名のとおり住居という限定された場所からの出土であり、出土する数も種類も少なく、限られた住居跡から出土する。こうした点から住居跡出土の石製模造品が対象とする祭祀は、祭祀遺跡のように多様性はなく、限定されていたといえる。たとえば、山・岩・樹といった自然を対象とした祭祀はその場所で行われるので、住居内で行う必然性は見出せず、住居内で使用された石製模造品の祭祀は自然を対象としたとは考えがたいのである。

　そこで、石製模造品の祭祀の性格を明らかにするために、石製模造品を出土する住居跡は、集落内でどのような分布状況にあるのかを調べてみよう。

住居跡群と石製模造品出土の住居跡　中田遺跡では多数の住居跡が調査されているが、鬼高I式期集落を例に検討したい。この時期の集落は、住居跡の分布状況から、またカマドや張り出しピットの方向から六つの住居跡群に分けることができる。これら六住居跡群は台地全体に展開しており、各住居跡群内で石製模造品を出土する住居跡のあり方を見ると、まず第1住居跡群は7軒の住居跡から構成されており、石製模造品と土製模造品をもつ住居跡が2軒存在する。2軒の住居跡は相対する位置にあり、張り出しピットをもつ大型住居跡である。第2住居跡群は3軒から構成され、1軒から土製模造品を出土している。この住居跡は一般的な住居跡であるが、ほかの2軒は張り出しピットをもつ。第3住居跡群は6軒で構成されており、2軒から石製模造品と土製模造品が出土している。この2軒の住居跡は中に1軒挟んで位置し、両者とも張り出しピットをもつ住居跡である。第4住居跡群は8軒で構成されている。うち1軒から石製模造品と土製模造品を出土し、住居跡には張り出しピットがあり、本遺跡で最大規模のものである。第5住居跡群は2軒の張り出しピットをもつ住居跡で構成され、2軒の住居跡とも石製模造品と土製模造品を出土している。第6住居跡群は張り出しピットをもつ2軒から構成され、やはり2軒とも土製模造品を出土している。

　埼玉県一ツ木遺跡では7軒の鬼高I式期の住居跡が調査されている（青木義脩ほか1966）。6軒の住居跡が環状に分布し、1軒の大型住居跡が中央に位置する配置となっている。石製模造品を

第2編　集落と祭祀

出土した住居跡は環状の一角に位置している。住居跡の規模は住居跡群内では小型に属するものである。

埼玉県五領遺跡では9軒の鬼高期の住居跡が調査されている。うち7軒が一つの住居跡群を構成する分布状態を示している。正式報告書が刊行されていないため、詳細な時期区分はできないが、少なくとも7軒を上限として住居跡群を形成していたということができ、うち1軒から石製模造品が出土している。この住居跡は住居跡群内で大型の住居跡である（金井塚良一 1963）。

千葉県夏見台遺跡では鬼高Ⅰ式期の住居跡が7軒調査されており、分布状態から一つの住居跡群として把握できる。7軒のうち2軒は石製模造品の工房跡であり、この2軒を除いて石製模造品を出土する住居跡は1軒である。この住居跡は張り出しピットをもつが、住居跡群内では小型に属するものである。鬼高Ⅱ式期は8軒存在し、うち6軒が一つの住居跡群を形成している。石製模造品を出土する住居跡は2軒存在し、なかに1軒挟んで位置している。1軒は普通の住居跡であるが、もう1軒は張り出しピットをもつ大型の住居跡である（西野元ほか 1967）。

以上、簡単に石製模造品を出土する住居跡を、その分布状態から把握した住居跡群との関連で見てきた。住居跡群として把握したものは、生産活動等の一つの単位と思われるので、この住居跡群は単位集団と呼称されている。

世帯共同体と家父長的世帯共同体　石製模造品の出土する住居跡は、単位集団内で1～2軒存在することがわかる。単位集団は、和泉期においては世帯共同体、鬼高期では家父長的世帯共同体的性格を有するものと理解されている。鬼高期になると各地に群集墳が出現する。群集墳の造営主体者は、その数の多さと規模から考えて従来のような首長層ではなく、有力農民層の墓といわれており、その被葬者として家父長的世帯共同体の家父長が想定されている。農民間に階層分化がはじまったと考えていいだろう。家父長的世帯共同体は群集墳の造営母体であり、この成長なくして群集墳は出現し得なかったであろう（補注6）。

考古学的にまた集落から家父長を特定することは困難であるが、石製模造品を出土する住居跡の配置や出土遺物から見て、ほかの住居跡より優位にあることから、この住居跡が家父長の住居ではなかったかと推察するのである（注4）。

和泉期においても石製模造品を出土する住居跡は、家父長的世帯共同体の家父長の住居跡だったのだろうか。和泉期の集落の全貌が明らかになっている報告例がないので、石製模造品を出土する住居跡と他の住居跡との関係を検討できないが、住居跡と出土遺物のあり方から推論してみよう。

まず、鬼高期と比較し鉄器の出土率が低い。その要因として「単位集団がまとめて鉄製農具をもち、一カ所に集中しておく状態」が考えられている（原島礼二 1968・注5）。また、住居跡にはベッド状遺構と呼ばれるものがある。その性格については明らかにされていないが、それらを有する住居跡と存在しない住居跡との間には、鬼高期のように高坏や坏を多量に出土し、かつ手捏土器などを出土するということもなく、出土遺物に格差は見られない。このように和泉期には各

住居跡間に格差は見られないことから、和泉期は世帯共同体の段階と位置づけたい。

しかし、和泉期に石製模造品を有する住居跡が存在することは事実であるので、和泉Ⅱ式の段階で家父長的世帯共同体への萌芽がみられると理解したい。つまり、世帯の代表者が住居跡内祭祀を司ったと考えるのである。

鬼高期における家父長的世帯共同体の確立と家父長の祭祀権の掌握は、鉄製農具の普及とそれに伴う耕地の拡大、さらには分村といった際の主導権を掌握することによって確立していったものと思われる。和泉期から鬼高期への移行はまさに世帯共同体から家父長的世帯共同体への変革であり、住居跡出土の石製模造品はこのことを如実に物語っているのである。

祭祀の対象　次に、石製模造品が対象とした祭祀について考えよう。世帯共同体も家父長的世帯共同体も生産と再生産の関係を抜きには存在できない。東国では和泉Ⅱ式期に一部の地域でカマドの出現が見られる。この時期は家父長的世帯共同体の萌芽期と一致する。鬼高期になるとカマドは普及し、各住居に設置されるようになり、これは各住居での「消費の生活の自律化」を意味しているといわれているが（和島誠一・金井塚良一 1966）、消費のみならず単位集団自体の生産の自立化も進展していたと見るべきであろう。単位集団の自立化を促進したのは農耕生産の増大であった。住居内という限定された空間での祭祀を考えると、彼らが依って立つところの「農耕」がその対象であったと考えるのが妥当である（補注7）。つまり、家父長的世帯共同体として自立していたからこそ、それを単位とした祭祀が成立するのである。

1ないし2個の石製模造品を出土する住居跡のほかに、多量に保有する住居跡も存在する。埼玉県番清水遺跡の鬼高1式期の47号住居跡がこれに該当し、カマドの脇に置かれた甕の中に338個の臼玉が入れられていた（金井塚 1968）。城北遺跡の集落全体の祭祀を行ったと考えられる第1号祭祀では630個の白玉が出土していることから、338個の臼玉は1単位集団の点数としては多すぎるので、集落を代表し保管していたと見るべきであろう。長野県城の内遺跡や千葉県前山遺跡では集落内に祭祀跡が確認されているが、その祭祀は集落を構成する1単位集団の祭祀とは考えられない。これらは集落全体の祭祀であり、特定人物が集落全体の祭祀を掌握して行われたものではなく、各単位集団が寄り集まって集落祭祀が執り行われたのである。鬼高期に各単位集団（家父長的世帯共同体）は自立化したといえども、集落全体の共同作業は不可欠であり、集落は各家父長による合議制によって運営されたと考えられている。

6　石製模造品の消滅と神社の出現

石製模造品は鬼高期末から真間期になると住居跡から姿を消す。同様に剣・玉・鏡といった石製模造品を使用した祭祀遺跡も消滅する。石製模造品を使用した祭祀が行われなくなったことは、これらを使用した祭祀形態が消滅したことを意味する。しかし、石製模造品の祭祀を使用しての祭祀が姿を消したからといって集落祭祀や単位集団の祭祀までもなくなったわけではなく、新しい祭祀形態への転換と見るべきであろう。

第2編　集落と祭祀

　鬼高期になると集落立地に多様化が見られることが指摘されており、多様化の背景として分村が考えられている。実際に大麦・アワ・ソラマメ・エンドウなどが出土し、水田耕作のみならず畠作が行われたことを窺わせ、耕地を拡大していったことが推測できる（補注8）。

　また、鬼高期以降は集落立地の多様化のみならず、「埼玉県と群馬県では明らかにされた後期の集落数は、弥生時代の四倍に達する急増」であり（和島・金井塚 1966）、神奈川県でも「横浜市内の主要河川にそった台地なら、ほとんどいたるところに分布している」（和島誠一ほか 1958）ことが確認されている。鬼高期以降の遺跡数は増加するが、そのいっぽうで集落を構成する住居跡数は減少する。たとえば、中田遺跡では鬼高期75軒、真間期29軒、国分期21軒である。軒数の差は土器型式が存続する年数の長短にもよるので、細分した軒数をみると、鬼高Ⅰ式期30軒、Ⅱ式期30軒、Ⅲ式期15軒となり、Ⅲ式期はそれ以前の半数となる。真間期・国分期は細分していないので同時存在した軒数は不明であるが、同時期に存在した軒数は少なくとも半数以下になるものと思われる。こうした住居軒数の減少は、分村によるものと理解したい。

　分村による新しい村落の形成には、とくに水田開発には灌漑等の共同作業を必要とした。8世紀の越中国の墾田絵図をみると、神社は百姓家地には見られず、水源や用水口などに集中していることがわかる（注6）。こうした神社の立地は、村落を単位とした共同作業や開拓が行われたことが想定でき、その中核に神社が設置されたことを物語るものであろう。従来の集落は分村により解体されるいっぽう、神社を紐帯として新たな村落が形成されていったのである（注7）。

　水源や用水口に設置された神社は、家父長のもつ祭祀権を統合する象徴として出現したのである。こうした性格をもつ神社の出現があったからこそ、石製模造品を使用した祭祀は消滅したのである（補注9）。

注

1　現在、関東では須恵器第Ⅱ型式の窯跡は確認されていないが、おそらく存在しないものと思われる。須恵器が住居跡から出土するようになるのは国分期になってからで、鬼高期の須恵器は搬入品で、その数は少なく特定人物の所有品であった。こうしたことから、須恵器を出土する住居跡は、それのみでも注目に値する。

2　張り出しピットは最近確認されたもので、今のところ中田遺跡と夏見台遺跡にしか類例がないため性格は不明である。夏見台遺跡15号住居跡は張り出しピットをもつ住居跡であるが、張り出しピットの周辺には滑石のチップや砥いたときにできるカスが溜まっており、さらに砥石も出土していることから石製模造品の工房跡と考えて間違いのない住居跡ある。中田遺跡では数多くの張り出しピットが確認されているが、工房跡は存在しないようである。むしろ、そのなかから土器が出土するなど、貯蔵穴的様相を示すものがある。張り出しピットのまわりには溝がめぐるが、夏見台遺跡では時期が新しくなるにしたがい整然と溝がまわる様子が見て取れる。この周溝が張り出しピットの性格を解く手がかりになるかも知れない。

第4章 集落と祭祀

3　群馬県木崎中学校校庭遺跡（尾崎喜左雄 1961）では、5軒の鬼高期の住居跡が調査されている。Ⅶ号住居跡は石製模造品の出土は見られないが、「西壁から1.5ｍの西北隅に長さ15cmの細長い石の一群があったが、13個の石がほぼ円形に上面をそろえて認められた。この周囲は非常に強く焼けて」いることから、祭祀遺構ではないかと推測している。また、群馬県入野遺跡（尾崎喜左雄 1962）でも西南隅に河原石の一群が認められ、その川原石は「15糎×10糎ほどの川原石で、壁について床面から9糎高く、巾40糎長さ85糎のほぼ四角に壇状に築かれて」いたことから、これも祭祀遺構ではないかと考えられている。鬼高期には少なからず住居跡内に祭祀的遺構が存在するようである。

4　石製模造品を有する住居が家父長的世帯共同体の家父長の住居であったとするなら、これまで一つの単位集団として捉えてきた住居跡群に石製模造品を有する住居跡が2軒存在するものがある。これは二つの単位集団で形成されていたと理解することができる。中田遺跡では台地の西に位置している2軒の住居跡を一つの単位集団として捉えたが、この2軒とも石製模造品を出土している。先の考えを踏襲すると1軒1家族となる。石製模造品が出土した住居跡に伴うものかどうかを厳密に確認できないものもあるので、1軒1家族が成立するかどうかは今後の課題としたい。ただ、真間期以降、集落での住居跡の分布が散漫になって行く傾向にあるのは確実で、これは家父長的世帯共同体を単位とした分村が進んでいることを意味し、これらがより自立化していったことを現していると考えている。

5　原島礼二は古墳時代以降の住居跡出土の鉄製品を集成し、各時期の出土率を算出している。それによると、五領期2・2％、和泉期7％、矢倉台期9.8％、鬼高期15.7％、真間期18.5％、国分期37.9％である。

6　東大寺文書ノ四　大日本古文書　また、神社に関しては義江彰夫氏の研究によるところが大である（義江彰夫「古代村落にかんする二・三の問題」歴史学研究会古代史部会報告）。

7　律令国家はこうした神社を紐帯とした村落を郷として掌握していったものと思われる。

補注

1　原稿を執筆した1971年段階で、石製模造品を出土する住居跡を55軒集成した。その後、大規模な発掘調査が行われ、石製模造品を出土する住居跡は55軒をはるかに上まわっているが、全体の傾向は基本的に変わらない。

　　55軒の段階では和泉Ⅰ式期3％、Ⅱ期式30％、鬼高Ⅰ式期40％、Ⅱ式期17％であった。

　　表11は1985年に刊行された国立歴史民俗博物館第7集の『古代の祭祀と信仰』から関東の部分を集成したもので、時期はその記載によっている。

　　表12は、東日本埋蔵文化財研究会1993『古墳時代の祭祀』から同じく関東の部分を集成したもので、時期も原則としてその記載によっている。和泉期の出土率が高くなっているが、全体的な傾向は変わらない。

第2編　集落と祭祀

表11　時期別出土率（1）

時　期	軒　数	率
五　領	37	8.60％
和　泉	158	36.70％
鬼　高	235	54.70％
合　計	403	100.00％

表12　時期別出土率（2）

時　期	軒　数	率
五領Ⅰ	1	0.2％
五領Ⅱ	13	2.3％
和泉Ⅰ	37	6.5％
和泉Ⅱ	212	36.9％
鬼高Ⅰ	150	26.2％
鬼高Ⅱ	134	23.4％
鬼高Ⅲ	26	4.5％
合　計	573	100.0％

　　五領期Ⅰ式期のものは石製模造品の工房跡であるので、実際には表から省いた方がいい。いずれにせよ、和泉の新段階から住居跡内から石製模造品が数多く出土はじめ、鬼高期末に消滅することは、出土例が10倍以上になっても変わらない。

2　1971年頃は鬼高期を3期に分けはじめた時期であり、ほかの遺跡との時期分類の整合性上、鬼高Ⅲ式期はⅡ式に入れて統計処理を行っている。

3　その後、関東では5世紀後半には須恵器が焼かれていることが判明した。さらに、6世紀、7世紀の窯跡も発掘調査されている。しかし、これらの窯は継続して営まれることなく消滅してしまう。また、これらの須恵器は古墳への副葬品といった特定の目的のために焼かれたもので、広く流通することはなかった。須恵器生産の時期は遡ったが、鬼高期における須恵器のもつ意味は変わらない。

4　張り出しピットについてはその後も注目してきた。これまでにこのピットの性格についてのいくつかの論考を目にしたが、いずれも納得いくものではない。しかし、私自身もこれといった考えをもつに至っていない。

5　御領崎遺跡の南北1ｍ、東西2ｍといった大きなものではないが、馬蹄形盛土遺構はその後類例が増加している。この性格についても確たる論考は見られないが、出入口に伴う施設ではないかと考えている。

6　群集墳の分布をみると、鬼高期の集落がある地域にすべて分布するというものではない。造営主体は家父長的世帯共同体との考えに変化はないが、そこに何かが加わらないとたとえ有力農民であっても古墳を築くことはできなかったと考えている。これは単なる推論であるが、大和王権と何らかのかかわりをもつことによって古墳をつくる権利を得たのではないだろうか。

7　その後、黒井峯遺跡などの火山灰で埋もれた集落が調査され、辻の祭祀や集落全体で行ったと思われる祭祀跡が確認されている。

　　集落祭祀の好例が埼玉県城北遺跡である。城北遺跡では鬼高期初頭から前半（5世紀後半から6世紀前半）にかけての祭祀跡が5箇所検出されている（山川守男　1995『城北遺跡』埼玉県埋蔵文化財調査事業団　第150集）。祭祀跡なかで5世紀後半ともっとも古く、残存状態の良い第1号祭祀跡を紹介しよう。

　　遺物は1.6ｍ×1.8ｍの範囲に集中して出土し、大型の甕や壺が外側に半円形状に配置され、その内側に高坏や多量の坏が何枚も重ねた状態で出土した。坏などが置かれた北側の一角に径

30cmほどのいっさい遺物が存在しない空間がある。石製模造品はこの周辺から集中して出土していることから、ここには樹木が立っており、枝に石製模造品がつり下げられたと考えられている。ここで出土遺物の詳細を記すと、土器は坏219個体、大型坏18個体、埦1個体、短頸壺5個体、鉢2個体、高坏19個体、坩（丸底壺）2個体、甑1個体、長甕3個体、大型甕3個体、壺9個体、石製模造品は剣形品11点、有孔円板11点、ガラス玉2点、臼玉630点、さらに猪ないしは鹿の焼けた骨も出土している。

　3個の大型甕は接して置かれており、胴部に焼成後の径2cm弱の穿孔がある。孔はていねいに磨かれており、意識して孔があけられたことを窺わせる。おそらく、この甕には酒が入れられ、孔には竹筒がはめられ、酒を注いだことが想定できる。

　高坏には各家族が準備した供物を乗せ、坏には酒が注がれ神に供えられ、祭りが終了すると、参加者全員での直会が行われたことが出土土器の量から復元できるのである。そして、直会が終了すると、使用した坏類は重ねそのまま廃棄したのである。

8　最近の発掘調査によって各地で畠の跡が数多く検出されており、積極的に畠作が行われたことが実証された。また、黒井峯遺跡では集落内に各単位集団の菜園も確認されている。

9　石製模造品の消滅に関しては、神社の出現もさることながら、律令国家による地方の農耕祭祀権の収奪が行われ、農耕祭祀の天皇独占を図ったことが石製模造品消滅の大きな要因ではなかったかと考えている。つまり、剣・玉・鏡を使用した祭祀の天皇独占である。

引用文献

青木義脩ほか　1966『一ツ木遺跡　−第1次調査−』浦和市教育委員会

尾崎喜左雄　1961「群馬県新田郡木崎中学校校庭遺跡」日本考古学協会年報14

尾崎喜左雄　1962『入野遺跡』群馬県多野郡吉井町教育委員会

金井塚良一　1963「五領遺跡B区発掘調査中間報告」『台地研究』第13号　台地研究会

金井塚良一　1968『番清水遺跡調査概報』

西野　元ほか　1967『夏見台』船橋市教育委員会

服部敬史ほか　1966・67・68『八王子中田遺跡』資料編Ⅰ　Ⅱ・Ⅲ　八王子市中田遺跡調査会

原島礼二　1968「農民経営発展の三段階」『日本古代の基礎構造』塙書房

和島誠一　1958『横浜市史』第1巻　横浜市

和島誠一・金井塚良一　1966「集落と共同体」『日本の考古学』Ⅴ　河出書房

第2節　石製模造品をめぐる問題

はじめに

　石製模造品の大半は祭祀遺跡から出土するが、東国では和泉・鬼高期に限って住居跡から出土する。住居跡から出土する石製模造品の数は1、2個が普通である。住居跡出土の石製模造品と住居跡の性格について次のとおり考えた（高橋 1971）。

　1）石製模造品を出土する住居跡は、住居跡群のなかに1、2軒存在すること。ただ、住居跡群を構成する住居跡が多い場合は、2軒存在する例も多いが、これは二つの単位集団によって住居跡群が形成されていたと考えられる。

　2）石製模造品を出土する住居跡からは、高坏や須恵器、手捏土器など、ほかの住居跡には見られない遺物が出土する例が多い。

　3）単位集団は家父長的世帯共同体と理解でき、石製模造品を出土する住居跡は家父長の住居だった可能性が高い。

　4）鬼高期末には石製模造品は住居跡から出土しなくなるが、それは村社の出現と大きなかかわりがある。

　ここで再度、石製模造品の出現と消滅の問題について考えていきたい。

1　出現と消滅

　和泉期には一部の地域でカマドが出現しており、これを生産と消費の自立と考え、この時期を家父長的世帯共同体で萌芽期と理解できる。また、この時期から石製模造品の住居跡からの出土することは、集落祭祀とは別に家父長層が剣・玉・鏡を使っての祭祀を世帯ごとに実施したことを意味し、これは祭祀においても世帯が自立した結果であると考えられる。当初、剣・玉・鏡の祭祀は実物で行われ、かつ首長層の独占物であったが、それが5世紀後半になると世帯共同体ごとに保有できるようになったのである。

　この点について原島礼二は次のような見解を示している（原島 1971）。

　1）石製模造品は五領期には、支配集団が古墳を核とする祭祀を独占し、農業共同体に持ち込まれなかった。

　2）独特の呪力をもつと考えられた剣・玉・鏡などの石製模造品は人民の手に達せず、土器だけが普及した。しかし供献用の土器だけでは、再生産に効能をもつことはできなくなり、呪力は完全に支配集団とその首長に独占されていたと見られること。

　3）五領期には、呪力をもつ品々を人民の生活の場にまで分与しなくとも支配を維持できた。

　4）しかし、和泉期になると、人口の減少に見られたように、支配形態の矛盾が深刻化した。

　5）そのため供献用土器の分与にとどまっていては、深まった矛盾をのり切ることは難しくな

ってきたため、石製模造品を分与し、祭祀の面から支配強化に努めた。

原島の見解を要約すると、和泉期の支配形態の矛盾が深刻化したため、石製模造品を分与し、矛盾を解決するために祭祀面からの支配を強化したということになる。

しかし、和泉期の遺跡は小規模である例が多いことは確かであるが、果たしてそれが人口の減少に結びつくかどうかは疑問である（注1）。和泉期の土器型式や集落などの諸問題が解決されない現在、遺跡数と住居跡数の比をもって人口の増減を論じるわけにはいかない（補注1）。

さらに、原島礼二はカマドの出現に関し、カマドは「生活様式に大きな転機を与えたことはあきらかである。支配集団の関与なしに生まれた変化ではありえず、人民の不満を解消する一手段という側面に注意を払うべきであり」、「カマドの普及でしめすとおり、それは人民の生活を向上させるものだった」（原島 1971）と論じている。

果たしてカマドは、支配者集団の関与なしには出現しなかったのであろうか。カマドは一部の地域で5世紀後半には出現するが、東国の各住居に普及するのは6世紀前半であり、各地に普及するまでにはかなりの時間を要していたのである。カマドは一定の地域から各地に普及するというものではなく、地域が一定の社会段階に達したときに受け入れ出現するのである。つまり、カマドの出現・波及・受容は、地域社会の発展段階に規定されているのである。

カマドは「人民の生活を向上」させたことは疑いないが、地域がカマドを受容するまでに成長していたと評価すべきであろう。また、たとえ支配者集団が関与していたとしても、受容の主体は地域・民衆の側にあったのである（補注2）。

2　剣・玉・鏡のイデオロギィー

五領期、剣・玉・鏡は支配者集団の独占物であり、支配イデオロギィー上重要な役割を果たしていた。支配イデオロギィーの象徴であった剣・玉・鏡が、たとえ模造品であるとはいえ、一般集落の特定の住居で保有するようになったことは大きな画期といえる。

石製模造品もカマドの出現と同じように、世帯共同体の成長により石製模造品を必要とする内的条件が生じたと考えられる。この内的条件とは世帯共同体から家父長的世帯共同体への発展であり、農業共同体内部の基礎構造の変質でもある。こうした共同体の質的転換は、従来の支配関係に矛盾を生み出し、これまでの支配イデオロギィーでは支配が貫徹できなくなったことを意味している。つまり、支配者集団の独占物であった剣・玉・鏡を分与し、支配の継続と維持を図ったのである。しかし、家父長層に剣・玉・鏡が分与され、各集落に行き渡り一般化したことは、逆に剣・玉・鏡の呪力の低下をもたらし、新たな支配イデオロギィーの創出を余儀なされたことが容易に想定できよう。

3　石製模造品の消滅と村社の出現

鬼高期になると集落立地の多様化とともに遺跡の増加が指摘されている。そのいっぽうで、そ

第2編　集落と祭祀

れ以降の集落は大規模集落が形成されるものもあるが、集落を構成する住居跡数が減少し、また小規模な集落も出現する。この現象は決して人口の減少として捉えるべきではなく、新たな耕地の開発による分村が進んだ結果と理解すべきであろう。こうした開発は常陸風土記行方郡の条にみえる箭筈氏麻多智の開発のような小農民的開発が想起できるのである（注2）。

　石製模造品の消滅は、「人民が小開発の成果を守るべく、独自の自然神を祭るにいたったのであるが、それは人民集団が、みずからの利益になる神を選択しうる力をもった」（原島礼二 1971）ためといえよう。ここに、自然神（村社）を紐帯としたにより、従来の血縁的集落とは相違する地縁的村落の形成をみることができるのである。

　民衆が独自の自然神をもつようになり、新たな地縁的村落が形成されたということは、従来の支配形態やイデオロギィーは破綻し、支配が貫徹できなくなったことを物語っている。したがって、支配者集団は新たな支配形態と支配イデオロギィーの創出が必要となった。それは、律令国家による天皇支配イデオロギィーであり、そのイデオロギィーによる村社への介入である。天皇支配の開始は、大王が「首長という地位から抜け出し、他の首長たちを統治する超越者」になることであり、「超越的専制君主としての天皇制の確立に伴う国家祭祀機構の成立、すなわちこれまで各首長が独自に行っていたクニグニの祭祀に対する天皇権力の介入、あるいは天皇による首長祭祀権の部分的剥奪」がはじまるのである。石製模造品の消滅は、村社の成立と剣・玉・鏡の祭祀権を天皇に集中するという両者の動向のなかではじめて理解することができるのである。

注

1　原島礼二は右の表を掲げ、和泉期の人口の減少について述べている。まず、問題になるのが調査された遺跡数とそれに対する住居跡数で、これをもって簡単に人口の増減を摘出できるかどうかという点である。五領期や鬼高期のように大規模の遺跡が形成される時期のものは、遺跡数に対して住居跡数は多くなるが、和泉期のように小規模遺跡では遺跡数に対して住居跡数

時　期	遺跡数	住居跡数	年　代
五　領	20	248	5世紀
和　泉	21	76	5世紀後半
鬼高 I	18	86	6世紀
鬼高 II	58	264	7世紀
真　間	35	139	8世紀
国　分	64	221	9世紀以降

も少なくなる。また、土器型式の時間的長短も加わり、示された数値をそのまま認めるわけにはいかない。

2　原島礼二は「家々に依代をもちこまなくなったのは、開発した地域に社をたて、開発者共通の神がそこに祭られたためであろう。麻多智の夜刀社はまさにこのことを示している。それは支配集団が重視した共同体単位の社ではなく、開発された小地域ごとに、開発者の集団＝村ごとに祭るかたちをとっていた」と述べている（原島 1971）。

補注

1 　その後、大規模な遺跡の調査が実施されている。和泉期の集落はほかの時期に比べ遺跡の調査例は少ないが、大規模な遺跡も確認されている。和泉期は上から五領式土器に押され、下からは鬼高式土器に浸食され、型式の時間幅が短いことも遺跡数に現れていると思われる。ちなみに、鬼高式土器はおよそ200年にもおよぶ。しかし、最近では調査は低地部の調査も積極的に行われ、従来調査の手がおよばなかった場所から和泉期の集落の発見が相次いでいる。いずれにせよ、鬼高期の発展の基盤は和泉期にあり、和泉期は再評価すべき時代になっている。

2 　その後、列島におけるカマドの出現と地域におけるカマドの出現に関しては考え方を変更しているので、「続カマドの出現」を参照していただきたい。

引用文献

高橋一夫 1971「石製模造品出土の住居跡とその性格」『考古学研究』71　考古学研究会

原島礼二 1971「日本古代社会論」『現代歴史学の課題』上　青木書店

第 2 編　集落と祭祀

付論　住居跡出土の石製模造品祭祀の実体と本質
―考古学研究と三段階論―

　考古学研究は理論的になりつつある。歓迎すべきことである。とくに最近、技術論が盛んである。技術論の基調には武谷三男の技術論があり、武谷の技術論の神髄は三段階論にある。これを理解せずして武谷の技術論を適用しても無意味である。

　武谷理論が諸学会に与えた影響は大きく、とくに技術論に関しては一世を風靡した感がある。だが、技術の本質概念をめぐって「技術とは人間実践（生産的実体）における客観的法則性の意識的適用」が本質的規定であって、「労働手段の体系」は実体的概念であるという武谷と（武谷三男 1946）、「労働手段の体系」こそが本質規定であるとする側（中村静治 1975）の対立がある。にもかかわらず武谷理論を援用する傾向が強いが、これは武谷理論の果たした役割を評価している結果であろう。私も武谷理論を支持する一人であるので、住居跡出土の石製模造品の性格について、武谷の三段階論を援用し、石製模造品にかかわる諸研究を整理したい。

　石製模造品に関する研究は古くから行われているが、最近それを出土する住居跡の性格とその祭祀の対象について諸説が提唱されている。私もこれに関し小稿を発表したことがあるので（高橋 1971）、まず簡単に要約しておこう。

　まず、住居跡から出土する石製模造品の上限と下限、出土率の変遷、伴出遺物との関係、住居跡形態との関係などの検討を行い、その結果石製模造品は和泉期から鬼高期にかけて出土するが、和泉Ⅱ式期と鬼高Ⅰ式期に集中し全体の70％を占める。伴出遺物は須恵器や手捏土器が出土する例も多く、出土する住居跡もすべての住居跡から出土するわけではなく、一住居跡群で1軒ないし2軒であることが判明した。石製模造品は混入や廃棄も当然考慮しなければならないので、基本的に石製模造品を所有する住居跡は限定されていたと考えたのである。出土する住居跡は中田遺跡等では大型のものも多いが、一般の住居跡からの出土例もある。

　西野遺跡は住居跡8軒から構成された鬼高Ⅱ式期の単独集落で、8軒は4軒ずつ分かれて存在することから、4軒が一単位集団と捉えることができる（宮塚義人 1974）。一つの単位集団では、石製模造品は出土していないが、4軒の内の1軒から土製丸玉、手捏土器、土製模造鏡という祭祀遺物が出土しており、この住居跡が単位集団の祭祀を司った住居であったことを想定させるのである。こうしたあり方から、石製模造品を出土する住居跡は家父長層が居住した住居で、この住居で単位集団つまり家父長的世帯共同体にかかわる祭祀を行い、その祭祀は農耕祭祀と理解したのであった。

　次に諸説を紹介しながら検討を進めていこう。

　金子裕之は石製模造品を中心とした当該時期の諸現象の把握に努め、住居跡出土の祭祀遺物は

和泉期後半から鬼高期初頭に急増し、この時期にカマドが急速に普及していく時期であることから、住居跡出土の祭祀遺物とカマドの付設とは関連があると考えた。そこで、石製模造品の住居跡内での出土位置を調べ、カマドの中心としたところに分布する傾向が強いとした。しかし、考古学的にはカマドを祀ったと考えられる類例は少ないことから、文献でのカマドを祭る記事を援用し、6世紀にもカマドを祭ることが考えられるとしている。

金子の石製模造品はカマド祭祀に用いたという見解はともかく、現象の把握に正確さを欠いている。各住居でカマド祭祀が行われたとするなら、もう少し各住居跡から石製模造品が出土しなければならないが、実際はそうではない。さらに、石製模造品はカマドをもたない時期の住居跡からも出土するし、カマド祭祀なら鬼高期以降に石製模造品が消滅する理由もなくなるし、石製模造品ではなくてもいいが、何らかの祭祀の痕跡を残してもいいはずである。いずれにせよ、各住居跡でカマドの祭祀が行われたとは考えがたい。

佐田茂は各家々でカマドを祭るようになったのは中世に入ってからと述べているが（佐田 1975）、妥当な見解である。もし、石製模造品でカマド祭りを行ったとしても、住居跡ごとではなく家父長層の住居であったことを石製模造品の出土状況は物語っている。祭りという無形のものを、石製模造品という限定された資料から解明するのは難しいが、たとえカマドの祭祀が行われたとしても、家父長層が実施した祭りの一形態に過ぎなかったことだろう。

佐田茂は九州の住居跡における祭祀の検討を行い、「高橋一夫氏の家父長的世帯共同体の住居であろうとする考えは注目される（高橋 1971）。しかしながら、前述のように後半期の住居址から出土する石製模造品は一軒当たりでは量が少なすぎ、加えて祭祀用品が集落の空隙地から出土することは住居単位で祭りを行う方向に行くのではなく、社会の進展にともなって祭祀に参加する家が多くなってきたことである。一般の民衆が家の祭祀をもちはじめるのは封建社会にはいってからで、それ以前の祭祀が家の祭祀のような現象を示したとしてもそれは集団祭祀の変化した形である指摘（山脇 1962）は重要である」と述べている（佐田 1975）。

考古学の調査では大半のものは失われていることを絶えず念頭に入れておく必要がある。1軒当たりの出土量が少ないからといって住居内での祭祀を否定することはできない。住居跡内には祭りの場らしきものが確認されている例もあり、住居内で祭が行われたことは確実であろうと思う。私は単位集団としての祭祀を想定しており、集落全体で行った祭祀も存在するが、それも各単集団の集合体としての祭祀を考えている。

その他の見解として、岩崎卓也は日常的な小規模な祭りと考え（岩崎 1970）、小田富士雄は日常的な家族祭祀であるという（小田 1972）。これらは石製模造品の問題について中心に論じたものではないので論評を加えないが、強いていえば両氏の見解は石製模造品祭祀の実体の一部を表現しているに過ぎない。

武谷は概念発展の三段階理論を、「それは人間の認識はまず即自的な現象論的段階、次に向自的な物の概念による認識をなす実体論的段階、最後にこれが即自向自的に止揚され、本質論的段

階に達するというのであります。カッシラーは実体と機能を形式的に分離し認識の発展は実体概念に解消すると申したのでありますが、私の考えでは、本質論的段階は実体を含みつつこれを否定し、機能概念と実体概念を統一止揚した認識の段階なのであります」と論じている（武谷 1946）。

住居跡出土の石製模造品に関する金子裕之・岩崎卓也・小田富士雄の見解は、そのもつ機能と祭祀の実体を示すもので、本質を捉えていない。石製模造品を中心に当該時期の考古学現象を見る限り、その本質は家父長層の祭祀と捉えるべきである。その祭祀を家父長層の祭祀として止揚、統一することによってはじめて本質的概念となり、歴史概念となり得るのである。現象は実体を現し、実体は本質を現し、「本質は現象するし現象は本質的」なのである（武谷 1936）。

椙山林継は「家父長制ということ自体に問題が残る」というが（椙山 1974）、和泉・鬼高期の諸現象を総合的に把握し、以上のように整理していけば決して問題は残らない。

以上、検討してきたように三段階論で整理していくと、諸見解は決して対立するものではなく、段階的なものと整理することができ、新たな研究の道も拓けるのである。

引用文献

岩崎卓也 1970「古墳時代の遺跡遺物と郷土社会の変貌」『郷土史研究講座』Ⅰ　朝倉書店

小田富士雄 1972「九州」『神道考古学講座』第2巻　雄山閣

金子裕之 1971「古墳時代屋内祭祀の一考察　―関東・中部地方を中心として―」『国史学』第84号　国史学会

佐田　茂 1975「九州の祭祀」『九州考古学の諸問題』東出版寧楽社

椙山林継 1974『小室』房総考古学資料刊行会

武谷三男 1936「自然弁証法（量子力学について）―問題の提示―」武谷三男著作集Ⅰ『弁証法の諸問題』(1968) 勁草書房に再録

武谷三男 1946「技術論」　武谷三男著作集Ⅰ『弁証法の諸問題』(1968) 勁草書房に再録

高橋一夫 1971「石製模造品の住居跡とその性格」『考古学研究』第18巻第3号　考古学研究会

中村静治 1975『技術論論争史（上）・（下）』青木書店

宮塚義人 1974『北八王子西野遺跡』東京西線及び北八王子変電所遺跡調査会

第3編　古代窯業

第1章　北武蔵における古代窯業の展開

1　須恵器生産の開始

　現在、北武蔵における最古の在地産の須恵器と考えられるのは、児玉郡児玉町ミカド遺跡出土の須恵器である（第121図）。ミカド遺跡の須恵器は、①須恵器に窯壁の付着したものがあること（第121図11）、②器面が海綿状化して歪んだものがあること、③酸化焔焼成のものが多いこと、④胎土分析結果が在地産の可能性が高いことなどから、在地で焼成された須恵器であると考えられている（坂本和俊 1981）。まだ、窯跡は確認されていないが、近くに窯跡が存在することが十分に予測できる。須恵器の年代は5世紀末から6世紀前半代に比定されており、関東地方でも最古の在地産の須恵器ということができる。

　また、ミカド遺跡の近くには格子叩きの埴輪が出土する生野山将軍塚古墳、公卿塚古墳、金讃神社古墳（第122図）がある。これらの年代はいずれも5世紀中頃に位置づけられている（菅谷浩之 1985・埼玉県史編さん室 1986）。格子叩きは韓式土器あるいは須恵器の叩きの影響を受けているといわれているが、こうした格子叩きのある埴輪は須恵器工人が製作に関与していたと考えてよく、近くに埴輪窯跡が存在することは明らかである。格子叩きの甕は、陶邑古窯跡群ではTK73型式、Ⅰ-1段階（5世紀第2四半期）で消滅することから、この時期に畿内地方から須恵器工人が児玉地方に来て開窯したのであろう。

2　初期須恵器の性格と在地窯の成立

　北武蔵の問題を考える前に、各地の様相について研究者の見解を聞いてみよう。

東海地方の場合

　浅田員由は東海地方の須恵器窯成立の要因について次のように考えている。「5世紀代の東山111号、東山218号窯はいずれも埴輪を併焼しており、東山111号窯の埴輪は、尾張で最大の前方後円墳である断夫山古墳に使用されている。このことから、これらの窯が断夫山古墳の築造者に代表される、尾張南部の大豪族によって経営されていたことに間違いない」。「しかし猿投窯や尾北窯のように、生産が継続しておらず、期限も限られることから、古墳築造者によって副葬品や埴輪焼成のため一時的に導入された窯である」。そして、「元来、須恵器生産は外来技術として、大和朝廷に掌握されており、地方への生産拡大は、朝廷から地方豪族への技術分与という、一元的伝播であった」（浅田 1984）。

北陸地方の場合

　北陸では羽咋窯跡群柳田ウワノ1号窯（Ⅰ-5）、能登南部鳥屋窯跡群青深沢1号窯（Ⅰ-5）という、能登南部を二分する首長統治圏内で相次いで開窯し、「古墳祭式専用の地域的器種が製

第3編　古代窯業

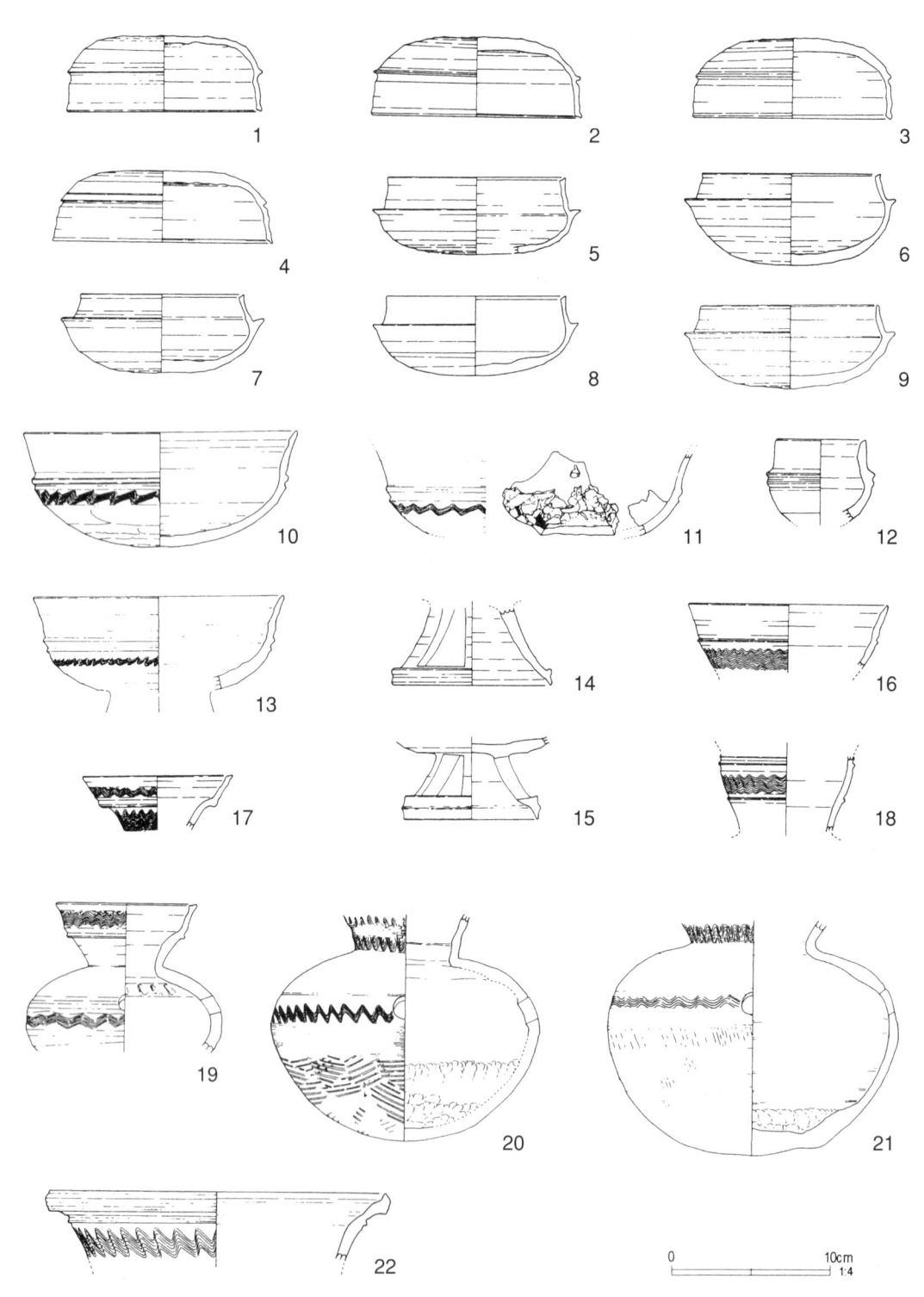

第121図　ミカド遺跡出土須恵器

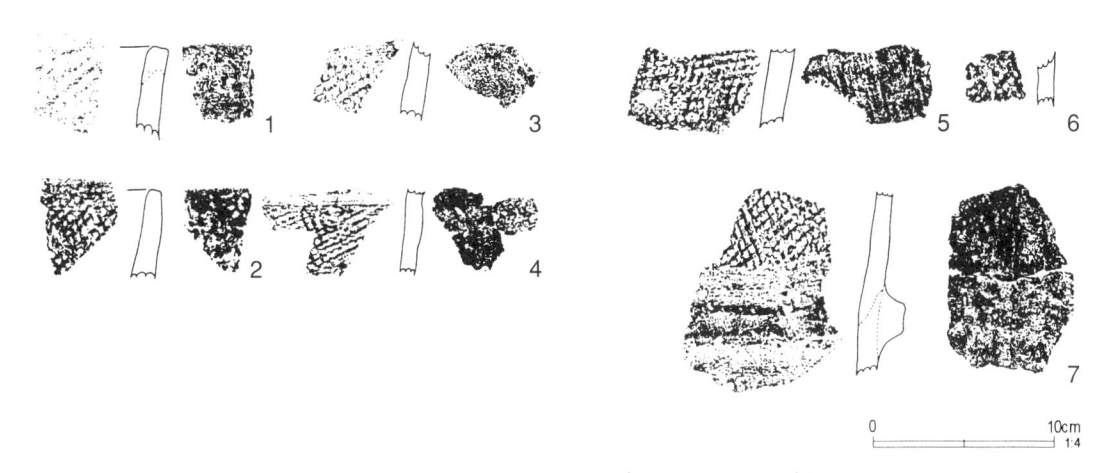

第122図　金鑚神社古墳出土の格子叩きのある埴輪

作されたとはいえ、一貫して畿内に準じて推移したことからみて、陶邑窯＝畿内政権と在地首長の個別的な政治的提携の強化を挺子として移植されたと推定される」(吉岡康暢 1984)。

東北地方の場合

「仙台平野は東北地方で最も大きな生産力をもっていたわけで、ここに君臨した豪族が、中央勢力との政治的かかわりの中で、須恵器技術者を手中にすることができた」(桑原滋郎 1984)。

以上、関東以外の地域で地方窯成立の要因について見てきた。中村　浩は地方窯の成立について5段階を設定している。そのなかで、初期地方窯にかかわるものは第1段階と第2段階で、第1段階については、その地域の氏族が直接渡来技術者と交渉をもつことができたと考えられる場合で、第2段階は中央から技術者が派遣されることによって成立する場合を考えている(中村 1984)。先に見た地域は、第2段階の中央から技術者の派遣によっての成立を考えているようである。

では、どうして在地首長は個別的に畿内政権と提携が結べ、技術者の派遣を得ることができたのであろうか。この問題を考える材料として、県内の非在地系土器と初期須恵器の分布について見ると、おもしろいことにこの非在地系土器の分布と初期須恵器の分布が類似する。なお、非在地系土器の集中地域は、畿内政権の北武蔵支配の拠点と考えることができるのである(高橋 1985)。

一般に初期須恵器は古墳や祭祀遺跡らの出土が多いことから、祭祀的性格が強い遺物といわれている。祭祀に貴重品を使えばその効果も高まると信じられていたのだろう。当時の東国では初期須恵器はまだ貴重品であった。この頃の大和王権は古墳時代初頭に確保した拠点を中心に、鏡等宝器類に代わって須恵器を分与し、その支配強化を図っていた時期と考えることができる。ミカド遺跡出土の須恵器や叩きのある埴輪を焼いた窯は、児玉地方の在地有力首長層の管理下にあったことが想定できる。そして、この首長はなんらかの形で継続的に大和政権とコンタクトをもっていた人物で、大和王権はこの首長を通じて、児玉地方の支配の強化を図るとともにその支配のテコの一部として須恵工人を派遣したものと思われる。初期須恵器窯成立の契機にはこのよ

第3編　古代窯業

うな歴史的背景があったのである。

　さらに、この問題を具体的に考える材料として、初期須恵器が多く出土している伊興遺跡とその周辺地域を見てみよう。伊興遺跡は中川低地の一角に位置し、旧入間川（現毛長川）の自然堤防上にあり、かつては東京湾に面していた地域である。伊興遺跡からは初頭須恵器だけでなく、多量の祭祀遺物が出土している。古墳時代初頭にＳ字甕の出土率が高く、毛長川流域も同様の傾向を示している。伊興遺跡の周辺は弥生時代の遺跡は存在せず、古墳時代に入ると突如として遺跡が出現し、これら毛長川流域の遺跡を眼下に見下ろす川口市の台地上には、北武蔵でも最古のグループに属し、最大の規模の前方後円墳である高稲荷古墳も出現する。こうした現象は、単に毛長川流域は古墳時代に入ると耕地が形成され、周辺地域から人が移動してきたという自然現象的なものではなく、突如とした遺跡の出現、Ｓ字甕をはじめとする非在地系土器の出土の背景には、政治的な背景を感じるのである。つまり、伊興遺跡は東京湾から旧入間川を通じての北武蔵への入口にあたる交通の要衝であったが故に、大和王権にとっては北武蔵経営の軍事的拠点ともなり得たのである。伊興遺跡の祭祀遺物は東国の他の祭祀遺跡と比較しても、他に例を見ない量と質を誇っている。伊興遺跡の祭祀の対象は自然や河川といったロマンチックなものではなく、政治的・軍事的な色彩が強かった推察される（高橋 1982・83）。初期須恵器の多くはこうした政治的背景をもった祭祀に使われていたのである。

3　北武蔵の古墳時代須恵器窯の特徴

　前述のとおり、最古の須恵器窯は現在のところミカド遺跡の須恵器を焼成した窯で、5世紀末から6世紀前半代には成立していたものと考えられる。次に位置づけられるのは、6世紀2四半期前半と6世紀第2四半期後半の須恵器が出土している東松山市桜山窯跡（第123図）である（水村孝行 1982）。滑川町羽尾窯跡（第124図）は6世紀後半から7世紀初頭に位置づけられ（高橋1980）、桜山窯跡に次ぐ窯である。この時期のものとして、窯跡からの出土ではないが東松山市舞台遺跡出土の須恵器（第125図）がある（谷井彪 1974）。次に位置するのが7世紀初頭の東松山市根平窯跡（第126図）である（井上肇 1980）。また、この時期のものとして、寄居町中小前田6号墳から末野窯跡群産の須恵器が出土しており、末野窯跡群の一角にこの時期の窯跡の存在が想定される。そして、鳩山町小用窯跡（第127図）が7世紀前半（高橋1977）、東松山市舞台窯跡（第128図）が7世紀中頃と後半である（井上 1978・79）。

　北武蔵の古墳時代の須恵器窯は、全体を見渡すと継続しているが、それぞれの地域で見ると継続していない。東松山市周辺は時期の接した須恵器が見られるが、系譜的につながらないのである。これら県内の須恵器窯跡の特徴として、①一定の地域での須恵器生産は継続して行われず、操業期間も短期間である。②継続していないために、一定の地域で系譜は追えない。③畿内的なものもあれば、在地的なものもある、ことがあげられる。

　①の継続せずに短期間の操業ということは、一体どのようなことを意味しているのであろうか。

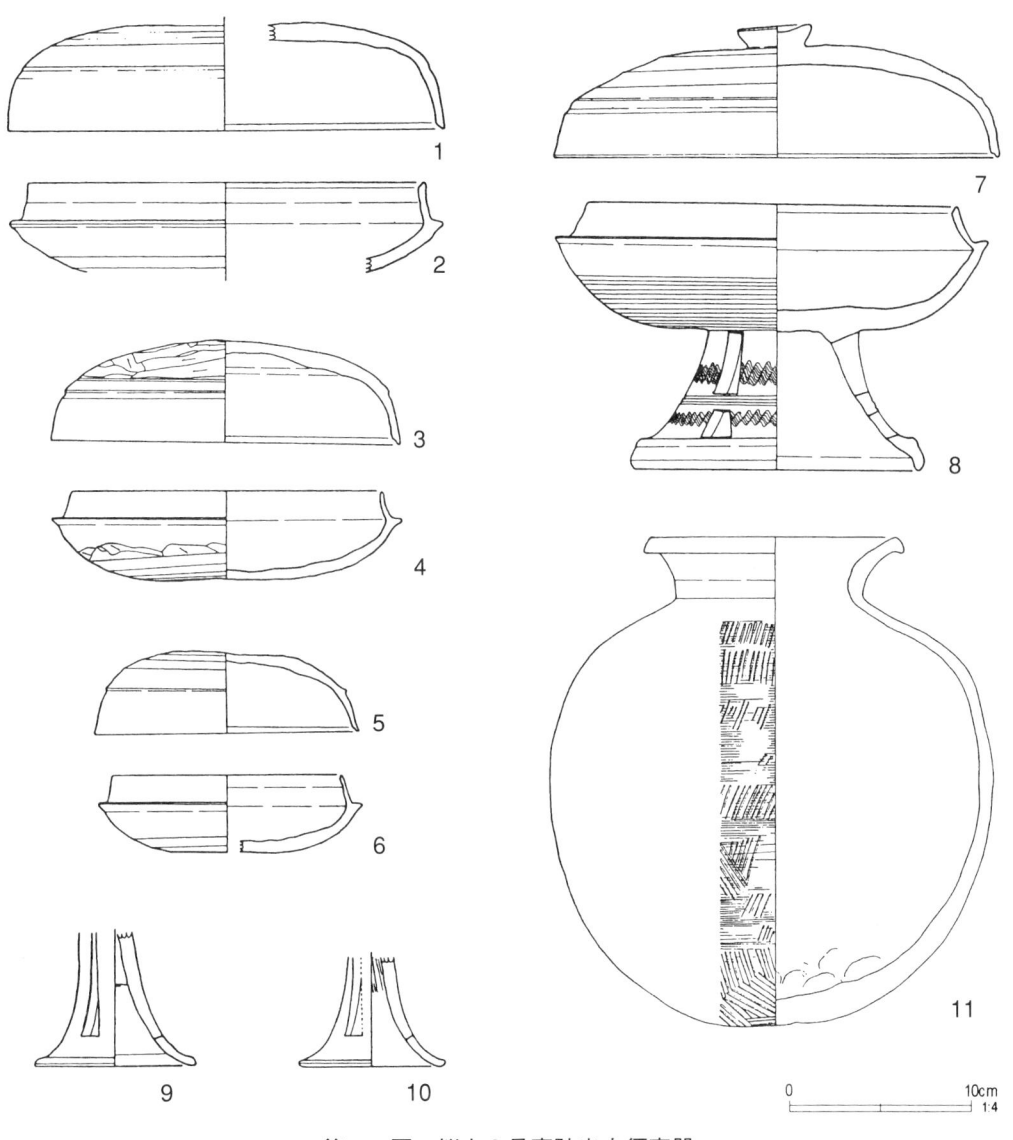

第123図　桜山8号窯跡出土須恵器

　古墳時代の須恵器窯は短期間の操業で、かつ灰原が未発達であることから、多量の須恵器が生産されていたとは考えがたく、また焼成された須恵器も一般集落からは出土しないことから、古墳への副葬品用ないしは祭祀用に焼成されたと考えられる。桜山窯跡では須恵器窯跡と埴輪窯跡が併存するが、これもその一端を示しているといえよう。

　また、器種には大甕も存在する。大甕は一見祭祀用土器には見えないが、大甕は古墳から出土する例も多く、その用途として酒醸を考えている。儀式用の酒を醸造した須恵器甕は首長の占有物であり、首長の死とともに古墳に埋納されたものであろうと想定している（中村1985a）。古墳時代の須恵器生産は特定個人のための特定目的のために焼成されていたと考えることができる。そのため須恵器工人は、所期の目的を達成すると生産を続ける必要もなく、本貫地に帰るか

第3編 古代窯業

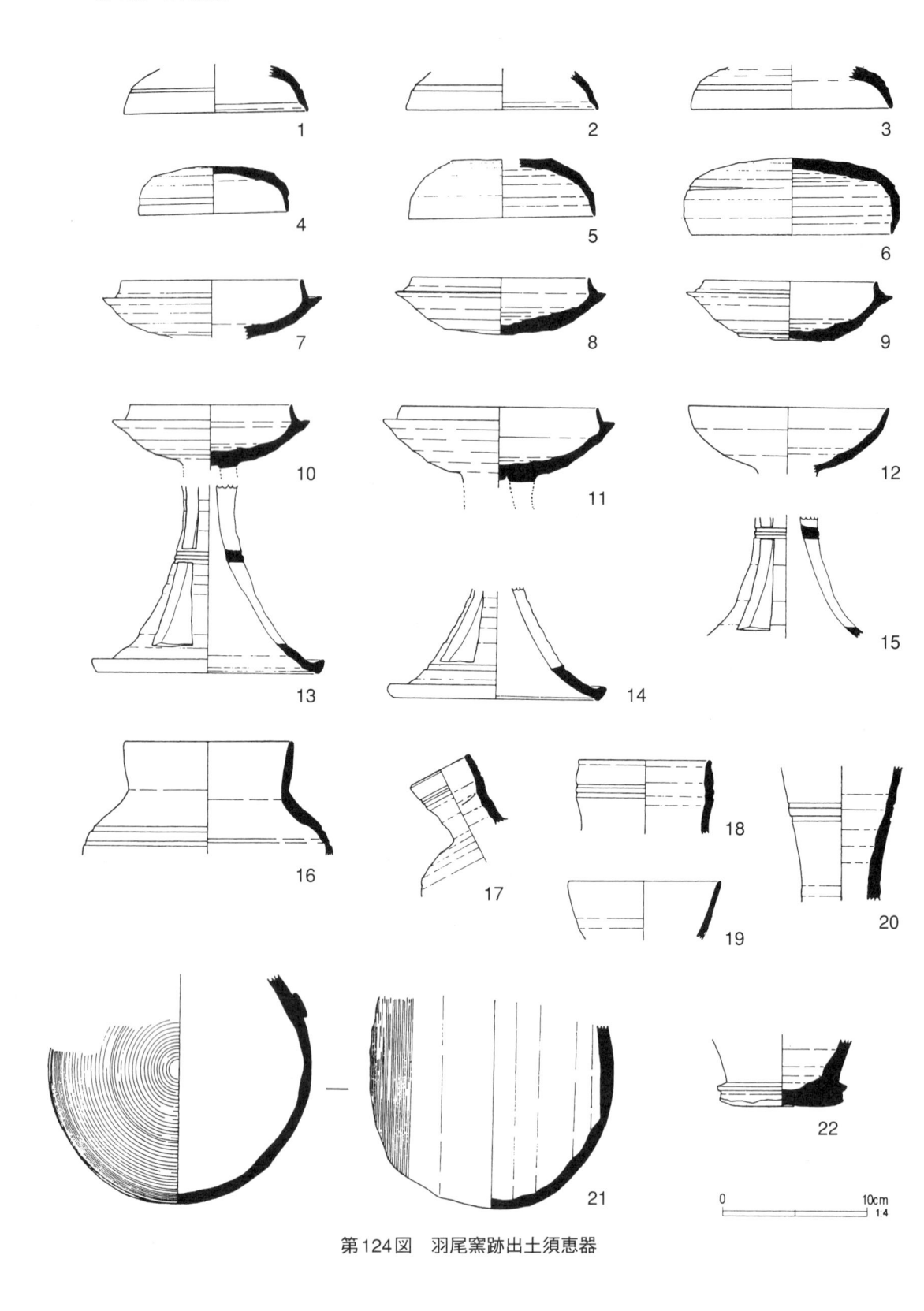

第124図 羽尾窯跡出土須恵器

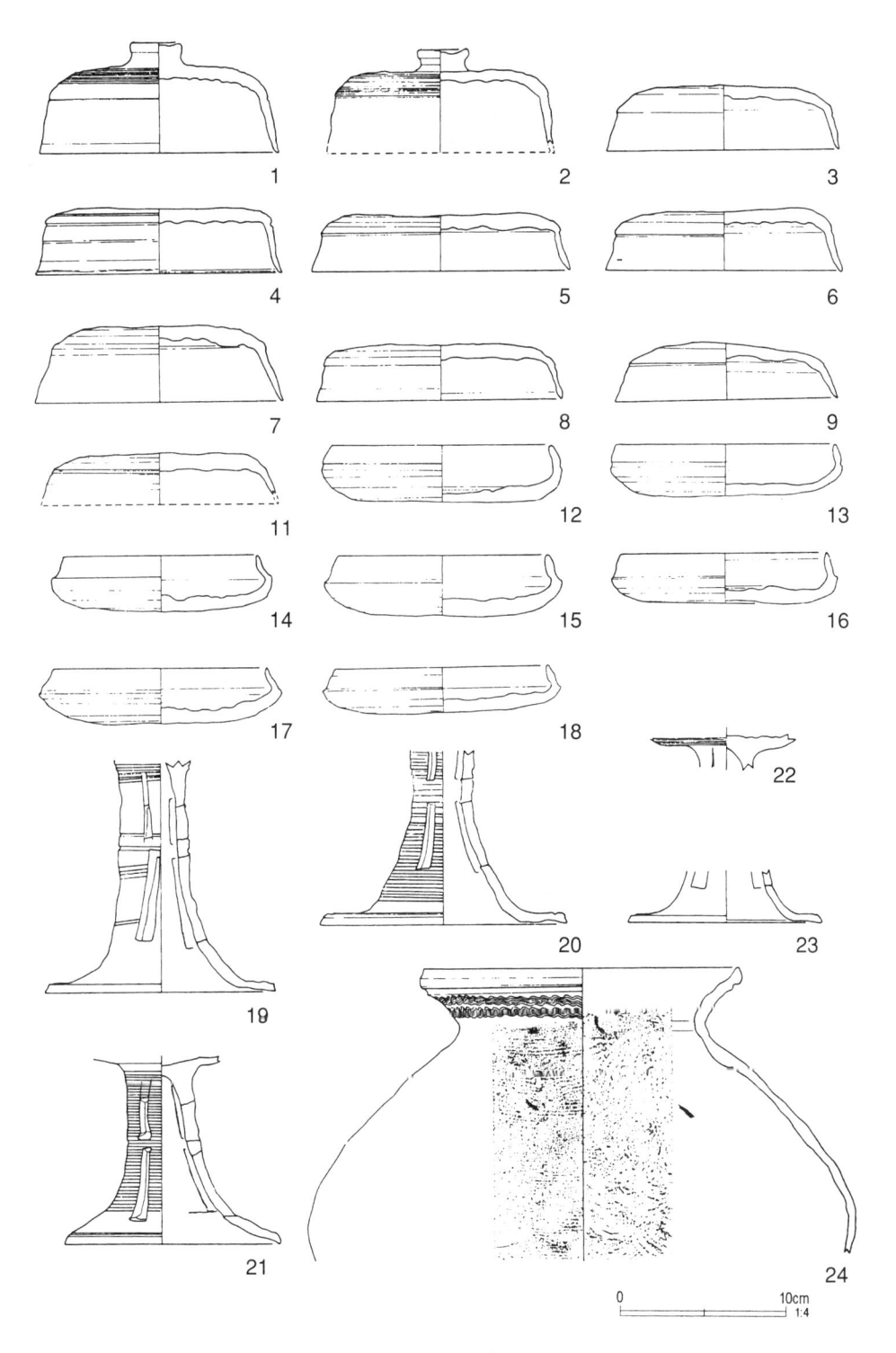

第1章 北武蔵における古代窯業の展開

第125図 舞台遺跡出土須恵器

第3編　古代窯業

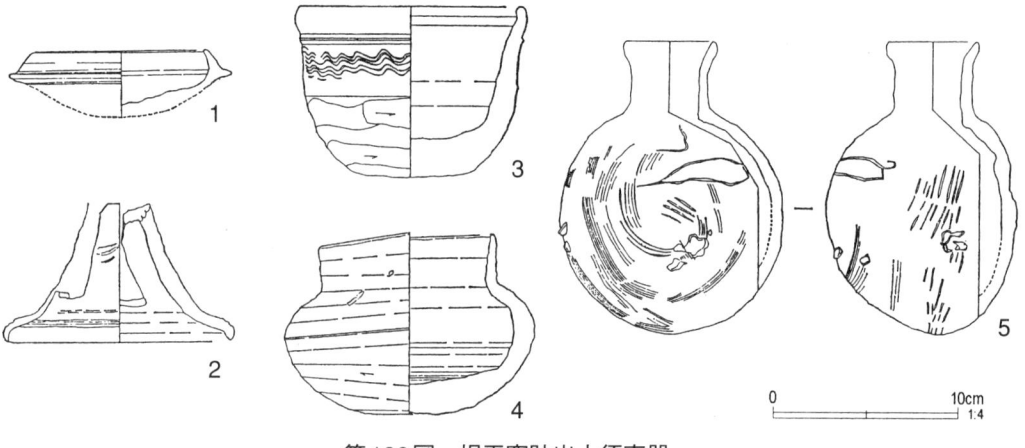

第126図　根平窯跡出土須恵器

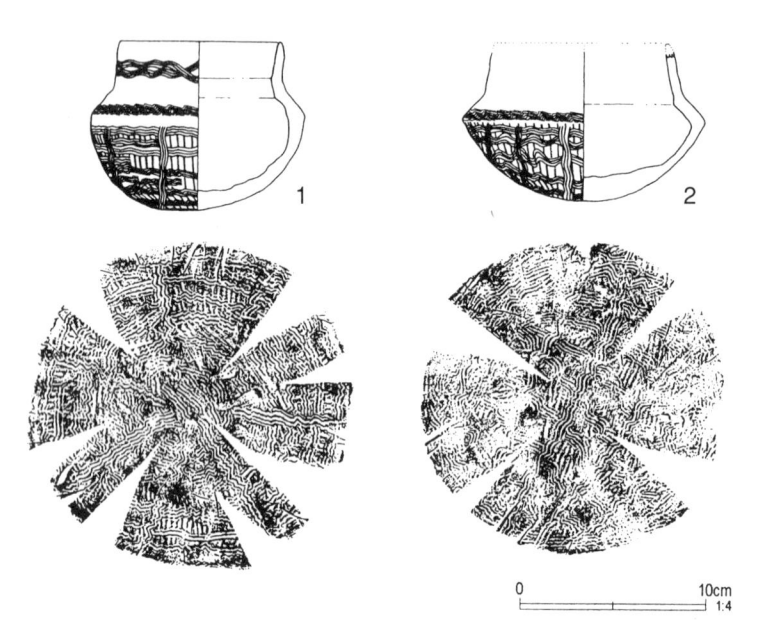

第127図　小用窯跡出土須恵器

その地に留まって在地化していったことが想定できる。このことは、須恵器生産という社会的分業を受け入れるだけの基盤が東国の地に芽生えていなかったことを示唆している。

　また、埼玉県内の須恵器のなかには、とても須恵器工人がつくったとは考えられない製品もある。根平窯跡や小用窯跡の製品がそれに該当しよう。これらが須恵器工人の製品でないとすると、土師器工人が製作したものと考えることができるが、このような窯は7世紀以降のものに多い。こうした現象は古墳への須恵器副葬が一般化し、配下に須恵器工人を抱えることができず、また須恵器工人を招くことができない在地首長が葬送儀礼を貫徹するために、土師器工人を組織化し須恵器を焼かせたものと推察できる。

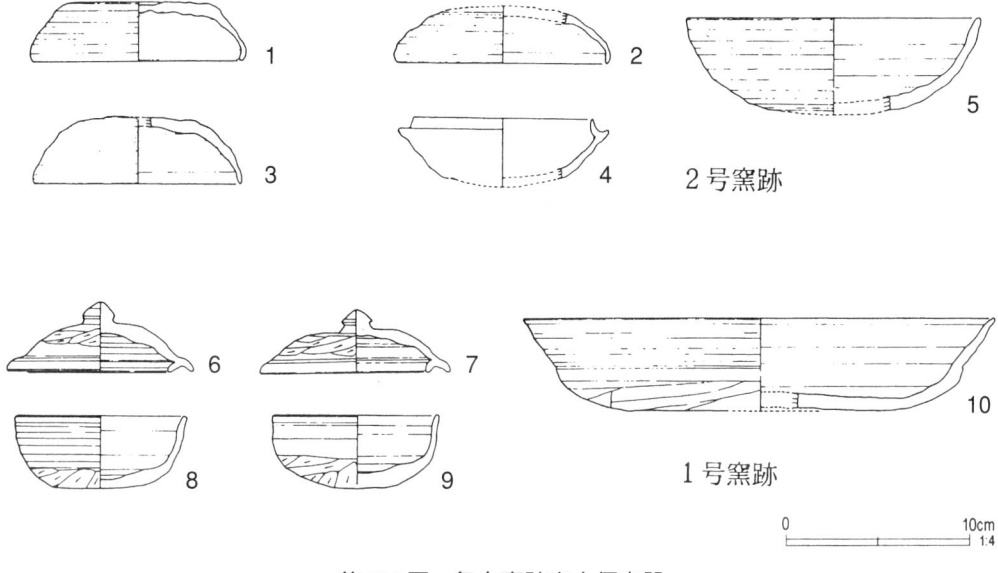

第1章　北武蔵における古代窯業の展開

第128図　舞台窯跡出土須恵器

4　窯跡群形成の問題

　武蔵国には末野窯跡群、南比企窯跡群、東金子窯跡群、南多摩窯跡群があり、4大窯跡群として有名である。これらの窯跡群のなかでも末野窯跡群と南比企窯跡群は7世紀代の瓦を焼いている。とくに、末野窯跡群内にある馬騎の内廃寺は7世紀中頃に比定できる。

　末野窯跡では前述のとおり、7世紀初頭には須恵器生産を開始しており、窯業生産の基盤は形成されていた。古墳時代の窯業は在地首長層が関与しており、また馬騎の内廃寺の造営にも同じく在地首長層が大きな役割を果たし、その氏寺的性格を窺わせる（高橋1982）。末野窯跡群においては、7世紀後半代の須恵器工人の集落も確認されており（高橋・高木1984）、窯は7世紀初頭以降継続して形成されていたと考えられる。

　南比企窯跡群の赤沼窯跡では7世紀後半代の瓦が焼かれており、勝呂廃寺の創建瓦として使用されている。この窯跡に直接続く窯跡は確認されていないが、8世紀初頭の窯跡は存在することから継続していた可能性が高い。

　以上のように、寺院の造営が窯跡群形成の核をなしている様子がわかる。武蔵国の窯は伝統的に瓦陶兼用窯が多い。馬騎の内廃寺の8世紀初頭の瓦には、須恵器甕と同一技法でつくられた瓦があり、またこれら瓦には凹面に青海波文が見られることから、須恵器工人が造瓦に参画していることを示している（高橋1979）。末野窯跡群の場合は寺院の造営に先立って須恵器が焼かれていることから、これら須恵器工人が造瓦に動員されたのだろう。古墳の副葬品としての須恵器に比べ、瓦は多量に必要となるため工人の育成が行われ、寺院で使用される日常雑器や仏具もあわせて焼成され、寺院の造営を契機として、須恵器工人の活躍の場が継続して確保されていったので

ある。このあり方を窯跡群形成の第1のパターンとして捉えてよいだろう。

東金子窯跡と南多摩窯跡群においても、国分寺造営以前の窯が存在する。東八木窯跡と百草窯跡がそれにあたり、8世紀初頭という時期は東国に郡衙が造営される時期である。金子真土は南比企窯跡群について、国分寺造営以前に量産化への道が開けていたとし、その要因として「地方官衙の成立に伴う、須恵器需要の増大」をあげ、「これを画期に窯跡群の形成が始まる」と考えている（金子1984）。的を射た見解といえよう。ただ、南比企窯跡群は8世紀初頭以前に窯跡群の核は形成されており、南比企窯跡群に関しては、地方官衙の成立と須恵器需要の増大は、群形成の上の画期になったとしても、窯跡群形成の核となったとはいえない。ただ、東金子窯跡群と南多摩窯跡群は官衙の成立と須恵器需要増大が窯跡群形成の要因になった可能性が強い。このあり方が窯跡群形成の第2のパターンといえよう。

また、大局的に見れば国分寺の造営が窯跡群の飛躍的発展の最大要因となっていたことは、多くの研究者の認めるところである。武蔵国分寺の造瓦体制はなぜ上総や下総のように集中管理方式をとらずに、各郡からの貢納制を採用したのだろうか。それは、すでに武蔵国には窯業が発達しており、集中管理方式を採用しなくとも必要な瓦は各地で焼成し調達できるとの判断があったからであろう。そして、須恵器も国分寺造営を契機に各地の集落からも出土するようになるのである。

5　4大窯跡群産須恵器の分布と交易

まず、4大窯跡群の須恵器がどのように分布しているかを見ていくことにしよう。鈴木徳雄は4大窯跡群から出土している郡名瓦から、どの窯跡群でどの郡の瓦を焼いているかを図示している（第129図、鈴木1985）。次に、中村倉司は県内各地の須恵器を時代別・窯跡群別に調べ、第130図を表した（中村1985b）。両者の図を比較して見ると、瓦と須恵器という使った資料に相違は見られるものの、窯跡群における郡名瓦の焼成と窯跡群の須恵器の分布が埼玉郡を除きほぼ一致することは興味ある現象である。第130図は8世紀代でもとくに国分寺の造営以後、須恵器が県内各地に流通していった様子を示している。その要因として、私は武蔵国分寺の造瓦体制をあげたい。武蔵国分寺の造瓦体制は前述のように各郡に瓦を割りあてた。しかし、多くの郡には窯は存在せず、窯場をもたない郡は窯場をもつ郡に瓦を発注して国分寺に納めなければならない。瓦は当然無償ではなかった。瓦を発注した側は焼いた側に何らかの代償を支払った。つまり、瓦の代焼＝代償の図式が須恵器にも適用され、須恵器が交易品として流通する主要原因になったと思われる。つまり、須恵器は古墳時代と相違し、不特定多数の人を相手にできるようになったのである。

各窯跡群における各郡の瓦焼成のあり方について鈴木徳雄は、大化前代における在地首長層間の関係を推定し、北武蔵系土師器群においてもその説を補強している（鈴木1985）。魅力ある見解である。ただ、南比企窯跡群ではほとんどの郡の瓦を焼成しており、この窯跡群は北武蔵のほ

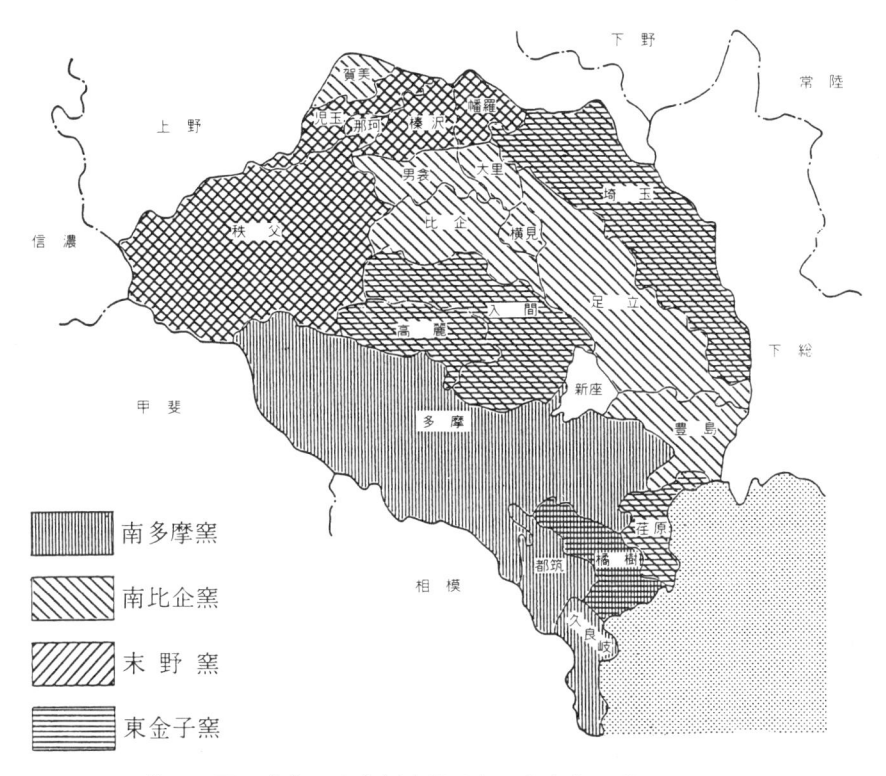

第1章　北武蔵における古代窯業の展開

第129図　武蔵国分寺創建期郡名瓦生産窯跡群と郡の関係

ぼ中央部にあり、南比企窯跡群の須恵器は旧入間川水系の地域に主体的出土していることから見て、河川を通じての交易圏が想定できる。9～10世紀前半代になると埼玉郡から末野窯の須恵器が出土するようになるが、これも元荒川、古利根川を通じての交易のひとつとも考えることができるのである。このようなことから、河川を通じての在地首長間の交通、交易を視野に入れてもいいだろう。北武蔵の3窯跡群はいずれも主要河川に面しており、これは河川交通を見すえての立地であろう。

　国分寺瓦の場合、南比企窯跡群では国分寺創建以降の建郡である新座郡および橘樹郡・多摩郡・都筑郡・久良岐郡を除いた郡の瓦を焼成している。末野窯跡群では荒川以北、以西の地域、東金子窯跡群は入間郡・高麗郡・埼玉郡・荏原郡・橘樹郡、南多摩窯跡群は南武蔵地域を主体に焼成している。このように、南比企窯跡を除く3窯跡群は、窯跡群が存在する周辺の郡の瓦を焼成していることがわかる。ここで問題となるのが、なぜ南比企窯跡群だけが多くの郡の瓦を焼いているのかということである。この理由として二つの考え方ができよう。第1は、国分寺の創建以前に、たとえば郡衙の造営にともないそこで使用する須恵器を供給するなど、すでに交易・交通が確立していた。この伝統的交易を背景に南比企窯跡群に瓦が発注された。第2は、武蔵4大窯跡群が国衙機構の分業体制の一環に位置づけられており、国府が南比企窯跡群を国分寺瓦の主要窯場とし指定した、という見方である。

第3編　古代窯業

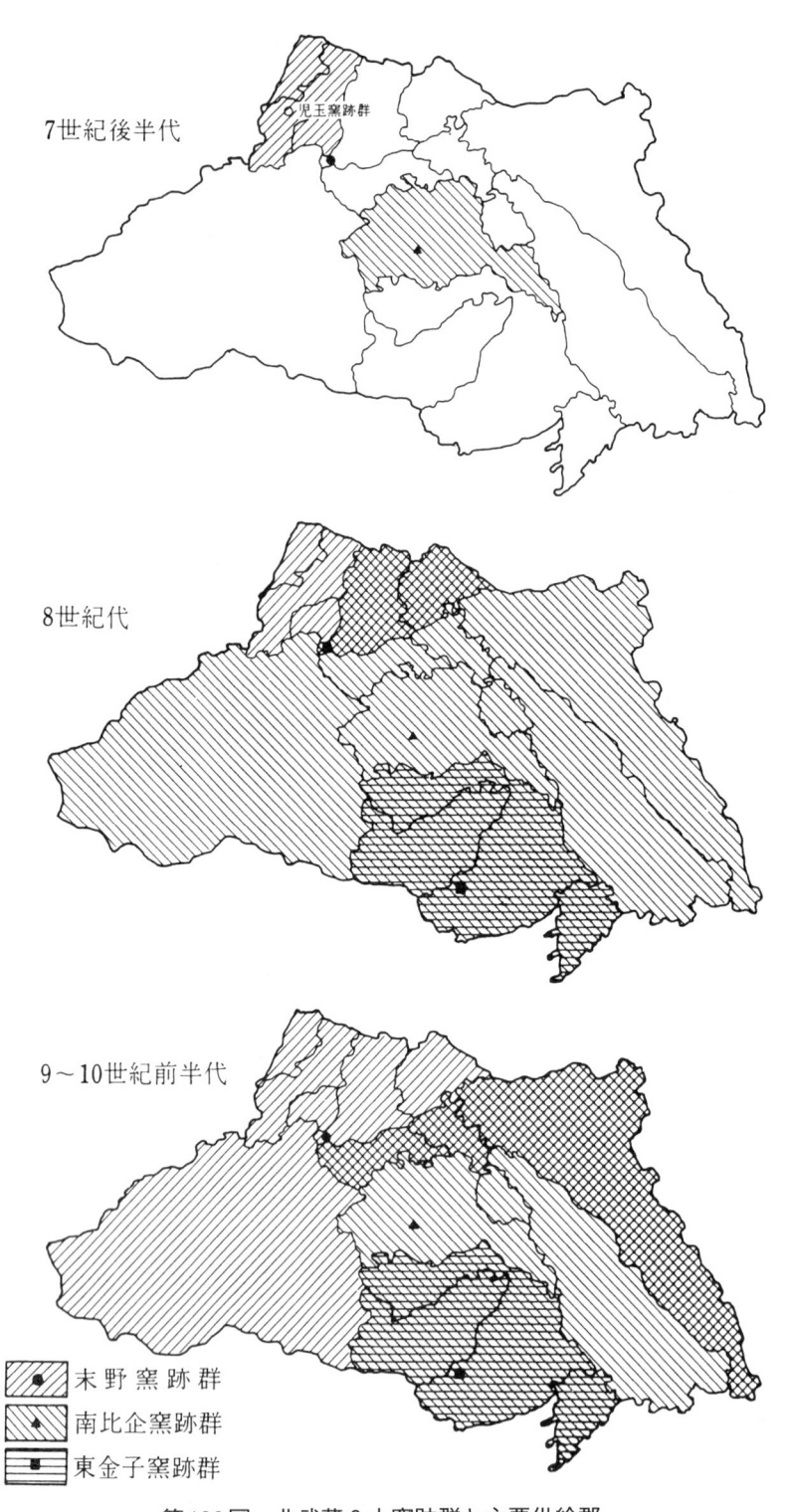

7世紀後半代

8世紀代

9～10世紀前半代

▨● 末野窯跡群
▨▲ 南比企窯跡群
▤■ 東金子窯跡群

第130図　北武蔵3大窯跡群と主要供給郡

第1の場合、少なくとも北武蔵にある末野・南比企・東金子の各窯跡群には8世紀前半代の窯跡は存在しているが、南比企窯跡群の伝統的交易圏は広域で、これから見て河川を含めた交通上はほかより優位にあるようだ。第2の場合は4大窯跡群が国衙分業体制の枠組みに入っていたかどうかが問題である。現在のところ、これを証明することはできないが、両者あいまって南比企窯跡群が存在していたと考えることはできないだろうか。ここで、この問題について結論を出すつもりはないが、分業体制の問題は今後十分に検討していく必要はあろう。

しかし、窯場管掌の実権は郡司層の手中にあったものと考えられ、須恵器の交易・瓦の代焼は、郡司層の不動産形成の上での大きな役割を果たしていったものと思われる。

6　糸切りとヘラ切り―国分寺造瓦体制の二形態―

関東地方の須恵器には糸切りを主体とする地域と、ヘラ切りを主体とする地域がある。ヘラ切りは須恵器の伝統的な技法で、この技法が伝統的に続く地域は、九州、中国、畿内、東海西部、北陸の地域であり、関東地方を見た場合、糸切りを主体としている地域は東京、埼玉、群馬、栃木の東部、ヘラ切りを主体としている地域は千葉、茨城、栃木の西部である。関東地方には以上のように糸切り圏とヘラ切り圏が存在する。武蔵、上野を中心とした地域は、なぜ糸切りを採用するにいたったかを考えていくことにしよう。

粘土を糸で切る技法は、造瓦時に粘土を切る場合のみに存在する。つまり、粘土の長方形の粘土塊（タタラ）から粘土板を切り取る技法である。武蔵における瓦工人と須恵工人の交流は、8世紀初頭の馬騎の内廃寺の瓦に見ることができる。馬騎の内廃寺の瓦は、平瓦は粘土帯で筒状のものをつくり、それをあたかも須恵器甕を叩いて形成しているように、須恵器成形の時と同じ当具と叩き板をもって叩いて整形している。そのために、瓦の凹面には青梅波文を見ることができる。こうした工人どうしの交流を背景に、須恵器の切り離し技法として糸切りが導入されていったと考えることができる。初期のものに静止糸切りが見られるのは多分この影響であろう。全国的に見るとヘラ切りが続く地域は、古墳時代から須恵器生産が継続している地域である。いっぽう、糸切り圏の武蔵・上野は、古墳時代からの窯は存在するが不連続で、須恵器生産の基盤が存在していたとはいいがたい地域である。このような状況にあったので、武蔵・上野両国は伝統にしばられず、容易に糸切りを底部切り離しの技法として採用することができたのである。逆に関東以外のヘラ切り圏では須恵器生産の伝統的基盤が確立していたので、簡単に糸切り技法を導入するわけにいかなかったのであろう。しかし、関東のヘラ切り圏は古墳時代にはほとんど須恵器生産が行われていなかった地域であるが、須恵器の形態からヘラ切り圏である東海地方等の影響下のもとに、須恵器生産が開始されたと見ることができる。

武蔵国は国分寺創建以前に須恵器工人と瓦工人の交流があり、また4大窯跡群形成の核はできあがっていた。そのため、前述のとおり各郡に瓦を割り当て、貢納する方式をとることができた。そして、造瓦には須恵器工人も参画した。武蔵に瓦陶兼用窯が多いのはそのためである。いっぽ

う、ヘラ切り圏、とに上総では須恵器生産の基盤がないので、瓦工が指導し、集中して瓦を焼成した。ヘラ切り圏では瓦の代わりに、労働力の徴用などがあったのであろう。糸切り圏には郡名瓦が多く、ヘラ切り圏に少ないのは、造瓦体制の相違に起因しているのである。

7　須恵器の消滅

　末野窯跡群は10世紀代になると急速に衰退し、窯跡も各地に拡散するようになる。末野窯跡群の近くでは長瀞町や荒川をはさんだ対岸の地に新たな窯跡が出現する。さらに、三芳町新開窯跡、富士見市栗谷津窯跡も、それまでまったく窯が存在しなかった地に出現している。窯跡群の衰退と窯の拡散は、単に末野窯跡群固有の現象ではなく、ほかの窯跡群にも共通する現象であろうと推測できる。窯の拡散の原因を追求するには、窯跡群を形成させていたものは何か。つまり、工人をその地に束縛していたのは一体何だったかを解明するのが一番の早道である。

　我が国において最初に須恵器生産が行われたといわれている大阪府陶邑窯跡群も、決して須恵器工人の主体に基づいて開窯したわけでもなく、また主体的に生産し交易していたわけでもないのである。その背後には大和王権が存在していた。地方窯においても同様のことが考えることができ、古墳時代には在地首長層が、律令時代には郡司層が須恵器生産に介在し、彼らの管理・保護下に須恵器工人は生産を続けていた。まだこの時代、須恵器工人自体が須恵器を交易させる状況にはなっていなかったのである。

　しかし、10世紀でも後半になると律令社会の崩壊は決定的であった。多くの古代寺院がこの時期には廃寺に近い状況になっていたことは、その一端を示している。また、律令社会の崩壊にともなって多くの古代氏族も没落していった。須恵器工人にとっても自分たちの存続にかかわる重大事であった。今まで自分たちを管理・保護してくれた郡司層が目の前で没落していったのである。これから彼らは自分の行く道を自ら開拓していかなければならない。ある者は廃業し、ある者は焼き物に生きるしかないと窯業に固執したことだろう。そして、焼き物に固執した者も、ある者はその地に残り、ある者は新天地を目指して移動して行った。窯の拡散にはこうした社会的背景があったのである。

　こうして、経営者・保護者を失った須恵器工人たちは、今度は自ら経営者となり、製品を交易しなければならなかった。幸いにもこの頃、商品経済は発達の段階にあった。自ら経営者となった工人たちは、それまである程度採算を度外視して須恵器を焼いたが、商品を流通させようとすると、競争原理を働かせなければならない。従来のように薪を多量に消費する還元焔焼成では、土師器や木製容器に対抗することはできない。そこで、酸化焔焼成へと切りかえることでコストを下げたのである。須恵器は古代社会のなかで生まれ、古代社会の没落とともに消えていったのである。

引用文献

浅田員由 1984「猿投窯生産転換の一側面」『愛知県陶磁資料館研究紀要』第3号

井上肇 1978・79『舞台本文編』『資料編』埼玉県教育委員会

井上肇 1980『根平』埼玉県教育委員会

金子真土 1984「埼玉における古代窯業の発達（6）」『埼玉県立歴史資料館研究紀要』第6号

桑原滋郎 1984『日本陶磁の源流 ―東北地方―』柏書房

酒井清治 1984『日本陶磁の源流 ―関東地方―』柏書房

坂本和俊 1981「ミカド遺跡の概要」『金屋遺跡群』埼玉県児玉町教育委員会

菅谷浩之 1985「北武蔵における古式古墳の成立」埼玉県児玉町教育委員会

鈴木徳雄 1985「いわゆる北武蔵系土師器の動態」『土曜考古』第9号 土曜考古学研究会

高橋一夫 1977「鳩山村出土の須恵器」『埼玉考古』第16号 埼玉考古学会

高橋一夫 1979「埼玉における古代窯業の発達（1）」『埼玉県立歴史資料館研究紀要』第1号

高橋一夫 1980『羽尾窯跡発掘調査報告書』埼玉県滑川村教育委員会

高橋一夫 1982『埼玉県古代寺院調査報告書』埼玉県史編さん室

高橋一夫 1982・83「草加の遺跡（1）・（2）」『草加市史研究』第2・3号 草加市

高橋一夫・高木義和 1984「城見上B地点遺跡」『寄居町史原始・古代・中世資料編』寄居町

高橋一夫 1985「関東における非在地系土器出土の意義」『草加市史研究』第4号

谷井彪 1974「舞台」『田木山・弁天山・舞台・宿ケ谷戸・附川』埼玉県教育委員会

中村倉司 （1985a）「器種組成の変遷と時期区分」『土曜考古』第9号

中村倉司 （1985b）「古代北武蔵における供膳器の様相」『土曜考古』第9号 土曜考古学研究会

中村浩 （1984）『日本陶磁の源流 ―近畿地方―』柏書房

水村孝行 （1982）『桜山窯跡群』埼玉県埋蔵文化財調査事業団 第2集

吉岡康暢 （1984）『日本陶磁の源流 ―北陸地方―』柏書房

第2章　鉄生産

第1節　古代の製鉄

はじめに

　製鉄遺跡に関する研究は、各地での製鉄炉の発掘や鉄滓の分析によって急速に進展しつつある。しかし、製鉄炉は鉄を取り出す時に壊されるので、原形を留めるものは少ないため、炉の形態や構造の研究を妨げている。また、製鉄遺跡からは生活用具とくに年代を決定する土器の出土が稀であるため、正確な年代を把握するのが困難である。このような状況であるが本稿では現在発掘されている製鉄炉から、製鉄技術や地域性などについて考えていきたい。

1　日本における製鉄の開始時期

　製鉄の開始時期については諸説ある。もっとも古いものは縄文時代晩期説で、その代表的例として長崎県小原下遺跡（古田正隆 1967）・石川県ひょうたん池遺跡（吉岡金市 1972）がある。小原下遺跡では縄文時代晩期の層に鉄滓が伴う製鉄遺構と思われるものが存在し、同一層から鉄製品も出土しているという（注1）。しかし、鉄滓の分析結果では、縄文時代のものではない可能性が強いとの結論が得られている。ひょうたん池遺跡については各方面からの反論があり、現在のところ縄文時代晩期に製鉄が行われた確証はなく、縄文時代晩期製鉄開始説は立ち消え状態にある。

　弥生時代に入ると多くの遺跡から鉄製品が出土しはじめる。製鉄の開始は鉄鏃という消耗品が製造される弥生時代中期後半という説や（川越哲志 1968）、鉄の消費量が増大する弥生時代後期に求める説（村上英之助 1974）がある。また、熊本県下前原遺跡では弥生時代後期の住居跡から鉄滓が出土しており、分析結果は製錬滓であることから、弥生時代後期には鉄生産が開始されていたのではないかいわれている（川越哲志―藤田等 1970）。今のところ、弥生時代後期の製鉄炉の発掘例はなく、しかも下前原遺跡の鉄滓は鍛冶滓ではないかとの疑問も出されており（注2）、現状では弥生時代に製鉄が行われたという積極的証拠はない。

　古墳時代に入ると鉄器の消費量は弥生時代と比較にならないほど多くなる。それは古墳に副葬された鉄製品からも明らかであることから、古墳時代には鉄生産が行われたことが考えられる。畿内や北九州の古墳には鉄素材と考えられている鉄鋌が多量に副葬されているものがある。鉄鋌の産地についても諸説ある。ここで簡単にそれらの説を紹介しておこう。森　浩一は4、5世紀までの鉄素材は主に南朝鮮からの輸入であり、一部国内で小規模な鉄生産が行われていたが、鉄生産が盛行するのは6世紀以降とする（森 1959）。これに対し本村豪章は、日本の古墳から出土

する鉄鋌と朝鮮のものとでは形態に差異があることから朝鮮産ではないという見解を示している（本村 1960）。その後、潮見　浩・和島誠一は、月の輪古墳出土の鉄製品の分析を通して、月の輪古墳のものは砂鉄製錬によったもので、古墳に副葬される鉄器の増大は各地における鉄生産の進展によるもので、鉄生産の開始は 4 世紀後半から 5 世紀前半と考える（潮見・和島 1966）。また、野上丈助は鉄鋌と鍛冶具の副葬例から、5 世紀中頃に製鉄が開始されたとしている（野上 1968）。しかし、いっぽうでは数少ない鉄鋌の分析例である奈良県大和 6 号墳（5 世紀中頃）の鉄鋌は中国産との見解もある（窪田蔵郎 1974）。また、福岡県花䔥 2 号墳（5 世紀）出土の鉄鋌を分析した大澤正己は、産地を朝鮮半島に推定している（大澤 1977）。このように鉄鋌に関する見解は、日本産・朝鮮産・中国産の 3 説が存在する、当然のことながら鉄鋌を日本産と見る研究者は、鉄生産の起源を古墳時代でも古い時期に、鉄鋌の主的産地を朝鮮半島・中国に求める研究者は、新しい時期に求めている。

　鉄鋌の分析例は少ないが、これらの分析結果を信じるならば、4、5 世紀段階での鉄素材の大半は南朝鮮からのもので、一部日本産という見解は妥当性を帯びてくる。また、数多くの古墳出土の鉄滓を分析している大澤正己は、6 世紀後半以降の古墳からは鍛冶具の出土例はなくなり、鍛冶滓の代りに製錬滓が副葬される現象は、日本における製鉄の開始時期を考えるうえで重要であるとし、「古墳に製錬滓が供献されだす 6 世紀後半以降が、我が国の砂鉄製錬開始時期となりそうである」（大澤 1979 a）と述べている。

　では次に、現在確認されている製鉄炉のうちでもっとも古いものの年代を見てみよう。福岡平野では1977年段階で、製鉄炉と思われるものが73箇所確認されており、年代的には 6 世紀代から13世紀まで継続している（柳沢一男 1977）。福岡平野において 6 世紀代と考えられるものはいくつか存在するが、6 世紀のどの段階のものであるか判明しているものは少ない。そのなかで、野方新池遺跡では 6 世紀後半～末を下限とする須恵器が製鉄炉に伴って出土しているといわれているが、明らかでない（注 3）。しかし、最近岡山県大蔵池南遺跡では 6 世紀末の須恵器が製鉄炉にともなっているという報告があり（『アサヒグラフ』1980）、遅くとも 6 世紀末には日本で製鉄が開始されていたことは明らかである。製鉄遺跡では、年代を決定する資料がほとんど出土しないため、年代を把握することが難しいが、古墳に副葬される鉄滓が鍛冶滓から製錬滓へと変化する 6 世紀後半、そして岡山県大蔵池南遺跡の例からして、現時点では日本における製鉄の開始時期を 6 世紀後半と考えるのが妥当のようである。

2　製鉄遺跡の構造

　製鉄炉の構造を考える前に、製鉄遺跡とはどのような種類の遺構から構成されているのかをまず明らかにして行こう。製鉄遺跡というと製鉄炉のみが脚光を浴びがちであるが、製鉄とは各種分業の集合体として存在するのであり、いくつもの関連作業を必要とする。砂鉄製錬においてはまず原料となる砂鉄の採取が必要である。現在のところ、砂鉄の採取遺構は確認されていないの

第2章 鉄生産

　で、近世のように鉄穴流しで採取したかどうかは不明であるが、おそらく河川や砂鉄堆積層から採取したものだろう。「砂鉄七里に炭三里」という諺が残っているように、砂鉄は多少遠方でも運ぶことが可能であった。砂鉄を還元するのに不可欠な木炭は、1回の操業で大量に必要とする。近世タタラでは2トンの鉧（ケラ）（鉄塊）をつくるのに6トンの砂鉄と10トンの木炭を必要とするといわれている。木炭は砂鉄と比べ、重さの割にかさばり、遠くから運び込むのは大変だった。そのため炭焼窯は必ずといってよいほど製鉄炉に近接した場所に築かれている。「砂鉄七里に炭三里」という諺は古代の製鉄遺跡にも生きているのである。

　砂鉄、木炭のほかに炉本体を構築しなければならない、炉壁用粘土に刻んだワラを入れ込むのが一般的である。粘土の良し悪しは炉内温度の保温とも関係し、砂鉄を還元する際にも重要な役割を果すといわれている。砂鉄・木炭・製鉄炉がそろうといよいよ製錬である。近世タタラでは三日三晩を一代（ひとよ）といい、一代を1回の操業期間としている。その間に木炭と砂鉄を交互に炉に入れていく。古代製鉄では1回の操業にどの位の時間をかけているかは推測するしかないが、倉林炉の復元実験からして、3日3晩に近い操業期間が考えられる。

　製鉄法には溶解した鉄を炉外に流し抽出する銑押法（ずくお）と、炉内に鉄の塊をつくり出す鉧押法が存在する。古代の製鉄がどちらの方法によったかは一概には決めかねるが、いくつかの製鉄遺跡では鉄塊が捨てられている例がある。製品であるとするなら捨てるはずがないので、分析結果からも不良品であった可能性が強い（大澤 1979ｂ）。鋳型を出土する製鉄遺跡もある。銑鉄（炭素含有量の多い鉄で3.5～3.8％のもの）は鋳鉄の原料となることから、鋳型を多く出土する遺跡では銑押法で銑鉄を主体に生産していたとも考えられる。鉄は形を変え、質を変えて製品となって行くので、その製品を分析しないとどのような方法でどのような鉄が造り出されたのかを明らかにすることはできない。しかし、一般的には鉧押法は新しい技法で、銑押法が先行すると考えられている。

　鉄が生産されると、それを目的にあった素材に加工し、製品をつくらなければならない。そこで鍛冶という工程が必要となってくる。大山遺跡で見る限り、鍛冶には二形態が存在するようである。一つは台地上の住居跡内に工作用の炉をもつものである。平安時代の住居跡には必ずカマドが設置されているのに対し、鍛冶屋と思われる住居にはカマドがなく工作用の炉のみが存在した。この炉には木炭詰まっており、羽口が炉にささった状態で出土した。このことからも鍛冶用の炉であることがわかる。二つは製鉄炉と同じく台地の斜面に存在したものである。この鍛冶炉は立地もさることながら、炉の構造はまったく相違している。台地上の鍛冶炉はローム層を掘っただけであったが、これは粘土でしっかりとつくられていた。粘土の変色から計るとかなり強い熱を受けたものと推察できる。ここからは羽口が数多く出土している。住居跡内の羽口は先端に鉄分が付着していないのに対し、ここの羽口の先端部にはすべて鉄分が付着している。羽口の状態から見ても、鍛冶炉には二つの性質のものが存在すると判断できる（注4、高橋 1979）。

　古代製鉄炉は後述するように単純な構造である。このような炉から生産された鉄はさまざま

ものができ上がったものと想像できる。また、銑鉄が主体に生産されたとしても、刃物にするには脱炭する必要がある。鉄を製品として加工する前に、目的にあった鉄素材にする工程が必要であったと考えられる。この作業を受けもったのが台地の下に存在したＢ２号炉で（第131図）、台地上の住居跡ではＢ２号炉でつくられた鉄素材をもとに製品を製作していたのであろう。

　古代において近世タタラのように大鍛冶的なものが存在したかどうか明らかにはなっていない。大山遺跡Ｂ２号炉から工程として大鍛冶的なものを必要としていたと推察することができる。鍛冶には生産された鉄を加工するものと、その鉄素材から農工具等をつくる「村の鍛冶屋」的性格をもつものとがあったと考えていいだろう。

　大山遺跡の例から、製鉄遺跡とはどのようなものから形成されているかを見てきたが、これは大山遺跡だけがもつ特性ではなく、多くの製鉄遺跡に見られる共通した構造であると考えてよい。製鉄遺跡は砂鉄の採取・木炭の焼成・製錬・鉄の加工・製品化そして流通といういくつもの関連する作業から形成されていた。製鉄遺跡は製鉄コンビナートといっても過言ではない。

3　製鉄炉の構造

　製鉄遺跡の調査が進むにつれ、従来考えられていたより数多くの炉形が存在することが明らかになってきた。土佐雅彦は今日まで確認されている炉を、Ａ類（半地下式竪形炉）、Ｂ類（長方形箱型炉）、Ｃ類（原たたら炉）、Ｄ類（炉型未詳製錬炉）に分け、さらにそれらを10形態に細分している（土佐 1981）。しかし、基本的に見ると古代製鉄炉は半地下式竪形炉と長方形箱型炉で、そのほかはこれらの発展形態と考えることができる。半地下式竪形炉は静岡以東の東国地方に多く見られることから「東の炉」と、長方形箱型炉は中国・九州地方に多いことから「西の炉」言い換えることもできよう。ここで、二つの炉はどのような構造をもち、どこに差異が存在するのかを明らかにして行こう。

　（１）　半地下式竪形炉—東の炉—

　代表的な遺跡として群馬県菅ノ沢遺跡をあげることができる（飯島武次・穴沢義功 1969）。菅ノ沢遺跡は製鉄炉のほかに炭焼窯・工房跡・作業場・炭置場等が検出されており、製鉄遺跡全体を考えるうえにも良好な資料を提供している。製鉄炉は３基発掘されている。いずれも同じタイプの炉なので、１号炉について紹介しよう。

　１号炉は岩盤を掘り込み半地下式としている。岩盤には粘土を張り付けて炉壁を構築している（第132図）。炉壁は地下の部分しか残っておらず、本来の高さは不明である。炉の大きさは残存高123cm、炉床幅75cmである。炉の形態は炉背壁が炉内に張り出すハート形をしており、炉背壁に直径4.5cmの孔が開いていた。炉壁はこの部分を中心に強く焼けていたという。炉床下には鉄滓と木炭の層が７〜10cm程存在していた。これは防湿施設と考えられている。炉の背後には2.7ｍ×1.2ｍの長方形の作業場がある。

　以上が菅ノ沢１号炉の概要である。要するに製鉄炉は地面を掘り下げ、そのなかに粘土とワラ

第2章 鉄生産

I 木炭の混じる黒褐色土
II 木炭
III 灰色に硬く焼けた粘土
IV 赤色に焼けた粘土
V 黄色粘土
VI 黄褐色粘土（粘性強）
VII 黒褐色土
VIII 赤褐色土のブロックが混じる黒褐色土
IX 赤褐色土（地山）

第131図 大山遺跡B2号炉

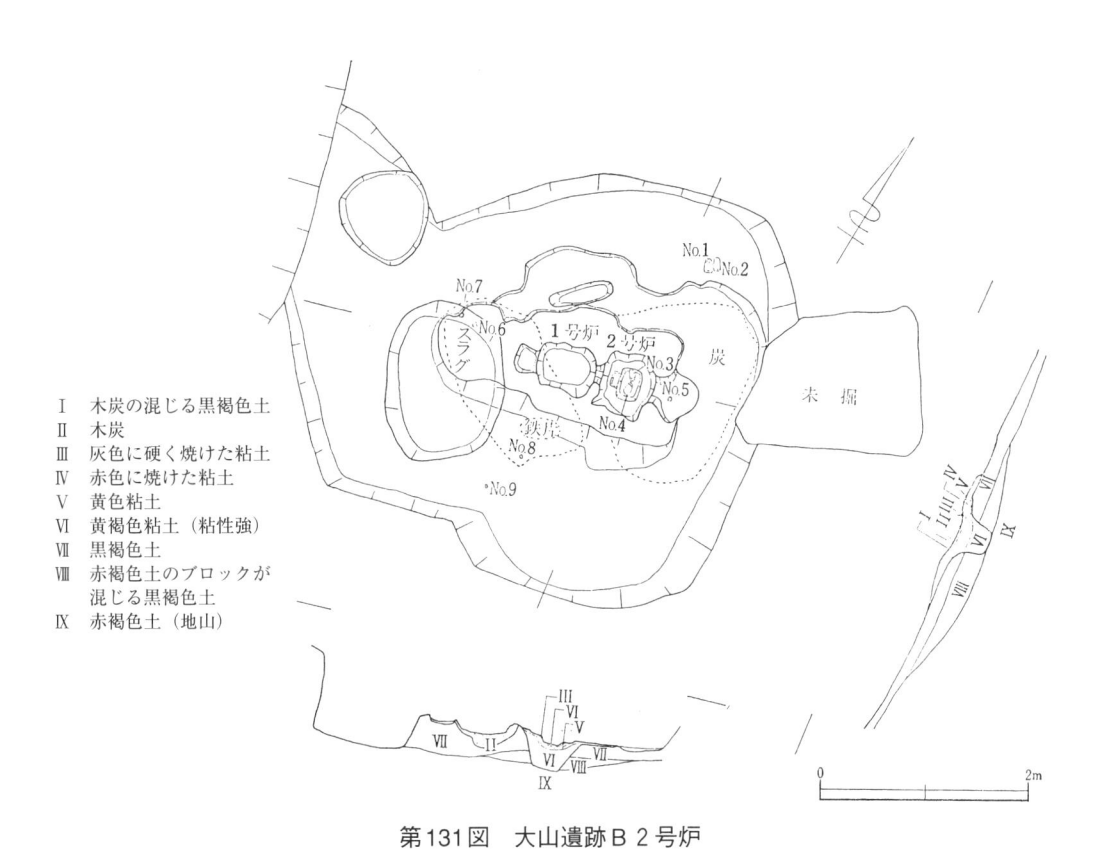

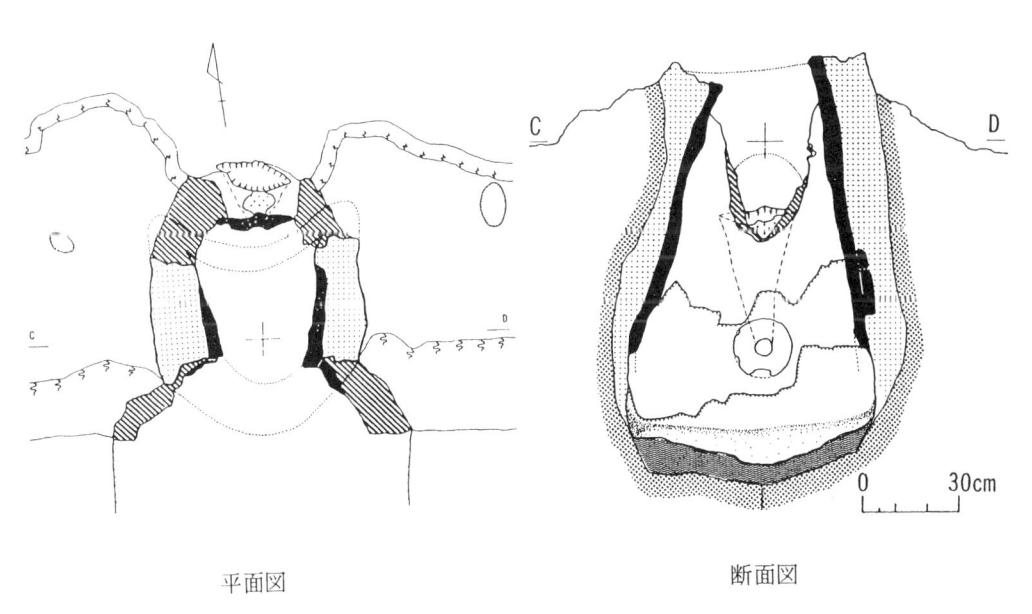

平面図　　　断面図

第132図 菅ノ沢1号炉

第3編　古代窯業

を混ぜた土で円筒状の炉壁を構築し、炉床部には若干の防湿施設をしているだけのきわめて単純な構造であることがわかる。だが、なぜ砂鉄を還元するに必要な高温が得られたのか。その秘密は木炭にあるのだが、ここでは木炭を燃焼させるに必要な空気をどのように送ったのかを考えてみよう。

半地下式竪形炉は台地の斜面につくられているものがほとんどである。菅ノ沢1号炉もそうであったように、台地側の炉背壁が強く焼け、せり出しぎみになっているものが多い。大山遺跡B1号炉（第133図）も菅ノ沢と同じハート形となっている（高橋 1979）。これは最初からハート形につくったのではなく、本来はきちっとした円筒形であったものが、高温のために融けて前面にせり出し、結果としてハート形になったのである。炉壁をよく観察すると、その部分がガラス質状に変質していることからも、炉内でもっとも高温を受けた場所であることがわかる。炉背壁が高温を受けているということは、炉後背部から送風していた可能性が高く、11世紀中頃の群馬県東流通団地内遺跡の製鉄炉には、実際に炉後背壁に羽口を取りつける施設と見られるものが存在している（井上唯雄ほか 1982）。

羽口には穴の径が1cm前後の小型羽口と、径が10cmにもおよぶ大型羽口の2種類が存在する（第134図）。製鉄遺跡にはその両者を出土するものと、小型の羽口だけしか出土しないものとがある。小型の羽口は必ず製鉄遺跡に伴うので、小型羽口による送風が主流と考えてよい。炉背部からの送風にはこの小型羽口が使用され、しかもフイゴを使用しての強制送風が考えられる。すると、大型羽口はどのように使用されたのだろうか。その使用法を示唆するものに大山遺跡D地区A8号炉がある。A8号では大型羽口が炉の側壁に付着していた。大型羽口が炉壁に付着しているということは、まずそこに設置されたとする以外考えられない。大型羽口は穴の径の大きさからして、フイゴによる強制送風は不可能で、自然通風と考えるのが妥当である。半地下式竪形炉では、フイゴを使用しての送風は炉背部の1箇所しか考えられない。この数は後述するように長方形箱型炉に比べきわめて少ない。1箇所からの送風では砂鉄を還元するのに必要な温度は得られなかったのであろう。さらに1箇所大型の羽口を挿入し（大型羽口が出土していない遺跡では小型羽口を使用）、煙突効果により大型羽口から空気を吸い込ませたものと想定できる（第135図）。煙突効果をもたらすには、当然一定の高さが必要となってくる。しかし、炉があまり高いと砂鉄や木炭を入れる際に不自由をきたすが、低くすると煙突効果が期待できなくなる。この両者を両立させるために半地下とし、炉の機能と作業効率を確保したのであった。

最近、大型羽口を小型羽口の装着用ソケットでないかとする意見もある。しかし、大型羽口がそのような機能を有するなら、小型羽口を中に入れ送風すると空気はもれ、送風能力は低下する。それを防ぐため必ず粘土を充填しなければならない。両方の羽口は高温となることから、充填した粘土は土器のように焼けその痕跡が残らなければならないが、小型・大型の羽口にもそのような痕跡が見られるものは存在しない。また、大型羽口の先端には鉄が付着しているし、小型の羽口も同様である。両者を一緒に使用したとするなら、両者が付着した状態で出土してもよさそう

第2章 鉄生産

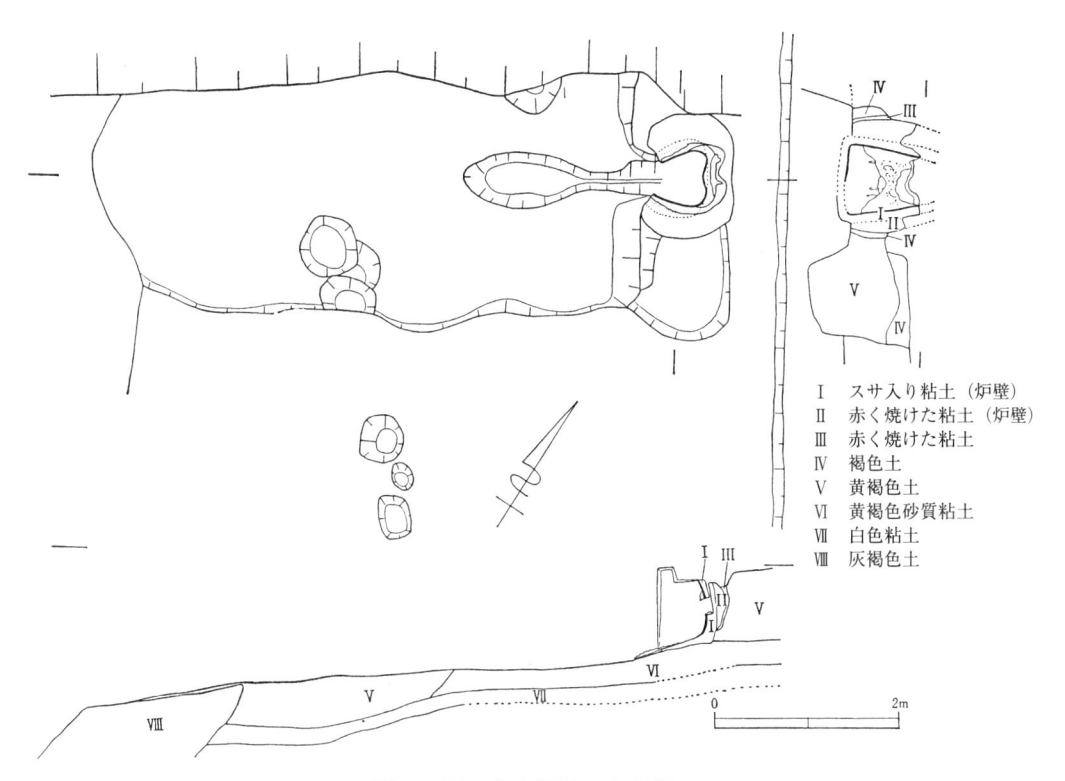

Ⅰ スサ入り粘土（炉壁）
Ⅱ 赤く焼けた粘土（炉壁）
Ⅲ 赤く焼けた粘土
Ⅳ 褐色土
Ⅴ 黄褐色土
Ⅵ 黄褐色砂質粘土
Ⅶ 白色粘土
Ⅷ 灰褐色土

第133図　大山遺跡B1号炉

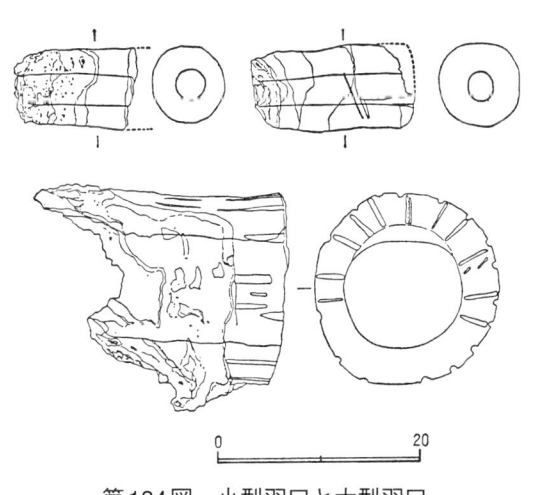

第134図　小型羽口と大型羽口

第3編 古代窯業

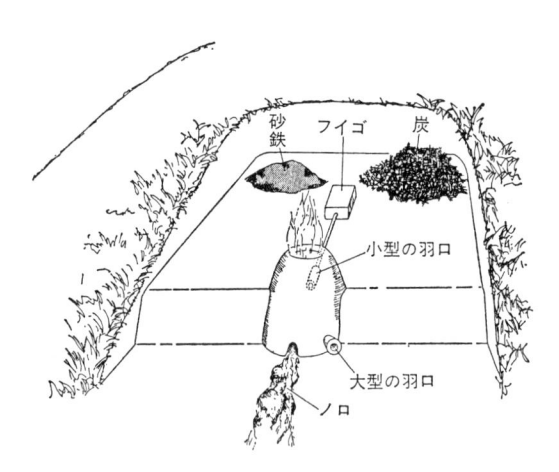

第135図 半地下式竪形炉復元図

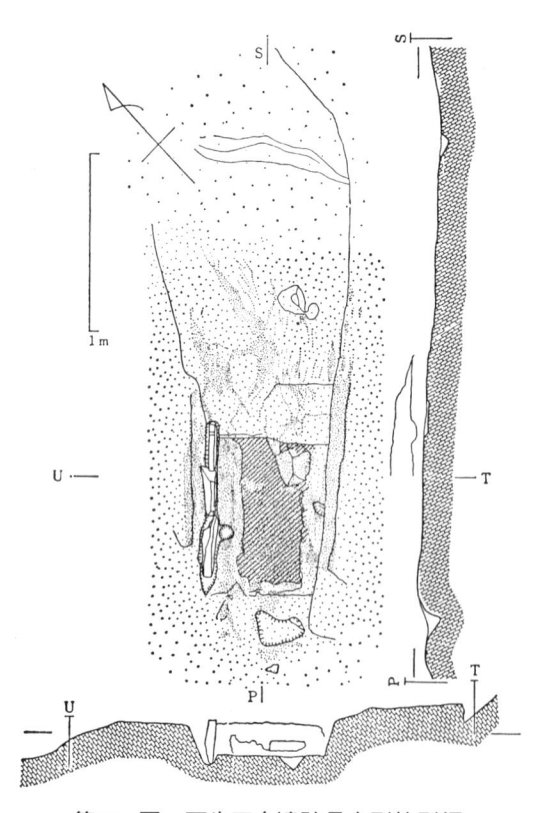

第136図 石生天皇遺跡長方形箱型炉

であるが、そのような例は今まで一例も報告されていない。考古学的知見を重視するなら、小型・大型羽口の使用法については、先に記したように考えるのがもっとも自然である。

(2) 長方形箱型炉—西の炉—

この炉の典型的な例として、岡山県石生天皇遺跡（近藤義郎 1980）を紹介しよう。本遺跡は台地の斜面に構築されているが、東国の例とは相違し、斜面をそのまま利用するのではなく平坦面を形成し、そこに炉と作業場がつくられている。

炉は長方形を呈し、大きさは内法で長辺約85cm、短辺約37cmある（第136図）。炉壁はやはり粘土にワラを入れたものでつくられている。そして、炉壁には羽口の保土穴が残っているものがあった。羽口は長方形という炉の形から、長辺にそれぞれ2ないし3個ずつ挿入されたものと想定されている。この例からだけでは炉の平面の大きさがわかっても高さはわからず、また風送は自然通風なのか強制送風なのかわからない。そこで、キナザコ遺跡の炉を見てみよう（光永真一 1979）。炉の大きさは長辺90cm、短辺70cm、高さは65cmである。長辺の炉壁には三つの保土穴があった。中央のものは炉壁に対して直交し、両側の保土穴は内側に向かっているという。この三つの保土穴を延長すると、炉壁から70cmのところで交叉するのである。この穴は自然通風のものなら、三つの穴の延長が交直するように開ける必要はないので、この穴の延長上にはフイゴが設置されていたこと

は確実である。

　石生天皇遺跡やキザナコ遺跡の年代は、前者が8世紀末から9世紀、後者は伴出須恵器から8世紀後半に比定されている。先に紹介した菅ノ沢遺跡の炉は9世紀代のものであるが、半地下式竪形炉と長方形箱型炉とでは大きな違いがあることがわかる。相違する第1点は、炉の形態が円筒形と長方形の箱型であること。第2点は、長方形箱型炉は長辺の壁側にそれぞれ1個のフイゴを置き、そこから片側3箇所の合計6箇所の羽口から風を送っているのに対し、半地下式竪形炉では1箇所はフイゴを使用しての送風、もう1箇所は大型羽口を使用しての自然通風である。第3点は送風方法の相違から、長方形箱型炉は煙突効果を必要としないので、高さも必要としない。キナザコ遺跡では65cmであったのに対し、菅ノ沢遺跡では煙穴効果を引き出すために高い炉壁を必要とし、地下の部分だけで123cmもあったのである。西の炉と東の炉とはまさに対象的な炉であるということができる（補注1）。

4　製鉄炉の系譜

　製鉄炉の構造と日本の代表的な製鉄炉である半地下式竪形炉と長方形箱型炉との相違点が明らかとなったが、これら二つの炉がどのような経緯で成立してきたのか判明していない。また、日本における製鉄の開始を6世紀後半と考えたが、その段階の炉が確認されていない現在では、我が国で出現したものなのか、それとも外国から導入されたものなのかさえも明らかではない。その理由として6世紀段階の製鉄炉がほとんど確認されていないこともあげられるが、朝鮮半島の製鉄炉の形態と構造が明らかとなっていないことが大きい。現在、この問題を考えるには資料不足の感はあるが、検討していくことにしよう（注5）。

　古墳に副葬された鉄鋌の生産地として、中国と朝鮮半島が考えられているが、古墳時代の先進諸技術のほとんどが朝鮮半島からの導入であり、さらに大和王権の交易と古墳時代およびそれ以降の外交政策を考えた時、中国より朝鮮半島との関係に重点が置かれており、朝鮮半島とは文化・政治のうえで緊密な関係にあったということができる。このような状況を考える時、製鉄炉もほかの先進技術と同じく、朝鮮半島からの渡来人がもたらした技術のひとつであったと推定することができる。半地下式竪形炉と長方形箱型炉とを比較した場合、長方形箱型炉が発掘された岡山県大蔵池南遺跡が6世紀末であることから、圧倒的に方形箱型炉の方が古くから存在することがわかる。製鉄炉が朝鮮半島からもたらされたとするなら、長方形箱型炉以外考えられず、須恵器窯や須恵器そのものがそうであるように、わが国の製鉄炉も朝鮮半島の製鉄炉と類似していることが予想されるのである。その後、製鉄技術が各地にひろがり、炉形のバラエィーが示すように、その土地や砂鉄にあった炉を生み出していったことが想定される。

　しかし、半地下式竪形炉は長方形箱型炉とは大きな相違があり、長方形箱型炉の発展形態とし、同一の技術系譜上に置くにはためらいを感じる。円筒形という炉形は東洋的というよりむしろ汎世界的であり、かつ原始的な形態である。今日、この炉はどのような系譜のなかから生まれてき

たのか明らかではないが、技術的・形態的に長方形箱型炉との間に大きな差異を認めることができるので、間接的にはそれの影響を受けながら東国独自で発生した炉と考えておきたい（補注2）。

それでは次に、この二つの炉が東国そして西国でどのように発展していくのか追求しよう。

平安時代になると長方形箱型炉は、それまで見られなかった防湿施設が構築されるようになる。また、福岡県丸ヶ谷遺跡では長辺に2個1対の計4箇所にフイゴ座が設けられている（竹中岩夫1974・76）。炉の大きさに変化は見られないが、フイゴの数が増え、しっかりとした防湿施設が存在するなど大きな変化を示す。さらに、12世紀以降になると、広島県大矢第5タタラの例から炉が大型化して行き、構造自体も近世タタラに類似してくる。長方形箱型炉はこのようにいくつかの段階を経て、近世において日本を代表するタタラとして有名な島根県出雲タタラへと発展していくのである（土佐1981）。

いっぽう、半地下式竪形炉はどのような発展形態をとるのだろうか。基本的には炉の構造と形態には大な変化は見られないが、多少のバラエティーを見せる。そのひとつに埼玉県台耕地遺跡（鈴木敏昭・中島宏1979）や群馬県伊勢崎東流通団地内遺跡（井上唯雄1982）がある。これらの炉は平安時代のもので、半地下式に掘り込み、円筒状の形態をとる典型的な半地下式竪形炉であるが、1点だけ違う点がある。それは炉の前面の壁に門柱のごとく2個の細長い石が組み込まれている点である。炉壁に石を組み込むことは、「たんに炉壁の補強とは考えられず、2回の操業の終了した時、この石の間を壊してケラをとり出す構造となっており、同一の炉で複数回の操業が行われた」（鈴木・中島1979）のではないかと考えたくもなる。実際このようなことが行われたとするには、いくつかの解決しなければならない問題が存在するが、半地下式竪形炉の発展形態あるいは派生種と見ることができよう。

中世以降の炉は確認されていないが、ひとつの参考となるのが埼玉県児玉郡金屋の御典鋳司倉林家に伝承されている製鉄炉である（桂　敬1982）。この倉林炉はいつの時代のものを伝承しているのか明らかでないが、防湿施設としての地下構造はしっかりと構築されている点から近世的色彩を感じる。倉林炉は、炉の前面がトンネル状に65cmほど延びるもので、これがどのような役割を果すのかわからないが、全体的構造は半地下式竪形炉の範疇に入るものであろう。倉林炉が近世のものとするなら、半地下式竪形炉は東国において近世まで脈々と生き続けていたと想定することができる。

5　製鉄の経営主体と工人層

今まで製鉄遺跡と製鉄炉を中心に見てきたが、製鉄はどのような人物によって経営され、また実際に鉄をつくり出した工人とはどのような人たちであったのかを考えていきたい。

製鉄遺跡は先述のとおり多くの関連作業を必要とした。それぞれの作業は専門性を有するもので、分業体制が必要となってくる。また、砂鉄の採取・木炭の製造そして流通を考える時、一定の領域支配が前提となることが想定される。商品経済の存在しなかった古代において、鉄や製品

第2章 鉄生産

は一人歩きできなかったので当然かも知れない。そこには製鉄に伴う一連の作業を管理・調整し、また流通を支配する者の存在が浮びあがってくる。製鉄炉を見ると時代が下るにしたがって、炉の形態が多様化してくる。この要因として工人層自体の変化も考えられるが、工人層が変化する前提には製鉄の経営主体者そのものが変質して行ったと考えられるのである。古墳時代の後半から平安時代までの長い間、経営主体が同一ではなかったということは製鉄遺跡自体が示している。

　森　浩一は文献資料から経営主体の変遷を、①政府、②皇族、③貴族、④有勢の家、⑤貧賤の民へと想定した（森 1971）。製鉄が開始された6世紀後半段階では、経営主体として前方後円墳を造営した在地首長層が想定できる。8世紀代になると製鉄炉が分布する地域もひろがり数も多くなる。しかし、製鉄に関する分業や調としての鉄を考えた時、そして後述するように集落における鉄製品の出土率を考えると、この段階の経営主体を郡司層と考えたい。9世紀以降それも10世紀に入ると製鉄遺構は急増する。この時期の製鉄遺跡の特徴としては、一般の住居跡が存在する台地の斜面に立地することにある。菅ノ沢遺跡のように集落から離れて立地するものもあるが、集落に接して存在する例が多くなることは確かである。10世紀において製鉄遺跡が急増するという現象は、自然的な発展によるものと理解することは不自然で、そこには社会的要因が大きく介在していたと考えるべきである。その要因として武士団の発生を想定したい。武士団にとって武器類は必需品であり消耗品なので多量の鉄を必要とした。また、武士団を武士団として機能させるためには、鉄の補給を他人に委ねるわけには行かず、自前のものが必要だった。このような性格をもつ武士団の発生が、製鉄遺跡を急増させた主体的要因とすることができる。武士団の発生とともに、鉄生産の経営主体は領主層へと変化していったのである（福田豊彦 1979、注6）。製鉄の経営主体の流れは官的なものから民的なものへと変化していったと理解していいだろう。

　それでは工人たちはどのように変化したのであろうか。日本における製鉄が自生でないとするなら、初期の工人は渡来人が想定される。須恵工人がそうであったように、経営主体者の保護のもとに専業工人として独立していたものと推察できる。先に製鉄炉の構造を見たように単純なものであった。単純であるということは、それほど技能は必要とせず、技術として早く知識を修得できる可能性をもっている。つまり、「製鉄技術は高度な技術ではあるが、鍛冶・鋳物師などと比較すると、個人的経験や技能に依存する度合が少ない」（福田 1979）と考えることができる。技術とは社会的産物であり、技能は個人的産物であるので、個人のもつ技能を伝習するには長い期間を必要とするが、技術は原理や法則性をもっているので、技術を伝えるのは簡単である。タタラ製鉄は近世に神秘化・秘伝化されていったが、製鉄炉を技術装置と考えると、基本的に鉄づくりは誰にも可能であるということができる。

　網野善彦は中世では鋳物師や鍛冶といった鉄を生産する職人を示す言葉が見られないことから、鉄は平民によって生産されたのではないかと想定し（網野 1980）、また福田豊彦は13世紀末に成立したといわれる「東北院職人歌合」の中に、鋳物師が鉄をつくる歌があることから、古代・中世には製鉄に関する特殊な技術者は存在せず、鍛冶や鋳物師のなかに製鉄部門が包括されてい

たのではないかと推定している（福田 1982）。

平安時代の製鉄遺跡は集落に接した場所にあると記したが、その状況からして工人は半農半鉄、つまり半農民的な感じを受けるのである。また、鋳型を多量に出す製鉄遺跡では、鋳物にあった鉄を生産する必要性があることから、鋳物師が製鉄に深くかかわり、あるいは鋳物師自身が製鉄を行ったことも想定できるのである。このようなことから、網野・福田の見解は考古学的にも支持することができる。しかし、その考え方が製鉄の初期の段階まで敷衍するとは限らない。国家や在地首長層が製鉄に関与していた段階、つまり官的な性格を有していた時期には専業集団が存在したと想定できるのである。製鉄が民的経営へと移行するなかで専業集団は解体され、工人層が多様化されていったのであろう。この工人の多層化が炉形の多様化にもつながるのである。製鉄とは技術であった。技術であるがゆえに各地へとひろがり、工人層と炉形の多様化をもたらした。古代の製鉄から近世タタラまで、製鉄の本質的な技術には変化はないが、細部にわたると炉形の数と同じ数だけの技術とそれにともなう技能が存在したのではないかと推測できるのである。

6　鉄製品の所有形態

古墳時代につくられた鉄は、経営主体が独占したとすることは研究者の一致するところである。また、集落跡から出土する鉄製品、とくにクワ・スキ先は共同体の占有物であるとする見解が一般的である。原島礼二は古墳時代から平安時代までの鉄製農工具の出土率を調べ、平安時代になると竪穴住居跡単位で製鉄農工具を所有するようになるという見解をまとめた（原島 1965）。その後、宮原武夫は原島氏の示した鉄製品の出土率を、クワ・スキ先だけに限って調べてみると、その出土率には目立った変化は見られないことを指摘した（宮原 1970）。土井義夫も関東地方における住居跡出土のクワ・スキ先と鎌を調べ、鎌に比べクワ・スキ先は出土率が低く、クワ・スキ先は有力家父長層が集中的に所有し、一般農民は鎌のみを所有していたと考えた（土井 1971）。

平安時代になると原島が指摘するように、多くの竪穴住居跡から鉄製品が数多く出土するようになる。いままで古墳の副葬品にしか見ることができなかった鉄鏃も出土し、そのほかに刀子、紡錘車、鋸、鎌、クワ・スキ先なども出土する。このことは明らかに古墳時代より鉄製品が普及していることを示している。この現象は、東国の奈良時代末から平安時代に製鉄遺跡が出現することと符合する。しかし、鉄製農具に関してはどうだろうか。鉄製農具を古墳時代と比較した場合、出土量は増加するが、クワ・スキ先と鎌は集落から思ったより出土しないのである。たとえば、奈良.平安時代の集落として有名な神奈川県蔦尾遺跡では、クワ・スキ先は283軒中1個体しか出土しておらず、住居跡あたりの割合は0.4％で、栃木県井頭遺跡では124軒中1例で0.8％である。同じように鎌を調べてみると蔦尾遺跡で2.8％、井頭遺跡で5％である。鉄製農具の出土例は、ひとつの集落を発掘しても1、2例が実態なのである。このように見ると工具類と農具類との所有のあり方には相違があることが想定できよう。

工具類は各竪穴住居跡から出土するので、竪穴単位の所有と考えてもいいだろう。農具類もクワ・スキ先と鎌.では出土率に明らかに違いが認められることから、クワ・スキ先という生産用具と鎌という収穫用具とでも所有形態に違いがあるように思われる。

原島によるとクワ・スキ先は竪穴住居跡単位に所有されていたことになる。竪穴住居跡には火災にあってそのまま埋もれたものもある。このような住居跡からはさまざまな遺物が出土するが、クワ・スキ先が出土した例は皆無といってよい。このことからも各住居跡単位の所有は考えられない。いっぽう、鎌は火災住居跡から出土する例がある。鎌も各集落での出土率から見ると、とても各竪穴住居跡で保有していたとは考えられない。この時代はいくつかの住居跡が集まって家族（家父長的世帯共同体）を形成していたが、この家族単位の所有が考えられるのである。鎌が家族単位とするとクワ・スキ先はさらに出土率が低いことなどから家族単位とするよりも、特定個人によって集中所有されていたのではないかと推察したい（高橋 1976）。特定個人とは製鉄の経営主体となる富豪層や領主層で、一般農民はこれらよりクワ・スキを借りて耕していたものと思われる。

平安時代になると製鉄遺跡は急増し、鉄生産は増加したが、鉄は一般農民にまで十分に普及していなかった。彼らがもち得たのは工具類で、開墾に威力を発揮する鉄製のクワ・スキ先は製鉄経営者層に独占されていた。鉄製のクワ・スキ先を集中所有した者が大土地所有者となり、結果的には古代社会を否定する力となっていくのである。

注

1　小原下遺跡の鉄滓を分析した大澤正己氏のご教示による。
2　大澤正己氏は鍛冶滓ではないかという見解をもっている。
3　柳沢一男氏のご教示による。
4　斜面の炉はＢ２号炉と呼ばれている。台地上の鍛冶炉には鉄滓は存在しなかったが、Ｂ２号炉からは出土している。その鉄滓は分析の結果、「まだ不純物を多く含有した還元鉄を精錬加工する段階で生成された滓で」、「成分値は鍛冶滓としての性格をよく現わしている」（大澤1979ｂ）というものである。
5　古墳時代の大刀７振の分析データを分析した結果、それらに「共通している第１点は、砂鉄ではなく鉱石を『妙鋼法』によって製錬した地金だということである。そして銅を0.1～0.2%含む地金は、5・6世紀の東北アジアの文化と技術の交流からいって、含銅鉄鉱石を長期にわたって利用できた中国で製造されたものと考えざるを得ない」（佐々木稔・村田朋美 1982）という。日本では滋賀県に鉄鉱石を使用したものが多く、その例として小野山遺跡（大澤 1980）、北牧野Ａ遺跡（森 1971）が知られており、そのほかの地域では岡山県備中平遺跡（大澤 1979）をあげることができる。現在、確認されているなかでももっとも古い製鉄炉は砂鉄製錬によるものである。これらはそれより時代が下るので、鉄鉱石を使用していても、直接中国からの技

第3編　古代窯業

術導入と考えることはできないだろう。また、鉄鉱石を使用しての製錬は、砂鉄を使用しての炉と形が違うようである。

6　製鉄遺跡から出土している鋳型には獣足が多い。獣足は仏具関係に見られることが多く、武士の仏教信仰を考える時、それらは武士の要望によるものではなかったかと想定できる。

補注

1　その後、東国では製鉄遺跡の調査が進み、7世紀末から8世紀初頭の長方形箱型炉が検出されている。たとえば、埼玉県寄居町では同時代の長方形箱型炉が4基調査されている（埼玉県埋蔵文化財調査事業団ほか 2000「よみがえる古代末野コンビナート　箱石遺跡・末野遺跡見学会資料」）。現状では当初は長方形箱型炉で鉄生産が行われていたが、その後半地下式竪型炉に変化したようである。移行した時期については明確に把握できないが、8世紀後半には半地下式竪型炉が主流となったと考えていいだろう。東国で製鉄が盛んになる8世紀後半以降は半地下式竪型炉が主体であるので、主要部分において「東の炉」と「西の炉」という概念はくずれることがない。

2　その後、韓国では製鉄炉の調査が進んだ。百済地域での製鉄炉は基本的に円筒形の半地下式である。箱型炉と長方形竪型炉も確認されているが、このタイプの炉は精錬炉の可能性があるという。新羅地域・加耶地域ではまだ製錬炉は確認されていないという。また、炭窯は斜面に平行してつくる横口式炭窯が数多く検出されている（孫　明助 2002「韓国古代の鉄生産―新羅・百済・加耶―」『第5回国際シンポジウム―古代東アジアにおける倭と加耶の交流―』国立歴史民俗博物館）。

　日本で検出されている横口式炭窯は、半島の系譜を引いたものと考えて間違いなく、半地下式竪型炉も半島からの導入と考えていいだろう。長方形箱型炉は現段階では韓国の状況が不明確なので、日本独自のものか、それとも半島に系譜が求められるのかは定かではないが、従来の見解どおり半島にその起源を求めたい。

引用文献

網野善彦 1980「日本の中世の平民と職人（上）」『思想』4月号、岩波書店

飯島武次・穴沢義功 1969「群馬県太田市菅ノ沢製鉄遺跡」『考古学雑誌』第55巻第2号

飯島武次・穴沢義功 1971「太田市菅ノ沢製鉄遺構の補足調査と化学的検討」『考古学雑誌』第65巻第3号

井上唯雄ほか 1982「製鉄遺構」『伊勢崎・東流通団地内遺跡』群馬県企業局

大澤正已・山本信夫 1977「鉄鋋の新例に関する検討」『考古学雑誌』第62巻第4号　日本考古学会

大澤正已 1979a「岡山県下の古代製鉄研究」『稼山遺跡群』Ⅱ　久米開発に伴う文化財調査委員会

大澤正己 1979 b「大山遺跡を中心とした埼玉県下出土の製鉄関係遺物分析調査」『大山』埼玉県教育委員会

大澤正己 1980「大賀茂・金山遺跡出土鉄滓・鉄塊の分析」『大賀茂・金山遺跡』静岡県下田市教育委員会

桂　敬 1982「伝承炉（倉林炉）と復元実験」『古代日本の鉄と社会』平凡社

川越哲志 1968「鉄および鉄器生産の開始」『たたら研究』第14号　たたら研究会

川越哲志・藤田等 1970「弥生時代鉄器出土地名表」『日本製鉄史論』たたら研究会

川越哲志ほか 1977「広島県豊平町大矢たたらの発掘調査」（昭和52年度たたら研究会大会研究発表要旨）

窪田蔵郎 1974「宇和奈辺陵墓参考地陪冢肇高塚（大和6号墳出土鉄鋌の金属考古学的調査）」『書陵部紀要』25 宮内庁

佐々木稔・村田朋美 1982「関東の古代鉄器から見た製鉄技術」『古代日本の鉄と社会』東京工業大学製鉄史研究会、平凡社

近藤義郎 1980『石生天皇遺跡』岡山県和気町

潮見浩・和島誠一 1966「鉄および鉄器生産」『日本の考古学』Ⅴ　河出書房

鈴木敏昭・中島宏 1979「台耕地遺跡の調査」『第12回遺跡調査報告会発表要旨』埼玉考古学会ほか

高橋一夫 1976「製鉄遺跡と鉄製農具」『考古学研究』87

高橋一夫 1979『大山』埼玉県教育委員会

竹中岩夫 1974「丸ケ谷遺跡」『北九州市八幡西区永犬丸・下上津役の歴史』北九州市郷土史研究会

竹中岩夫 1976「製鉄遺跡」『北九州市の埋蔵文化財』北九州市教育委員会

土井義夫 1971「関東地方における住居跡出土の鉄製農具」『物質文化』18　物質文化研究会

土佐雅彦 1981「日本古代製鉄遺跡に関する研究序説」『たたら研究』第24号　たたら研究会

野上丈助 1968「古墳時代における鉄および鉄器生産の諸問題」『考古学研究』58　考古学研究会

原島礼二 1965「7世紀における農民経営の変質（1）・（2）・（3）」『歴史評論』177・179・181　春秋社

福田豊彦 1979「関東における製鉄問題への試論」『茨城県史研究』43

福田豊彦 1982「文献史料より見た古代の製鉄」『古代日本の鉄と社会』東京工業大学製鉄史研究会、平凡社

古田正隆 1967『小原下遺跡報告（第一次調査）』長崎県立国見高等学校

光永真一 1979『キナザコ製鉄遺跡』岡山県加茂町教育委員会

宮原武夫 1970「―書評―原島礼二著『日本古代社会の基礎構造』」『歴史学研究』364

村上英之助 1974「弥生時代鉄生産の始期について」『たらら研究』第18号　たたら研究会

第 3 編　古代窯業

本村豪章 1960「論文紹介　森浩一（古墳時代の鉄鋌について）」『たたら研究』第 5 号　たたら研究会
森　浩一 1955「古墳出土の鉄鋌について」『古代学研究』21・22合併号　古代学研究会
森　浩一 1971「滋賀県北牧野製鉄遺跡調査報告書」『若狭・近江・讃岐阿波における古代生産遺跡の調査』同志社大学
柳沢一男 1977「福岡平野を中心とした古代製鉄遺跡について」『広石古墳群』福岡市教育委員会
吉岡金市 1972「北陸古代製鉄史に関する調査研究」『金沢経済大学開発研究昭和47年研究報告』金沢経済大学

第2節　製鉄遺跡と鉄製農具

1　従来の研究

　住居跡出土の鉄製品・鉄製農具の研究は、原島礼二による先駆的業績がある（原島1965・68）。原島の研究は古墳時代の各時期別鉄製品の出土率から、鉄製農具の所有形態のその変遷を考察したものである。原島の研究は今日でも評価され、学史的に高く位置づけられている。

　しかし、住居跡出土の鉄製農具の研究において、鉄製品の出土率を鉄製農具の出土率に置き換えているところにいくつかの問題点が存在する。この点に関し宮原武夫は、原島礼二の研究を高く評価しながらも、「鉄製の鋤・鍬の出現は、農業生産の上で刀子や鎌と著しく異なった意義を有するものであるが、原島氏は、この点を区別せず、鉄製農工具の出土率を、五領→和泉→矢倉台→鬼高→真間→国分の順に、それぞれ、2.2％→7.0％→9.8％→15.7％→18.5％→37.9％と計算し、国分期には鉄製農工具が個々の竪穴住居跡単位に私有されるようになったとみなしているのである。しかし、この鋤・鍬だけの出土率を調べてみると、0％→0％→8.2％→0％→2.9％→2.9％となり、この間、鋤・鍬の普及に関してほとんど目立った変化を見出すことはできなくなる」（宮原1970）と問題点を指摘している。

　土井義夫も関東地方における住居跡出土のクワ・スキ先と鎌の鉄製農具を調べ、宮原同様クワ・スキ先は鎌に比べ出土例が少ないことを指摘し、「原島氏が想定されたように、鉄製農具の所有が全て一律に変化したのではなく、鎌について認められるが、クワ・スキ先には、そのような変化」は見られないとしている（土井1971）。そして、それらの所有形態について、クワ・スキ先は有力家父長層が集中的に所有し、一般農民は鎌を所有しており、クワ・スキ先は農民の間に普及していなかったと、原島礼二の見解に対し批判的な意見を述べている。

　このように、原島礼二の研究に対し、宮原武夫の鋭い批判や問題点の指摘、土井義夫の具体的研究を通しての批判がある。私も両氏の批判や研究に導かれながら、製鉄遺跡と鉄製農具の所有形態を明らかにしていきたい。

2　製鉄関係遺構

　近年、製鉄遺跡の発掘例が増加している。まだ、解明されない点が多いが、次第に古代製鉄の実態が明らかになりつつある。ここではまず、製鉄遺跡とそれにかかわりの深い小鍛冶遺構の様相を紹介し、両者がいつ頃関東地方に出現するのかを検討していきたい。

（1）製鉄遺跡

群馬県菅ノ沢遺跡

　製鉄炉は3基発掘されている。いずれも基部は隅丸方形を呈す半地下式竪型炉である。炉壁は粘土にスサを入れて構築している。炉の大きさは1号炉が長さ65cm、幅75cm、残存高213cm、2

第3編　古代窯業

号炉は長さ55cm、幅65cm、残存高95cm、 3号炉は長さ72cm、幅70cm、残存高130cmである。年代は9世紀前後と考えられている（注1）。また、製鉄炉に接して作業場や工房、付近からは木炭窯、木炭貯蔵穴、鉄滓や土器棄場などが存在する（飯島武次・穴沢義功 1969）。

群馬県金井遺跡

1基発掘されている。製鉄炉は隅丸長方形を呈し、長さ90cm、幅55cm、残存高55cmで、炉壁は粘土によって構築されており、半地下式竪型炉の形態を示すものである。付近には木炭窯が3基存在している。年代は9世紀前後が考えられる（井上唯雄 1975）。

群馬県片並木遺跡

製鉄炉は石で組まれているようである。炉はかなり破壊されており具体的様相は不明であるが、報文によると炉の大きさは長さ100cm、幅80cm、残存高50cmである。年代は9世紀前後と考えられている（尾崎喜左雄 1961）。

埼玉県大山遺跡

製鉄炉は立地から4群に分けられ、発掘された炉は10数基である。炉壁はいずれも粘土にスサを入れたもので構築されている。炉の形態は菅ノ沢遺跡などと同様の半地下式竪型炉である。もっとも原形をとどめているB1号炉の大きさは、残存上部径55cm、炉底径75cm、残存高70cmである。付近からは大鍛冶跡と考えられる遺構や、台地上からは小鍛冶遺構、木炭窯などが発掘されている。年代は整理中であるため不明であるが、平安時代と考えている（高橋一夫 1975c、補注1）。

以上が現在、関東で発掘調査・報告されている遺跡である。発掘調査によって確認されている遺跡は少ないが、鉄滓が多量に出土しており、製鉄遺跡と考えられる場所はかなり多い。たとえば、菅ノ沢遺跡の立地する金井丘陵には多数の製鉄遺跡の存在が想定されており、千葉県柏市中馬場遺跡では前回の調査で住居跡から多量の鉄滓が出土したが、最近の調査によって台地斜面に多量の鉄滓が出土する場所が確認されている。そこから出土した鉄滓は分析の結果製錬滓であることが判明し（注2）、製鉄炉の存在が確実視されている。さらに、現在発掘中であるが、千葉県香取郡干潟桜井遺跡においても1基確認されている（注3）。香取郡とは利根川を挟んで位置する茨城県鹿嶋町（現・鹿嶋市）には、製鉄遺跡として遠ガ入遺跡、木滝石橋遺跡、木滝比尾久遺跡、猿田深山遺跡が知られている（長谷川熊彦 1966）。木滝比屋久遺跡では道路拡張の際に製鉄炉の1部が破壊され、断面に顔を出している。本遺跡では広範囲に鉄滓が散在しており、多数の製鉄炉の存在が推測できるのである。炉は断面での観察の限り、菅ノ沢遺跡や大山遺跡と同一の形態のものであった（注4）。

関東地方での製鉄炉の発掘例は少ない。しかし、先のように数多くの製鉄遺跡の存在が推定できるのである。製鉄遺跡からは土器などの生活用具の出土は稀であるため、正確な年代把握は困難である。先に紹介した製鉄遺跡の年代が9世紀前後のものが多く、また国分期になると小鍛冶遺構が急増することを考え合わせると、9世紀前後を境として関東地方に製鉄遺跡が出現したと

いってもよいであろう（補注2）。

（2）小鍛冶遺構

数多くあるので、代表的なものをいくつか選んで紹介したい。

群馬県木崎中学校校庭遺跡第Ⅲ号住居跡

東壁中央にカマドとはいえないような幅20cm、奥行55cmの細長い遺構があり、粘土が強く焼けている。その口の部分は羽口とほぼ同じ幅であるので、そこに羽口を入れて送風したのではないかと考えられている。住居跡中央部には浅く掘りくぼめられた部分があり、そこから炭化材、鉄塊が出土し、底面には粒子の粗い白色粘土が敷かれている。また、住居跡西南隅及び南壁中央に大きなピットがあり、鉄滓が出土している。報告者はカマド状のところで鉄を溶解し、中央のくぼみで鍛練し、ピットに廃物を捨てたのではないかと考えている。なお、羽口も出土している。真間期（尾崎喜左雄 1961）。

千葉県外原遺跡

第11号跡　不整形（なすび形）を呈す遺構で、鍛冶炉は東壁に接して存在し、そこに羽口の破片が直立していた。

第13号跡　不整長方形を呈す。北壁に接して鍛冶炉が存在し、炉は粘土でつくられている。粘土壁の厚さは3～4cmで、粘土壁内面は青灰色の珪酸塩硝子と思われる物質が付着している。床面には鉄滓・焼土・木炭が1面に認められた。報告者はいずれも12世紀と考えている（岡崎文喜ほか 1972）。

埼玉県熊野遺跡第4号住居跡

住居跡中央部に1辺90cm、深さ30cm方形で平底のピットが穿たれている。その北側も方形に床面が1段低くなっており、その中にさらに円形ピットがある。そして、円形ピットの周辺は焼けている。中央部の方形ピットには大きな円礫・片岩が落ち込んでおり、それらは加工台石と考えられる。住居跡からは先端部に溶解鉄が付着している羽口5本、鋳型1個、坩堝1個、鉄鋌1本が出土している（野部徳秋 1974）。国分期（9世紀後半）。

埼玉県新宿遺跡第1号住居跡

鍛冶炉は住居跡中央部より北側にあり、大きさは70×50cm、深さ60cmで、炉壁は強い火を受けて煉瓦状のかたまりとなっている。ここから多量の鉄滓が出土している。羽口も3本出土している（小泉　功 1968）。真間期。

埼玉県諏訪山遺跡

第23号住居跡　鍛冶炉は北壁から外に70cm程半長円形に張り出して構築されている。炉は粘土で直径50cmの馬蹄形の囲いを設けており、その中には焼土が充満していた。鉄滓出土。国分期。

第24号住居跡

形態は第33号住居跡のものと類似する。直径50cm程の大きさで、馬蹄形を呈している。炉壁は幅5cm、高さ10cmの粘土で築かれている（増田逸郎 1971）。国分期。

第3編　古代窯業

埼玉県大山遺跡

　6軒発掘されている。鍛冶炉のあるものにはカマドが存在しない。炉はいずれも壁に接しており、床面を径60cm、深さ10cm程に掘り込んでいる。炉内には木炭片が詰まっており、羽口がそこにささった状態で出土したものが2例存在した（高橋 1975 c）。国分期。

東京都八王子市中田遺跡D35遺構

　カマドは存在せず、遺構の中央部付近に礫群と厚さ4～5cm、100×50cmの範囲にわたる焼土が確認されている。礫はすべて赤色を呈し、熱を受けているものと考えられる。焼土内からは炭化材のほかに鉄滓が出土している。羽口は焼土内と付近から各1本出土している。焼土は鍛冶炉と考えていいだろう（服部敬史 1967）。鬼高終末期（7世紀後半）。

　小鍛冶遺構が確認されているのは少ないが、たとえば神奈川県鳶尾遺跡では第40号住居跡の覆土から鉄滓や金肌、羽口、金肌の付着した鉄器加工台用の台石が出土していることなどは、集落のどこかに小鍛冶遺構が存在していることを示している。

　小鍛冶関係の遺物が住居跡から多く出土するのは国分期からであり、実際に遺構が急増するのも国分期からである。おそらく、国分期の大集落には少なくとも1軒の小鍛冶が存在していたと考えてもいいであろう。さらに、大山遺跡や福島県中柵遺跡（田中正能 1975）、同県林合遺跡（渡辺一雄 1975）、同県二タ通り遺跡（永山倉造 1975）では多くの小鍛冶遺構が発見されており、小鍛冶集団の存在も想定できるのである。以上の検討を通して、製鉄遺跡や小鍛冶遺構は、発掘例は少ないがかなり多く存在することが想定でき、両者はいずれも800年前後を境として、それ以降急増していくことが判明した。

3　鉄製農具の出土率

　次に、住居跡出土の鉄製農具（クワ・スキ先、鎌）について検討したい。まず、クワ・スキ先について見ると、和泉期から国分期までの出土は22例である。各時期の出土率は和泉期4.6％、鬼高期13.6％、真間期9.1％、国分期72.7％となる。各時期の出土率の推移は、原島礼二によって明らかにされた鉄製品の出土率と同様の傾向を示す。つまり、鬼高期に増加し、国分期に急増する。しかし、発掘調査された同時期住居跡軒数に対する出土率は、和泉期10％、鬼高期3.1％、真間期6.9％、国分期2.7％と各時期ともきわめて低いことがわかる。この数値はクワ・スキ先を出土している集落の住居跡軒数に対する比率であるので、それらが出土していない集落の住居跡軒数を加えれば、各時期ともさらに出土率は低くなることは明らかである。たとえば、国分期の集落の大半を調査したものと考えられる遺跡として、中馬場遺跡、井頭遺跡、鳶尾遺跡がある。これらの遺跡でのクワ・スキ先の出土率を見ると、中馬場遺跡103軒中2例で1.9％、井頭遺跡214軒中1例で0.8％、鳶尾遺跡283軒中1例で0.6％である。国分期は各時期を通して見た場合、確かに出土例は増加しているが、集落での出土率は低いことがわかる。

　鎌は鬼高期22例、真間期8例、国分期72例の出土が知られている。各時期の出土率を見ると、

鬼高期14％、真間期8.6％、国分期77.4％とクワ・スキ先同様の傾向を示している。先程と同様に同時期住居跡軒数に対する鎌の出土率を見ると、鬼高期10.3％、真間期20.5％、国分期7.7％となり、出土例は増加すれば出土率が低くなっていく。クワ・スキ先と同じく、国分期における同時期軒数に対する出土率を見ると、中馬場遺跡7.8％、井頭遺跡5％、鳶尾遺跡2.8％となる。クワ・スキ先よりも出土率が高いことがわかる。

4 鉄製農具の所有形態

国分期になって鉄製農具をはじめとする鉄製品の出土率の増加は、製鉄遺跡の出現・増加と決して無関係でないだろう。しかし、鉄製農具を出土しない遺跡も数多く存在し、一集落における出土率はきわめて低い。

原島礼二は鉄製品の出土率から、国分期になると各竪穴住居跡で鉄製農工具を所有するようになると想定したが（原島礼二 1965・68）、刀子などの工具は各竪穴住居跡での所有が想定できても、農具の所有は先の出土率からはとても各竪穴住居跡単位の所有は考えられない。また、土井義夫は鎌の出土例に比べクワ・スキ先の出土例が極端に少ないことから、「鎌は竪穴単位で所有されるようになったが、開墾、耕作用のクワ・スキ先は依然として単位集団の所有であった」と推察している。果してそうであろうか。国分期における鉄製農具の所有形態を、出土率、出土状態、製鉄遺跡、小鍛冶遺構を手がかりとして改めて検討したい。

鉄製農具は①あまりつくられず普及していなかった、②鍛冶で修理したり、打ち直したりしながら使われていった、③どこかに一括所有・管理されていた、ことの三つの条件が考えられる。

延喜式主税帳の禄物価法に鉄1鋌及び鍬の価格が記載されている。それをまとめたのが表13である。延喜式主税帳の年代の上限は825年といわれており、それ以前の鉄及び農具の価格は原島礼二の研究によると（原島 1968）、周防738年（天平10）には鉄小1斤（鉄1鋌は小10斤）が2把半と3把、尾張734年（天平6）では小1斤2束、駿河737〜8年（天平9〜10）では小1斤1束5把である。鎌は越前755年（天平勝宝7）2束、畿内では1束弱、鍬は越前755年で3束、畿内760年（天平宝字4）では1束8把ほどである。このことから8世紀後半以前においては、古墳時代の主要な製鉄地帯である西国やその周辺は鉄および鉄製農具が低価格であったことがわかる。しかし、延喜式に見られる9世紀前半の鉄1鋌の価格は、伊賀・伊勢・志摩・相模が標準とされている。相模国が標準価格の7束で、下野国が標準以上の5束であることから武蔵国や関東地方の国々も標準価格かあるいはそれ以下と推定することができる。8世紀代よりも9世紀前半では、関東地方の国々で鉄や鉄製農具の価格が低下していることは、それらが量産され、供給が十分にあることを物語るものであろう。はからずも9世紀代において、関東地方においても製鉄遺跡や小鍛冶遺構が出現・増加する時期であり、弘仁年間（810〜822）には鉄の調が倍増する時期でもある（注5）。8世紀代よりも9世紀には鉄及び鉄製農具の価格が安くなっていることから、それらの量産・普及が考えられるので①については否定的となる。

第3編　古代窯業

表13　鉄・鍬価格表

	直稲束	地　　　域
鉄一鋌	14	陸奥　出羽
	10	土佐
	8	紀伊
	7.5	越中
	7	伊賀　伊勢　志摩　相模
	6	隠岐　阿波　丹波　丹後 因幡　伯耆　播磨　美作 備後　周防　長門　淡路 越後　佐渡　若狭　越前 加賀　能登　信濃
	5	伊予　但馬　備中　下野 近江　美濃　伊豆　駿河 畿内
	4	出雲　石見　隠岐　安芸
鍬一口	4	紀伊
	3	伊賀　伊勢　志摩　相模
	2.5	下野
	2	越後　佐渡　出雲　石見 隠岐
	1.5	越中

表14　九戸の査定基準と義倉粟の相当額

資産査定基準		戸　等	粟　額
和銅6年	和銅8年		
100貫以上	30貫以上	上上	2石2斗
60	25	上中	1石6斗
40	20	上下	1石2斗
20	15	中上	1石
16	10	中中	8斗
12	3	中下	6斗
8	2	下上	4斗
4	1	下中	2斗
2		下下	1斗

　次に、②について検討しよう。鉄や鉄製農具の価格が低下したとはいっても、貴重品であったに違いない。鉄製農具の出土状況を見ると、ほとんどが破片で廃棄したものであり完形で出土するのは稀である。破片での出土であっても集落に鉄製農具が存在していたことは確かである。

　おそらく、壊れた多くの農具は修理され、ほかの製品に打ち直したことは十分考えられる。農具は現在においても神聖視されており、農具の「年とり行事」の民俗例は全国的に知られている。このような意味において、小鍛冶は製品をつくるとともに、農具を修理したり打ち直したりすることに大きな存在価値があったのであろう。つまり、②が存在する可能性はきわめて高いことが想定できる。

　正倉院文書の義倉帳には9等戸の制による戸の分布が見られる（表14）。「義倉とは豊かな家から毎年一定量の粟、もしくは粟相当量の穀物を徴収して国司が保管し、凶作そのほか不時のさいに貧しい戸に無償給与する、古代的な社会保障制度」であるといわれている（青木和夫 1974）。青木和夫は各戸等の資産査定基準を年収から計算している。それによると、「満6歳以上の男子一人の標準口分田を二段とすると、一段（約10アール）の当時の収穫の良い田だと稲50束、米にして、2石5斗、現量の一石なので、1貫＝約24石とすれば1貫は約12人の男子の年間収入といえる。当時の2戸平均人数は24、5人くらいだから、そのうち半分を女子とし、女子の口分田が

男子の3分の2であることや、口分田のない幼児もいることを考えると、下下戸の1貫以上という資産は2～3年くらいの年収になるだろうか。しかし2～3年もの年収を食べずにためておける家がいったいどのくらいあるだろうか」と記している。730年（天平2）の義倉帳によると、義倉の粟をもらうだけで出す必要のない等外戸は、安房国で約80％の327戸、越前国では約90％の920戸に達しており、貧困農民が多いことがわかる。

さらに、律令時代では口分田1段につき租は2束2把で、標準口分田2段とすると4束4把となる。当時の段あたりの収穫高は良い田で50束といわれている。そうすると収穫高に対する租の比率は低く、鍬の標準価格は租より若干安いことになる。しかし、多少収穫の低い田もあり、律令農民にはさらに調や庸などによる過酷な収奪がある。義倉帳の9等戸による戸の分布はそれを如実に表わしている。農民にとって鉄製農具は決して入手しやすい価格ではなかったはずである。集落から鉄製農具が出土していることから、一般農民の所有も想定できるが、その数は少なかったと思われる。

③については、754年（天平勝宝6）からはじまる東大寺領越前桑原庄の経営に要する鍬、鎌、斧、手斧の農工具類や釜、田杯、甑などの雑器類を坂井郡大領生江臣東人が在地で一括購入していることからも、一括所有・管理の可能性は考えられる。また、新猿楽記の中に大名田堵の生活ぶりの記事がある。それによると出羽権介田中豊益は「もっぱら耕農を業とし、さらにそれ以外のことは何もしない。前もってその年が雨が多いか少ないかを見たてて馬把や犂を繕う。あるいは堰塞・堤防・畔畷をやらせて田夫農人を育成し、あるいは種蒔・苗代・耕作・播殖の営みに五月男女を労うことが上手である」（竹内理三 1965）という。これは12世紀の大名田堵の典型的な経営法を描いているといわれている。生江臣東人、出羽権介田中豊益の例から、大領（富豪層）、大名田堵層が鉄製農具を集中所有していたことは明らかである。

①・②・③の検討の結果、時代が下るにつれて鉄鋌や鍬の価格が低下していることから量産化が考えられたが、一般農民が簡単に購入できる価格でないことが判明した。そして、8世紀中頃の東大寺領越前桑原庄経営の際の大領生江臣東人による農工具類の一括購入、あるいは12世紀の大名田堵の鉄製農具を集中所有しての経営の様子から、9・10世紀代においても鉄製農具の集中所有が想定できるのである。つまり、国分期においては各竪穴住居跡単位での鉄製農具、とくにクワ・スキ先の所有は考えられず、先の2例からして、クワ・スキ先の所有を富豪層の集中的所有と考えたい。さらに、このことに関しては、後述の製鉄の経営主体との関係の中で明らかにしていきたい。

次に鎌の所有形態について検討したい。鎌はクワ・スキ先に比べ相対的に見ると、出土例は多いが1集落内での出土率は低い。鎌はクワ・スキ先に比べ鉄の使用量も少なく、価格にも相違があり、出土例も多いことから、クワ・スキ先とは違った所有形態が考えられる。鎌の所有形態を考える上に示唆的な遺跡として、群馬県愛宕山遺跡（神保侑史 1975）がある。奈良時代から平安時代の住居跡5軒が発掘調査されており、第4号住居跡から2本の鎌が出土している（注6）。

第3編　古代窯業

　第4号住居跡は火災を受けており、炭化材の下から鎌のほかに、鋸・鉄製紡錘車・丸鞆・巡方・布片・万年通宝・土師器の甕や皿・須恵器壺・木製椀・須恵器を利用した灯明皿などが出土している。おそらく、本住居跡は火災によって廃絶したもので、当時の1竪穴住居の生活用具がそのまま埋れてしまったものと考えられる。調査者はこの住居跡の性格について、「4号住居跡の戸主が集落（村）の中心的人物で、しかも、丸鞆や巡方をつけた腰帯を身につけることが許されるといった社会的地位にあって、木工、紡織に関する仕事に従事していた」人の竪穴住居だったと考えている。第4号住居跡の居住者は、調査者の考察どおり律令体制の中で一定の地位にいたことは確かであろう。しかし、居住者を木工と紡織というまったく性質の違う仕事に従事していた人物と考えるよりも、むしろそれらを所有できた人物と考えた方が妥当ではないだろうか。私は第4号住居跡を家父長層の竪穴住居と考えたい。ここで注目したいのは、かなり豊富な遺物を出土していながら、クワ・スキ先が見られない点である。このことは、クワ・スキ先は各竪穴住居跡で所有していなかったことを意味するものであり、さらに集落内でも所有する竪穴住居跡はきわめて少なかったことも類推でき、逆に富豪層の集中所有を証左するものであろう。

　一般に鉄製鎌の出現をもって稲の根切りがはじまったといわれている。カマドにワラ灰が残っていることもあることから、根切りが普及していたことは明らかである。このようなことからも、クワ・スキ先よりも集落内に多くの鎌が存在していたことが考えられる。鉄製農具は壊われたからといって土器などのように廃棄するものではなく、修理、打ち直し再利用ができる。鉄の性質を考えると、出土例・出土率が少ないからといって、存在していなかったといい切れない。クワ・スキ先と鎌の出土例・出土率の相違は、鎌がかなり集落に普及していたことによるものと考えたい。しかし、各竪穴住居跡単位で所有できるまでに鎌が存在・普及していたならば、もう少し出土例が多くてもよさそうなものである。やはり、鎌は各竪穴住居跡単位で所有するにいたっておらず、愛宕山遺跡の例からして、家父長制的世帯共同体単位の所有と想定したい。

　次に製鉄の経営主体との関連の中で、鉄及び鉄製農具の所有形態を明らかにしていきたい。9世紀以降の主体的な製鉄はタタラ製鉄法によっている。実際いままで確認されている製鉄法はタタラ製鉄である。タタラ製鉄においては、①砂鉄の採取、②木炭の製造、③炉の構築、製鉄、④大鍛冶、⑤小鍛冶などの密接な関連作業を必要とする。これらの各作業は専門性を必要とするものであり、明確な分業体制が要求される。一般に2トンの鋼をつくるのに6トンの砂鉄と10トンの木炭が必要であるといわれ、タタラ製鉄では多量の砂鉄と木炭を消費することからも明らかである。このようなタタラ製鉄の経営主体を一般農民とすることはできないだろう。

　各種の作業（分業）を必要とするタタラ製鉄において、一連の作業の管理・調整は不可欠であるとえる（注7）。その経営主体であるとともに管理・調整する者を、すでに原島礼二（原島 1968）が想定しているように郡司層が想定できる。おそらく、富豪層は郡司層とともに製鉄及びその流通過程に大きく関与していたと推察して誤りではないだろう。

まとめ

　国分期における鉄製農具の所有形態はクワ・スキ先を基本的には富豪層の集中所有に、鎌を家父長的世帯共同体の所有と考えた。ここで、国分期のクワ・スキ先の所有形態について簡単に展望しておきたい。

　鬼高期には鉄製品の出土が急増する時期であり、実際的に鉄製農具が出現・普及時期と捉えていいだろう。また、群集墳からも直刀、鉄鏃などの武器が数多く出土している。武器類はある面で消耗品であるため、他地域から製品を移入するというより、在地で製作していたと考えるべきであろう。中田遺跡の小鍛冶遺構をそういう意味で重視しなければならない（注8）。

　鬼高期は歴史的、社会構成史的に見ても重要な時期である。たとえば、家父長制的世帯共同体の成立・発展期であり、古代国家成立の要因はまさに鬼高期にあると考えねばならない（高橋 1975a）。鬼高期における農民の発展の背後には生産力の向上を想定しなければならない。鬼高期における生産力の向上の要因を鉄製農具、とくにクワ・スキ先の集団的所有にあると考えている。いっぽう、国分期においては特定個人によるクワ・スキ先の集中的所有が考えられた。つまり、富豪層は製鉄に大きく関わり、鉄製農具を集中的に所有し、開墾によって私的土地所有を拡大していき動産も増加していった。そして、彼らは古代社会を否定する原動力となり、中世への担い手として成長していくのである。

註

1　国分期の土器の年代については、報告書に従っているものもあるが、報告書と相違しているものは「国分期土器の細分・編年試論」（高橋 1975b）によっている。

2　鉄滓は新日本八幡製鉄の大沢正己氏に分析していただいた。

3　上条朝宏氏のご教示による。

4　猿田深山遺跡、木滝比屋久遺跡については現地調査を実施している。これらの遺跡の鉄滓も大沢正己氏に分析を依頼し、製錬滓であるという報告を受けている。

5　原島礼二氏の御教示による

6　「群馬の考古展」（群馬県立博物館）に愛宕山遺跡第4号住居跡の遺物が展示されていた。第4号住居跡出土の須恵器を実見したが、9世紀前半から中頃のものではないかと思われた。しかし、報告書未刊のため詳細については不明である。

7　「古代においてタタラ師達は各地を自由に移動し、鉄を沸かしていたといわれている。（長谷川熊彦 1966）。しかし、タタラ師たちが一連の作業を組織したとは考えられない。やはり、経営主体、管理・調整者として郡司層を想定すべきであろう。

8　現在のところ、鬼高期における鉄は搬入されたのか、それとも在地で製造したのか判明していない。製品の分析を通じて、それが砂鉄を原料としてつくられたものなのか、鉄鉱石を原料

第3編　古代窯業

としているのかをまず確認する必要がある。

補注

1　大山遺跡は正式報告書が1979年に埼玉県教育委員会から刊行されている。製鉄炉の年代は、製鉄炉の存在した斜面部からは土器の出土わずかにあったが、遺構に伴うものはないため年代を決定することはできなかったが、台地上に小鍛冶の住居跡があり、そこから出土した土器から9世紀後半から10世紀代が考えられている（高橋一夫 1979「D区の調査―製鉄遺構と出土遺物」『大山』埼玉県教育委員会）

2　その後、東国では製鉄遺跡の調査が進み、7世紀末から8世紀初頭の長方形箱型炉が検出されている。「古代の製鉄」補注1を参照。

引用文献

青木和夫　1974「古代豪族」『日本歴史』5　小学館

飯島武次・穴沢義功　1969「群馬県太田市菅ノ沢製鉄遺構」『考古学雑誌』55巻2号　日本考古学会

井上唯雄　1975『金井製鉄遺跡発掘調査報告書』渋川市教育委員会

岡崎文喜ほか　1972『外原』船橋市教育委員会

尾崎喜左雄　1961「群馬県勢多郡片並木遺跡」日本考古学年報14

小泉　功　1968「川越バイパス（国道16号線）遺跡調査概要」『第1回遺跡発掘調査報告会発表要旨』埼玉県考古学会ほか

神保侑史　1975「愛宕山遺跡」特別展群馬県の考古学展パンフレット

高橋一夫　1975a「和泉・鬼高期の諸問題」『原始古代社会研究』2　校倉書房

高橋一夫　1975b「国分期土器の細分・編年試論」『埼玉考古』13・14号　埼玉考古学会

高橋一夫　1975c「埼玉県伊奈町大山製鉄遺跡の調査」考古学ジャーナル112

田中正能　1975「中柵遺跡」『東北自動車道遺跡調査報告書』福島県教育委員会・日本道路公団

土井義夫　1971「関東地方における住居跡出土の鉄製農具について」『物質文化』18　物質文化研究会

竹内理三　1965『日本歴史　武士の登場』6　中央公論社

永山倉造　1975「二タ通り遺跡」『東北自動車道遺跡調査報告書』福島県教育委員会・日本道路公団

野部徳秋　1974「熊野堂遺跡」『下新田遺跡・荒神脇遺跡・熊野堂遺跡発掘調査報告書』埼玉県遺跡調査会

長谷川熊彦　1966「南関東地方における古代鉄器およびそれ等の製造に関する研究（1）」『たたら研究』13　たたら研究会

服部敬史ほか 1967『八王子中田遺跡』資料編Ⅱ　八王子市中田遺跡調査会
原島礼二 1965「7世紀における農民経営の変質（1）・（2）・（3）」『歴史評論』177・179・181　春秋社
原島礼二 1968『日本古代社会の基礎構造』未来社
増田逸郎 1971『諏訪山遺跡発掘調査報告書』埼玉県遺跡調査会
宮原武夫 1970「―書評―原島礼二著『日本古代社会の基礎構造』」『歴史学研究』364　青木書店
渡辺一雄 1975「林合遺跡」『東北自動車道遺跡調査報告書』福島県教育委員会・日本道路公団

第4編　古代寺院

第1章　高麗郡と古代寺院

第1節　高岡廃寺の調査

1　立　地

　高岡廃寺は日高市に所在し、西武秩父線高麗川駅の西方約2.5kmに位置している。寺院跡は東に延びる丘陵から南に突き出す支丘陵の南斜面に立地し、遺構は標高162mから170mの範囲にある。寺院跡からは高麗川の形成した景勝地の巾着田が一望でき、高麗神社、聖天院は本廃寺が立地する丘陵の東端にあり、尾根を歩いて20分ほどの距離にある。

2　寺院跡の概要

　高岡廃寺は四つの建物遺構と石組遺構、方形ピット遺構、カマド遺構などから構成されている（第137図）。以下、その概要を説明しよう。

第1建物遺構（第138図）

　本建物遺構は高岡廃寺の最高所にあり、もっとも大きな平坦地を有する。遺構の規模は東西17m、南北18mで、礎石、溝、石積が存在する。

　第1建物遺構の占地している所は傾斜地だったので、地業を必要とした。地業はまず北側の斜面の岩盤を削り平坦地をつくり、削ったバラスを南側の粘土質の地山に敷いて基壇を構築している。

　基壇の南端には川原石の石積がある。石積の遺存状態は全体に良好とはいえないが、この石積は基壇の南側を画すとともに、正面の景観を整備し、あわせて土留めの効果を狙ったものと考えられる。礎石は北側に5個残存するのみであったが、礎石が抜き取られた痕跡が1箇所確認できることから、桁行5間の建物跡であることが判明した。基壇の南よりのところに細い溝が走っている。溝は浅く人為的に掘られたものでないので、雨溝と考えられた。そこを軒先とし、礎石の間隔を南に延すと、梁行4間となり、東西10m、南北8mの5間×4間の建物跡となる。

　本建物跡には南側を除く三面に溝が存在する。幅は東側の溝が一番広いが、深さは全体的に浅く20cmほどである。溝は直線的に掘られていないが、これは岩盤を削ると平板状に剥れてしまうためによるものと思われる。溝は直線的に掘れないため、溝の内側の縁辺部には石を置いて、溝と基壇との境を整備している。

　第1建物遺構は占地する場所・規模からして、本寺院跡で中心的建物である。寺院跡からは塑像が出土している。その分布状態を見ると（第139図）、北側の礎石列のところから1点出土し、そのほかは石積東側斜面から出土している。基壇は平坦といっても南に傾斜しており、最高所の

第4編　古代寺院

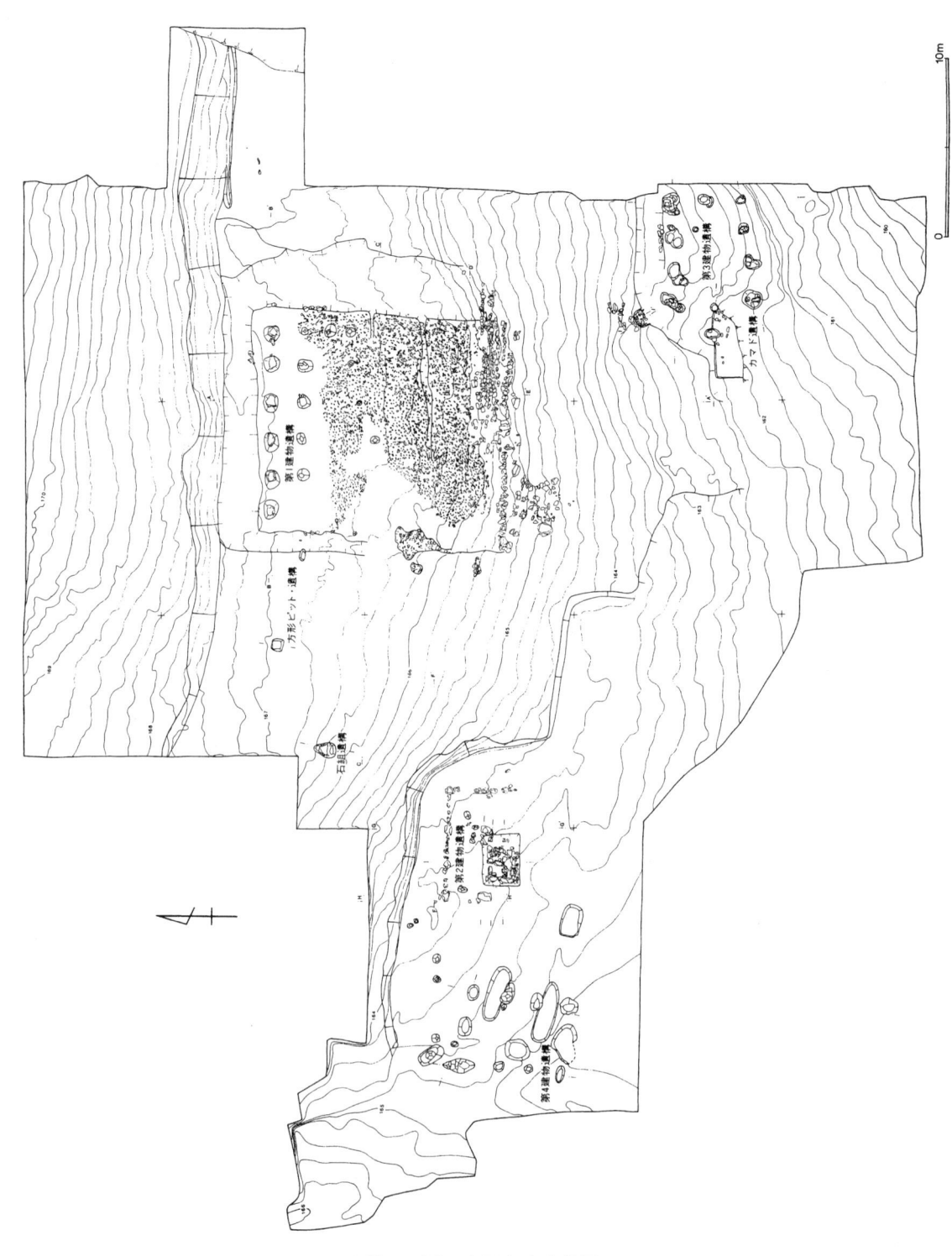

第137図　高岡廃寺全体図

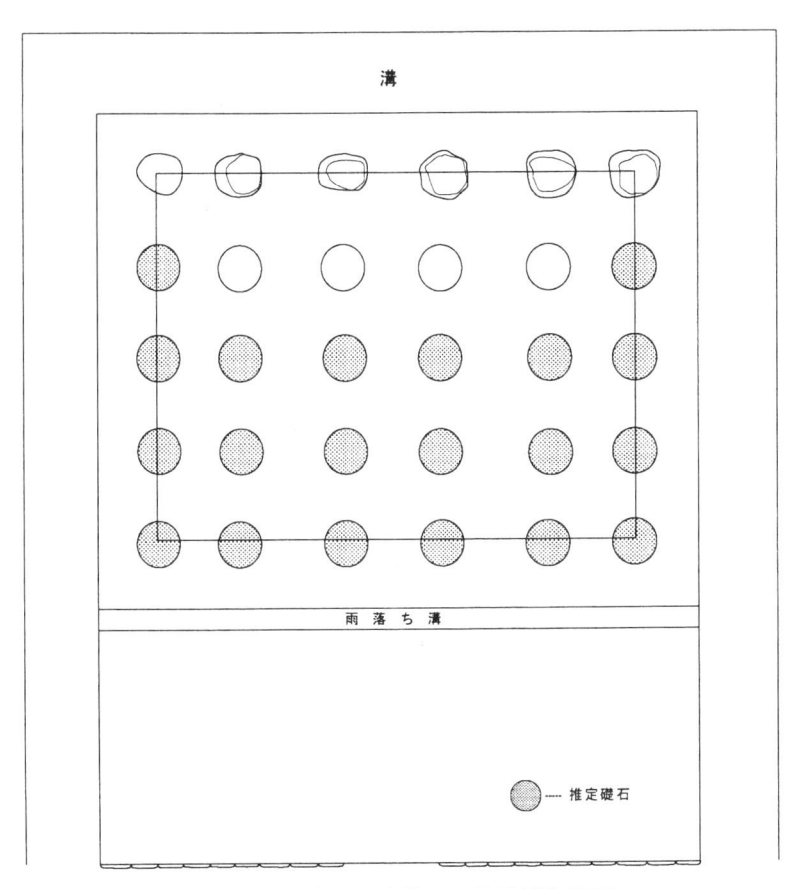

第138図　高岡廃寺第1建物遺構復元図

礎石周辺に塑像が安置されていたと考えてよいだろう。第1建物遺構からは焼土、焼けた壁土、焼けた塑像が出土していることから、火災にあったことが想定できる。

　また、瓦の出土はごく少ないので、屋根全体を葺いたとは考えられず、屋根の一部に瓦が葺かれたものと思われる。

第2建物遺構（第140図）

　本建物遺構は第1建物遺構の西に位置している。この場所も旧地形は斜面だったので、第1建物遺構と同様に岩盤を削平して平坦面を造成している。礎石は第1建物遺構に比べ小さなものであったが7個確認された。外まわりの礎石間には小さな石を配列している。礎石はS5より南に延びていることや、中央に石敷があることから、もう1間西に延びるものと考えられる。またS2に対する礎石がないことから、S1、2、3、6、7の空間は須弥壇のためと思われる。須弥壇が一方に片寄っていることはまずあり得ないので、西側にもう1間存在していたと考えていいだろう。第2建物遺構を復元すると東西9.0m、南北4.6mの3間×2間の建物跡となる。

　第2建物遺構からは多嘴壺や花瓶が出土している。これらは須弥壇に置かれ、当然そこには仏像も安置されていたと思われる。須弥壇の前に敷石が存在することから、第1建物遺構と相違し

第4編　古代寺院

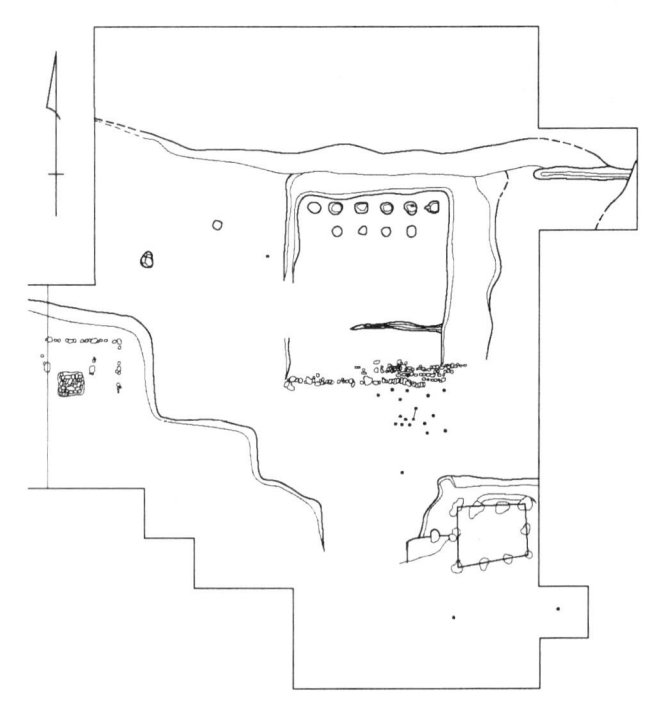

第139図　高岡廃寺塑像分布図

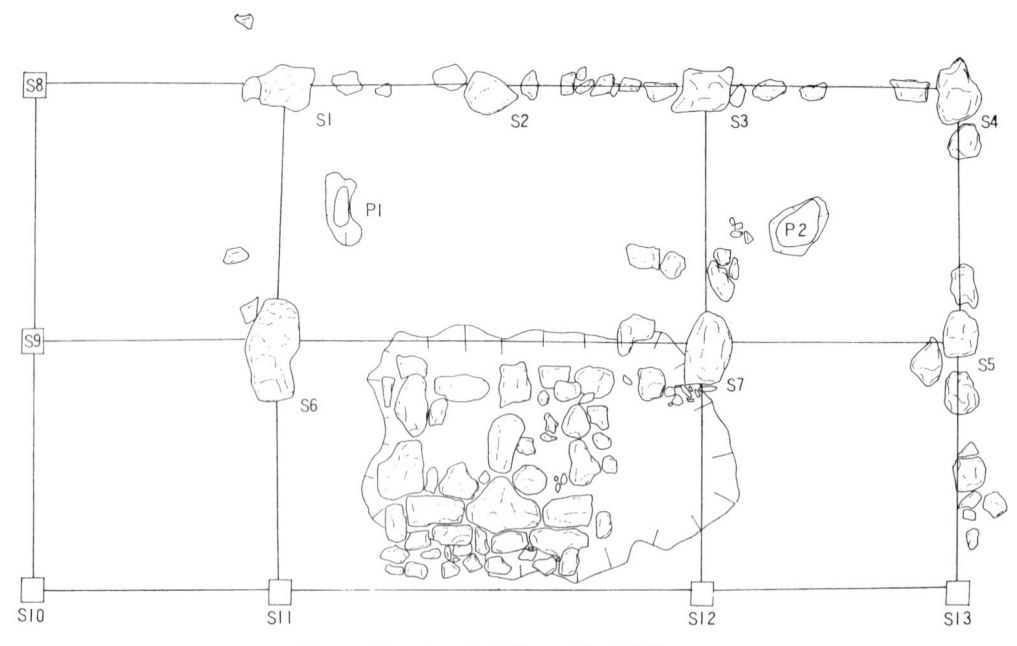

第140図　高岡廃寺第2建物遺構復元図

第1章　高麗郡と古代寺院

床は石敷と土間であった。また、本建物遺構からは瓦が出土していないことから、瓦葺建物ではなかったと考えられる。

　第2建物遺構の主軸は第1建物遺構と同一であることから、創建当初から存在していたものと思われる。また、焼土が多量に確認されており、第1建物遺構と同様に火災に遭遇していることがわかる。

第3建物遺構（第141図）

　石積遺構の東側斜面に位置する。本建物遺構はほかの建物遺構のように平坦面を造り出すことなく、自然の斜面を利用している。そのため遺構内で約1mの比高差をもっている。本建物遺構は東西3間、南北2間の建物であるが、3回の改築が行なわれている。

　第3建物遺構は柱穴の深さに相違が見られる。比高差1mほどあるので、山側の柱穴は深く、谷側のものは浅く掘ってその差を調整している。また、本建物遺構の占地する場所のほとんどが岩盤であるが、粘土層の部分に掘られた柱穴もある。その柱穴内には偏平な石が置かれていた。本建物遺構の主軸は第1建物遺構と一致することから、創建時から存在したと思われ、また周辺の遺物分布から見て僧房の可能性が強い。本建物遺構も第1・2建物遺構と同様火災によって焼失している。

第4建物遺構（第142図）

　第2建物遺構の西側に位置している。規模は南北5.3m、東西4.0mの3間×2間である。第4建物遺構の占地しているところはローム層なので、沈下を防ぐために山石や瓦片をピットに入れて基礎を築いている。第4建物遺構はほかの建物遺構と若干主軸がずれており、柱穴内の瓦も9世紀代のものであることから、後出のものであることが推定される。そして、本建物跡は火災を受けておらず、土壙に切られていることから、寺院跡の廃絶期までは存続していなかったと考えられる。また、土師器坏と甕の分布状態を見ると、第3建物遺構と第4建物遺構周辺に分布していることから、本遺構も僧房跡と考えられる。

方形ピット遺構（第143図）

　第1建物遺構西側の平坦面は比較的広く、建物遺構の存在が予想されたが、方形ピット遺構が1基確認されただけであった。方形ピット遺構は60×60cmの不正方形で、50cmほど岩盤を掘り込んでいる。埋土は自然堆積でなく、土層1は他に比べ細かい粒子で構成されて締まっていないことなどから、径25cmほどの柱状のものが立てられていたと考えられた。方形ピット遺構が存在する平坦面は、第1建物遺構の平坦地と同時に造成されており、方形ピット遺構しか存在しないことから、本遺構のために用意された空間と考えられる。

　瓦塔の分布状態を見ると、方形ピット遺構を中心に扇状に分布している（第144図）。方形ピット遺構には柱が立てられていたことを考えると、本遺構は瓦塔を建てるための下部構造と推定することができる。方形ピット遺構は創建当初に構築され、第3建物遺構の3回目の建替柱穴から瓦塔が出土していることから、3回目の改築が行なわれる前に瓦塔は崩壊していたことになる。

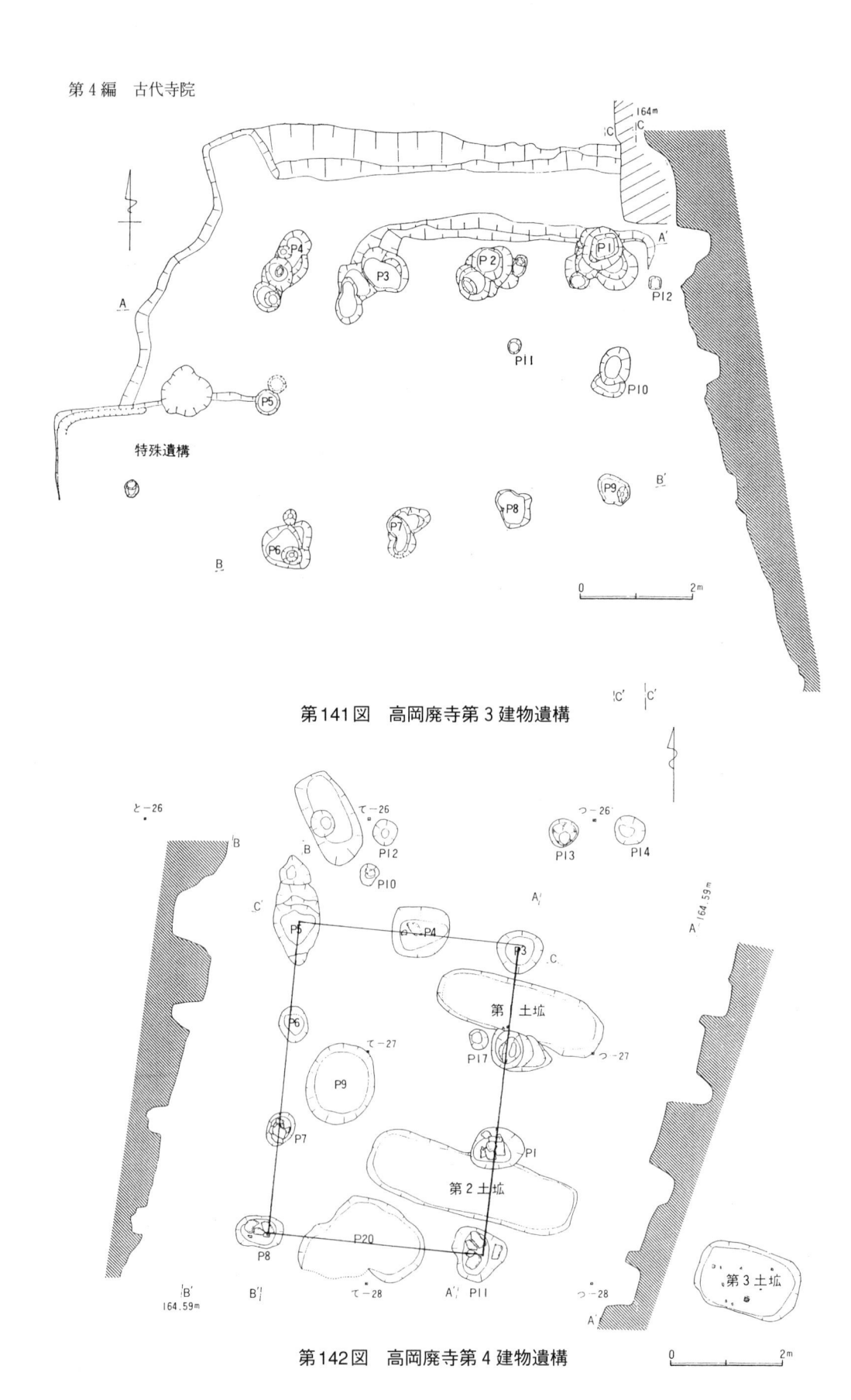

第4編 古代寺院

第141図 高岡廃寺第3建物遺構

第142図 高岡廃寺第4建物遺構

第1章　高麗郡と古代寺院

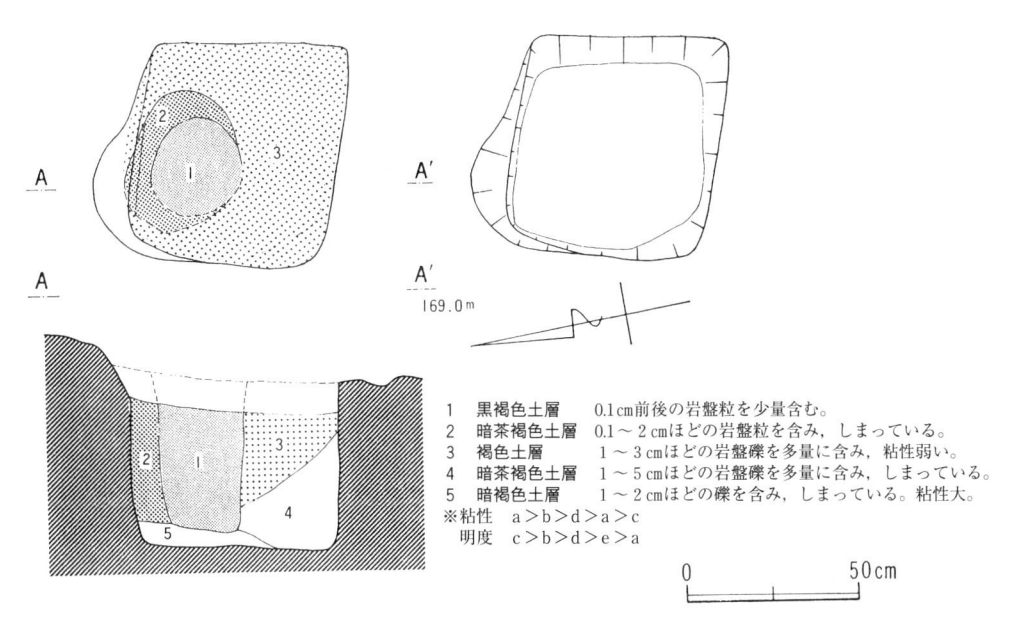

1　黒褐色土層　　0.1cm前後の岩盤粒を少量含む。
2　暗茶褐色土層　0.1～2cmほどの岩盤粒を含み，しまっている。
3　褐色土層　　　1～3cmほどの岩盤礫を多量に含み，粘性弱い。
4　暗茶褐色土層　1～5cmほどの岩盤礫を多量に含み，しまっている。
5　暗褐色土層　　1～2cmほどの礫を含み，しまっている。粘性大。
※粘性　a＞b＞d＞a＞c
　明度　c＞b＞d＞e＞a

第143図　高岡廃寺方形ピット遺構

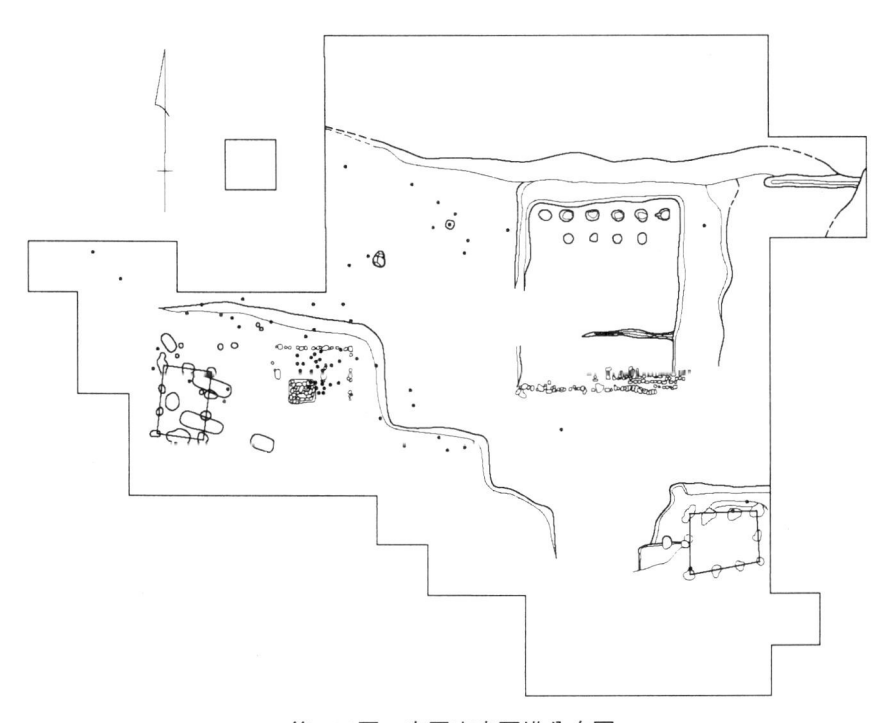

第144図　高岡廃寺瓦塔分布図

353

第4編　古代寺院

石組遺構（第145図）

　方形ピット遺構の近くに存在する。プランは不整形な楕円形を呈し、南北120cm、東西90cm、深さ40cmを測る。西壁には3個の角礫と1個の円礫が、東壁には2個の角礫が立てられている。そして、中央部から偏平な石が3枚出土しているが、この石は本来天井石として使用されていたものと考えられる。東西両壁の立石はこの天井石を支えるためのものであった。覆土は北側からの自然堆積である。

　遺物は覆土内から須恵器坏底部、土師器甕胴部が少量出土しているが、西南肩の部分から須恵器坏が完形のまま出土している。須恵器は地山に接して正立しており、原位置を留めていることから、本遺構に伴うものであると考えることができる。須恵器の年代から見て、石組遺構は創建当初に構築されたと考えることができる。

　さて、本遺構の性格であるが、本来石組遺構のなかは中空であったことが判明した。この空間は何かを埋納するためと考えられ、寺院の建立にあたり鎮壇具を入れ、地鎮の祭りが行なわれたものと推察できる。

カマド遺構（第146図）

　第3号建物遺構に接して存在している。堅穴状の掘り込みがあり、北壁の中央部に楕円形のカマドがある。カマドの両壁は石と瓦で補強されており、カマド内からは台付甕と須恵器坏が出土した。カマド遺構は単独で存在するのではなく、第3建物遺構に付属するものであろう。また、カマドには瓦が使用されているところから、創建当初から存在するものではなく、第4建物遺構と時期を同じくして出現したものと考えられる。

3　出土瓦

軒丸瓦（第147図）

第1類（1〜5）

　単弁6葉蓮華文瓦である。弁は厚みがなく、周辺部がやや高まりを見せている。中房は隆帯によって画されており、中央部に1個の蓮子を配している。周縁は上半分だけである。笵は内区だけで、周縁は丸瓦を利用しているためこのような軒丸瓦が出現した。この瓦を「高岡技法軒丸瓦」と命名しておきたい。

第2類（6〜9）

　複弁であるが、葉数は不明である。瓦肉は薄く、瓦当裏面には内側に張り出す周縁が存在する。また、瓦当裏面には布目がつき、丸瓦部へと継がっていく。第2類は一本造りの軒丸瓦である。

軒平瓦（第148図）

第1類（1〜4）

　偏行唐草文に珠文をあしらったものである。顎は1〜3が強い曲線顎で、4は弱い曲線顎である。平瓦の凸面は1〜3が縄叩きなのに対し、4は格子の叩きが施されるという違いが見られる。

第1章 高麗郡と古代寺院

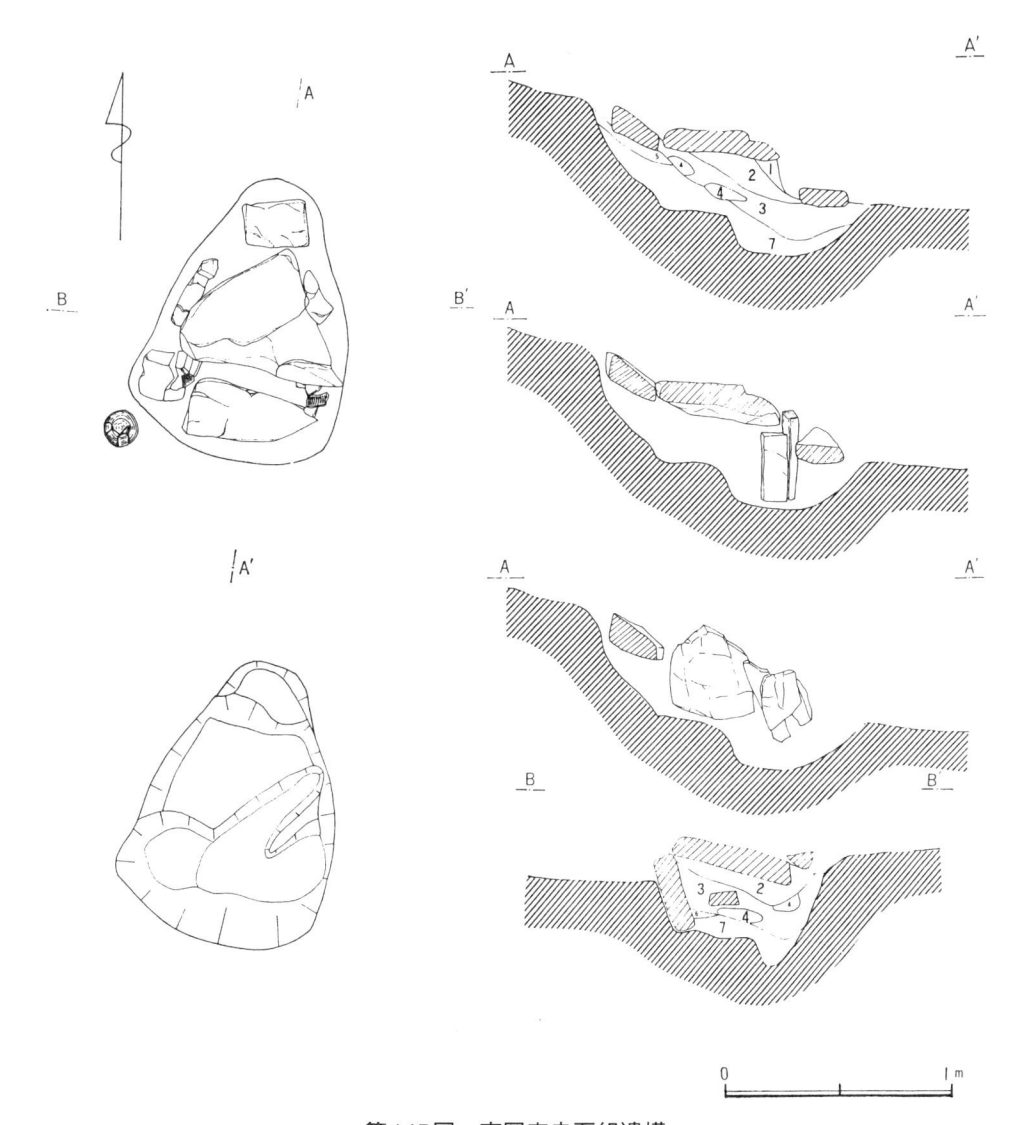

第145図 高岡廃寺石組遺構

第1類と同笵瓦が武蔵国分寺から出土している。

第2類(5~7)

偏行唐草文になると思われる。第1類の笵は陰刻であるが、第2類は陽刻である。顎は段顎で、平瓦凸面は縄叩きが施されている。焼成は須恵質で、色調は青灰色を呈す。

4 年代

出土土器を見ると、8世紀中頃から10世紀後半ないしは11世紀初頭頃までのものが存在する。8世紀中頃と考えられるものは少量で、8世紀後半のものが多い。このことから、8世紀中頃から造営を開始し、8世紀後半には完成したと見ることができる。遺構の変遷を示すと第149・150

第4編　古代寺院

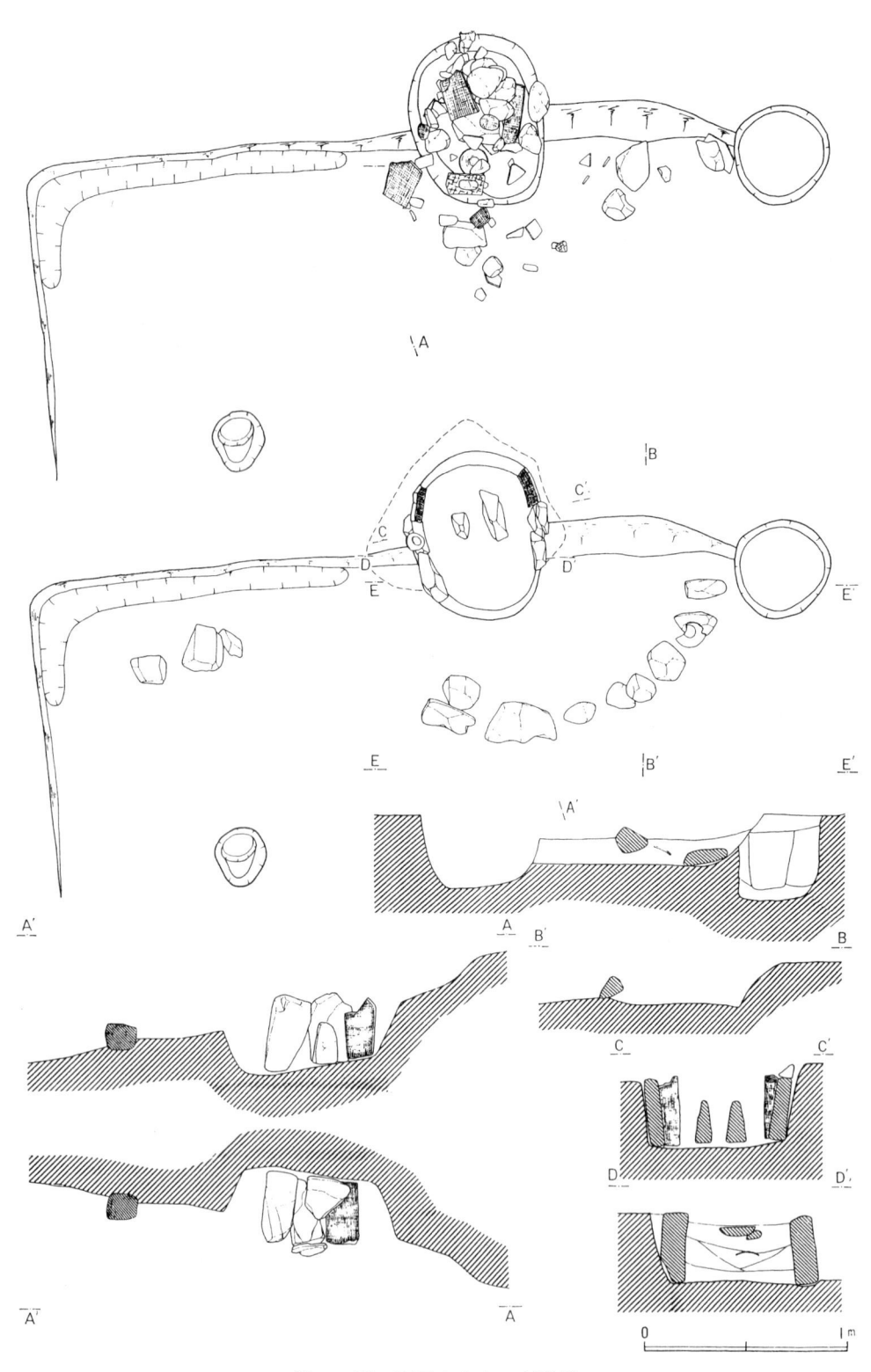

第146図　高岡廃寺カマド遺構

第1章　高麗郡と古代寺院

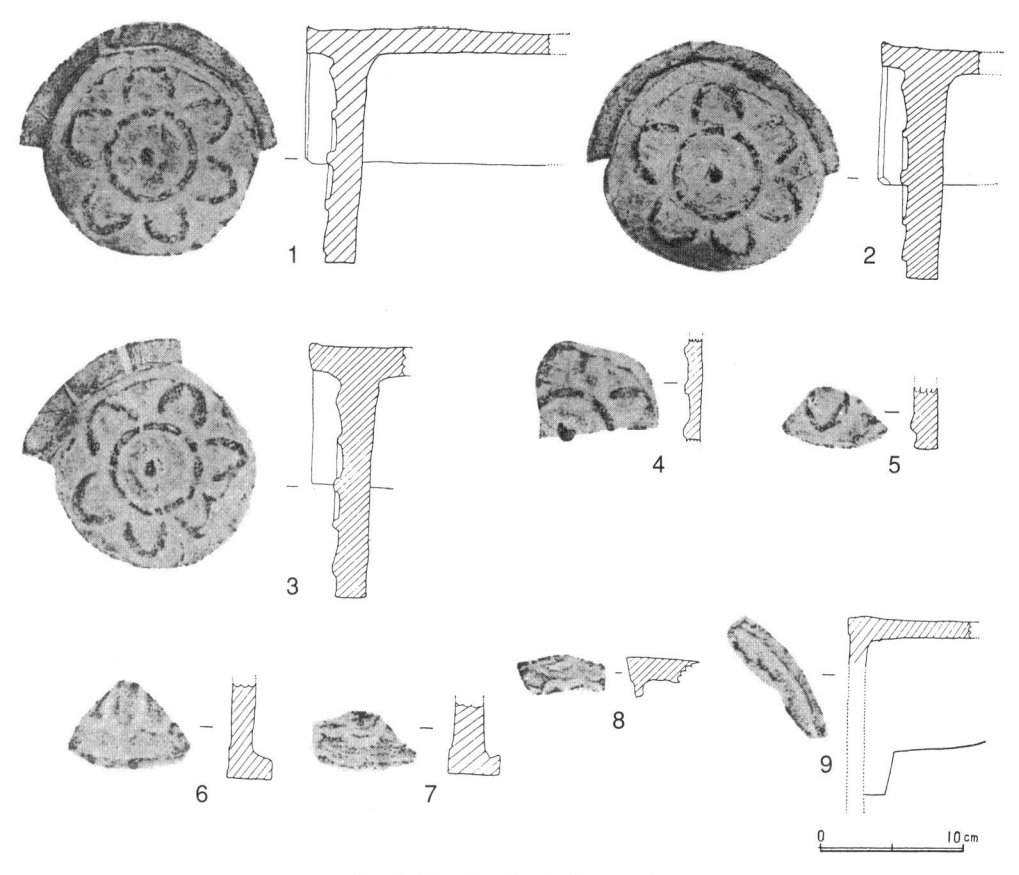

第147図　高岡廃寺出土軒丸瓦

図のようになる。

　第Ⅰ期は創建期で8世紀後半、第Ⅱ期は第1建物遺構に瓦が葺かれ、灰釉・緑釉陶器が入ってくる9世紀中頃である。第4建物遺構も出現し、高岡廃寺にとってもっとも栄えた時期である。第Ⅲ期は第4建物遺構が消え、三つの土壙が出現する時期である。第4建物遺構は火災を受けていないことから、最後まで存続していないことはわかるが、消滅した時期を知る手がかりはない。しかし、消滅時期は11世紀初頭が考えられるので、10世紀代であることが想定できる。積極的な証拠はないが、10世紀前半頃を考えておきたい。第Ⅳ期は土壙が埋まり、寺の最終段階である。高岡廃寺は11世紀初頭以降の遺物が見られないことから、11世紀初頭には廃寺となったと推定できる。第1・2・3建物遺構はともに火災を受けていることから、最後まで存続し火災が原因で廃絶となったと考えることができる。

5　高岡廃寺の性格

　報告書の段階で高岡廃寺について高麗氏の氏寺と考えたが、埼玉県古代寺院跡の調査で高麗郡に存在する大寺廃寺の年代が8世紀第2四半期に位置づけられることが判明し、大寺廃寺との関

第4編　古代寺院

第148図　高岡廃寺出土軒平瓦

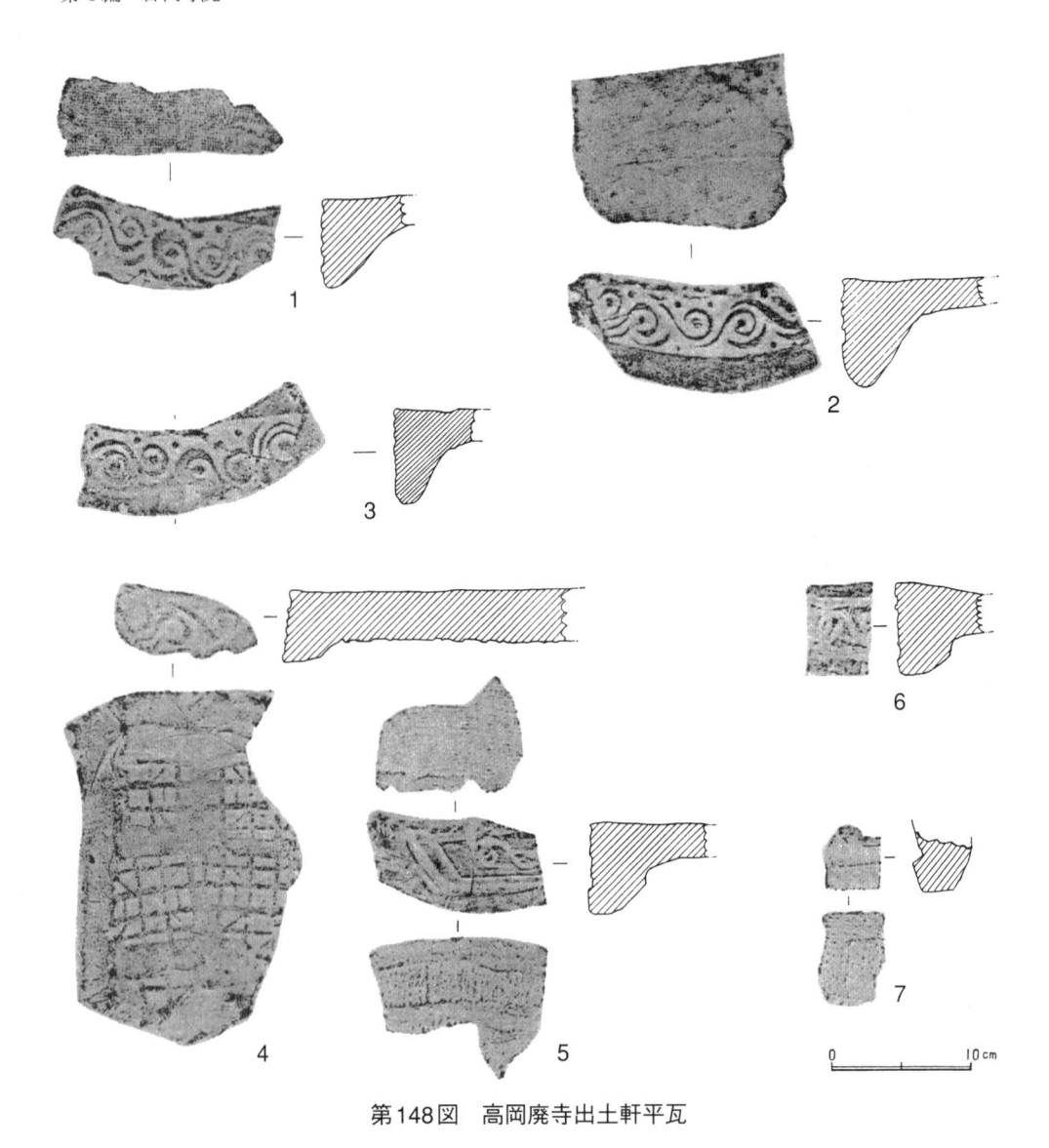

係からその性格について再検討が迫られている。

　高岡廃寺を氏寺と考えた所以は、高麗氏系図の巻頭にある「天平勝寶三辛卯僧勝楽寂　弘仁與其弟子聖雲同納┐遺骨┘　一宇草創云┐勝楽寺┘」という記載の天平勝宝3年（751）が、高岡廃寺の創建期と合致するところから、高岡廃寺が系図に出てくる勝楽寺であると考え、当寺院跡を高麗氏の氏寺と推定したのであった。しかし、系図の記載を素直に読めば、勝楽寺は僧勝楽の菩提寺であることがわかる。高岡廃寺が勝楽寺であったとするなら、高麗氏の氏寺とするよりも僧勝楽の菩提寺と考えるべきであろう。僧勝楽が高麗氏とどのような関係にあったかは不明であるが、高岡廃寺が一僧侶の菩提寺であり、私寺であったがために、創建期に瓦を葺くだけの財力がなかったと推察できるのである。高岡廃寺が創建期に瓦を葺いてなかったこと、またその後も一部にしか瓦が葺けなかったことは、当寺院が私寺であったことを示すものである。

第1章　高麗郡と古代寺院

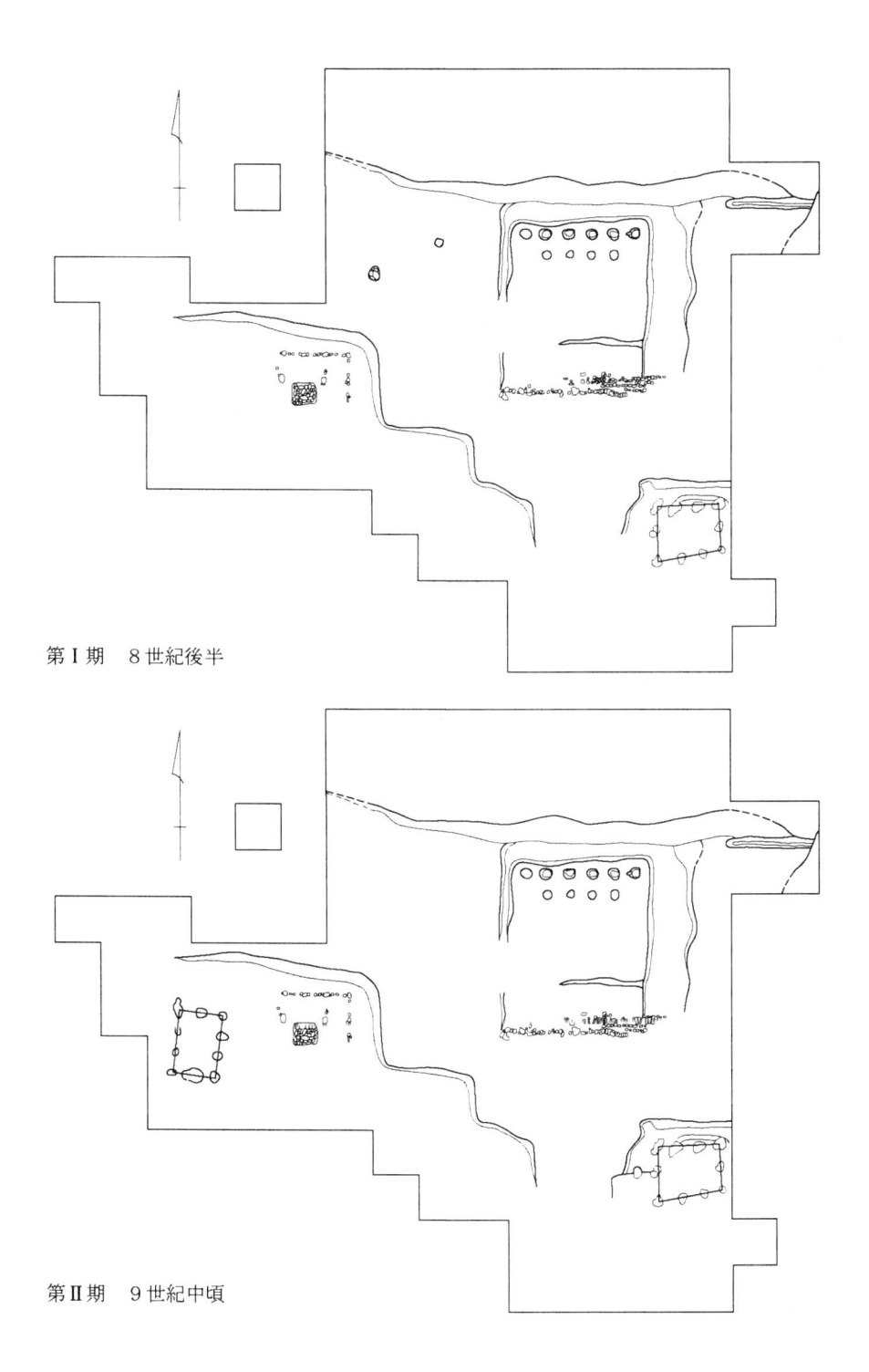

第Ⅰ期　8世紀後半

第Ⅱ期　9世紀中頃

第149図　高岡廃寺遺構変遷図（1）

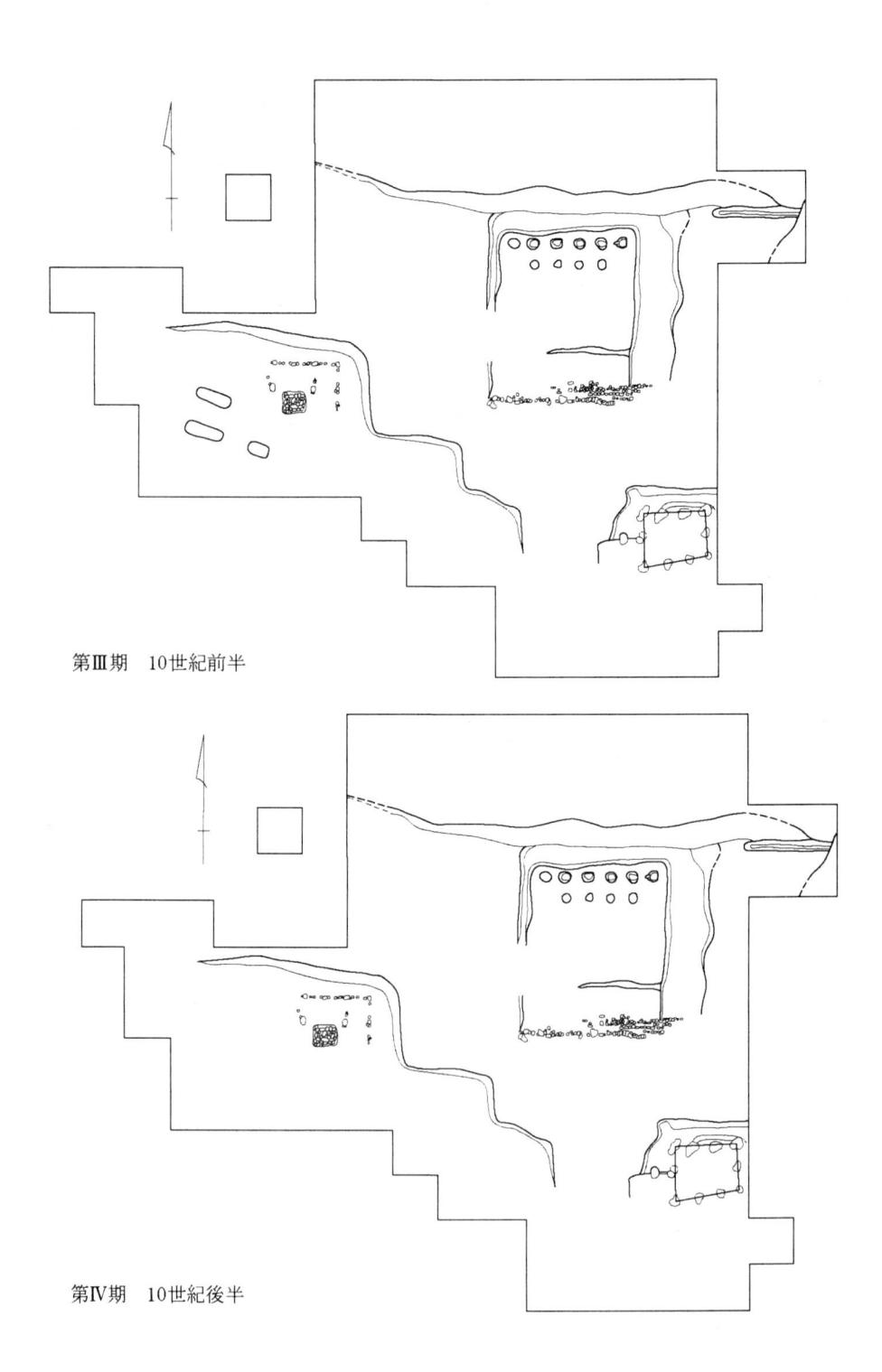

第4編 古代寺院

第Ⅲ期 10世紀前半

第Ⅳ期 10世紀後半

第150図 高岡廃寺遺構変遷図（2）

第2節　女影廃寺系軒丸瓦の一試論

はじめに

　私は埼玉県内の古代寺院及び古瓦の調査に参加し、それら成果を仲間とともに『埼玉県古代寺院跡調査報告書』としてまとめた。その作業のなかで女影廃寺軒丸瓦の系譜を引く瓦が県内に広く分布することが判明した。また、女影廃寺の創建瓦は茨城県新治廃寺の軒丸瓦と同笵関係にあり、女影廃寺の軒丸瓦は県内の主要複弁8葉蓮華文軒丸瓦の成立に大きな影響を与えていることも明らかになった。女影廃寺は新治廃寺と同笵関係にあることから、創建年代は8世紀第1四半期で霊亀2年（716年）の高麗郡設置に伴い建立された寺と考えた。

　女影廃寺の創建瓦がその後の北武蔵の軒丸瓦に与えた影響を考え、高麗郡の設置は単に東国各地の高麗人を移住させるためだけでなく、律令体制支配の確立、そして北武蔵における地方行政機構整備のモデルとして高麗郡が設置されたのではないかという見解を提示した（高橋1982）。現在もこの考えに変わりはないが、ここで再度女影廃寺系軒丸瓦とその分布を検討し、歴史的背景を考えていくことにしたい。

1　女影廃寺系軒丸瓦

　女影廃寺系軒丸瓦とは、女影廃寺創建瓦に見られる周縁部の面違鋸歯文が、A交差鋸歯文に、B交差波状文に、C線鋸歯文に変化した3系統のものをいう（坂野和信1982、補注1）。A系統のものは、西戸丸山窯タイプのもので、外区は女影廃寺創建瓦同様内傾し、そこに交差鋸歯文が配されている。B系統のものは、勝呂廃寺タイプのもので、内傾する外区に交差波状文を配している。C系統のものは、金草窯タイプのもので、直行する周縁の内壁に線鋸歯文をめぐらしている（第151図）。これら3系統の瓦は8世紀の第2四半期に位置づけることができる。

2　女影廃寺系軒丸瓦の分布

　A系統の瓦は西戸丸山窯で焼かれ、小用廃寺、大久保領家廃寺に供給されている。つまり、このA系統の瓦は比企郡と足立郡に分布している。

　B系統の瓦は勝呂廃寺から出土している。そして、勝呂廃寺のものをひとまわり小さくしたものが寺山遺跡から出土している。この系統の瓦は入間郡、榛沢郡に分布を見ることができる。

　C系統の瓦は金草窯で焼かれ、城戸野廃寺、馬騎の内廃寺、岡遺跡から出土している。また、この系統の瓦は国を越えて、上野国分寺、高崎市浄土ケ原遺跡、藤岡市山王久保遺跡からも出土しており、賀美郡、榛沢郡をはじめ上野国にも広く分布している（第152図）。

　北武蔵の古代寺院で8世紀の第2四半期に創建されたものとして、城戸野廃寺、五明廃寺、大仏廃寺、小用廃寺、大寺廃寺、大久保領家廃寺、岡遺跡が知られており、そのうち半数の寺院が

第4編　古代寺院

下野薬師寺　　　　　　　　　　　　　　　　常陸新治廃寺

女影廃寺

A系統　　　B系統　　　C系統

西戸丸山窯跡　　　勝呂廃寺　　　金草窯跡

大久保領家廃寺

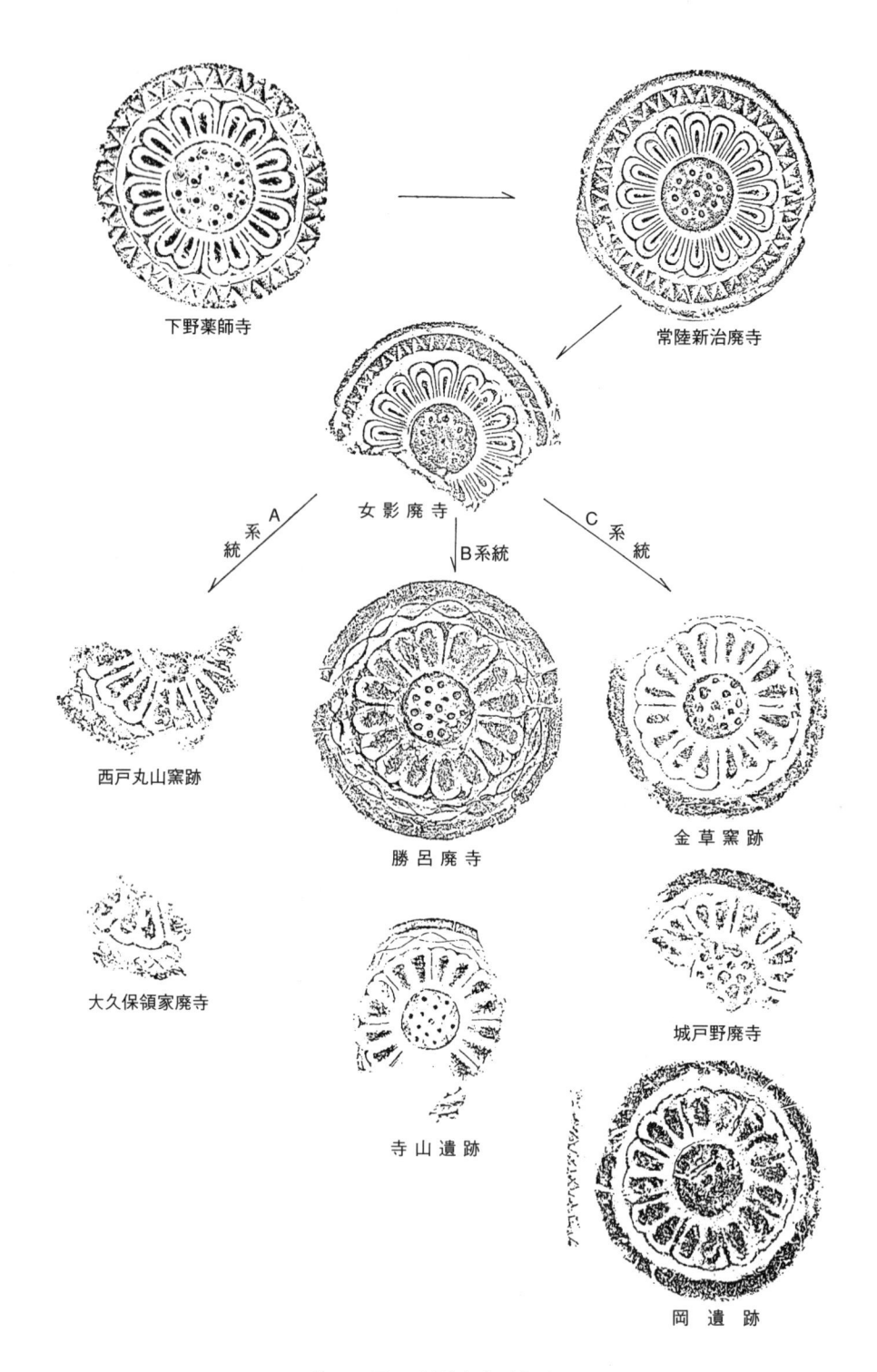

寺山遺跡　　　城戸野廃寺

岡遺跡

第151図　女影廃寺系軒丸瓦

362

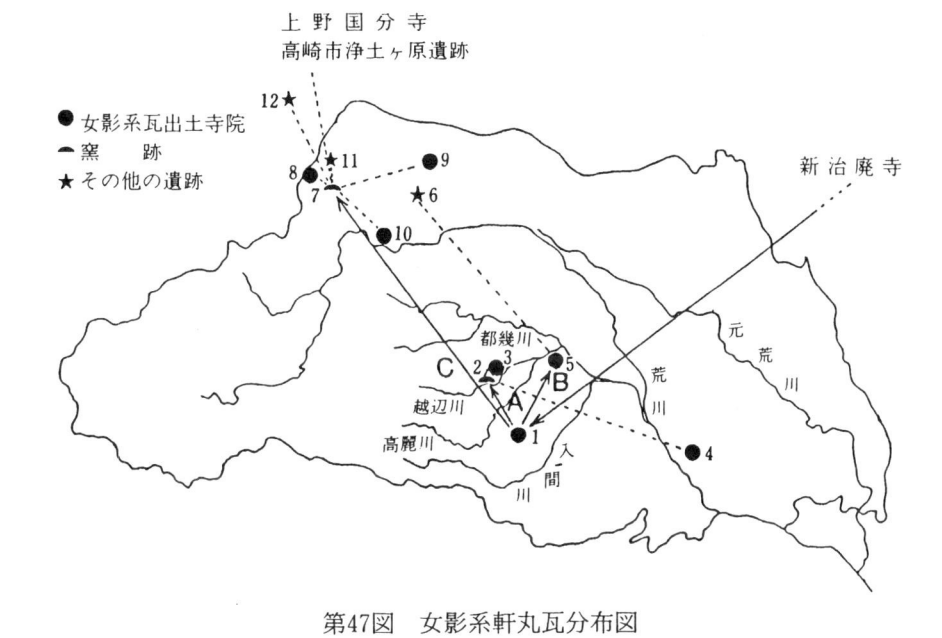

第47図　女影系軒丸瓦分布図

1 女影廃寺　2 西戸丸山窯跡　3 小用廃寺　4 大久保領家廃寺
5 勝呂廃寺　6 寺山遺跡　7 金草窯跡　8 城戸野廃寺　9 岡遺跡
10 馬騎の内廃寺　11 皀樹原遺跡　12 藤岡市山王久保遺跡

第152図　女影廃寺系軒丸瓦分布図

女影廃寺系軒丸瓦を創建瓦としている。このように女影廃寺系軒丸瓦は北武蔵の主要寺院に大きた影響を与えているのである。

3　分布の意味するもの

女影廃寺の創建軒丸瓦は范のくずれが見られないところから、常陸新治廃寺の造営中に范の一部がもたらされたと考えられる。また、国を越えての范の移動については国家が関与していると考えられているところから（岡本東三 1974、森郁夫 1974）、高麗郡の設置の背後には高度な政治的判断があったと見ることができる。

701年の大宝律令の制定により、一応の律令体制の完成を見るが、この支配を貫徹するためには地方における行政機構の整備が必要となる。8世紀初頭は各地に郡衙が出現する時期であり、高麗郡の設置は8世紀初頭の政治状況のなかで捉えるべきであり、高麗郡設置の目的は北武蔵の地に地方行政機構のモデルを示すことにあったとすることができる。

高麗郡には女影廃寺のほかに大寺廃寺、高岡廃寺が存在する。大寺廃寺は女影廃寺造営直後に建立されたと考えられ、創建瓦は平城宮出土軒丸瓦6225型式（721～745年）に酷似するものである（藤原高志 1982）。大寺廃寺は同じ郡内にありながら、女影廃寺の系譜を引く瓦を使用していないことは注目でき、女影廃寺系軒丸瓦を創建瓦としている寺院の性格を考える上で示唆に富ん

第 4 編　古代寺院

でいる。

　大寺廃寺は高麗氏の氏寺と考えられ、北武蔵ではめずらしく平城宮系の瓦を創建瓦としている。高麗氏一族の中で忘れてならない人物に高麗福信がいる。大寺廃寺創建期の8世紀第2四半期という時期は、福信が天平10年（738）には従六位上から外従五位下、天平11年（739）従五位下、天平15年（743）正五位下、天平20年（748）正五位上、天平勝宝元年（749）従四位下へと、とんとん拍子に出世する時期である。そして、最後には従三位とり、地方氏族としては異例の出世を遂げている。

　大寺廃寺より時代は下るが、武蔵国分寺に見られる平城宮系の軒平瓦について、有吉重蔵はその文様意匠の導入には高麗福信が深く関与していたのではないかと論述している（有吉 1982）。大寺廃寺は天平10年代には完成していたと見ることができる。大寺廃寺における平城宮系瓦の採用の背後には、武蔵国分寺と同じく福信がその背後に存在していたものと思われる。高麗氏の氏寺の造営にあたり、一族のために福信が力添えをしても決して不思議ではない。

　大寺廃寺の創建と時を同じくする天平10年代には、女影廃寺系軒丸瓦を創建瓦とする寺が次々に建立される。まず、A系統の寺院跡から検討して行こう。

　大久保領家廃寺は足立郡内にある。同郡では鴨川流域にいくつかの瓦の散布地が認められるが（青木忠雄 1971）、そのなかでも大久保領家廃寺は出土瓦から見ると有力な寺院であったことを窺わせる。また、当時の足立郡には丈部不破麻呂（武蔵宿祢不破麻呂）が存在していた。不破麻呂は天平宝字8年（764）、恵美押勝追討の功により正六位上から外従五位下に叙せられており、文献に見える最後の記録が宝亀4年（773）佐衛士員従五位上であり、高麗福信が延暦8年（789）に薨じているので、二人はほぼ同時代に生きた人物と見ることができる。足立郡衙の所在地は不明であるが、後述するように女影廃寺系軒丸瓦は郡衙と伴う寺に使用される例が多いことから、大久保領家廃寺周辺がその可能性が高い。青木忠雄はすでに鴨川流域の「古瓦出土の各遺跡は、武蔵宿祢一族が営んだ足立郡家またはその関連の建築跡・寺院跡と考えられ、大久保領家廃寺は、その氏寺として創建した寺院跡そして郡寺の跡である可能性がある」（青木 1971）と述べている。支持できる見解である。不破麻呂が外従五位下になった時に高麗福信は武蔵守となっており、その翌年の天平神護元年（765）には従三位となっている。そして、不破麻呂は神護景雲元年（767）12月に武蔵宿祢の姓を賜い、同月武蔵国造という尊称をもらう。神護景雲3（769）年6月には上総員外介、8月には従五位上となり、福信はその翌年の宝亀元年（770）に造宮卿従三位で武蔵守を兼ねている。このように不破麻呂が活躍した背景には、高麗福信の引立てがあったのではないかと推測できるのである。大久保領家廃寺が女影廃寺系軒丸瓦を採用した背景には、それが単に郡寺としての性格をもつからだけでなく、武蔵宿祢一族と福信との、強いては不破麻呂と福信との個人的結び付きがあったのではないかと思われるのである（註1）。

　B系統の瓦は勝呂廃寺が採用している。勝呂廃寺は7世紀後半代の創建で、飛鳥寺系の瓦を創建瓦としている。今のところ、勝呂廃寺に対比できる寺院跡は入間郡内には見出せない。また、

勝呂廃寺は古墳群等との関連から当該地方の有力豪族による造営と見ることができる。

さて、入間郡内の有力氏族として物部一族（入間宿祢）がいる。そのなかでも物部直広成は中央で活躍し、正史に記録を留めている。ここでその足跡を簡単に追ってみよう。

物部直広成は神護景雲２年（768）、つまり丈部不破麻呂が武蔵宿祢を賜い、武蔵国造となった翌年、正六位上で入間宿祢の姓を賜い、福信が弾正伊となった元応元年（781）、征夷の功により外従五位下に叙せられている。その後、広成は武人として活躍し、延暦元年（782）大伴宿祢家持の下で鎮守将軍介となり、同３年（784）には同じく持節征東将軍大伴宿祢家持の下で軍監となり、同７（788）年近衛将監、征東副使、同９年（790）従五位下、そして常陸介となり、同18年（799）造東大寺次官が記録の最後となる。高麗福信の没後に造東大寺次官となっていることから、福信や不破麻呂よりやや後出の人物であったことが推測できるが、三人はほぼ同時代に生きた人物と見ていいだろう。

勝呂廃寺は入間郡において有力な寺院であり、さらに物部直広成の一族も入間宿祢となっているところから、入間郡の有力氏族であったことに間違いはない。これらのことから勝呂廃寺は入間宿祢一族によって造営された可能性が高いといえる。

入間郡衙跡の所在地は不明である。若葉台遺跡あるいはその周辺に郡衙跡が存在するとすれば、勝呂廃寺は８世紀の第２四半期に郡寺的性格をもつ寺院にしたものと思われる。また、若葉台遺跡が入間宿祢一族の館となると、勝呂廃寺は氏寺としての性格を長くもっていたとも考えなければならない。そのいずれにしても、勝呂廃寺は入間郡の有力寺院であったことに変わりはない。

入間宿祢広成が中央で活躍するひとつの契機として、武蔵宿祢不破麻呂と同じく高麗福信の引立てがあったのではないだろうか。そして、勝呂廃寺が女影廃寺系瓦を採用する背景には、大久保領家廃寺と同様に高麗福信との結びつきを想定せずにはいられない。

寺山遺跡からはＢ系統の瓦をやや小さくしたものが出土している。年代的には勝呂廃寺のＢ系統の瓦と同様８世紀第２四半期と考えていいだろう。寺山遺跡は窯跡といわれているが、寺山という地名から近くに寺院跡の存在が想定できる。寺山遺跡は榛沢郡にあり、周辺の寺院跡等からはＣ系統の瓦が出土するのに対し、Ｂ系統の瓦を出土することは注目される。この地方の古代氏族は文献から探ることはできないが、勝呂廃寺系の瓦の影響下にあることから、入間宿祢一族と何らかの関係のあった氏族の存在が想定できる。

最後にＣ系統の瓦について検討したい。Ａ系統の交差鋸歯文、Ｂ系統の交差波状文は視角に訴えるのに対し、Ｃ系統の線鋸歯文は周縁内壁にあるため、正面からはほとんど見ることができない。また、垂直の内壁にあるため粘土の押えが不充分のため、すべての瓦に線鋸歯文を見ることはできない。Ｃ系統の瓦を出土する城戸野廃寺は賀美郡と児玉郡との境にあり、そのどちらに属すかは微妙である。先の『埼玉県古代寺院跡調査報告書』では賀美郡の寺院としながらも、「金草窯は児玉郡内の窯でありながら、郡内に供給先がないという不自然さもあり、児玉郡内の寺院ではなかったかという危惧もあるため、児玉郡の可能性も残しておきたい」と述べた（高橋 1982）。

第4編　古代寺院

賀美郡にはもうひとつ五明廃寺が存在する。五明廃寺の瓦は上野国上植木廃寺、寺井廃寺と同笵関係にあり、上野利根川左岸勢力との密接な結びつきを想定させる。一方、城戸野廃寺は上植木系の「米」字状叩きは存在するが、上植木系の軒丸瓦と平瓦は出土しておらず、上野国でも利根川右岸の遺跡と同笵関係が認められる。

城戸野廃寺はその後、上野国緑野郡に移されていると伝えられていることから、城戸野廃寺の造営には利根川右岸の勢力が深くかかわっていたのではないかと考えられる。また、このことがC系統の瓦が上野国分寺の創建瓦に使用された原因かとも考えることができる（註2）。

岡遺跡（岡廃寺）は榛沢郡の中心地にあり、周辺の遺跡からして郡寺の可能性が強い（補注2）。また、那珂郡の大仏廃寺からは、C系統の瓦の複弁を画す線を除いた単弁16葉蓮華文瓦が出土している。この瓦は女影廃寺の瓦から見れば孫的存在である。これと同じものが岡遺跡（廃寺）からも出土している。大仏廃寺から採集されている瓦は少なく、その全貌を知ることはできないが、郡寺と考えられる。このようにC系統の瓦は郡寺と考えられる寺院跡から多く出土している。その他、C系統の瓦は馬騎の内廃寺の第Ⅱ期に採用されている。

まとめ

女影廃寺系軒丸瓦は3タイプ存在する。A・B系統の瓦は、高麗福信との結びつきによって大久保領家廃寺、勝呂廃寺に採用された。また、C系統の瓦は、高麗郡の設置が北武蔵において郡衙機構のモデルを示すという一面をもっているため、県北の各郡が郡衙を整備する際に、北武蔵最初の郡寺としての女影廃寺の瓦をモデルとしてつくり出されたものである。A・B系統の瓦も福信との関係が強いが、基本的には郡寺としての女影廃寺の影響下に成立したことは明らかである。女影廃寺の成立後、その系統の瓦が広く分布し、郡寺にも採用されていることを見ると、高麗郡設置の目的は十分果しているといえよう。現在、埼玉県内では郡衙遺構は確認されていないが、女影廃寺系瓦の分布からおそらく8世紀の第2四半期には続々と郡衙が造営されていったことを窺わせるのである。

関係史料

和銅3年（709）	この頃高麗福信生れる
霊亀2年（716）	以_駿河　甲斐　相模　上総　下総　常陸　下野七国高麗人千七百九十九人_遷_于武蔵国_始置_高麗郡_焉
天平10年（738）	六位上背奈公福信_外従五位下_
天平11年（739）	授_外従五位下背奈公福信従五位下_
天平13年（741）	国分寺造営の詔
天平15年（743）	5月　従五位下背奈王福信並正五位下 6月　正五位下背奈王福信為_亮（春宮亮）

天平19年（747）	正五位下背奈・福信　外正七位下背奈・犬山　従八位上背奈・広山等八人　賜┐背奈王姓└
天平20年（748）	正五位下背奈王福信正五位上
天平勝宝元年（749）	7月　正五位上背奈王福信従四位下
	8月　中衛少将従四位下背奈王福信並為┐兼少弼└（紫微少弼）
	11月　従四位下背奈王福信従四位上
天平勝宝2年（750）	従四位上背奈王福信「守」等六人　賜┐高麗朝臣└姓
	令堅子等令写大般若経一巻宜知此心諷書上品　令写枚送具功届者 険了告　及経新長麻紙□張　付授刀物部広成
天平勝宝4年（752）	大仏開眼
天平勝宝8年（756）	この頃従四位上高麗朝臣福信、武蔵守となる
天平宝字元年（757）	従四位上高麗朝臣福信正四位下
天平宝字4年（760）	正四位下高麗朝臣福信為┐信部大輔└
天平宝字6年（762）	正四位下高麗朝臣福信内匠頭
天平宝字7年（763）	正四位下高麗朝臣福信為┐但馬守└
天平宝字8年（764）	9月　恵美押勝の乱にあたり押勝が近江に逃げ　遣┐精兵数十└　而入┐愛発関└　授刀物部広成等拒而却レ之　押勝進退矢レ拠
	10月　詔加┐賜親王大臣之胤及預レ討┐逆徒┘諸氏人等位└階（中略）正六位上丈部直不破麻呂外従五位下
天平神護元年（765）	正四位下高麗朝臣福信並授┐従三位└
神護景雲元年（767）	3月　始置┐法王宮職└　以┐造宮卿卿但馬守従三位高麗朝臣福信┐為┐兼大夫└
	6月　外従五位下武蔵宿祢不破麻呂為┐上総員外介└
	8月　外従五位下丈部不破麻呂為┐下総員外介└
	12月　武蔵国足立郡人外従五位下丈部直不破麻呂等六人賜┐姓武蔵宿祢└　外従五位下武蔵宿祢不破麻呂為┐武蔵国国造└
神護景雲2年（768）	武蔵国入間郡人正六位上勲五等物部直広成等六人賜┐姓入間宿祢└
神護景雲3年（769）	外従五位下丈部不破麻呂為┐下総員外介└
	8月　授┐外従五位下武蔵宿祢不破麻呂従五位上└
宝亀元年（770）	造宮卿従三位高麗朝臣福信為┐兼武蔵守└
宝亀4年（773）	佐衛士員従五位上武蔵宿祢は修理佐保川堤使に任じられる
	初造宮卿従三位高麗朝臣福信専┐知造┐作楊梅宮└至レ是官成
	授┐其男石麻呂従五位下└
宝亀7年（776）	造官卿従三位高麗朝福信為┐兼近江守└

第4編　古代寺院

宝亀10年（779）	従三位高麗朝臣福信賜⌐姓高倉朝臣⌐	
元応元年（781）	従三位高倉朝臣福信為⌐弾正伊⌐	
	入間宿祢広成外従五位下　並賞⌐征夷労⌐也	
延暦元年（782）	春宮大夫従三位大伴宿祢家持為⌐兼陸奥按察使鎮守将軍⌐　外従五位下入間宿祢広成為レ介	
延暦2年（783）	弾正伊従三位高倉朝臣福信為⌐兼武蔵守⌐	
延暦3年（784）	従三位大伴宿祢家持為⌐持節征東将軍⌐（中略）外従五位下入間宿祢広成（中略）並為⌐軍監⌐	
延暦4年（785）	弾正伊従三位兼武蔵守高倉朝臣福信上レ表乞レ身優　詔許レ之　賜⌐御杖幷衾⌐	
延暦7年（788）	2月　外従五位下入間宿祢広成為⌐近衛将監⌐	
	3月　外従五位下入間宿祢広成並為⌐征東副使⌐	
延暦8年（789）	散位従三位高倉朝臣福信薨　福信武蔵国高麗郡人也　本姓背奈　其祖福徳属唐将季属勘抜⌐平壌城⌐　来⌐帰国家⌐　居⌐武蔵⌐焉　福信即福徳之孫也　小年随⌐伯父背奈行文⌐入都　時与⌐同背⌐晩　頭往⌐石上衢⌐　遊戯相撲　巧用⌐其力⌐　能勝⌐其敵⌐　遂聞⌐内裏⌐　召レ令⌐待内堅所⌐　自レ是著レ名　初任⌐右衛士大志⌐（中略）薨時年八十一年	
延暦9年（790）	2月　外従五位下入間宿祢広成従五位下	
	3月　従五位下入間宿祢広成為⌐常陸介⌐	
延暦18年（799）	従五位下入間宿祢広成為⌐造東大寺次官⌐	

注

1　小用廃寺は大久保領家廃寺と同笵関係にあるが、採集された瓦は少なく、さらに場所も定かでないので、今回は検討を保留しておきたい。

2　C系統の瓦は上野国分寺の創建瓦に採用されていることからもわかるように、長い間同じ笵が使用されていた。また、初期の瓦にも笵のくずれや割れが見られることから、一時期に多量の瓦が焼かれたことを窺わせる。

補注

1　女影廃寺系廃寺軒丸瓦のA系統とC系統は、その後酒井清治氏の研究によって同笵であることが突き止められ、改笵されたことも明らかになった。つまり、C系統の瓦には交差鋸歯文の外区はないが、それはその部分を切り落とされてしまったためであり、垂直となった笵の周縁に線鋸歯文が新たに刻まれたのである（酒井　1994「瓦当笵移動と改笵とその背景」『研究紀要』第11号　埼玉県埋蔵文化財調査事業団）

この改変された笵はその後、児玉郡、榛沢郡、幡羅郡さらには上野国の寺々に供給されており、笵傷が相当進むまで使用されている。こうした点からも、この笵は相当重視されていたことが想定できるのである。

　酒井清治氏の研究成果によって、女影廃寺系軒丸瓦の系譜図は本編第2章第1節第158図（384ページ）のように訂正した。

2　その後、岡部町中宿遺跡が調査され、倉庫群が検出された。倉庫の規模や配列から古代榛沢郡の正倉に比定されている。まだ、政庁域は確認されていないが、岡遺跡は倉庫群の隣接地にあり、榛沢郡衙の付属寺院と考えて間違いないだろう。

引用文献

青木忠雄　1971『埼玉県鴨川流域の布目瓦出土遺跡に関する予察』浦和考古学会

有吉重蔵　1982「武蔵国分寺出土の平城宮系瓦について」『東京考古』1　東京考古談話会同人

岡本東三　1974「同笵軒平瓦について一下野薬師寺と播磨溝口廃寺一」『考古学雑誌』第60巻第1号　日本考古学会

高橋一夫　1982「古代寺院成立の背景と性格」『埼玉県古代寺院跡調査報告書』埼玉県史編さん室

坂野和信　1982「北武蔵における古代瓦の変遷」『埼玉県古代寺院跡調査報告書』埼玉県史編さん室

藤原高志　1982「日高町大寺廃寺」『埼玉県古代寺院跡調査報告書』埼玉県史編さん室

森郁夫　1974「土器と陶器と瓦」『古代史発掘』10講談社

第2章　東国における古代寺院の成立

第1節　東国の古代豪族と仏教

1　東国への仏教伝播

　東国への仏教文化の伝播は予想以上にはやかった。古墳の遺物の中に、仏教文化の息吹を感じることができる。仏教関係遺物と呼ばれているものに、銅鋺・金銅製水瓶などがあり、銅鋺は関東各地の古墳から出土している。そのほか、仏教文化の影響を受けているといわれているものに、高崎市八幡観音塚古墳の出土の銅製杏葉がある。この杏葉には、仏像の光背に見られる火焔と同じ文様が透彫されている。さらに、この古墳からは銅鋺・銅製承台付蓋鋺が出土している。八幡観音塚古墳の年代は6世紀末と考えられており、そのほかの銅鋺を出土する古墳も、6世紀末から7世紀初頭という年代である。

　ちょうどこの頃、日本最初の寺院である飛鳥寺の造営が開始され、完成に近づきつつあった。飛鳥寺の造営開始は588年（崇峻元）であった。1957年、その飛鳥寺の塔心礎の発掘調査が行われ、593年（推古元）に仏舎利とともに埋納された遺物が発掘された。その主なものは、勾玉・管玉・切子玉・ガラス製トンボ玉・ガラス製小玉・小刀・金銅製耳飾・青銅製馬鈴、鞍の後に付け旗を差す道具の蛇行状鉄器や鎧などであった。「出土品を整理していると、あたかも横穴式石室を発掘し、その副葬品を整理しているのではないか、と錯覚しかねないほどであった」と発掘調査を担当した坪井清足は語っている。飛鳥寺の寺域は東西二町南北三町で、中枢伽藍は1塔3金堂と、講堂・南門・中門・回廊からなる荘厳な寺であった。にもかかわらず、寺の象徴ともいえる塔心礎の埋納品には、古墳文化の匂いを色濃く残していたのであった。逆に東国では古墳の遺物の中に、わずかに仏教文化のにおいを感じとることができるのである。

　東国の古墳の被葬者が、果たしてどこまで仏教を理解していたのかは疑問であるが、明日香の地に立派な寺院が建立されようとしていたことは、東国の豪族たちの耳に達していたはずである。東国の古墳に見られる仏教関係の遺物は、仏教文化への憧れ、あるいは新しい文化をいち早く取り入れようとする東国の豪族たちの意欲の現われである。東国での仏教文化の受容は、このように古墳時代にその下地が用意され、その後大きく開花していくのである。

2　東国の最古の寺々

（1）武蔵国

　寺谷廃寺　東国最古の寺院跡は、埼玉県比企郡滑川町にある寺谷廃寺である。発掘調査等は実施されていないため、どのような規模の寺院かは不明であるが、百済様式の特徴を示す8葉蓮華

第4編　古代寺院

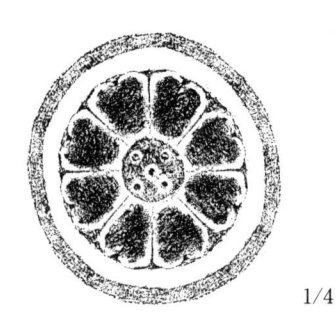

第153図　寺谷廃寺軒丸瓦復元図

文軒丸瓦が出土している（第153図）。今のところこれに匹敵する古い瓦は、東国では確認されていない。

大化改新の主人公の一人である蘇我倉山田石川麻呂は、大化改新の4年前の641年（舒明13）、山田寺の造営にとりかかった。金堂は643年（皇極2）、塔は676年（天武5）、45年後の685年（天武14）頃に講堂が完成したらしい。山田寺は石川麻呂が造営した寺として有名であるが、1982年東回廊の一部が発掘調査され、その部分が倒壊した状態のままのこっていた寺として全国にその名が知られた。山田寺の流れをくむ瓦は、東国のいくつかの寺の創建瓦として採用されている。いずれも7世紀後半の寺である。百済様式の素弁軒丸瓦は、山田寺式の瓦が関東に普及することによって姿を消していくことから、7世紀後半まで下ることはなく、7世紀前半に位置づけることができよう。

寺谷廃寺の瓦は我が国にその類例を求めるならば天理市願興寺や奈良市横井廃寺、朝鮮半島に目を向けると630年には創建されていたと考えられる百済の東南里廃寺の軒丸瓦と類似している。このように7世紀前半と古く、また百済の瓦とも類似した瓦が屋根を飾った寺院が、古墳時代には大きな前方後円墳が存在するわけでもなく、それほど有力な豪族がいたとは考えられない比企郡滑川町の地になぜ建立されたのであろうか。周辺の考古学的現象からこの点を探ってみよう。

羽尾窯跡、胴張り横穴式石室と寺谷廃寺　寺谷廃寺の立地する台地の斜面に、羽尾窯跡が存在する。窯は岩盤を掘削して築かれており、須恵器は6世紀末から7世紀初頭という年代があたえられる。その間に窯は3回の改築が行われている。羽尾窯跡で焼かれた須恵器の器種は、古墳に副葬される須恵器の器種と類似している。この頃の東国では、まだ須恵器は庶民の生活に入り込んではなかった。また、この段階では須恵器の窯は少なく、武蔵国では6世紀前半から断続的に存在はするものの、ひとつの地域で長く継続して操業することはなかった。須恵器窯は古墳の副葬品を焼くために築かれ、その任務が終了すると窯は閉鎖されたようだ。つまり、須恵器生産とその技術は在地では継承されなかったのである。羽尾窯跡も古墳の副葬品を焼くために築かれた窯であり、須恵器は畿内タイプのものであることから、畿内から須恵器工人を呼び寄せて須恵器を生産させたものと思われる。このように畿内から須恵器工人を呼んだ豪族は、畿内と密接な関係にあったことが想定できる。羽尾窯跡が操業を中止した直後、寺谷廃寺が立地する台地をはさんだ西側の台地に平谷窯跡が構築され操業を開始した。須恵器の形態から見て、同一工人かその流れをくむ工人によって生産されたものと考えられる。

次に、古墳の動向を見てみよう。この周辺の石室は、600年前後に横穴石室から胴張り横穴式石室へと変化する。この600年前後という時期は、羽尾窯跡で須恵器の生産が開始される時期でもあり、注目される現象である。金井塚良一は比企地方への胴張横穴式石室は、横渟屯倉の管掌

者として6世紀後半に畿内から移住してきた壬生吉士氏によってもたらされたと考える。そして、胴張り横穴式石室の分布のひろがりから、その後壬生吉士氏一族は比企地方を中心に勢力を拡大すると推察する（金井塚1976）。

　関東最古の寺院である寺谷廃寺の建立は、在地の技術だけで成立するとは考えられない。寺院の建設は当時の技術の粋を集めたものである。当然、各種技術者が必要となる。おそらく、寺谷廃寺の造営には畿内から各種技術者の派遣を仰がねばならなかったことだろう。羽尾窯跡との出現から平谷窯跡へ、そして寺谷廃寺へと移行するが、羽尾窯跡から寺谷廃寺への移行は時間的断絶がない。これは偶然の出来事ではなく、経営主体者が同一であることを示している。その経営主体者とは畿内と密接な関係をもっている豪族で、壬生吉士氏一族が有力候補者として浮かび上がってくる。

　羽尾窯跡の発掘をしていて不思議なことがひとつだけあった。それは灰原の位置である。通常、灰原は焚き口の下にある。不用物は下にかき出すのが一番合理的だからだ。窯跡の下にも薄い灰原は存在したが、灰原は通常では考えられない窯体の横の斜面部にもあったのである。当初はそこに窯跡があるものと思って発掘を開始したが、そこに窯跡は存在せず、灰原が確認できたのである。灰原から出土した須恵器の甕と窯体内部にあった須恵器の甕と接合することができ、また窯跡は一基しか存在しなかったことから、その灰原は羽尾窯跡の灰原であることに間違いない。灰原が形成された時期は、窯の中に最後に残った須恵器と接合することから、羽尾窯跡の最終段階に近い時期が想定された。なぜ、焚き口部より上に灰原が形成されたのだろうか。投げ上げるのとかき出すのでは、労力に相当の差があるはずである。羽尾窯跡のすぐ下に五厘沼と呼ばれている溜池がある。つまり、羽尾窯跡が操業している段階でこの溜池がつくられたために、灰や焼土、割れた須恵器などをかき出すことができなくなったのである。岩盤を掘削してまで築いた羽尾窯跡は、溜池のために操業が不可能となり、あらたに平谷窯跡がつくられたのであった。

　滑川町には溜池が多い。その多くはいつ築かれたかはわからないが、五厘沼という溜池は、7世紀初頭に築かれたと考えられ、溜池の技術も畿内からもたらされたものであろう。寺谷廃寺を取り巻く考古学的現象は、600年前後を境に畿内色の強い環境へと変化する。寺谷廃寺はこうした環境のなかで造営されたものであり、昔からの在地勢力によって築かれたものではなく、畿内と密接な関係にあった豪族によって造営された寺ということができよう。

（2）上総国

大寺廃寺　上総国で最古の寺院は、木更津市所在の大寺廃寺である。大寺廃寺の地は、古墳時代には馬来田国造の本拠地で、小櫃川流域には前方後円墳の系譜が続き、最終末の前方後円墳として金鈴塚古墳が有名である。伽藍配置は法起寺式ではないかと想定されているが根拠はない。ただ、凝灰質砂石の露盤が存在することから、塔があったことだけは確実である。創建瓦は周縁に面違鋸歯文をもつ複弁8葉蓮華文という大和「川原寺式」の軒丸瓦で、畿内を含めもっとも川原寺に近い様式をもっている。川原寺の造営年代は661年から673年ではないかといわれている。

第4編 古代寺院

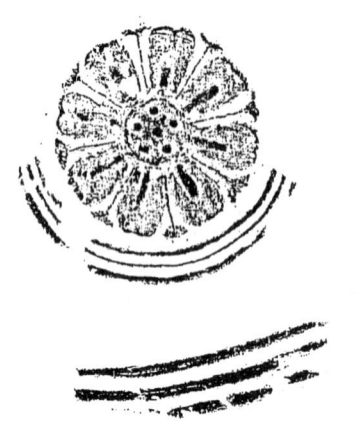

第154図 龍角寺創建瓦 1/4

川原寺式の瓦は地方にも多く分布するが、美濃国に集中して出土することから、672年の壬申の乱で大海人皇子の側について活躍した美濃の豪族たちに、その論功に対し寺院建立の政治的・経済的基盤が与えられたのではないかとする説がある（八賀 晋 1973）。しかし、須田 勉は大寺廃寺の瓦の様子から美濃国に分布する川原寺式の軒丸瓦とは同一視できず、その創建年代は天武朝まで下る積極的な論拠は見当たらないとしている。また、大寺廃寺の創建瓦は川原寺の瓦にきわめて類似していることから、郡司層が造営したものの、造営には大和朝廷が直接関与していたのではないかと論じている（須田 1980）。

上総国では旧国造の支配領域では、一郡一寺の形態が続き、望陀郡においても大寺廃寺のほかにつくられた寺院は存在しないという（補注）。大寺廃寺もその後、郡寺的性格を帯びるようだ。

（3）下総国

龍角寺 下総国では、印旛郡栄町に存在する龍角寺が最古の寺院である。伽藍配置は南大門から入り、中門を抜け、左手に金堂、右手に塔、そしてその奥に講堂が配されるという、いわゆる法起寺式の伽藍配置である。創建瓦は周縁に三重圏文のある単弁8葉蓮華文で、山田寺式の系譜をもつ軒丸瓦である（第154図）。関東でもいくつかの寺院跡で山田寺式の軒丸瓦が出土しているが、そのなかでももっとも古い様式をもっている。おそらく、その年代は7世紀後半でも古い段階に位置づけることができよう。

龍角寺の性格を考える上で、龍角寺から3kmのところに存在する龍角寺古墳群を抜きに語ることはできない。龍角寺古墳群の中でも一辺約80m、高さ約12.5mという全国でも2番目の規模を誇る超大形方墳の岩屋古墳が注目される。年代は7世紀前半に位置づけられている。安藤鴻基は岩屋古墳の規模と墳形から、単なる在地首長の墳墓であるとは到底考えられず、岩屋古墳は典型的な畿内型の終末期古墳であり、畿内中枢との密接な関係なしには理解できないという。また、方墳は畿内において用明天皇・推古天皇の陵墓をはじめ、蘇我馬子の墓の可能性が高い石舞台古墳といったように、蘇我氏関係の墳墓に方墳が顕著に採用されていることから、蘇我氏がその造営に深く係わっていたのではないかと推察している。そしてまた、龍角寺の創建瓦も山田寺式の瓦を採用していることから、龍角寺の造立者は岩屋古墳の被葬者の系譜下にあり、その両者は蘇我氏か蘇我氏の系統の氏族ではないかと考えるのである（安藤 1980）。

下総国では、白鳳期のほとんどの寺院は龍角寺の軒丸瓦の系譜を引く軒丸瓦を創建瓦に採用しており、その影響力の大きさを知ることができる。

（4）相模国

千代廃寺　別名、千代台廃寺とも呼ばれ、小田原市千代・千代台に所在する。創建瓦と思われるものは周縁に三重圏文をもつ複弁10葉蓮華文軒丸瓦と、同じく周縁に三重圏文をもつ16葉細弁蓮華文軒丸瓦がある。瓦の様式から見ると、複弁の方が古く考えられるが、同じ三重圏をもつことから、時期的にはさほど大きな開きはないものと理解してよいだろう。創建期という幅の中で、これら二種の瓦が使われたと思われる。瓦は7世紀末から8世紀初頭に位置づけることができる。

伽藍配置は南大門の右に塔、中門と金堂を回廊で結び、その奥に講堂という東大寺式の伽藍配置が想定されているが、詳細は不明である。

（5）上野国

山王廃寺　上野国ではほぼ時を同じくして山王廃寺・上植木廃寺・寺井廃寺という三つの寺が造営された。

山王廃寺は前橋市総社町に所在し、寺域は東西、南北とも約二町以上（220m以上）が推定される大きなもので、法起寺式の伽藍配置が想定されている。出土遺物として、金堂または講堂の屋根に飾られた石製鴟尾、柱のまわりを飾った根巻石がある。この根巻石は付近に存在する7世紀後半に比定されている宝塔山古墳の石室と同一の石工技法で製作されているといわれている。また、宝塔山古墳の石室の壁には漆喰が塗られ、石棺の足には格狭間が見られ、これらは寺院建築に伴うものであることから、両者は同一豪族によって造営されたのではないかと考えられている。そのほか塑造女人像頭部、銅鏡、緑釉水注、緑釉塊、緑釉皿などが出土している。創建瓦は素弁8葉蓮華文軒丸瓦で、塔跡から出土している。しかし、全体的に出土量が少ないことから創建瓦であることを疑問視する向きもある。

山王廃寺から「放光寺」とヘラ書きされた瓦と、「放光」と刻印された瓦が出土した。放光寺で思い出すのが、上野三碑のひとつである山ノ上碑に出てくる「放光寺僧」という銘文である。碑の年代は「辛巳歳」とあることから681年（天武10）であることがわかる。そして、ここに出てくる放光寺は山王廃寺であろうといわれている（松田猛 1985）。また、681年には放光寺の僧長利が仏教活動をしていることから、山王廃寺はその何年か前に、僧が置かれる状態までに完成していたと見なければならない。たとえば、飛鳥寺では工事開始から僧が置かれるまで8年、山田寺では金堂完成まで3年という時間がかかっている。おおまかにそれを10年とすれば、山王廃寺の創建は671年以前となり、7世紀第3四半期とすることができよう。

「上野国交替実録帳」によると、放光寺は定額寺に列せられている。「上野国交替実録帳」に出てくる放光寺が山王廃寺であるなら、山王廃寺はある段階で定額寺に列せられたことになる。定額寺とは、地方豪族が造営した寺院のなかから、国家が有力な寺院の数を限定して選抜し、経済的な優遇措置を与えるものである。上野国には放光寺を筆頭に法林寺・法輪寺・滋広寺の四箇寺が定額寺に列せられている。放光寺は山王廃寺の可能性が高いが、ほかの三箇寺については比定できる寺院は不明である。しかし、後述する上植木廃寺と寺井廃寺も上野国では有力寺院であ

第4編　古代寺院

り、定額寺であった可能性もある。また、山王廃寺の位置する周辺は、その後に国府と国分寺が置かれ、古代上野国の中心地となる。古墳時代には上毛野氏の本拠地と考えられており、宝塔山古墳とともに山王廃寺は上毛野氏によって建立された可能性が高いのである。

　上植木廃寺　上植木廃寺は伊勢崎市上植木町に存在する。寺域は山王廃寺と同様方二町が推定され、伽藍主要部は塔・金堂・講堂・中門・回廊からなる本格的な古代寺院である。伽藍配置は中門の左手に塔、中門の正面に金堂、その奥に講堂となっている。創建瓦は周縁に三重圏文をもつ単弁8葉蓮華文軒丸瓦で、「山田寺式」の系譜を引くものである。この系譜を引くものは龍角寺からも出土しているが、龍角寺の軒丸瓦の方が山田寺の瓦に近い様相を示していることから、上植木廃寺の年代は龍角寺よりも若干下ることになる。しかし、山田寺式であることから7世紀後半の創建であることに疑いはなく、山王廃寺にわずかに遅れて建立されたと思われる。

　上植木廃寺からは「佐位」「佐」「渕」「茂（美）」「反」「雀」といった押印の文字瓦が出土している。これらはいずれも佐位郡の郷名「佐井、淵名、美侶、反治、雀部」を表していると理解できる。これらの文字瓦は創建期のものであるという確証はないが、上植木廃寺は佐位郡と密接な関係のある寺院であったことを窺わせる資料である。上植木廃寺の存在する伊勢崎市周辺には、奈良時代に上毛野氏一族の檜前（部）君という有力豪族が勢力をもっていた。上植木廃寺の建立者として、この豪族を最有力候補としてあげることができ、上植木廃寺は檜前（部）君の氏寺として建立された可能性が高いのである。

　寺井廃寺　寺井廃寺は太田市天良、寺井に存在するが、規模、伽藍配置などは明らかになっていない。創建瓦は「川原寺式」の周縁に面違鋸歯文をもつ複弁8葉蓮華文軒丸瓦である。寺井廃寺の川原式の創建瓦は、上総国大寺廃寺のものにくらべ明らかに後出のものであることから天武朝まで下がり、7世紀第4四半期に位置づけることができる。この寺も東毛地方の有力豪族によって建立されたのであろう。

（6）下野国

　浄法寺廃寺　浄法寺廃寺から出土している素弁8葉蓮華軒丸瓦は（第155図）、百済様式を示すことから7世紀中頃に位置づけることができ、下野国で最古の瓦と見ていいだろう（大脇潔 1991）。この浄法寺廃寺は那須郡小川町に所在する。規模などは不明であるが、近くには那須郡衙があり、また那須郡には浄法寺廃寺以外に寺院跡と思われるものは確認されていないことから、那須郡の有力豪族によって建立されたものと考えられる。有力豪族とは那須国造の系譜につながる可能性もあるが、今それを語るにはあまりにも資料が少ない。

　下野薬師寺　下野国の古代寺院を語る場合に、忘れてならないのが下野薬師寺である。東大寺・筑紫観世音寺とともに日本三戒壇のひとつが置かれ、道鏡が流された寺としてあまりにも有名である。また、東国でもっとも格式の高い寺であった。その下野薬師寺は河内郡南河内町大字薬師寺に所在する。創建瓦は「川原寺式」の軒丸瓦である（第156図）。この瓦は上総国大寺廃寺に次ぐ古い様式をもつ瓦で、天武朝期の創建でほぼ意見の一致を見ている。規模は東西252ｍ、南北

320mという大規模なもので、主要伽藍は回廊で囲まれ、中軸線上に中門・金堂・講堂があり、金堂と講堂の中間地点の西側に現戒壇堂が存在するが、当時の戒壇堂の位置はつかめていない。戒壇堂とは、僧に戒律を授けるための建物である。塔は東回廊より外側の50mも離れた所にある。戒壇堂を含めた伽藍は創建当時のものではなく、戒壇堂建設の時に大々的に整備された可能性が強い。戒壇堂の設置は、『元亨釈書』によると761年（天平宝字5）正月に筑紫観世音寺とともに築かれたとある。しかし、創建期の伽藍はどのようなものであったのかは解明されていない。西回廊と重複して古い建物跡が確認されるなどから、今日確認されている寺域とは無関係に当初の伽藍が存在していたのではないかと推定されている（栃木県教育委員会 1973）

第155図　浄法寺創建瓦

氏寺から官寺へ　下野薬師寺は当初、下毛野氏一族の氏寺として建立されたとみる説が有力で、その創建には下毛野朝臣古麻呂の尽力があったと考えられている。下毛野朝臣古麻呂といえば藤原不比等のもと次官として、また大宝律令作成の実質的責任者であった人物である。下野薬師寺は下毛野氏一族の本拠地に一族の氏寺と建立された可能性が高いようだ。

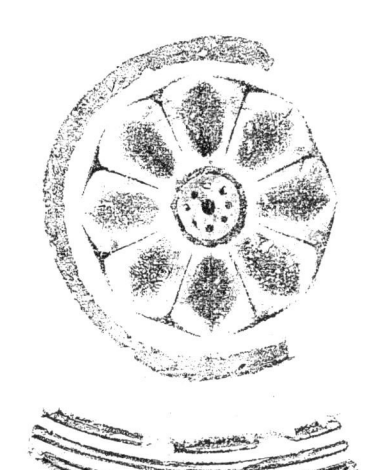

第156図　下野薬師寺創建瓦

それでは、氏寺から官寺へと移行する時期はいつであろうか。これに関し岡本東三氏は、『正倉院文書』の「右京計帳」に733年（天平5）に平城京の右京三条三坊に下野国薬師寺造司工である課戸主従六位上於伊美吉子首という人物が居住していた記載があることから、天平5年以前に下野薬師寺は官によって造寺司が組織され、技術者が下野薬師寺に派遣されたと推察した。また、播磨溝口廃寺と同范関係にあることから、官が所有する范型が下野薬師寺に貸与されたという。そして、『続日本紀』によると、下毛野朝臣古麻呂は大宝3年2月に大宝律令選定の功により、田10町・封150戸を賜り、さらに翌3月には功田20町を賜っていることに注目した。この功田20町は大宝律令の功績によるものではなく、下野薬師寺が氏寺から官寺化する代償として与えられたものではないかと推定し、703年（大宝3）から733年（天平5）の間に国家によって造寺司が組織され官寺として格式高い寺院として整備されていったのではないかと考えるのである（岡本東

三 1974)。

下野薬師寺が官寺化すると考えられる時期は、東国において郡衙が整備される時期にあたる。また、8世紀前半は後述するように郡の主要寺院は氏寺的性格から郡衙の併設寺院、つまり郡寺的性格へと変化する時期でもあり、まさに下野薬師寺の官寺化への時期は、大和朝廷による地方行政機構の整備の時期と一致するのである。

(7) 常陸国

新治廃寺 常陸国で現在確認されている最古の寺のひとつとして、真壁郡協和町に所在する新治廃寺がある。瓦は周縁に面違鋸歯文をもつ複弁8葉蓮華文軒丸瓦で、一見して下野薬師寺の創建瓦の系譜を引く瓦であることがわかる。瓦の年代は7世紀末から8世紀初頭と考えられる。新治廃寺は古くから近くに存在する新治郡衙との関係で捉えられており、郡衙に伴う寺院ではなかったかと考えられてきた(高井悌三郎 1944)。最近、郡衙と寺院との研究が進んでいるが、研究成果は高井悌三郎の説を補強するものはあっても否定するものは見あたらない。

新治廃寺からは「大寺」「新治寺」と書かれた文字瓦が出土していることから、当時新治廃寺は「大寺」「新治寺」と呼ばれていたことがわかる。「大寺」と称されていた寺院は、評・郡の近くに存在する「隣接寺院」に多く、また「大寺」と称されていた寺院は、評や郡名を冠した「評・郡名寺院」であることが多いという。さらに、郡名を冠する寺院は多くの場合、七堂伽藍を備える立派な寺院であるという(櫻井信也 1987)。新治廃寺も主軸線上に金堂・講堂があり、金堂の両側に東塔と西塔の2塔が存在し、これらを回廊で囲む「新治廃寺式」という伽藍配置をとっている。新治廃寺はまさに郡衙に伴う寺院として建立されたものである。

3 盛んとなる寺の造営

武蔵国と寺院建立 各国の初期寺院は、以上見てきたように多少年代の相違はあるものの、7世紀後半代には建立されている。その後、各郡に寺院の建立がはじまった。その状況を武蔵国で見てみよう。

最古の寺院は先に述べたように、7世紀前半の寺谷廃寺である。寺谷廃寺は比企郡に属す。その後、7世紀後半には橘樹郡に影向寺廃寺、入間郡に勝呂廃寺、幡羅郡には西別府廃寺が、榛沢郡に馬騎の内廃寺が建立された。影向寺廃寺の創建期瓦は2種類ある。第1のタイプは山田寺式軒丸瓦の変化したもの、つまり棒状子葉が加えられた単弁8葉蓮華文軒丸瓦である。第2のタイプは第1タイプの瓦に面違鋸歯文の退化した線鋸歯文が付く軒丸瓦である。本来、面違鋸歯文は複弁に付くものであるが、単弁に付くという複雑な様相を示している。どちらが古いか議論のあるところであるが、面違鋸歯文が退化していることを考えると、第2タイプの方が新しいものであると思われる。創建は7世紀後半でも終末に近い時期だろう。

勝呂廃寺の創建瓦も棒状子葉をもつ単弁の軒丸瓦であるが、武蔵国では棒状子葉をもつ単弁の瓦は、橘樹郡の影向寺廃寺と入間郡の勝呂廃寺及び比企郡に多く見られる。勝呂廃寺の創建瓦も

第2章　東国における古代寺院の成立

比企郡内の赤山窯跡から供給されている。勝呂廃寺の創建瓦は素弁10葉に棒状子葉が付くもので、山田寺式軒丸瓦の影響というよりも在地で系譜が追えることから、在地で展開していった軒丸瓦であるということができる。その年代は影向寺廃寺よりも古く、7世紀第3四半期に位置づけることができよう。入間郡には国の正史に名を残した物部直広成（入間宿祢）がいる。その一族はその名からして入間郡内の有力豪族であったと考えられる。勝呂廃寺はきわめて大きな寺院であった。その全容は把握されていないが、発掘調査によって銅の塔の相輪が出土したことから、七堂伽藍をもった寺院であったことが想定できる。入間郡内には勝呂廃寺に匹敵する寺院は存在しないことから勝呂廃寺は入間宿祢一族によって建立されたものと考えられる。

　馬騎の内廃寺は山頂付近にある一種の山岳寺院である。山頂の平場に主要伽藍があり、その周辺には僧坊と思われる小さな平場がいくつも存在する。創建瓦は素弁10葉蓮華文軒丸瓦で、瓦の様式から見て寺谷廃寺に次ぐ古さで、7世紀中頃に比定することができる。馬騎の内廃寺の近くに100基近くからなる中小前田古墳群が存在する。この古墳群の6号墳から7世紀初頭の末野窯跡産の須恵器が出土した。末野窯跡は南多摩窯跡群・東金子窯跡群・南比企窯跡群とともに、武蔵4大窯跡群のひとつに数えられている。7世紀初頭という時期は、須恵器はまだ一般庶民の生活には普及しておらず、須恵器窯は古墳の副葬品を焼いていた。中小前田古墳群から末野窯跡産の須恵器が出土していることから末野窯の経営者は、中小前田古墳群の築造者を想定することができる。

須恵器工人と瓦　その後、須恵器工人は馬騎の内廃寺の瓦づくりに参画した。素弁10葉蓮華文軒丸瓦は須恵質の焼成で、また8世紀初頭の瓦は須恵器工人が使う道具で、さらに須恵器の甕をつくる方法で平瓦を製作している。このように、きわめて独特の方法で瓦をつくっていることから、この方法でつくられた瓦を「馬騎の内技法平瓦」と呼んでいる。つまり、馬騎の内廃寺の造瓦には、須恵器工人が深く関与していたのである。須恵器工人は当初古墳の副葬品の須恵器を焼いたが、寺院の建立とともに瓦の製作に携わり、また寺院で使う仏具や日常雑器も焼いたのである。

　中小前出古墳群と馬騎の内廃寺は、須恵器工人を媒介として密接な関係にあることが判明した。7世紀初頭の末野窯跡産の須恵器を出土した6号墳は、胴張横穴式石室であった。金井塚良一によると胴張り横穴式石室は壬生吉士氏の墓制となるが、馬騎の内廃寺は榛沢郡における有力豪族によって建立されたと考えていいだろう。馬騎の内廃寺は末野窯跡群の中心部にあり、その山麓に多くの窯跡が存在する。馬騎の内廃寺の建立者は須恵器生産を発展させ、末野窯跡群の管掌者として成長したことが想定できるのである。

　ここで、国分寺創建以前の各国の寺院造営状況を表と分布図にまとめてみよう（表15、第157図）。

　各国の造寺の様子を郡単位で見てみると、郡によってはまだ寺院跡が確認されていないところもあるが、基本的には有力豪族のいた郡は、国分寺造営以前に寺院を建立している場合が多い。このように仏教は伝来したときから、国家との結び付きよりも氏族との結び付きが強かった。も

第4編　古代寺院

表15　国別・郡別古代寺院の出現期

国　名	郡　名	7C前～中	7C後半	7C末～8C初	8C前半
相　模	足　下 高　座			千代	下寺尾
武　蔵	多　摩 都　築 橘　樹 足　立 入　間 高　麗 比　企 幡　羅 榛　沢 加　美 那　珂	寺谷	影向寺 勝呂 西別府 馬騎の内	女影	京所 岡上 菅寺尾台 大久保領家 興長寺 岡 五明 大仏
上　総	市　原 海　上 畔　蒜 望　陀 周　淮 山　辺 武　射 夷　濤		今富 大寺 九十九坊	光善寺・武士 二日市場 大椎 横宿・真行寺 岩熊	菊間 真里谷
下　総	千　葉 印　旛 匝　瑳 結　城 海　上 香　取 埴　生		木下別所 八日市場 名木・龍正院 龍角寺	長熊 結城 木内	千葉
上　野	片　岡 多　古 群　馬 吾　妻 佐　位 新　田		山王 上植木 寺井	でえせいじ 馬庭東 金井	奥原
下　野	足　利 都　賀 河　内 芳　賀 那　須		下野薬師寺 浄法寺	大内	十念寺 西山田?
常　陸	新　治 真　壁 筑　波 河　内 茨　城 行　方 那　珂 久　慈 多　珂			新治 茨城 台渡利	下谷貝 筑波 九重 井上 久米 馬頭観音

第2章　東国における古代寺院の成立

1	千代廃寺	31	八日市場廃寺
2	下寺尾廃寺	32	木内廃寺
3	岡上廃寺	33	名木廃寺
4	影向寺廃寺	34	龍正院廃寺
5	菅寺尾台廃寺	35	龍角寺廃寺
6	京所廃寺	36	木下別所廃寺
7	大久保領家廃寺	37	長熊廃寺
8	女影廃寺	38	千葉廃寺
9	大寺廃寺	39	結城廃寺
10	勝呂廃寺	40	寺井廃寺
11	小用廃寺	41	上植木廃寺
12	寺谷廃寺	42	ていせいじ廃寺
13	西別府廃寺	43	馬庭東廃寺
14	岡（廃寺）	44	山王廃寺
15	大仏廃寺	45	奥原廃寺
16	馬騎の内廃寺	46	金井廃寺
17	城戸野廃寺	47	十念寺廃寺
18	五明廃寺	48	西山田廃寺
19	九十九坊廃寺	49	下野薬師寺
20	大寺廃寺	50	上神主廃寺
21	真里谷廃寺	51	大内廃寺
22	二日市場廃寺	52	浄法寺廃寺
23	武士廃寺	53	馬頭観音廃寺
24	今富廃寺	54	久米廃寺
25	菊間廃寺	55	台渡廃寺
26	光善寺廃寺	56	新治廃寺
27	大椎廃寺	57	筑波廃寺
28	横宿廃寺	58	東岡廃寺
29	真行寺廃寺	59	茨城廃寺
30	岩熊廃寺	60	井上廃寺

第157図　古代寺院分布図

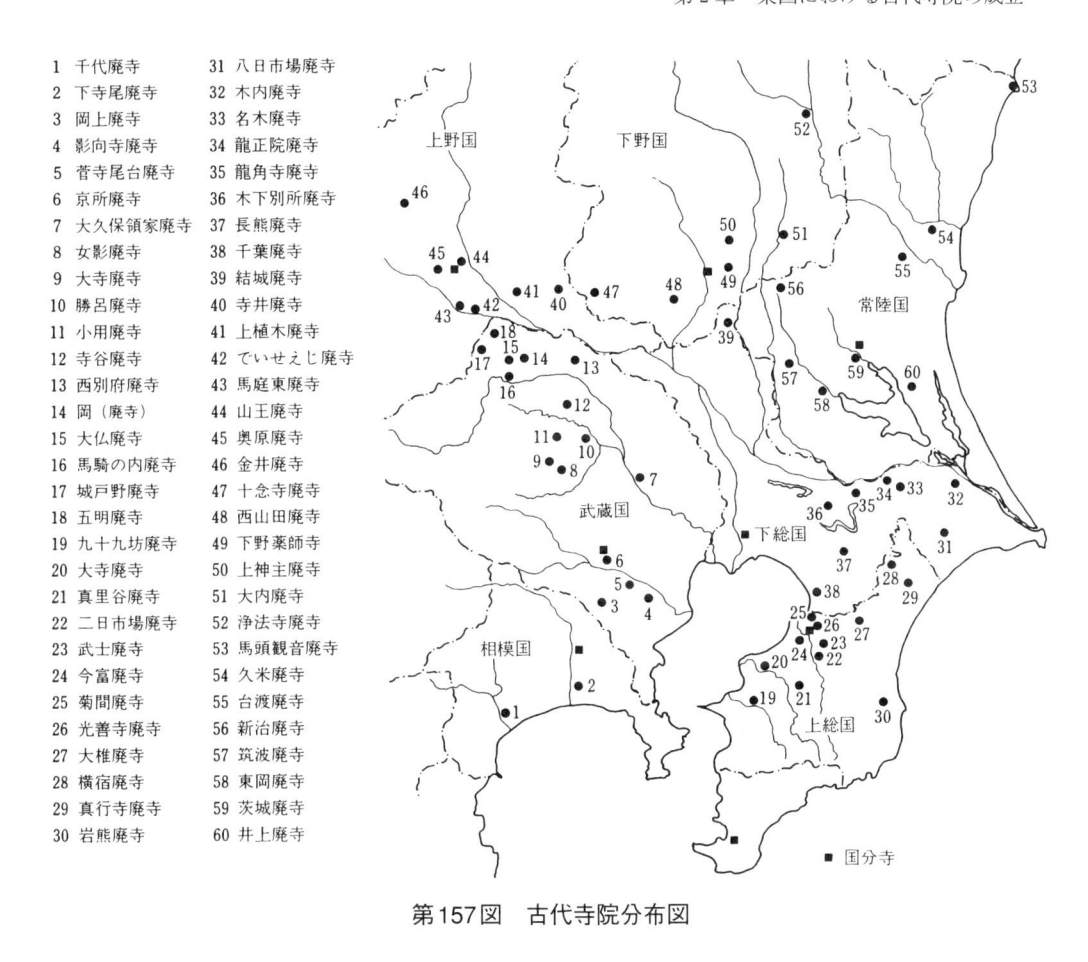

とより畿内の有力の寺々も有力氏族によって建立されたのであった。こうした仏教も律令体制の整備をはかる必要性から、しだいに支配の思想的背景として、政治に利用されていくのであった。その様子を、北武蔵をひとつの舞台として眺めてみよう。

4　氏寺から官寺へ

高麗郡の設置と女影廃寺　最近、官衙跡と推定される遺跡が相次いで発掘調査され、地方官衙の研究が急速に進展した。こうした研究成果によると、官衙は7世紀末から8世紀初頭に出現する例が多くい。武蔵国では文献によって郡の設置がわかるのは高麗郡だけである。『続日本紀』によると、高麗郡は駿河・甲斐・相模・上総・下総・常陸・下野の7国にいた高麗人1799人をもって設置されたとある。それは716年（霊亀2）のことであった。高麗郡設置の状況を物語る考古学的資料として女影廃寺がある。そこから1枚の瓦が出土している。周縁に面違鋸歯文をもつ複弁8葉蓮華文軒丸瓦である。この瓦は常陸新治廃寺の瓦とよく似ている。実物は、現在では行方不明となっているが、幸いなことに拓本が残っていた。女影廃寺の拓本と新治廃寺出土の瓦の拓本を比較して見ると、同じ笵でつくられていることが判明した。女影廃寺と同笵関係にある瓦は、

新治廃寺の創建瓦であることから、女影廃寺の瓦も8世紀初頭に比定でき、716年の高麗郡の設置直後に女影廃寺の造営がはじまったことを示唆している。

女影廃寺の性格　685年（天武14）、「諸国に、家毎に、佛舎を作りて、すなわち佛像及び経を置きて、禮拝供養せよ」との詔がだされた。この詔についてはいくつかの解釈がある。とくに問題となるのが、「諸国毎家」めぐっての解釈で、これについては次のような諸説がある。

1）公民全般の家に仏舎を造るという理想を示した。
2）貴族や豪族に対し、寺の建立を奨励した。
3）国衙に付属する寺院の造営、あるいは国衙における仏像、経典の安置を命じた。
4）諸国の官衙施設に付属する寺院の造営を命じた。

という説である。1）については考古学では証明できないが、2）に関してはすでにこの段階に有力豪族は寺院の造営を開始しているので、詔を出す意味は薄れる。3）の説も有力であるが、最近の考古学の成果によると、郡衙の近くに必ずといってよいほど寺院跡が存在することが確認されている。これらは一般に郡衙併設寺院とか郡寺と呼ばれる寺院である。そうすると、詔の意味は4）の諸国の官衙施設に付属する寺院の造営を命じた、という説がもっとも有力となり、この説を支持したい。

高麗郡ではまだ郡衙跡は確認されていないが、女影廃寺・大寺廃寺・高岡廃寺の三箇寺が存在する。大寺廃寺と高岡廃寺は丘陵上にあり、近くに郡衙を求めるだけの広さは存在しない。創建時期は、大寺廃寺からは平城宮系の瓦で、平城第Ⅱ期の瓦が出土していることから8世紀第2四半期に、高岡廃寺は8世紀後半に位置づけられることから、高麗郡設置に一番近い時期の寺院は女影廃寺ということになる。また、女影廃寺は台地上にあり、近くに郡衙を形成する余地は十分にある。女影廃寺の特徴はなんといっても、創建瓦が新治廃寺と同笵関係にあることである。新治廃寺はさきに述べたように、新治郡衙に伴う寺院であり、その瓦は川原寺と下野薬師寺という格式高い寺の瓦の系譜を引いており、常陸国内の主要寺院の創建瓦にも強い影響を与えている。その瓦を女影廃寺は創建瓦として採用したのである。

先に見た下野薬師寺と播磨溝口廃寺の同笵関係と文献史料から、岡本東三は官寺の場合には、笵を公的機関が所有管理し、それを貸与するという事実を明らかにした。女影廃寺と新治廃寺は、下野薬師寺と播磨溝口廃寺ほどは離れていないが、国を越えて笵が動いている事実には変わりはない。建郡ということ自体、武蔵国一国の能力を越えており、その背後には国家の意志が働いていたと見るべきである。女影廃寺の造営も高麗郡建郡の一環として国家の指導のもとに行われたものであろう。

女影廃寺系軒丸瓦　女影廃寺の軒丸瓦は、その後の武蔵国の寺々の創建瓦の文様意匠に強い影響を与えている。女影廃寺の創建軒丸瓦を参考につくったと考えられる軒丸瓦は三タイプ存在する。Aタイプは面違鋸歯文が二つの山形文が交差する交差鋸歯文に変化したもので、比企郡の西戸丸山窯跡で焼かれ、同じ比企郡内の小用廃寺、足立郡の大久保領家廃寺に供給されている。大

久保領家廃寺は足立郡の郡寺として有力視されている寺院で、当時の足立郡には藤原仲麻呂の乱で活躍した丈部直不破麻呂（のちの武蔵宿祢）の一族が勢力を張っており、この一族が郡司に登用され大久保領家廃寺を建立したのではないかと思われる。

Bタイプの軒丸瓦は、面違鋸歯文が二本の波状文が交差する交差波状文に変化したものである。この種の軒丸瓦は勝呂廃寺で多量に出土し、また大里郡岡部町寺山遺跡からも出土している。勝呂廃寺は当初氏寺として創建され、のちに入間郡の郡寺になった可能性の高い寺である。寺山遺跡については性格が不明である。

Cタイプの瓦は、Aタイプの笵の周縁を切り落とし、切り落とした面に線鋸歯文をめぐらせたものである。つまり、改笵が行われたのである。このCタイプの瓦は児玉郡児玉町の金草窯跡で焼かれ、荒川左岸地域に広く分布し、この地方の主要寺院の屋根を飾ったのである（第158図）。

丈部直不破麻呂も物部直広成も高麗郡出身の高麗福信によって引き立てられ、中央で活躍したといわれている（原島礼二 1976）。これら氏族と関係のある寺院が女影系軒丸瓦を採用していることは、その見解を証左しているといえよう。このように女影廃寺系軒丸瓦は、北武蔵の郡寺あるいは主要寺院に採用されていったのである。これら女影廃寺の影響を受けた瓦の年代は、8世紀第2四半期でも国分寺造営以前に比定することができる。

高麗郡として推定される地域には、古墳時代の遺跡は存在しない。高麗郡はこうした空白地帯に建郡されたのである。高麗郡の設置には、国家の意志が強く働いていたことを述べた。高麗郡が空白地帯に建郡された理由は、在地豪族に遠慮することなく自由に郡の建設ができるからであろう。この頃はまさに国家が律令体制の整備を積極的に推進している時期である。高麗郡設置の目的は、地方行政機構の整備の遅れている北武蔵の地に高麗郡を設置して郡衙機構を整備し、また685年の詔のとおり郡衙に伴う寺院つまり女影廃寺を建立し、地方行政機構のモデルを北武蔵全域に示すことにあったものと考えられる。

この政策は成功したようだ。8世紀第2四半期はもっとも造寺活動が活発になった時期で、郡寺と推定される寺々が次々に建立されていくのである。北武蔵ではいまだ郡衙遺構は確認されていないが、寺院跡を通じて郡衙機構が整備されていく様子が手にとるように窺える。各郡で郡衙を造営し、その附属寺院を建立する時、その本家ともいうべき高麗郡の附属寺院である女影廃寺の軒丸瓦をモデルとしたのである。こうした事実から見ても、高麗郡はその目的を十分に果たしたのである。

勝呂廃寺の官寺化　文献によると入間郡には二大豪族がいた。物部直広成（のちの入間宿祢）に代表される物部一族と、大伴部赤男に代表される大伴部の一族である。広成は中央で武官として活躍したことは『続日本紀』によって知ることができる。いっぽう、大伴部赤男は769年（神護景雲3）西大寺に対し、商布1500段・稲74,000束・墾田40町・林60町を献上して一躍名を高めた。ただ、ここで問題となるのが、これらを西大寺に献上した時期である。769年9月17日に入間郡の正倉4倉が焼けた。いわゆる「神火」である。「神火」は正倉に放火して現郡司を追い落とす

第4編 古代寺院

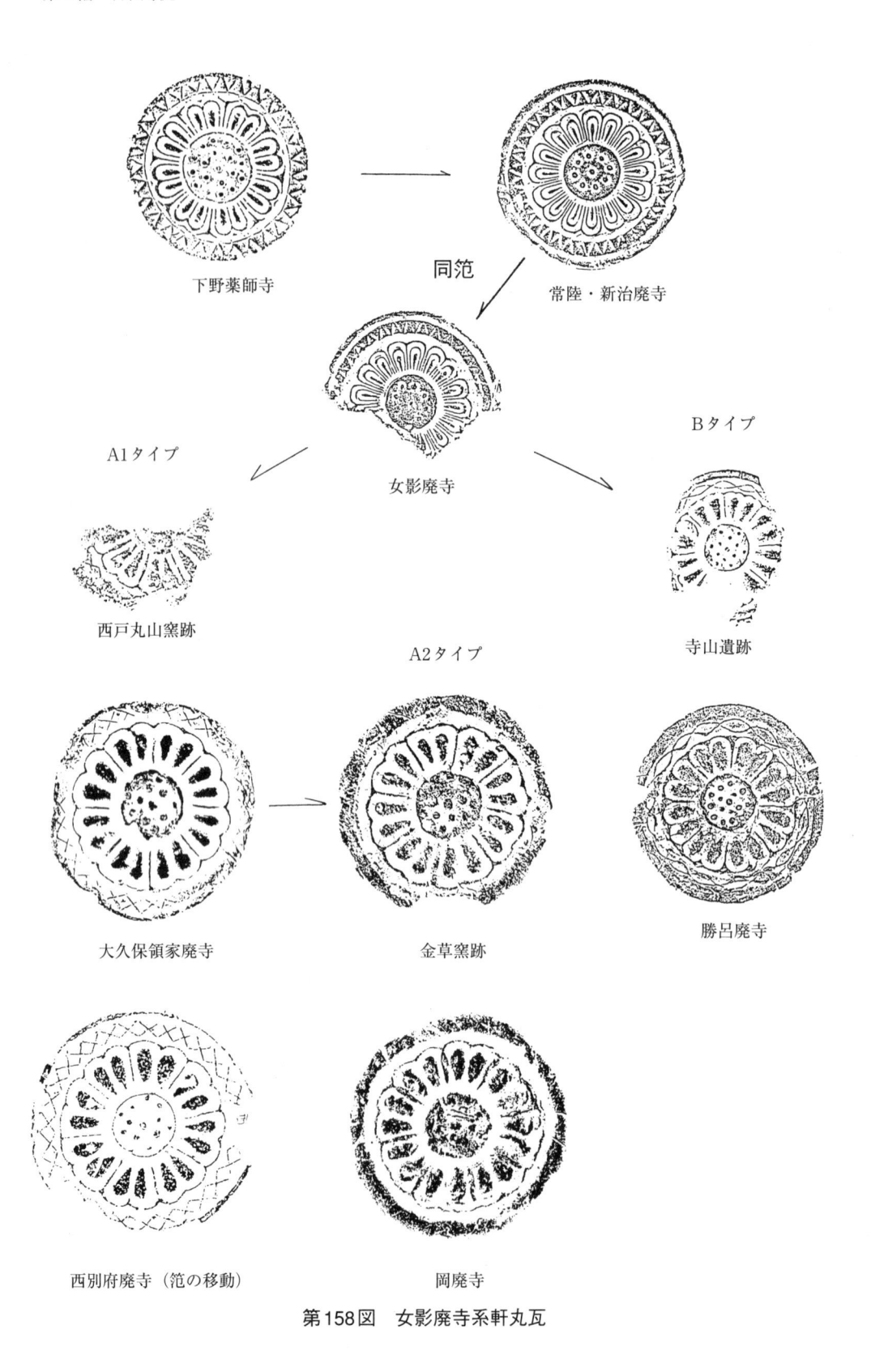

下野薬師寺　同范　常陸・新治廃寺

A1タイプ　女影廃寺　Bタイプ

西戸丸山窯跡　　　　　　　　　寺山遺跡

A2タイプ

大久保領家廃寺　金草窯跡　勝呂廃寺

西別府廃寺（范の移動）　岡廃寺

第158図　女影廃寺系軒丸瓦

手段として使われたり、さらには正倉を空にしておいて放火したり、中味もろとも焼けたと称し私欲を肥やした郡司もいたようだ。入間郡の正倉の「神火」がそのどちらにあたるか即断はできないが、赤男が西大寺にあのような莫大なものを献上しながら叙位されたのは、それから9年後の777年（宝亀8）であった。それも死に際して外従五位下が追贈されている。通常、献上から叙位まで9年もかかり、また死後の追贈は稀である。これには何かの要因があったはずである。そのひとつとして、朝廷は大伴部赤男が入間郡正倉の神火と何らか関連があることをすでに察知していたために生前に叙位しなかった、とも推測できるのである（加藤かな子 1987）。

　神火の起きる1年前、物部直広成は仲麻呂追討の功により入間宿祢を賜っている。ときに正六位上である。このように入間郡における二大豪族の一方の雄である物部氏は、入間宿祢の姓を賜ったことは、入間郡におけるその地位を朝廷によって認められたことを物語っている。郡司も代々物部氏が登用されていたったのではないかと想定できる。大伴部赤男が西大寺に商布1500段などを献上したのは、神火の先か後かわからないが、莫大な物を献上することによって朝廷の覚えをめでたくし、郡司追い落としのために正倉に放火させたとも、また逆に放火の証拠をつかまれたために、ときの称徳天皇が建立を誓願した西大寺に各種献上したとも邪推できよう。いずれにしても、入間郡での大伴部一族の地位低下に赤男はあせりを感じ、最後の賭けに出たのかも知れない。正史に入間郡の大伴部が顔を出すのは、赤男の献上の記載が最初にして最後である。その後、没落していったのかも知れない。入間郡正倉の放火に関して大伴部赤男は、「濡衣だ」と叫ぶかも知れないが、状況証拠は不利である。

　勝呂廃寺は入間郡内の最有力寺院である。勝呂廃寺は以上述べてきたようなことから、入間郡の有力豪族である物部氏によって建立されたと考えていいだろう。当初、勝呂廃寺も氏寺であった。しかし、律令体制が確立するとともに、物部氏も地方官人として律令体制の中に組込まれ、郡司として登用されていったことだろう。それとともに、勝呂廃寺も氏寺から郡寺へと性格を変えていったものと思われる。出土瓦から見ると、この段階に大幅な改修が行われたようだ。つまり、さきに述べたように女影廃寺系のB系統の瓦が採用され、主要伽藍を飾ったのである。

　律令時代の地方豪族は、郡司になるかならないかは経済的にきわめて重要なことであった。郡司は終身制であったので、郡司に登用されなかったほかの有力豪族は、郡司の追い落とし策として、正倉への放火の挙にでたのである。神火は8世紀後半から9世紀に集中し、関東各地に見られた現象である。いわばこれは権力闘争の現われとして理解していいだろう。氏寺から郡寺への変化は、単に勝呂廃寺だけではない。地方有力豪族が氏寺として建立した寺院は、それら豪族が地方官人として郡司に登用されていく段階で、郡衙の附属寺院としての性格を強く帯びてくるのである。

　その後の国分寺の造営は、これら地方官寺系寺院の総本山的意味あいもあった。しかし、地方において実権はすでに有力豪族（郡司層）が握っていたので、国司の力だけでは国分寺の造営は進まなかった。そこで朝廷は、747年（天平19）、地方豪族に国分寺造営の協力を要請し、協力し

第4編　古代寺院

たものには末代まで郡司職に任用することにした。武蔵国の状況をみると、国分寺造営後は国分寺で使用した瓦が各地に、それも一堂しかないような小寺院と思われるところから出土することから、小豪族までもが国分寺の造営に協力したようだ。国分寺造営は、地方豪族たちの協力のもとに完成を見たのである。

　国分寺は完成したものの、豪族の協力の条件とした郡司職への任用は、その後に大きな問題を残した。郡司職は終身制であったが、郡司になれる条件をもった者は数を増した。ただ、郡司のポストはひとつしかない。つまり、郡司が失政をし、更迭されなければ途中から郡司になることはできないのである。8世紀後半から9世紀にかけて「神火」と称する郡正倉からの出火は、国分寺造営の後遺症ということもできよう。

　〔付記〕脱稿後、下野薬師寺の史跡整備にともなう調査が開始された。平成4年度の調査成果によると、「重要な事柄は、下野薬師寺の寺域が7世紀後半段階に策定された位置・規模を、その後においても、ほぼ同じ位置で忠実に踏襲していることである」。また、「当初から本格的な寺院として造営されたことを想起させるものであり、今までの創建段階での下野薬師寺の評価に対し、再検討を要すること」になるという（須田勉1994『下野薬師寺跡』国士館大学考古学研究室）。今後も調査は継続されるので、その成果は大いに期待できる。

補注

　宮本敬一は創建年代について、瓦から670年前後には造営が開始され一部の堂塔が完成し、伽藍の最終的な完成をみたのは7世紀第4四半期と推定している。また、造立者は馬来田国造の後身であり、のちの望陀郡郡領となった馬来田評の建評者以外に考え難いとしている（宮本1998「上総大寺廃寺」『千葉県の歴史』資料編　考古3　千葉県）

引用文献

安藤鴻基　1980「房総7世紀史の一姿相」『古代探叢』早稲田大学出版部

大脇　潔　1992「畿内と東国の初期寺院」『東国の初期寺院』『栃木県立しもつけ風土記の丘資料館年報』第6号　栃木県教育委員会

岡本東三　1974「同笵軒丸瓦について―下国薬師寺と播磨溝口廃寺―」『考古学雑誌』第60巻第1号　日本考古学会

加藤かな子　1987「北武蔵の古代氏族と高麗郡設置」『駒沢史学』37　駒沢史学会

金井塚良一　1976「北武蔵の古墳群と渡来氏族吉士氏の動向」『北武蔵考古学資料図鑑』校倉書房

櫻井信也　1987「評・郡衙隣接寺院について」『尋源』第37号、大谷大学国史学会

須田　勉　1980「古代地方豪族と造寺活動―上総国を中心として―」『古代探叢』早稲田大学出版部

高井悌三郎 1944『常陸国新治郡上代遺跡の研究』桑名文星堂

栃木県教育委員会 1973『下野薬師寺発掘調査報告』

八賀　晋 1973「地方寺院の成立と歴史的背景―美濃の川原寺式瓦の分布―」『考古学研究』77　考古学研究会

原島礼二 1976「八世紀の武蔵国造」『武蔵考古学資料図鑑』校倉書房

松田　猛 1985「山王廃寺の性格をめぐって」『群馬県史研究』20

第4編　古代寺院

第2節　北武蔵の古代寺院

はじめに

　埼玉県古代寺院跡調査報告書のなかで、北武蔵の古代寺院の出現と消滅および寺院の性格などについての一文を載せたが（高橋1982）、その後新しい知見も増え、周辺調査も進んだので、改めて北武蔵の古代寺院の諸問題について考えてみたい。

1　寺院各論

（1）入間郡

勝呂廃寺

　勝呂廃寺は坂戸市大字石井の坂戸台地最北端に位置し、眼下には入間川の支流である越辺川と広大な沖積地を眺望できる。勝呂廃寺は古くから古瓦が出土することで有名であったが、実態不明のまま長い年月が過ぎた。しかし、昭和50年代からの数度にわたる発掘調査によって、勝呂廃寺はその片鱗を現わしつつある。

　〈概要〉　今までに確認されている遺構は、東西6間×南北4間の掘立柱建物跡だけである。掘立柱建物跡は一部未調査区があるので、正確には推定6間×4間規模の掘立柱建物跡となる。柱穴は一辺1.5m、深さもローム面から1mを越える大きさである。柱の芯と芯の間も2mを越え、この建物の推定規模は東西約14m、南北約10mとなる。大きな柱穴は外と内に二重にまわるつまり身舎部分が4間×2間で、庇部分を入れた全体の規模は6間×4間からなる建物で、金堂か講堂に比定できる（坂戸市教育委員会1987）。この6間×4間という大きな掘立柱建物で、屋根に瓦を葺いた場合に、掘立柱でその重さに耐えられるかどうか検討しよう。

　現在の建物で使用する瓦の枚数は、坪当たり平均88枚、江戸時代は重ねる部分が多かったので、坪当たり120枚使用したといわれている。掘立柱建物跡の平面面積は14×10mであるので140㎡、これを坪に直すと約42坪となる。国分寺から出土している平瓦1枚の平均重量は3.5kg、これを1坪に120枚葺いたとすると、坪当たりの重さは420kgとなる。屋根の面積を少なく見積もって平面面積の2倍とすると、84坪となり、平瓦の必要枚数は10,080枚で、その重さは約35トンとなる。それに軒平瓦や軒丸瓦、丸瓦が加わると瓦だけの重さで60トン近くになる計算である。さらに建築部材が加わると、全体で100トン近い重さになる。これだけの重さを掘立柱で支えることは無理だろう。発掘調査によっても瓦の出土量は少ないことから、屋根の一部が瓦葺の建物であったと思われる。

　現在、入間郡衙跡は確認されていないが、入間郡では勝呂廃寺ほど有力な寺院跡は存在しないことから、郡衙とかかわり深い寺院であったとことが推察できる。勝呂廃寺は8世紀第2四半期以降の瓦が多く出土することから、この段階に郡衙付属寺院として再整備されたものと思われ、

また巨大な礎石も確認されていることから、この大型の掘立柱建物跡は創建期の金堂か講堂であった可能性もある。

　勝呂廃寺からは塔の九輪の一部が出土している。九輪は銅製で、この破片が出土した場所は寺域を区画する溝の近くで、出土場所では塔に伴う遺構は確認されていない。塔のあった場所はいまだに特定されていないが、塔が存在したことは確実なことから、勝呂廃寺は本格的な伽藍配置をもった寺院であったことが想定できる。

〈出土瓦と創建年代〉　勝呂廃寺からは今までに多種・多量の瓦が出土している。出土瓦を分類・整理していくと、最古の軒丸瓦は単弁8葉・10葉・12葉蓮華文に、それぞれ小さな棒状子葉が加わる3種類であることが判明してきた（第159図1～3）この3種類の軒丸瓦のうち、棒状子葉をもつ単弁8葉の軒丸瓦は、南比企窯跡群に存在する鳩山町赤沼窯跡で焼かれた瓦と同范であることから、そこから供給されていることも判明した。また、単弁10葉に類似するものが、東松山市大谷瓦窯跡から出土している。赤沼窯跡の位置は、勝呂廃寺の北西直線で8kmである。瓦の年代は、瓦の文様の特徴から7世紀後半に位置づけることができる。

　寺院の造営がはじまる以前、この地には7世紀前半の古墳時代後期の集落が存在していた。しかし、寺院造営がはじまると住居は移転させられた。住居跡の覆土は一般の住居跡に見られるような自然堆積ではなく、いっきに埋められた状況を示していた。つまり、住居を撤去し、整地作業のために人為的に住居を埋めたことを物語っているのである。このことからも勝呂廃寺の創建年代を七世紀後半に求めることは妥当である。

〈終焉〉　発掘調査によって、寺域を区画すると推定される溝が確認された。溝の内側は7世紀後半に寺院造営のために、人家を排除した区域であったが、10世紀前半になると寺域の中に再び竪穴住居がつくられるようになった。このことは、この時期に寺域全体を維持管理する能力がなくなり、寺としての機能も失われたことを示している。おそらく、勝呂廃寺は9世紀末か10世紀初頭頃から急速に衰退し、10世紀後半には寺の機能は停止して廃寺になったものと思われる。

〈寺院の性格〉　勝呂廃寺の南東1kmの位置に宮町遺跡がある。最近、この遺跡の一部が発掘調査され、1軒の竪穴住居跡から棹秤の鉄製留金具と石製の重りが出土した。さらに、それに接した竪穴住居跡からは「駅路」と墨書された須恵器杯が出土した（大谷　徹 1991）。「駅路」は「えきろ」あるいは「うまやじ」とも読み、これは律令時代に中央と地方との連絡用に整備された道や計画的に造成された道の駅を意味している。竪穴住居跡の年代は、出土土器から8世紀中頃から後半に位置づけることができる。また、宮町遺跡のすぐ隣の精進場遺跡からも鉄製重りが出土している。

　秤に関する遺物は、官衙や駅といった官的性格を有する遺跡から出土する例が多いことが指摘されている。宮町遺跡から「駅路」という墨書土器が出土していることから近くに官道が走っていたことが推定できる。宮町遺跡は駅に関係する遺跡であり、また、第159図4の軒丸瓦は日高市女影廃寺の創建軒丸瓦の系譜を引く瓦である。女影廃寺の創建軒丸瓦は茨城県新治廃寺と同范

第4編　古代寺院

第159図　勝呂廃寺出土瓦

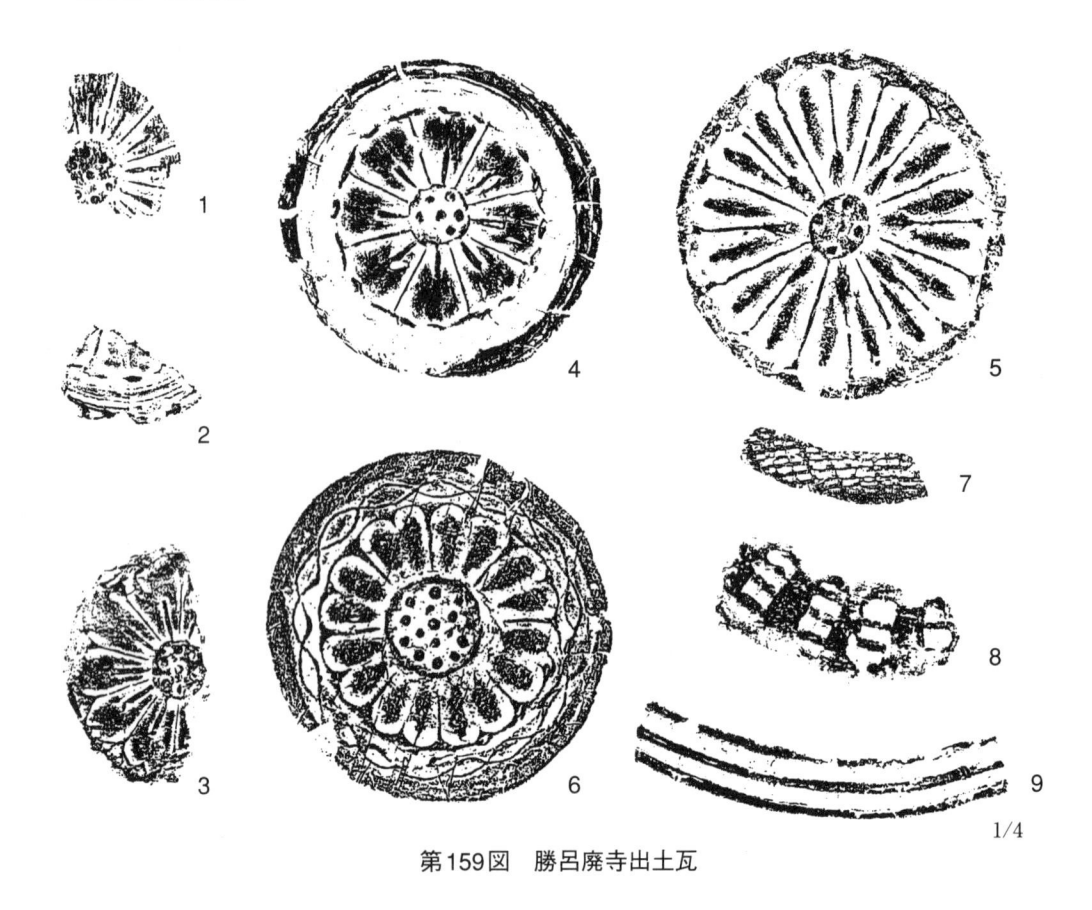

であり、さらにこの瓦の系譜を追っていくと、下野国薬師寺、大和・川原寺へとつながっていき、北武蔵では系譜の追える貴重な瓦である。女影廃寺は霊亀2年(716)の高麗郡の設置とともに造営された寺院であり、この創建瓦の系譜を引くものは、北武蔵の郡衙に伴う寺院と考えられる遺跡から出土する例が多い。

　当初、勝呂廃寺は氏寺として建立されたが、入間郡の設置とともに郡衙と密接なかかわりをもつ郡衙付属寺院として位置づけられて整備されていった様子を、出土瓦や周辺の遺跡から読み取ることができる。

　(2) 高麗郡

女影廃寺

　女影廃寺は日高市大字女影字若宮に所在する。周辺には瓦の散布がみられ、昭和6年に刊行された『埼玉県史』によると直径1.2m安山岩製の礎石が数個存在したことが記されている。また最近、個人住宅などの建設による発掘調査が11回ほど行われているが、寺院に伴うと思われる遺構は検出されていない。しかし、多量の瓦と「寺」と書かれた墨書土器や、寺院建築に使用されたと思われる鉄釘や壺金や磚、瓦塔も出土しており、寺院が存在していたことを推測させる(中平　薫 1983)。

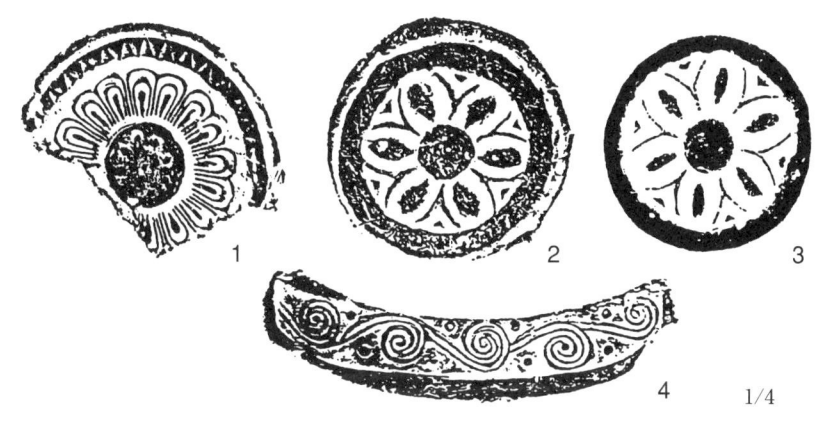

第160図　女影廃寺出土瓦

〈出土瓦と創建年代〉　現在のところ出土軒丸瓦は、①外区に面違鋸歯文をもつ複弁8葉蓮華文軒丸瓦、②単弁8葉蓮華文軒丸瓦、③単弁6葉連華文軒丸瓦に大きく分けられるが、単弁6葉連華文軒丸瓦の笵は4種類あることから、合計6種類の軒丸瓦が存在することが判明している。また、軒平瓦はいずれも偏行唐草文で、3種類の笵で造られたことも確認されている（第160図）。瓦のなかでもっとも古い型式が第1の面違鋸歯文複弁8葉連華文軒丸瓦である。

この瓦は先に記したように茨城県新治廃寺と同笵関係にあり、新治廃寺で使用された笵が女影廃寺の創建の際に運ばれてきたと考えられる。瓦の年代は8世紀初頭に位置づけられ、女影廃寺は高麗郡の建郡とともに造営された寺院であった。今のところ瓦から9世紀後半まで存続していたことがわかる。

大寺廃寺

大寺廃寺は日高市山根字下大寺に所在し、一部は毛呂山町にかかる。大寺廃寺は標高100mから90mの丘陵のゆるやかな南斜面に立地し、その範囲はおおよそ東西250m、南北210mが推定されている。1982年から日高市教育委員会と毛呂山町教育委員会による6次にわたる調査で、いくつかの遺構が確認されたか、全体像を把握するまでには至っていない（中平　薫 1984・村木　功 1985）。

〈概要〉　寺域を形成する平坦地の西寄りに、谷に向けて円錐状に張り出す丘陵がある。この部分が寺への入口だったと想定できる。その線を中軸とすると、中軸線の東側に若干高まった基壇状のものがあり、数個の礎石が顔を出している。調査の結果、東西3間（16.9m）×南北3間（17.8m）総柱の建物跡であることが確認された。この建物跡は3間四方の建物であることから塔跡と推定されているが、塔の中心部に建てる心柱を支える塔心礎が見あたらないところから、塔とするには疑問がある。また、出土瓦は少なく、屋根全体に瓦が葺かれなかったようだ。それと対比する形で西側に南北5間（12.5m）×東西4間（10.2m）、礎石の配置から身舎3間×2間に、それぞれ1間の4面庇がつく建物跡が検出された。この建物跡は配置と建物の規模と構造か

第4編　古代寺院

第161図　大寺廃寺出土瓦

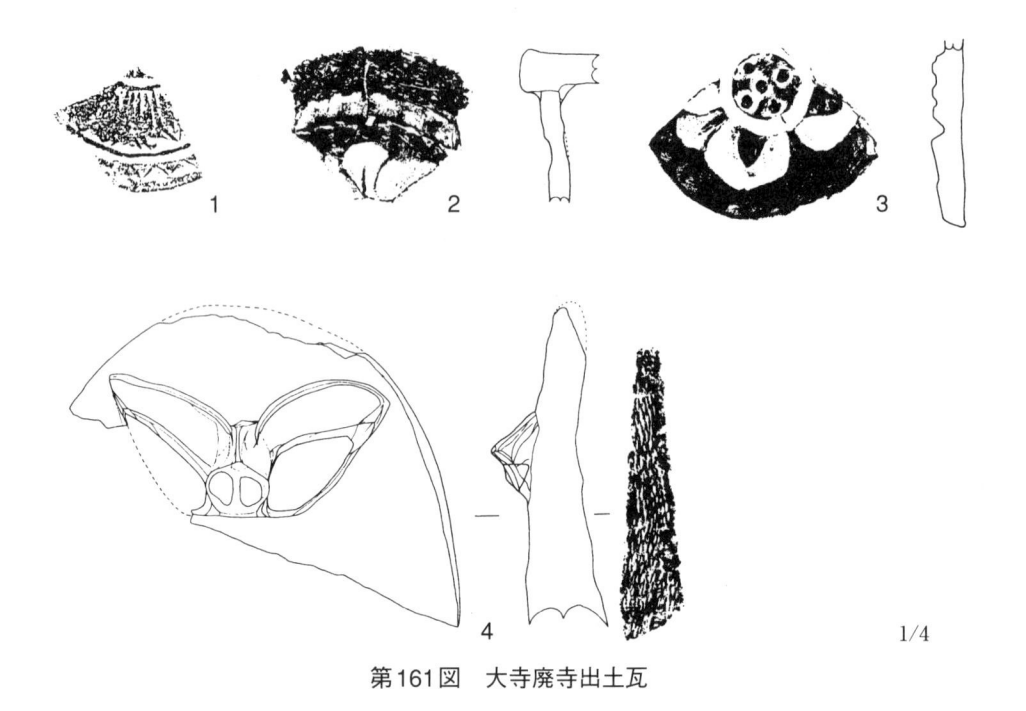

ら金堂跡と推定されている。ここからは、少量の瓦と銅製風鐸が出土している。

　また、このほかに寺域の北の部分から、全体は把握されてないが礎石をもつと思われる2棟の建物跡が確認されている。いずれも少量ながら瓦が出土している。寺域と推定される地域からは、そのほかに鬼瓦も出土しているが、瓦の出土量は全体に少ないものの広範囲に出土する。寺というと全面瓦葺の建物を想定するが、大寺廃寺は瓦の出土量から推測すると、屋根の一部に瓦が葺かれていたと思われるのである。

　最近の研究によると、棟の部分だけに瓦を葺いた建物もあったと想定されており、大寺廃寺も瓦全体の出土量もさることながら、軒丸瓦と軒平瓦の出土量が少ないことから、棟の部分だけに瓦を用いた甍棟の建物であった可能性もある（今泉　潔 1990）。

　〈出土瓦と創建年代〉　軒丸瓦は4種類確認されている。もっとも古いものは弁が細い凸線で表現され、周縁に山形文がめぐる複弁8葉蓮華文軒丸瓦である（第161図1）。この瓦は平城宮出土軒丸瓦6225A型式に類似しており8世紀第2四半期に、もっとも出土量の多い単弁4葉蓮華文軒丸瓦（2）は9世紀後半に位置づけることができる。また、中世の巴瓦も出土していることから、中世まで存続したものと思われる。

　〈特徴ある瓦〉　単弁4葉蓮華文軒丸瓦の製作法は、内区の連華文だけの范で瓦当部をつくり、それを丸瓦の先端に懸垂させるように張り付ける技法である。一般の軒丸瓦は内区と外区までを同一の范でつくり、瓦当裏面に丸瓦を差し込むいわゆる「印龍付け」という技法で作製している。単弁4葉の瓦は瓦当部を丸瓦に懸垂させているため、周縁は丸瓦の部の半分だけという奇妙な形となっている。これと同じ技法で製作された軒丸瓦は高岡廃寺からも出土している。

392

〈寺院の性格〉　平城宮出土の瓦と類似する複弁8葉蓮華文軒丸瓦は、北武蔵ではただ1例大寺廃寺で出土しているだけである。また、この瓦の年代が8世紀前半であり、高麗郡設置に近い時期であることから、高麗氏との関係を無視することはできない。多くの古代寺院が衰退していく九世紀後半に、大幅な改築あるいは屋根瓦の葺き替えが行われ、さらに中世まで存続していたことは、高麗氏の氏寺として建立され、高麗氏の庇護のもとにあった寺とすることができよう。

高岡廃寺

高岡廃寺は日高市字清流小字ケシ坊主に所在する。寺跡は丘陵の南斜面に立地し、遺構は標高168mから162mの間に配置されており、そこからは高麗川と巾着田が一望できる。

〈概要〉　寺域の最高所に東西5間（10m）×南北4間（8m）の建物跡が存在する。身舎3間×2間で、4面庇が付く建物跡であることから金堂跡と推定している。金堂の三方には岩盤を掘り抜いた浅い溝がめぐり、前面の南斜面には基壇の崩壊の防止と正面を化粧するための河原石の石積遺構がある。金堂跡からは瓦と等身大の塑像の破片が出土している。瓦の出土量は少ないことから、屋根全体を葺いたものとは考えられず、棟の部分だけに瓦を葺いた甍棟であった可能性が強い。

金堂の西側に一辺60cm、深さ50cmの岩盤を掘った方形の穴が1基存在していた。土層を観察すると柱の痕跡が残っていた。高岡廃寺からは瓦塔が出土しているが、瓦塔はそれぞれの部分が別個に造られ、中心部に棒を通して組み立てるようになっている。瓦塔の分布状況を調べると、この方形の穴を起点として扇状に分布していることが判明した。こうしたことから、この方形の穴は、瓦塔を組み立てるために必要な柱を埋めた柱穴であったと結論づけた。高岡廃寺には塔と考えられる建物跡は存在しないので、瓦塔がその代役を務めたのであろう。そして、瓦塔を建てた位置が確定できた貴重な例でもある。

この方形穴の西側にやはり岩盤を掘り、側面と天井を石で組み、空間を造り出している南北210cm×90cm、深さ40cmの遺構が存在した。なかから須恵器の坏や土師器甕の破片が出土し、掘り込みの肩の所から完形の須恵器坏が出土した。石組によって造り出されたその空間は何かを埋納するためのものと理解でき、須恵器は出土遺物のなかでもっとも古い8世紀中頃のものであることから、寺院造営時における地鎮のための埋納施設だったと考えられる。

金堂の一段下に推定東西3間（9m）×南北2間（4.9m）の礎石建物にも仏像が安置されていたことが推察できる

その他、僧房に比定できる3間×2間の掘立柱建物跡が2棟あり、1棟の近くからカマド状の遺構も検出されている。

〈出土瓦と創建年代〉　地鎮のための石組遺構から出土した須恵器の年代は8世紀中頃で、出土遺物の中でもっとも古い年代であることから、高岡廃寺は8世紀中頃に造営が開始されたことが判明した。

出土瓦は瓦当裏面に布目痕をもつ一本造り技法によって製作された複弁8葉蓮華文軒丸瓦と、

第4編　古代寺院

大寺廃寺で出土した懸垂式の単弁6葉蓮華文軒丸瓦（第162図）が出土している。こうした懸垂式によってつくられた軒丸瓦は、高岡廃寺ではじめて確認されたことから、「高岡技法軒丸瓦」と呼んでいる。軒平瓦は偏行唐草文で、笵は4種類存在する。また、1本造りの瓦は裏面の布目は無絞りであり、平瓦はすべて1枚造りであることから、出土瓦は国分寺創建以降の特徴をもっており、その実年代は九世紀中頃に比定できる。

第162図　高岡廃寺軒丸瓦

瓦が葺かれた建物は金堂跡と推定される1棟だけで、それも九世紀中頃になりはじめて屋根の一部に瓦が葺かれたようだ。また、廃絶の時期は出土遺物から11世紀前半頃と考えられ、火災が原因であった。焼けた塑像と壁土がそのことを物語っている。

〈寺院の性格〉　高麗郡には女影廃寺・大寺廃寺・高岡廃寺の三箇寺が存在する。女影廃寺は8世紀第1四半期・大寺廃寺は8世紀第2四半期、そして高岡廃寺が8世紀中頃と、一郡内で次々と寺院が建立された例は武蔵国では見られない現象である。三箇寺建立の背景は高麗氏の財力だけでは説明することはできず、高麗郡設置の背景に国家的支援があったものと考えざるをえない。高麗神社に伝わる高麗氏系図によると、天平勝宝3年（751）に勝楽という僧が亡くなり一棟の草葺の寺を造営し、この寺を勝楽寺といったという記録がある。その年代は高岡廃寺の創建年代と合致し、高岡廃寺は僧勝楽の菩提寺として創建された勝楽寺に比定できる可能性が強いのである（高橋一夫ほか 1978）。

（3）比企郡

寺谷廃寺

寺谷廃寺は滑川町大字羽尾字寺谷に所在する。瓦は丘陵上に広く散布するが、どのような遺構が存在するかは不明である。しかし、瓦の分布が見られること、近くに瓦窯跡が存在することなどから、寺院跡の存在が推定されるのである。

この廃寺からは、注目すべき素弁8葉蓮華文軒丸瓦が1点出土している（第163図）。この素弁8葉蓮華文軒丸瓦は、百済様式の瓦である。

〈出土瓦と創建年代〉　まず、問題の軒丸瓦の年代を求めることにしよう。飛鳥寺の造営開始は588年で、その後造営された寺院には、飛鳥寺式の素弁の軒丸瓦が採用される。641年には山田寺が創建されるが、そのときに新しく単弁8葉の意匠と、軒に平瓦を3枚重ねた状態を表現した重弧文の軒平瓦も創出され、この意匠が全国にひろまっていく。山田寺式の軒丸瓦は、東国では群馬県上植木廃寺、千葉県龍角寺で採用される。このように山田寺式軒丸瓦の成立とともに素弁8葉蓮華文軒丸瓦は姿を消していくのである。こうした現象を見ていくと、山田寺造営以降も飛鳥寺系統の瓦がつくられたと考える余地はなく、地方といえども中央の動きに敏感に反応していたと考えることができる（補注1）。こうしたことから、素弁8葉蓮華文軒丸瓦は7世紀前半に位置づけることができ、現在のところ寺谷廃寺は東国最古の寺院ということができる。

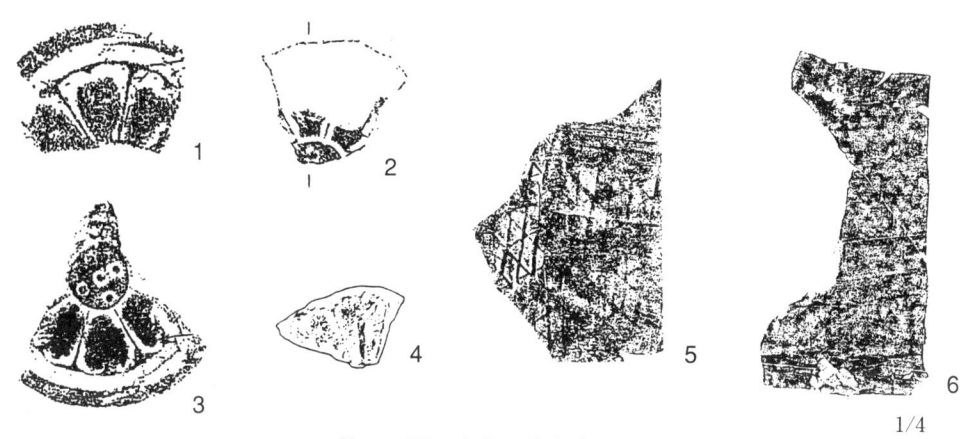

第163図　寺谷廃寺出土瓦

　また、寺谷廃寺から直線にして100ｍの所に平谷窯跡があり、灰原部から須恵器と瓦が採集されている。出土遺物から二つの窯の灰原であったものと推定され、一つは須恵器窯跡のもので、その年代は7世紀初頭である。もう一つは瓦窯跡で、三重弧文軒平瓦と平瓦が出土している。重弧文軒丸瓦は山田寺が初現であることから、7世紀中頃以降とすることができる。平瓦は桶巻造りで凸面には格子叩きが施され、その後格子叩きを消している。叩きを消すという手法は、東松山市大谷瓦窯跡にも見られる手法であり、7世紀後半でも古い段階のものである。こうした点から、平谷窯跡出土の瓦の年代は7世紀第3四半期に位置づけることができる。
　平谷窯跡で出土した平瓦と同様の叩きをもつ平瓦が寺谷廃寺で出土しており、平谷窯跡で焼かれた瓦は寺谷廃寺に供給されたものと考えてよい。寺谷廃寺は7世紀前半に創建され、7世紀後半に拡充・整備されていった様子が読み取れるのである。
　〈周辺の考古学的状況〉　寺谷廃寺は東国最古の寺であるという点において重要な位置を占めている。ここで周辺の考古学的状況から成立の背景を探ってみよう。
　寺谷廃寺の立地する丘陵の南斜面に羽尾窯跡が存在する。平谷窯跡とは直線にして200ｍの距離にあり、二つの窯跡は寺谷廃寺を中心に両翼のように位置している。羽尾窯跡は岩盤を掘り抜いて窯を構築している。周辺にはローム層の斜面もあり、もっと簡単に窯を構築できる場所があるのに、岩盤を掘削してまで窯を構築していることは、そこでなければならない理由があったものと考えざるを得ない。操業年代は6世紀末から7世紀初頭で、3回の改築が行われている。須恵器は在地窯としてはしっかりとした製品であり、畿内の工人が来て生産したものと思われる。
　羽尾窯跡でもう1点注目すべきことがある。それは、窯から出る灰や焼土、そして破損した須恵器といった廃棄物を捨てる灰原が、窯跡すぐ脇にも形成されていたということである。灰原は窯より低い所に形成されるのが一般的である。物を捨てる場合には高い所から下に捨てるほうが利にかなっているからである。灰原は窯跡の下にある五厘沼にも形成されていたが、あまり発達した状態ではなかった。窯の脇にある灰原の須恵器と窯のなかに残存していた須恵器は互いに接合

第4編　古代寺院

することから、この窯跡の灰原であることは間違いない。窯で焼成部よりも2.2mも高い所に灰原がある例は、おそらく全国でも羽尾窯跡だけだろう。窯の脇を灰原にしなければならなかった原因はただひとつ、下に捨てることができない要因が発生したためである。その要因として考えられるのが溜池の築造である。現在も窯跡の下にある五厘沼は谷の一部を堰止め、潅漑用の溜池として使用されている。羽尾窯跡の操業開始時には単なる谷であったが、途中で谷が堰止められ、溜池として利用されるようになり、神聖な溜池に廃棄物を捨てることはできなくなったため、羽尾窯跡は操業を停止し、その直後に平谷窯が新たに開窯されたと考えられる（高橋 1980）。

現在、滑川町には191の溜池があり、1815年ころの清水浜臣の日記には108の沼があると記されている。溜池の築造年代を知る手掛かりをつかむのは難しいが、溜池としての五厘沼の築造は羽尾窯跡の灰原との関係から、遅くとも7世紀初頭という年代を与えることができる。このように、溜池の築造年代を推定できた例は全国的にも稀である。

溜池をつくるには、築堤技術や取水口の付け方など、かなり高度の技術を必要としたようだ。これも畿内からの技術導入である。溜池は滑川町の溜池の数が示しているように、溜池は丘陵部の水田耕作に不可欠なものである。また、6世紀末に須恵器生産が開始されるとともに古墳には胴張横穴式石室が採用される。こうした考古学的現象から推察すると、この地域の発展は内在的なものではなく、人の移住を含めた外来的要素が強く、それらの人たちが新しい文化と技術をもたらしたと考えるのが妥当のようだ。そのひとつが寺谷廃寺の造営であった。

小用廃寺（興長寺廃寺）

小用廃寺は鳩山町大字小用字山下に所在する。入間郡と比企郡の境となる越辺川が近くを流れ、その左岸の台地上に立地する。この地に瓦が出土することは、昭和初期から知られており、何種類かの軒丸瓦と軒平瓦が採集されている。また、近くの興長寺境内から直径72.8cm、厚さ4.5cm、中央にある円孔直径17cmの緑泥片岩の瓦塔基部といわれるものが出土している。その他、表面観察からは基壇状の遺構は確認できない。

〈出土瓦と創建年代〉　現在知られている最古の瓦は、棒状子葉をもつ単弁12葉蓮華文軒丸瓦で、これと同じ軒丸瓦が勝呂廃寺から出土している。平瓦も叩きを消すという古い手法をとっており、瓦の年代は7世紀後半に位置づけることができる。また、8世紀前半には女影廃寺系の複弁8葉蓮華文軒丸瓦が登場する。この瓦は近くの西戸丸山窯跡で焼かれており、これと同笵の瓦が足立郡衙に伴う寺院と推定されているさいたま市大久保領家廃寺からも出土している。

（4）男衾郡

慈光平廃寺

慈光平廃寺は小川町大字靱負甲慈光平・乙慈光平・尾影・乙酉内に所在する。数度にわたる分布調査の結果、東西820m、南北270mの範囲に、丘陵の斜面を平坦に削った平場が108箇所確認されている。平場はさらに増える可能性もあり、これほど大規模な山岳寺院は関東ではこれ以外に発見されていない。

〈概要〉　いくつかの平場を試掘したが、平場は明らかに人の手により造成されており、土器などの遺物が出土することから人の生活が想定される。おそらく、僧たちが生活する僧坊が建っていたのであろう。また、出土遺物は最古のものが9世紀中頃であるが、多くのものは9世紀後半から終末のものであることから、9世紀中頃から造営がはじまったと考えられる。平場はいっきに形成されたのではなく、時代とともに増加していったものと思われる。

〈堂跡の発掘〉　慈光平に寺があったとする揺るぎない証拠は、乙慈光平第11平場で堂の跡を検出したことである。堂を建設する前に、まず地山の岩盤の削り平坦面を造成し、その後整地土を入れ、東西10m、南北11mの基壇づくりをしている。礎石は2個確認されたが、礎石の下に敷いた栗石の残存状況から建物の規模は東西4間（約8m）×南北4間（約8m）の方形建物になることが判明した。堂跡からは四隅の軒下に吊り下げられた風鐸のほかに土器、灯明皿、瓦塔、釘などが出土した。こうした発掘成果から堂は方形の建物で、屋根には瓦は葺かれず、礎石をもつ総柱であることから床は高床であったことが判明した。

〈寺院の性格〉　我が国の古代寺院は当初氏寺的要素が強かったが、その後は官が寺を造営するようになる。地方では郡衙付属寺院と国分寺がその代表である。これら官寺には瓦が葺かれるが、瓦を葺くには莫大な経費がかかるので氏寺や私寺には瓦が葺かれることは稀である。慈光平廃寺も極少量の瓦は出土するが、屋根に瓦が葺かれたとするにはその量はあまりにも少ない。また、慈光平廃寺は官寺が衰退する時期に出現するので、まず官が寺を造営したとは考えがたく、さらに寺の立地や形態からも官や有力氏族がかかわっていたとは思えない。おそらく、僧が中心となって民衆の浄財によって創建された寺で、立地から世俗を離れ、信仰と修行を目的とした寺であったのだろう。

　僧坊と考えられる平場が年々増加していくことが考えられ、次第に僧も各地から集まってきたようだ。慈光平廃寺は従来の寺とは違い国家のための仏教から脱皮し、民衆のための仏教をめざすという新しい仏教活動の拠点になっていったと推察されるのである（高橋 1999）。

（5）榛沢郡

岡廃寺

　岡廃寺は岡部町大字岡字下宿に所在する。岡廃寺に近接する中宿遺跡から、古代の大規模な倉庫群が発見された。倉庫は整然と3列に並んで15棟確認され、柱穴は1mを越えるもので、1棟は礎石をもつ倉庫であった。中宿遺跡で確認された倉庫群は、現在全国各地で確認されている郡衙跡の正倉の特徴と類似していることから、古代榛沢郡の正倉に比定されている。正倉は広大な敷地を有することから、正倉の一部が確認されたと考えてよいだろう。

〈出土瓦と創建年代〉　確認されている軒丸瓦は児玉町金草窯跡で焼かれた女影廃寺系の複弁8葉蓮華文軒丸瓦であり、それとセットになるのが三重弧文軒平瓦である（第164図）。年代は8世紀第2四半期に位置づけられる。

　岡廃寺は女影廃寺系の軒丸瓦を出土していることから、郡衙に伴う寺院ではないかと推定され

第4編　古代寺院

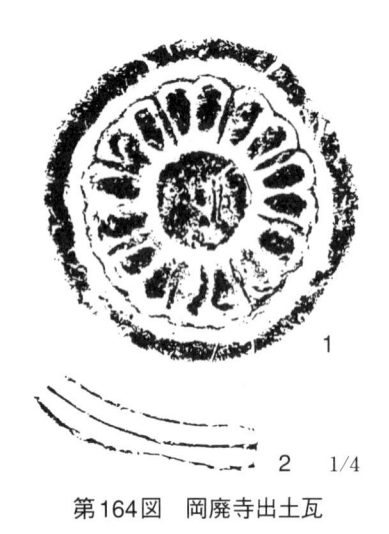

ていたが、中宿遺跡の発掘調査によってその可能性が一段と強まった。おそらく、近い将来には郡庁も発見され、郡庁・正倉それに郡衙隣接寺院といった郡衙内外の典型的な姿を捉えられることであろう。

馬騎の内廃寺

馬騎の内廃寺は、大里郡寄居町大字桜沢字馬騎の内に所在し、古代には榛沢郡に属していたと思われる。この周辺でもっとも高い山が標高332.2ｍの鐘撞堂山で、その南から南東に張り出している舌状の尾根上に馬騎の内廃寺は立地する。また、馬騎の内廃寺周辺には多くの窯跡が存在し、末野窯跡群と呼ばれている。馬騎の内廃寺はその中心部に位置している。

第164図　岡廃寺出土瓦

〈概要〉　馬騎の内廃寺は16の平場から形成されている。最高所にある平場は標高256.5ｍ、もっとも低い平場は標高208ｍで、16の平場は比高差が48.5ｍもある尾根上に配置されている。平場は山腹を削り平坦地を形成しているものと、自然の平坦地を利用しているものがある。

寺域の中央部に自然地形の大きな平坦地があり、ここに5箇所の基壇が存在し、礎石も確認でき、瓦も散布することから瓦葺の建物があったことが想定できる。この場所が寺院の中枢部と考えられ、そのほかの平場は僧坊と推定される。馬騎の内廃寺は人里離れた山中にあり、山岳寺院の一形態と見ることができ、東国の古代山岳寺院としては大規模なものである。平場の形成時期は明らかではないが、寺院の隆盛とともに次々と平場を形成していったものと思われる。

〈出土瓦と創建年代〉　創建瓦は素弁10葉蓮華文軒丸瓦である。この瓦も飛鳥寺系の瓦である。飛鳥寺系の軒丸瓦は滑川町寺谷廃寺で出土しており、両者を比較すると馬騎の内廃寺が新しい。また、10葉の軒丸瓦は7世紀後半に比定される東松山市大谷瓦窯跡で出土しているが、この軒丸瓦には棒状子葉が付いており、馬騎の内廃寺の軒丸瓦はそれに先行するものである。この軒丸瓦の年代は、寺谷廃寺と大谷瓦窯跡との中間の7世紀中頃から後半に位置づけられる。また、これと組み合わせとなる軒平瓦は三重弧文の可能性が高い。また、複弁5葉蓮華文という特異な軒丸瓦が存在するが、この瓦は創建瓦の素弁10葉の笵に手を加えて複弁5葉にした可能性が高いことから、創建直後に位置づけることができよう（佐藤博之ほか 1997）（第165図）。

〈特色ある瓦〉　8世紀初頭には複弁7葉蓮華文軒丸瓦が出現する。この瓦の製作技法は通常のものとは違っている。一般的な軒丸瓦は瓦当の裏面に丸瓦を接続する。いわゆる印籠付けと呼ばれている技法であるが、馬騎の内廃寺の7葉の軒丸瓦は次のようにつくられている。瓦当面は内区だけつまり蓮華文だけの瓦当と円筒のままの丸瓦をそれぞれつくり、瓦当を円筒のままの丸瓦にはめ込み接合する。その後、周縁となる丸瓦の広端部を全周残し、丸瓦部の不用部分を切り落とすのである（第166図）。この技法は広い意味で「はめ込み技法」の範疇に入るが、馬騎の内

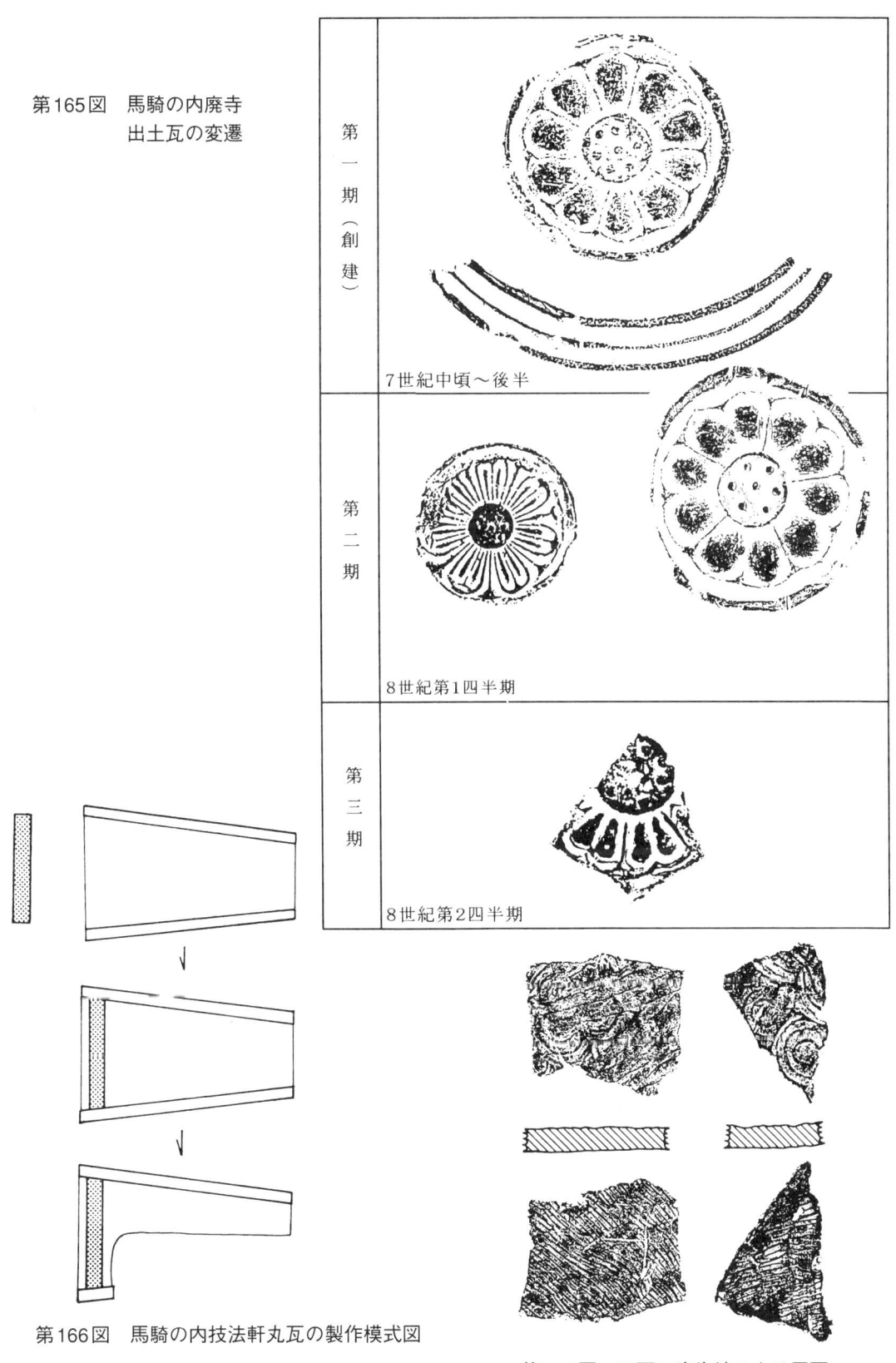

第2章　東国における古代寺院の成立

第165図　馬騎の内廃寺出土瓦の変遷

第一期（創建）　7世紀中頃〜後半

第二期　8世紀第1四半期

第三期　8世紀第2四半期

第166図　馬騎の内技法軒丸瓦の製作模式図

第167図　凹面に青海波のある平瓦

第4編　古代寺院

廃寺独特の技法であるので、この技法によってつくられた軒丸瓦を「馬騎の内技法軒丸瓦」と呼んでいる。先に紹介した高岡廃寺と大寺廃寺の懸垂式の高岡技法軒丸瓦も、馬騎の内廃寺技法の系譜下にあると考えてよいだろう。

　馬騎の内廃寺技法でつくられた軒丸瓦の焼成は須恵質で、叩き板も須恵器甕を叩き締めるときに使う平行に溝を刻んだものを使用している。さらに、8世紀初頭の平瓦にも独特のものが存在する。一般的にこの時期の平瓦は桶巻造り技法によってつくられているが、馬騎の内廃寺の平瓦の凹面には青海波文が付いている（第167図）。青海波文は須恵器の胴部を叩き締めるときに内側に同心円文の当て具をあてながら叩いていくので、青海波文とはそのときにできる波状の圧痕である。同時期の馬騎の内廃寺の平瓦には桶巻造りによってつくられた瓦もあるので、桶から外した後に再度叩き直したとは考えがたい。青海波文の付いた平瓦をよく観察すると粘土紐でつくられており、また瓦の厚さも一定ではない。こうした観察結果から、この平瓦は粘土紐で円筒をつくり、内側に同心円を刻んだ当て具をあて、須恵器甕と同じように外側から叩き板で叩き締め、その後四分割して制作されたことが判明した。この技法を「円筒造り技法」あるいは「馬騎の内技法」と呼んでいるが、まさに須恵器の甕をつくるときと同じ技法で平瓦を製作しているのである。

　青海波文をもつ平瓦は、我が国最初の本格的寺院である飛鳥寺の平瓦の一部に見ることができ、これは須恵器工人が瓦づくりに参画した結果といわれている。しかし、飛鳥寺の平瓦は桶巻造りでつくられており、瓦の一部を補助的に同心円の当て具をあてて叩いているだけである。馬騎の内廃寺のような円筒造りでつくられている平瓦は全国的にも稀である。

　馬騎の内廃寺の青海波文をもつ平瓦は、その製作技法がまったく須恵器甕と同様であることから、須恵器工人が製作したと考えてよく、馬騎の内技法でつくられた軒丸瓦も一般的な造瓦技法ではないことから、これも須恵器工人が製作したものといえる。しかし、創建期の素弁10葉連華文軒丸瓦は印篭づけという伝統的な技法でつくられているので、瓦工人が製作した瓦と見てよい。末野窯跡群では8世紀初頭以降は継続して須恵器生産が行われており、須恵器工人が瓦造りに参画しても不自然ではない。

　〈寺院の性格〉　馬騎の内廃寺をわずかに南に下った寄居町から花園町にかけての荒川左岸には、小前田古墳群が存在する。形成時期は6世紀前半から7世紀後半といわれている。その盟主墳のひとつと思われる6号墳は大型の胴張横穴式石室で、7世紀初頭の須恵器が出土した。この須恵器は胎土の特徴から末野窯跡群で焼かれたものであることが判明している。この時期の窯跡はまだ確認されていないが、この須恵器の出土によって、末野窯跡群の開始時期が7世紀初頭まで遡ることが明らかになった。滑川町羽尾窯跡と同様、この時代の窯はおもに古墳の副葬品として須恵器を焼くことが目的だった。また、7世紀初頭の須恵器窯は6号墳の被葬者一族によって開窯されたものと推定でき、このことが末野窯跡群形成の契機になったものと思われる。そして、小前田古墳群の終末に近い時期に、馬騎の内廃寺の建立がはじまった。こうした考古学的現象は、

小前田古墳群を形成した中核をなす有力氏族が馬騎の内廃寺の造営に関与していたことを示唆している。

　末野窯跡群の変遷を見ると、7世紀初頭に古墳の副葬品としての須恵器生産を契機に開窯し、その後の動向をつかむ資料はないが、7世紀中頃から後半にかけて、馬騎の内廃寺の造営に伴い瓦生産を行い、さらには寺院で使う仏具や日常容器も生産し、これを契機に窯跡群として大きく発展していったものと思われる。7世紀末の窯跡と須恵器工人の集落が確認されていることから、生産は継続していたことが判明している。8世紀初頭には馬騎の内廃寺の改築などにより、再び大規模な瓦生産が行われ発展を続けた。その後は、須恵器生産を主体とし、国分寺造営の際には国分寺瓦を焼くなどして、10世紀前半まで継続して操業を続けている。

　馬騎の内廃寺はこうした末野窯跡群の中心部に位置している。末野窯跡群の経営者として小前田古墳群を形成した有力氏族が想定でき、馬騎の内廃寺を造営した氏族は須恵器生産と交易によって、よりいっそう経済基盤を確固たるものにしていった。馬騎の内廃寺の終焉は10世紀代と思われるが、こうした経済力が寺院を維持していったのである。

（6）那珂郡

大仏廃寺（駒衣廃寺）

　大仏廃寺は児玉郡美里町大仏に所在する。周辺には古墳時代から平安時代の遺跡が連綿として形成され、近くには古郡という地名も残っており、古代那珂郡衙の推定地となっている。

　〈概要〉　古くから古瓦が散布することが知られ、かつては駒衣廃寺と呼ばれていたが、「大仏」という地名であることから最近は大仏廃寺と呼んでいる。瓦の散布範囲は狭く、また周辺で何度か発掘調査が実施されているが、寺院関係の遺構と遺物はまった検出されないので、寺域は一辺100m内外と推定される。現地を観察すると基壇状の高まりが2箇所確認できる。

　〈出土瓦と創建年代〉　確認されている軒丸瓦と軒平瓦はともに一種類のみである。軒丸瓦は単弁16葉蓮華文で、8世紀後半に位置づけることができる。軒平瓦は五重弧文で、桶巻造りによってつくられている（第168図）。国分寺造営には大量に瓦を必要とするので、桶巻造りに代わって簡単に瓦をつくることができる一枚造り技法が出現し、その後はこの技法で平瓦は製作されることから、軒平瓦は国分寺創建以前と考えられるが、凸面の叩きは縄目の叩きである。国分寺創建以前は板に格子文や斜格子文を彫っていたが、国分寺瓦の製作とともに叩き板に縄を巻いたものが主体となる。国分寺の造営は、造瓦技法にも大きな影響を与えたのである。軒平瓦は桶巻造りという古い技法と縄叩きという新しい技法の両方をもっている

第168図　大仏廃寺出土瓦

第4編　古代寺院

が、縄叩きを重視すると、軒平瓦がつくられた時期は国分寺造営が開始された後とすることができる。さらに、軒平瓦は桶巻造りという古い要素をもっていることから、国分寺造営（741年）直後が考えられ、8世紀中頃ないしは8世紀後半でも早い段階に位置づけることができる。

〈北坂遺跡と大仏廃寺〉　大仏廃寺の北東、直線にして2kmの台地上に北坂遺跡が所在する。北坂遺跡は8世紀前半から9世紀中頃まで続く遺跡で、一辺50m四方に塀をめぐらし、その中に掘立柱建物跡・竪穴住居跡と倉庫が存在する。また、出土遺物も一般の集落には見られない「中」の焼印、倉庫のものと考えられる鍵や銅鈴、円面硯、把手付灰釉長頸壺、鉄鏃などが出土している。国分寺郡名瓦で「中」は那珂郡を表わしていることから、焼印の「中」も那珂郡を表わしているものと考えてよい。その眼下600mの所に郡衙推定地の古郡の地名があり、奈良・平安時代の遺跡が所在する。北坂遺跡は明確な宅地をもっていることや出土遺物から、那珂郡衙に勤める地方官人の居宅と推定されている。また、大仏廃寺と古郡までの距離は1.5kmとやや離れているが、大仏廃寺は郡衙に関連する寺院であったものと思われる。

（7）賀美郡

城戸野廃寺（浄土野廃寺）

城戸野廃寺は児玉郡神川町大字新宿字城戸野に所在する。古代においてこの地域が賀美郡に属していたのか、あるいは児玉郡に属していたかは不明である。廃寺はかつて浄土野廃寺と呼ばれていたが、現在では地名を採り城戸野廃寺と呼んでいる。この地域は大仏廃寺周辺と同様、古墳時代後期から遺跡が増加し、奈良時代になるとさらに遺跡は増加する。また、周辺にはいくつもの古墳群があり、総称して青柳古墳群と呼ばれる大規模な古墳群が存在する。城戸野廃寺はその古墳群のひとつである城戸野古墳群の一角に位置する。

〈出土瓦と創建年代〉　創建瓦は単弁8葉連華文軒丸瓦と、日高市女影廃寺の系譜を引く複弁8葉連華文軒丸瓦の2種類がある（第169図1・2・3）。いずれも8世紀第2四半期のものである。複弁8葉蓮華文軒丸瓦は児玉郡児玉町飯倉に所在する金草窯跡で焼かれた瓦と同笵であることから、そこから供給されていることが判明している。単弁8葉蓮華文軒丸瓦の瓦当裏面には、絞りのある布目痕が見られるのが特徴である。こうした瓦当裏面に布目痕がある軒丸瓦は、一本造り技法によって製作されたものである。

一本造り技法も軒丸瓦製作技法の主流のひとつである。その初現は7世紀後半の滋賀県南滋賀廃寺の瓦に見られることから、そこからの技法伝播といえる。一本造り技法とは、まず瓦当と丸瓦を別々につくる。丸瓦をつくるときは型木に布をかぶせ粘土を巻くが、型木を入れたままの丸瓦に瓦当を接合させる方法である。そのために瓦当裏面に布目が付くのである。そして、瓦当と一本のままの丸瓦を接合させた後、丸瓦の不用部分を切り落とし、型木を取り出し軒丸瓦が完成する。この技法の利点は瓦当と丸瓦の粘土の両者が軟らかい段階で接合するので、接合が容易な点だといわれている。一本造り技法による瓦づくりは、東国では上野国で盛んに行われた。

一本造り技法で製作された単弁8葉軒丸瓦は、遺跡の性格は不明であるが、藤岡市山王久保遺

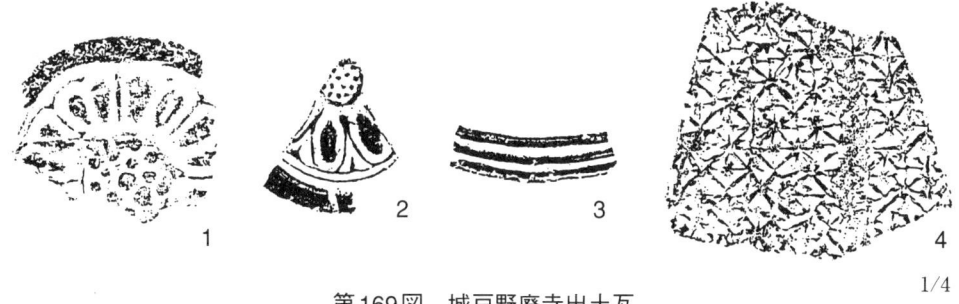

第169図　城戸野廃寺出土瓦

跡から出土している軒丸瓦と同笵関係にある。さらに、金草窯跡で焼かれた複弁8葉軒丸瓦は山王久保遺跡に供給されていることから、両地域間に活発な交流のあったことが想定でき、城戸野廃寺は利根川左岸の地域と密接な関係をもった氏族によって建立された寺であることが推定できる。

青柳古墳群は7世紀に入ると、毛野型の胴張横穴式石室を採用するが、同時に河原石を使用した模様積石室が出現する。模様積石室は上野国緑野郡に最初に出現することから、この地域は城戸野廃寺造営以前から上野国でもとくに利根川左岸地域と密接な関係にあったことを物語っている。そして、瓦の交流から城戸野廃寺造営段階も、その地域との関係は保たれていたことを知ることができるのである。

城戸野廃寺はその立地から青柳古墳群との関係は無視できず、青柳古墳群の形成の中核をなした在地豪族により造営されたと思われるのである。

五明廃寺

五明廃寺は、児玉郡上里町大字五明字若宮天神村に所在し、古代には賀美郡に属していた。この地域も古墳時代後期から遺跡が増加し、奈良時代になるとさらに遺跡は増加する。また、近くには帯刀古墳群や下郷古墳群が存在する。

〈概要〉　寺域は周辺の発掘調査及び地形から150m四方が推定されており、基壇状の高まりも認めることができる。寺域推定地の中央部を東西に走る道路の建設に伴い発掘調査が実施され、多量の瓦が出土した。

〈出土瓦と創建年代〉　創建瓦と考えられているものは2種類あり、単弁16葉蓮華文軒丸瓦が主体で、それに単弁8葉剣菱文軒丸瓦が伴う。軒平瓦は葡萄唐草文で、胎土や焼成から単弁16葉連華文軒丸瓦とセットになるものと考えられる（第170図）。この軒平瓦の出土は、現在のところ五明廃寺だけである。年代は8世紀第2四半期に位置づけられている。

〈瓦の特徴〉　単弁16葉連華文軒丸瓦は瓦当裏面に絞りのある布目痕があることから、一本造り技法によって製作されたものであることがわかる。これと同じ笵でつくられた軒丸瓦が、群馬県伊勢崎市上植木廃寺と太田市寺井廃寺から出土している。上植木廃寺はこの時期に改修が行われており、その際に単弁16葉蓮華文軒丸瓦が使用されていることから、上野国から笵がもたらさ

第4編　古代寺院

第170図　五明廃寺出土瓦

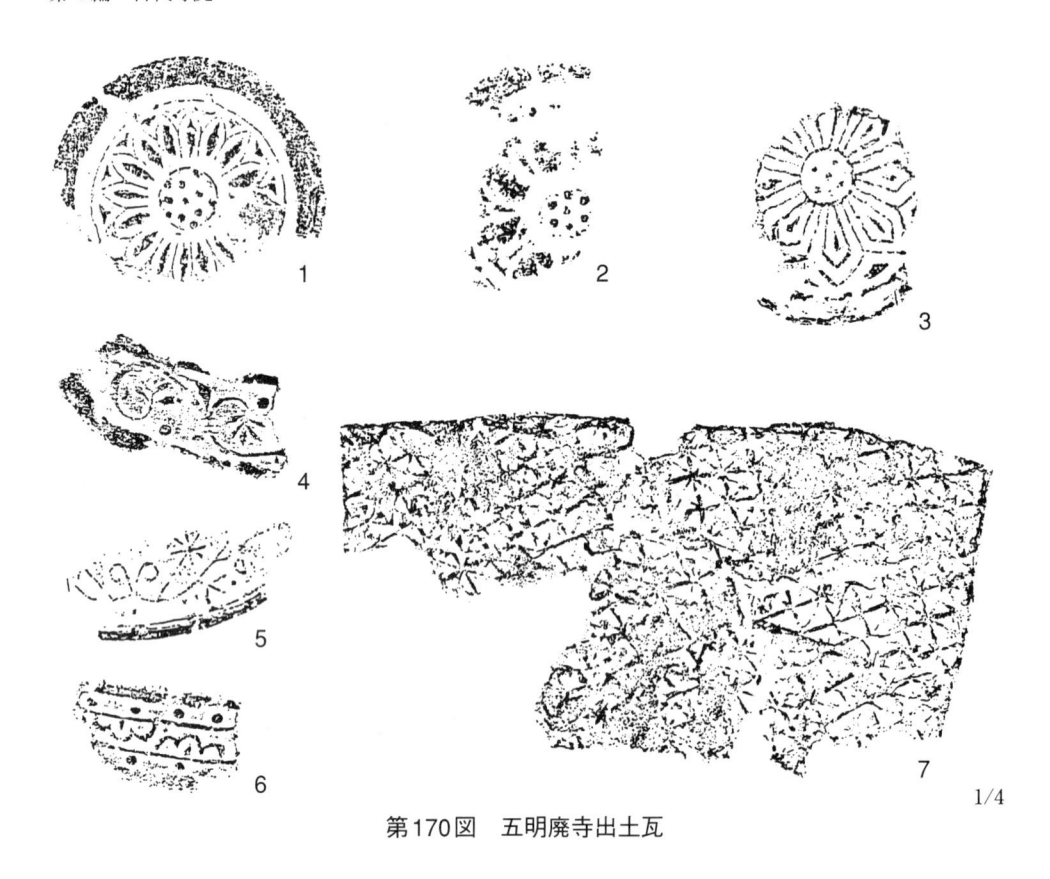

れたものと考えられている。また、単弁8葉剣菱文軒丸瓦は、群馬県前橋市山王廃寺の瓦を焼いたとされる安中市八重巻瓦窯跡のものと同一系統のものである。さらに、瓦に見られる叩きの文様も、上植木廃寺に見られる「米」字状叩きと細かな斜格子叩きと同一で、焼成も類似していることから、上植木廃寺と密接な関係にあったことを窺わせる（第170図4）。五明廃寺は瓦だけを見ると上野国の寺院跡との区別はつけにくく、上野国の寺院と錯覚しかねない。つまり、単に范が国を越えてもたらされただけでなく、上植木廃寺を建立した豪族の支援のもとに工人も派遣され、瓦造りの組織が編成されたことが推察できるのである。

　近くに存在する帯刀古墳群と下郷古墳群は、毛野型の胴張横穴式石室で、扁平な河原石を用いた模様積石室が主体となっている。こうした石室の形態と構造は毛野の影響であり、また土師器の形態などに毛野との強い関係を認めることができるという（外尾1989）。このように、五明廃寺の周辺地域も、古墳時代から上野国と密接な結び付きがあったのである。

　五明廃寺は賀美郡衙に伴う寺院であると思われる。

（8）児玉郡

寺山廃寺

　寺山廃寺は、児玉郡児玉町大字河内字寺山の標高220mの山地に所在する。寺院跡の周辺には現在までのところ、まったく遺跡は確認されていない。

404

第 2 章　東国における古代寺院の成立

〈概要〉　寺院跡は地形から 6 区画から形成されている。1 区は周辺の平場よりも50〜100cmほど高く、地山整形の可能性がある。この平場北西隅の 4 × 4 m の範囲に瓦塔が集中して散布しており、この場所に瓦塔が建てられていたものと推定される。また、風鐸が 1 区の南崖下から出土している。南斜面は急峻であることから建物の存在は考えがたく、1 区からの転落と考えられ、そこに風鐸を下げた建物があったことが想定できる。2 区は 1 区の西側にある平場で、古い小道が走り、その西側斜面には水場が存在する。3 区は 1 区の北側のもっとも広い平場で、50×100 m ほどの面積で、北側は段差をもって 6 区に移行することから見て、地山を削平していることを窺わせる。4 区は現在栗林となっており、表面観察はむずかしいが、1.5m ほど突出した平場となっており、大形礫が露出している。5 区は 3 区の西側にあり、地山の岩盤が露出している。6 区は 3 区の背後の傾斜面で、その頂部は 1 区より10m ほど高い。かつて、この場所から蔵骨器と思われる陶器が 3 点出土している。出土遺物の状況から、1 区には建物が存在したことは明らかで、また平場の形状から 3 区にもその可能性がある。2 区がもっとも土師器・須恵器の分布が多く、さらに水場に近いことから僧坊跡が想定されている。

〈出土遺物〉　瓦塔は屋蓋部と軸部の32点採集されている。風鐸は鉄の鋳造品で、高さ21.7cm、口径14.9cmの完形品である。鈕は扁平な三角形で、下部に円孔がある。裾部は四単位の波状を呈している。文様は凸線によって全体で21の格子目をつくり、さらに縦に 3 個の格子目を一単位として左右に袈裟懸状に凸線を配置し、最上部の格子目の中央部には 3 個 1 単位の乳（小さな突起）が配されている。また、瓦の出土も伝えられているが、5 度にわたる現地調査にもかかわらず、1 点も採集できないことを考えるとその存在は疑わしい。

〈創建年代〉　採集される土師器と須恵器はいずれも10世紀後半から11世紀代のものであることから、この年代が創建年代と考えられよう。また、この時代には多くの寺院は廃寺となっていることから、この寺院は官的性格をもつものではなく、民衆のための新しい仏教を目指し建立されたものであろう（鈴木徳雄 1982）。

（9）幡羅郡

西別府廃寺

西別府廃寺は、熊谷市大字西別府に所在する。この地域は古代において、幡羅郡に属していたものと考えられる。寺院跡周辺には前方後円墳を含む東別府古墳群、その東には玉井古墳群、深谷市原郷を中心とした地域には前方後円墳を含む古墳群が存在し、古墳時代からの中心地で、有力な在地豪族が存在していた。

〈概要〉　寺院の中枢部と思われるものは、個人の屋敷内の山林にあったので確認がむずかしかった。現地踏査の結果、いくつかの基壇の存在が確認されており、しっかりとした伽藍配置をもった寺院であったことを窺わせる。また、瓦は広い地域から出土していることから、かなり広い寺域をもった寺院であったようだ。

〈出土瓦と創建年代〉　もっとも古い瓦は美しい三重弧文軒平瓦（第171図 3 ）で、7 世紀後半

第4編　古代寺院

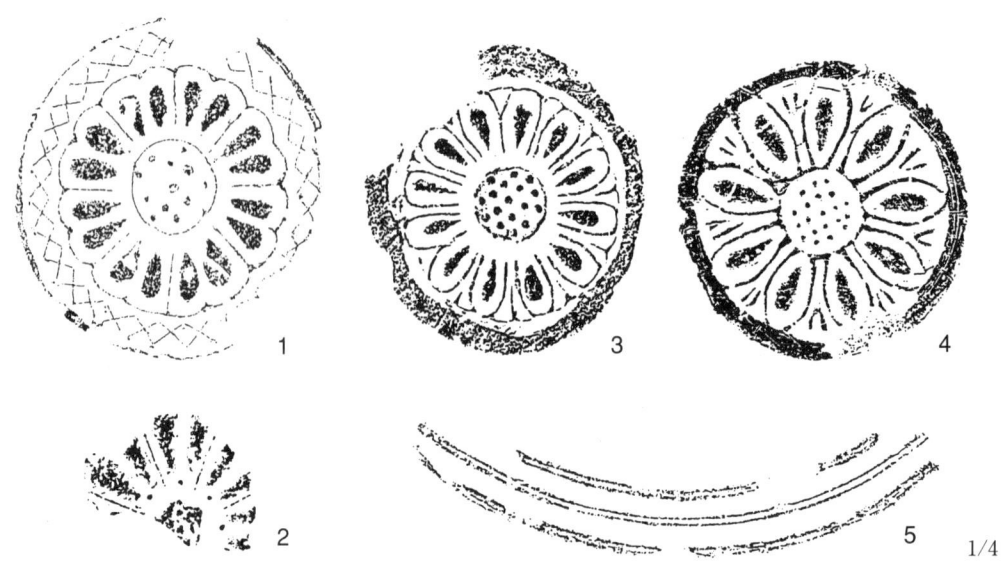

第171図　西別府廃寺出土瓦

に比定されている。しかし、これとセットとなる軒丸瓦は現在のところ確認されていない。基壇のある所からは児玉町金草窯跡で焼かれた複弁8葉蓮華文軒丸瓦（女影廃寺系A2）と、瓦当裏面に布目をもつ一本造り技法で製作された単弁12葉蓮華文軒丸瓦が出土している（1）。また、新たに女影廃寺系軒丸瓦のA1タイプの出土も確認されている（酒井清治1994）。いずれも8世紀第2四半期に位置づけられる。

幡羅郡内では西別府廃寺のほかに有力な古代寺院跡は見あたらないことから、郡内では突出した有力な寺院であったといえる。また、郡衙に伴うと考えられる寺院に多く採用されている女影廃寺系の瓦も出土していることから、西別府廃寺も郡衙伴う寺院の可能性があり、近くに郡衙が存在することが想定されるのである（補注2）。

また、武蔵国分寺塔再建と同型式で、入間市八坂前窯跡や新久窯跡で焼かれているものと類似する単弁8葉蓮華文軒丸瓦（2）が出土していることから、少なくとも9世紀後半まで存続していたことがわかる。

(10) 埼玉郡

旧盛徳寺

旧盛徳寺は行田市大字埼玉字下埼玉に所在し、その西約1kmには埼玉古墳群が存在する。また、旧盛徳寺の西北400mの忍川寄りの所から、「矢作私印」と読める大和古印が出土している。

〈概要〉　昭和6年刊行の旧『埼玉県史』では、東西170m、南北150mを寺域としている。行田市史編さんに伴い昭和35・36年に藤島亥治郎による調査が行われ、寺域は東西160m、南北226mと推定された。また、藤島は現在の本堂の西側が推定寺域の中心であること、瓦の散布密度が高いことから、金堂のような主要建物があったと考えた。礎石についてはすでに『新編武蔵風土

第172図　旧盛徳寺出土瓦

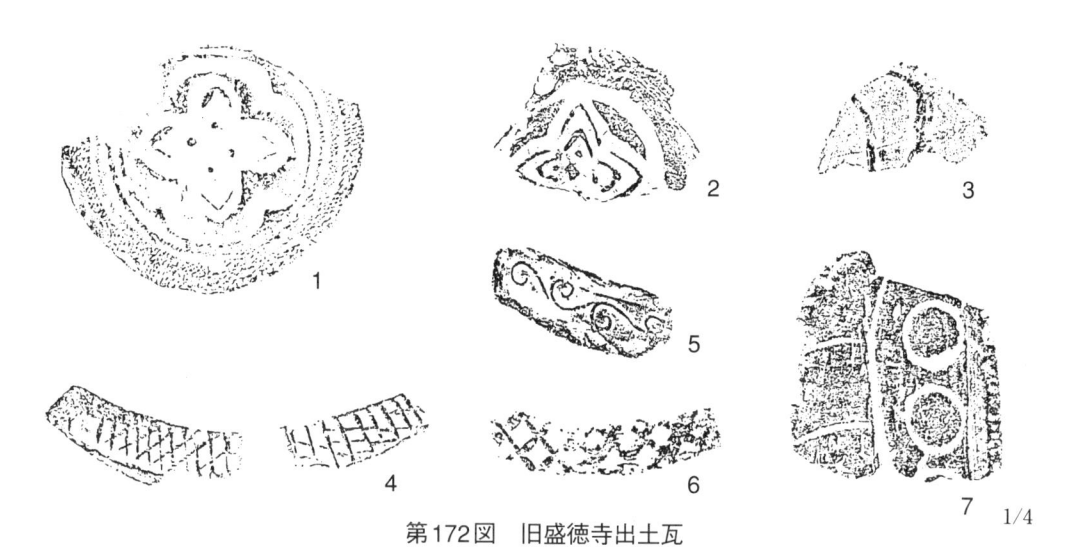

記稿』にも記されており、藤島により25個確認されたが、いずれも原位置から移動していた。礎石の形態は柱座を造り出しているもので、柱座の大きさは33.3～66.7cmと大きさにバラツキがみられる。柱座の大きさから大規模な建物であったことが推定される。また、礎石は火を受けている痕跡があり、建物は火災にあったようだ。

昭和48年、墓地造成に伴い本堂西側の調査が行われ、箱薬研形の溝が確認されたが、遺構の性格については把握できなかった。また、調査時に多量の瓦が出土した（栗原文蔵 1975）。

〈出土瓦と創建年代〉　旧盛徳寺からは各種、各時代の瓦が出土している。もっとも古いと考えられるのは、凹面に模骨痕があり、凸面には斜格子目の叩きを有する平瓦である。この平瓦は国分寺造営以前に流行した桶巻造り技法によってつくられていることから、8世紀前半に位置づけられる。しかし、これに伴う軒丸瓦と軒平瓦は現段階では確認されていない。

もっとも多く出土するのが、単弁4葉蓮華文軒丸瓦である（第172図）。年代は9世紀末に位置づけられる。この軒丸瓦は弁が丸みを帯びているものと山型を呈する二種類あるが、いずれも瓦当裏面には布目が残っていることから、一本造り技法で製作された瓦であることがわかる。また、弁に丸みをもつ軒丸瓦の瓦当面には縄叩き目をもつという特徴がある。笵から瓦当部を取り出した後に叩くと、文様は崩れてしまうので、粘土を笵に入れる前に叩いたことになる。この軒丸瓦は観察の結果、次のように製作されたものと考えられる。まず、丸瓦と一緒に瓦当部もつくり、さらに縄を巻きつけた叩き板で丸瓦を叩き締める際に、瓦当部となる部分も一緒に叩いてしまう。まさに、瓦当部と丸瓦を一本でつくってしまう。その後、スタンプを押すかのように笵を押し、丸瓦の不用部を切り落とす。この軒丸瓦は笵の彫りが浅く平坦であるから、こうしたつくり方が可能であったのであろう。このように一本造り技法といっても、細かくみていくといろいろな技法があることがわかる。

また、この技法でつくられた軒丸瓦の瓦当部は、厚さが1cm前後の薄さであるという特徴をも

っている。この軒丸瓦とセットとなる軒平瓦は、斜格子文の軒平瓦である。単弁4葉でこれに類する文様をもち、一本造りで製作された軒丸瓦の類例を探してみると、上野国分寺に弁の数は5弁であるが、文様が類似し一本造りという同じ技法でつくられた瓦が存在する。また、斜格子文の軒平瓦も存在する。旧盛徳寺ではこの種の瓦が多く出土することから、9世紀末に大幅に整備された様子が窺える。その際に柱座造り出し礎石が用いられた可能性もある。また、造瓦に関しては、瓦の特徴から上野国分寺の影響を多分に受けたものと思われるのである。また、旧盛徳寺からは鎌倉期の瓦も出土していることから、何度かの葺き替えや建て替えが想定できる。

(11) 足立郡

大久保領家廃寺

　大久保領家廃寺はさいたま市大久保領家に所在し、鴨川左岸の自然堤防上に立地する。標高は7～8mほどで水田との比高差は1～2mである。鴨川流域には大久保領家廃寺を含め、9箇所ほどの古瓦散布地が知られている（青木忠夫 1971）。

　〈概要〉　寺域と推定されるほぼ中心地に日枝神社が存在するが、その周辺から瓦が出土するが、寺にかかわる遺構等はいっさい確認されていない。ただ、明治時代に多量の瓦が出土し、道に敷いたといわれている。

　〈出土瓦〉　軒丸瓦は西戸丸山窯跡で焼かれた複弁8葉で、周縁に交差鋸歯文をもつもので、女影廃寺系軒丸瓦A1タイプである。軒平瓦は三重弧文である。創建年代は8世紀第2四半期に位置づけられ、足立郡にはこれに匹敵する寺院が存在しないことから、足立郡衙に伴う寺院と考えることができる。

2　瓦に見られる上野国の影響

(1) 馬騎の内廃寺の複弁7葉蓮華文軒丸瓦

　円を7分割するということは厄介な作業である。馬騎の内廃寺の第2期の軒丸瓦は複弁7葉を採用している。これと類似する軒丸瓦を求めると、群馬県山王廃寺に存在し、はめ込み式の軒丸瓦も存在する。はめ込み式の軒丸瓦は創建瓦と考えられている素弁8葉蓮華文軒丸瓦である。馬騎の内廃寺の軒丸瓦は外区がなく内区だけのものを円筒のままの丸瓦にはめ込んだものであるが、山王廃寺のものは狭い周縁をもつ瓦当を円筒のままの丸瓦にはめ込んでつくられている（前橋市教育委員会 1977）。はめ込み式の軒丸瓦としては東国最古のものである。

　さらに、複弁7葉のはめ込み式でつくられている軒丸瓦が、窯跡と考えられている群馬県藤岡市水窪遺跡からも出土している（大江正行 1984）。水窪遺跡の複弁7葉は山王廃寺のものと相違し、弁が長く延びており、馬騎の内廃寺のものとより類似する。また、藤岡市と接する多野郡吉井町馬庭東遺跡からも凹面に青海波文、凸面には平行叩きをもつ平瓦が出土している。平瓦の80％が馬騎の内廃寺と同様の円筒造り瓦であるという。こうした事実から、馬騎の内廃寺の第2期の瓦は、群馬県藤岡地方からの技術導入により製作された瓦と考えることができる。また、一本

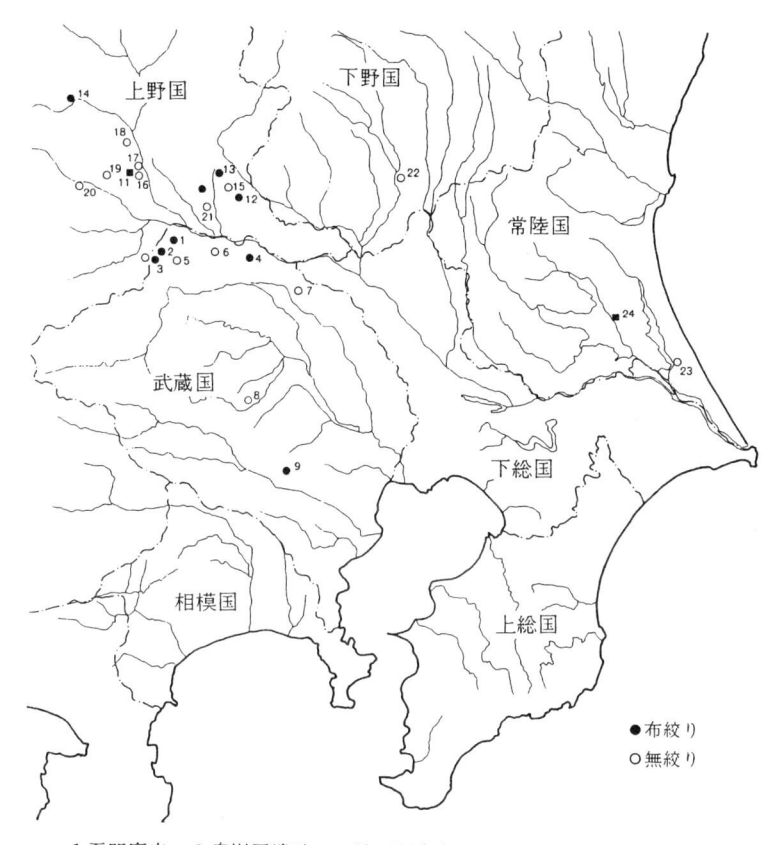

1 五明廃寺　2 皂樹原遺跡　3 城戸野廃寺　4 西別府廃寺　5 宮ヶ谷戸遺跡　6 石原山瓦窯跡　7 旧盛徳寺　8 高岡廃寺　9 武蔵国分寺跡　10 上野国分寺跡　11 上植木廃寺　12 寺井廃寺　13 間ノ谷瓦窯跡　14 平遺跡　15 山際瓦窯跡　16 上野国分尼寺跡　17 山王廃寺　18 水沢廃寺　19 唐松遺跡　20 八重巻瓦窯跡　21 十三宝塚遺跡　22 下野国分尼寺跡　23 神野向遺跡　24 井上廃寺跡

第173図　一本造り軒丸瓦の分布

造りで製作された瓦は上野国に多く分布するが、武蔵国では荒川北岸の地域、とくに児玉地方に集中して分布する（第173図）。こうした地域は先にも記したように、古墳の石室は群馬県藤岡市地方（緑野郡）の強い影響のもとに成立した模様積石室の分布地域である。そして、一本造りで製作された瓦は、古墳時代からの毛野と密接な関係にあった地域だけに分布するのである。一本造りの瓦は武蔵国分寺でも出土しているが、量が少ないことから児玉地方でつくられた瓦が供給されたものと考えていいだろう。

（2）上野国と同笵関係にある瓦

児玉地方の瓦は上野国の影響下に成立するとともに、上野国の瓦と同じ笵でつくられた瓦が存在する。群馬県上植木廃寺と寺井廃寺と同笵の単弁16葉蓮華文軒丸瓦が五明廃寺から出土している。さらに、五明廃寺出土の「米」印状の叩きと細かな斜格子叩きも、上植木廃寺のものとよく類似していることが確認されている。さらに、この叩きは城戸野廃寺からも出土し、城戸野廃寺

第4編　古代寺院

の単弁8葉蓮華文軒丸瓦は群馬県山王久保遺跡と同笵関係にあることも判明している。

いっぽう、児玉町金草窯跡で焼かれた複弁8葉連華文軒丸瓦も、群馬県から多く出土している。現在、その出土遺跡として、上野国分寺・高崎市浄土ヶ原遺跡・藤岡市山王久保遺跡が知られている。これをまとめると第174図のようになり、両者の間には活発な交流や政治的関係が深かったことを示唆している。

群馬県で出土している複弁8葉蓮華文軒丸瓦は、その数が少なく客体的であることから、笵が移動したと考えるよりも、瓦自体が上野国に供給されたと見るべきである。また、山王久保遺跡と同笵関係にある城戸野廃寺の単弁8葉連華文軒丸瓦は、上野国からの供給であろう。第174図をみると、五明廃寺を除いた児玉地方の瓦は、利根川と神流川の挾まれた地域と同笵関係にあり、いっぽう五明廃寺は利根川左岸の瓦と同笵関係にあることがわかる。

（3）五明廃寺と上植木廃寺

五明廃寺は賀美郡に属していた。『続日本後紀』承和7年（840）12月27日の条に「武蔵国加美郡人散位正七位上勲七等檜前舎人直由加麻呂男女十人、貫附左京六条、与土師氏同祖也」とある。つまり、賀美郡には官職には就いていないが、土師氏と同祖関係にあった檜前舎人直由加麻呂という人物がおり、正七位上という官位をもっていたことから、地方豪族であったことがわかる。

また、『続日本紀』によると、上野国佐位郡にも賀美郡と同じ檜前氏が居住していた。神護景雲元年（767）に上野国佐位郡の人、外従五位上檜前君老刀自は上毛野佐位朝臣を賜わり、神護景雲2年には掌膳上野国佐位采女外従五位下上野佐位朝臣老刀自とある。このことから、檜前君老刀自の本貫地が佐位郡にあり、采女は有力な地方豪族が出すことになっていたので、檜前氏は佐位郡の有力氏族であったと推測してもいいだろう。武蔵国賀美郡と上野国佐位郡には、ともに檜前氏という有力氏族がいたことが判明し、上植木廃寺は檜前氏一族によって建立されたことが推定され、また五明廃寺も檜前氏一族によって建立された寺院と考えてよいだろう。おそらく、両檜前氏は同族関係にあり、五明廃寺の建立に当たって、佐位郡の檜前氏は瓦工人などの技術者を派遣するなど、相当の支援をしていたことが瓦から窺えるのである。

（4）旧盛徳寺と上野

群馬県では一本造り技法で製作された軒丸瓦の瓦当裏面には、国分寺創建以前は布を絞った状態の痕跡が付くが、国分寺の創建瓦には無絞りの布目が付き、型木に被せる布の扱い方に相違が見られるようになる。旧盛徳寺の軒丸瓦はこの無絞りの布目が付く。先にも記したように旧盛徳寺では、国分寺建立以前の桶巻造り技法によってつくられた平瓦が1点出土しているので、創建がその段階まで遡ることも考えられた。しかし、大半の瓦は9世紀後半のものであることから、寺院として本格的に整備されたのはその時期と考えられるのである。

旧盛徳寺の軒丸瓦は製作技法、文様意匠とも上野国分寺の影響を強く受けている。上野国分寺は創建段階で安中市秋間窯跡群・新田郡笠懸村笠懸窯跡群から供給を受けているが、9世紀後半段階では藤岡市藤岡窯跡群、旧盛徳寺と類似する軒丸瓦は多野郡吉井町吉井窯跡群から供給を受

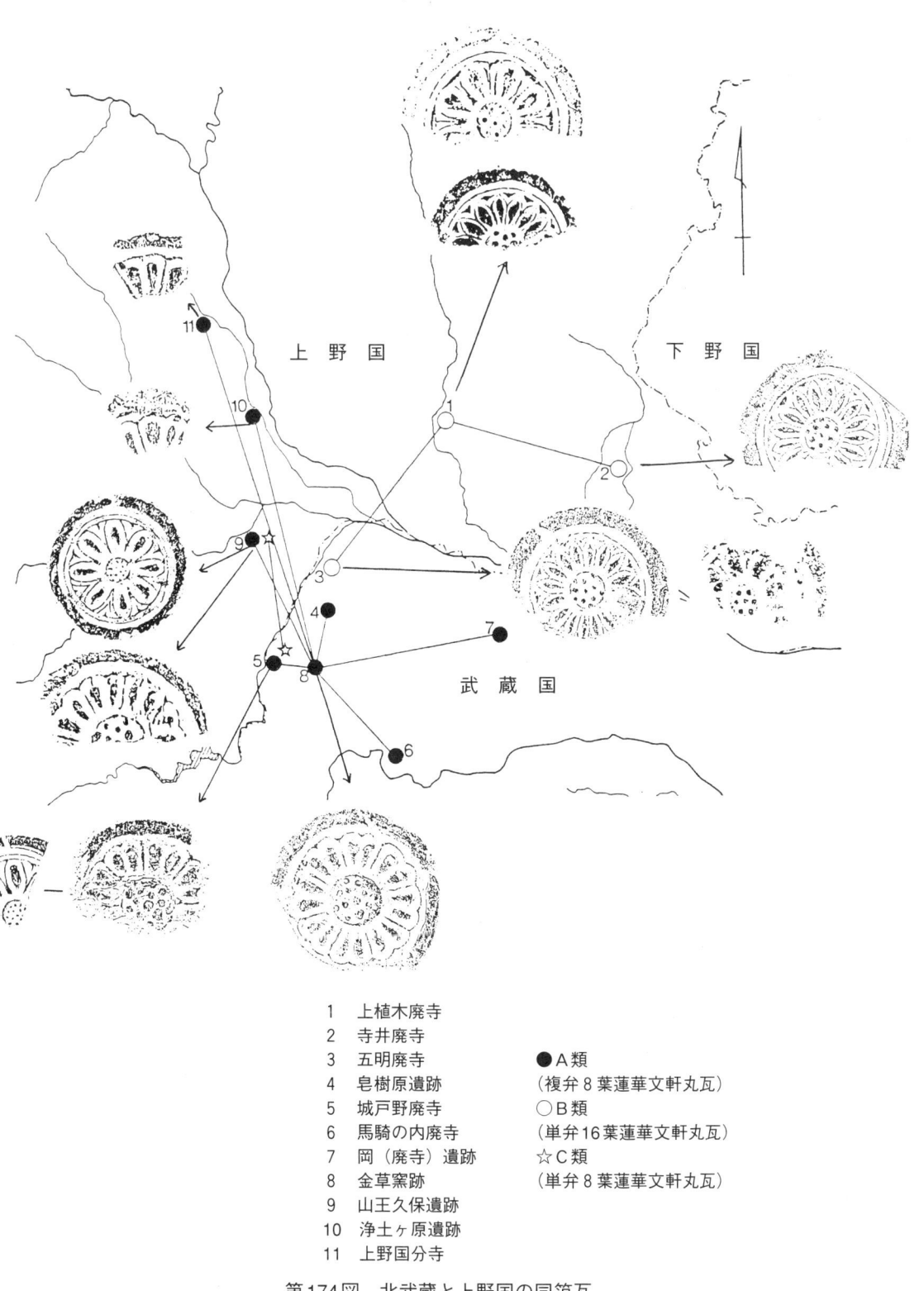

第 2 章　東国における古代寺院の成立

1　上植木廃寺
2　寺井廃寺
3　五明廃寺
4　皂樹原遺跡
5　城戸野廃寺
6　馬騎の内廃寺
7　岡（廃寺）遺跡
8　金草窯跡
9　山王久保遺跡
10　浄土ヶ原遺跡
11　上野国分寺

● A類
（複弁8葉蓮華文軒丸瓦）
○ B類
（単弁16葉蓮華文軒丸瓦）
☆ C類
（単弁8葉蓮華文軒丸瓦）

第174図　北武蔵と上野国の同范瓦

第4編 古代寺院

けている。その後、上野国分寺系の瓦は官的性格をもつ寺院や遺跡に多く採用されていく。

　近くに所在する埼玉古墳群は、最近の発掘調査の成果によると、いままで最後の古墳といわれてきた将軍山古墳は6世紀後半に位置づけられ、6世紀末か7世紀初頭の中の山古墳がそれに続き、方墳の戸場口山古墳で造営は終了する。その後、埼玉古墳群内では古墳は造営されず、周辺地域に古墳が築かれるようになる。小見真観寺古墳は埼玉古墳群の北方3.5kmにある121mの前方後円墳で、7世紀中頃に比定されており、7世紀中頃から後半になると巨大な石室をもつことから、関東の石舞台といわれている八幡山古墳が築造される。

　こうした現象は、埼玉古墳群を造営した武蔵国造の本宗家は、7世紀に入り急激に勢力が衰退したことを暗示している。その後、律令時代になると埼玉古墳群が存在した埼玉郡は、郷の数は5郷という下郡に編成された。このことひとつ見ても、律令政府によって埼玉古墳群を造営した一族の勢力解体が行われたことが推測できるのである。

　上野国造の本貫地の前橋市総社町周辺は、その後は13郷からなる上郡の群馬郡となり、山王廃寺や国府・国分寺が造営されるのである。武蔵国造一族もその後その勢力を持続していたとするなら、当然国分寺もさきたまの地に造営されても不思議はないが、現在の国分寺市に造営された。埼玉古墳群のように有数の古墳群が形成された地に、有力寺院が存在しないことは稀な例といえる。旧盛徳寺は国分寺造営まで遡る可能性もあるが、本格的に整備されたのは9世紀後半であることから、直接埼玉古墳群の勢力と結び付くとは考えられない。このことは、律令政府による武蔵国造の勢力解体の結果にほかならない。また、瓦も上野国分寺の系譜下にあることから、旧盛徳寺造営の背景は別な要因が推察できるのである。

3　北武蔵の瓦の変遷と特徴

　北武蔵の瓦は地方色の豊かなものが多いが、最古の瓦である寺谷廃寺の素弁8葉蓮華文軒丸瓦は、百済のものと類似するものであった。また、馬騎の内廃寺の素弁10葉蓮華文軒丸瓦も飛鳥寺の系譜を引くものであるが、これには地方色が感じられる。

　7世紀後半になると、単弁に細い棒状の子葉がつく単弁蓮華文の軒丸瓦が成立する。単弁は山田寺が初現であり、この系譜を引くものが上野国や下総国の寺院から出土している。武蔵国では山田寺式の軒丸瓦はまったく見られず、棒状子葉をもつ独特の単弁が成立する。山田寺式の単弁軒丸瓦は周縁には三重圏文が見られるが、この種の軒丸瓦は素縁であるという特徴をもっている。棒状子葉をもつ軒丸瓦は、10葉のものが東松山市大谷瓦窯跡で、8葉のものが鳩山町赤沼窯跡で焼かれており、出土寺院として坂戸市勝呂廃寺と鳩山町小用廃寺が知られている。また、若干様相は異にするが、川崎市影向寺から棒状子葉をもつ軒丸瓦が出土している。

　棒状子葉をもつ軒丸瓦は現在のところ、比企郡と入間郡および橘樹郡からのみ出土している。こうした現象を渡来系族との関係で説明しようとする考えがある。つまり、橘樹郡には神護景雲2年（768）に白雉を献じた飛鳥部吉士五百国がおり、また北武蔵における棒状子葉をもつ軒丸

瓦の分布域には壬生吉士氏の墓制と考えられる武蔵型胴張横穴式古墳が分布する。天平6年（734）の正倉院の調布に書かれている男衾郷笠原里飛鳥部蟲麻呂という人物は、壬生吉士氏と同じ男衾郡に居住することから、橘樹郡の飛鳥部吉士氏とともに渡来系氏族と考え、また百済の扶余に類似する瓦が存在することから、棒状子葉はこうした渡来系氏族によって導入された意匠と見るのである（酒井清治 1982・84）。しかし、7世紀後半に創建される寺院は、現在のところこの地域だけであることから、この時期に創建された寺院に棒状子葉の瓦が採用されたとも理解でき、一概に渡来氏族と結び付けるわけにはいかない。この瓦は山田寺の瓦の影響を受けながら、武蔵国独特の文様意匠を創出したと私は考えている。

8世紀の初頭になると馬騎の内廃寺では群馬県山王廃寺系の軒丸瓦の影響を受けた瓦が登場する。この瓦の製作には須恵器工人が参画した。ほぼ、同時期に女影廃寺が建立され、新治廃寺と同笵の軒丸瓦が創建瓦である。この瓦はその後に成立する瓦に大きな影響を与え、この系譜下にある軒丸瓦が8世紀前半の多くの北武蔵の寺院に採用される。この頃の児玉地方は、群馬県上植木廃寺の影響を強く受けた瓦が登場し、同笵瓦も存在する。8世紀中頃に国分寺の造営が開始されるが、創建時には瓦当裏面に布絞りのある一本造りによって製作された軒丸瓦や、文様意匠も上植木廃寺系の軒丸瓦が多く見られ、さらには武蔵国府系の瓦も採用される。その後に平城宮系の瓦も採用されていく（有吉重蔵 1984）。

武蔵国分寺の造瓦体制は、上総国や下総国とは相違し、国分寺で必要とする瓦を各郡に割りあてた。国分寺瓦はおもに武蔵4大窯跡群といわれる南多摩・東金子・南比企・末野窯跡群で焼かれた。軒丸瓦と軒平瓦の文様意匠も統一されていないことから、さまざまな瓦が屋根を飾ったことになる。現在確認されている軒丸瓦の笵種は63種類、軒平瓦は60種類で、最終的には両者とも100種類を越えるだろうといわれている。上植木廃寺系の軒丸瓦は児玉地方の郡から献納されたものであろう。まさに、各郡の協力のもとに国分寺造営が行われた様子を窺うことができる。

また、武蔵国では国分寺造営段階には、各地の主要寺院の造営は終了しており、その後は小規模な私寺的なものが造営されている。こうしたなかにあって、旧盛徳寺の整備あるいは再建は異質なものであり、その背景はほかの寺院とは違う要因が感じられるのである。

補注

1　最近、奈良県吉備池廃寺の発掘調査が行われ、そこから出土した単弁8葉蓮華文軒丸瓦は山田寺に先行する型式的であることが認識された。吉備池廃寺は11年（639）に創建された百済大寺の可能性が高いとされている（小沢　毅 1997「吉備池廃寺の発掘調査」『仏教芸術』235　毎日新聞社）。その後、この瓦は百済大寺型式と型式設定されていく（花谷　浩 2000「畿内の山田寺式軒瓦」『飛鳥白鳳の瓦づくりV』奈良文化財研究所）。単弁の出現が山田寺より早まれば、寺谷廃寺の創建瓦は7世紀前半に置くことに間違いなく、前半でも古い段階に位置づけることができよう。

第4編　古代寺院

2　最近の深谷市教育委員会の調査により、西別府廃寺と隣接する場所から、3間×3間の総柱の建物跡が2棟発見された。いずれも掘立柱建物から礎石建物に建て替えられている。1棟は掘り込み地業を行っている。建物跡の年代は出土土師器から7世紀末から8世紀初頭が考えられている。これらの建物跡は榛沢郡衙の正倉と類似し、西別府廃寺の存在から幡羅郡衙に伴う正倉と推定されている（青木克尚　2002「深谷市幡羅遺跡の調査」『第35回遺跡発掘調査報告会発表要旨』埼玉考古学会ほか）。

引用文献

青木忠夫　1971『埼玉県鴨川流域の布目瓦出土遺跡に関する予察』浦和考古学会

有吉重蔵　1986「瓦からみた武蔵国分寺」『国分寺市史』上巻

有吉重蔵　1989「武蔵国分寺の創建」『古代寺院と仏教』名著出版

今泉　潔　1990「瓦と建物の相剋」『千葉県文化財センター研究紀要』21

大江正行　1984「シンポジウム　―北武蔵の古代寺院と瓦―」『埼玉考古』22

大谷　徹　1991『若宮遺跡』1　埼玉県埋蔵文化財調査事業団

栗原文蔵　1975『旧盛徳寺址の発掘調査』行田市教育委員会

酒井清治　1982『緑山遺跡』埼玉県埋蔵文化財調査事業団

酒井清治　1984「シンポジウム　―北武蔵の古代寺院と瓦―」『埼玉考古』22　埼玉考古学会

酒井清治　1994「瓦当笵の移動と改笵とその背景」『研究紀要』第11号　埼玉県埋蔵文化財調査事業団

坂戸市教育委員会　1978『古代のさかど』

佐藤博之・永井智教　1997「寄居町馬騎の内廃寺採集瓦について」『土曜考古』21　土曜考古学研究

須田　勉　1980「古代地方豪族と造寺活動―上総国を中心として―」『古代探叢』

鈴木徳雄　1982『児玉町寺山廃寺』『埼玉県古代寺院跡調査報告書』埼玉県県史編さん室

外尾常人　1987『五明廃寺発掘調査報告書』上里町教育委員会

高橋一夫ほか　1978『高岡寺院跡発掘調査報告書』高岡寺院跡発掘調査会

高橋一夫　1980『羽尾窯跡発掘調査報告書』滑川村教育委員会

高橋一夫　1982「古代寺院成立の背景と性格」『埼玉県古代寺院跡調査報告書』埼玉県県史編さん室

高橋一夫　1999「慈光平廃寺」『小川町の歴史　考古資料編1　考古』埼玉県小川町

中平　薫　1983『若宮』日高町教育委員会

中平　薫　1984『大寺廃寺』日高町教育委員会

前橋市教育委員会　1977『山王廃寺第三次発掘調査概報』

村木　功　1985『大寺廃寺』毛呂山町教育委員会

第5編　河川交通

第1章　古代の河川交通

　はじめに

　『草加市研究』第2号で草加市の遺跡を歴史的に位置づけるために、次のような検討を行った。
　まず、伊興遺跡は従来考えられていたような単なる自然を対象とした祭祀ではなく、大和王権の東国経営のために築かれた祭祀遺跡であるとした。つまり、東国でも有数の祭祀遺跡が、中川低地の一角に形成された背景は、その場所が旧入間川の河口で、東京湾から北武蔵に至る入口という地理的要因が大きく、伊興遺跡周辺は河川交通の要衝であるとともに軍事的要衝であったと推察した。また、県内の前方後円墳では最古のグループに属し、最大規模を誇る川口市高稲荷古墳は、河川交通、そして軍事的要衝であった旧入間川河口（毛長川流域）一帯を支配した首長の墓であると想定した。さらに、古式須恵器や灰釉陶器等の分布から、単に古墳時代初頭だけでなく、古墳時代から平安時代まで海路運ばれてきた物資を、河川を通じて県内各地に運び込む際のセンター的役割を果たしていたと論じたのである（高橋 1982）。
　第4号では草加市の遺跡から東海系のS字甕が高い率で出土することに注目し、関東各地の東海系をはじめとした非在地系土器を集成し、その歴史的背景について考察した。結論として、古代の東北経営に東国各地の人々が多く動員されたように、古墳時代初頭の大和王権の東国経営にも多くの東海地方の人々が動員され、ある者はその地に定住した。その結果、関東各地に多くの東海系土器が出土するという仮説を提示した。草加市には弥生時代の遺跡は存在しないことから、古墳時代になって急に農耕適地になったとは考えられないのである。草加の地に古墳時代になって急速に遺跡が出現する背景は、大和王権の東国経営という事象と関連する動きの中で捉えるべきだと主張した（高橋 1985）。

1　遺跡分布と古代河川の復元

　河川の復元は難しい。まして、どの時代にどこを流れていたかを復元するのはなおさらのことである。低地において河川は、どこでも自由に流れることができ、氾濫のたびに流路を変える。こうした困難の作業に積極的に取り組んでいるのが田部井功である。田部井は八潮市史作成の一環として、『八潮市史研究』に次々に労作を発表し、遺跡分布と自然堤防から古代の河川道を復元している。古利根川の復元に関しては彼の成果を借用することにしよう（田部井 1984）。古利根川は、加須低地までは現在の古利根川の流路と変わらない。しかし、加須低地に入ると少なくとも3本の流路がある。第175図の古利根川沿いの遺跡は、この川によって形成された自然堤防上に立地しており、今後もさらに多くの遺跡がこの自然堤防上から確認されることが予想できる。元荒川は熊谷市から埼玉古墳群がのっている埋没台地をかすめて鴻巣市を通り、岩槻市がのって

第5編　河川交通

いる大宮台地を開析し、越谷市で古利根川と合流して中川となり、東京湾にそそいでいる。この合流地点の自然堤防上に数多くの遺跡が存在している（注1）。

　毛長川は旧入間川の流路にあった。毛長川流域の遺跡として伊興遺跡が著名であるが、何回かの分布調査によって左岸にも多くの遺跡が確認された。こうした遺跡の存在する自然堤防から旧入間川の流路を復元すると、大宮市と川越市を結ぶ上江橋付近から大宮台地の西辺部を通り、さらに大宮台地に沿って南辺部を流れ中川と合流する。中川の下流域の江戸川区、葛飾区でも多くの遺跡が存在する。

2　古式須恵器の道

　古式須恵器の分布と河川との関係についてはじめて言及したのは伊藤　潔である（伊藤 1975）。伊藤は古式須恵器が伊興遺跡、白鍬遺跡、舞台遺跡、番清水遺跡といった荒川流域の遺跡で出土していることに注目した。とくに、伊興遺跡で多くの古式須恵器が出土しているのは「当時の水上交通路から内陸遺跡への河川交通の要所であった」からだと考えた。また、「地方における初期古式須恵器の伝播は、中央権力の地方支配強化のための手段であったと考えられ」ることから、伊興遺跡は「中央政権の地域支配における要所としても重要な役割をはたしていたと推察」したのである。卓見である。ここでもう一度、最近の成果にもとづき、古式須恵器の分布を見てみよう。第175図のa～iの地点から古式須恵器が出土している。現在では資料が若干増えてはいるものの、その傾向に大きな変化はない。ここで、簡単に遺跡と出土須恵器を概観しておこう（第176図）。

　aは足立区伊興遺跡である。今のところこれより下流域には古式須恵器の出土は知られていないので、伊興遺跡は古式須恵器の分布上で重要なポイントとなってくる。伊興遺跡の祭祀遺物は多種多量で、石製模造品として臼玉・勾玉・管玉・丸玉・有孔円板・剣形品が、土製模造品として管玉・丸玉・切子玉・鏡が出土している。石製品のなかでとくに注目されるのが、4個の子持勾玉の出土である。1遺跡から4個もの子持勾玉が出土している遺跡は、全国的に見ても数少ない。さらに、注目すべき遺物として小型仿製鏡が三面出土している（大場磐雄ほか 1962・1975）。これも稀なことだ。こうしたことから、伊興遺跡は東国において有数の祭祀遺跡であったと位置づけることができる。須恵器は第Ⅰ期でも前半にしか見られない樽形𤭯が出土しており、その時期は5世紀中頃から後半に比定できる。また、6世紀初頭の須恵器も数多く出土しており、この点がほかの古式須恵器を出土する遺跡と相違するところである。

　bは越谷市見田方遺跡である（和島誠一ほか 1971）　出土須恵器は大型𤭯で、TK47型式といわれており6世紀初頭に位置づけることができよう。また、6世紀前半の𤭯と、石製模造品が出土している。

　cは春日部市内牧4号墳である。壺が出土している。時期は6世紀初頭と考えていいだろう。

　dは浦和市北宿遺跡である。北宿遺跡は五領期と鬼高期の集落で、須恵器壺は鬼高期と思われ

第1章 古代の河川交通

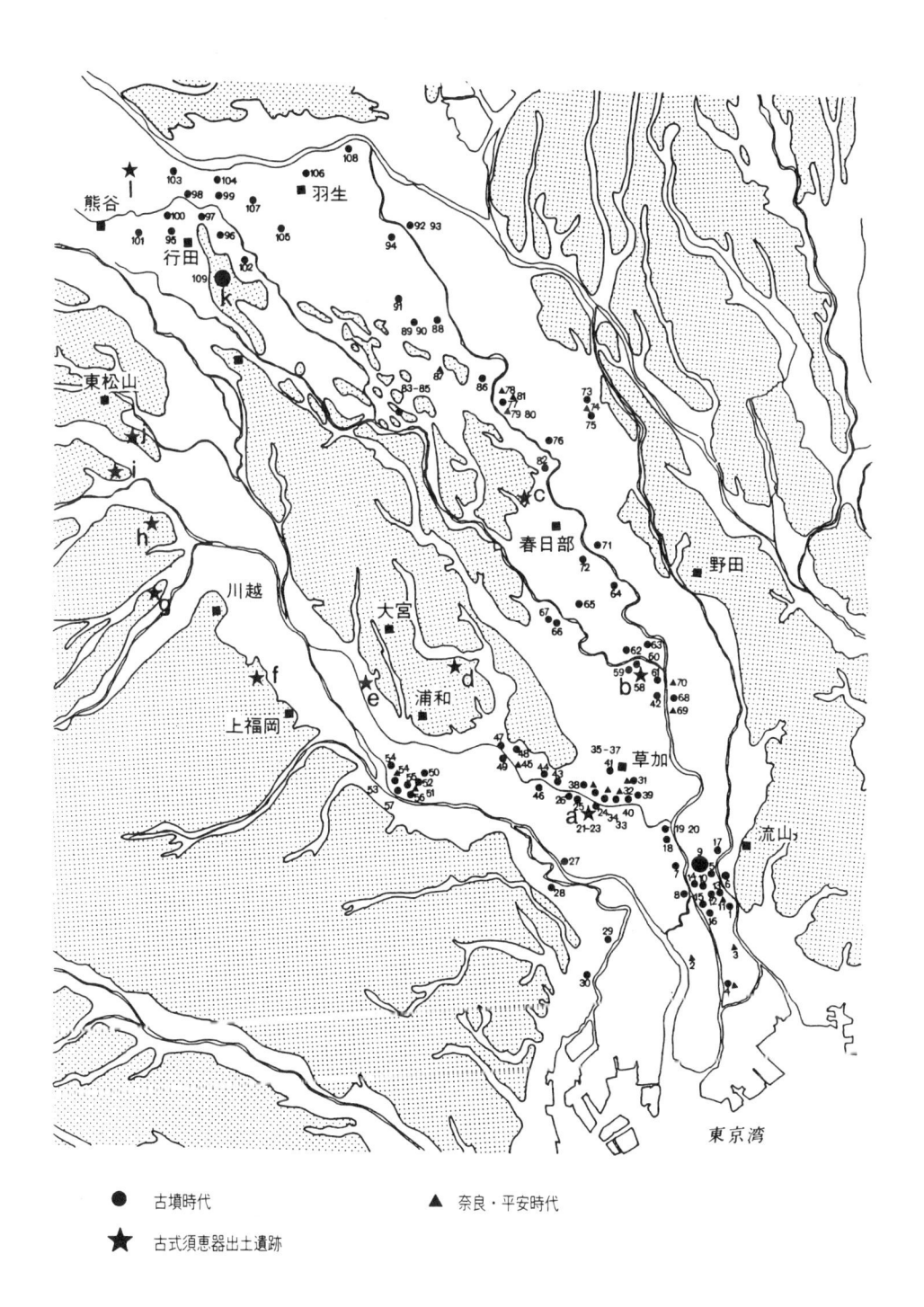

第175図 中川低地の遺跡と古式須恵器の分布

● 古墳時代　　▲ 奈良・平安時代
★ 古式須恵器出土遺跡

第5編　河川交通

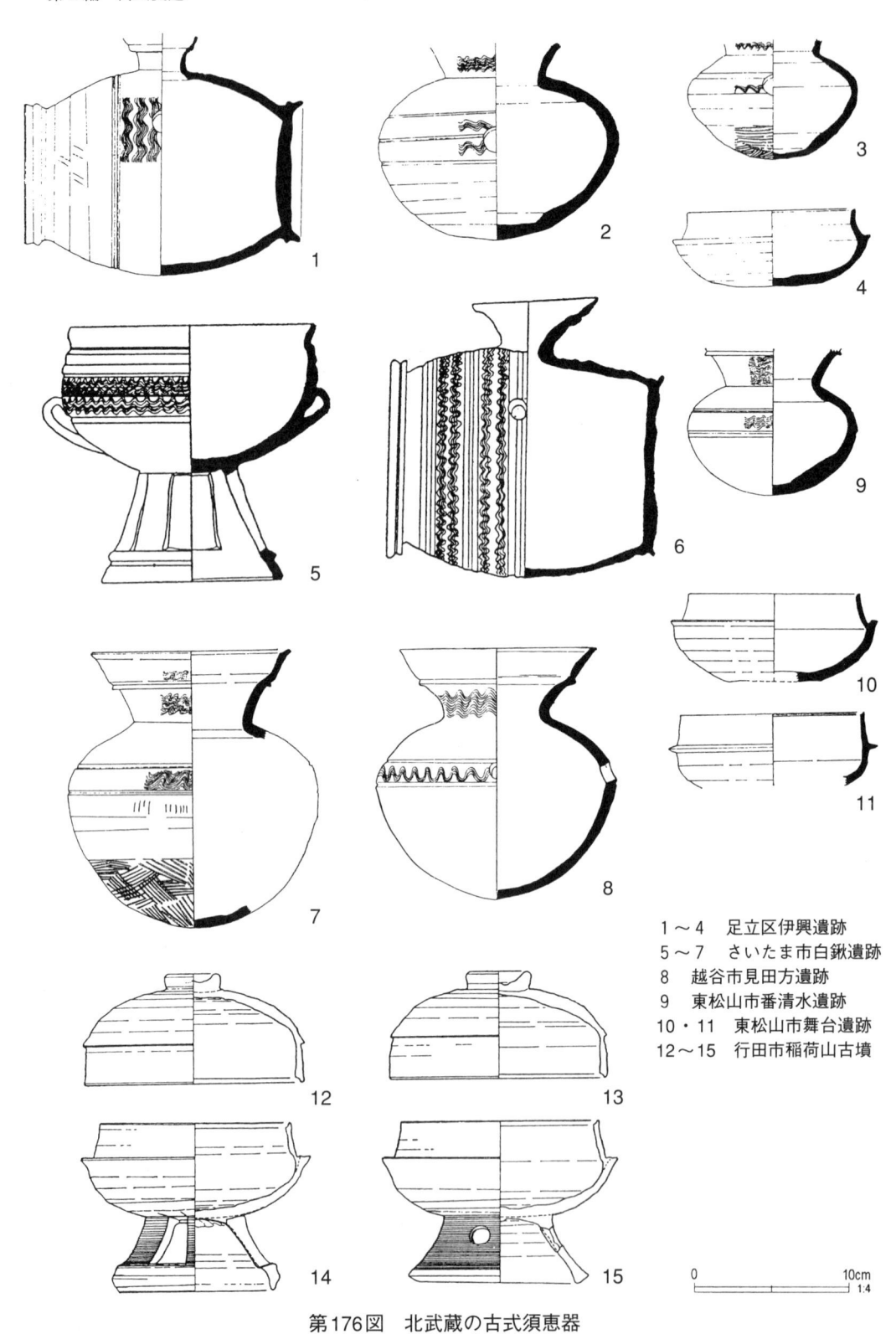

1〜4　足立区伊興遺跡
5〜7　さいたま市白鍬遺跡
8　越谷市見田方遺跡
9　東松山市番清水遺跡
10・11　東松山市舞台遺跡
12〜15　行田市稲荷山古墳

第176図　北武蔵の古式須恵器

る竪穴住居跡から出土している。須恵器の年代は5世紀末から6世紀初頭に位置づけられている（小倉均 1983）。

eは白鍬遺跡である。樽型甑と無蓋高坏は与野市八王子から出土している（大塚初重・坂本明美 1959）。また、同時期の壺が浦和市白鍬から出土している（青木義脩 1966）。与野市（現・さいたま市）八王子と浦和市（現・さいたま市）白鍬は行政境であるため、地名こそ相違するものの、近接した場所である。与野市史では、樽形甑と無蓋高坏の出土したところの小字名を取り、殿ノ前遺跡と称しているが、遺跡は広い範囲にわたるものと考えられることと、歴史的名称を尊重し、ここではこれらを一括して白鍬遺跡と呼称した。さて、須恵器の出土状態であるが、樽形甑と無蓋高坏はひとつのピットから、また壺も和泉期の土師器埦2個体とともにやはりピットから出土している。こうした出土状態から祭祀関係に伴うものではないかといわれている。壺は伴出土師器の年代からも5世紀後半に比定できよう。また、樽形壺と無蓋高坏に関しては朝鮮半島産ではないかといわれており、5世紀中頃まで遡ると考えられている。

fは上福岡市権現山墳墓群である。ここからは大型甑が出土している（上福岡市歴史民俗資料館 1968）。5世紀末に位置づけることができよう。

gは川越市御伊勢原遺跡である。御伊勢原遺跡は和泉期の大規模な集落で、祭祀跡と思われるものも確認されている。祭祀跡と考えられているところからは、粉々に砕かれた土器と各種石製模造品が出土している（新屋雅明 1986）。本遺跡からはジョッキ形須恵器とともに甑が出土している。ジョッキ形須恵器は朝鮮半島産の可能性が強いといわれており、白鍬遺跡の樽形甑同様5世紀中頃と考えていいだろう。甑はそれよりも若干新しくなるものと思われる（補注）。

hは東松山市舞台遺跡である（谷井彪 1974）。ここからはTK216型式の坏が2個体出土している。須恵器の年代は5世紀第3四半期に位置づけることができよう。

iは東松山市下寺前遺跡である（埼玉県 1982）。1軒の竪穴住居跡から壺と有蓋高坏が出土している（注3）。須恵器はTK23～TK47型式に比定でき、5世紀末から6世紀初頭に位置づけることができよう。

jは番清水遺跡である（金井塚良 1968・鈴木敏弘 1976）。甑が出土している。ON46型式に比定されており、5世紀後半と考えていいだろう。

kは行田市埼玉古墳群の稲荷山古墳で、辛亥銘鉄剣を出土した古墳としてあまりにも有名である。ここからは蓋、有蓋高坏、甑等が出土している。稲荷山古墳の須恵器の年代について、報告書ではTK23型式に（埼玉県教育委員会 1980）、田辺昭三はそれよりも一型式新しいTK47型式に比定している（田辺 1981）。微妙な形態をもつ須恵器であり、ここでは5世紀末から6世紀初頭に位置づけておきたい。

lは熊谷市鎧塚古墳である。鎧塚古墳は全長43mの帆立貝式の前方後円墳である。第一次および第二次墓前祭祀跡から高坏形器台と無蓋高坏が出土している。須恵器には若干の型式差はあるものの、全体として5世紀後半に位置づけられている（寺社下博 1981）。古式須恵器の分布は第

175図を見てもわかるように、旧入間川水系、元荒川水系、古利根川水系に沿った地域に分布している。これら須恵器の産地は今のところ明確にはできないが、おそらく畿内地方等から運ばれてきたものであろう。

また、古式須恵器は、伊興遺跡、白鍬遺跡、御伊勢原遺跡といった祭祀関係の遺跡から出土する傾向にあることが指摘でき、さらに鎧塚古墳、権現山墳墓群、内牧古墳のように、古墳祭祀とも密接な関係にあるようだ。この時代の祭祀遺跡は、自然を対象とした祭祀も行われていたことも確かであろうが、伊興遺跡のように政治的な祭祀も行われていたことも明らかである。g・h・i・jの位置はいずれも河川に面した台地の先端部で、広大な沖積平野をもっている。これらの地点は各河川を遡る場合の入口部にあたり、それぞれの地域における河川交通上の要衝で、これらの河川を通じて北武蔵の奥く深くまで達することができるのである。白鍬遺跡はこうした河川交通の中継地的役割を担っていたものではないかと想定できる。また、中川低地においてもbの見田方遺跡は、元荒川と古利根川の分岐点にあり、白鍬遺跡と同様に中継地的存在ではなかったかと推察される。

さらに、これらの地域は古墳時代初頭の時期に、非在地系土器を出土する地域でもある（高橋1985）。たとえば、fの権現山墳墓群では前方後方形の墳丘墓から東海系土器が（笹森健 1983）、gの近くの霞ケ関遺跡からは手焙形土器のほか東海系・北陸系土器が、iの近くには前方後方墳の諏訪山29号墳が存在し、ここからは東海系土器が出土している。さらに、jの近くには五領遺跡が存在し、東海系・畿内系・北陸系・山陰系の土器が出土し、また埼玉古墳群周辺からも東海系・畿内系土器が出土している。当然、伊興遺跡からもS字甕が数多く出土し、さらに対岸の草加市からも多くのS字甕が出土しているのは周知の事実である。

伊藤　潔は「初期・古式須恵器の伝播は、中央権力の地方支配強化のための手段であった」と述べたが、古式須恵器の出土する地域は、古墳時代初頭から大和王権の北武蔵経営上の拠点であった可能性が高い。5世紀代においてもそうした拠点をさらに強固にするために、大和王権は中央でも貴重であった舶来の須恵器を、また東国においては貴重であった古式須恵器を分与したものと考えることができる。

古式須恵器は分布から見て、海路運ばれてきたと考えて間違いないだろう。県内の古式須恵器の分布を見ると、圧倒的に旧入間川水系、元荒川水系、古利根川水系が多い。このことは古今東西にかかわらず陶器類の運搬は船による輸送が主流であったことを示している。児玉地方は東山道の末端にあるため、十分に古式須恵器が入手できなかったためであろうか、須恵器工人を招き須恵器を焼かせている。ミカド遺跡の須恵器がこのことを現わしている。こうしたことからも、また伊興遺跡の須恵器の出土量からして、海から運ばれてきた須恵器は伊興遺跡で一旦荷揚げされ、その後旧入間川、元荒川、古利根川水系を利用して、各地に運び込まれていったのである。私は、古代において河川は「軍事道路」であり、かつ「カルチャーロード」であると考えている（注4）。古式古墳も主要河川の河口部に立地しているのは、単に広大な沖積地が存在している

からだけでなく、交通の要衝を押さえるという意味あいもあったからである。伊興遺跡一帯は東京湾から北武蔵に入る際の水上交通上の要衝であったとともに、政治的にも軍事的にも重要な要衝であったと見ることができる。伊興遺跡の出現とその祭祀の背後には、こうした歴史的背景が存在していたのである。

3　灰釉陶器の道

　古代の焼き物で釉をつけて焼いたものに灰釉陶器がある。県内で出土する灰釉陶器は奈良・平安時代のものが多く、そのなかでも圧倒的に平安時代のものが多い。

　灰釉陶器については浅野晴樹の研究がある（浅野 1980）。浅野の研究によって、県内出土の灰釉陶器には、猿投窯、尾北窯、東濃窯の3産地のものが入っていることが判明した。猿投窯跡群は名古屋市の西方約10kmの猿投山南山麓にあり、尾北窯跡群は東名高速道路と中央高速道路の分岐点である小牧ジャンクション周辺に存在し、東濃窯跡群は岐阜県多治見市付近に位置している。第177図は浅野の研究成果を基にして作図したものである。この図を一見してわかることは、猿投窯の製品は旧入間川流域に多いという点である。また、猿投窯の製品は児玉地方に若干入り込んでいるが、東濃窯の製品は荒川以南の地域には分布していないこともわかる。こうした現象から浅野晴樹は「荒川以南から南武蔵にかけての一帯が東山道を搬入経路とする灰釉陶器商圏から外れていたのではないかと」推察した。

　浅野の指摘するように、荒川以南の地域（旧入間川水系の地域）は東山道交易圏から外れていたと考えるべきであろう。第177図が示しているように、猿投窯の製品は海路あるいは陸路東海道を経由して運ばれ、その後は古式須恵器と同様に河川を通じて各地に流布していったのである。東濃窯の製品は多治見市という地理的位置から東山道が利用され、尾北窯の製品も児玉地方に集中して分布することから、同じく東山道を通って運ばれてきた（補注2）。

　古式須恵器、将軍山古墳の房州石、灰釉陶器が示すように、古代において河川はかなり利用されていたことがわかる。河川は古代の重要な交通路であったのである。最後に、埼玉県内に存在する末野窯跡群、南比企窯跡群、東金子窯跡群という3大窯跡群の須恵器の分布と、これらの窯で焼かれた国分寺瓦から河川交通を考えていくことにしよう。

4　北武蔵3大窯跡群と河川

　3大窯跡群はいずれも県内主要河川の近くにある。末野窯跡群は荒川の左岸に、南比企窯跡群は都幾川と越辺川に挟まれた地域に、東金子窯跡群は入間川沿いに位置している。これらは県内の主要河川である。こうした立地条件は粘土に規制されてのことか、あるいは製品を運び出す際のことを考慮してのことかわからないが、後者のことも念頭に置いていたようだ。というのは、3大窯跡群産の須恵器の分布は河川と密接な関係があるからだ。

　これら窯跡群の須恵器の供給範囲については、中村倉司の研究がある。第178図は中村の作図

第5編　河川交通

○ 猿投　　● 東濃・尾北　　□ 東濃・尾北・猿投

第177図　灰釉陶器分布図

8世紀代

9～10世紀前半代

　● 末野窯跡群
　▲ 南比企窯跡群
　■ 東金子窯跡群

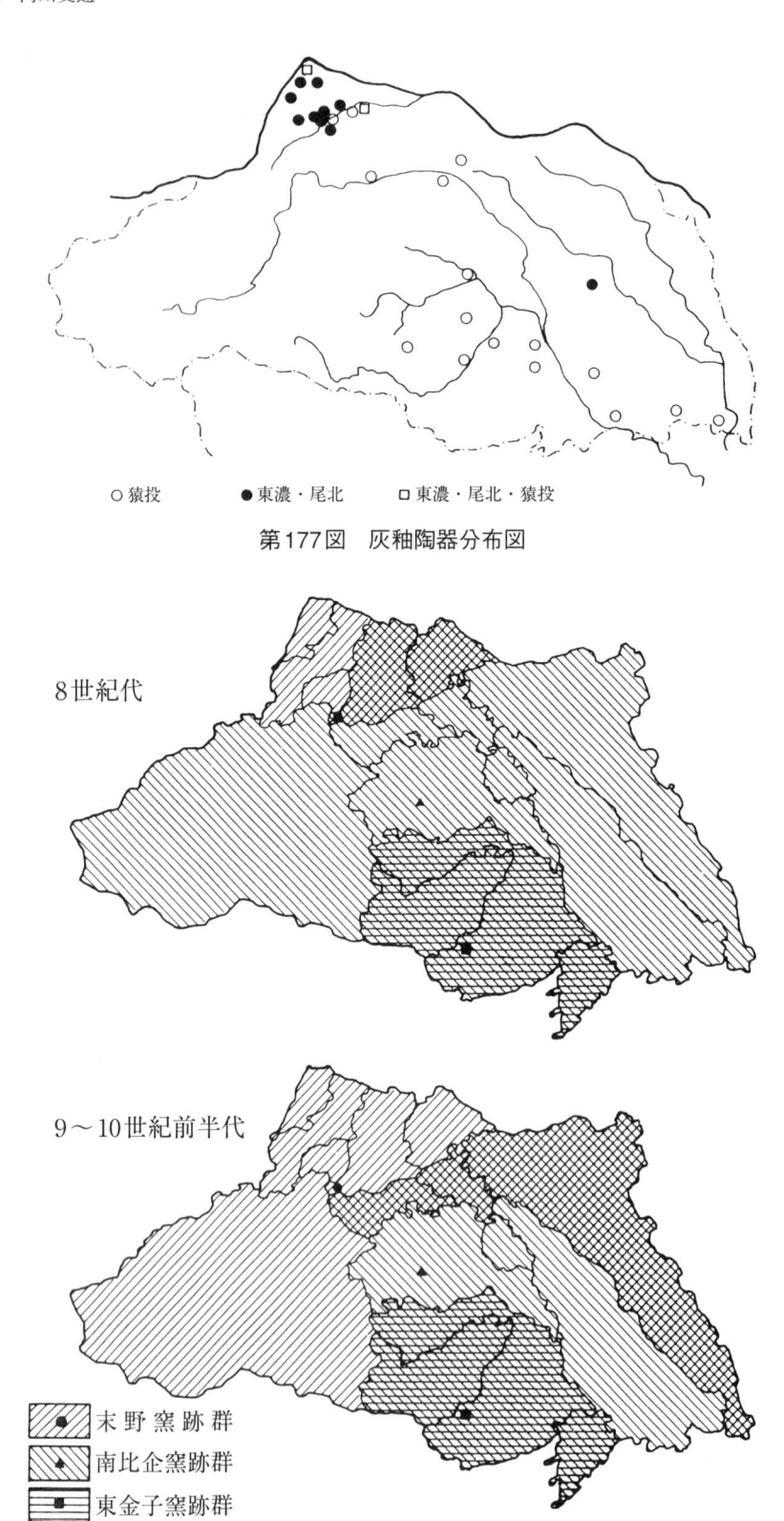

第178図　北武蔵3大窯跡群と主要供給郡

第1章 古代の河川交通

によるものである。まず、この図を読んでみよう。8世紀代の中川低地には南比企窯跡群の須恵器が供給されていたが、9世紀に入ると元荒川沿いに末野窯跡群の須恵器が供給されるようになる。たとえば、蓮田市椿山遺跡は元荒川沿岸にあるが、末野窯跡群の須恵器の占める率が高い（注7）。9世紀は末野窯跡群での須恵器生産がもっとも高まる時期であり、これら須恵器が供給先を拡大した背景には河川による交易圏の拡大が想定できる。須恵器の流通・交易は河川を媒介としていたことを第178図は教えてくれる。また、蓮田市椿山遺跡からは下総型の須恵器甕が出土している。末野産須恵器は元荒川を下り、下総型甕は元荒川を遡ってもち込まれたのであろう。草加市は第178図が示すとおり南比企窯跡群産の須恵器の占める割合が多い。草加はたえず旧入間川との関係が密接だった。このように、須恵器の供給範囲を決定する要因のひとつとして、河川が重要な役割を果たしていたのである。

末野、南比企、東金子の各窯跡群では、国分寺瓦を焼成している。窯場からどのような方法で国分寺まで瓦を運搬したのだろうか。これに関する研究は、今までほとんど見ることができない。各郡衙から国府・国分寺に通じる官道は、当然整備されていたはずである。各窯場からこれらの道を利用して、人が瓦を背負いあるいは馬や車を使い国分寺まで瓦を運んだことも想定できる。国分寺までの道のりは遠い。国分寺まで一番近い東金子窯跡群でも直線にして20km弱、南比企窯跡群が中間で40km、末野窯跡群までは60kmもある。しかも瓦は重い。山あり、谷あり、川あり、困難な行程であったに違いない。

『延喜式』木工寮に1人が背負う瓦の枚数が規定されている。延喜式によるとその枚数は、平瓦12枚、丸瓦16枚、軒丸瓦9枚、軒平瓦7枚とある。一見たいしたことはないように思えるが、これがかなりの重さである（注8）。武蔵国分寺出土の各種瓦1枚の平均的な重さから、『延喜式』に記されている枚数の重さを算出してみよう。

平瓦1枚の平均の重さは3.5kg前後である。これに12をかけると42kgとなり、丸瓦は3kg前後であるので16をかけると48kgとなる。軒丸瓦は4kg前後の重さで、9をかけると36kgとなる。軒丸瓦がもっとも軽いのでもう少し運べそうであるが、軒丸瓦はかさばるので多くを背負えなかったのであ。軒平瓦は6kg、7をかけると42kgとなる。たいへんな重さである。

また、木工寮には瓦を1枚つくるときに必要な粘土量が記されている。それによると、平瓦1枚に必要とする粘土は11斤、丸瓦9斤、軒平瓦18斤、軒丸瓦15斤である。1斤は600gなので、それぞれに600をかけると、平瓦6.6kg、丸瓦5.4kg、軒平瓦10.8kg、軒丸瓦9kgとなる。国分寺瓦の平均の重さは、これと比較した場合およそ半分の重さとなっている。こうした点から瓦の重さの平均値は、妥当と見ていいだろう。以上をまとめると表16のようになる。

そして、国分寺では大量な瓦を必要とした。大川 清は武蔵国分僧寺・尼寺で必要とした瓦の枚数は50万枚であろうと算出している（大川 1973）。また、澤田吾一は奈良時代の武蔵国の人口は約290,000人と積算している（澤田 1972）。50万枚の瓦を運ぶとなると、先の木工寮の1人が運ぶ瓦の平均枚数は11枚となるので、約45,000人が必要となる。この人数は当時の総人口の約15%

第5編　河川交通

表16　種類別瓦の重さ等

	国分寺瓦の重さ	一人が担ぐ重さ	粘　土　量	国分寺瓦と粘土量の比
平　　瓦	1枚平均　3.5 kg	3.5 kg×12枚=42 kg	11斤×600 g= 6.6 kg	3.5 kg÷ 6.0 kg=0.58
丸　　瓦	1枚平均　3.0 kg	3.0 kg×16枚=48 kg	9斤×600 g= 5.4 kg	3.0 kg÷ 5.4 kg=0.55
軒平瓦	1枚平均　6.0 kg	6.0 kg× 7枚=42 kg	18斤×600 g=10.8 kg	6.0 kg÷10.8 kg=0.55
軒丸瓦	1枚平均　4.0 kg	4.0 kg× 9枚=36 kg	15斤×600 g= 9.0 kg	5.0 kg÷ 9.0 kg=0.55

にあたる。澤田はさらに当時の課丁（税をかけられた壮年男子）の人数も算出しており、その人数を約24,480人と見積もっている。国分寺まで瓦を運ぶに必要な人数は、課丁の人数を遥かに越えている。国分寺の堂塔すべてがいっきに建てられ、いっぺんに瓦が葺かれたとは考えられないが、それにしても、人が瓦を背負って運ぶとなると大変な労力を必要とする。

　3大窯跡群は主要河川沿いにあることを述べた。南比企窯跡群は国分寺まで20kmと近いので、背負って運んだことも考えられるが、ほかの窯跡群はその2～3倍の距離がある。国分寺は多摩川沿いにある。末野・南比企窯跡群からは舟で川を下り東京湾にでて、多摩川を遡って瓦を運んだことも考えるべきであろう。瓦は重くかつ多量に必要とし、いっきに葺くので舟で運んだ方が効率はよい。今後は舟による輸送も考慮すべきである。

　まとめ

　現在、物資輸送の主流は自動車である。しかし、自動車が発達する以前は鉄道が主流であり、それ以前は船（舟）であった。船はスピードにおいて自動車や鉄道に劣るが、道路か整備されておらず、陸上の輸送手段が発達していなかった古代において、重量のあるものやかさばるものを大量に輸送するには舟がもっとも適していた。

　私の家のすぐ前には綾瀬川が流れている。綾瀬川は東京湾が満ち潮になると逆流する。また、冬にはカモメも飛んでくる。草加市がいかに東京湾に近いかがわかる。私が子供の頃は、あたり一面の田園風景であった。肥料に使うコヤシを東京から運んでくる船が綾瀬川を行き来していた。順風の時は帆を張って竹竿で船を漕ぎ、風がない時や満ち潮でない時は何人もの人が肩に綱をかけ、土手の上から船を引いていた光景が思い出す。古代の河川交通を考えるとき、いつもこうした光景が脳裏に浮かぶ。おそらく、古代においてもこれと変わらない光景が展開されていたのだろう。

注

1　宮川進氏は、越谷市内の分布調査を精力的に進めており、多くの遺跡を確認している。第175図の作成も氏の成果に依拠している部分が多い（宮川 1968）。

2　上福岡市歴史民俗資料館特別展「埼玉の瓦とその周辺」で筆者実見。

3　下寺前遺跡出土の須恵器については、金子真土氏から実測図の提供があった。記して感謝の

4 谷川健一氏は『白鳥伝説』のなかで、交通路について次のように述べている。古代の「旅行は、第一次的には海や川や湖沼などの水路を利用して、目的地まで達し」(谷川 1986)たものと思われ、陸地を通ることは第二次的であった。アイヌはもちろん明治になって北海道の入植開拓者はもっぱら川を交通路として、舟で移動していたことからも分かる。

5 埼玉県立さきたま資料館小久保徹氏のご配慮があった。記して感謝の意を表したい

6 第四紀研究所井上巖氏に鑑定をお願いした。

7 大塚孝司氏のご教示による。

8 有吉重蔵氏のご教示による。

補注

1 御伊勢原遺跡は1989年に正式報告書が刊行されている。立石盛司1989『御伊勢原』埼玉県埋蔵文化財調査事業団

2 その後、埼玉県内では膨大な灰釉陶器と緑釉陶器が出土し、研究が飛躍的に進んだ。最近、田中広明が県内の施釉陶器をまとめている。それによると、猿投窯跡群産のほかに、東三河地方の豊橋市二川窯跡群、静岡県浜北市の浜北窯跡群、東遠江地方の大須賀町清ヶ谷窯跡群や島田市旗指窯跡群の製品も出土していることが判明している。これらの窯跡は太平洋沿いに存在する。田中はそれらの時期別分布図を作成しているので、第179・180図に示した(田中広明 2000「関東地方の施釉陶器の流通と古代の社会」『研究紀要』第16号埼玉県埋蔵文化財調査事業団)。

時期別にこれら太平洋沿岸部産の灰釉陶器の分布をみると、9世紀前半では元荒川水系の足立郡や埼玉郡、入間川水系の入間郡地域に多い。9世紀後半になると、児玉地方からもこれ製品も多く出土するが、児玉地方は東濃産の灰釉陶器も多い。しかし、元荒川水系、入間川水系の地域は沿岸部の窯跡群の製品が圧倒的に多い。10世紀前半には東濃産の製品が県内各地で出土し、沿岸部産のものは入間川水系では減少するが、元荒川水系では優位を保っている。10世紀後半になると、児玉地方は東濃産の灰釉陶器によって席巻される、元荒川水系では出土量は減少するが、東遠江産の灰釉陶器が多い傾向に変化はない。11世紀になると出土量総量は減少するが、以前と傾向は変わらない。

資料の増加は、東濃産の灰釉陶器は東山道を、猿投産をはじめとする沿岸部の製品は海路運ばれ、さらに河川を通じて各地に運ばれていったという見解を補強している。

引用文献

青木義惰 1966「浦和市白鍬発見の須恵器と土師器」『埼玉考古』第4号　埼玉考古学会

浅野晴樹 1983「埼玉県内出土の平安末期の施釉陶器」『埼玉県立歴史資料館研究紀要』第2号

新屋雅明 1986「川越市御伊勢原遺跡の調査」『第19回遺跡発掘調査報告会発表要旨』埼玉考古学

第5編 河川交通

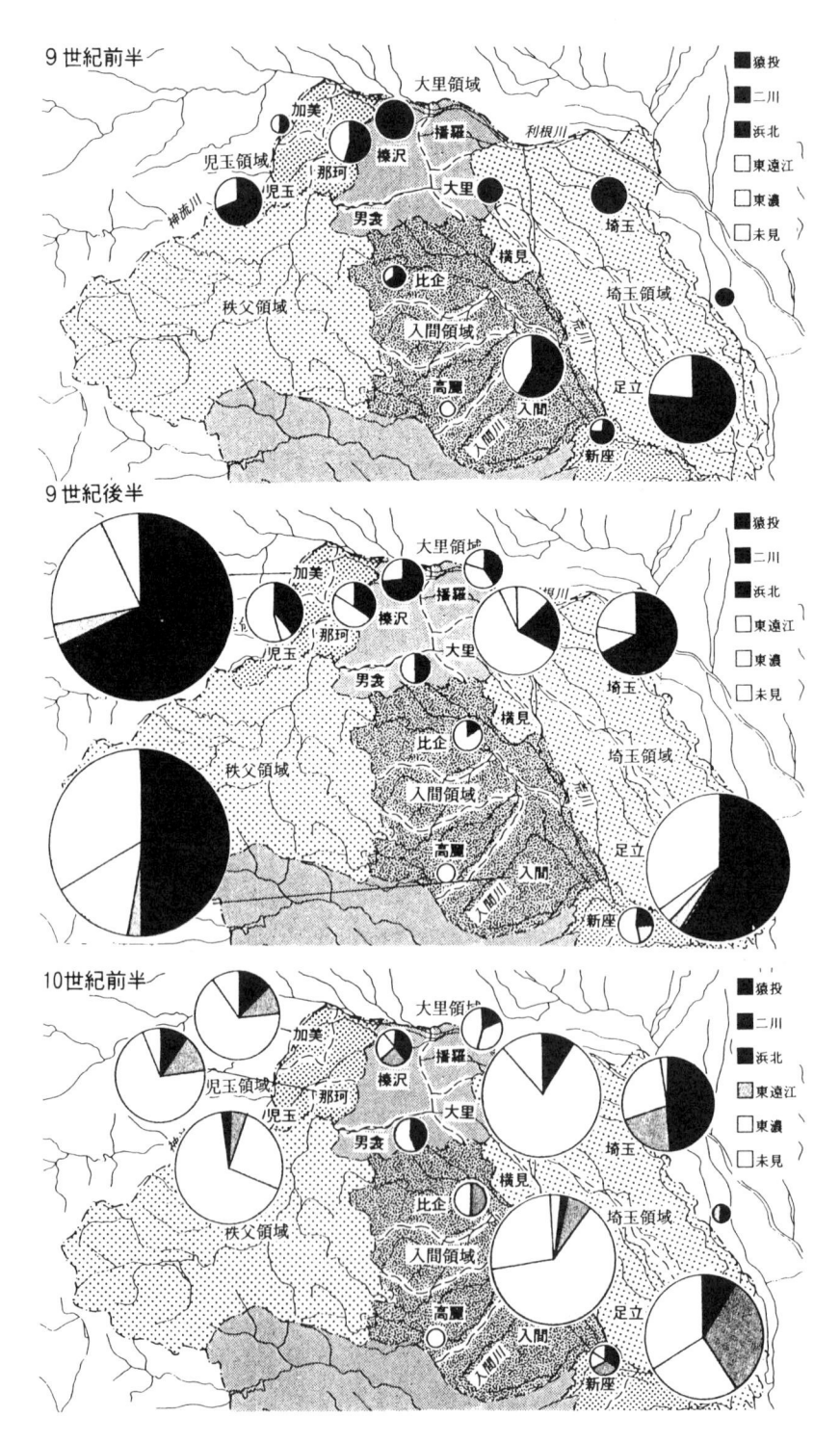

第179図 北武蔵の施釉陶器郡別産地率・出土総量（1）

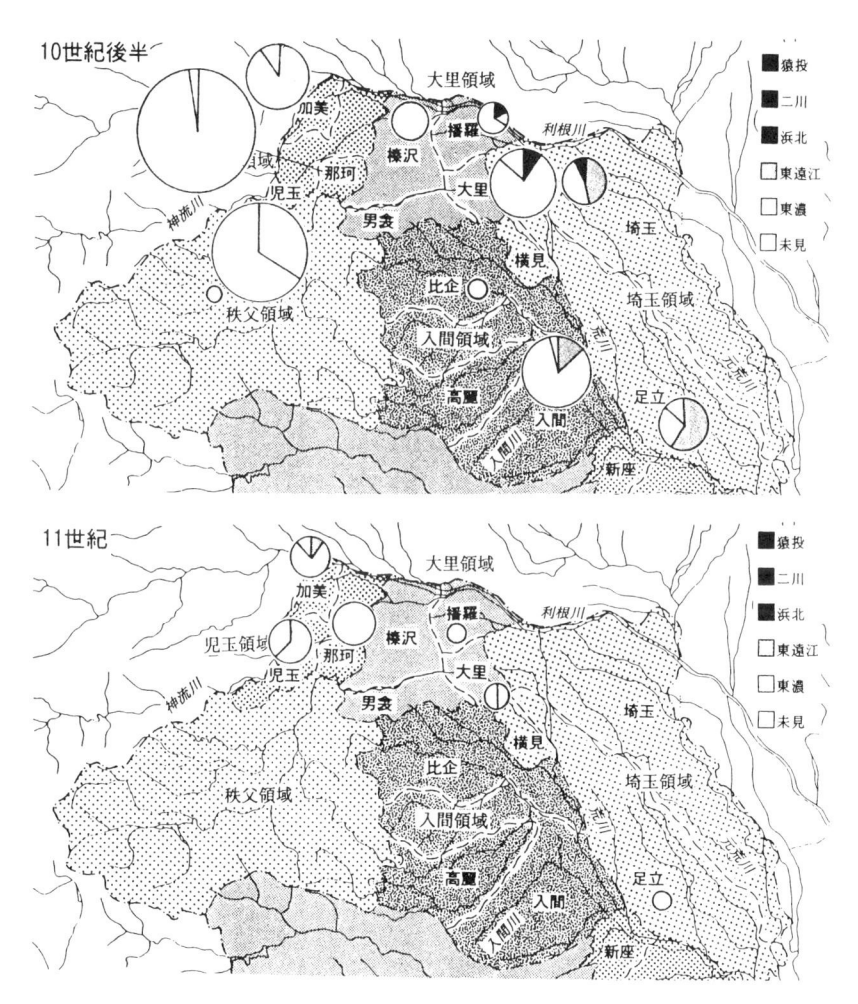

第180図　北武蔵の施釉陶器郡別産地率・出土総量（2）

会ほか

伊藤　潔　1975「武蔵東部における古式須恵器」『武蔵伊興遺跡』伊興遺跡調査団

大川　清　1973「東国国分寺造営時における造瓦組織の研究」『国士舘大学人文学会紀要』第5号

大塚初重・坂本明美　1959「埼玉県白鍬遺跡の須恵器」『駿台史学』9　駿台史学会

大場磐雄　1962『武蔵伊興』國學院大學考古学研究室

大場磐雄　1975『武蔵伊興遺跡』伊興遺跡調査団

小倉均　1983『北宿遺跡発掘調査報告書』浦和市遺跡調査会

上福岡市立歴史民俗資料館　1986『第3回特別展図録甑とその周辺』

金井塚良一　1968『番清水遺跡』埼玉県遺跡調査会

埼玉県　1982『新編埼玉県史資料編2原始・古代』

埼玉県教育委員会　1980『稲荷山古墳』

笹森健一　1983『埋蔵文化財の調査（Ⅴ）』上福岡市教育委員会

第5編　河川交通

澤田吾一　1972『復刻　奈良朝時代の民政経済の数的研究』柏書房
寺社下博　1981『鎧塚古墳』熊谷市教育委員会
鈴木敏弘　1976「北武蔵の須恵器概観」『北武蔵考古学資料図鑑』校倉書房
田部井功　1984「旧利根川中・下流域の遺跡」『八潮市史研究』第5号
田辺昭三　1981『須恵器大成』角川書店
高橋一夫　1982「草加の遺跡（1）」『草加市史研究』第2号
高橋一夫　1985「関東地方における非在地系土器出土の意義」『草加市史研究』第4号
谷井　彪　1974「舞台遺跡の調査」『関越道関係埋蔵文化財調査報告書』Ⅳ　埼玉県教育委員会
谷川健一　1986『白鳥伝説』集英社
中村倉司　1984「古代北武蔵における供膳器の様相」『土曜考古』第9号　土曜考古学研究会
宮川　進　1986「古代の中川低地」『古志賀谷』越谷市郷土研究会会報第5号
和島誠一会ほか　1971『見田方遺跡』越谷市教育委員会

第2章　将軍山古墳と房州石

はじめに

　筆者らは、中川水系総合調査の一環として、将軍山古墳の石室に使われているいわゆる房州石の産出地を解明するための調査を実施した。その目的は、将軍山古墳の房州石は、鋸山周辺のものといわれてきたが、実際に将軍山古墳の房州石を持参し、現地で直接比較検討し、その産出地を特定することにあった。それは、古墳時代の水運を考える上で、欠かすことができないからであった。調査の結果、将軍山古墳の横穴式石室に使われていた房州石は鋸山周辺が産地であることが明らかになった。その成果の一部は『中川水系　人文』（埼玉県 1993）に発表した。

　本稿では、同じ房州石を使用している古墳を紹介し、なぜ将軍山古墳に房州石が使用されたのかを考えていきたい。

1　房州石を石室に使用した古墳

将軍山古墳

　将軍山古墳は、埼玉古墳群を形成する古墳のひとつである。将軍山古墳は全長約101.5ｍの前方後円墳であるといわれてきた。現在、将軍山古墳はさきたま資料館によって、整備のための発掘調査が実施されており、その成果によると約92ｍの規模になるという。将軍山古墳は今後の調査の進展によっては、大きさに変更があることが予想されるが、現時点では埼玉古墳群中5番目の大きさとなる（補注）。

　埋葬施設は、長方形片袖型の横穴式石室で、すでに大半が破壊されているため全体の規模は不明であるが、玄室の規模は幅2.2ｍ、長さ3ｍであるという。房州石はほとんど加工せず転石のまま側壁に使用されており（注1）、天井石は緑泥石片岩である。副葬品も豊富で、さきたま資料館の努力により約2,000点の副葬品が確認されている。主なものを列挙すると次のとおりである。

　武　器　環頭大刀、銀装大刀、玉纏大刀、銀製ねじり環頭、環頭大刀鞘尻、鉄矛、鉄鏃等
　武　具　衝角付冑、挂甲等
　馬　具　馬冑、鞍金具、蛇行状鉄器（鞍の後に付ける旗竿の取付金具）、鏡板付轡、雲珠、杏葉、
　　　　　方形留金具、辻金具、輪鐙、銅鈴等
　装身具　ガラス製小玉、ガラス製丸玉、耳環、銀製中空丸玉等
　その他　銅鋺、石製盤、乳文鏡、須恵器等

　将軍山古墳の年代は、同様の蛇行状鉄器が奈良県飛鳥寺の塔心礎に埋納されていること、仏具である銅鋺が出土していることから7世紀前半に、その後2段透かしの無蓋長脚高坏が大阪府陶

邑窯跡群編年のTK43～209型式にあたることから、7世紀初頭に位置づけられてきた。

しかし、最近の調査により朝顔型埴輪の特徴から、6世紀後半に位置づけられている。従来、将軍山古墳は埼玉古墳群最後の前方後円墳といわれてきたが、埴輪の特徴から中の山古墳より古くなることが判明した（埼玉県立さきたま資料館 1992）。

法皇塚古墳

法皇塚古墳は、千葉県市川市国府台の東葛台地上にあり、目の前を江戸川が流れている。法皇塚古墳は全長54.4ｍの前方後円墳である。埋葬施設は片袖型の横穴式石室で、玄室の長さは4.5ｍ、幅1.8ｍ、羨道部を入れた全長は7.5ｍである。房州石は側壁、床の敷石に使用されていた。副葬品は豊富で、600点近い遺物を出土している。主なものを列挙すると次のとおりである。

　武　　器　　銀製ねじり環頭大刀、大刀、小大刀、刀子、鹿角製刀装具、鞘尻金具、鞘飾金具、鉄鏃等

　武　　具　　衝角付冑、挂甲

　馬　　具　　鏡板付轡、鞍金具、雲珠、辻金具、鐙、鉸具、半球形飾金具等

　装身具　　ガラス製棗玉、ガラス製管玉、ガラス製丸玉、碧玉製管玉、銀製中空丸玉、金銅製中空丸玉、耳環、銅釧、金銅製帯状金具等

さて、本古墳の年代であるが、報告者はその上限を6世紀初頭、下限は6世紀中葉を若干下る時期とし、横穴式石室の編年的見地から6世紀前半としている（小林三郎ほか 1967）。しかし、最近では出土遺物の検討から、6世紀後半に位置づけることが妥当といわれており、出土遺物も将軍山古墳と類似することから、両古墳はほぼ同時期と考えることができる（注2）。

柴又八幡神社古墳

柴又八幡神社古墳は、東京都葛飾区柴又の八幡神社境内にある。この一帯は東京低地と呼ばれているが、旧利根川や古隅田川によって形成された自然堤防上に遺跡が存在する。
また、柴又八幡神社古墳は江戸川までおよそ600ｍの距離にあり、対岸の約2km下流に法皇塚古墳が立地する。つまり、両古墳は現・江戸川の両岸に築造されているのである。

本古墳はおよそ20ｍの円墳で、埋葬施設は横穴式石室である。石室はすでに大半が破壊されているため、正確な数値は不明であるが、全長3ｍ、幅1ｍ程の横穴式石室であったと推定されている。

房州石は側壁と天井石に使用されていたようだ。天井石と推測されているものは、板状の房州石である。石室は現在、社殿の下に復元し保存されている。

出土遺物で現存しているものは、大刀、鉄鏃、鞍金具、環状鏡板付轡、鉸具、兵庫鎖などである。

古墳の年代であるが、出土遺物には6世紀後半のものと7世紀初頭に比定される二者がある。また、埴輪は下総型円筒埴輪で6世紀後半のものといわれている。こうしたことから、古墳の築造年代は6世紀後半で、7世紀初頭の遺物は追葬によるものと理解されている（谷口榮ほか 1992）。

赤羽台古墳群

赤羽台古墳群は、北区赤羽台の台地上に立地し、眼下に隅田川と荒川が流れる。古墳は12基確認されたが、いずれも削平されており、埋葬施設の石材が残存するものは4基であったが、すべて房州石を使用している。そのうち、3号墳と4号墳が転石のままの房州石を、5号墳と6号墳は切石を用いている。

3号墳は直径約12ｍの円墳で、埋葬施設は全長4.1ｍの横穴式石室である。床面には小礫が敷かれていたが、側壁寄りにはマガキが敷かれていた。また、石室内からはガラス製小玉、碧玉製管玉、銀環、直刀、弓金具、鉄鏃、刀子が出土している。

4号墳は直径約20ｍの円墳で、埋葬施設は残存長3ｍの横穴式石室である。石室内からはガラス製玉、碧玉製管玉、琥珀製棗玉、金環、直刀、弓金具、鉄鏃が、前庭部からは土師器と須恵器が出土している。また、周溝からは円筒埴輪とともに農夫、馬などの形象埴輪も出土している。

5号墳は直径23ｍの円墳で、埋葬施設は切石を用いた胴張横穴式石室で、全長は4.7ｍである。石室内からはガラス製玉、金環、直刀、提瓶が出土している。

6号墳は直径17ｍの円墳で、埋葬施設は切石を用いた胴張り横穴式石室で、全長は4.2ｍである。石室内からはガラス製玉、瑪瑙製勾玉、水晶製切子玉、琥珀製棗玉、金環、弓金具、鉄鏃が出土している（大谷猛ほか 1978）。

これら古墳の年代は、6世紀後半から7世紀前半と考えられており、転石を使用している横穴式石室が古く、切石の胴張横穴式石室が新しい（注3）。

金鈴塚古墳

金鈴塚古墳は、千葉県木更津市に所在する。本古墳は全長95ｍの前方後円墳で、周溝は墳形類似式の二重周溝である。埋葬施設は全長約10ｍの無袖式横穴式石室で、房州石によって構築されている。さらに、石室内部には緑泥石片岩の箱式石棺が存在する。また、石室内からは木棺に使用されたと考えられる鉄釘と鎹や人骨が出土しているが、それらの出土位置から主被葬者は箱式石棺に、1体は石室奥に木棺に、もう1体は羨道部の床に敷かれた緑泥石片岩の上に安置された木棺に埋葬されていたと推定されている。また、2体は出土遺物から追葬が想定されている。

副葬品は豊富で1,600点以上出土しており、その内容は次のとおりである（瀧口　宏ほか 1952）。

武　器　環頭大刀7、圭頭大刀3、頭椎大刀2、鶏冠頭大刀3、方頭大刀1、円頭大刀1、鉄
　　　　鏃、鉄矛、弓等
武　具　衝角付冑、挂甲
馬　具　鏡板付轡、鞍金具、杏葉、雲珠、辻金具、鋲留方形金具、鐙、鉸具、馬鐸、金銅製鈴、
　　　　金銅製飾金具等
装身具　瑪瑙製勾玉、水晶製切子玉、琥珀製棗玉、ガラス製丸玉、ガラス製小玉、滑石製臼玉、
　　　　金鈴、金・銀製垂飾具、櫛、耳環、金銅製履等
その他　銅鋺類、三神五獣鏡、変形四乳鏡、刀子、鉄釘、鉄斧、土師器、須恵器等

さて、金鈴塚古墳の年代であるが、出土須恵器から6世紀第4四半期が考えられる（注4）。

小櫃川流域は、馬来田国造の領域であるが、副葬品は藤ノ木古墳に劣らない内容であり、また畿内上級官人と変わらない装身具や、百済・伽耶から舶載された銅鋺を入手していることなどから、沼沢　豊は在地における強力な支配権を背景にして中央に出仕し、おそらく軍事において活躍した結果と解するのが適当であり、千葉県内の同時期の国造級首長墓にも、これほどの内容をもつ古墳は見出だせないことから、金鈴塚古墳の被葬者は『総』の諸国造軍の総師の可能性があるとしている（沼沢 1990）。

2　古墳石室の可能性のある房州石

立石様

地元で立石様と呼ばれる房州石の立石は、中川右岸に接した葛飾区立石8丁目に所在する。この立石は「立石」の地名の起源となったもので、古くから信仰を集め、立石様と呼ばれて親しまれていた。立石は、柴又八幡神社古墳と同質の房州石である。この立石の性格について古墳石室説と官道の標識説があるが、房州石は古墳の石室の石材に限って利用されていることから、もともとは古墳の石室に使用され、その後古代東海道を整備する際に、標識として転用されたのではないかと考えられている（谷口　榮 1993a・注5）。

素盞雄神社の瑞光石

素盞雄神社は荒川区南千住6丁目に鎮座し、隅田川右岸の自然堤防上に立地する。瑞光石はやや高まった塚状の場所にある。その場所は立ち入り禁止で、かつ草木が生い茂っているため、全体の大きさを見極めることはできないが、扁平な房州石で、石質は柴又八幡神社古墳の天井石と類似する印象を受けた。

3　房州石を使用した古墳の年代と分布

房州石を使用古墳の年代はこれまで見てきたように、6世紀後半にはじまり、7世紀前半まで続く。将軍山古墳は埼玉古墳群では最初に横穴式石室が導入された古墳と考えられており、法皇塚古墳も当該地方における初期横穴式石室といってもよさそうだ。房州石が使用された第一の理由として、軟質で加工が簡単であることがあげられる。

また、房州石を石室に使用した古墳は、横穴式石室を構築する際に、適当な石材が産出しない東京湾沿岸地帯で好まれて利用されていることがわかる（第181図）。産出地からそれぞれの古墳までの距離を測ると、もっとも産出地に近いのが金鈴塚古墳である。金鈴塚古墳の石材は、君津市小久保の磯根岬産の石が想定されている。この地域にも鋸山と同一の層があることからその可能性もある。そこから金鈴塚古墳までの距離は直線にしておよそ15kmで、因みに鋸山からは30kmである。法皇塚古墳と柴又八幡神社古墳は江戸川沿岸に、立石様は中川沿岸に、瑞光石は隅田川沿い立地し、いずれも鋸山からは70km前後である。また、赤羽台古墳群は瑞光石より7km上流の

第2章 将軍山古墳と房州石

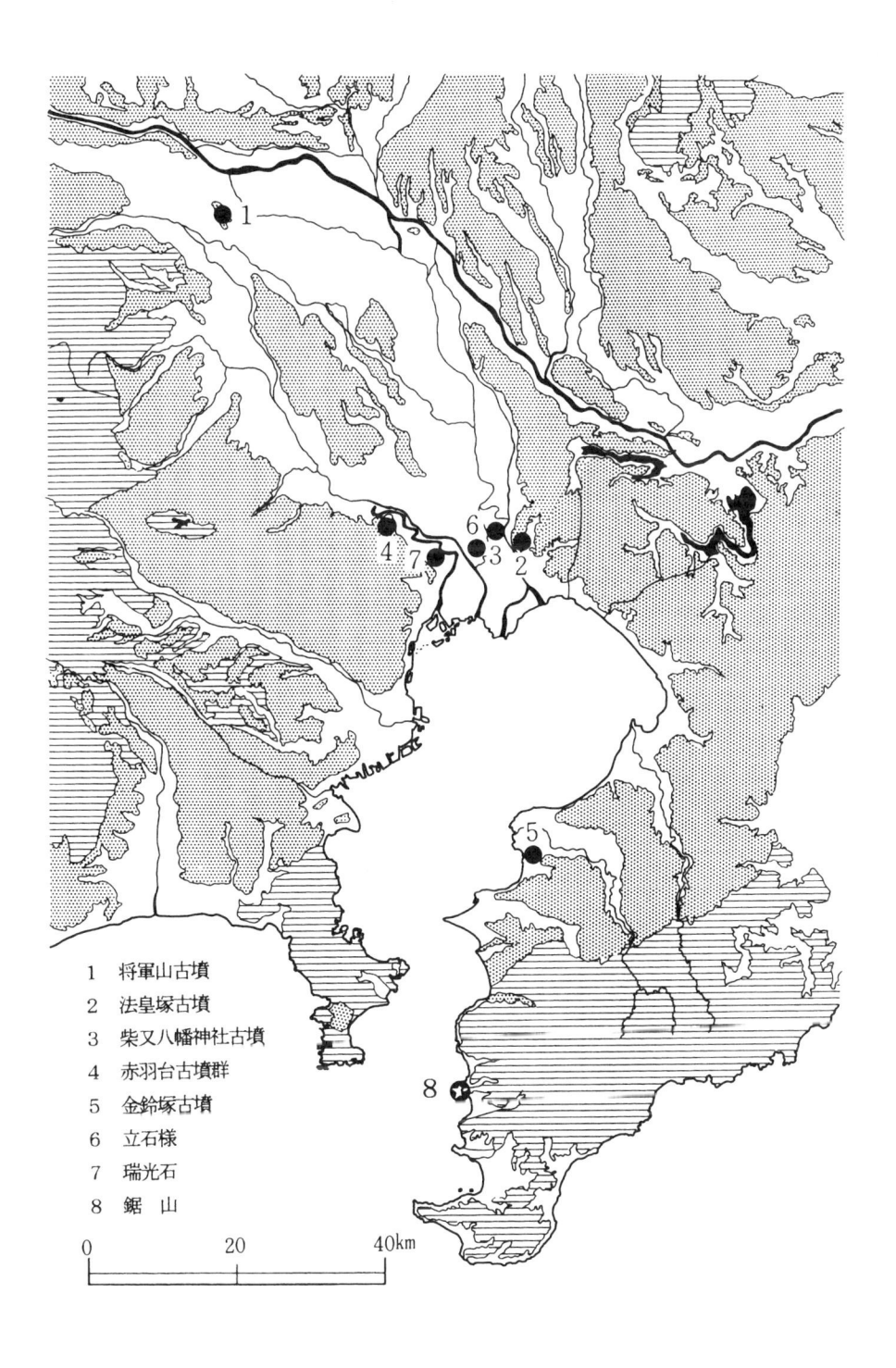

1 将軍山古墳
2 法皇塚古墳
3 柴又八幡神社古墳
4 赤羽台古墳群
5 金鈴塚古墳
6 立石様
7 瑞光石
8 鋸山

第181図 房州石使用古墳分布図

隅田川沿いにあり、鋸山からは直線にして75kmである。

しかし、将軍山古墳は鋸山から直線にして112kmキロで、東京湾沿岸に分布している古墳とは倍に近い距離となり、異質な感じを受ける。

4　石材別石室の分布と水系

埼玉県内の石室と石材の研究に先鞭をつけたのは柳田敏司である（柳田 1967）。柳田は当時知り得る石室の石材をもとに分布図を作成し（第182図）、次のような見解を提示している。

第1に石室に用いる石材は近くにあるものを利用する場合が多く、第2に石室石材と水系との関係について、利根川水系では角閃石安山岩が用いられ、その南限は春日部市内牧古墳群である。凝灰岩は和田吉野川、市野川、元荒川といった現在の荒川水系に分布する。また、河原に河原石が豊富に存在する地域では、それを用いて石室を構築すると論じている。

つまり、石室石材は基本的に身近にあるものを利用するが、石を産出しない地域では、水系の上流で産出する石を用いていることを分布図は示している。現在でも柳田の作成した分布図と見解は、大筋において変更は認められない。

そして柳田は、共通する石材を使用する地域に、他の石材を用いた石室が存在する古墳は、特殊な存在と見なし得るとし、たとえば埼玉古墳群のような場合、安山岩だけでなく緑泥片岩や房州石などを使っている古墳があるが、それは特殊に属すると解釈する。こうした特殊な古墳は、ほかよりも一段と上の勢力又は力をもった人の古墳であろうということが考えられるとしている。

また、若松良一は設計復元すると104ｍが推定される菖蒲町天王山古墳の石室に、角閃石安山岩を使用していることを突き止め（注6）、埼玉県内の角閃石安山岩を使用している石室とともに天王山塚古墳について論究している。

さらに若松は、群馬県と埼玉県の利根川水系の角閃石安山岩を使用している石室の石材は、産出地から遠くなるほど、つまり下流に向うほど小さくなり、かつ均等化する事実をつかんだ。そして、角閃石安山岩の石室は、原則として河川によって自然に流されてきた転石を、近くの利根川の河原から採取して構築されていることを明らかにした。たとえば、杉戸町目沼6号墳の石室の角閃石安山岩は直径5cm程の円礫で、あまり小さいため側壁に使用することができず、床面に敷かれている。

しかし、第183図を見てもわかるように、天王山塚古墳の石材は産出地から70kmもあるが、10km圏の総社二子山古墳のものより大きく、八幡山古墳とともに埼玉県内の同質の石材と比較すると群を抜いた大きさを誇っている。つまり、天王山古墳の石材は、利根川を自然に流れてきた石を採取したのではなく、産出地から直接運ばれてきことを物語っている（若松 1982）。

石材の運搬に関して武田宗久は金鈴塚古墳の報告書の中で、この種の石材を産出する海浜から採取し、筏に乗せて木更津港に曳航し、陸路は修羅に乗せ運搬してきただろうと記している。ま

第2章　将軍山古墳と房州石

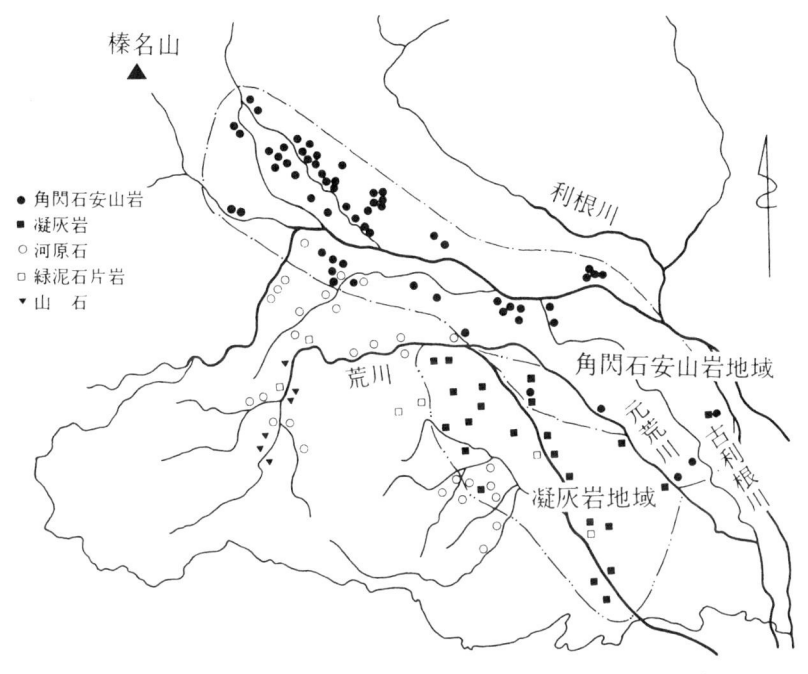

第182図　石材別石室分布図

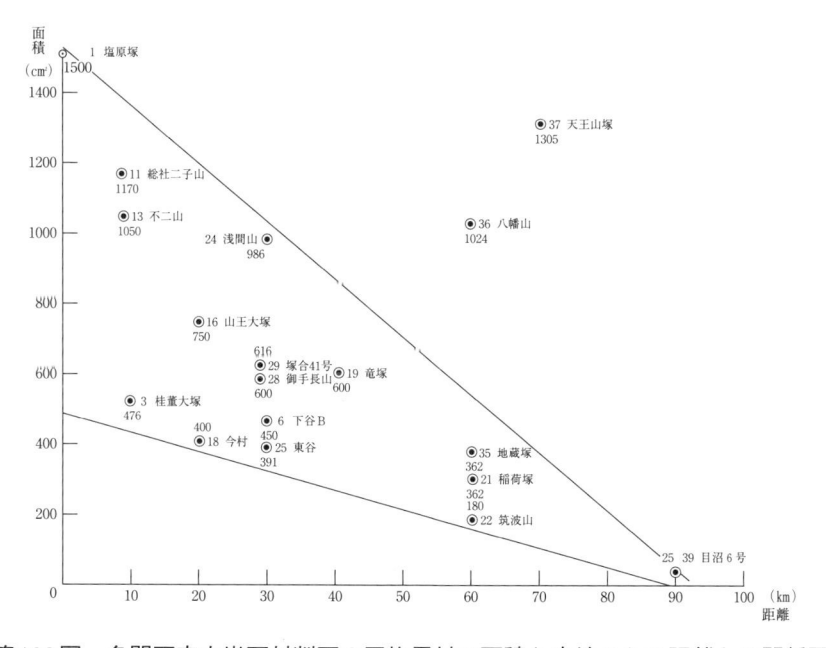

第183図　角閃石安山岩石材削石の平均用材の面積と産地からの距離との関係図

た、横穴式石室内部の箱式石棺は寄居町付近の荒川沿岸に同質のものがあることや、金鈴塚古墳の近くにある協同病院古墳の箱式石棺の石材は、秩父地方に産出する雲母片岩でことから、これらの石材は船で運ばれたことを想定している（武田 1952）。

尾崎喜左雄は入手し得る手ごろな石が石室の石材に利用され、特殊の石を要求し得る力の所有者にあっては、その範囲が拡大される可能性があり、自己の力の大小により、一般には周囲の石のうち、自己の力の限度において要求を充たしたことであろうし、同時に技術の面で扱い得る可能性が伴ったものである、（尾崎 1966）と述べている。

また、柳田敏司の言葉を借りるなら、遠距離から石室石材を運搬した古墳の築造者は、政治的・経済的な力をもっていたことになる（注7）。

房州石を使用した前方後円墳である将軍山古墳、法皇塚古墳、金鈴塚古墳、大きな角閃石安山岩を用いた前方後円墳の天王山塚古墳と円墳の八幡山古墳は、副葬品からも当該地方の盟主墳であると見て差し支えない。こうしたことから、石室石材の運搬は単に石の交易というわけにはいかないだろう。その背後に、政治的背景が存在したかどうか考察を進めよう。

5　埼玉古墳群を取巻く政治状況

まず、埼玉古墳群周辺に注目してみよう。天王山塚古墳の造営時期は、将軍山古墳より若干遅れた6世紀第4四半期が想定されている。若松良一の研究によると、将軍山古墳と天王山塚古墳は同一設計によって造営されていることから、その被葬者は北武蔵の伝統的勢力に連なる者であるという。しかし、石室の石材は直接産出地から運ばれていることから、天王山塚古墳の被葬者と上毛野国の首長層と間に、政治的交渉があったものと推察する。そして、将軍山古墳（90m）が築かれた頃に、埼玉古墳群の南東13kmの位置に、それを上まわる規模の104mの天王山塚古墳が、東方3.5kmには90.5mの真名板高山古墳が、北方2.5kmには95mの若小玉古墳が造営される。こうした3基の大型前方後円墳が埼玉古墳群を包囲するように出現する現象を、それ以前の埼玉古墳群の絶対的優位性と比較した場合、そこには政治的変動があったと捉え、その背景として大和王権による埼玉政権の勢力分解政策があったと理解するのである。しかしその後、天王山塚古墳や真名板高山古墳が造営された地域では、次代の大型前方後円墳が築かれず、墓域は異なるが7世紀初頭には埼玉古墳群の北方3.5kmに112mの前方後円墳である小見真観寺古墳が、7世紀中葉には北方2kmに八幡山古墳が再度造営されることから、埼玉政権の復権がなったと若松は考えるのである（若松 1982）。

基本的に若松の見解を支持するが、果たして埼玉政権がそのまま勢力を維持したかどうかについては異論がある。古代の埼玉古墳群周辺の現象を見ると、埼玉郡は5郷からなる下郡に編成されている。異例のことである。たとえば、上野国では国造の本貫地である前橋市周辺の群馬郡は、13郷からなる上郡に編成され、国府と国分寺が置かれている。また、下野国造の本貫地の河内郡は11郷の中郡に、常陸国造の本貫地である石岡市周辺は、18郷からなる茨城郡に編成され、やは

り国府と国分寺が置かれたのである。

このように、国造の本貫地のあった地域には、律令時代になると国府と国分寺が置かれるのが一般的であるが、さきたまの地にはこれらは設置されなかった。また、有力豪族がいた地域では、古墳の造営終了とともに氏寺が、あるいは郡の設置とともに郡寺が造営されるのが常であるが、こうした現象も見られないのである。

たしかに、埼玉古墳群の近くに旧盛徳寺がある。その創建年代は桶巻造によってつられた平瓦が1点出土していることから、国分寺創建段階まで遡る可能性もある。また、8世紀末の軒平瓦も出土しているが、その数はごくわずかである。出土瓦の大半は9世紀後半のものであり、それ以前に寺院があったとしても、貧弱なものであったことが想定できる。やはり、異例なことである。

こうした事実から、7世紀中頃に埼玉政権は大和王権とそれに加担する毛野政権によって解体されていった、と私は考えるのである、天王山塚古墳の角閃石安山岩は、こうした動きに加担した毛野政権によって供給されたとも解釈でき、この頃から埼玉政権解体に向けての動きがはじまったと推察できるのである。旧盛徳寺の9世紀後半の瓦は、製作技法、文様意匠とも上野国分寺の影響下にあることは、その一端を示すものであり、後世においても上野国の関係が続いていたことを証左するものである。

『日本書紀』安閑天皇元年（534）の条に、国造職をめぐる笠原直使主と同族の小杵との争い、朝廷に助けを求めた笠原直使主が国造となり、上毛野君小熊に応援を求めた小杵は殺されたとある。つまり、埼玉政権と毛野政権との間は、当時緊張関係にあったのである。その後、政治的変動があり、大和王権と毛野政権は埼玉政権の解体に向けての行動が開始したと見なすことができるのである。

こうした状況なかで、毛野から石材を入手できなかった埼玉政権は石室石材を房総半島に求め、その見返りに緑泥石片岩を供給したのであった。また、将軍山古墳の房州石は、武蔵国と上総国と何らかの政治的関係があったことを示唆している（注8）。つまり、先学がすでに論じているように、石室石材の遠距離輸送は、産出地と政治的関係が認められるとともに、その距離は政治権力と比例することを房州石は物語っている。

まとめ

以上、要約すると次のようになる。

1、将軍山古墳の石室に使用された房州石は、鋸山付近の海岸にある稲子沢層の転石であることが判明した。

2、その間の距離は直線にして112kmで、石の重さからいっても人力による運搬は不可能であり、水運を考えざるを得ない。房州石を使用するほかの古墳はいずれも東京湾沿岸の河川に接した位置にあることは、陸路では運べないことを示している。

第5編　河川交通

3、将軍山古墳の房州石は石材産出地との政治的関係があったことを示唆しているとともに、その距離は政治権力と比例することを示している。

4、武蔵国造の勢力は大和王権と、それに荷担した毛野政権によって解体されたことが考えられる。

注

1　若松良一氏のご教示による。
2　金子真土・関義則氏のご教示による。
3　大谷猛氏のご教示による。
4　酒井清治氏のご教示による。
5　谷口　榮は武蔵国豊島郡衙と下総国府を結ぶ古代東海道が、東京低地を直線的に横断していたことを考察している。そのルートとして豊島郡衙から墨田区墨田、葛飾区立石、江戸川区小岩を通り下総国府に向う道を推定している（谷口 1990・1993b）。
6　『新編埼玉県史』（埼玉県 1982）では、実測図に基づき107mとしている。
7　石室石材の相違を、政治的・行政的相違として捉えようとする見解もある。金井塚良一は菅谷台地の横穴式石室には河原石が、松山台地のでは凝灰岩が使用されていることは単に地理的条件だけによって帰趨したものではなく、いいかえれば二つの地域が、それぞれ別個な石材選定の伝統を固執していた、異なった地域社会だったことを意味していると考えられたのである。（中略）あるいは二つの地域は、政治的には壬生吉士氏の傘下に編入されても、行政的には別の地域社会を形成していたと考えることもできるだろう」と述べている（金井塚一 1976）。
8　谷口　榮は将軍山古墳と安房地方との関係について、次のような見解を示している。「高橋氏文によると、景行天皇が上総国安房浮嶋宮に巡行した際に、無邪志国造の上祖の大多毛比と知々夫国造の上祖の天上腹・天下腹等が、膳臣の遠祖磐鹿六鴈命に召され、ともに料理し天皇に供したことが記されている。この時なぜ、安房や上総の国造ではなく、無邪志国造と知々夫国造が召されたのか。これを考える上で、将軍山古墳は重要で、将軍山古墳から武蔵と安房との強い結び付を読み取ることができる」という（谷口 1992）。しかし、食物献上は服属儀礼のひとつであり、このことをもって安房と武蔵の関係を論じることはできないだろう。

補注

調査の結果、将軍山古墳は全長90mの前方後円墳で、石室は玄室幅2m、長さ3.2m、羨道幅1mであることが判明した。また、築造年代は新たに出土した須恵器からも6世紀後半の年代が与えられている（岡本健一 1997『将軍山古墳』埼玉県教育委員会）。

引用文献

尾崎喜左雄 1966「石材の取扱方とその文化性」『横穴式古墳の研究』吉川弘文館

金井塚良一 1976『西原古墳群』考古学資料刊行会

小林三郎ほか 1976『法皇塚古墳』市立市川博物館

埼玉県 1982『新編埼玉県史資料編』2 原始・古代

埼玉県 1993『中川水系』人文　中川水系総合調査報告書2

さきたま資料館 1992『さきたま将軍山古墳と銅鋺』

瀧口　宏ほか 1952『上総金鈴塚』早稲田大学考古学研究室

武田宗久 1952「第一章　五　石室の構造と天井崩壊の原因」『上総金鈴塚』早稲田大学考古学研究室

谷口　榮 1990「下総葛飾郡大嶋郷の故地」『東京考古』8

谷口　榮 1992『柴又八幡神社古墳』葛飾区郷土と天文の博物館

谷口　榮 1993a『葛飾遺跡探訪』　葛飾区郷土と天文の博物館

谷口　榮 1993b「東京低地と古代の道」『かつしかの道総合調査報告書』葛飾区教育委員会

大谷　猛ほか 1987 北区赤羽台古墳群『東京都遺跡調査・研究発表会』12

沼沢　豊 1990「地域の古墳　東日本―千葉―」『古墳時代の研究』11　雄山閣

柳田敏司 1966「埼玉における古墳の諸様相」『埼玉考古』第5号　埼玉考古学会

若松良一 1982「菖蒲天王山塚古墳の造営時期と被葬者の性格について」『土曜考古』第6号　土曜考古学研究会

第3章　毛長川流域の考古学

1　毛長川流域の遺跡分布

　まず、毛長川流域の考古学的環境を概観しよう（第184図）。

　縄文時代前・後・晩期の土器が毛長川右岸の足立区からから出土し（西垣隆雄 1962・67）、左岸の草加市からも中・晩期の土器片が若干出土している。これらの上流の川口市には後・晩期の低地貝塚として有名な江戸袋貝塚が存在する。毛長川流域の自然堤防上には、縄文前期・中期・後期・晩期の遺跡が点在している。

　弥生時代といわれている遺跡もあるが、弥生時代とはいってもほとんどが終末期のもので、その多くは古墳時代に入る可能性が高い。

　古墳時代に入ると遺跡が急増する。とくに五領期の遺跡が比較的多く発見されている。毛長川左岸の草加市では6遺跡が知られており、右岸の足立区内では伊興町や花畑町周辺に多く存在している。五領式土器のなかでもS字甕の出土率が高いことは注目される。埼玉県内では、東地総田遺跡のようにS字甕の高い出土率を示す遺跡は知られていない。

　古墳後期の遺跡は左岸で2遺跡及び伊興町周辺で確認されているが概して少ない。しかし、古墳は伊興町周辺に舟山塚古墳と白旗塚古墳の2基が現存しており、そのほかに金塚古墳・聖塚古墳・甲塚古墳・擂鉢塚古墳が存在していたことが知られている。また、かつては花畑町に2基、舎人町に2基古墳が存在していた（西垣 1962・67）。さらに、『武蔵伊興』を見ると谷塚町にも1基存在していることになっているが現存しない。このように確認されている古墳は右岸に11基、左岸に1基の計12基である。擂鉢塚古墳からは円筒埴輪と人物・動物埴輪が、花畑町の一本松古墳からは円筒埴輪が出土しており、円筒埴輪や形象埴輪の出土から6世紀代の古墳と推定できる。このような後期古墳の存在から、毛長川流域にはさらに多くの鬼高期の遺跡が存在することが予想される。

　奈良・平安時代になると古墳時代よりも遺跡が増加する。遺跡分布図を見てもわかるように、毛長川流域の自然堤防上にはほとんど奈良・平安時代の遺跡が存在する。

　以上、毛長川流域には弥生時代を除く各時代の遺跡が存在し、とくに古墳時代以降は遺跡が途切れることがない。古墳時代以降、人々はこの地で脈々と生活していたことが窺えるのである。

2　海進海退と毛長川流域の遺跡

　毛長川流域には縄文時代前期から晩期の遺跡が存在することが明らかとなったが、前期には大海進期があり、後期には小海進があった。従来、標高4m地帯は前期には海の底であったいうのが常識であった。足立区花畑町から出土している前期の土器は繊維土器なので、前期でも黒浜期

第5編　河川交通

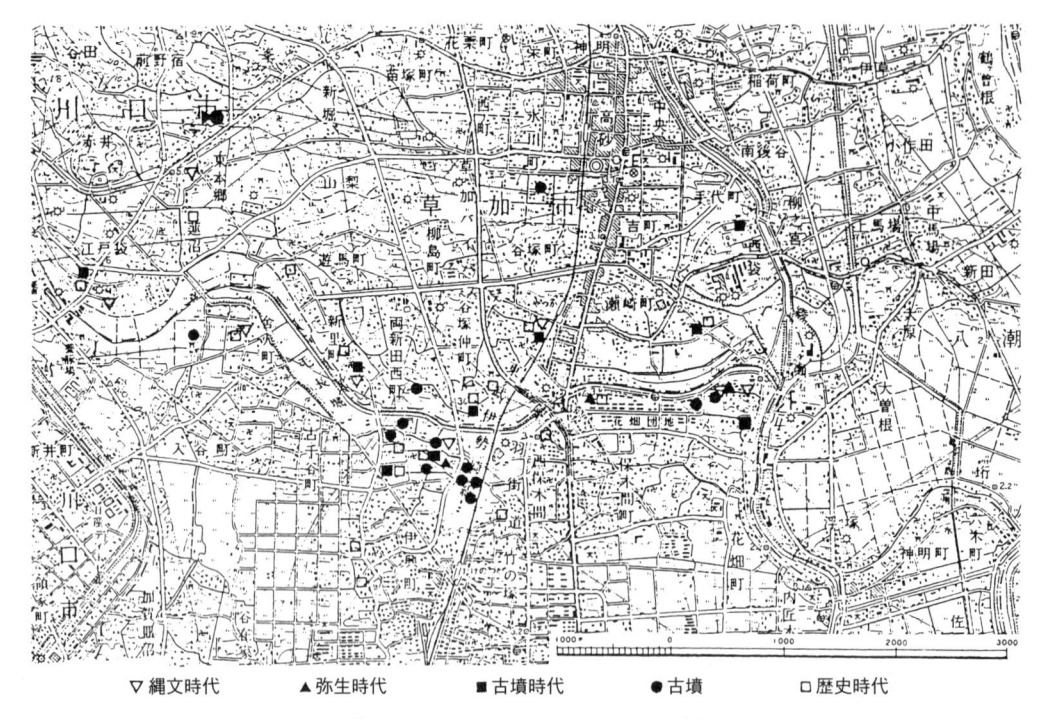

▽ 縄文時代　　▲ 弥生時代　　■ 古墳時代　　● 古墳　　□ 歴史時代

第184図　毛長川流域の遺跡分布

を下限とするものである。この時期はもっとも海進している時期であるが、前期の土器が出土しているということは一体どういうことなのだろうか。この地域が縄文前期にはもっと標高が高かったことも考えられる。前期の汀線が標高10ｍ前後といわれているが、そこまで土地が高かったとは決して考えられない。今後、海進海退を考える上に貴重な資料を提供することになろう。中期は海退期にあたる。中期の遺跡は1箇所だけで、採集土器も1点だけなので、大規模な遺跡は想定できない。おそらく、毛長川流域の自然堤防は島状となっており、安行台地を母村として、漁猟の際のキャンプ的性格をもつ遺跡ではなかったかと考えられるのである。

後期は小海進期であり、この時期の遺跡は何箇所か存在する。安行台地の貝塚はほとんどこの時期に形成されて（斉藤五郎 1980）。標高4ｍ前後のところに江戸袋貝塚が存在することから、同一標高の毛長川流域の自然堤防上に、同一時期の遺跡があっても決して不思議ではない。毛長川流域の遺跡は地域的特質から海進海退に大きく左右されたことは間違いないが、今後さらに低地遺跡の研究が進めば、従来の海進海退論は再検討が必要となるだろう。もっと微視的な海進海退の研究が望まれる。

さて、弥生時代の遺跡はほとんど確認されていないが、その要因は弥生時代には沖積地の陸化が進んだものの、水田稲作に適さなかったためと思われる。

3　毛長川流域と海上・河川交通

五領期の土器のなかで注目を引くのがＳ字甕である。出土率の高さもさることながら、製作技

術も注目される。群馬には石田川遺跡などがあることから、県内のＳ字甕は東山道を経由して入ってきたものと従来は考えられていた。また、東山道経由のＳ字甕は、石田川遺跡ものがそうであるように、肩部や胴部の器肉が厚く土器は明らかに在地化している。東地総田遺跡のＳ甕の器肉は２㎜前後と薄く、胎土・焼成とも在地の台付甕とは一見して相違を認めることができ、東海地方西部のそれと類似している。しかし、胎土は在地形態の台付甕とは異なるものの、東海地方のものとも若干の違いを見せていることから、東地総田遺跡のＳ字甕は在地産ということができる。また、器肉を薄くするという技法は東山道系の土器には見られず、在地にもその技法は存在しないことから、東海道経由の土器であり、東海地方から直接来た人々によって製作された可能性が高い。

　東地総田遺跡では肩部に横グシのあるＳ字甕は見られなかったが、ほかの地点で採集されている。肩部に横グシが施されるものは、Ｓ字状口縁土器のなかでも古い時期に位置づけることができるので、古墳時代の初頭でも古い段階に、東海地方から人が移動してきていることを窺わせる。

　足立区伊興遺跡からは、５世紀末から６世紀初頭にかけての古式須恵器が出土している。これら古式須恵器は大阪の陶邑窯の製品と考えられ、伊興遺跡から陶邑産の古式須恵器が多数出土していることは注目に値する。このことについて伊藤　潔は「地方における初期古式須恵器の伝播は、中央権力の地方支配強化のための手段であったと考えられる可能性を秘めているのではないだろうか。とくに伊興遺跡では、正式調査によらない採集品でありながら他の遺跡に比べ初期・古式須恵器が多く検出されている。この事実は、古墳時代における伊興遺跡の性格を表わしていると考えられる。伊興遺跡は、奥東京湾に面して立地しており、当時の水上交通路から内陸遺跡への河川交通の要所であった」と考え、須恵器は海から運ばれてきたものだろうと推察している（伊藤 1975）。そして、浦和市白鍬遺跡と本村遺跡、東松山市舞台遺跡・番清水遺跡といった旧入間川水系に古式須恵器が多く出土することから、伊興遺跡を経由して運ばれたのではないかと考えた。おそらく、この考えは正しいだろう。６世紀代になると、伊興遺跡出土の須恵器のなかに、在地産と思われる須恵器が現われる。左岸の草加市内でも提瓶か平瓶、波状文をもつ須恵器が採集されており、これらも同様に在地産と考えらえるものである。現在、埼玉県内にも古墳時代の須恵器窯が多く存在することが明らかになってきた（高橋 1980）。そのなかで、旧入間川水系に存在する窯跡として、東松山市舞台遺跡及び舞台窯跡、根平窯跡、桜山窯跡が知られている（第185図）。おそらく、在地産の須恵器は東松山市周辺で焼かれたもので、旧入間川を下って運ばれてきたものであろう。このように、古墳時代には草加周辺から河川を通じて北武蔵に須恵器等を運び入れるだけでなく、その逆も存在することがわかる。

　また、左岸から東海地方西部の湖西窯の製品が出土している。湖西窯は７世紀前半頃にひとつの生産のピークを迎えるので、その頃の製品ではないかと思われる。県内では湖西窯の製品の出土は少なく、東松山市桜山古墳群（小久保徹 1981）が知られているのみであった。湖西窯の須恵器が出土していることをひとつとって見ても、東海地方との関連が想起できよう（注１）。湖西

第5編　河川交通

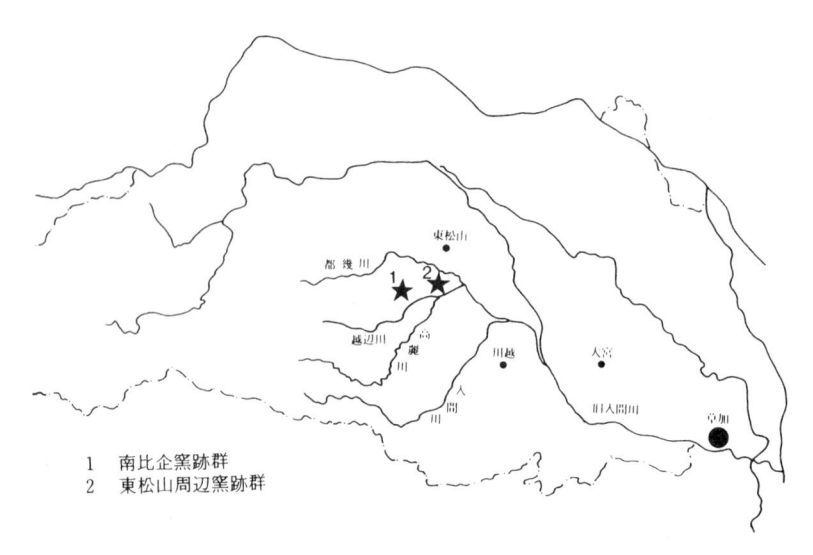

第185図　旧入間川水系と南比企窯跡郡・東松山周辺窯跡群の関係図

窯の製品も古式須恵器同様、海から運ばれたものであろう。また、桜山古墳群は第185図2の位置にあり、周辺で焼かれたと考えられる製品が毛長川流域の遺跡で出土していることから、桜山古墳群出土の湖西窯の製品も旧入間川を遡って運ばれたと考えられる。

　奈良・平安時代の須恵器には、胎土中に白色針状物質を含むものと含まないものとの二種類が存在する。白色針状物質を含まない須恵器についての産地同定は現在のところ困難であるが、白色針状物質を含む須恵器については産地同定が可能である。奈良・平安時代の武蔵国内における大規模な窯跡群として、末野窯跡群・南比企窯跡群・東金子窯跡群・南多摩窯跡群が知られている。この4大窯跡群の中で、白色針状物質を含んでいる須恵器を焼いているのは南比企窯跡群だけである。南比企窯跡群は第185図を見てもわかるように、旧入間川水系にあり、白色針状物質を含む須恵器は南比企窯跡群のものと考えてよいだろう。この事実からも、毛長川流域の須恵器は古墳時代、奈良・平安時代を通じて、比企地方から旧入間川水系で運ばれてきたと考えられる。このように旧入間川水系を利用しての交易は、単に畿内や東海地方の製品を運び込むだけでなく、比企地方産の須恵器が運び込まれていることが判明した。そして、この河川交通は古墳時代以降かなり活発に行なわれていたことを示している。

　最後に、灰釉陶器からも海上、河川交通について考えてみよう。県内の灰釉陶器については浅野晴樹の研究がある（浅野 1980）。浅野の研究によって、県内には東濃産、尾北産、猿投産の灰釉陶器が存在することが判明した。また、県北地方の灰釉陶器の大半は東濃産で、それらに尾北・猿投の製品が混じっていることを明らかにしている。そして、これらの灰釉陶器は古東山道を経由し、群馬を経て古鎌倉街道で県内に搬入されたものだろうと推察している。県南地方には東濃系の製品が少ないことから東山道経由で運ばれ、猿投産は旧入間川水系に沿った地域に圧倒的多いことから、東海道ないしは海から毛長川流域に運ばれ、旧入間川を利用して各地へと運ばれて

いったことが想定できよう。

　以上のことから、毛長川流域は古墳時代初頭から平安時代にかけて、畿内・東海地方との海上交通上の重要な拠点であったことがわかる。大場磐雄はこの地域一帯は奈良時代頃「葛飾方面から続いた入江に接していた」とし、また「ここが古くは小菅浦の続きで、現在隣接する葛飾区内の小菅町は、その遺名」であるとしている。さらに、万葉集巻14（東歌）の「小菅ろの　末吹く風のあどすすか、かなしけ児らを思い過ごさむ」(3564)や、同じく巻20（防人歌）「行こ先に　波なとゑらひ　後には　子をと妻をと　置きてとも来ぬ（葛飾郡の私部石島の1首）」(4385)という歌から、「7・8世紀の伊興付近は波静かな入江が参差、その間に発達した微高地に集落の立地を見た」と考察している（大場 1975）。このように、古代の毛長川流域は東京湾の入江であったこと可能性が高い。そして、東京湾低地の遺跡分布を勘案し、古墳時代の海岸線を復元すると第186図となる。

　毛長川流域は海上交通を含めて東海道から北武蔵への入口であり、津的性格を有していたことを窺わせる。伊興遺跡の祭祀の対象について大場磐雄は水との関係を想定しており、伊藤　潔は一歩進めて水上交通のための祭祀を考えている（伊藤 1975）。伊興遺跡からは小型倣製鏡が3面、子持勾玉、勾玉、管玉、ガラス小玉をはじめ石製・土製模造品が多数出土している。発掘面積はわずかであることから、さらに多くの遺物が存在することが予想され、祭祀は伴出土器から古墳時代初頭から行われていたことがわかる。また、祭祀遺物は一般の祭祀遺跡より質量ともに上まわっており、祭祀遺物もこの地域が重要な地点であることを示している。そして、出土遺物から考えると、大和王権が関与しての祭祀が行われた可能性が考えられる。

　伊興遺跡の祭祀からも毛長川流域は、海から北武蔵への入口そしてターミナルとして重要な位置にあった。とくに、古墳時代初頭においては大和王権の東国経営とあいまって重要な役割を果していたことが推察でき、伊興遺跡の祭祀は水上交通の安全を祈って行ったものであろうが、単にそれだけでなく、その背後には畿内政権の政策的なものが潜んでいると考えたい。伊興遺跡周辺は、その後も海上・河川交通の要所として変わりない地位を保っていったのである。

4　新編武蔵風土記稿記載の塚と古墳

　毛長川流域にはすでにいくつかの古墳が存在することが知られている。新編武蔵風土記稿第7巻（以下、風土記稿）を見るとこの一帯には塚の記載が多くあり、明らかに古墳と思われる塚の記載もある。そこで、風土記稿の塚を検討し、古墳の分布を復元しながら毛長川流域の古墳時代を考える手がかりにしたい。

　まず、風土記稿から塚の記事を拾っていこう。

足立郡淵江領伊興村

○白旗塚　東方にあり、此塚あるを以て白旗耕地と字せり、塚の除地二十二歩百姓持なり、上代八幡太郎義家奥州征伐の時、此所に旗をなびかし、軍勝利ありしとて此名を傳へし由、元

第5編　河川交通

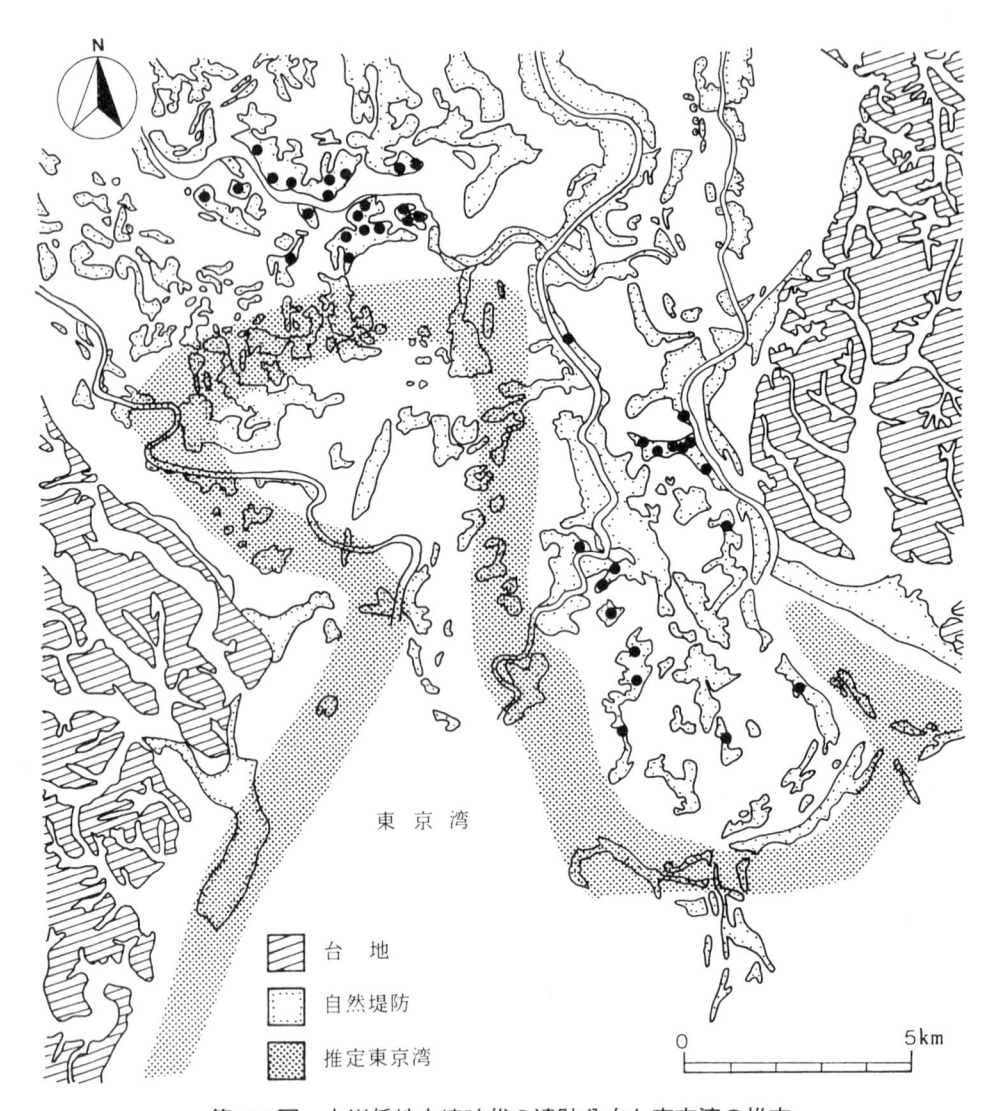

第186図　中川低地古墳時代の遺跡分布と東京湾の推定

來社地にして祠もありしなれど、此塚に近寄ば咎ありとて、村民畏れて近づかざるによりて、祠は廢絶に及べり、又塚上に古松ありしが、後年立枯て大風に吹倒され、根下より兵器其數多出たり、時に村民來り見て件の兵器の中より、未だ鐵性を失はざる太刀を持歸て家に藏せしが、彼祟にやありけん家擧げて大病をなやめり、畏れて元の如く塚下へ埋め、しるしの松を植繼し由、今塚上の兩株是なりと云、今土人この松を二本松と號す、太さ一圍半許

○甲塚　二ケ所前の塚に並であり、一は二畝二歩、一は一畝二十六歩、何れも百姓の持、比塚は義家の首實検の後、かの首を葬り墳を築し故、この名ありといふ

○擂鉢塚　前の塚の最寄にあり、形凹なる故名とすと云

○聖塚　村の東にあり。

そのほか伊興には金塚古墳、船山古墳があり、計7基の塚が確認されている。

竹ノ塚村
○駒形耕地伊興村の境を云ふ、比所に小さき塚二つ三つあり

花又村
○笹塚　村の北にあり、この塚につき土人の説あれど、採べき説とも覺へざれば略す、又　其傍に疫神の宮と稱する塚あり

　花又町は現在の花畑町で、白山塚古墳、一本松古墳の2基が確認されており、一本松古墳からは円筒埴輪が出土している。

谷古田領

峰村
○稲荷社　土人高稲と稱す。此社地高くして南を望めば、遙かに東叡山及び品川の海上などみゆ、又巽の方は下總國國府臺、艮の方は新利根川のほとり樹間にみえて、尤勝景の地なり、思ふに此所北の方は殊に高く、南の方は一段低きさま古墳などにてあるべし
○古塚　小山村の界にあり、高さ一間許、土人の話に往古當所に豪家あり、此塚は其葬地にて葬埋の料に朱漆など若干用ひしと云傳ふ、後世たゞ穿ちみるに陶器など得たりといふ

　川口市峰には前方後円墳の高稲荷古墳が存在していた（大塚初重1965）。風土記稿の記載内容はこの高稲荷古墳に該当する。また近くには横穴墓があり（柳田敏司1959）、そのほかこの周辺には十数基の古墳が存在し、新郷古墳群と呼ばれていた（埼玉県教育委員会1964）。

　新里村舎人町の項に「隣村新里村にも王二子塚といへる塚あれば、故ある古塚なるべけれども来由を傳へず、一は延命塚、一は鰻塚と呼べり」とあるが、新里村の項には記載がない。

上谷塚村
○富貴塚　此所に古塚あり、來由詳ならず、塚上に稲荷を祀れり

瀬崎村
○加賀屋敷　村の南の畑にあり、何人の住せしと云ことを知らず、爰に古塚あり、先年此塚下より古刀曲玉及白骨など掘出せしと云

南草加村
風土記稿には塚の記載はないが、御殿屋稲荷古墳と呼ばれているものがある。

苗塚村
○古塚　苗塚と呼べり、いかなる塚なることを詳にせず、高さ一丈五尺、大きさ一段許、又隣村大竹村にもかく呼ぶ塚あり、當所の塚と相對してあり、其間六七町を隔つ、されば何れ故あるべけれども詳ならず。
　大竹村の項には塚の記載なし

赤山
○八幡社本社の左にあり、これも塚の如く高く築上げし所にして、この社の背後に高さ三尺五寸許の石梛あり、其故は知らず左に銘あり

第5編　河川交通

これは場所からして、前方後円墳で八兵衛山古墳と呼ばれていたものを指すものと考えられる。しかし、八兵衛山古墳は確認調査の結果、自然地形であることが判明した（本間岳史1979）。

舎人領

舎人村

○塚　四ケ所　一は一王子塚、一は三王子塚と稱す。隣村新里村にも王二子塚といへる塚あれば、故ある古塚なるべけれど來由を傳へず、一は延命塚、一は鰻塚と呼べり

入谷村

○八幡社塚上にあり、土人白幡八幡と稱す。古へ岩槻攻の時、此所に幡を立てしよりかく稱せりと云。

八幡社ののっている塚は白幡塚古墳として確認されている。

遊馬村

○辨慶塚　此所の田間にかく唱ふる小塚あり、故に是を土地の小名とす。

蓮沼村

○バサラ塚　此地にはから塚と云古發あり、塚上に石像の地藏を置く。

　以上、風土記稿記載の塚を記し、古墳として確認されているものについてはそれと対比させながら検討してきた。毛長川右岸の舎人町、伊興町、花畑町及び左岸の川口市の古墳は風土記稿の塚と合致し、これらの塚についてはまず古墳と考えて間違いのないものである。しかし、草加市内では古墳が確認されておらず、風土記稿と対比する手段がない。周辺地域の塚は古墳と合致するという事実と、草加市内の古墳時代の遺跡分布から考えて、毛長川左岸に古墳が形成されなかったと見る方が不自然である。おそらく、周辺地域と同様に風土記稿記載の塚のすべてとはいわないまでも、その大半は古墳であった可能性が強い。風土記稿及び埼玉県遺跡地図等をもとに古墳分布を復元したのが第187図である。

　この図を見てもわかるように、かつては毛長川流域には多くの古墳が存在しており、かついくつかの古墳群に分けることができる。ここで古墳群を摘出してみると、A群は花畑町の2基、B群は伊興町周辺の11基から12基、C群は舎人町の4基が考えられる。D群は左岸瀬崎町の1基、E群は氷川町の1基、F群は谷塚町から遊馬町にかけての5基。これについては谷塚町と遊馬町とでは自然堤防が分かれるので、谷塚地区の2基と、遊馬・新里地区の3基に分かれる可能性もある。そして、G群は蓮沼町の1基、H群は苗塚町の1基、I群は高稲荷古墳を中心とした古墳群である。古墳の年代については知る手がかりは少ないが、先述したように埴輪の出土や、墳形は小円墳であることから6、7世紀の後期古墳と考えられる。

　そのなかにあって注目を引くのが前方後円墳の高稲荷古墳である。高稲荷古墳は長軸75m、後円部直径50m、後円部の高さ9.5m、前方部幅27m、前方部の高さ6.5mという大型の前方後円墳で、県南部最大のものであるばかりでなく、県内でも有数の古墳である。主体部は粘土槨で直刀

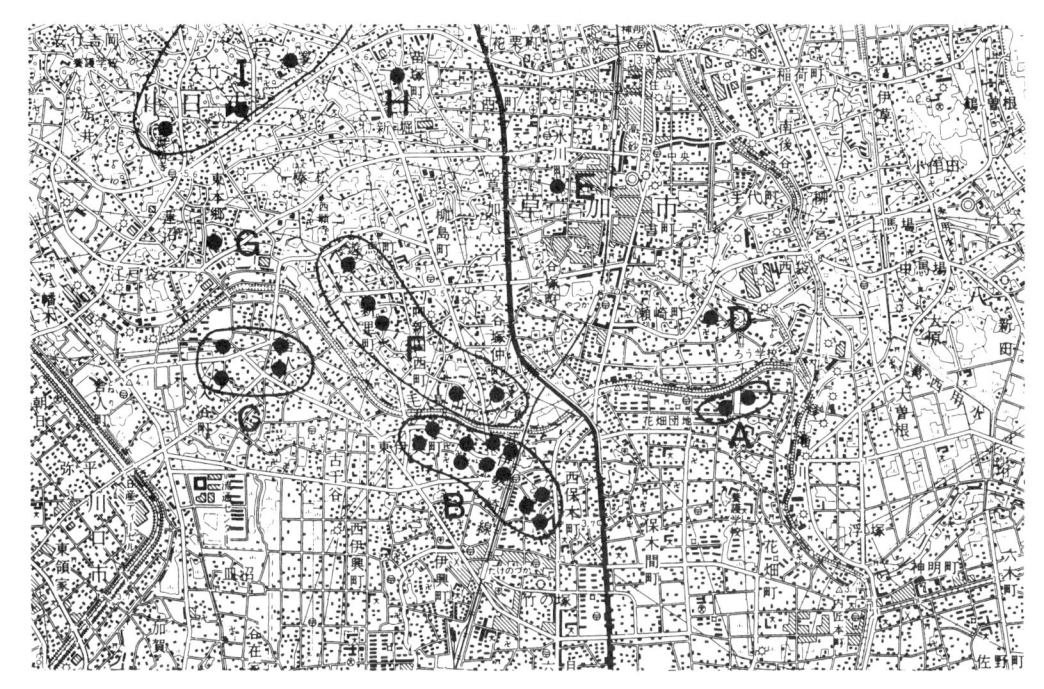

第187図　毛長川流域古墳分布復元図

と勾玉が出土している。風土記稿では品川の海や下総国府台が見えると記しているが、高稲荷古墳の立地する場所は大宮台地の最南端にあり、東・西・南を望む時、遮るものは何もない。実際にその場所に立てば、風土記稿の記載は決して誇張していないことがわかる。高稲荷古墳は毛長川流域の古墳群を眼下に見下す位置にあることから、これら古墳群の盟主的存在であることを窺わせる。主体部が粘土槨であることから、下っても5世紀代の築造が想定でき、この地域で最初に築造された古墳と考えていいだろう。高稲荷古墳はまさに毛長川流域一帯を支配した人物の墓ということができる。中川低地の一角にこのような古墳群が存在することは予想をしなかったが、毛長川流域が海上から北武蔵に入る河川交通の要所であったことを考えれば、高稲荷古墳をはじめとして多くの古墳が形成されていたことは当然のことといわなければならない。この古墳の分布からも、古代における毛長川流域がいかに重要な地域であったかを知ることができる。草加市内の遺跡もその一翼を担っていたことは明らかである。

注
1　酒井清治氏のご教示によると、湖西窯の製品は海沿いに点々と出土し、仙台地方までいっているという。このことからも、須恵器等の土器類は海上を船で運ばれていったことがわかる。

引用文献
浅野晴樹　1980「埼玉県内出土の平安末期の施釉陶器」『埼玉県立歴史資料館研究紀要』第2号

第5編 河川交通

伊藤　潔 1975「武蔵東部における古式須恵器」『武蔵伊興遺跡』武蔵伊興遺跡調査団
大場磐雄 1975「歴史的環境」「結語」『武蔵伊興遺跡』武蔵伊興遺跡調査団
大塚初重 1965「埼玉県川口市高稲荷古墳」『日本考古学年報』13日本考古学協会
川口市教育委員会 1980「川口市遺跡地名表」『川口市文化財調査報告書』第13集
小久保徹 1981『桜山古墳群』埼玉県埋蔵文化財調査事業団　第7集
斉藤五郎 1980「後・晩期の遺跡（貝塚）」『川口市文化財調査報告書』第13集　川口市教育委員会
埼玉県教育委員会 1964『古墳調査報告書　―北足立地区―』
埼玉県教育委員会 1975『埼玉県遺跡地図』
高橋一夫 1980『羽尾窯跡発掘調査報告書』滑川村教育委員会
西垣隆雄 1962「周辺遺跡の考察」『武蔵伊興』國學院大學考古学研究室
西垣隆雄 1967「足立区の遺跡と遺物」『新修足立区史』足立区
本間岳史 1967「付篇伝八兵衛山古墳」『吉岡・東本郷台・上一斗蒔遺跡』埼玉遺跡調査会
柳田敏司 1959『川口市東本郷の遺跡』川口市教育委員会

あとがき

　研究を振り返ると、論文執筆の契機は発掘調査にあることを再確認した。1965年に國學院大學に入学し、最初の夏に川越市の牛塚古墳の調査に参加した。1年生であったので、周溝のトレンチ掘りに明け暮れた。まさに、体力勝負であった。その後、東松山市岩鼻遺跡、伊勢原市三ノ宮遺跡、野田市堤台遺跡の発掘調査に参加した。当時はいずれも短期間の発掘調査であった。その年の秋、10月中旬から11月下旬にかけて、上尾市尾山台遺跡の調査に参加した。東京の各大学が参加しての大発掘であり、表土をブルトザーで除去したはじめての発掘調査でもあった。この時もトレンチ掘り専門で、ブルトザーが何度も行き来したので、土がとても固かったのを今でも鮮明に記憶している。この発掘調査を契機に、古墳時代初頭の土器と集落に興味をもち、土器の勉強を開始した。

　大学2年の春に、市原市御領崎古墳と福増古墳の発掘調査に参加した。1基は主体部を検出したが、もう1基では確認できず、墳頂部トレンチを地山まで掘り下げたところ、鬼高期の住居跡にあたり、そこから鬼高Ⅰ式期の良好な土器のセットとともに石製模造品が出土した。御領崎1号住居跡である。その後、この整理を行い、石製模造品の集成を行った。またこの頃、佐原　真さんが考古学研究に「土器の話」連載しており、これに刺激され、土器製作の癖から、何人の手による土器が御領崎1号住居跡に入っているか等の検討も行った。石製模造品の研究はこの発掘調査の延長上にある。

　1971年埼玉県教育委員会に奉職し、埼玉県立博物館の学芸員となった。まだこの頃、緊急調査のシステムは出来上がっておらず、発掘調査が各機関にもまわってきた。県立ガンセンターの建設に伴う伊奈町大山遺跡の発掘調査もその一例で、1972年県立博物館で実施した。台地上からは縄文・古墳・奈良・平安時代の集落が存在したが、斜面部からは製鉄炉が検出された。地元では金クソ山と呼ばれ、鉄滓も確認されていたので、事前に製鉄関係の遺構の存在は予想できた。しかし、誰も製鉄炉を発掘したことがなく、その構造もわからなかったので、掘ることも図面を書くこと自体も手探りの状態であった。駒沢大学が太田市菅ノ沢遺跡で先行して製鉄炉の発掘調査をしていたので、見学しさまざまな教示も受けた。その後、製鉄遺跡の研究を行い、刀工が行った復元炉の見学にも行ったりもした。この研究をとおしてまったく違う世界の人たちと知り合うことができたのも大きな成果であった。製鉄関係の論文はこうして生まれた。

　1976年2月、高岡廃寺の発掘調査を担当した。3月までの2か月の調査期間で、県内初の寺院跡の調査であった。遺物は全点ドットで取り上げた。これが整理の時に効果を発揮したが、図面に落とすと1mグリッドで取り上げても結果は同じであることを認識した。きつい斜面に遺構があるため正確な測量が難しかったので、調査経費を切り詰め、県内初の航空測量も行った。その準備のために遺跡全体を清掃している最中に、新たな掘立柱建物跡が確認されたが、調査終了期

間は目の前に迫っている。期間内に調査が終了しないのは担当者責任と思い、調査期間の延長はいい出せなかった。事業者には理由を話し、その部分の造成は先に延ばしてもらい、休日の度に学生数名と現場に行き調査を続行し、終了したのは結局6月であった。

　その年の4月に新たに開館する県立歴史資料館に異動し、高岡廃寺の整理を行うとともに、館の業務として「古代窯業生産」についての研究に従事した。末野窯跡群の分布調査を実施し、馬騎の内廃寺の測量も行った。高岡廃寺の調査が縁で、日高町の遺跡分布調査を実施し、縄文時代以降は奈良時代遺跡が存在しない空白地域であることが明らかにし、日高町を中心とした地域に高麗郡が設置された歴史地理的環境が把握できた。

　そうしたなか、窯跡の調査が飛び込んできた。五厘沼という溜池の拡張に伴う羽尾窯跡の発掘調査である。調査の結果、窯は思ったより古い600年頃のものであった。窯の状態も良く、年代も古いことから、誰とはなく保存したいとの声があがった。当時の歴史資料館の調査研究部であった金井塚良一さんが積極的に動いてくれ、当時の滑川村長さんの理解もあり、村は水量を確保するために対岸に土地を新たに買い足した。羽尾窯跡は保存され、県指定史跡となった。

　調査時に、村の教育委員会の吉田憲正さんや作業員さんが瓦の出るところを教えてくれ、瓦を採集した。また、高柳　茂さんは近くの興長寺で出土した軒丸瓦の存在を教えてくれた。これが後々東国最古といわれる寺谷廃寺の瓦であった。須恵器生産にかかわる論文は、歴史資料館での研究活動の結果である。

　その後、文化財保護課に異動し、法人の調査機関設立の準備に携わり、1980年財団法人埼玉県埋蔵文化財調査事業団の発足とともに事業団に派遣された。発掘調査にかかわるプロの集団であるが、それだけでは無味乾燥となるので、時代ごとの部会を設立し、共同研究を実施することにした。私は歴史部会に入り、当時研究が停滞していた瓦の研究を提唱し、資料収集をはじめた。瓦の研究をしたものは誰もおらず、素弁・単弁の区別も、各部位の名称もままならない状態で、「解体新書」を訳す苦労を思いながらの作業であった。

　翌年の1981年、埼玉県史編さん室で県史編さん事業の一環として、古代寺院の調査を実施することになり、自ら瓦の調査を望み、歴史部会で担当した。休日の度に仲間と現地に赴き、実測・拓本・写真撮影を行い、その成果は1982年3月に『埼玉県古代寺院跡調査報告書』として県史編さん室から刊行された。しかし、瓦に関してはまったくの素人だったので、調査期間中に関東で瓦を研究している人たちに声をかけ、「関東古瓦研究会」を発足させ、いろいろと教えを受けた。瓦に関する論文はこうした共同研究の成果である。

　こうした研究活動を行いながらも、集落研究は細々と続け、集落構造を追っていた。しかし、その研究は奈良時代でとまってしまった。それは当時、奈良・平安時代の土器編年は国分式土器という名称で、細分されていなかった。土器編年が集落研究を妨げていた。したがないので自分で編年研究を行い、1975年「国分期土器の細分・編年試論」を埼玉考古13・14号に発表し、これを基に歴史時代の集落分析を開始した。1978年六反田遺跡の発掘調査に参加し、報告書の刊行を

あとがき

待って集落の分析を行い「集落分析の一視点」を発表した。この特徴は入口の設定し、各住居跡の入口方向から集落内に道を想定し、これを基に分析を行った。その後、黒井峯遺跡で道の存在が明らかになった。

　1981年から草加市史編さんに参加し、最初に八潮市と合同で中川低地の分布調査を実施した。その結果、東京都との境の川となっている毛長川流域に多くの遺跡が分布し、とくにＳ字甕を出土する遺跡が多いことが明らかになった。さらに、市史編さんのための小規模な発掘調査を行い、遺構が存在することを確認し、草加を中心とした地域研究を開始した。草加市から出土するＳ字甕を評価するため、広く関東でのＳ字甕をはじめとする非在地系土器の様相を把握する必要に迫られ、「関東地方における非在地系土器出土の意義」著し、対岸の足立区伊興町の伊興遺跡と川口市高稲荷古墳の再評価を迫られた。こうした遺跡が出現する背景は、在地の内的発展だけでは理解することができず、外的要因が深くかかわっており、そのキーワードは「大和王権」と「河川交通」であることを確信した。皮肉なことに、地域研究を通じて、地域の歴史的発展に外的要因を強く感じたのである。

　また、非在地系土器の集成をとおして、前方後方墳から東海系土器が出土する事実も判明し、前方後方墳研究の道が開かれていった。非在地系土器・前方後方墳・河川交通に関する研究は、草加という地域研究からの出発であった。

　私は、草加で生まれ、草加で育ったが、地元では「昔、草加は海の底だった」といわれ続けた。そのため学生時代は遺跡は存在しないものと思い込み、地元に見向きもしなかった。それだけに、Ｓ字甕を採集したときの衝撃は今なお鮮明である。また、我が家の目の前を綾瀬川が流れるが、いまでも東京湾が満ち潮となると、川は逆流し、冬にはカモメが飛んでくる。子供のとき見た船が行き来する記憶が、そのまま古代の風景となっている。

　1993年から蓮田市史の編さんにも参加することになった。蓮田市ではほぼ完形の手焙形土器が２個体出土していた。手焙形土器は以前から興味をもっていたので、これを機会に全国集成を試み、５年ほどこの作業に没頭した。図面だけでは心配なので、各地に出かけ、新たな情報を求めるとともに資料を観察した。その結果、かなりの個体にススが付着していることを確認し、手焙形土器の使用目的を特定することができた。なかにはべっとりとススが付着しているものもあった。ススの付着を見逃すということは、観察には目的眼が必要性なことを思い知らされ、また、膨大な資料の整理なると、調査員が資料を観察するための十分な時間が取れないこともわかり、自戒の念をもった。

　昔から、「専門はなにか」、とよく聞かれた。「私の専門は古代東国史です。いろいろとやっていますが、それらは一本の糸でつながっているのです」といつも答えた。

　また、当初は集落研究をとおして、下部構造から歴史を構築しようとしたが、地域研究を進めて行く間に、古墳時代は下部構造からの視点だけでは律しきれないことことに気づき、上部構造から視点に大きく傾斜いった。下部構造と上部構造からの視点は、行き違うことが多いので、そ

の点を心がけて研究をしてきたつもりであるが、嚙み合っていることを願うばかりである。

なお、論文の初出は次のとおりである。

総論（新稿）

第1編

　第1章　古墳出現期の諸問題（1988『物質文化』第50号）

　第2章　手焙形土器の歴史的意義

　　第1節　手焙形土器の宗教性と政治性（「2001「（原題）手焙形土器―その宗教性と政治性―」『研究紀要』第16号　埼玉県埋蔵文化財調査事業団」）

　　第2節　手焙形土器の形と型（2002『研究紀要』財団法人埼玉県埋蔵文化財調査事業団）

　　第3節　手焙形土器の性格と型式（2003『國學院大学考古学資料館紀要』第19輯）

　第3章　東国における古墳時代の開始

　　第1節　関東地方における非在地系土器出土の意義（1985『草加市史研究』第4号　草加市）

　　第2節　前方後方墳の性格（1985『土曜考古』第10号）

　　第3節　関東地方の前方後方墳（1986『考古学ジャーナル』No.269）

　　第4節　前方後方墳出土土器の研究（1989『研究紀要』第6号　財団法人埼玉県埋蔵文化財調査事業団）

　　付論　新座遺跡出土の「叩き甕」から（1997『にいくら』No.2　跡見学園女子大学花蹊記念資料館）

第2編　集落と祭祀

　第1章　古墳時代の集落

　　第1節　集落の構造と住居（1990「（原題）「東日本の集落」『古墳時代の研究』2　雄山閣出版）

　　第2節　6世紀の集落（1980「（原題）6世紀の集落と人々」『鉄剣を出した国』学生社）

　　第3節　住居の空間利用とカマド（1991（原題）「集落研究に関する二、三の覚書」『古代学研究』125）

　第2章　古代集落

　　第1節　計画村落（1979（原題）「計画村落について」『古代を考える』20）

　　第2節　集落分析の一視点（1983『埼玉考古』第21号）

　　第3節　移住者の村（新稿）

　第3章　カマドの出現

　　第1節　カマドの出現（1975（原題）「和泉・鬼高期の諸問題」『原始古代社会研究』2　校舎書房）

第2節　続カマドの出現（1986（原題）「竈と鉄製農具」『季刊考古学』第16号　雄山閣出版
　第4章　集落と祭祀
　　第1節　石製模造品出土の住居跡とその性格（1971『考古学研究』71）
　　第2節　石製模造品をめぐる問題（1975（原題）「和泉・鬼高期の諸問題」『原始古代社会
　　　　　研究』2　校舎書房）
　　付論　住居跡出土の石製模造品祭祀の実体と本質（1977（原題）「考古学研究と三段階
　　　　　論」『情報』3　埼玉考古学会）

第3編　古代窯業
　第1章　北武蔵における古代窯業の展開（1991『埼玉考古学論集』埼玉県埋蔵文化財調査事
　　　　　業団）
　第2章　鉄生産
　　第1節　古代の製鉄（1983『講座　日本技術の社会史』5　日本評論社）
　　第2節　製鉄遺跡と鉄製農具（1976『考古学研究』87）

第4編　古代寺院
　第1章　高麗郡と古代寺院
　　第1節　高岡廃寺の調査（1987『高岡寺院跡発掘調査報告書』高岡寺院跡発掘調査会、
　　　　　1982「高岡廃寺」『埼玉県古代寺院跡調査報告書』埼玉県史編さ
　　　　　ん室）
　　第2節　女影廃寺系軒丸瓦の一試論（1982（原題「女影系軒丸瓦の一試論」『研究紀要』
　　　　　1982　埼玉県埋蔵文化財調査事業団）
　第2章　東国における古代寺院の成立
　　第1節　東国の古代豪族と仏教（1994『東国と大和王権』吉川弘文館）
　　第2節　北武蔵の古代寺院（1994（原題）「比企の古代寺院」、「荒川北岸の古代寺院」『渡
　　　　　来人と仏教信仰』雄山閣出版）

第5編　河川交通
　第1章　古代の河川交通（1988『草加市史研究』第5号）
　第2章　将軍山古墳と房州石（1994『埼玉県史研究』第29号　埼玉県編さん室）
　第3章　毛長川流域の考古学（1983（原題）「草加市の遺跡（1）」『草加市史研究』第2号）

　また、本書は國學院大學に学位申請論文として提出したものである。主査の小林達雄先生には
常日頃ご指導をいただき、副査の鈴木靖民先生と吉田恵二先生の御指導とともに深く感謝したい。

さらに、校正や図版作成に職場の仲間の多大な協力があり、また本書が刊行できたのも、出版を引き受けてくれた六一書房の八木環一さん、そして編集担当の白鳥　聡さんの尽力があったからである。記して感謝の意を表したい。

　最後になったが、これまでに研究にあたり数多くの方々にお世話になった。まさに、本書をまとめることができたのは、そうした方々の学恩の賜物である。これを終着駅とせず、さらに前進することが学恩に報いる道と信じている。

　　2003年5月19日

　　　　　　　　　　　　　　　　　　　　　　　　　　　　　　　　一風書斎にて
　　　　　　　　　　　　　　　　　　　　　　　　　　　　　　　　高　橋　一　夫

著者紹介

高橋　一夫（たかはし　かずお）
1946（昭和21）年8月20日生
國學院大學大学院文学研究科修士課程修了
博士（歴史学）
現在　埼玉県教育局生涯学習部文化財保護課長
住所　〒340-0053　草加市旭町1-4-13

古代東国の考古学的研究

2003年9月13日　初版発行

著　者　高橋一夫
発行者　八木環一
発行所　有限会社　六一書房　　http://www.book61.co.jp/
　〒101-0051　東京都千代田区神田神保町3-17-11　一ツ橋ＫＩビル1階
　電話 03-3262-3889　FAX 03-5276-0136　振替 00160-7-35346
印　刷　有限会社　平電子印刷所

ISBN 4-947743-17-4　C3021　　　　　　　　　　　　　Printed in Japan